CHINESE
PUBLIC OPINION SURVEY

中国民意调查

第三辑

环球舆情调查中心 ◎ 主编

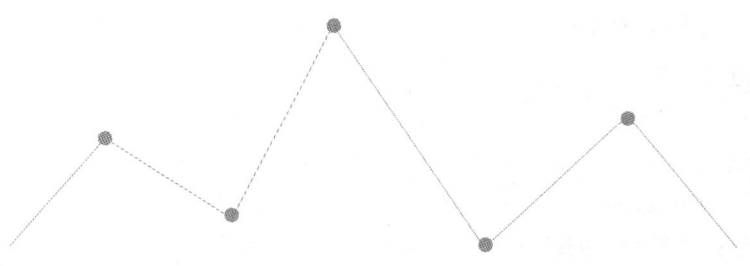

人民日报出版社

图书在版编目（CIP）数据

中国民意调查. 第3辑 / 环球舆情调查中心主编. —北京：人民日报出版社，2014.8
ISBN 978-7-5115-2728-8

Ⅰ.①中… Ⅱ.①环… Ⅲ.①民意测验（人文区位学）—社会调查—中国—2013～2014　Ⅳ.① D668

中国版本图书馆 CIP 数据核字（2014）第 183270 号

书　　名：	中国民意调查
主　　编：	环球舆情调查中心
出 版 人：	董　伟
责任编辑：	周海燕
版式设计：	艺和天下
出版发行：	人民日报出版社
社　　址：	北京金台西路 2 号
邮政编码：	100733
发行热线：	(010) 65369527　65369509　65369510　65369846
邮购热线：	(010) 65369530　65363527
编辑热线：	(010) 65369518
网　　址：	www.peopledailypress.com
经　　销：	新华书店
印　　刷：	北京鑫瑞兴印刷有限公司
开　　本：	710mm×1000mm　1/16
字　　数：	558 千字
印　　张：	29.5
版　　次：	2014 年 8 月第 1 版　2014 年 8 月第 1 次印刷
书　　号：	ISBN 978-7-5115-2728-8
定　　价：	58.00 元

目 录
CONTENTS

一 环球对望：中国信心与世界印象

世界看到"自信强大"的中国
——2013 中国国际形象与国际影响力全球调查　　　　　　/002

相关文章链接
大国关系调整，中国安全局势变复杂　　　　　　　　　　/055
世界格局转型期，中国应有大胸怀　　　　　　　　　　　/058
东海摩擦，中日距战争有多远　　　　　　　　　　　　　/061
澳民调：民众对中国的热情是 54 度　　　　　　　　　　/065

逾七成日企愿与中国加强合作
——中日韩三国企业家调查　　　　　　　　　　　　　　/067

相关文章链接
近三成日企称中日交恶影响生意　　　　　　　　　　　　/091
皮尤调查：中韩八成国民"厌日"　　　　　　　　　　　/091
智库为中日韩产业竞争力排名　　　　　　　　　　　　　/095

2013，"钓鱼岛争端"给人印象最深
——全国七城市调查"中国人如何看世界"　　　　　　　/096

相关文章链接
中国很强大，但仍不够自信　　　　　　　　　　　　　　/163
国际关系进入"云时代"　　　　　　　　　　　　　　　/165
中国的苦恼：日益被视为头号强国　　　　　　　　　　　/167

四成受访者认为中美是朋友
——中美关系公众意见调查　　　　　　　　　　　　　　/168

相关文章链接
习奥聚焦"新型大国关系" /180
美媒：中美建"新型关系"，很难 /184
美民调：1/5民众视中国为"头号敌人" /185

媒体误读加重中印"沟通赤字"
——中印媒体相互报道现状监测分析 /187
相关文章链接
中印携手，印媒欢呼并警惕着 /196
媒体要促进中印文化交流合作 /197
中印媒体人围绕热点坦诚对话 /199

国家安全：两岸大局与周边情势

中朝边境居民最担心半岛开战
——2013中朝边境百姓对朝鲜半岛局势的看法调查 /202
相关文章链接
朝鲜半岛风急，中国更需战略定力 /222
世界担心朝鲜半岛失控 /223
朝鲜半岛纪念停战60年 /227

两岸民众支持联手施压菲律宾
——菲律宾枪击台湾渔船两岸民意调查 /232
相关文章链接
大陆强硬反制菲律宾在情在理 /247
两岸一定要做到让菲律宾正式道歉 /248
台湾恼火等待菲律宾道歉 /249

设立防空识别区有利钓鱼岛局势
——设立防空识别区公众认知调查 /253
相关文章链接
挑战中国防空识别区，日本在过嘴瘾 /262
美日非议中国防空识别区 /263
"防空识别区"成蓝绿交锋新战场 /266

74.6%受访者倾向对日强硬反制
——安倍晋三参拜靖国神社国内公众态度调查 /269

相关文章链接

中日进入"冷对抗",缓和不需急 /281

安倍支持率急降十个点 /282

将安倍列入"不受欢迎的人"黑名单 /283

三 民众信心：公众关注与民生期待

民众最期望建成小康社会
——2013中国人期待调查 /286

相关文章链接

反腐败是中国政治稳定压舱石 /306

中国人的收入差距被夸大了 /307

中国经济进入绿色民生版阶段 /308

七成民众最关心两会民生议题
——全国两会前公众关注与期待调查 /311

相关文章链接

两会，让意见响起来，让主题坚持住 /323

世界借两会审视中国 /324

近九成民众对中国未来有信心
——2013年两会结束后公众意见调查 /328

相关文章链接

日媒：中国民众为何高度信任政府 /340

新风吹动中国，社会信心可贵 /341

全球民调：中国青年对未来最乐观 /342

九成民众认为未来10年中国稳定
——中国国家发展民众预期调查2013 /344

相关文章链接

"发展才是硬道理"仍应是中国座右铭 /374

英国公司发布"中国梦"调查报告 /375

中国今天的国家道路是金不换的 /376

中外对三中全会期待高
　　——十八届三中全会公众态度调查　　　　　　　　　　/378
相关文章链接
聚焦三中全会，绘制改革新蓝图　　　　　　　　　　　　/393
三中全会将为全体中国人创造机会　　　　　　　　　　　/396
改革能力的竞争决定大国兴衰　　　　　　　　　　　　　/397

四　公共政策：公共利益与价值判断

九成受访者　支持京张申冬奥
　　——北京和张家口申办冬奥会公众态度调查　　　　　/402
相关文章链接
俄索契冬奥会遭抵制浪潮　　　　　　　　　　　　　　　/412
北京申办冬奥会再成热点　　　　　　　　　　　　　　　/415
京张申冬奥在索契引热议　　　　　　　　　　　　　　　/417

近七成人赞成雾霾天北京单双号限行
　　——关于北京市重度污染的公众意见调查　　　　　　/420
相关文章链接
大雾霾又一次把中国推到镜子前　　　　　　　　　　　　/429
北京雾霾，吓走多少外国人　　　　　　　　　　　　　　/430
韩日抱怨"遭中国雾霾入侵"　　　　　　　　　　　　　/434

近八成民众支持增军费　　　　　　　　　　　　　　　　/438
相关文章链接
中国安全需要10.7%的军费增长　　　　　　　　　　　　/439
中国军费2015年赶上美国　　　　　　　　　　　　　　　/440
中国军费增幅不必看西方脸色　　　　　　　　　　　　　/441

超半数内地民众不支持引渡斯诺登
　　——斯诺登事件公众意见调查　　　　　　　　　　　/443
相关文章链接
斯诺登的揭秘涉及中国国家利益　　　　　　　　　　　　/455
半数香港人拒交斯诺登　　　　　　　　　　　　　　　　/456
世界公众不愿看到斯诺登遭厄运　　　　　　　　　　　　/460

一 环球对望：中国信心与世界印象

- 30.3% 的国外受访者认为用"自信"形容中国的国际形象最为恰当
- 近八成国外受访者对中国持正面或中立态度
- 国外受访者认为未来 10 年亚洲事务中最具影响的国家依次是中国、美国、日本
- 逾七成日本企业家愿与中国企业加强合作，但多数中国企业家表示不愿意
- 57.6% 的受访者"看好"中美关系未来的发展趋势
- 近八成受访者肯定中美元首"庄园会晤"对中美关系的积极影响

世界看到"自信强大"的中国

——2013中国国际形象与国际影响力全球调查

如果从普通民意,特别是外国人的角度看,中国在世界范围内的影响力和国家形象到底如何? 12月7日,《环球时报》所属环球舆情调查中心发布的全球调查显示,30.3%的国外受访者认为用"自信"形容中国的国际形象最为恰当;60.0%的受访者认为中国"已是世界性强国"……这项调查主题为"2013中国国际形象与国际影响力全球调查",是国内首次由媒体机构在全球范围开展的时政类调查。调查在6个大洲共14个国家的普通居民中进行,包括美国、巴西、英国、俄罗斯、日本、韩国、印度、哈萨克斯坦、菲律宾、越南、澳大利亚、肯尼亚、南非和中国[①]。国内外的一些专家和年轻人都认为调查"比较客观",并为中国塑造更好的国际形象畅所欲言。

中国自信强硬但不傲慢

"2013中国国际形象与国际影响力全球调查"的执行时间为11月11日至11月26日,最终回收有效问卷14483份(每个国家均不少于1000份)。本项调查的对象是上述14个国家的18周岁以上的普通居民。这14个国家既包含"金砖五国",也包含与中国有领土争端问题的周边国家,同时兼顾了发达国家和发展中国家的比例。调查显示,"自信的"、"崇尚军事的"和"复杂的"是国外受访者眼中中国最突出的形象,分别占30.3%、29.4%、28.1,认为中国是"强硬的"、"傲慢的"、"合作的"也分别约占25%,认为中国是"爱好和平的"只占13.3%。而"勤俭节约"、"家庭观念重"以及"友好的"是中国人留给国外受访者最深刻的印象。

对这个调查结果,印度专栏作家拉杰夫·沙玛9日告诉《环球时报》记者,中国现在很自信也很强硬,但谈不上傲慢。拉杰夫说,作为一个大

[①] 中国部分的调查,采用CATI(计算机辅助电话)调查方式,在北京、上海、广州、成都、西安、长沙、沈阳7座城市进行,所有样本均通过随机抽样的方法获得,以居民住宅电话和手机号码为抽样母体,抽出住宅电话局号段前四位和手机号码前五位,其他数字用计算机随机生成数填充。肯尼亚部分的调查,采用入户访问的方式,根据肯尼亚全国人口分布情况进行按地区分层随机抽样。其他12个国家的调查,采用互联网在线邀约的方式,通过对12个国家样本库的网络会员进行邮件邀约、在线填答问卷的方式完成数据收集。

国，自信是正确的，但目前中国展示出的"不必要的军事力量规划"让中国的邻国感到"复杂"。但他认为，中国将来会信守"和平崛起"的承诺。印度尼赫鲁大学国际问题学者斯瓦兰·辛格博士的观点是，中国不是崇尚军事的国家。他认为，说中国"复杂难懂"不如说中国是一个综合体，就像印度一样也是快速转型中的国家。斯瓦兰说，印度和中国有着同等程度的文明，当然，中国无论是政治凝聚力还是社会稳定性，都要比印度更具影响力。

在了解了这个全球调查的相关数据后，英国智库列格坦研究所学者格梅斯特告诉《环球时报》记者，中国人给各国民众留下"自信"的印象，会对深化国际间的合作起到直接帮助，今后讨论和寻求解决更多国际事务时，都会邀请中国参与。格梅斯特认为，在不少西方人眼中，中国近来设立东海防空识别区等举措，反映出中国不怕和对手用硬实力来比拼。他表示，人们似乎还不习惯在本世纪初看到中国变成一个超级国家，触角伸及世界各地，一些外国人也不够了解中国的历史，不清楚中国为什么卷入一些国际争议问题，为什么中国又坚守自己的原则不放。

凤凰卫视驻英国首席记者曹劼在欧洲生活多年，他认为，中国在欧洲人眼中，仍是一个"实力上升"国家，虽然欧美媒体报道中有各种渲染中国强势的字眼，但多数欧洲人并没有把中国看成是一个尚武、傲慢的国家。曹劼说："我曾问过英国当地不少学者，他们都不相信中国会在经济实力达到顶峰时，就转变成一个恃强凌弱的超级国家，因为这和中国的历史传统不符。"

关于中国的国家实力，在调查中有 60.0% 的国外受访者给予"已经是世界性强国"的认可，26.0% 的受访者认为中国"还不完全是世界性强国"，仅 6.1% 的受访者明确表示中国"不是世界性强国"。问及中国具备哪些世界性强国的条件，高达 73.0% 的国外受访者选择"经济实力"，选择"政治及外交影响力"的占 34.3%，选择"军事实力"或"文化影响力"的分别占 23.6% 和 22.2%。认为中国"已经是世界性强国"的受访者比例以南非和英国为最高，分别为 76.9% 和 74.2%。此外，澳大利亚、美国、巴西和韩国四国肯定中国已是世界性强国的受访者比例都超过六成。相比之下，越南（48.4%）、俄罗斯（45.5%）和菲律宾（45.2%）三国的受访者对中国世界性强国地位的认同度最低。格梅斯特对"南非和英国更认可中国"一点也不感到奇怪。他告诉《环球时报》记者，南非是新"金砖"成员，在经济发展、基础建设和民生消费等方面把中国当成效仿的对象。而这些年英中两国经贸合作增加，尤其是英国人看到本国经济总量被中国超过、大批中资机构进入后，他们对中国的印象发生改变。就连英国前首相布莱尔都说,中国的实力变强,超过英国并不奇怪,因为这是一个十多亿人口支撑的国家。曹劼也表示:"能够说出中国变强了,应该是英国人的心里话。"

赢得周边国家人心是重要课题

相对于英国人和南非人对中国的积极评价,调查的多组数据显示,中国周边国家对中国的认识和预期都比远离中国的国家更消极。比如:越南、日本、菲律宾等中国"周边国家"的受访者中,对中国持负面态度的比例高于欧美非等洲的"非周边国家",具体来看,喜欢中国的周边国家受访者比例为25.4%,低于非周边国家的36.0%;非周边国家受访者对中国经济继续快速发展的预期也高于周边国家,认为中国经济"能"继续快速发展的受访者在非周边国家占73.1%,高于周边国家的67.0%。而且,周边国家受访者更倾向于认为,未来10年与中国之间将会是竞争或对抗关系。调查还显示,相关周边国家受访者略微认同自己的国家与中国之间"存在比较严重的领土争端问题",但不同意美国介入。

清华大学公共管理学院教授楚树龙对《环球时报》记者说,这个调查在反映世界对中国的看法方面比较客观,也跟他一贯的印象相吻合。不过,该调查在反映亚洲对中国的看法上有些偏差,主要是调查涉及的亚洲国家偏少,像巴基斯坦、泰国、柬埔寨、马来西亚等对华友好的邻国不在调查之列,所以调查结果显示,周边国家对中国的看法比较消极。但他认为,中国周边国家对中国确实存在很多负面看法,这个问题是值得中国政府和所有中国人重视的大课题,即怎样赢得周边国家的人心。楚树龙说,中国跟亚洲各国经贸和文化联系多,人员往来频繁,这么多年来也苦心经营亚洲,包括建立自贸区、给予援助等,但我们的付出和得到还没有完全成正比。

尼赫鲁大学国际问题学者斯瓦兰告诉《环球时报》记者,中国与邻国关系看起来复杂是因为亚洲的被殖民史和遗留下来的边界争端问题,这些加剧了中国与一些邻国的相互猜忌和误解。印度观察家研究基金会会长乔希认为,中国需要发展自己的软实力,用更温和的外交手腕处理和周边国家的关系。同时,中国应努力摆脱或者防止自己的经济外交被他国当成"21世纪的新殖民主义政策"。他还表示,中国需要提高自己的政策决定过程的透明度,尤其是事关世界和地区局势的重大政策,应让其他国家充分了解政策制定的前因后果。

《环球时报》记者就该调查也与北京第二外国语学院汉语学院留学生进行了交流。日本学生千叶春说:"我们感到中国很自信,给世界一种'什么都能做到'的感觉。"越南学生黄君斌认为,"中国现在太强大,我们国家在政治、军事、经济各个方面都感受到威胁"。韩国学生李载惜说,受儒教文化影响,

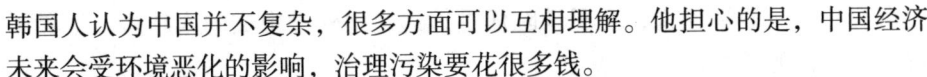

韩国人认为中国并不复杂,很多方面可以互相理解。他担心的是,中国经济未来会受环境恶化的影响,治理污染要花很多钱。

谈到中国给周边国家留下的印象,作为"旁观者"的英国学者格梅斯特认为,"就像法国人永远不满意英国人一样,因为两个近邻彼此太熟悉了。"他表示,部分邻国民众对中国持有的消极态度不会长期存在,或许是因为受访者对眼下涉及中国的一些问题不满,但没有哪个邻国会放弃同中国的正常交往。

中国的话语权仍然很弱

"很多发展中国家媒体每天对中国的报道,有相当多的是转引西方主流通讯社或报纸的报道。可想而知,他们心目中的中国形象是怎样的。"曾在美国、瑞典、泰国常驻,现在巴西的《环球时报》记者丁刚谈到这个现象不免很感慨。本次环球舆情调查中心全球调查的一个"发现"也反映出这一问题。调查显示:44.4%的国外受访者了解中国信息的渠道是"国际知名媒体(如CNN、BBC等)";39.5%的受访者了解中国信息的渠道是"本国的电视";27.5%的受访者通过"中国在本国举办的文化商贸活动"了解中国信息。相比而言,仅12.1%的受访者通过"中国媒体在本国的传播"了解中国相关信息。调查还显示,通过中国媒体了解中国信息的受访者中,32.1%近半年内阅读过《环球时报》或浏览过环球网。

丁刚认为,中国的话语权仍然较弱,"原因在于我们说的话没有进入人家的话语体系,要么是人家听不懂,要么是不爱听"。而且,巴西等国有相当一部分涉华报道其实都是中国媒体最早报道出来的,但它们用的却是经过西方主流媒体再包装后的"二手报道"。丁刚说,不管怎么样,各国民众看到有关中国的报道越来越多,媒体如果总是谈论一个国家,即使有些负面议论,受众也会觉得这个国家很重要。

曹劼告诉《环球时报》记者,如果从技术层面而言,中国媒体的国际传播力已做得非常好。即便是到欧洲某个小国的小酒店入住,也有机会在当地有线电视频道中看到中文媒体的节目。中国的报刊也已发行到一些非洲国家。但问题在于,中国媒体对世界的解读存在很明显的"中国式风格",还缺乏独特的视角,缺少对自身问题的批判和对他国社会的深入了解。

即使是"12.1%国外受访者通过中国媒体在本国的传播了解中国"这一结果,楚树龙教授也认为:"这个数字不是太低,而是太高,你想在中国,有12%的中国人是通过外国媒体了解其他国家的吗?"楚树龙解释说,他曾问新加坡总理李显龙,为什么新加坡人对中国的态度那么消极,李显龙的回答是,因为现在新加坡年轻人都不看中文,只通过英文来了解中国,所以对中国的印象就很片面。楚树龙认为,一个国家的影响力与这个国家语言的影响力密切相关。他举例说,孔子学院任重道远,国外学中文的人越多,世界了解中国才会越客观。

(环球时报 2013-12-10 第3193期 第7版|深度报道 作者:凌玉环 马晴燕 张宇洋)

主要发现

发现一 六成国外受访者认为中国是世界性强国

13个国家的调查显示,对于中国是否已经是世界性强国的问题,总体上有六成(60.0%)受访者给予了肯定回答,选择"是";超过四分之一(26.0%)的受访者认为"还不完全是";另外也有6.1%的受访者认为中国还"不是"世界性强国;剩余7.9%的受访者对此问题表示"不知道,说不清"。

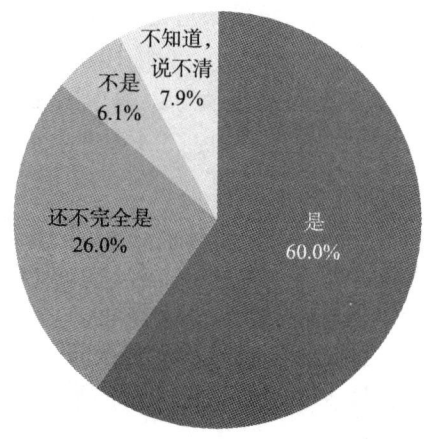

图1-1 你认为中国已经是世界性强国了吗?(N=13,266)

1.1 南非和英国受访者认为中国已经"是"世界性强国的比例最高

分国家来看,13个国家中,认为中国已经是世界性强国的受访者比例以南非和英国为最高,尤其是南非,高达76.9%,英国占第二位,认可率达74.2%。此外,澳大利亚、美国、巴西和韩国四国肯定中国已经是世界性强国的受访者比例都超过六成,分别为69.5%、68.9%、65.4%、62.8%。哈萨克斯坦、肯尼亚、日本和印度四国的此类受访者比例均超过半数,分别为57.3%、57.1%、56.4%、52.0%。相比之下,越南(48.4%)、俄罗斯(45.5%)和菲律宾(45.2%)三国的受访者对中国世界性强国地位的认同度最低,但也都超过四成半。

认为中国不是世界性强国的受访者以俄罗斯、日本、肯尼亚和菲律宾四国的比例最大,提及率分别为:11.1%、10.4%、10.4%、10.1%,多为中国的周边国家。

一、环球对望：中国信心与世界印象

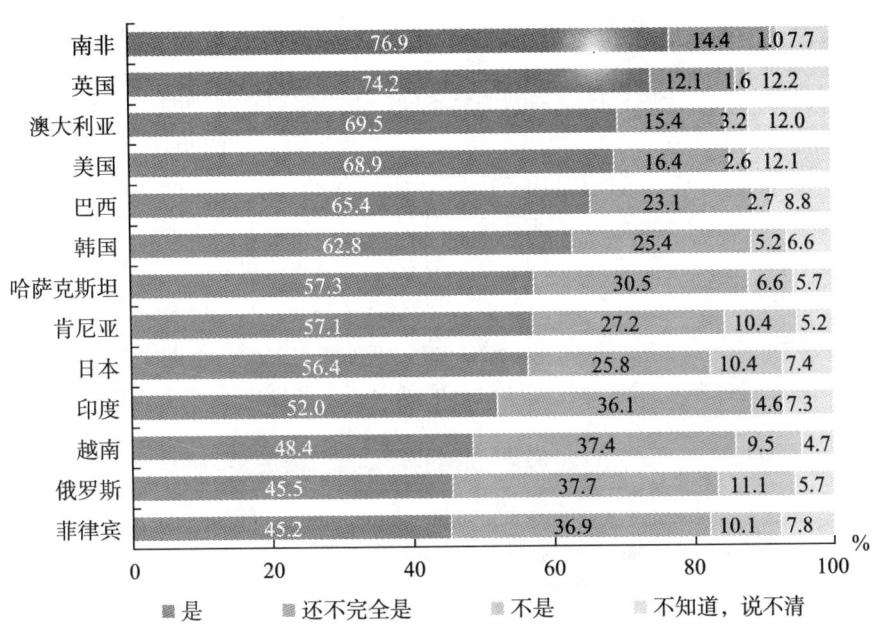

图1-2 你认为中国已经是世界性强国了吗？——分国家（N=13,266）

1.2 非周边国家受访者对中国已经是世界性强国的认同度高于周边国家受访者

舆情调查中心将本次调查的13个国家分为周边国家和非周边国家两类，研究得知，非周边国家受访者对中国世界性强国地位的认同度高于周边国家。具体来看，68.6%的非周边国家受访者肯定了中国已经"是"世界性强国，高于周边国家的52.5%，高出16.1个百分点。相反，认为中国"还不完全是"世界性强国和"不是"世界性强国的受访者在周边国家所占的比例均高于非周边国家；32.9%的周边国家受访者认为中国"还不完全是"世界性强国，高于非周边国家的18.1%；8.2%的周边国家受访者完全否定了中国的世界性强国地位，比非周边国家（3.6%）高4.6个百分点。

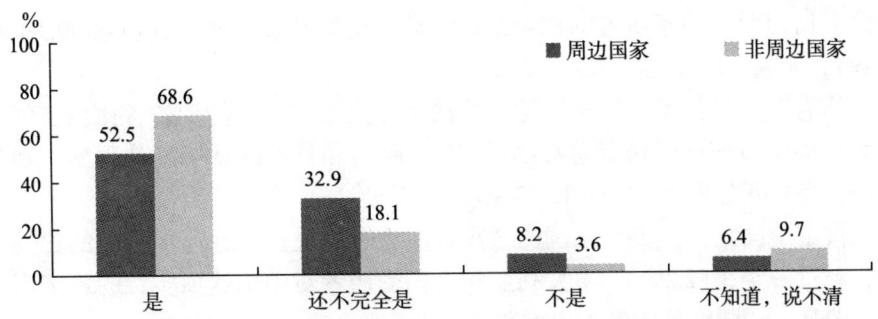

图1-3 你认为中国已经是世界性强国了吗？——周边国家与非周边国家比较（N=13,266）

发现二 七成多国外受访者认为中国已具备世界性强国的"经济实力"

问及中国已具备世界性强国的哪些条件？国外受访者对中国"经济实力"条件的成熟给予了最高肯定，"文化影响力"这样的软实力得到的肯定最少。具体来看，七成多（73.0%）国外受访者认为中国在"经济实力"上已经具备世界性强国的条件，提及率远远高于其他选项。其二是"政治及外交影响力"，提及率达34.3%。"军事实力"和"文化影响力"两方面获得的认可最低，分别仅有23.6%和22.2%的受访者提及。值得注意的是，总体上有3.0%的受访者认为中国不具备世界性强国的任何条件。此外还有5.5%的受访者认为中国具备世界性强国的其他条件，剩余6.2%的受访者对比问题没有明确表态，选择"不知道，说不清"。

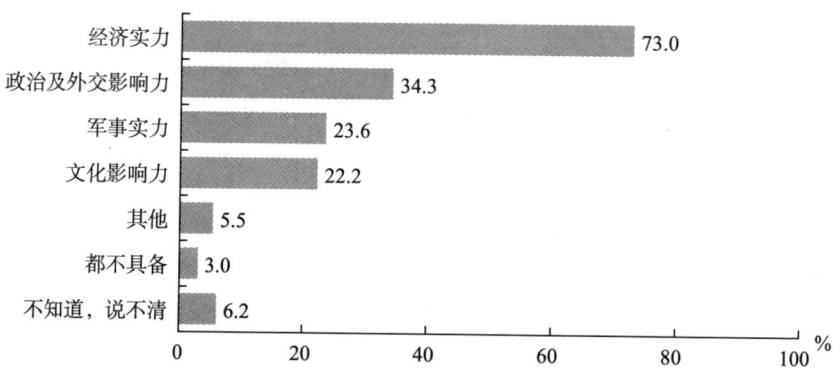

图1-4 你认为中国已具备世界性强国的哪些条件了？（N=13,266）

注：此题为可多选，各选项之和大于100%。

2.1 南非受访者最认可中国具备世界性强国的"经济实力"；韩国受访者最认可中国具备世界性强国的"政治及外交影响力"；印度受访者最认可中国具备世界性强国的"军事实力"；越南受访者最认可中国具备世界性强国的"文化影响力"

分国家来看，肯定中国具备世界性强国的"经济实力"的受访者在南非、哈萨克斯坦两个国家所占的比例最高，认可度均超过八成，分别达89.3%和83.6%，尤其是南非的认可度最高。

认为中国具备世界性强国的"政治及外交影响力"的受访者比例在韩国最为集中，占该国受访者总数的52.3%。越南和日本的认同度分列第二和第三位，提及率分别为47.3%和43.8%。

肯定中国具备世界性强国的"军事实力"的受访者在印度所占的比例最高，超过一半（52.2%），澳大利亚和英国受访者对中国这项实力的肯定声音也比较高，认同度分别为44.9%和43.2%。

各国对于中国的"文化影响力"已经达到世界性强国的条件的认同度均

一、环球对望：中国信心与世界印象

显不足，提及率都不足四成，越南的认可度最高，为35.4%。

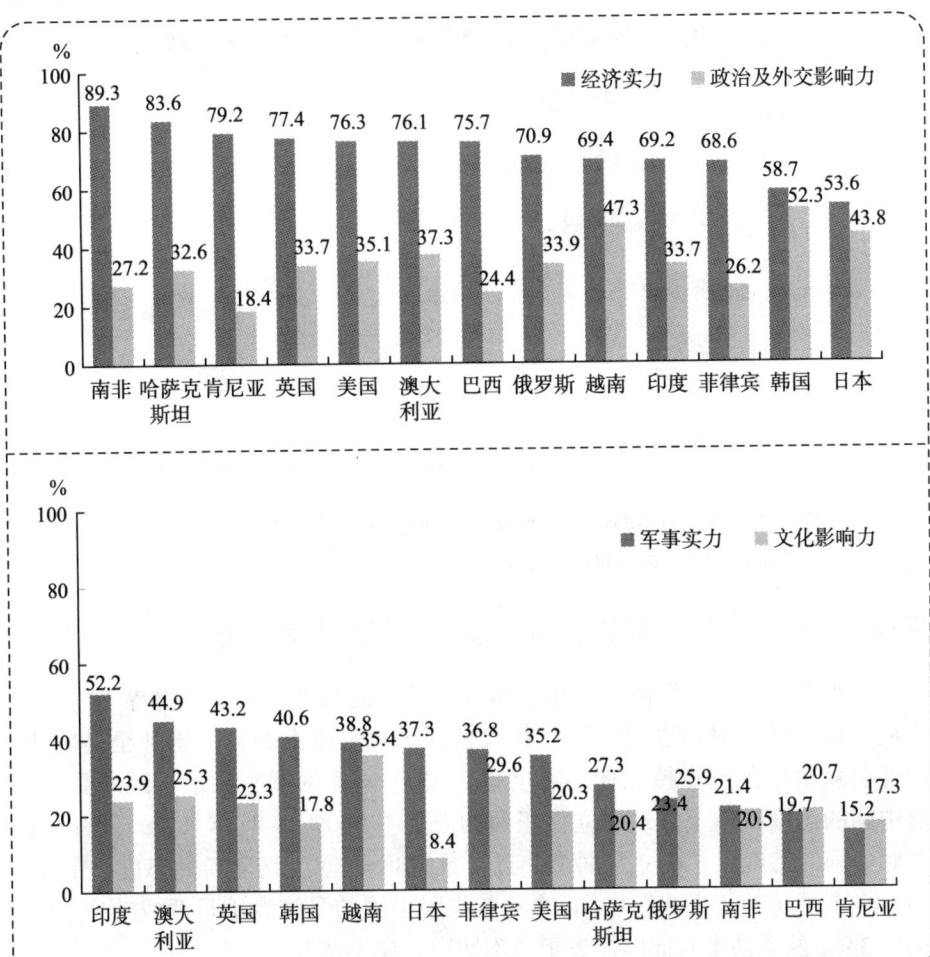

图1-5 你认为中国已具备世界性强国的哪些条件了？——分国家（N=13,266）

2.2 非周边国家受访者比周边国家更肯定中国具备世界性强国的"经济实力"；周边国家受访者比非周边国家更肯定中国具备世界性强国的"军事实力"、"政治及外交影响力"和"文化影响力"

对周边国家和非周边国家进行对比分析得知，非周边国家受访者比周边国家受访者更认同中国在"经济实力"上已经达到世界性强国的条件。认为中国具备世界性强国的"经济实力"的受访者在非周边国家占比近八成（79.0%），高出周边国家的67.7%。相反，认为中国在"军事实力"、"政治及外交影响力"和"文化影响力"三方面达到世界性强国条件的受访者比例在周边国家的分布均高于非周边国家，这三类受访者在周边国家的比例分别为

36.6%、38.6% 和 23.1%。

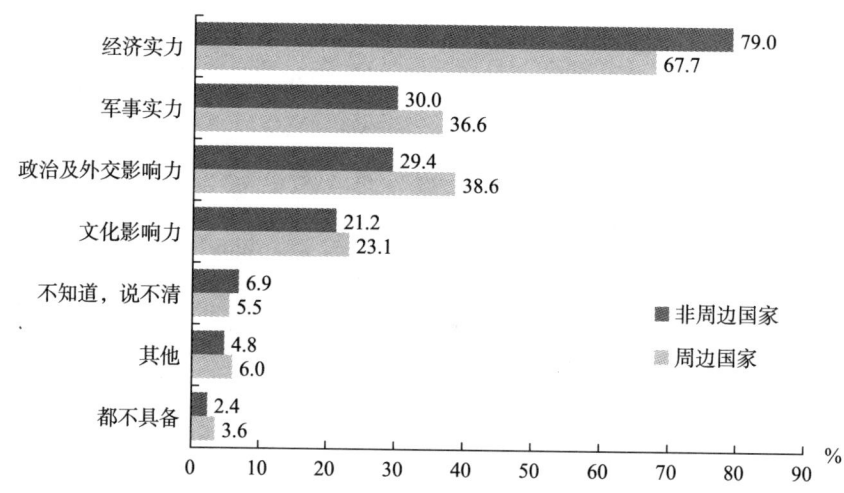

图 1-6 你认为中国已具备世界性强国的哪些条件了？——周边国家与非周边国家比较（N=13,266）

发现三　近八成国外受访者对中国持正面或中立态度

近年来，中国在经济、文化、军事等领域的快速发展，使世界上一些国家从中获利的同时，也对中国的壮大感到了越来越大的紧迫感甚至是威胁。国外公众对中国究竟持怎样的态度呢？13 个国家的调查显示，国外受访者对中国的态度整体上呈现中立偏正面的态势（79.0%）。具体来看，国外受访者对中国的态度以"中立"居多，近半数（48.6%）受访者持此态度；有三成（30.4%）受访者"喜欢"中国；"不喜欢"中国的受访者不足两成（17.1%）；剩余 3.9% 的受访者对此问题表示"不知道，说不清"。

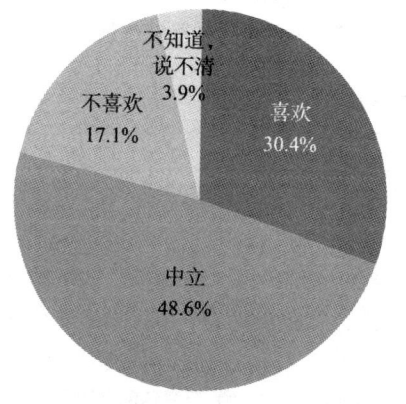

图 1-7 你对中国持什么态度？（N=13,266）

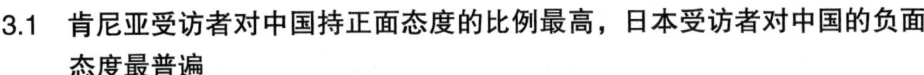

3.1 肯尼亚受访者对中国持正面态度的比例最高，日本受访者对中国的负面态度最普遍

调查显示，13个国家中，肯尼亚受访者对中国持正面态度的比例最高，喜爱度高达64.3%；其次是巴西，该国"喜欢"中国的受访者比例达52.0%；第三是哈萨克斯坦，受访者对中国的喜爱度达47.7%；"喜欢"中国的受访者在印度也占到47.2%，排第四。相比之下，与中国存在领土争端的日本和越南受访者对中国的喜爱度最低，两国分别仅有1.8%和6.3%的受访者"喜欢"中国。

调查显示，对中国持反面态度的受访者在日本所占的比例最高，达54.3%，该国受访者对中国的主流态度也是反面的，以"不喜欢"中国的受访者居多。此外，"不喜欢"中国的受访者在越南所占的比例也达到41.2%，紧随日本之后。

综合来看，对中国的主流态度保持正面的国家有肯尼亚、巴西和印度3个国家；持中立态度的国家占多数，包括哈萨克斯坦、俄罗斯、英国、南非、澳大利亚、菲律宾、美国、韩国、越南等9个国家；对中国的主流态度保持负面的国家仅有日本。

3.3 周边国家受访者中，对中国持负面态度的比例高于非周边国家

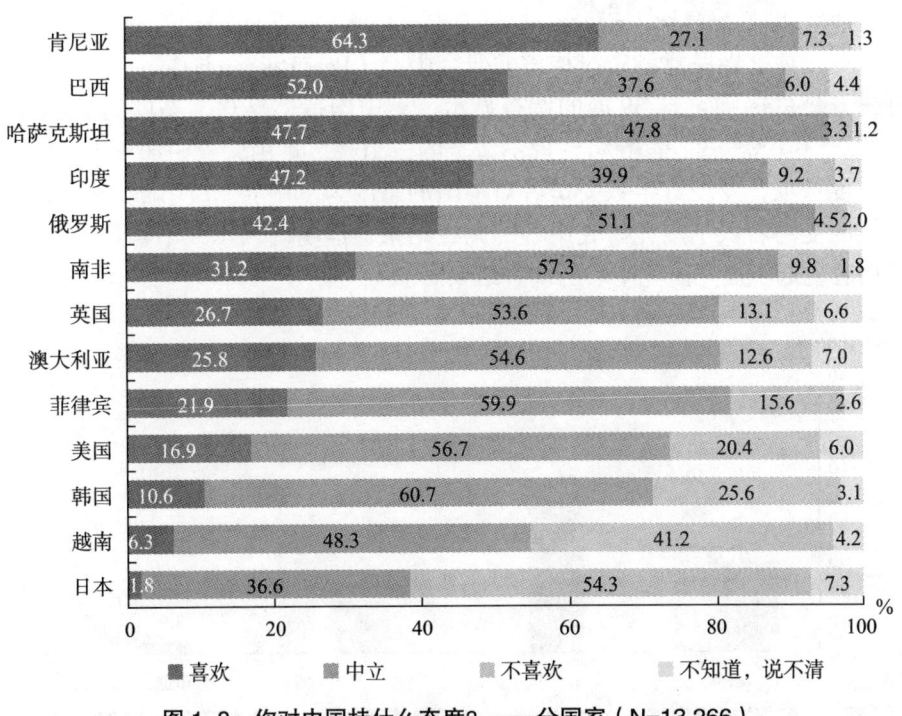

图1-8 你对中国持什么态度？——分国家（N=13,266）

调查显示，周边国家受访者对中国的负面情绪高于非周边国家，非周边国家受访者对中国的喜爱度高于周边国家。具体来看，喜欢中国的周边国家受访者比例为25.4%，低于非周边国家的36.0%；22.0%的周边国家受访者"不喜欢"中国，这一比例比非周边国家（11.6%）高出10.4个百分点。对中国持中立态度的受访者在周边国家和非周边国家所占的比例相差不大。

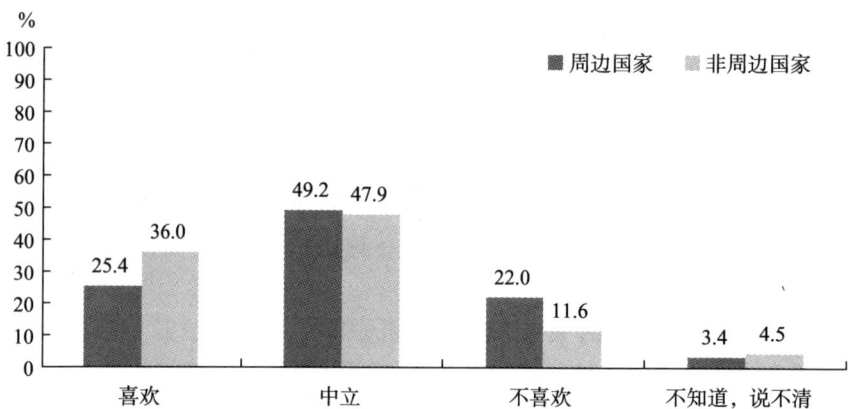

图1-9　你对中国持什么态度？——周边国家与非周边国家比较（N=13,266）

3.3 与美国皮尤研究中心的调查结果相比，本项调查中对中国持"不喜欢"态度的受访者比例更低

美国独立性民意调查机构皮尤研究中心（Pew Research Center）今年3-4月份开展的一项全球39国的调查显示，对中国持"喜欢"态度的受访者占50%，"不喜欢"的占36%，"说不清"的占10%。本项调查中加入了"中立"的态度选项，发现近半数受访者对中国的态度为"中立"，明确表示"喜欢"中国的受访者低于皮尤研究中心的调查结果，但明确表示"不喜欢"中国的受访者也低于皮尤研究中心的调查结果。

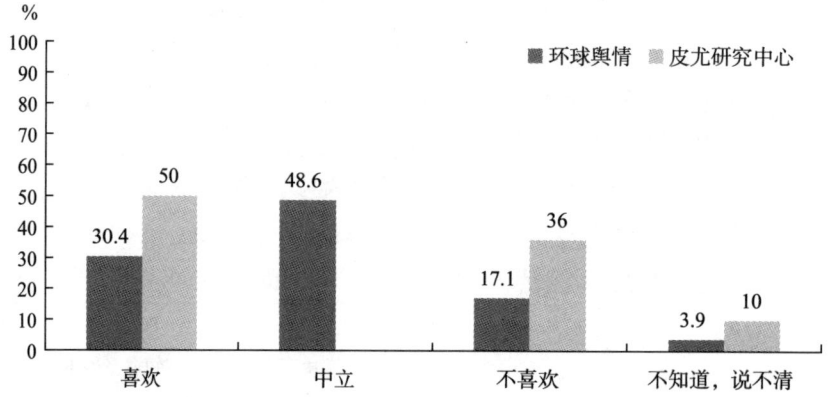

图1-10　你对中国持什么态度？——环球舆情调查中心与皮尤研究中心结果比较

一、环球对望：中国信心与世界印象

分国家来看，本项调查与皮尤研究中心的调查结果有共同之处：对中国持"喜欢"态度的受访者在肯尼亚、巴西都是比例最高的，在日本都是比例最低的。皮尤研究中心的结果中，澳大利亚、菲律宾的受访者中对中国表示"喜欢"的比例要高于英国、南非，这可能与调查的时间差异有关。今年5月，菲律宾枪击台湾渔船，受到海峡两岸联合施压，可能影响了菲律宾受访者对中国的感觉。

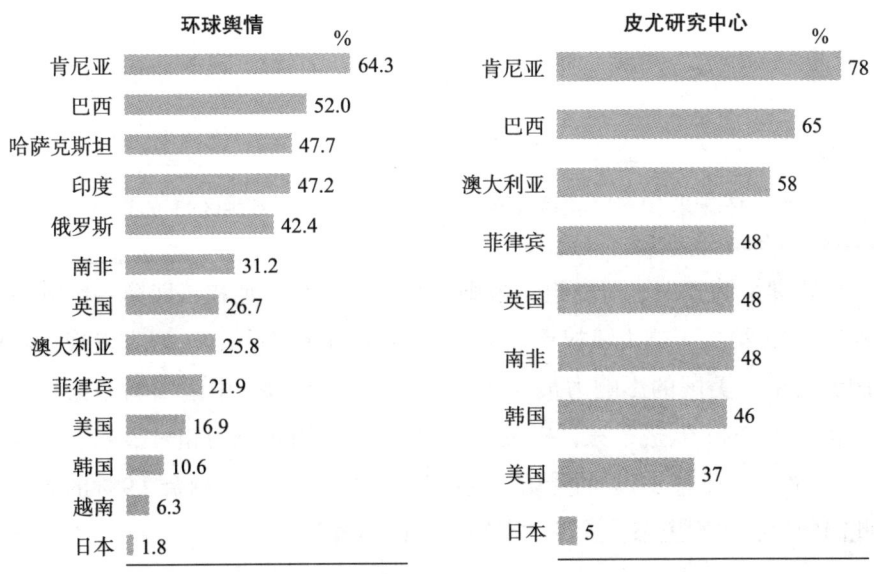

图1-11 对中国持"喜欢"态度的受访者比例——环球舆情调查中心与皮尤研究中心结果比较

发现四 国外受访者认为未来10年国际事务中最具影响力的国家或地区依次是美国、中国、欧盟

为了了解国外受访者心中，未来10年内国际事务中最具影响力的国家（或地区），本次调查对13个国家以及中国受访者分别进行了相关问题的调查，并邀请受访者排出了心目中最具影响力的国家前三名。

具体分析受访者对各国在未来国际事务中的影响力排名得知，在第一有影响力的国家排名中，美国占领第一的位置，提及率达54.7%，远远高于其他国家，比排名第二的中国（25.2%）高出29.5个百分点。在第二有影响力的国家排名中，中国则排在了第一，提及率达35.9%。欧盟则排在第三有影响力的国家或地区的首位，提及率为28.8%。

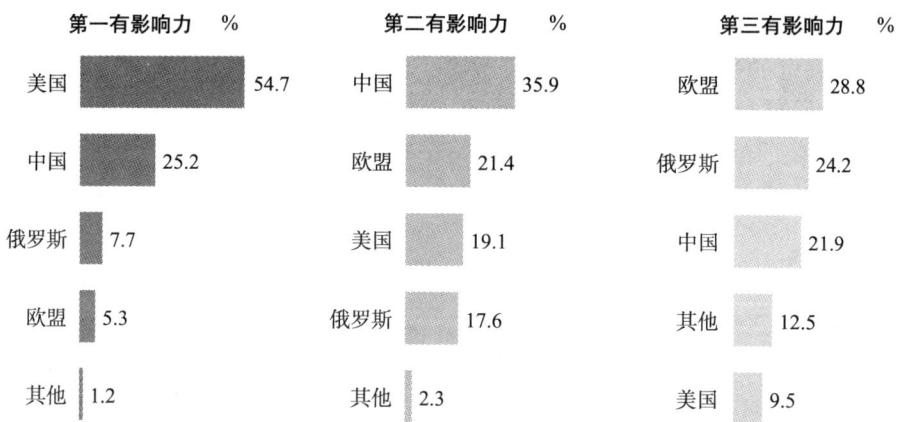

图1-12 你认为在未来10年内,国际事务中最具影响力的国家(或地区)有哪些?(N=13,266)
注:选项未列全,故各选项之和小于100%。

环球舆情调查中心研究组对各国排名情况进行了加权,即第一影响力赋予权重0.5,第二影响力赋权重0.3,第三影响力赋权重0.2。研究发现,国外受访者心中,美国的影响力最大,总提及率达35.0%;中国影响力第二,综合提及率27.7%;欧盟第三,提及率14.8%;俄罗斯影响力相对最差,提及率13.9%。此外,还有3.8%的受访者选择其他国家或地区,剩余2.9%的受访者对此问题没有明确表态,选择"不知道,说不清"。

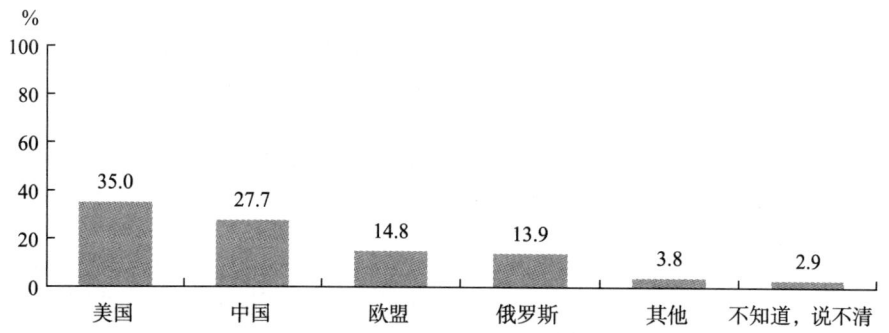

图1-13 你认为在未来10年内,国际事务中最具影响力的国家(或地区)有哪些?(N=13,266)

4.1 澳大利亚、哈萨克斯坦和南非三国受访者中,认为中国在未来10年是国际事务中最有影响力的国家的比例最大

对各国受访者的态度分别进行分析得知,澳大利亚、哈萨克斯坦和南非三国受访者对中国的国际事务影响力评价最高,认为中国在未来10年是国际事务中最有影响力的国家的受访者在三国分别占比31.5%、31.3%、31.1%,高于其他国家。近年来,与中国频发领土争端的日本、越南和菲律宾三国受

访者对中国在国际事务中的影响力评价最低,三国受访者的总提及率分别仅为 23.0%、22.6%、22.1%,低于其他国家。

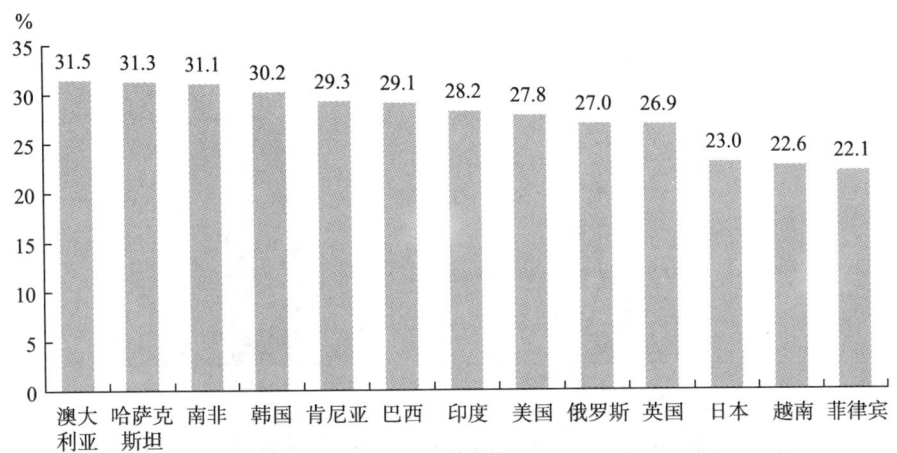

图 1-14 认为在未来 10 年内,中国成为国际事务中最有影响力的国家的受访者百分比——分国家(N=13,266)

4.2 相比于周边国家,非周边国家受访者认为中国未来在国际事务中的影响力更大

对比中国周边国家和非周边国家的受访者态度得知,非周边国家的受访者对中国在国际事务中的影响力评价更高,认为未来 10 年内,中国成为国际事务中最有影响力国家的受访者在非周边国家的综合占比达 29.3%,高于周边国家的 26.3%。

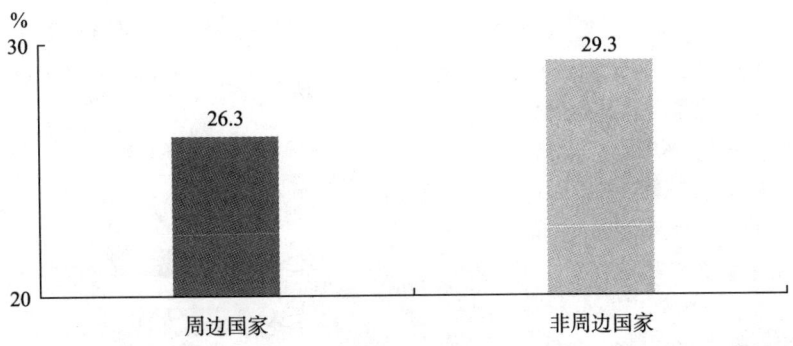

图 1-15 认为在未来 10 年内,中国成为国际事务中最有影响力的国家的受访者百分比——周边国家与非周边国家比较(N=13,266)

4.3 相比于国外受访者,国内受访者认为中国未来在国际事务中的影响力更大

对比国内受访者和国外受访者的态度可知,国内受访者对中国在国际事务中的影响力评价更高，35.1%的国内受访者认为未来10年内，中国将成为国际事务中最有影响力的国家，这一比例在国外受访者中所占比例为27.7%。

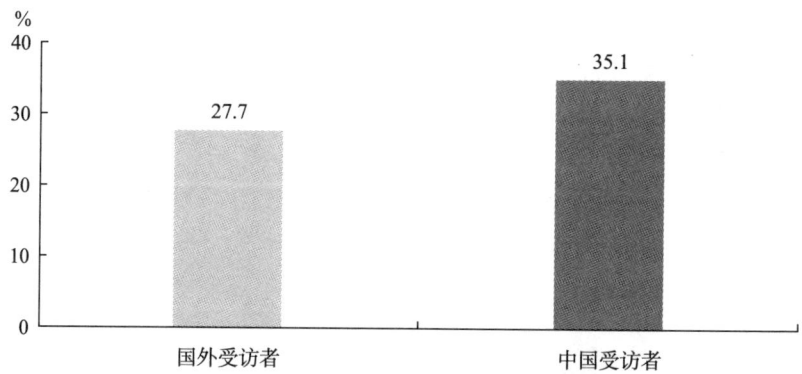

图1-16 认为在未来10年内，中国成为国际事务中最有影响力的国家的受访者百分比——中外受访者对比（N=14,483）

4.4 与美国皮尤研究中心的调查结果相比，本项调查中肯尼亚受访者更加肯定中国在国际事务中的影响力

与美国皮尤研究中心（Pew Research Center）的调查结果相比，环球舆情

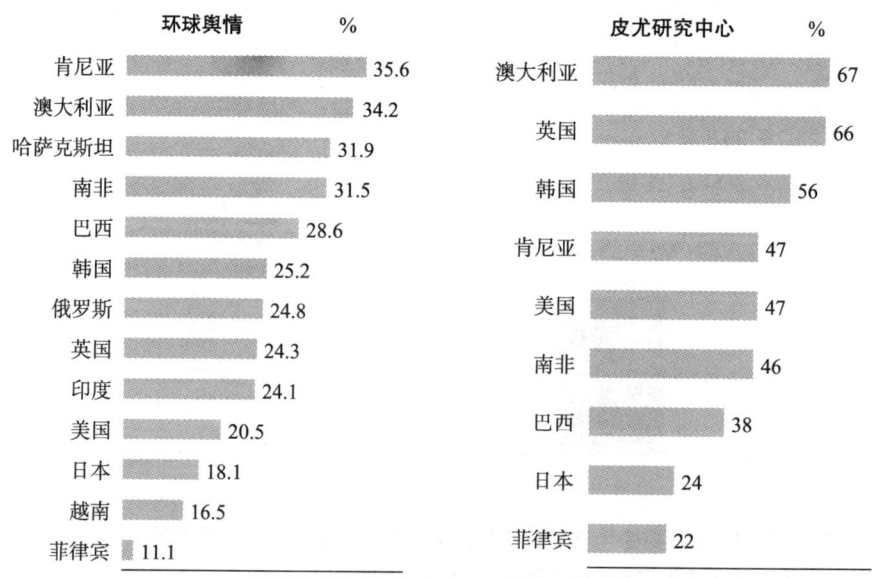

图1-17 认为在未来10年内，中国成为国际事务中最有影响力的国家的受访者（环球舆情）V.S. 认为中国目前已经或将会成为国际事务中最具领导力的超级大国的受访者（皮尤研究中心）

调查中心的跨国调查中,肯尼亚受访者更肯定中国在国际事务中的影响力;在两项调查中澳大利亚受访者都比较肯定中国在国际事务中的影响力;菲律宾和日本的受访者都最不肯定中国的影响力。

发现五　国外受访者认为未来10年亚洲事务中最具影响力的国家依次是中国、美国、日本

问及"未来10年内,亚洲地区事务中最具影响力的国家(或地区)有哪些",各国排名的加权值①显示,中国的影响力获得国外受访者的最高认同,总提及率达31.5%,远远高于其他国家。美国以19.3%的总提及率排第二。日本的影响力第三,提及率16.0%。欧盟的影响力最小,受访者总提及率仅为4.3%。此外,印度的影响力也明显不足,提及率仅为7.3%。

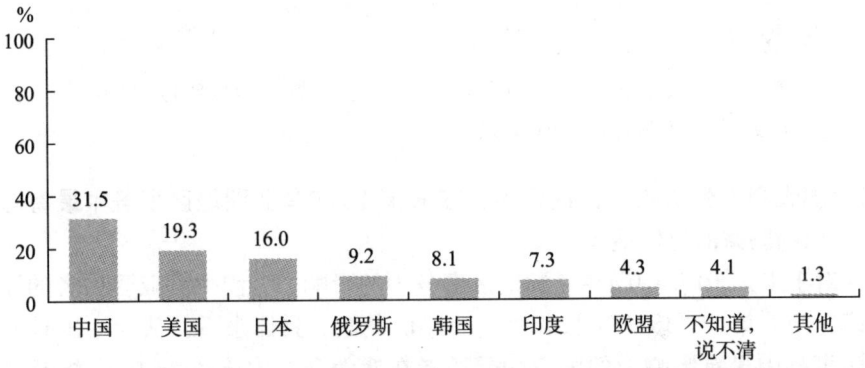

图1-18　你认为在未来10年内,亚洲地区事务中最具影响力的国家(或地区)有哪些?(N=13,266)

具体分析受访者心目中未来10年内亚洲地区事务中各国影响力的排名得知,在第一有影响力的国家排名中,中国以43.8%的提及率占领头把交椅,在国外受访者心中的影响力远远高于其他国家。美国排名第二,提及率26.8%。在第二有影响力的国家排名中,日本位列第一,提及率25.1%,比第二名的中国(24.5%)稍高。第三有影响力的国家排名中,日本依然是第一名,提及率19.7%,与第二名的韩国(19.3%)差异不大。

---

① 第一影响力赋予权重0.5,第二影响力赋权重0.3,第三影响力赋权重0.2。

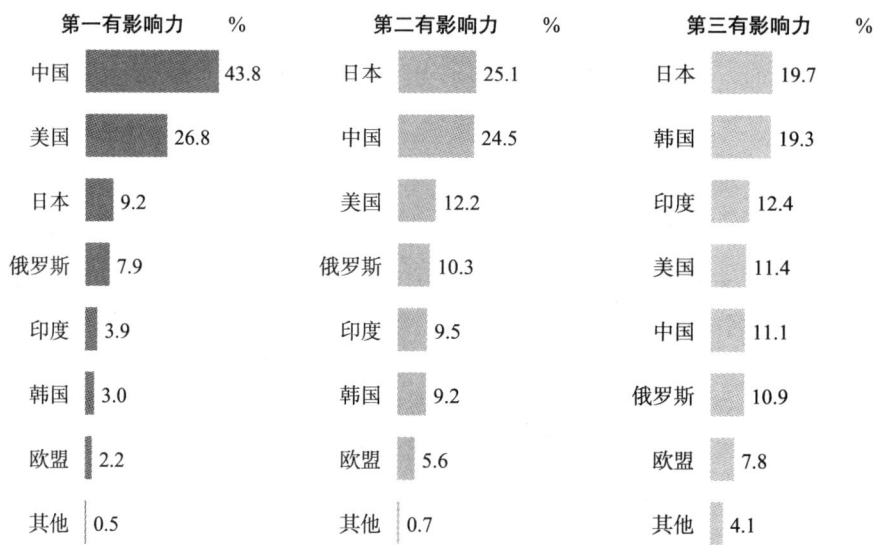

图 1-19 你认为在未来 10 年内,亚洲地区事务中最具影响力的国家（或地区）有哪些?（N=13,266）

5.1 澳大利亚受访者中,认为中国在未来 10 年是亚洲地区事务中最有影响力的国家的比例最大

对于未来 10 年中国在亚洲地区事务中的影响力,澳大利亚受访者的评价最高,南非第二,俄罗斯和菲律宾的评价最低。具体来看,认为中国是亚洲地区事务中最有影响力的国家的受访者在澳大利亚占比达 38.1%,提及率最

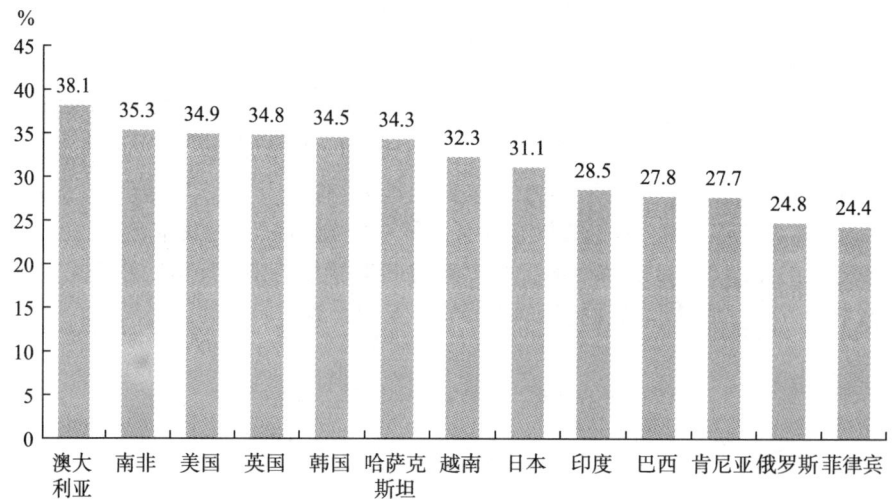

图 1-20 认为在未来 10 年内,中国成为亚洲地区事务中最有影响力的国家的受访者百分比——分国家（N=13,266）

高；南非受访者的提及率为 35.3%，居第二。相比之下，菲律宾和俄罗斯两国受访者对这一问题的认同度最低，两国分别仅有 24.4% 和 24.8% 的受访者认为中国将在未来 10 年内成为亚洲地区事务中最有影响力的国家。

5.2 相比于周边国家，非周边国家受访者认为未来中国在亚洲地区事务中的影响力更大

分析得知，非周边国家受访者对中国在亚洲地区事务中的影响力预期更高。33.2% 的非周边国家受访者认为未来 10 年内中国将成为亚洲地区事务中最有影响力的国家，这一比例高于周边国家的 30.0%。

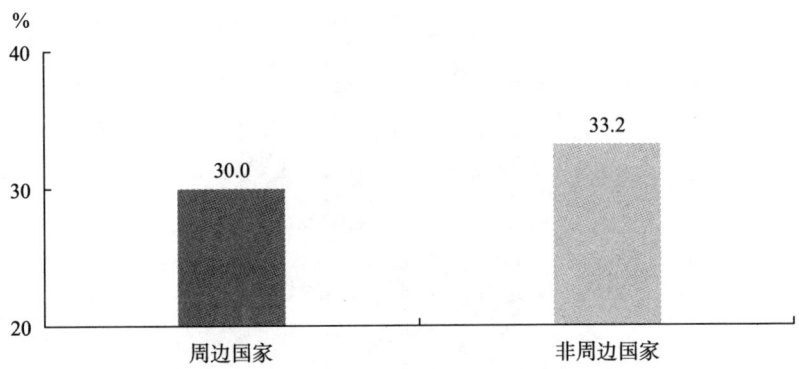

图 1-21 认为在未来 10 年内，中国成为亚洲地区事务中最有影响力的国家的受访者百分比——周边国家与非周边国家比较（N=13,266）

5.3 相比于国外受访者，国内受访者认为中国未来在亚洲地区事务中的影响力更大

与国外受访者相比，国内受访者对中国在亚洲地区事务中的影响力预期更高。认为未来 10 年内中国将成为亚洲地区事务中最有影响力的国家的受访

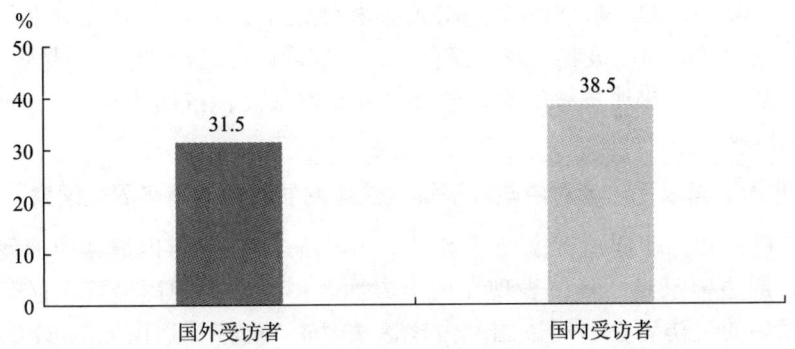

图 1-22 认为在未来 10 年内，中国成为亚洲地区事务中最有影响力的国家的受访者百分比——中外受访者对比（N=14,483）

者在国内占比达 38.5%，比国外受访者（31.5%）高出 7 个百分点。

发现六　近七成国外受访者认为中国经济能够继续快速发展

问及"未来 10 年内，中国经济能否继续快速发展"这个问题，13 个国家的受访者对中国经济显示了较大的信心。具体来看，近七成（69.8%）受访者给予肯定回答，选择"能"；选择"不能"的受访者比例不足两成，为 18.5%；另外也有 11.7% 的受访者对此问题没有明确表态，选择"不知道，说不清"。

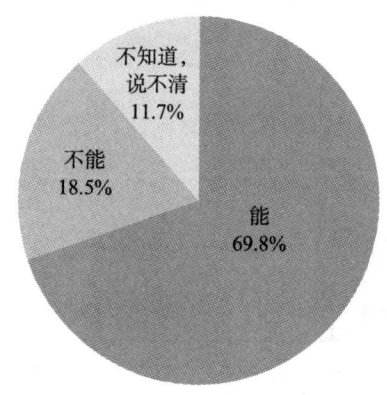

图 1-23　你认为在未来 10 年内，中国经济能否继续快速发展？（N=13,266）

6.1　肯尼亚受访者对中国经济继续快速发展的预期最强，日本最弱

分国家比较得知，对于中国经济未来 10 年内能否继续快速发展的预期，肯尼亚的受访者预期最为乐观，日本最为悲观。具体来看，近九成（87.1%）肯尼亚受访者认为中国经济"能"继续快速发展，此类受访者在巴西、南非、哈萨克斯坦、菲律宾和俄罗斯五国所占的比例也很高，均超过八成，具体为：85.4%、84.7%、83.9%、81.4%、81.3%。相比之下，日本受访者对中国经济继续快速发展的预期最弱，该国仅有 15.7% 的受访者选择"能"。认为中国经济"不能"继续快速发展的受访者比例在日本最高，占比达 62.9%，远远高于其他国家。

6.2　非周边国家受访者对中国经济继续快速发展的预期高于周边国家

分析得知，非周边国家受访者对中国经济未来 10 年内继续快速发展的信心比周边国家足。具体表现在两个方面，一是认为中国经济"能"继续快速发展的受访者在非周边国家占比达 73.1%，高于周边国家的 67.0%；二是认为"不能"的受访者在周边国家所占的比例达 21.2%，高于非周边国家（15.4%）。

一、环球对望：中国信心与世界印象

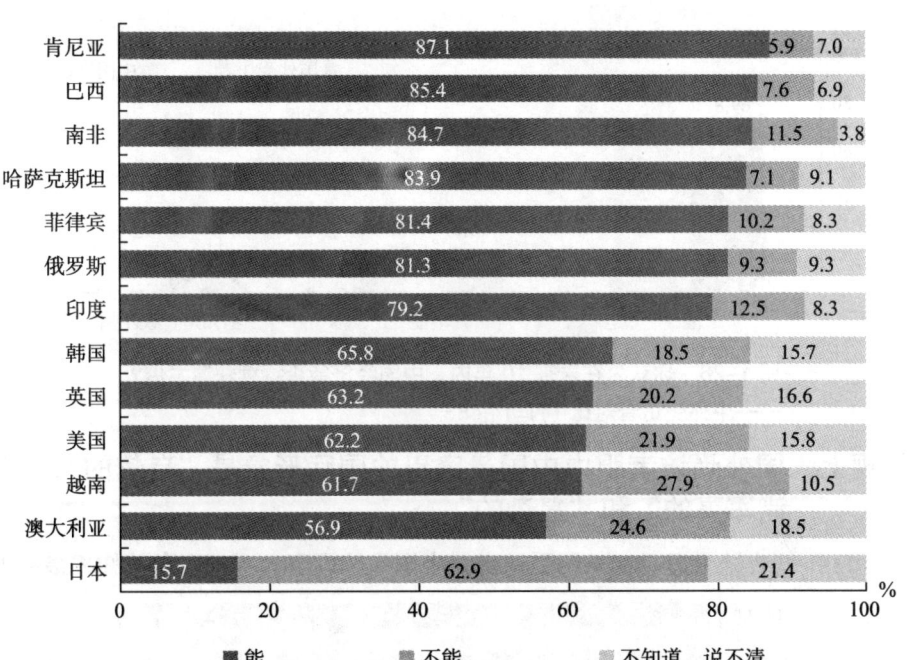

图1-24　你认为在未来10年内，中国经济能否继续快速发展？
——分国家（N=13,266）

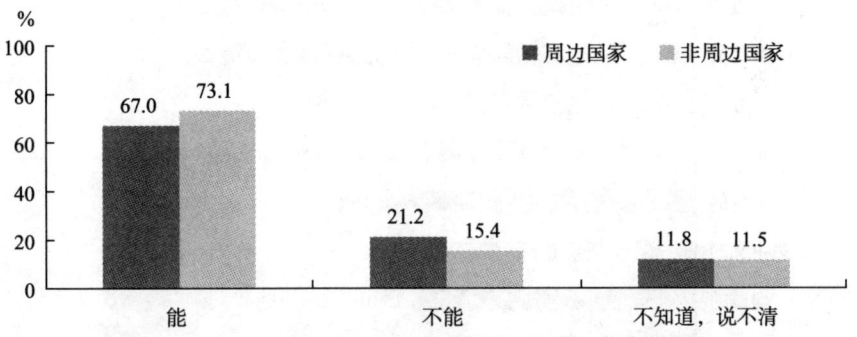

图1-25　你认为在未来10年内，中国经济能否继续快速发展？
——周边国家与非周边国家比较（N=13,266）

6.3　国内受访者比国外受访者对中国经济未来继续快速发展的信心更足

对比国内受访者和国外受访者的态度得知，对于中国经济未来10年继续快速发展的预期，国内受访者的信心更足。具体来看，73.6%的国内受访者认为中国经济能继续快速发展，比国外受访者（69.8%）高出3.8个百分点。认为"不能"的受访者比例在国内和国外相差不大。

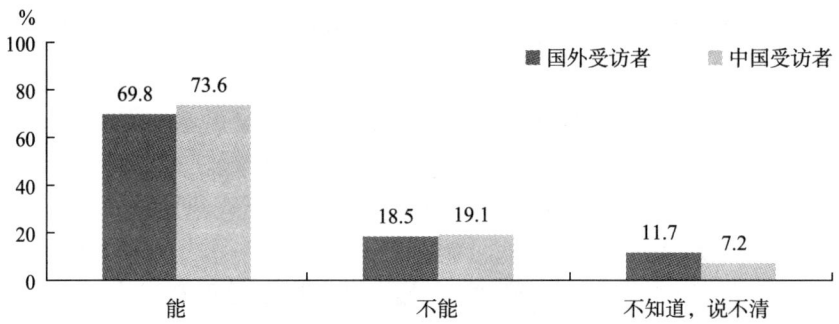

图 1-26 你认为在未来 10 年内，中国经济能否继续快速发展？
——中外受访者对比（N=14,483）

发现七　国外受访者眼中中国最突出的国际形象是"自信的"、"崇尚军事的"和"复杂的"

13 国调查结果显示，外国受访者对中国在国际事务中的形象认知率最高的

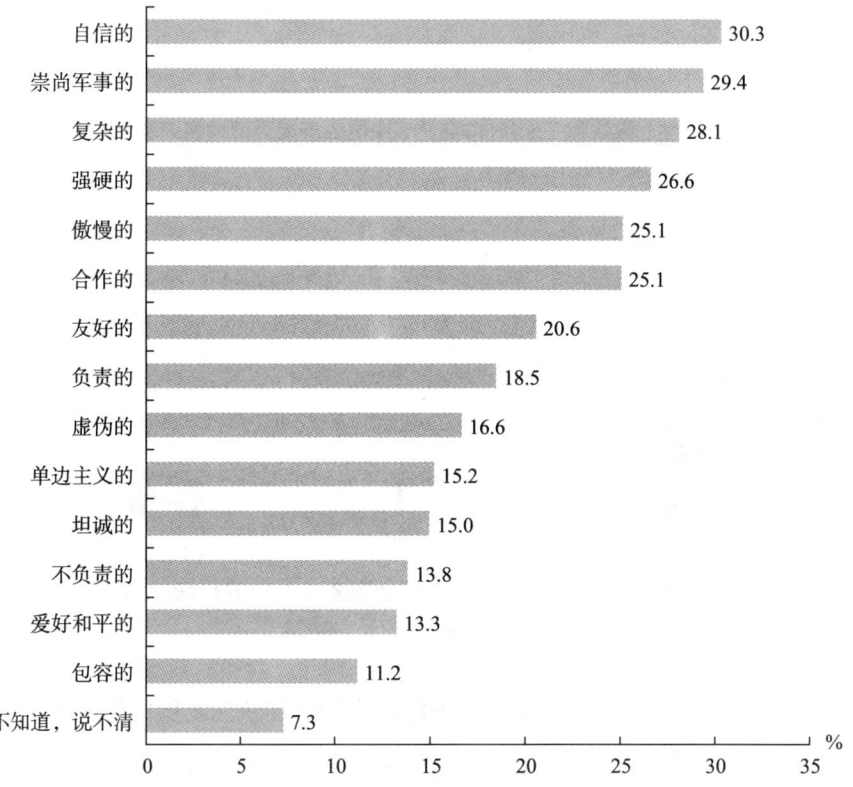

图 1-27 你认为下列形容词哪些用来形容中国在国际事务中的形象比较恰当？（N=13,266）

注：此题为可多选，各选项之和大于 100%。

是"自信的",达 30.3%,这说明了近年来中国在国际事务中表现出来的大国自信在全球范围内得到了认可;其次是"崇尚军事的",提及率达 29.4%,比"爱好和平的"高出 16.1 个百分点,这一方面反映了我国近年来在世界范围内的护航、联合军演等军事走出去战略达到了预想的效果,彰显了大国国威,另一方面也反映出我国的和平外交理念传播效果不甚理想,全球认可度较低,这需要我们的外宣部门扩大宣传力度,在国际舆论中发出更强音。其他认知率较高的形象还有"复杂的"、"强硬的"、"傲慢的"、"合作的"等,认知率都在 25% 以上。

7.1 南非受访者最倾向于认为中国是"自信的";越南、日本受访者最倾向于认为中国是"崇尚军事的";越南受访者最倾向于认为中国是"复杂的"

在展开调查的 13 个国家中,南非受访者对中国在国际事务中"自信"的

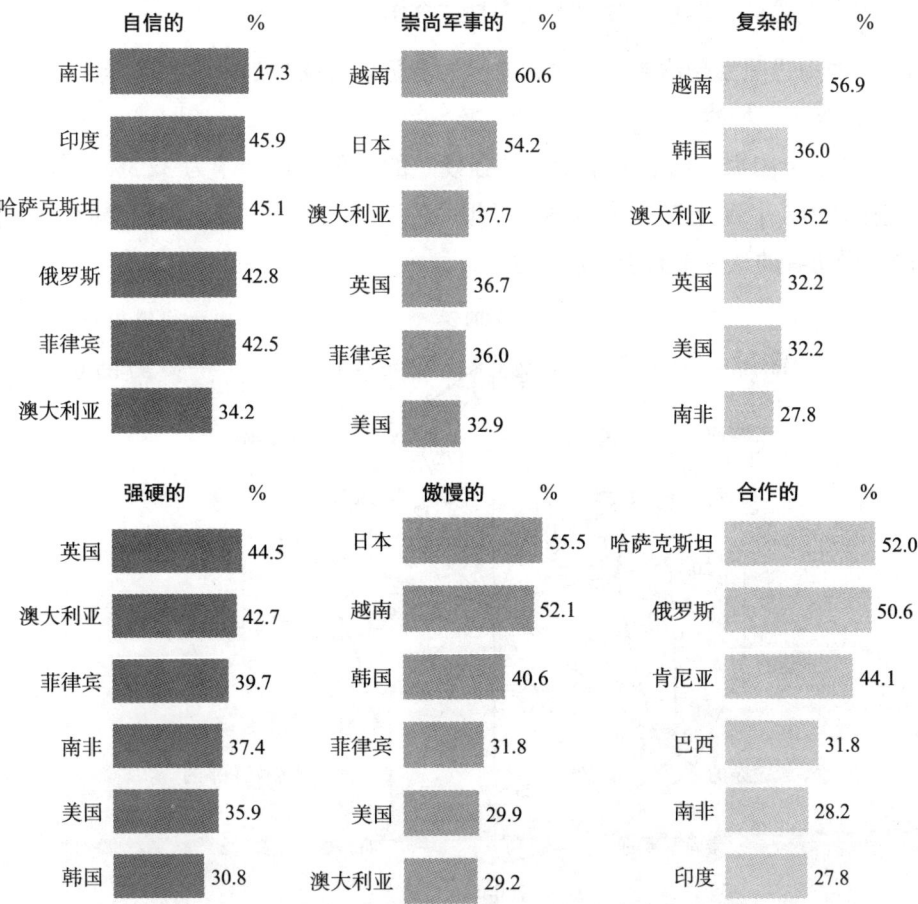

图 1-28 你认为下列形容词哪些用来形容中国在国际事务中的形象比较恰当?——分国家(N=13,266)

形象认知率最高，达 47.3%，印度、哈萨克斯坦、俄罗斯和菲律宾受访者对此项的认知率也在 40% 以上；对于中国"崇尚军事"的形象，认知率最高的是越南和日本，分别达 60.6% 和 54.2%，远高出其他国家。

其中，越南同时也是对中国的"复杂"的形象认知率最高的国家，达 56.9%，远高于其他国家，这说明了越南受访者面对中国军力增长感受到的压力最明显，作为邻国对中国的态度表现出一定的矛盾性和复杂性。

日本同时也是对中国"傲慢"的形象认知率最高的国家，达 55.5%，这说明了日本受访者一方面感受到中国日益强大的军事实力，另一方面对中国在国际事务中表现出的态度表示不满。

对于中国在国际事务中表现出的其他形象，英国最倾向于认为中国是"强硬的"，而哈萨克斯坦最倾向于认为是"合作的"。

7.2 非周边国家受访者比周边国家受访者更多地感受到中国在国际事务中的"强硬"形象

非周边国家受访者对于中国"强硬"的形象的认知率为 32.3%，高出周边国家 10.8 个百分点。"友好的"、"坦诚的"、"负责的"等正面形象的非周边国家受访者的认知率高于周边国家。

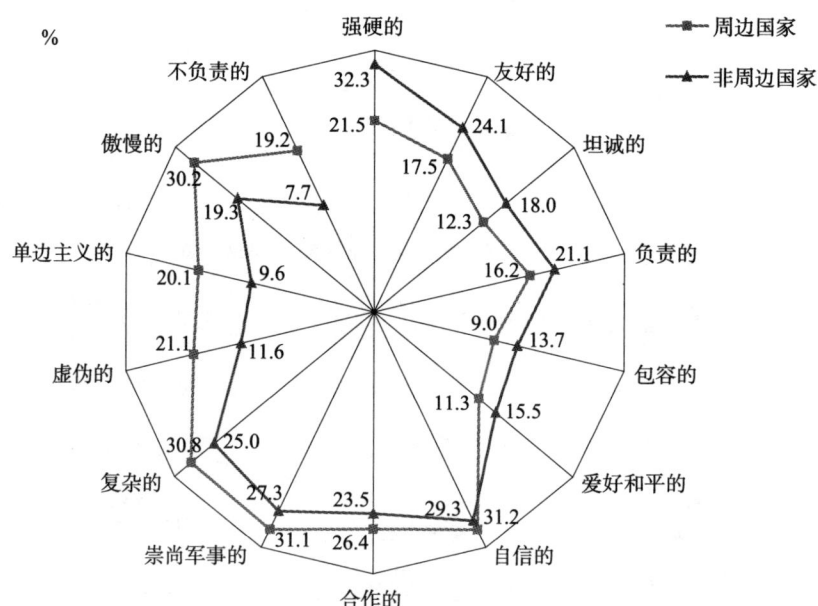

图 1-29 你认为下列形容词哪些用来形容中国在国际事务中的形象比较恰当？——分国家（N=13,266）

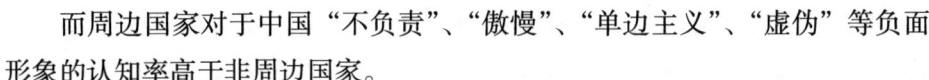

而周边国家对于中国"不负责"、"傲慢"、"单边主义"、"虚伪"等负面形象的认知率高于非周边国家。

7.3 国外受访者对中国"爱好和平"的国际形象的认知率远低于国内受访者

国内外调查结果显示,国内受访者对中国在国际事务中表现出来的"爱好和平"的特性有强烈的认同,认知率达到65.7%,但国外受访者只有13.3%,两者的认知率差超过50个百分点,可以说对中国"爱好和平"形象的感知,国内外受访者有着完全不同的感受。其他方面,国内受访者对中国"包容"、"友好"、"合作"和"坦诚"的国家形象的认知率也高出国外受访者20个百分点以上。

从国外受访者角度看,和国内受访者对中国国际形象认知差异最大的是"崇尚军事的",比国内受访者高出了26.8个百分点,而对中国"傲慢"和"强硬"的国际形象的认知率也比国内受访者高出了10个百分点以上。

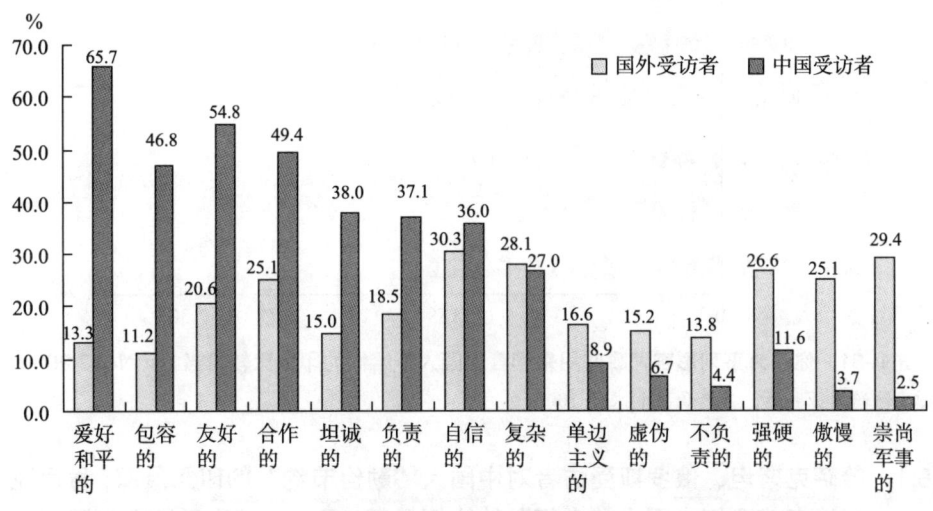

图1-30 你认为下列形容词哪些用来形容中国在国际事务中的形象比较恰当?——中外受访者对比(N=14,483)

发现八 国外受访者对中国人"勤俭节约"的印象最为深刻

13国调查结果显示,受访者对中国人印象最深刻的是"勤俭节约",认知率达到了30.1%,其他认知率较高的特性有"家庭观念重"、"友好"、

"礼貌"和"文明守法"等,认知率都在25%以上。受访者对中国人"奢侈"的印象最浅,提及率只有8.1%,这说明,虽然国内媒体近年来常有国人在国外疯狂购物的报道,但总体上中国人对外仍保持着传统的"勤俭节约"的形象,一些中国人在海外疯狂购物的情况并不影响中国人对外的主流形象。

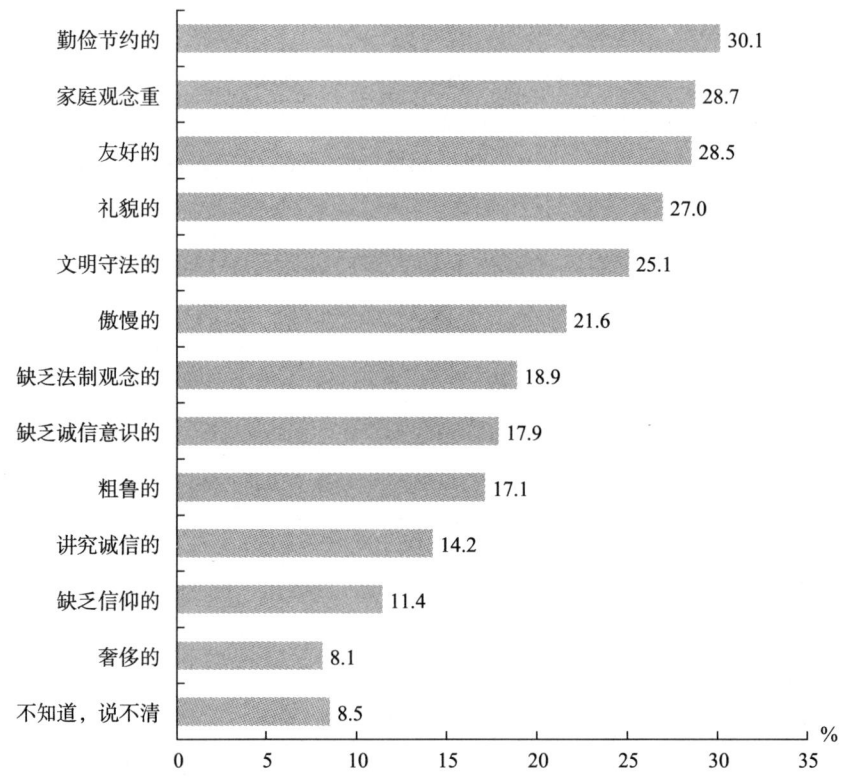

图1-31 你认为下列形容词哪些用来形容中国人带给你的印象比较恰当?(N=13,266)
注:此题为可多选,各选项之和大于100%。

8.1 哈萨克斯坦、俄罗斯受访者对中国人"勤俭节约"的印象最深;肯尼亚受访者感受到中国人"友好"的比例最高;日本、越南受访者感受到中国人"傲慢"的比例最高

对于中国人"勤俭节约"的特性,认知率最高的是哈萨克斯坦和俄罗斯,分别达到66.7%和64.2%,远高出其他国家,这两个国家同时也都在中国人"友好"和"礼貌"特性的各国认知率排行榜的前四位,说明这两国相对其他国家更多地感受到了中国人的传统美德。

一、环球对望：中国信心与世界印象

日本、越南受访者对中国人"傲慢"特性的认知率在各国中为最高，分别达到了51.5%和46.3%，远高于其他国家。

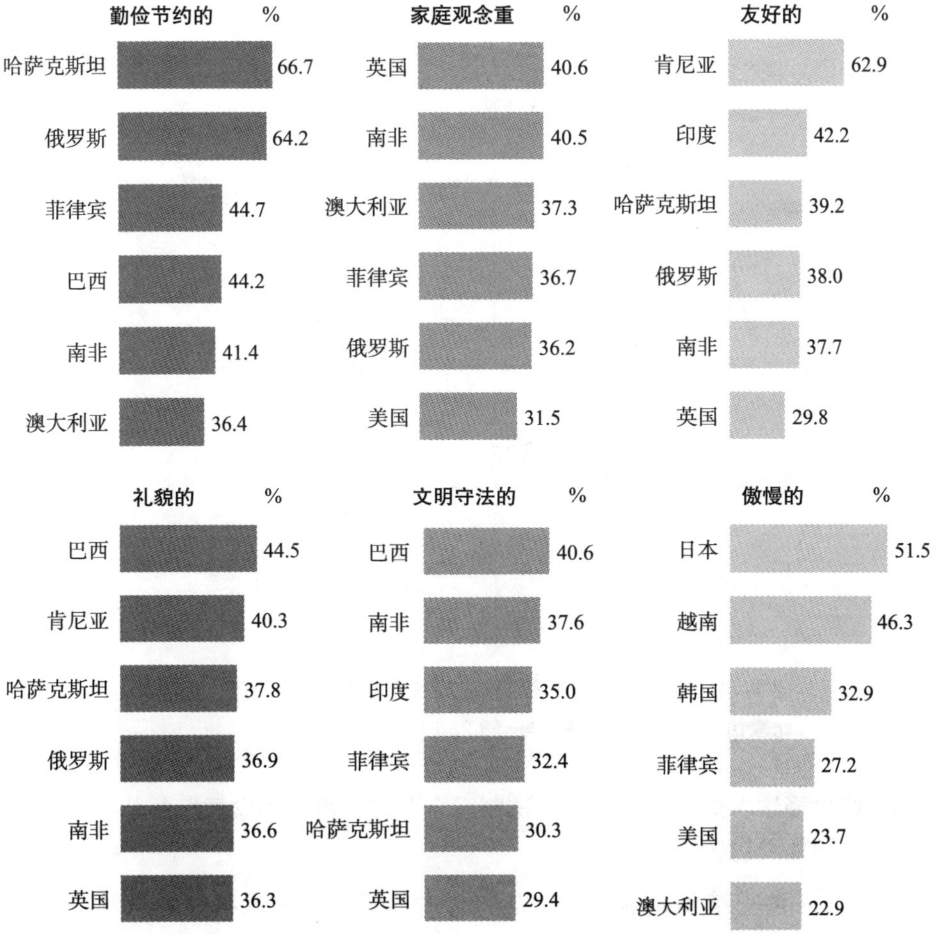

勤俭节约的	%	家庭观念重	%	友好的	%
哈萨克斯坦	66.7	英国	40.6	肯尼亚	62.9
俄罗斯	64.2	南非	40.5	印度	42.2
菲律宾	44.7	澳大利亚	37.3	哈萨克斯坦	39.2
巴西	44.2	菲律宾	36.7	俄罗斯	38.0
南非	41.4	俄罗斯	36.2	南非	37.7
澳大利亚	36.4	美国	31.5	英国	29.8

礼貌的	%	文明守法的	%	傲慢的	%
巴西	44.5	巴西	40.6	日本	51.5
肯尼亚	40.3	南非	37.6	越南	46.3
哈萨克斯坦	37.8	印度	35.0	韩国	32.9
俄罗斯	36.9	菲律宾	32.4	菲律宾	27.2
南非	36.6	哈萨克斯坦	30.3	美国	23.7
英国	36.3	英国	29.4	澳大利亚	22.9

图1-32 你认为下列形容词哪些用来形容中国人带给你的形象比较恰当？——分国家（N=13,266）

8.2 非周边国家对中国人的正面印象更为深刻，而周边国家对中国人的负面印象更为深刻

非周边国家对中国人"礼貌"、"友好"、"文明守法"和"讲究诚信"的认知率分别比周边国家高出16.2、9.5、9.3和6.3个百分点，相对来说，非周边国家对中国人的正面印象更为深刻。

而从周边国家受访者的角度来看，其对中国人"缺乏诚信意识"、"缺乏法制观念"、"傲慢"和"粗鲁"的认知率分别比非周边国家高出15.5、11.8、11.8和11.3个百分点，相对来说周边国家受访者对中国人的负面印象更为深刻。

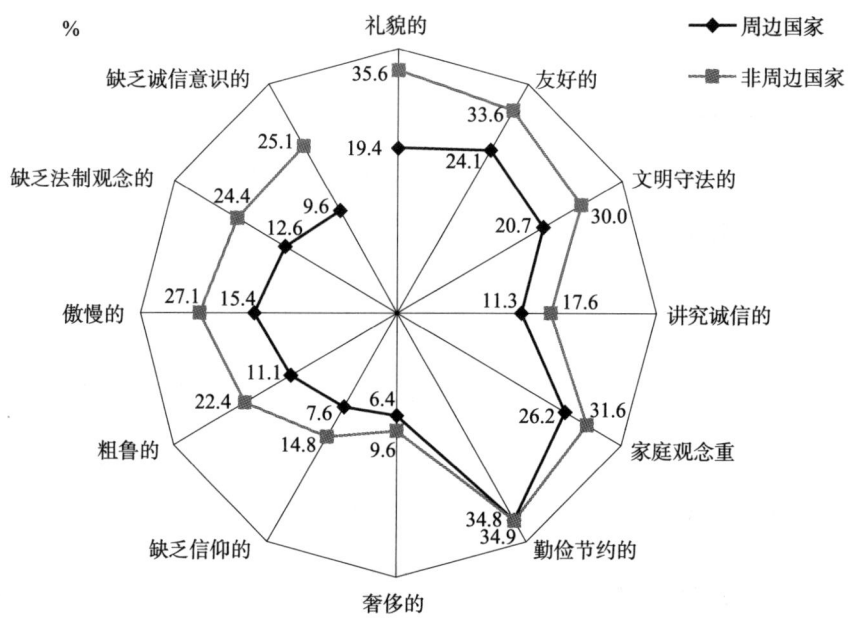

图1-33　你认为下列形容词哪些用来形容中国人带给你的印象比较恰当？——分国家（N=13,266）

8.3 国内受访者对中国人"缺乏法制观念"和"家庭观念重"的认知率远高于国外受访者

国内外调查结果显示，国内受访者对大部分中国人特性的认知率均高于国外受访者，其中差异最大的是"缺乏法制观念"、"家庭观念重"和"缺乏信仰"，这三项的国内认知率分别比国外高出26.2个、23.3个和23.0个百分点。

从国外受访者角度看，对中国人表现出的"傲慢"和"粗鲁"的形象的认知率分别比国内受访者高出11.5个和4.3个百分点。

一、环球对望：中国信心与世界印象

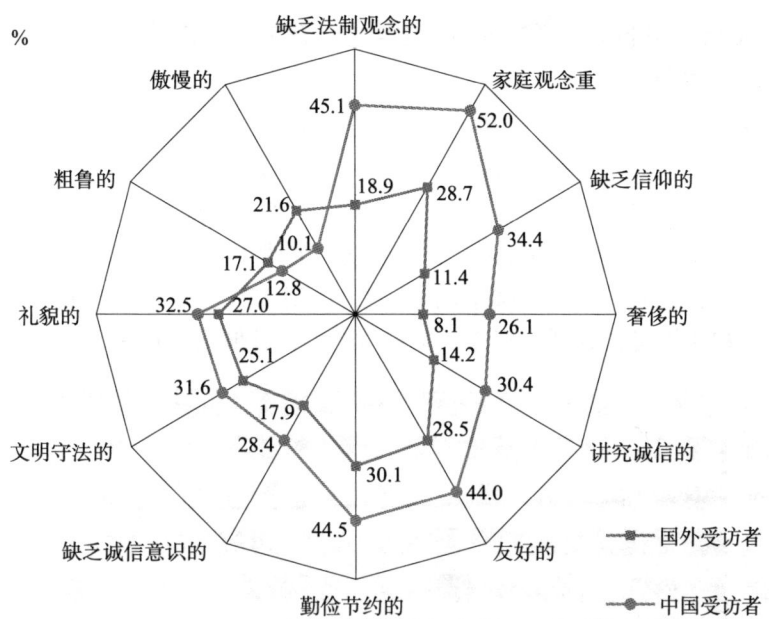

图1-34 你认为下列形容词哪些用来形容中国人带给你的印象比较恰当？——中外受访者对比（N=14,483）

发现九　近一半国外受访者认为本国与中国的政治外交关系较好

13国调查结果显示，15.8%的国外受访者认为本国与中国的政治外交关系"非常好"，32.7%的受访者认为"比较好"，两者合计48.5%，将近一半。认为"比较差"的受访者比例为12.9%，认为"非常差"的比例为4.8%，两者合计占17.7%。另外，28.2%的受访者认为本国与中国的政治外交关系"一般"，其他5.7%的受访者表示"不知道，说不清"。

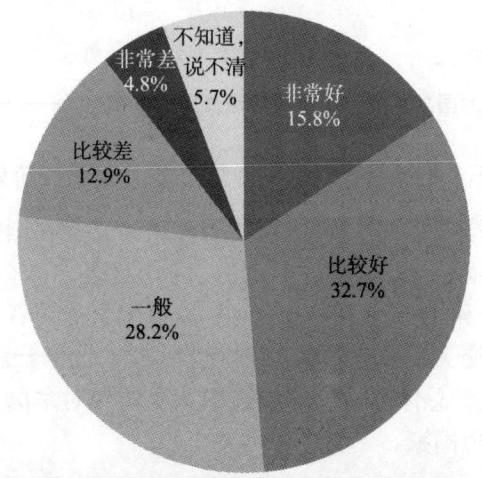

图1-35 你认为你的国家目前与中国的政治外交关系如何？（N=13,266）

9.1 肯尼亚、南非受访者对本国与中国的政治外交关系评价最好，日本、越南评价最差

13 国调查结果显示，肯尼亚和南非受访者认为本国与中国的政治外交关系"非常好"或"比较好"的比例分别为 84.2% 和 72.3%，高于其他国家。其他评价较高的国家有哈萨克斯坦、俄罗斯、巴西等，其选择"非常好"或"比较好"的受访者比例均在 60% 以上。而从"非常差"或"比较差"的认知情况来看，受访者选择比例最高的是日本，达到 85.6%，远高于其他国家，其次是越南和菲律宾，分别达到 39.4% 和 33.4%，其他国家均在 20% 以下。

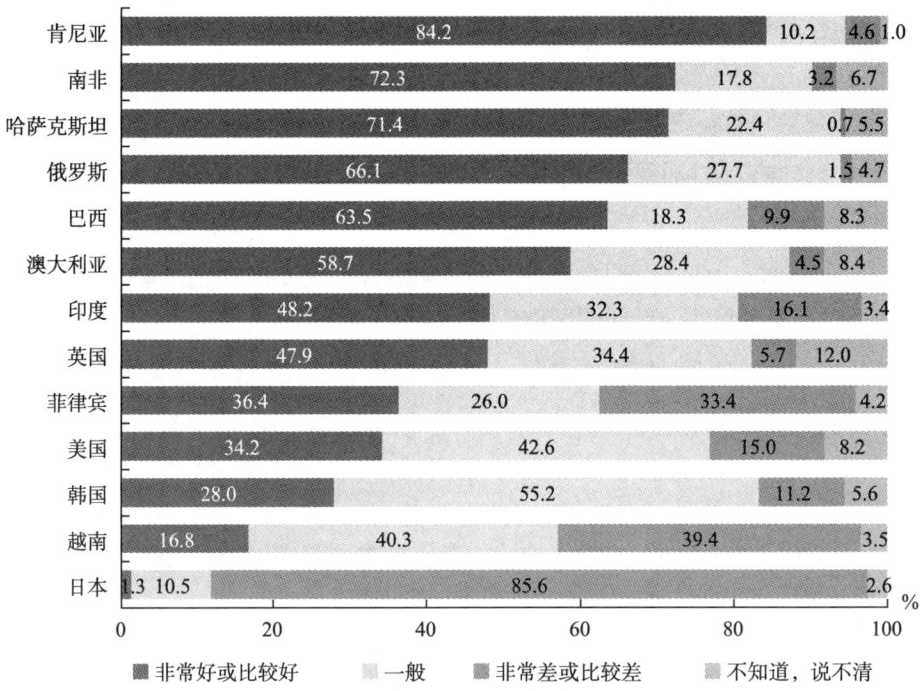

图 1-36 你认为你的国家目前与中国的政治外交关系如何？——分国家（N=13,266）

9.2 非周边国家受访者对本国与中国政治外交关系的评价好于周边国家

13 国调查结果显示，非周边国家受访者认为其所在国家目前与中国的政治外交关系"非常好"和"比较好"的比例分别达 21.6% 和 38.5%，分别高出周边国家 10.9 个和 11.0 个百分点；而非周边国家受访者认为其所在国家目前与中国的政治外交关系"非常差"和"比较差"的比例分别比周边国家低 5.8 个和 13.9 个百分点。总体来看，非周边国家受访者对本国与中国的政治外交关系的评价好于周边国家。

一、环球对望：中国信心与世界印象

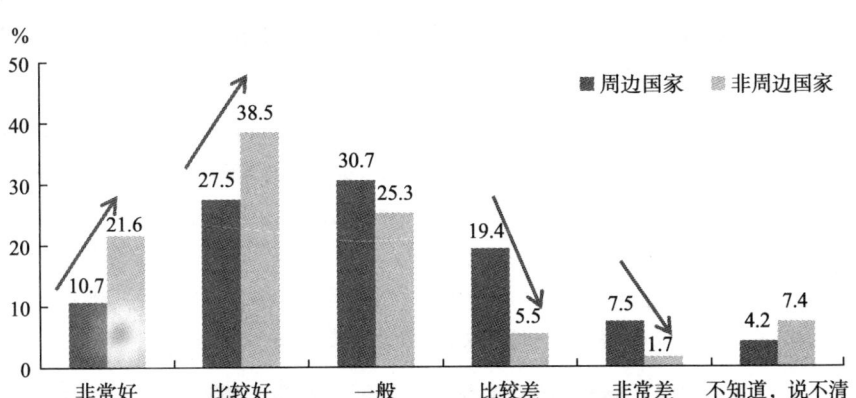

图 1-37　你认为你的国家目前与中国的政治外交关系如何？——周边国家与非周边国家比较（N=13,266）

发现十　超半数国外受访者认为本国与中国的经济文化关系较好

13 国调查结果显示，15.6% 的外国受访者认为本国与中国的经济文化关系"非常好"，36.3% 的受访者认为"比较好"，两者合计 51.9%，超过一半。认为"比较差"的受访者比例为 9.8%，认为"非常差"的比例为 3.2%，两者合计占 13.0%。另外，30.1% 的受访者认为本国与中国的经济文化关系"一般"，其他 5.1% 的受访者表示"不知道，说不清"。

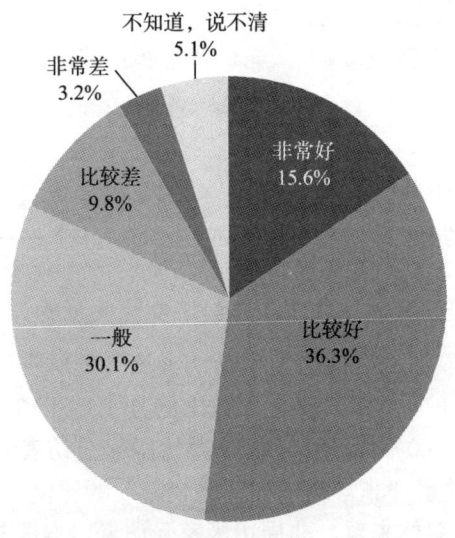

图 1-38　你认为你的国家目前与中国的经济文化关系如何？（N=13,266）

10.1 肯尼亚、哈萨克斯坦受访者对本国与中国的经济文化关系的评价最好，日本、菲律宾评价最差

13国调查结果显示，肯尼亚和哈萨克斯坦受访者认为本国与中国的经济文化关系"非常好"或"比较好"的比例分别为79.5%和69.7%，高于其他国家。其他评价较高的国家有南非、俄罗斯、巴西等，其选择"非常好"或"比较好"的受访者比例均在60%以上。而从"非常差"或"比较差"的认知情况来看，受访者选择比例最高的是日本，达到61.0%，远高于其他国家，其次是菲律宾，达到21.9%，其他国家均在20%以下。

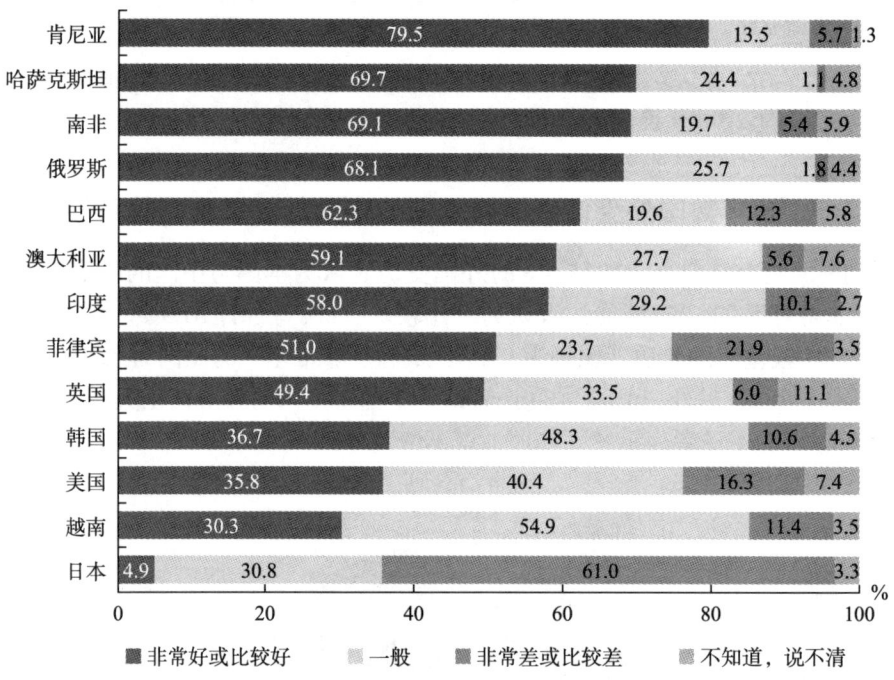

图1-39 你认为你的国家目前与中国的经济文化关系如何？——分国家（N=13,266）

10.2 非周边国家受访者对本国与中国经济文化关系的评价好于周边国家

13国调查结果显示，非周边国家受访者认为其所在国家目前与中国的经济文化关系"非常好"和"比较好"的比例分别达19.7%和39.5%，分别高于周边国家7.7个和6.0个百分点；而非周边国家受访者认为其所在国家目前与中国的经济文化关系"非常差"和"比较差"的比例分别比周边国家低1.5个和6.7个百分点。总体来看，非周边国家受访者对本国与中国经济文化关系的评价好于周边国家。

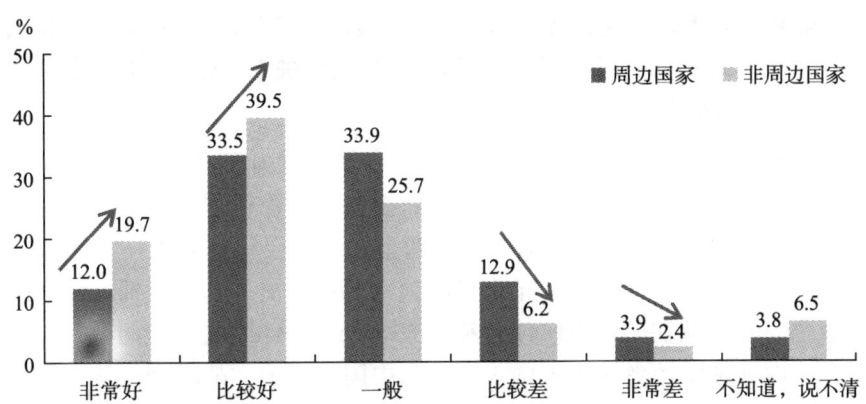

图 1-40 你认为你的国家目前与中国的经济文化关系如何？——分国家（N=13,266）

发现十一　国外受访者对未来与中国关系的预期整体来看合作大于竞争

13 国调查结果显示，40.8% 的受访者认为其所在国家未来 10 年与中国将会是合作关系，其中 16.4% 的受访者认为将会与中国形成"合作伙伴"关系，24.4% 的受访者认为将会与中国形成"战略合作伙伴"关系；有 29.1% 的受访者认为未来 10 年其所在国家与中国将会是"既合作又竞争"的关系；仅 18.8% 的受访者认为与中国将会是竞争或对抗关系，其中 11.7% 的受访者认为其所在国家与中国未来会是"竞争对手"，7.1% 的受访者认为将会是"对抗关系"。总的来看，各国受访者对本国未来与中国关系的期望中合作大于竞争和对抗。

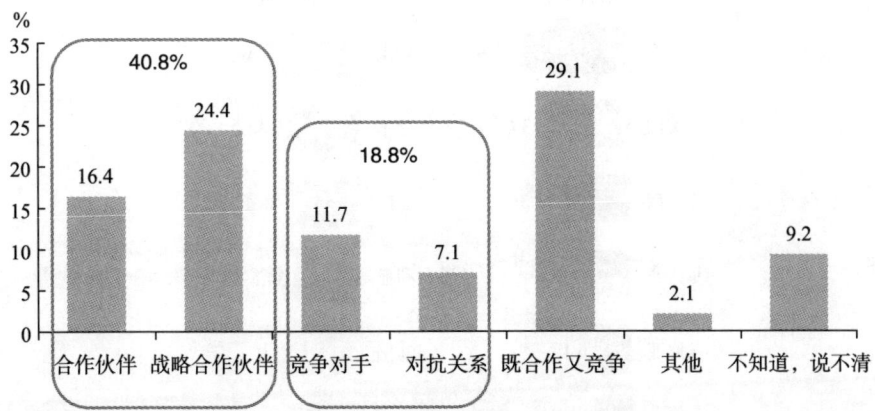

图 1-41 你认为未来 10 年内，中国与你的国家会形成怎样的关系？（N=13,266）

11.1 哈萨克斯坦、肯尼亚受访者最倾向于认为未来与中国将会是合作伙伴关系；印度受访者最倾向于认为是竞争对手关系；日本受访者最倾向于认为是对抗关系

13国调查结果显示，当问及认为未来10年内该国与中国会形成怎样的关系时，哈萨克斯坦和肯尼亚受访者认为将会是"合作伙伴"关系的比例分别达42.5%和40.3%，高于其他国家，这两个国家的受访者对与中国形成"战略合作伙伴"关系的期望也在排行榜的前六名中。另外，俄罗斯、巴西和南非三家也同时出现在"合作伙伴"和"战略合作伙伴"关系的期望排行榜的前五名，而韩国受访者认为本国未来将与中国将形成"战略合作伙伴"关系

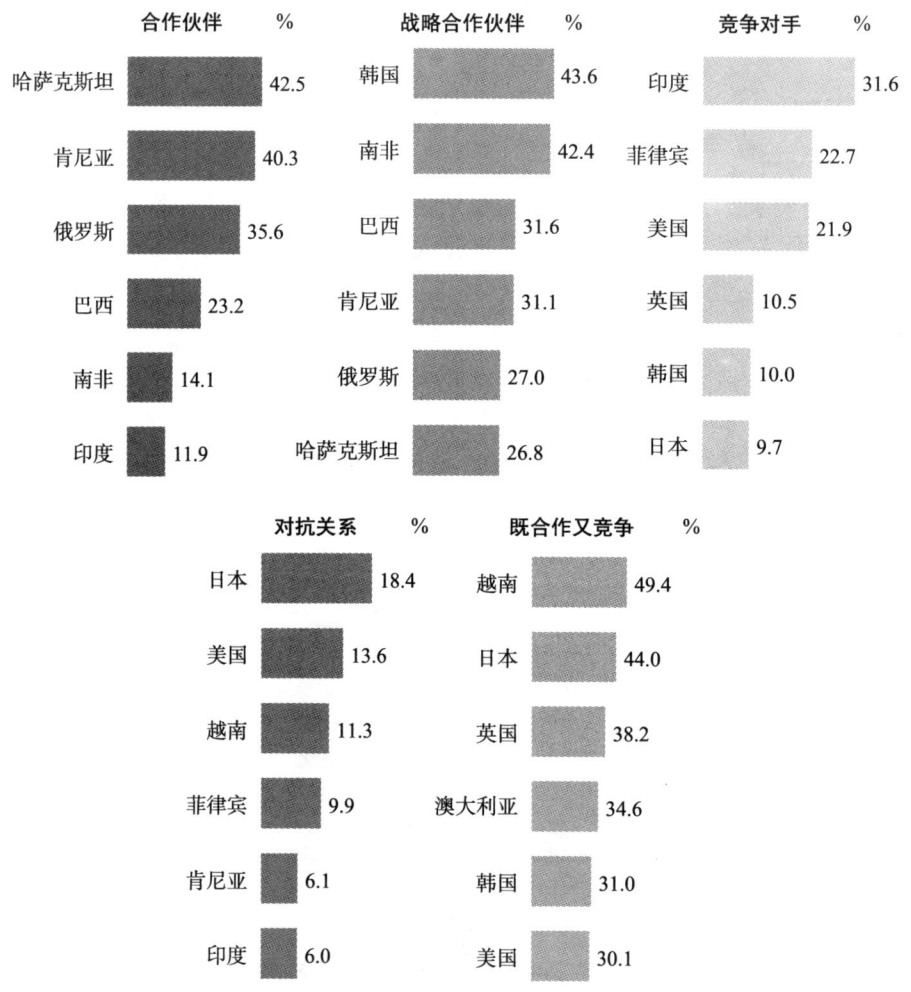

图1-42 你认为未来10年内，中国与你的国家会形成怎样的关系？——分国家（N=13,266）

的比例在各国中最高。

印度受访者在各个国家中最倾向于认为未来10年将会与中国形成"竞争对手"的关系，其选择比例为31.6%，另外有6.0%的印度受访者认为未来与中国将会形成"对抗关系"，在各国排名第六。

日本受访者认为未来10年本国将会与中国形成"对抗关系"的比例为18.4%，高于其他国家，另外有9.7%的日本受访者认为未来将会与中国形成"竞争对手"的关系，在各国中排名第六位。

另外，菲律宾、美国受访者认为本国未来将会与中国形成"竞争对手"和"对抗关系"的比例在各国中也都排名前四。

越南受访者在未来与中国形成"既合作又竞争"关系的期望排行榜中排名第一位，有49.4%的越南受访者选择此项。排名第二位的是日本，其选择比例为44.0%。

11.2 周边国家受访者更倾向于认为未来10年与中国之间将会是竞争或对抗关系

13国调查结果显示，周边国家受访者认为未来10年与中国之间将会是"竞争对手"和"对抗关系"的比例分别为12.9%和7.7%，均高于非周边国家；认为将会是"战略合作伙伴"关系的受访者比例为21.8%，低于非周边国家的27.3%；认为将会是"既合作又竞争"关系的比例达30.8%，高于非周边国家的27.2%。另外，两类国家受访者选择"合作伙伴"关系的比例基本一致。总体来看，周边国家受访者更倾向于认为未来10年与中国之间将会是竞争或对抗关系。

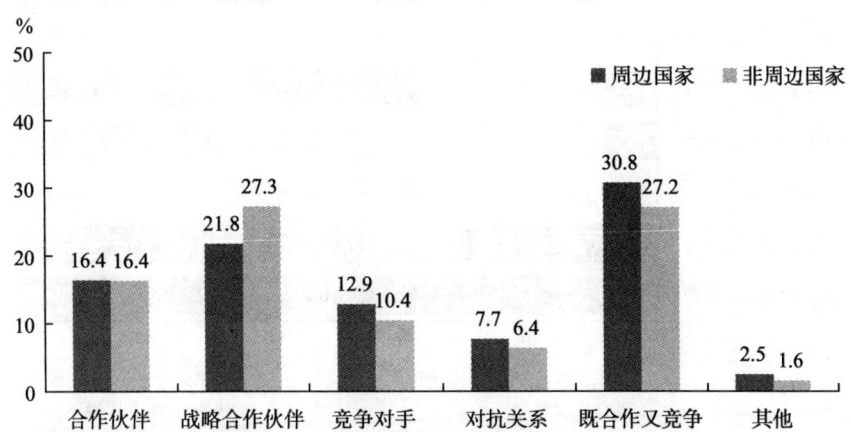

图1-43 你认为未来10年内，中国与你的国家会形成怎样的关系？
——周边国家与非周边国家比较（N=13,266）

11.3 美国受访者视未来中美关系为竞争或对抗的比例远大于中国受访者，中国视未来中日关系为竞争或对抗的比例远大于日本受访者

国内外调查结果显示，对于未来 10 年内的中美关系，美国有 35.6% 的受访者认为是"竞争对手"或是"对抗关系"，高出国内受访者 20.8 个百分点；另一方面，国内受访者更多地视中美关系为"既合作又竞争"，选择比例为 62.3%，高出美国受访者 32.2 个百分点，而两国受访者选择"合作伙伴"或"战略合作伙伴"的比例基本一致。总的来看，美国受访者更多地视中美未来关系为对抗性的。

中印关系的期望情况和中美关系较为类似。有 37.6% 的印度受访者认为未来 10 年中印关系将会是"竞争对手"或"对抗关系"，高出国内受访者 20.7 个百分点，而国内受访者视未来中印关系为"合作伙伴"或"战略合作伙伴"的比例达 44.8%，高出印度 14.6 个百分点，两国受访者认为中印未来关系会是"既合作又竞争"的比例接近。总体来看，印度受访者更多地将两国未来关系视为对抗性的，而国内受访者多视为合作关系。

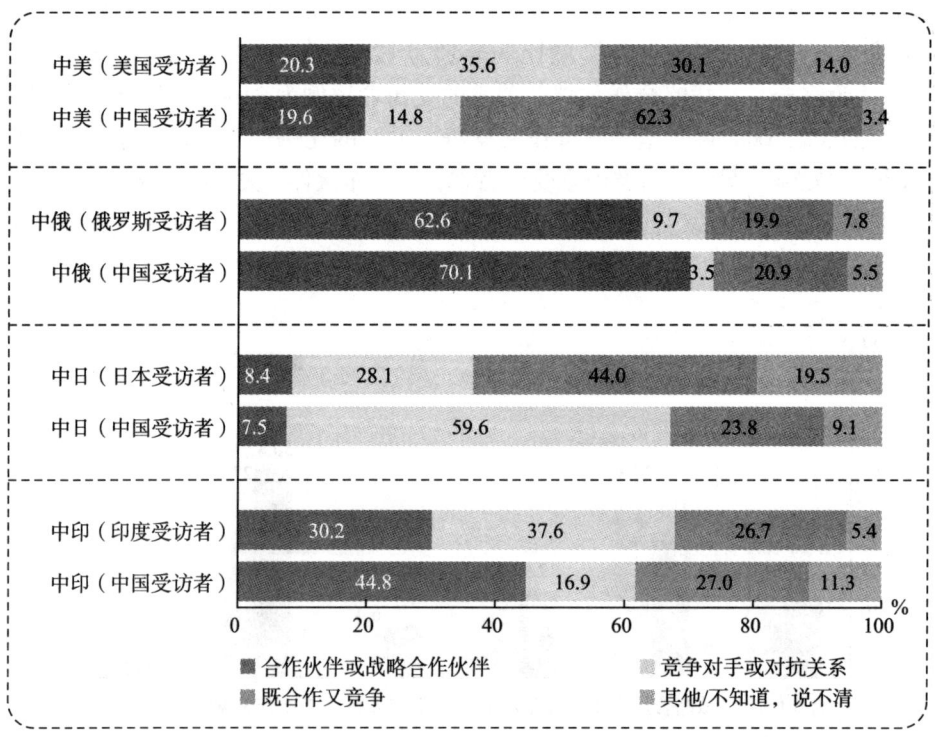

图 1-44 你认为未来 10 年内，中国与你的国家会形成怎样的关系？（外国受访者）/您认为未来 10 年内，中国和有关国家会形成怎样的关系？（中国受访者）——中外受访者对比（N=14,483）

一、环球对望：中国信心与世界印象

对中日关系来说，近六成（59.6%）国内受访者视未来10年的中日关系为"竞争对手"或"对抗关系"，高出日本31.5个百分点，而日本受访者更多地认为两国未来关系将会是"既合作又竞争"，其选择比例达44.0%，为各项最高。

就中俄关系来看，两国受访者的意见较为一致，大部分的两国受访者都认为两国未来10年将会是"合作伙伴"或"战略合作伙伴"的关系，选择比例分别为62.6%（俄罗斯），70.1%（中国）。

11.4 与美国皮尤研究中心的调查结果相比，本项调查中视中国为未来的"合作伙伴"或"战略合作伙伴"的受访者比例略高

美国皮尤研究中心今年3—4月份开展的全球39国的调查显示，国外受访者中39%视中国为"合作伙伴"，10%视中国为"敌人"，36%则认为中国"既不是合作伙伴也非敌人"，另有6%表示"说不清"。本项调查中，受访者视中国为"合作伙伴"或"战略合作伙伴"的比例共占40.8%，略高于皮尤研究中心的调查结果；视中国为"对抗关系"的受访者占7.1%，低于皮尤研究中心的调查中将中国看作"敌人"的受访者比例。

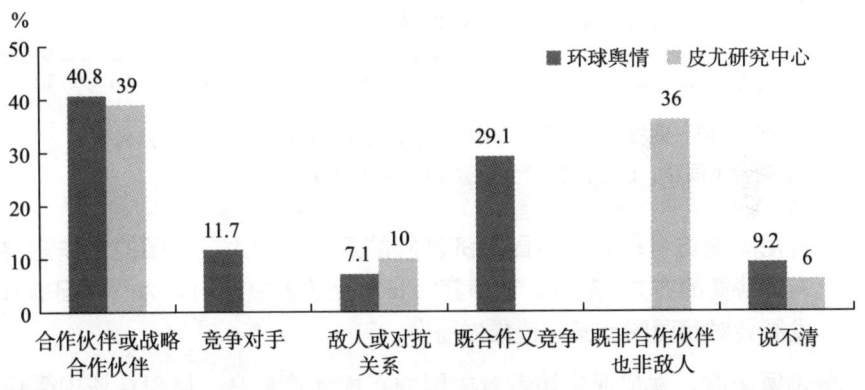

图1-45　你对中国持什么态度？——环球舆情调查中心与皮尤研究中心结果比较

发现十二　国外受访者在感受到中国经济发展为其带来的实惠的同时，也对中国军力发展表示担忧或防范

对于世界各国来说，中国自身在经济、军事上的发展对它们是好事还是坏事？中国是否愿意以友好、和平的姿态处理国家之间的事务？调查显示，国外受访者比较肯定中国的经济发展的正面外部影响力，在5分制的打分中（1分代表"完全不同意"，2分代表"比较不同意"，3分代表"中立意见"，4分代表"比较同意"，5分代表"完全同意"，下同）给出了3.26分。另外，受

访者还对中国"乐于在经贸、文化等方面与我的国家开展合作，或是在一些方面对我的国家提供帮助"表示出比较同意的态度，在5分制的打分中给出了3.25分。

对于中国的军力发展，总体来说国外受访者表现出略微担忧或防范的态度，对于"中国的军力发展会对我国国土安全造成威胁"这样的表述，受访者打分为3.19分。

对于"两国发生摩擦时，中国愿意与我的国家通过友好协商的方式来解决"这句表述，受访者的态度接近中立，打分值为3.05分。

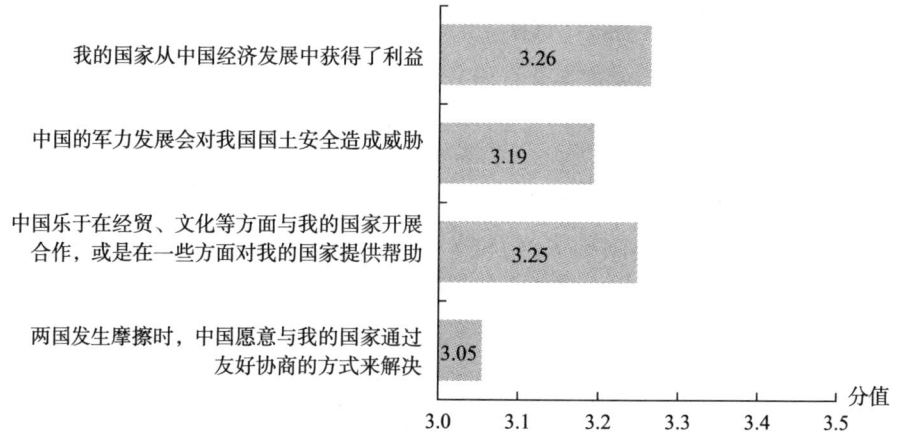

图1-46 请按照5分制，表达你对下列说法的同意程度。1分代表完全不同意，5分代表完全同意（N=13,266）

12.1 肯尼亚受访者最肯定中国经济发展的正面影响力、中国的合作意愿与友好协商的方式；越南、菲律宾、日本受访者最倾向认为"中国的军力发展会对我国国土安全造成威胁"

分国家来看，肯尼亚受访者对中国的正面评价最高，体现在该国受访者对于"我的国家从中国经济发展中获得了利益"、"中国乐于在经贸、文化等方面与我的国家开展合作，或是在一些方面对我的国家提供帮助"以及"两国发生摩擦时，中国愿意与我的国家通过友好协商的方式来解决"这三项表述的同意值在所有国家中都是最高的。此外，澳大利亚受访者对中国经济的外部影响力评价也较高，哈萨克斯坦、俄罗斯、巴西、南非受访者对于中国处理国际事务中的合作意愿和友好协商的方式评价也较高。

对于中国的军力发展，越南受访者在所有国家中表现出了最大程度的担忧与防范，此外菲律宾、日本受访者的担忧和防范程度也较高。

一、环球对望：中国信心与世界印象

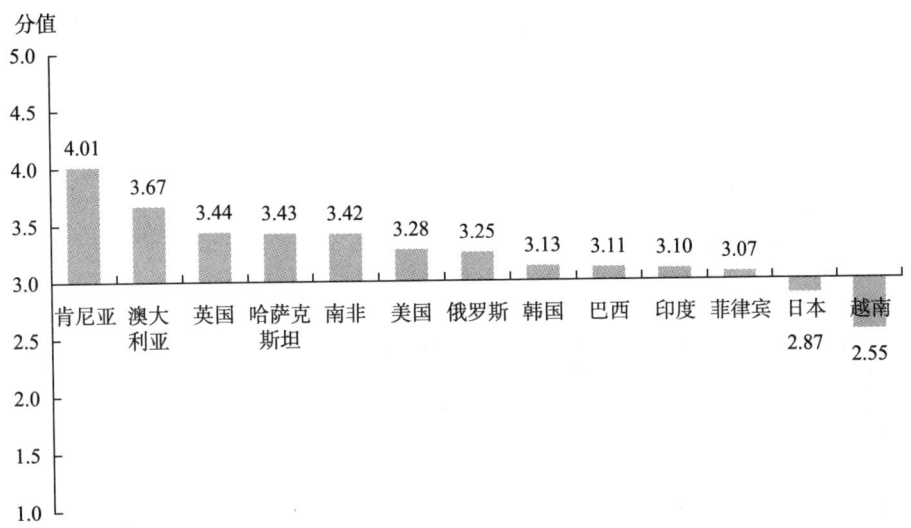

图1-47 请按照5分制，表达你对下列说法的同意程度。1分代表完全不同意，5分代表完全同意："我的国家从中国经济发展中获得了利益"——分国家（N=13,266）

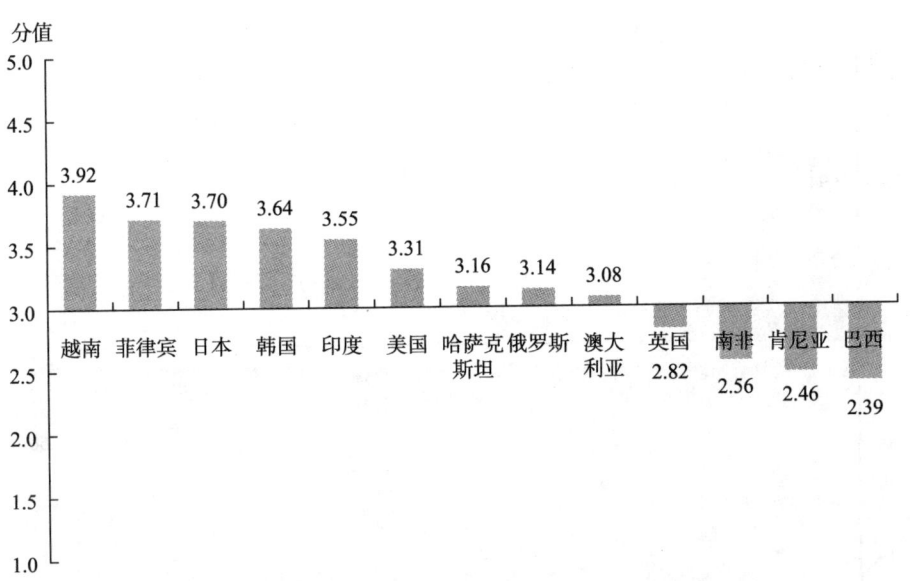

图1-48 请按照5分制，表达你对下列说法的同意程度。1分代表完全不同意，5分代表完全同意："中国的军力发展会对我国国土安全造成威胁"——分国家（N=13,266）

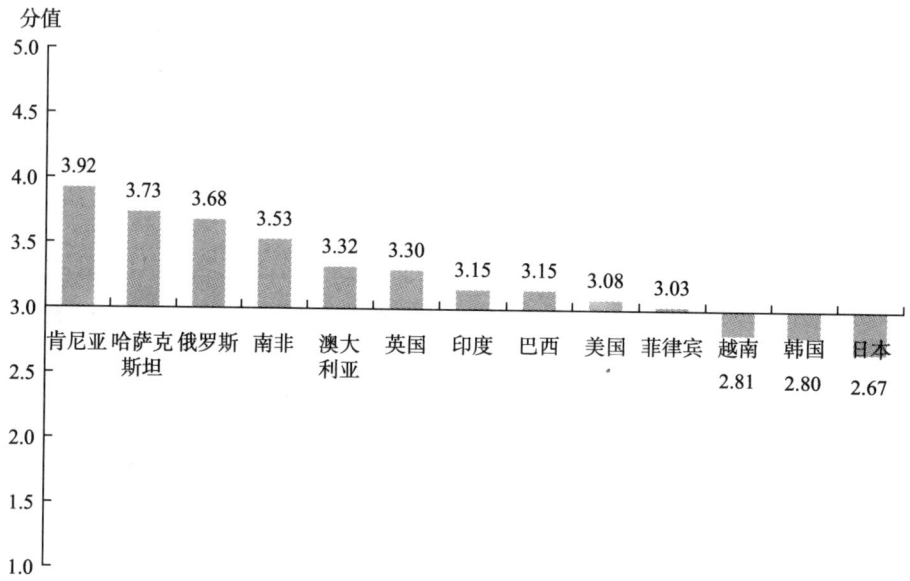

图1-49 请按照5分制，表达你对下列说法的同意程度。1分代表完全不同意，5分代表完全同意："中国乐于在经贸、文化等方面与我的国家开展合作，或是在一些方面对我的国家提供帮助"——分国家（N=13,266）

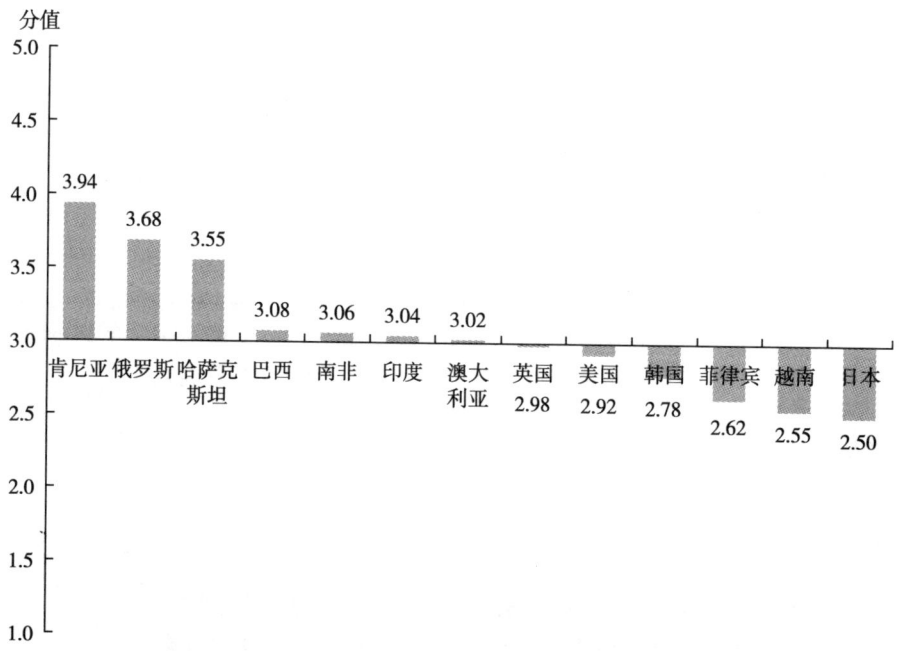

图1-50 请按照5分制，表达你对下列说法的同意程度。1分代表完全不同意，5分代表完全同意："两国发生摩擦时，中国愿意与我的国家通过友好协商的方式来解决"——分国家（N=13,266）

12.2 周边国家受访者更担忧"中国的军力发展会对我国国土安全造成威胁"

周边国家的受访者中,对"中国的军力发展会对我国国土安全造成威胁"这一表述的同意度分值是 3.55,远高于非周边国家(2.77)。非周边国家的受访者对中国的评价相对更为正面,对"我的国家从中国经济发展中获得了利益"、"中国乐于在经贸、文化等方面与我的国家开展合作,或是在一些方面对我的国家提供帮助"以及"两国发生摩擦时,中国愿意与我的国家通过友好协商的方式来解决"这三项表述的同意值都高于周边国家的受访者。

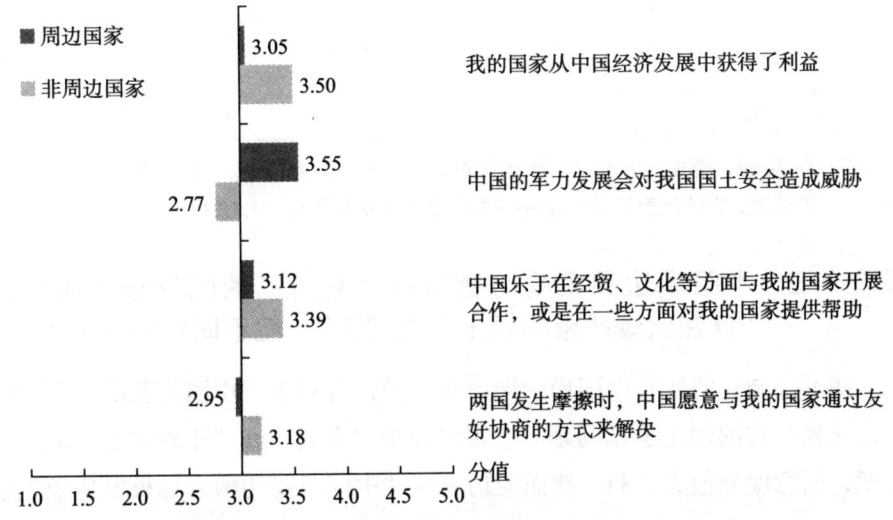

图 1-51 请按照 5 分制,表达你对下列说法的同意程度。1 分代表完全不同意,5 分代表完全同意——周边国家与非周边国家比较(N=13,266)

12.3 国内受访者对"中国的军力发展对周边国家的国土安全构成了威胁"这一表述表达了"比较不同意"的态度

国内外相比,中国国内受访者对于"中国的军力发展对周边国家的国土安全构成了威胁"这一表述的同意度分值是 2.16,即"比较不同意"的态度。而对于"中国的经济发展使世界其他国家也获得了利益"、"中国乐于在经贸、文化等方面与其他国家开展合作,或是在一些方面对其他国家提供帮助"以及"与其他国家发生摩擦时,中国愿意与他国通过友好协商的方式来解决"这三项表述上,国内受访者的态度都是介于"完全同意"和"比较同意"之间。

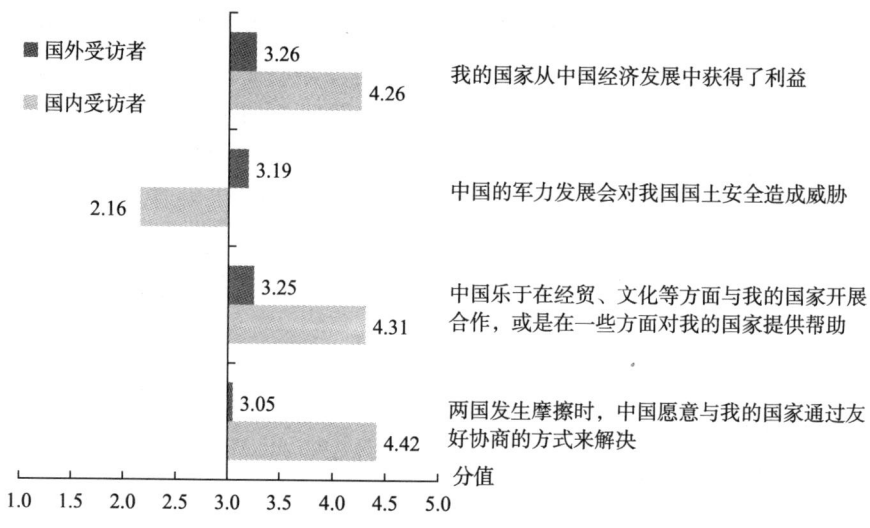

图 1-52 请按照 5 分制，表达你对下列说法的同意程度。1 分代表完全不同意，5 分代表完全同意——中外受访者比较（N=14,483）

发现十三　中国周边国家受访者略微认同自己的国家与中国之间"存在比较严重的领土争端问题"，但不同意美国介入

在本次调查的所有中国周边国家中，受访者对于"中国与我的国家之间存在比较严重的领土争端问题"表现出介于"中立"和"比较同意"之间的态度，同意度分值为 3.33。然而受访者对"中国与我的国家如果发生领土争

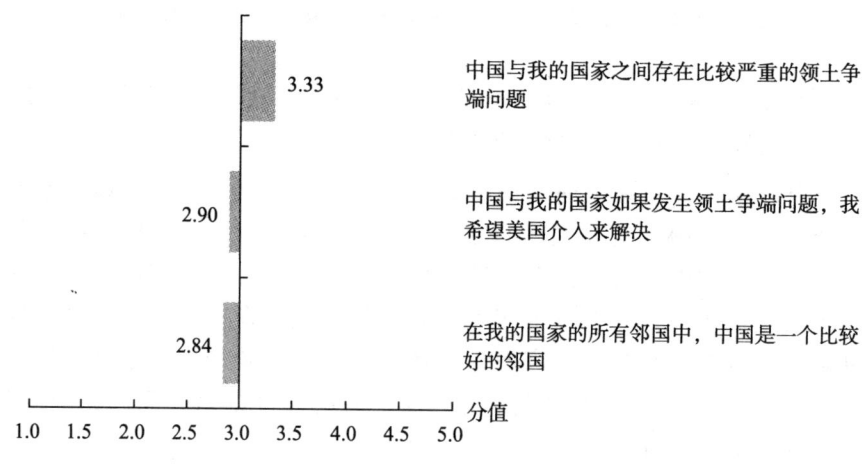

图 1-53 请按照 5 分制，表达你对下列说法的同意程度。1 分代表完全不同意，5 分代表完全同意（N=7,063）

端问题,我希望美国介入来解决"这一表述的同意度分值为2.90,即介于"中立"和"比较不同意"之间。

对于中国是否是一个好的邻国,周边国家受访者的态度倾向于不认同,对"在我的国家的所有邻国中,中国是一个比较好的邻国"的同意度分值为2.84。这一结果可能受到本次调查所选的周边国家多数与中国有或有过领土争端或其他摩擦所影响。

13.1 越南受访者最认同自己的国家与中国之间"存在比较严重的领土争端问题";菲律宾受访者最支持美国介入中菲领土争端问题

分国家来看,越南受访者对于"中国与我的国家之间存在比较严重的领土争端问题"这一表述的认同度最高,其次是菲律宾受访者。对于美国是否能介入领土争端问题中来,菲律宾受访者表达出最高的认同度,其次是日本受访者。对于中国是否是一个好的邻国,哈萨克斯坦、俄罗斯受访者最倾向于给出肯定的答案。

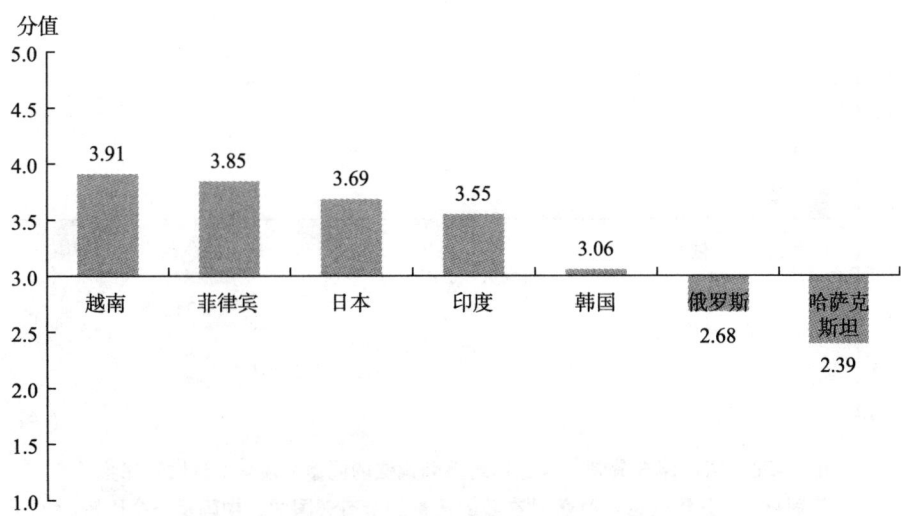

图1-54 请按照5分制,表达你对下列说法的同意程度。1分代表完全不同意,5分代表完全同意:"中国与我的国家之间存在比较严重的领土争端问题"——分国家(N=7,063)

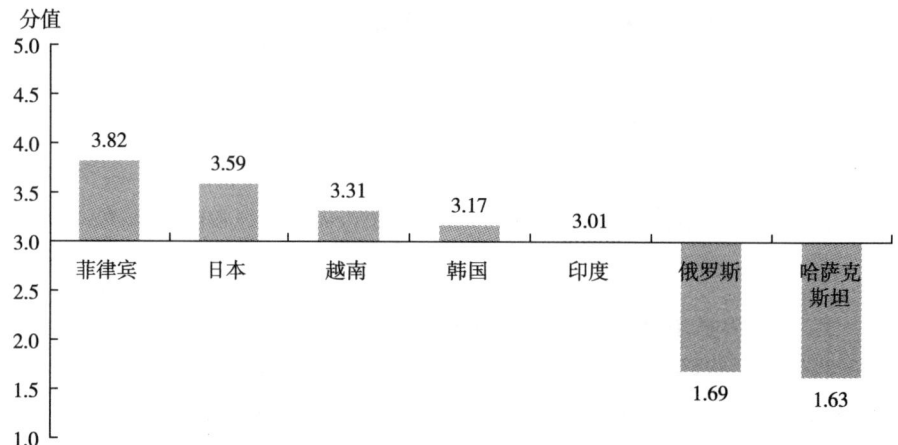

图 1-55 请按照 5 分制，表达你对下列说法的同意程度。1 分代表完全不同意，5 分代表完全同意："中国与我的国家如果发生领土争端问题，我希望美国介入来解决"——分国家（N=7,063）

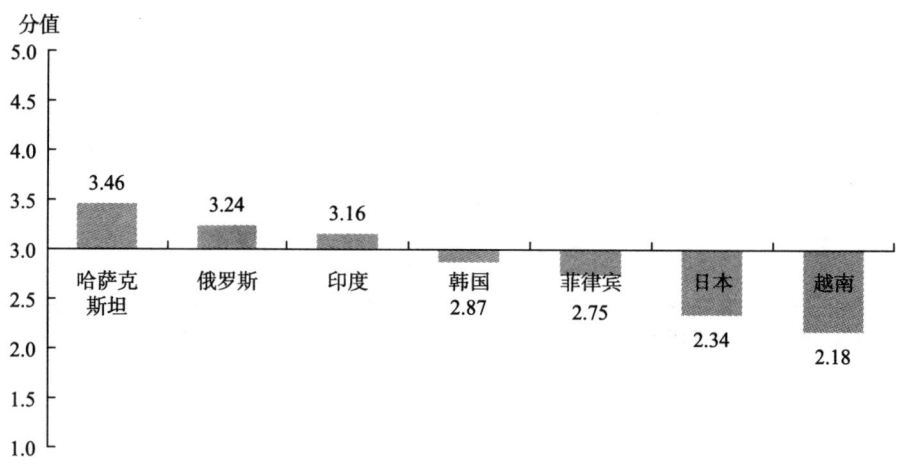

图 1-56 请按照 5 分制，表达你对下列说法的同意程度。1 分代表完全不同意，5 分代表完全同意："在我的国家的所有邻国中，中国是一个比较好的邻国"——分国家（N=7,063）

13.2 国内受访者对美国介入中国与周边国家的领土争端问题表达了强烈不同意的态度

国内外相比，中国国内受访者对于"中国与周边国家如果发生领土争端问题，美国可以介入其中参与解决"这一表述的同意度分值是 1.95，即介于"比较不同意"和"完全不同意"之间。

一、环球对望：中国信心与世界印象

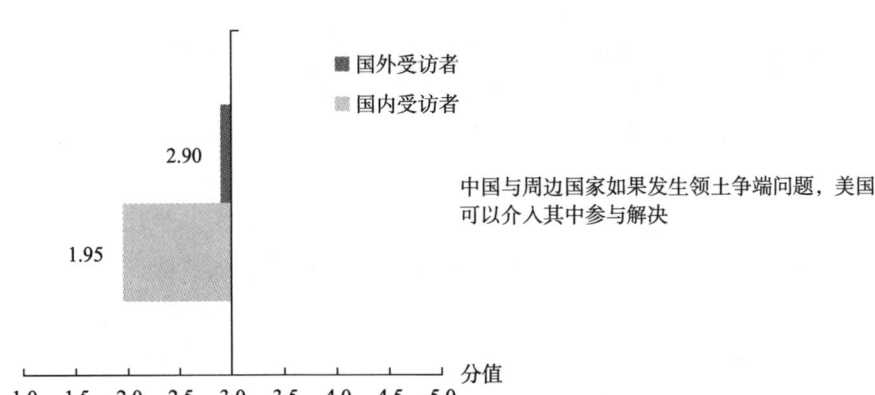

图1-57 请按照5分制，表达你对下列说法的同意程度。1分代表完全不同意，5分代表完全同意："中国与周边国家如果发生领土争端问题，美国可以介入其中参与解决"——中外受访者比较（N=8,280）

发现十四　逾五成国外受访者希望将来能到中国参观

调查显示，国外受访者中，13.6%过去来过中国，54.7%"没去过，但希望将来能去"，其余的31.6%"没去过，将来也不打算去"。

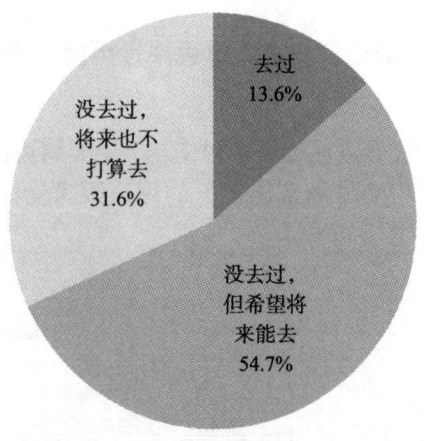

图1-58 你去过中国吗？（N=13,266）

14.1 韩国受访者中，到过中国的比例最高；哈萨克斯坦和南非的受访者中，未来有到中国来的意愿的比例最高

在本次调查的所有国家受访者中，韩国受访者过去来过中国的比例最高，达29.5%，比例最低的是肯尼亚，仅有2.4%的受访者过去来过中国。"没去过，但希望将来能去"的受访者在哈萨克斯坦和南非的比例最高，分别为75.8%和73.8%。"没去过，将来也不打算去"的受访者在日本最高，达到60.6%。

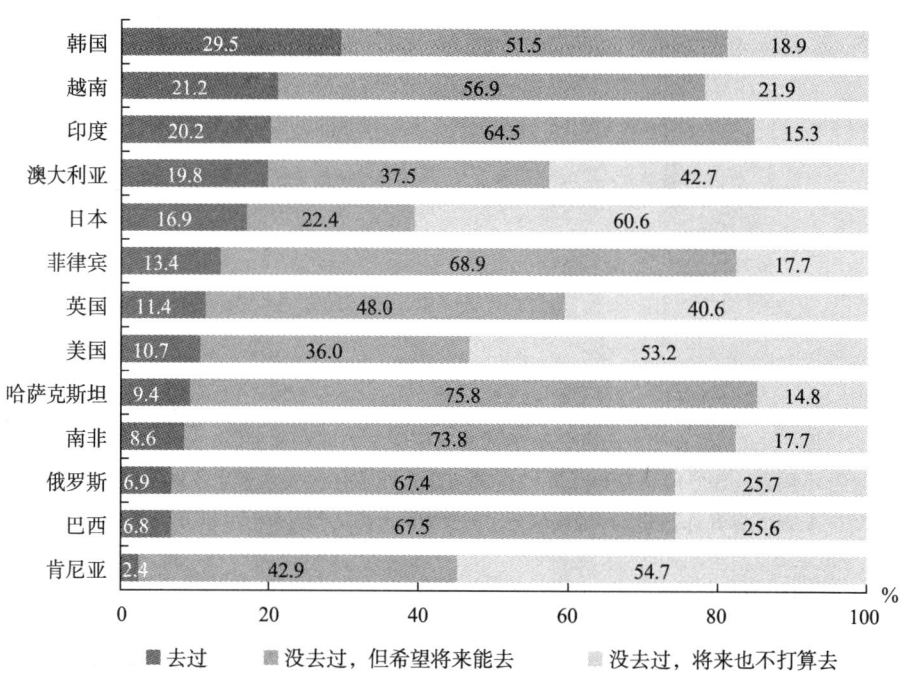

图 1-59 你去过中国吗？——分国家（N=13,266）

14.2 周边国家的受访者中，更多人过去来过中国，或者未来有来中国参观的意愿

周边国家受访者中，16.8%过去来过中国，比非周边国家的受访者高出6.8个百分点。"没去过，但希望将来能去"的周边国家受访者占58.2%，比非周边国家的受访者高出7.5个百分点。

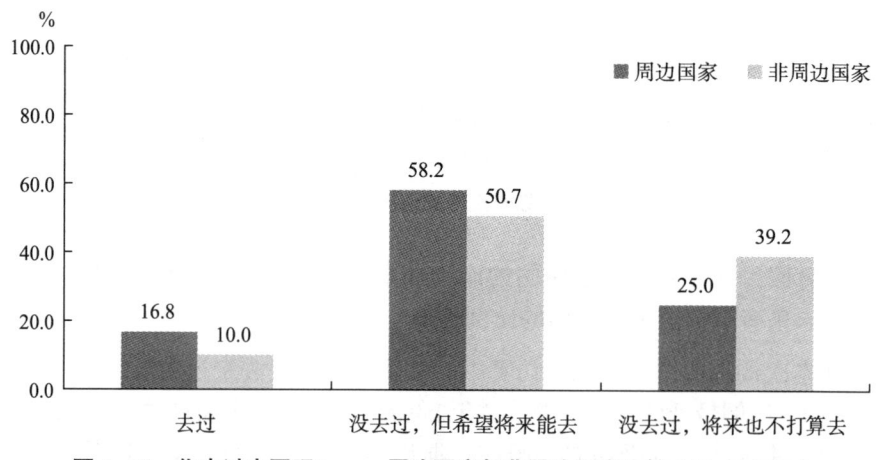

图 1-60 你去过中国吗？——周边国家与非周边国家比较（N=13,266）

一、环球对望：中国信心与世界印象

发现十五　中国的"文化风俗"和"风景名胜"最令外国受访者感兴趣

对于中国的方方面面，国外受访者最感兴趣的是"文化风俗"（56.5% 的受访者选择）和"风景名胜"（55.4%）。接下来按选择顺序依次是："当代中国人的生活"、"五千年历史"、"'中国制造'产品"、"人权状况"、"环境状况"、"经济政策与市场机会"、"影视文艺作品"、"外交政策"、"政府与政党建设"和"其他"。另有 9.4% 的受访者表示对中国没有感兴趣的方面。

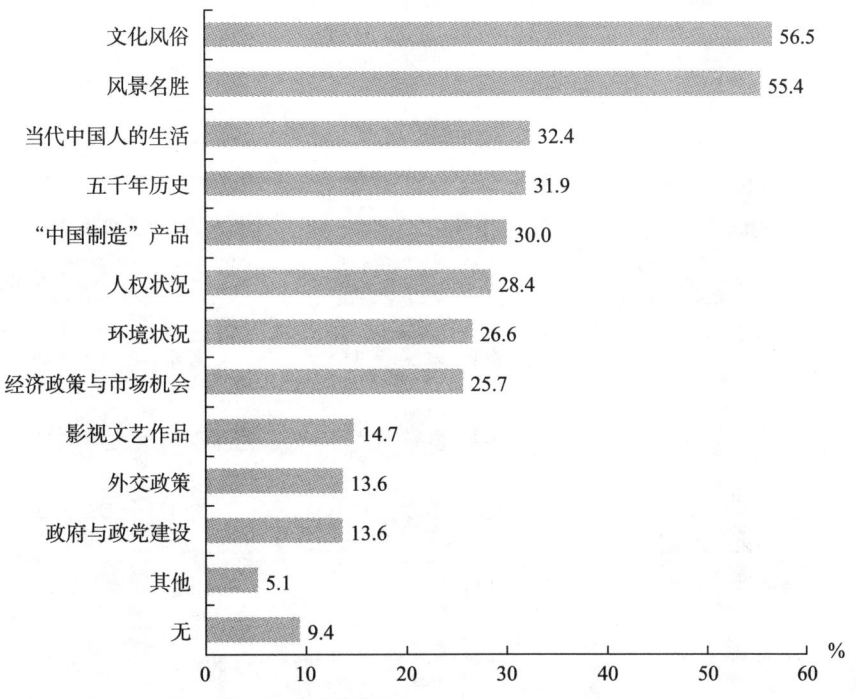

图 1-61　你对中国最感兴趣的是什么？（N=13,266）

注：此题为可多选，各选项之和大于 100%。

15.1　发展中国家，尤其是"金砖四国"的受访者对中国的各方面兴趣更高

对于中国的"文化风俗"和"'中国制造'产品"，感兴趣程度最高的都是发展中国家的受访者，包括俄罗斯、巴西、菲律宾、南非、哈萨克斯坦、越南、印度和肯尼亚。值得注意的是，"金砖五国"中除中国之外的四个国家的受访者对中国的兴趣都比较强烈，例如俄罗斯受访者对中国"文化风俗"和"当代中国人的生活"兴趣最大，南非受访者对中国"风景名胜"和"人权状况"兴趣最大，印度受访者对"'中国制造'产品"兴趣最大。

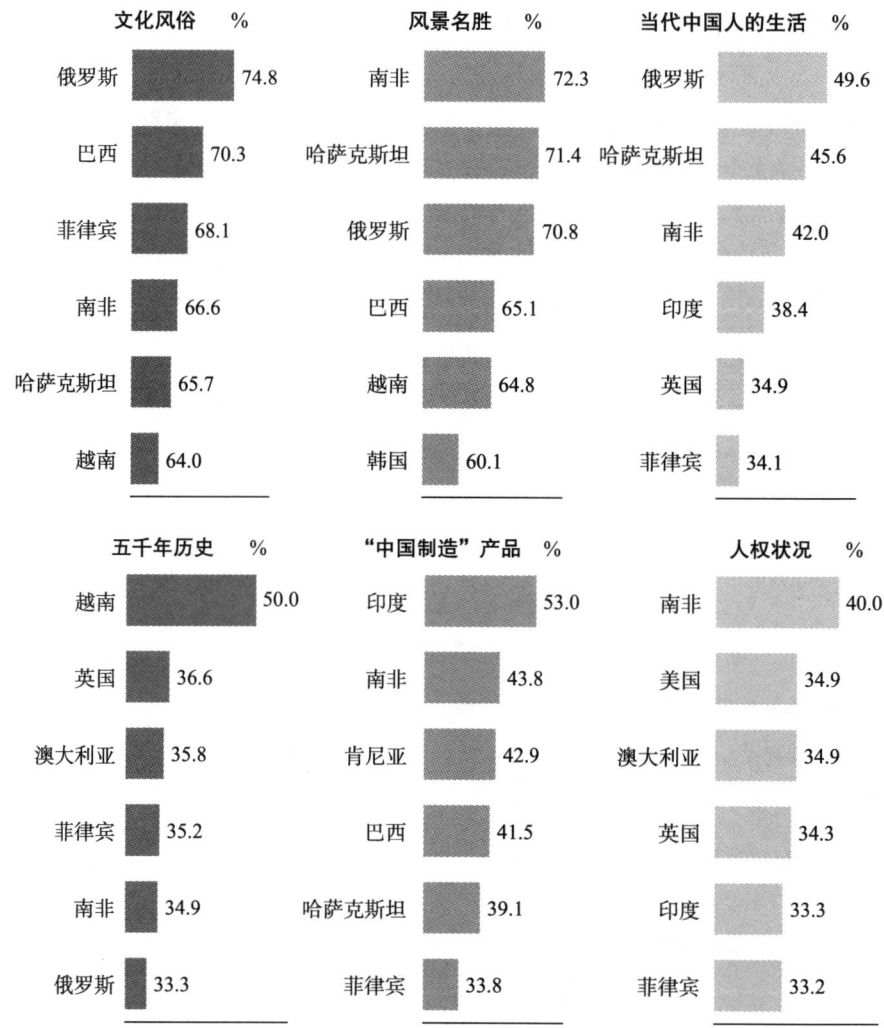

图 1-62 你对中国最感兴趣的是什么？——分国家（N=13,266）

15.2 周边国家受访者对中国"文化风俗"、"风景名胜"、"当代中国人的生活"、"五千年历史"等方面的兴趣都高于非周边国家受访者

周边国家受访者中，对中国"文化风俗"、"风景名胜"、"当代中国人的生活"、"五千年历史"、"影视文艺作品"、"外交政策"、"政府与政党建设"等方面的兴趣都高于非周边国家受访者，尤其是"风景名胜"这一项，周边国家受访者中，对此感兴趣的比例高出非周边国家 8.0 个百分点。

非周边国家受访者中，对"'中国制造'产品"、"人权状况"、"经济政策与市场机会"感兴趣的比例高于周边国家。

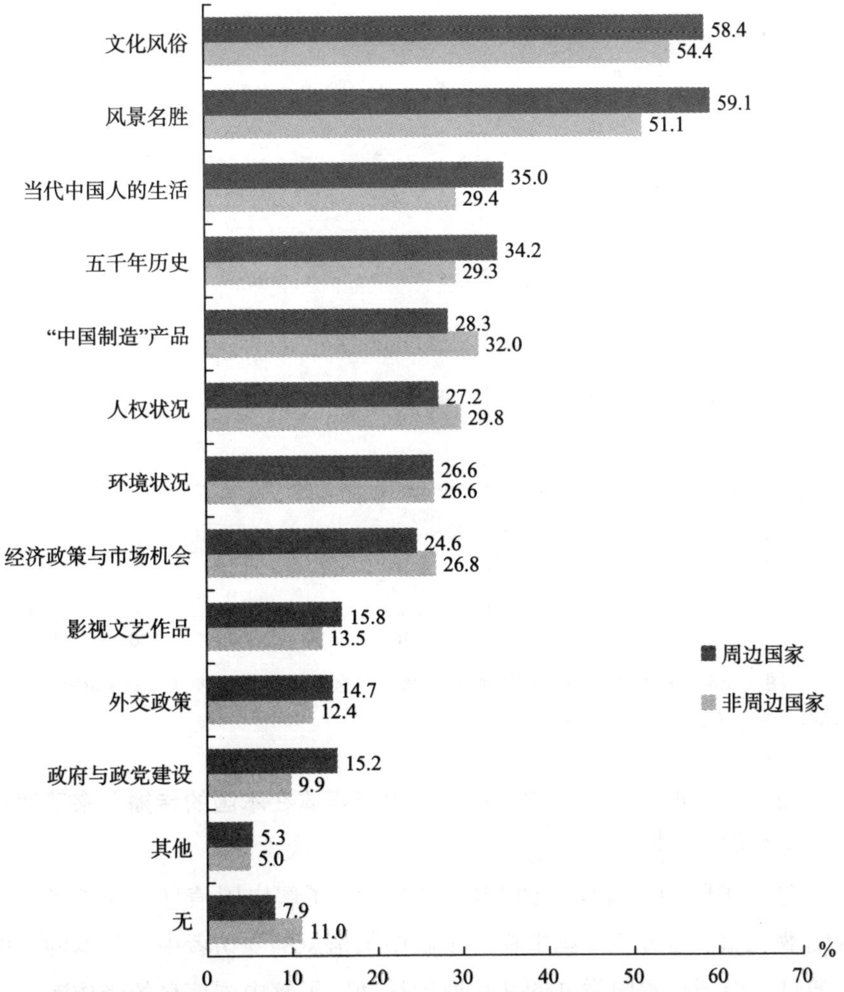

一、环球对望：中国信心与世界印象

类别	周边国家	非周边国家
文化风俗	58.4	54.4
风景名胜	59.1	51.1
当代中国人的生活	35.0	29.4
五千年历史	34.2	29.3
"中国制造"产品	28.3	32.0
人权状况	27.2	29.8
环境状况	26.6	26.6
经济政策与市场机会	24.6	26.8
影视文艺作品	15.8	13.5
外交政策	14.7	12.4
政府与政党建设	15.2	9.9
其他	5.3	5.0
无	7.9	11.0

图 1-63 你对中国最感兴趣的是什么？——周边国家与非周边国家比较（N=13,266）

发现十六 国外受访者了解中国最主要的信息渠道是"国际知名媒体（如 CNN、BBC 等）"

调查显示，44.4% 的国外受访者了解中国信息的渠道是"国际知名媒体（如 CNN、BBC 等）"；39.5% 的受访者了解中国信息的渠道是"本国的电视"；27.5% 的受访者通过"中国在本国举办的文化商贸活动"了解中国信息，以上三项是中国信息有效传播的最主要渠道。相比而言，仅 12.1% 的受访者通过"中国媒体在本国的传播"了解中国相关信息，可见中国媒体的国际传播力还比较有限。

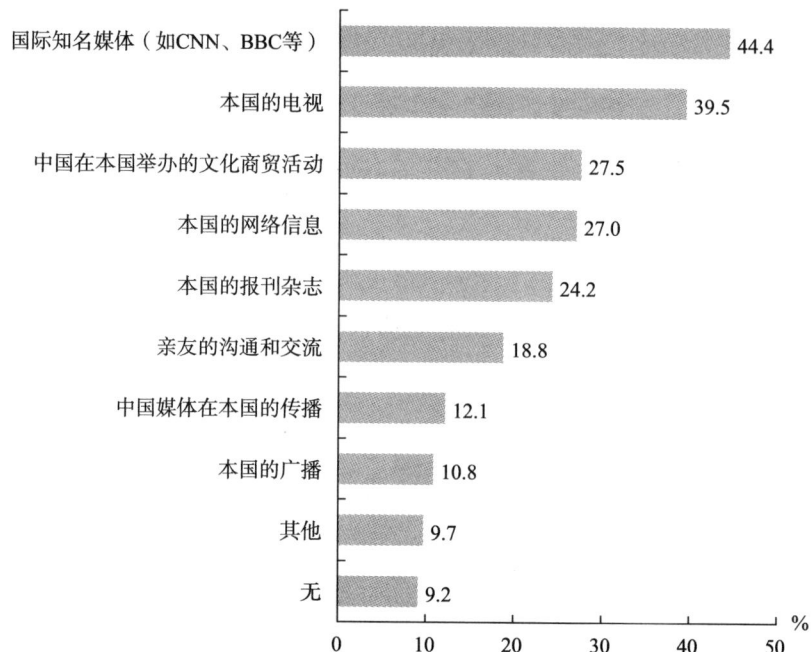

图 1-64　关于中国的信息你通常是通过什么渠道了解的？（N=13,266）

注：此题为可多选，各选项之和大于100%。

16.1 巴西和印度的受访者中，通过"中国媒体在本国的传播"来了解中国信息的比例最高

通过"国际知名媒体（如BBC、CNN）"了解中国信息的受访者中，南非的比例最高；通过"本国电视"了解中国信息的受访者中，日本的比例最高；通过"中国在本国举办的文化商贸活动"了解中国信息的受访者中，发展中国家的比例较高，包括菲律宾、巴西、俄罗斯、哈萨克斯坦、越南和南非等。

巴西受访者中，24.5%通过"中国媒体在本国的传播"了解中国信息，在所有调查国家中比例最高。其次是印度，有22.3%的受访者通过"中国媒体在本国的传播"了解中国信息。肯尼亚受访者通过"中国媒体在本国的传播"了解中国信息的比例最低。

一、环球对望：中国信心与世界印象

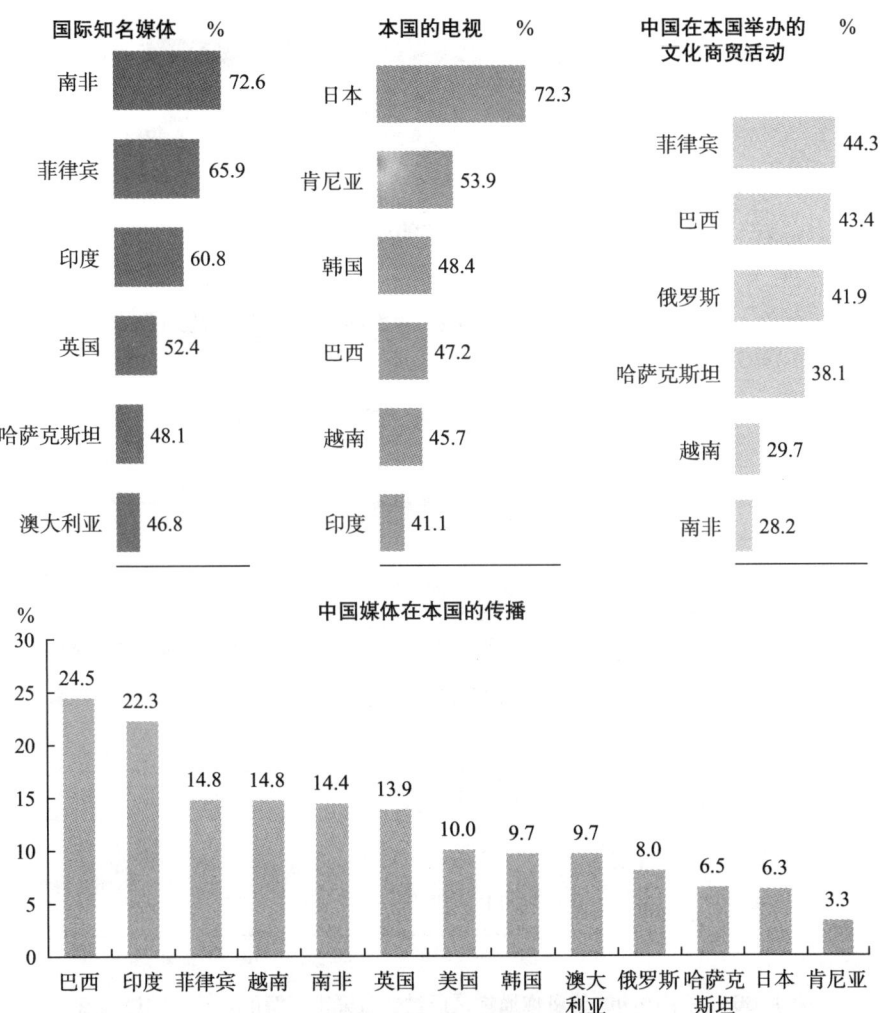

图 1-65　关于中国的信息你通常是通过什么渠道了解的？——分国家（N=13,266）

16.2 周边国家受访者中，通过"本国的电视"、"中国在本国举办的文化商贸活动"、"本国的网络信息"、"本国的报刊杂志"以及"亲友的沟通和交流"了解中国信息的比例高于非周边国家

周边国家受访者中，通过"本国的电视"、"中国在本国举办的文化商贸活动"、"本国的网络信息"、"本国的报刊杂志"以及"亲友的沟通和交流"了解中国信息的比例都高于非周边国家，尤其是通过"本国的网络信息"来了解中国的周边国家受访者比非周边国家高出了23.6个百分点。

非周边国家受访者中，通过"国际知名媒体（如CNN、BBC）"了解中国的比例高于周边国家5.0个百分点。

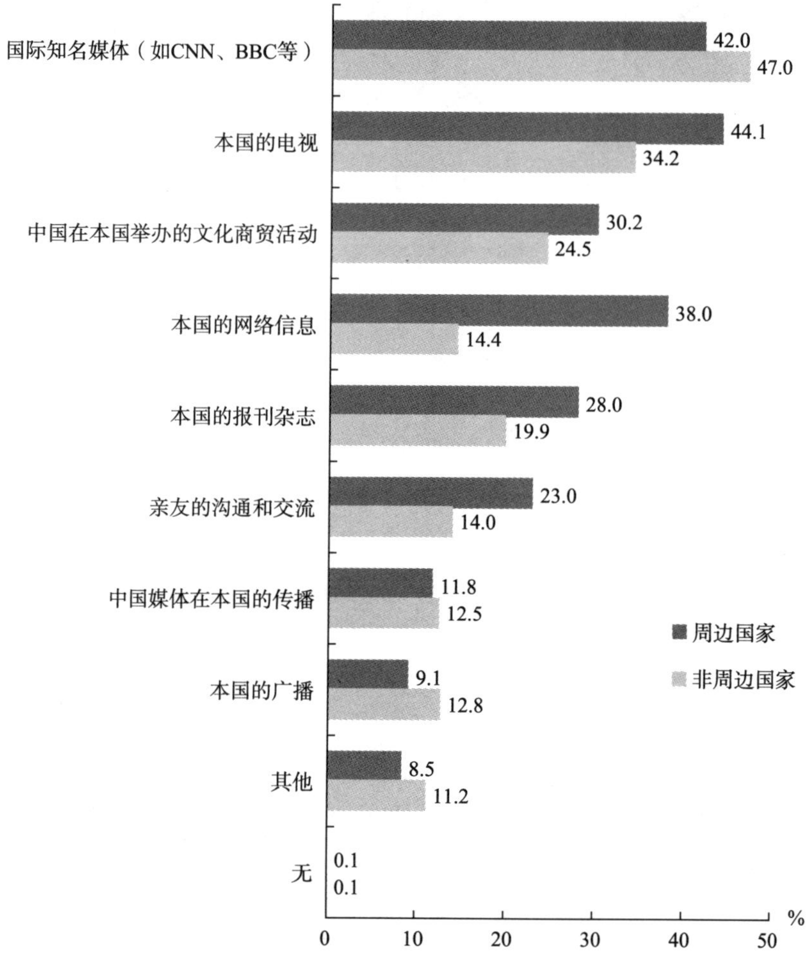

图 1-66 关于中国的信息你通常是通过什么渠道了解的？——周边国家与非周边国家比较（N=13,266）

发现十七 《环球时报》或环球网是国外受访者了解中国信息最主要的中国媒体

对于"通过中国媒体在本国的传播"了解中国信息的受访者进一步调查显示，《环球时报》或环球网是他们选择最多的中国媒体，有 32.1% 的受访者近半年内阅读过《环球时报》或浏览过环球网。

一、环球对望：中国信心与世界印象

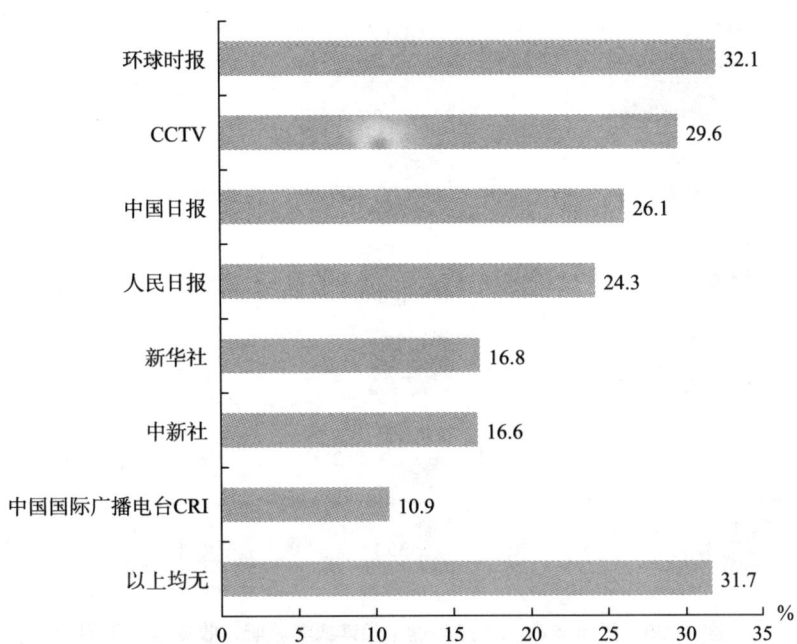

图 1-67　近半年内，你接触过（阅读或者收听、收看过）下列哪些中国媒体（包括它们的网站）？（N=1,610）

注：此题为可多选，各选项之和大于100%。此题仅针对通过"中国媒体在本国的传播"来了解中国信息的受访者，故样本总数为1,610。

17.1　印度受访者中，过半数近半年内通过《环球时报》或环球网了解中国信息

分国家来看，印度受访者接触《环球时报》或环球网的比例最高，52.4%近半年内阅读过报纸或浏览过网站。越南受访者收看CCTV的比例最高，达到50.0%。越南受访者对《人民日报》的阅读比例也最高，达到42.8%。

17.2　周边国家受访者中，近半年内接触过各种中国媒体的比例都高于非周边国家

周边国家受访者中，近半年内接触过《环球时报》、CCTV、《中国日报》、《人民日报》、新华社、中新社、中国国际广播电台及这些媒体的网站的受访者比例都远远超过非周边国家。

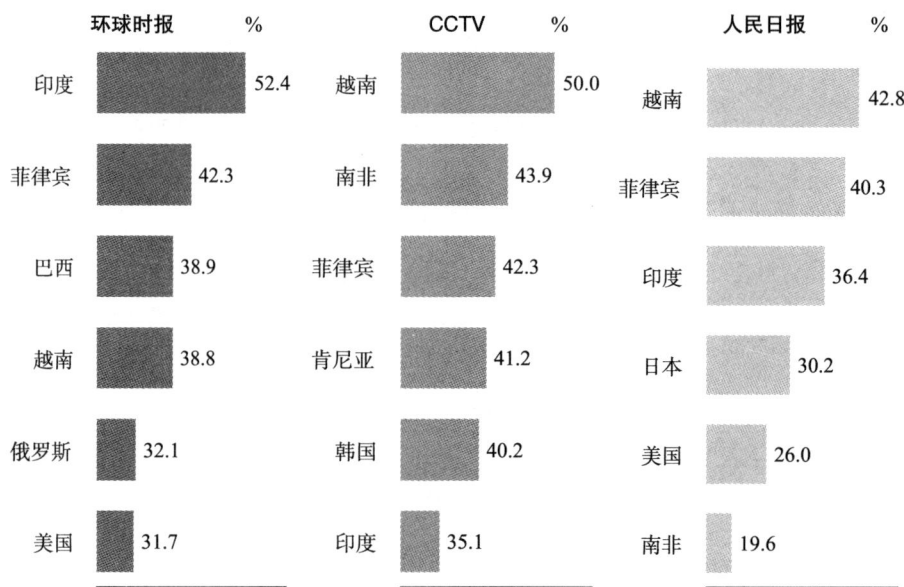

图1-68 近半年内,你接触过(阅读或者收听、收看过)下列哪些中国媒体(包括它们的网站)?——分国家(N=1,610)

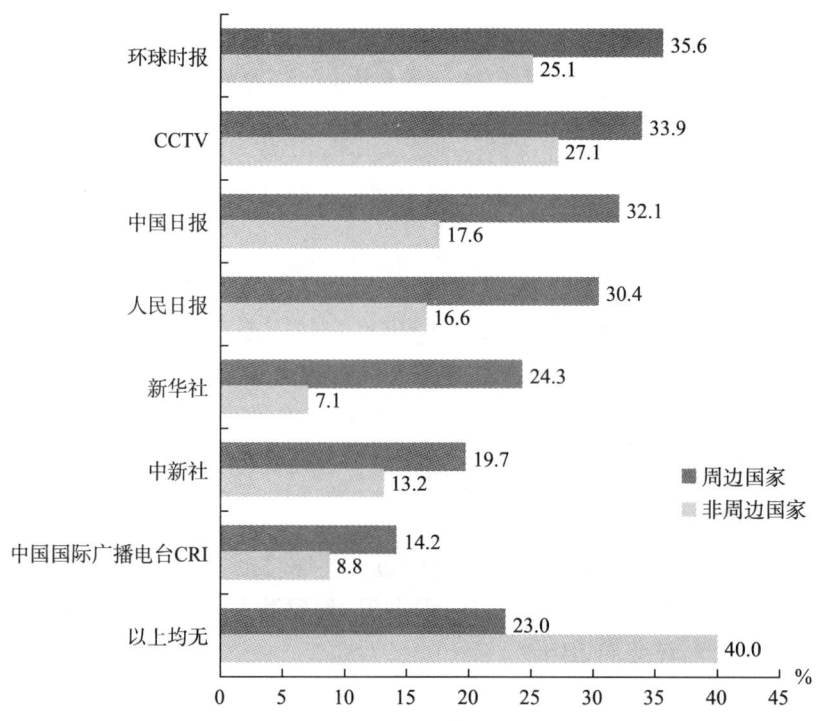

图1-69 关于中国的信息你通常是通过什么渠道了解的?——周边国家与非周边国家比较(N=1,610)

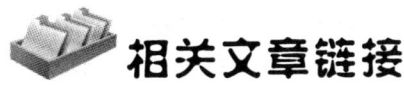
相关文章链接

大国关系调整，中国安全局势变复杂

当前，大国关系正在调整，一超独大的局面仍然存在，多极格局尚未形成，和平发展仍然是时代的主题，举国迎敌的局面短期内不会出现。但是也要看到，随着中国的和平发展，我们面临的安全形势，进入新世纪以后越来越复杂。因此要客观辩证地看待我国当前的安全形势。从大处讲，主要来自三个方面：

一是外源型，指来自外部的安全威胁。大国兴起，必然遇到强势国家的遏制和打压。

尽管我们是和平发展，但霸权主义和强权政治固有的排他性，仍不愿别的国家强大起来，改变世界实力对比，使我国面临的安全威胁陡然增加。美国"重返亚太"、在我周边摆棋布子，挑起争端，日本等国的军国主义者和狂妄政客占我领海、侵我岛屿的野心膨胀，使擦枪走火、局部冲突的可能性增加；美国在我周边煽风点火、威逼利诱，制造局部热点，影响我和平发展的安全环境；针对我国经济对外依存度增强，92%的物资要经过海上通道，兰德公司等抛出了用军事手段攻击阻断我海上通道的战略设想，对我国经济发展的安全造成严重的潜在威胁；随着网络成为现代社会生活的中枢神经，美国等发达国家已组建网络战部队，有的在窃取我核心机密，控制网上舆论，煽动社会不满，运用各种先进技术，在我关键部位预置木马、后门等破坏手段，企图必要时摧毁我国家和军队的核心设施，瘫痪对我政治经济有重大影响的网络体系，甚至欲通过网络毁坏我核化等设施。至于对我重点目标的打击能力、电磁对抗、空天争夺等等，都是我们必须高度重视的战略威胁。

二是内生型，指来自我们内部的安全威胁。改革发展已进入攻坚期、深水区和矛盾凸显阶段。

经济发展不平衡、经济结构失调、自主创新滞后、核心竞争力不足，严重制约着我国的经济发展，在调整过程中，如果稍有不慎，会引起经济下滑、失业加剧、利益矛盾冲突，甚至带来社会动荡；几十年的经济发展，对环境重视不够，造成土地污染、水源污染、空气污染等各种环境恶化，由此引发不稳定因素的可能性不断增加；我国贫富差距已超过国际警戒线，群众的不满情绪在增长，如果收入分配改革进程缓慢或决策失误，也会引起大面积社会矛盾爆发；随着现代化推进，输油管道、海上钻井平台、大型储油罐库、核化设施等不断增加，如果发生爆炸或泄漏，后果不堪设想；随着气候变暖，地球进入活跃期，地震、海啸、飓风、旱涝灾害、雨雪冰冻将比以往高发；至于拆迁占地、官民纠纷等矛盾引起的群体事件，也极有可能引发大范围的社会波动。尤其是当前利益分化、政治共识分裂，如果不能进行有效的工作和思想引导，也易出现乱子。

三是交织型，指内外因素交织联动引发的安全威胁。

改革开放深化的环境和现代信息手段，使境内外的敌对势力极易互相勾连，通过各种方式，制造安全危机。当前，国际恐怖主义组织、极端宗教势力和民族分裂势力内外勾结和恐怖袭击活动，已进入新的阶段。

继北京、新疆等地发生恐怖袭击之后，"东突"头目叫嚣"要把人民大会堂作为目标，决不让中国政府安宁地生活"，"要把战线拉到中国内地，用热血和生命书写东突厥斯坦斗争史"；金融、粮食、能源与国际联系更趋紧密，国内一些利益集团为了私利，与境外资本相互勾结利用，使境外敌对势力和利益集团在我国兴风作浪的危险性增大，如不有效防范，后果将很严重；改革进入深水区，因分配不公等引起的不满在增长，西方敌对势力乘机加大政治思想文化渗透的力度，并在我国内物色骨干和代理人，不仅栽培个别公知人物与所谓大V，也妄图在我党政军和80后年轻务工人员中物色骨干，利用互联网进行蛊惑，使各种危害国家安全的信息大量充斥控制着网络信息平台，搅乱着人们思想，分裂着社会共识，稍有不慎，就会掀起危害国家安全的风波。一些阿拉伯国家的动荡，就是这样搞起来的！

面对复杂的安全形势，我们要保持冷静的头脑，积极应对挑战，努力维护和平发展的大局。

应对错综复杂的国家安全威胁，要解决的问题很多，以下几点尤为重要：

第一，要加强统筹。我国安全机构和职能长期分散在政府和军队的各个部门，建立灵敏高效的统一指挥协调机制是当务之急，这次三中全会决定成立国家安全委员会，意义重大，是维护国家安全的重大举措。

在这个基础上，要加强三个统筹：一是统筹研究。国家安全的每一个问题，都会涉及到方方面面的工作，需要进行综合研究，把相关的问题一个一个地预测好、研究透。诸如海洋权益、海上战略通道安全，不仅要关注海洋，还要从军事、外交、法律、经济等全方位通盘考虑；核化泄漏不仅要关注核化设施，还要关注救灾队伍建设、居民疏散、科技手段、污染清除和生态环境影响以及国内外舆情应对等诸多方面。至于金融、经济等方面出现问题，那将涉及整个社会。只有研究透了，措施才能跟上，以免仓促上阵、穷于应对。对事关重大的改革政策和重大建设项目，要进行统一的安全评估和核准。

二是统筹规划。要在详细研究的基础上，列出具体规划，区分主次和轻重缓急，形成任务方案，明确各单位的任务分工，制定完成的标准和时限，规定应急反应工作流程，逐项落到实处。

三是统筹协调。要针对各种安全问题，明确在处置哪个部门为主，哪些部门为辅，哪些部门参与，以及应对过程中的工作方式、配合办法、责任区分、矛盾调节、随机处置权限等，建立配合默契的工作机制。

第二，要加强力量建设。一是加强国家安全研究力量建设。现在对国家安全重大问题的预测应对研究、计划实施研究、法律法规研究等，都很薄弱，重视程度也不够。

因此，一定要大力加强研究力量建设，既要加强专门研究机构建设，更要发挥社会智囊力量的作用，支持社会有识之士和智囊组织的发展，逐步成长起中国特色的兰德公司，为国家安全提供智力支持和决策参考。

二是加强国家安全工作力量建设。在加强军队和强力部门建设的同时，要依托社会相关行业，成系统、成建制地建设安全工作队伍。现在，我国的金融、海上运输、大型工程建筑、核生化企业、军工集团、矿山采掘、医疗卫生、交通通信，包括电磁、计算机网络等行业，都已比较发达，装备和技术力量比较充足，有大量能够执行相关领域安全防护任务的专业人员，可根据国家安全需要，从中选拔骨干，搞好编组，加强训练，平时成为生产和建设的生力军，促进经济建设；急时可以成建制、成系统地调动使用；战时可以成为参战力量和支援力量，这是少花钱、多办事，加强安全防护力量建设的有效途径。

三是加强国家安全信息获取力量建设。除加强情报和安全部门建设外，凡涉及国家安全工作的部门，都要有自己的信息队伍，严密关注安全动态，真正做到提前预警，及时报告，预先防范。同时，要大力加强群众信息骨干队伍建设，他们生活在各地区、各民族、各行业的第一线，了解情况最及时，对危机的感知最直接。要通过有效的组织机制，使他们成为国家安全的前沿哨兵。

第三，要加强策略运用。维护国家安全，需要正确的策略、谋略和智慧。一是要加强统一战线工作。最大限度地团结大多数，孤立极少数，把日本右翼势力、顽固军国主义分子和日本人民、和平力量分别开来，把西方敌对势力与对华友好的力量区分开来，采取各种措施，团结友好力量，集中打击最顽固的冷战思维和挑衅肇事者。

二是要善抓重点。要区分主次，对涉及国家核心利益和生死攸关的安全问题，紧紧抓住，毫不放松，以解决主要矛盾为突破口，带动其他安全问题的解决。

三是既要赶超,又要不对称较量。随着经济的发展,我们一定要加大科技创新、国防建设和各方面赶超的力度。同时,要加强不对称较量策略和办法的研究,发展战术运用、技术装备制敌方面的杀手锏。我们有不少独特的技术、材料和人才,有一剑封喉的高招。只要重视起来,加快建设进程,将发挥重大的作用。

只要我们在习近平同志为总书记的党中央领导下,积极工作,就一定能够维护战略机遇期,保持和平发展。

(数据版权:环球时报 2013-12-10 第3193期 第14版 | 国际论坛 作者张黎,是中国人民解放军原副总参谋长、昆仑策研究院顾问。本文是张黎在环球时报2014年年会"中国改革劲,亚太变数多"上的演讲。)

中国改革劲,亚太变数多 环球时报2014年会特别报道之二

世界格局转型期,中国应有大胸怀

权力中心转移是否成立

沙祖康(原联合国副秘书长):当今国际格局总体上并没有什么新变化。放眼世界,多极化在继续发展,美国在政治、军事、影响力等方面远超中国。

不过,美国并不是世界权力的中心,因为根本不存在中心。二次世界大战以后美苏各自领导自己的军事集团,它们谁都不能被称作中心。苏联解体后,美国也不是中心,只能说它相对于其他大国或者国家集团有较强或者最大的影响力。

中国也成不了中心,也没必要当这个中心。中国给自己定位为发展中国家,因为我们心里有数,所以中美之间不存在权力中心转移的问题。中国现在不是中心,未来多年后也不会是,但中国的发展不可阻挡。

曲 星(中国国际问题研究所所长):"权力中心的转移"这个命题在理论上成立,但远没有成为中美之间的现实。之所以理论上成立,是因为国际权力是一种影响力,是一个国家调动自己的各种资源,迫使别国按自己意志行事的影响力。由于国家实力是动态的,因此影响力随时都在变化。

但在现实中,从政治、经济、军事等主要指标来看,中国与美国的差距还相当大,因此权力中心转移离现实还非常遥远。为什么美国人会出现这个命题?这既是美国人居安思危的文化特性的反映,也是美国人既得利益者心

态的反映。现实情况是，生活条件越好的群体，安全感可能会越差，因为他们害怕被人后来居上，担心失去既得利益，这就是美国人的心态。他们提出权力中心转移理论，目的是动员国际社会的舆论和资源，防止新兴大国的挑战。中国人没有必要来附和这种中美之间权力中心转移的命题。

程恩富（中国社科院马克思主义研究学部主任）：20世纪以来的权力中心是有所变动的。二战之前，权力主要集中在欧洲强国；二战后到苏联解体前，权力中心主要在美国和苏联；苏联解体后一直到现在是一霸数强。现在的权力第一中心在美国，它实行单边主义、新帝国主义政策，令整个世界局势很不稳定。未来，全球应构建联合国主导型的权力治理，进行一系列改革，比如在联合国增加发展中国家名额和表决权。关键是要公正地发展经济全球化、政治民主化、文化多样化、军事自卫化和生态良性化，这样才能真正实现持久和平、共同繁荣和人民幸福的世界人民之梦。

沈丁立（复旦大学国际问题研究院副院长）：历史上有几次比较大的权力转移，下一次会不会就在我们这一代？这个转移不能把我们的力量转小了，要转大。另外，不能损害他国合法权益，否则我们很可能会付出很大的成本也未必成功。但是我们的合法权益不是通过请求别人来得到保障，而是靠自己的努力。如果达到别国对我们相对友善、不欺负我们，我们也不欺负别人的状态，那么这种权力转移是比较好的。

袁 鹏（中国现代国际关系研究院副院长）：除了权力转移，还有一个不容忽视的因素就是权力分散，就是权力从国家向非国家行为体，从政府向非政府组织、公民社会、跨国公司甚至个人转移。比如斯诺登，对2013年的国际格局来说，他的影响绝不亚于任何一个国家行为体。如果说权力转移加速多极世界的到来，那么权力分散则使得世界不仅是多极的，也是多元的。这正是我们理解美国实力相对下降的根本之所在。

美国是在遏制中国吗

曲 星：中国人说到"遏制"的时候，往往作为一个普通名词来使用，即"限制、阻碍"。但"遏制"对应的英文词是"containment"，在西方人听来就成了一个专有名词，有特定的含义。他们一听到这个词，马上就会想到丘吉尔的"铁幕演说"、凯南的"8000字电报"，想起冷战中北约与华约军事集团的对抗、美国对苏东集团贸易的全面禁运、人员往来的严格限制。而当时的美苏关系与今天的中美关系不可同日而语。如果我们从普通名词的意义上使用这个词，而西方则从专有名词的意义上来理解，就会造成很大的误解，对中美建立新型大国关系无益。当然，中美之间确实有很多的分歧，美国对中国的发展心态也确实非常复杂，美国确实也全力想把中国的发展纳入西方所设定的轨道，所以用"制约"比"遏制"能够更贴切地反映美国对中国的心态。

金灿荣（中国人民大学国际关系学院副院长）：英文现在有三个词来形容美国的政治，第一是遏制，第二是交往，但现在美国处在两者之间，叫两面下注，最终目标是把中国塑造为符合美国规范的伙伴。美国非常清楚遏制不了中国。因为遏制成功有一个前提，就是被遏制对象比较傻，爱得罪人。中国是善于搞关系的国家，谁能遏制得了它。

未来权力转移取决于中国，如果中国不犯错误，权力转移是一定要实现的。所以很大程度上讲，中国的命运、世界的命运都在我们手上，而且就在我们这一代人手上。

袁　鹏：美国通过热战战胜了德国，用冷战令苏联解体，靠经济战收拾了日本。现在面对世界第二经济大国的中国，美国会不会故技重施？遗憾的是美国找不到一个对付"老二"的办法，因为中国既有苏联的军事实力，又有日本的经济实力，还有欧盟的独特价值体系，同时和美国实现了巨额的贸易捆绑和金融捆绑。对于这样新型的"老二"，美国确实没有很好的办法。

王　帆（外交学院院长助理、教授）：在由地区性大国向有全球影响力的地区性强国转变的过程中，中国面临两大问题，一个是崛起的困境，包括实现国家统一和捍卫主权领土完整两方面。另一个是发展问题，除自身发展上的技术和资源难题外，还涉及国际社会如何接纳中国。

发展问题的关键是解决好对外依存度和战略自主性之间的矛盾关系，对外依存度过高将限制中国的战略选项，使得和平发展的战略面临更大的内外部压力。从历史上看，没有一个国家愿意用战争的方式崛起。尽管形式上有些国家的行为是主动挑起战争，但事实上它们都陷于战略上的选择难题，都是各种因素促成这些国家最终选择武力。中国最终实现和平崛起，不仅要有意愿，也需要通过推动各种内外部变革来解决好中国与世界的关系问题。

楚树龙（清华大学国际战略与发展研究所副所长）：美国大概是唯一一个没有直接侵略中国的国家，朝鲜战争、越南战争是因为第三方。因此我们要去考虑事实和历史。

讨论新型大国关系不能只关注美国，忽略中国崛起对其他主要国家，包括第三第四强国的冲击，比如日本现在这个势头就是想和中国一决雌雄，要带领亚洲跟我们对抗。中国崛起不仅带来和所谓守成大国的关系问题，也带来和其他强国的竞争。

我们需要怎样的国民心态

王　帆：随着中国发展速度的提升，民族主义情绪也在上升。狂热的民族主义是狭隘的，会造成中国对外政策中出现一些冒进、不恰当、不量力而行的行为。狭隘、狂热的民族主义会扭曲爱国主义。如果我们的邻国出现自然灾害，一些中国人却幸灾乐祸，如果我们还是怀着总有一天要彻底打败别国的复仇心理，并以此鼓动中国的对外战略，如果中国充斥着诸多这样的国民，那么将没有国家接受或欢迎我们成为大国。显然，中国也面临着进一步拓展社会整体国际化水平和文明程度提升的问题。

大国国民心态的转变是国际格局转型期的关键之一。我们当然要立足于国内，立足于发展自己，但也不能忘了国际责任。我们需要更多关注全球性话题，比如文明的融合、复兴与变革、国际难民问题。只有更多关注这些与人类命运相关的话题并发出我们的见解，提供我们的方案，中国才能够更好地屹立于世界民族之林。

沙祖康：千万不要把所谓的狭隘民族主义和我们的爱国主义混淆起来。中华民族浩浩荡荡几千年没有中断，就是因为有爱国主义。而狭隘民族主义无视别的国家和民族的正当利益，应该受到批判。所以千万不要伤害我们中华民族的爱国主义精神，而要千方百计地保护。

对待中日领土争端，我们要尽最大努力避免冲突。中国、日本和美国都不希望看到战争出现。但如果实在避免不了怎么办，天要下雨、娘要嫁人，中国也不会怕。

楚树龙：在中国崛起的过程中，我们一定要逐步培养大国的心态和情怀。第一，一定要习惯被关注、被批评、被炒作、被"传绯闻"，因为我们是崛起国、是明星国。因此中国设立防空识别区，就会有人说三道四。第二，我们维护国家主权的意志要坚定，但不要产生这种观念，即在外交、安全上追求绝对优势，要求全胜。世界上没有一个国家能做到。党中央和政府是成熟的，但我们的民众、社会，包括我们的媒体，有时候提的要求过高，这是不现实的。

（数据版权：环球时报 2013-12-12 第3195期 第15版 | 国际论坛 本文整理自环球时报2014年会"中国改革劲，亚太变数多"第二议题"国际格局新变：权力中心转移命题是否成立"的发言讨论，该议题由杨锐主持。）

中国改革劲，亚太变数多　环球时报2014年会特别报道之三

东海摩擦，中日距战争有多远

东海不会爆发全面战争

陈小工（原解放军空军副司令员、中将）：虽然一些人担心东海上空会

擦枪走火，但目前东亚并没有出现走向战争的形势，只是有两个问题需要注意。第一，东亚地区的力量格局在发生变化，这种变化会带来地区秩序的调整。如何保证这种变化和调整是和平的过程，需要各国决策者认真思考。第二，东亚地区一个特点是区域内许多国家间存在着领土主权、海洋权益纠纷，这些纠纷的解决难度越来越大，很容易陷入安全困境。如何在一时解决不了这些矛盾和分歧的情况下保持东亚地区稳定，也需要认真思考。

堀之内秀久（日本驻中国大使馆特命全权公使）：我对东海的摩擦会否升级为军事冲突这一设定感到非常惊讶。目前试图以实力单方面改变现状并使事态升级的是中国，日方丝毫没有引发军事冲突的想法。探讨这一话题，是否忽视了1978年《中日和平友好条约》的存在，该条约在第一条就明确规定，双方确认在相互关系中用和平手段解决一切争端，而不诉诸武力和武力威胁。日中邦交正常化已经有41年，我由衷希望两国能够早日重新回到战略互惠关系的起点，相互之间能够实现常见面、多走动式的关系。

罗援（中国战略文化促进会副会长兼秘书长、少将）：现在来看，中日要打一次全面战争，不会有多少人同意这种判断。但是双方发生擦枪走火事件的可能性是有的，它是否会成为现实，就靠各方制约。公使先生认为中国设立防空识别区，加剧东海紧张局势，会引发这些军事冲突，我不同意这个看法，因为中国设防空识别区也是被逼无奈。一是日本已经提出在其防空识别区内要打警告弹，很有可能加剧危机；二是日本首相已经签署命令，当别国无人机进入日本的领空时，就可以把它击落。这里的日本领空绝对不是指日本本土，而是现在有争议的钓鱼岛。一旦我们的无人机到钓鱼岛附近进行正常的巡逻警戒，被日本打下来，这是不是就激化了矛盾？

戴旭（海洋安全与合作研究院院长）：目前钓鱼岛争端正在扩大为东海危机，中日之间已经由岛屿之争变为战略之争。在这种前提下，我们现在要判定东海会不会发生军事冲突，首先取决于美国会允许日本军国主义走多远，美国要把东海乱局搞乱到什么程度；其次取决于日本自己想走多远，日本要实现重新武装，需要以东海危机为借口；最后取决于中国允许日本军国主义走多远。这三个因素决定了东海危机会不会演变为军事冲突以及爆发的时间、烈度及最后的结果。

中国设空识区属危机预防

堀之内秀久：中国这次设定防空识别区的做法，是在单方面加剧矛盾，我们持反对态度。日本上世纪60年代已经划了防空识别区，几十年没有受到其他国家的批评，而中国的防空识别区做法在内容上比较过分，要求所有的飞机，包括民间、公务、军事的，都需要先提供给中国信息，我认为中国的做法是在侵害公海上空的自由飞行权利。

至于这次保密法案导致中国担心日本走上军国主义之路，这是不可能的。一个国家在情报方面当然有需要保密的事情，不过日本的信息公开度已经大大超过中国的信息公开度，日本国会现在已经通过国家安全保障会议法，从那里人们可以看到防务部门的所有内部机构。所以"日本通过保密法案会导致军国主义"的说法，我并不承认。这种说法如果成立的话，中国已经是很大的军事主义国家。

罗　援：中国要建设海洋强国就必须冲出第一岛链，现在日本不断在第一岛链部署军力，想把我们走向太平洋的战略通道封死。形势所迫，我们才出于自卫不得不设防空识别区，向周边国家划了一个底线，就是哪些地方可以自由飞行，哪些地方不许去，哪些地方经过允许可以通行。在中国没有设防空识别区之前，美国的飞机频频到我们沿海附近进行侦察，设立防空识别区就是告诉他们这些地方不能再为所欲为。这是危机预防，它不是加剧矛盾，而是预防危机，并控制、解决危机。所以中国设立防空识别区实际上是起到防火墙、减震器作用，会使我们周边安全环境趋于稳定。中国的综合国力在不断提升，需要一个战略缓冲地带，需要有一个战略预警区，这本身就是积极防御的一个体现，而不是消极防御。

杨　毅（海军少将）：现在国际上存在一些舆论，认为中国利用不断增强的实力在改变现状，这是非常错误的。以南海为例，南海几千年来就在中国管辖内，明朝时就颁布法令，1947年民国颁布"十一段线"，新中国建立后变为九段线，当时没有任何人反对和要求改变。现在中国为什么被看作在改变现状？就是因为两大背景，第一，美国在亚太的战略再平衡和强化对中国的防范；第二，中国的所谓强势崛起与快速发展加在一块。美国一推行战略再平衡，就把压力对准中国，其他国家认为有机可乘，中美矛盾似乎成为主要矛盾。同时，崛起进程中中国做任何事情都被无限放大了，本来有理的中国被认为是无理的。

彭光谦（中国国家安全论坛副秘书长、少将）：中日能不能和平下去，不取决于中国，而取决于日本。上演购岛闹剧，制造麻烦、改变现状的是日本，不是中国。安倍上台后，在政治极右化、外交军事化、内阁战争化道路上不顾一切地"暴走"，日本正再次成为亚太地区军事危机策源地。日本军国主义今天死灰复燃不是偶然的，一是战后日本军国主义从未得到应有的清算；二是安倍的蓄意操弄。安倍自称不仅自己的生物学基因，而且政治基因也来自他的外祖父——甲级战犯岸信介的遗传。今天安倍带领日本沿军国主义狂奔，是有他内在逻辑的。

宋方敏（昆仑策研究院常务副院长）：安倍在不断挑战中国的底线，也在试探美国、周边国家的底线，试探本国在野党和民众的底线，这是一条危险路线。其实，现在中日韩经济依存度非常高，在亚太经济繁荣中起支柱作用。日本如果和中国友好相处，对两国经济乃至世界经济都有好处，完全没必要走军国主义的那条死路和绝路。

冯昭奎（中国社科院荣誉学部委员）：日本是一个"高度对外依赖国家"，96%的能源靠进口，73%的谷物要靠进口，日本的一位现职外交官曾说，日本的最大核心利益就是周边环境稳定，在周边不树敌，保证海上通道安全，现在安倍却背道而驰，采取"树敌外交"，造成周边海域形势高度紧张，这对日本是非常危险的。

中国不会在战略上打第一枪

彭光谦：从理性上讲，日本不应该挑战中国，它不够资格跟中国对抗。明年是甲午战争120周年，近来日本国内有人疯狂叫嚣要重温"甲午荣光"，但今天的中国已经不是120年前的清王朝，日本也不是当年的日本。日本战略空间狭小，战略资源奇缺，经济结构脆弱，两头在外，其军事力量充其量是一种依附型、战役型军事力量，跟中国这样独立自主、有强大战略反击能力的国家较量根本不在一个档次上。我们不希望打仗，如果安倍利令智昏，错估形势，必将葬送日本的未来。

冯昭奎：现在的情况是，日本频频挑衅中国，但是不敢大打；中国已经做好了应战的准备，但不想打、也不怕打；美国是两边劝，因为中日关系不打不和的状态对美国最有利，因此美国的态度是不让打。在三者当中美国的态度最关键，但美日互有所求的同盟关系，决定了美国在钓鱼岛问题上实际上是站在日本一边的，而中日一旦开打，美国对日本必定会从"暗助"转变为"明帮"，决不会袖手旁观。中国坚决维护对钓鱼岛的主权，并不意味着要挑战美国霸权，换句话说中国"维权"不构成对美国"维霸"的威胁，美国犯不着为了远在太平洋彼岸的几个小岛，为日本火中取栗，搞砸和中国的关系。

宋方敏：就美国来说，一个财政经济日子不好过，又靠战争机器发财的国家，要让它不在军事需求上找出路，也不可能。奥巴马的"再平衡"战略，说白了就是看到中国发展势头和亚太重要性，进行一种扩张性的军事战略调整，开拓新的军事经济需求增长点，所以对美国不能抱有和平幻想。

不过，今天不如以往，真打起来对美国也不利。安倍想靠军国主义救日本，他在钓鱼岛问题上是"押宝"，表面上替美国"闹事"，实际是逼美国"上套"，其意图不在"争岛"，而在"松绑"，恢复"正常国家"待遇，然后就可以摆脱美国控制，实现战略野心。如果这个阴谋得逞，受伤害的不仅仅是中国和周边国家，美国可能是最大的利益受损者，它不仅会失去一个"附属国"，

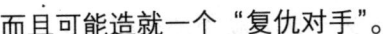

而且可能造就一个"复仇对手"。

杨　毅：维护国家利益，要做到两句话，第一，坚定有力，就是增强包括军事力量在内的综合国力和敢于使用力量维护国家利益的决心与意志；第二，适度有节，就是坚持"有理、有利、有节"，讲究策略。中国是泱泱大国，热爱和平，我们希望和平解决纠纷。钓鱼岛问题也是这样，中国不愿意打，但是也不怕打，我们坚持不在战略上打第一枪，但绝不给对手打第二枪的机会。

（数据版权：环球时报　2013-12-13　第3196期　第15版｜国际论坛　本文整理自环球时报2014年会"中国改革劲，亚太变数多"第三议题"东海、南海摩擦会上升为军事冲突吗？"的发言讨论，该议题由何亮亮主持。）

高度认同美澳同盟　矛盾看待中国投资

澳民调：民众对中国的热情是54度

澳大利亚智库洛伊国际研究所24日发表2013年度民意调查结果显示，48%的澳大利亚民众认为，澳大利亚与美国的关系最重要，37%的人认为中澳双边关系最为重要；61%的受访者认为中国将取代美国成为全球第一超级大国，12%的人认为中国已经达到这一地位。但另一方面，41%的澳民众认为中国在20年内将对澳大利亚构成军事威胁，57%的受访者认为，澳大利亚允许"太多的"中国投资进入，尽管中国投资仅占该国吸引外国投资的不到3%。在受访者对19个国家的感情深浅程度排名中，中国位列第14位。洛伊研究所负责人弗利洛夫指出，澳大利亚人对中国的情感日益复杂，他们一方面认识到中国对澳大利亚经济发展具有重要影响，同时又对中国缺乏信任。

据介绍，这是洛伊国际研究所第9次发表"公众意见及国际政策"报告。本次调查3月4日至20日进行，电话调查了1002名澳成年民众，询问他们对澳大利亚内政及外交政策的看法。在被问及澳大利亚同中美哪个国家的关系更重要时，48%的民众选择美国，37%选择中国，10%的人认为同等重要。41%的澳民众认为中国在20年内将对澳大利亚构成军事威胁，54%的人认为不可能。82%的受访者认为澳美同盟关系非常重要或比较重要，比去年略降，61%的人支持美军驻扎澳大利亚。

"除了经济重要性以外，澳大利亚人对中国冷淡"，澳大利亚广播公司24日以此为题报道说，调查发现，大部分受访者对中国表示冷淡，但支持发展与中国的经济关系。洛伊研究所执行董事迈克尔·弗利洛夫说，"澳大利亚人对中国的情绪复杂。一些人的情绪是积极的，另一些人就不那么积极了。澳民众压倒性地支持与美国的同盟关系，把澳美关系置于澳中关系之上，他们对中国有担心，但认为中国对澳大利亚经济的未来十分重要。"调查还显示，87%的受访者认为，澳大利亚可以同时和美国、中国保持良好的关系。弗利洛夫说，保持澳美中三角战略关系将成为澳大利亚未来的中心政策，"但这种乐观能否得到保证，要看澳大利亚人的治国才能。"

澳广播公司称，该调查还发现，澳大利亚人仍旧对英国、德国和美国一片温情，对中国等亚洲国家则不那么热情。调查要求受访者以温度计的形式、从0至100度对19个国家的好感度打分，2011年，澳民众对中国的好感度为53度，2012年升至59度，今年降至54度。2013年度报告显示，在对19个国家的好感度排名中，英国（77度）、爱尔兰、德国、美国、新加坡及日本排在最前，中国名列第14位，排名落后于中国的5个国家分别是印度尼西亚、以色列、缅甸、伊朗及朝鲜。《纽约时报》24日引述洛伊研究所报告撰写人奥利弗的分析称，澳籍商人因官司遭中国拘押的事件在澳影响很大，澳民众可能因此对中国的人权问题、政治体制心存芥蒂。

《华尔街日报》24日发文称，澳民调显示，57%的人认为，澳大利亚政府批准了太多的中国资本进入澳大利亚市场，特别是中国对澳大利亚农牧场和上市公司的投资。中国是澳大利亚最大的贸易伙伴，但澳外商投资审查委员会的数据显示，2011年，中国投资占澳全部外商投资不足3%，中国是澳第三大外商投资来源国，排在英国和美国之后。"尽管中澳商贸关系空前紧密，但外商投资仍是敏感话题。"该调查还发现，约2/3的受访者认为，澳反对党联盟在经济、外国投资、偷渡船民、澳美同盟和国家安全方面要比执政的工党有更好的表现，而工党在拿捏与中国的关系和应对气候变化方面更胜一等。

《悉尼先驱导报》称，本次调查还发现，18岁至29岁的年轻受访者中，只有48%的人认为民主体制优于其他任何政府，其他人则持否定或怀疑态度。报道称，这一"反民主"倾向应引起警惕。澳洲年轻人对澳美同盟、美军驻扎、增加军事国防开支等的支持率都明显低于年长者。

（数据版权：环球时报　2013-06-25　第3057期　第3版 | 新闻背景　作者：本报驻澳大利亚特派记者李景卫）

环球舆情调查中心与《日本经济新闻》、韩国《每日经济新闻》联合调查显示

逾七成日企愿与中国加强合作

——中日韩三国企业家调查

过去一年东北亚地区摩擦频发,近期更有升级之势。地区三大国——中日韩,政治经济合作受阻,地区局势因此趋于不明朗。近日,环球舆情调查中心联合日本《日本经济新闻》、韩国《每日经济新闻》分别在中日韩企业家中间展开调查,以期了解三国经济界对双边、多边关系及世界经济前景的判断和预期。调查结果显示,较其他两国,中国企业家的前景预判整体更为乐观,日本格外看好自身经济发展,韩国国内观点较为平衡。日本企业经营"受东北亚地区政治对立影响"最大,同时逾七成日本企业家愿与中国企业加强合作,但多数中国企业家表示不愿意。

本次调查于2013年12月4日至18日进行。调查对象为具有合并收购、海外投资等最终决策权的中日韩企业主或CEO,中国回收问卷100份,日本回收109份,韩国回收137份。系统计算时采用四舍五入原则,导致各选项之和比100%有上下0.1%的波动。

调查第一部分围绕中日韩三国当下政经关系展开。中国企业家对中韩关系的乐观预期明显超出韩国企业家。56%的中国企业家认为中韩两国"政治关系将更加紧密",持同样观点的韩国企业家占11.4%。经济方面,分别有76%和30.4%的中韩企业家认为两国关系"将更加紧密";6.7%韩国企业家认为经济关系可能"高度紧张",但没有中国企业家做出这一选择。

中日企业家就未来两国关系表现出一致悲观。分别有70%和78.2%的中日企业家认为两国政治关系将"高度紧张",20%和14.4%认为经济关系将"高度紧张"。此外,日本认为企业自身经营"受到政治对立影响"的比例最高,为29%,中韩分别为14%和3.7%。中国觉得经营不受影响的比例最高,达54%,更多韩国企业家(71.1%)认为"会有影响,但现在不明显"。

尽管如此,仍有77.6%的日本企业家选择与中国企业"抛开政治,可以合作",仅有13%的中国企业家持此观点。57%的中国企业家选择与日本企业"尽量避免合作"或"完全不合作",持此观点的日本企业家仅占1.1%。

调查第二部分关注三国企业家对2014年世界整体经济形势的看法。受访

者预期普遍乐观,日本企业家半数认为世界经济将"顺利增长",约半数中韩企业家认为"顺利增长但速度放慢"。评估2014年"世界经济面临的主要风险",中美因素最为突出。中韩企业家视"美国量化宽松政策的萎缩可能性"为最大不稳定因素,日本则更担心"中国经济增速放慢"。

调查第三部分着重中日韩各国及各自企业的发展现状和前景。三国企业家对中国经济发展的主流判断为"保持增长,但速度放慢",对韩国判断为"保持增长"和"僵持状态",对日本经济判断则呈现分化:中国企业家看衰日本经济,"僵持"和"下滑"是主流看法;韩国看法比较平均;日本企业家则彰显自信,67.8%认为日本经济"存在问题,但正在全面顺利增长"。

企业发展方面,中日韩企业均视东南亚地区为2014年产品和服务主要布局方向。日韩企业非常看重中国作为"产品和服务市场"的价值,但作为技术提供者和教育场所,中国吸引力显著不足。中国企业家对政府经济刺激计划的提振作用最有信心,韩日对此手段的效果认可度为0%和14.4%。最后,三国企业家都对政府"放宽限制,给企业提供更加简化、便利的环境"给予很大期待。

就上述调查结果,《环球时报》记者分别采访了中日韩经济研究学者,三国学者的观点同样呈现出观察视角和心态上的差异。中国人民大学东亚研究中心主任黄大慧表示,政经分离的观点在日本有一定市场,中国企业家更倾向于认同政经不可分。

日本大和总研经济调查部首席经济学家熊谷亮丸则说,鉴于日中政治问题可能长期化,日本企业应与中国市场保持一定距离,继续在印尼、越南、缅甸等东南亚分散投资的"中国+1"战略,韩国对中国经济依赖度高,日本却不是这样。

韩国LG经济研究院专家申懋荣和现代经济研究院研究委员林熙廷在接受《环球时报》采访时,更着重从全球范畴和经济要素角度分析问题,显得具体而务实。谈及中日,申懋荣说,中国似乎对自己的经济更有自信,"韩国民间有个笑谈,想了解中国值得忧虑的负面因素,要到日本查资料"。

(数据版权:环球时报 2014-01-10 第3219期 第3版|新闻背景 作者:刘畅 郑一真 芮晓煜)

第一部分 地区政经关系图景

发现一 中国企业家比韩国企业家对中韩政经关系的走向更为乐观

中韩两国未来的政治和经济关系将如何发展?总体来看,不论是政治方面还是经济方面,认为中韩关系"变得更加紧密"的中国企业家都远远超过韩国企业家,认为中韩关系未来将"高度紧张"或"没有变化"的韩国企业家都超过了中国企业家。

政治方面,中国企业家中,56.0%认为中韩政治"关系变得更加紧密",而韩国企业家中仅有11.4%持同样观点。韩国企业家中,高达31.8%认为中韩政治关系未来将"高度紧张",中国企业家中无一人持此观点;28.8%的韩国企业家认为未来中韩政治关系"没有变化",相应的中国企业家比例仅为12.0%。

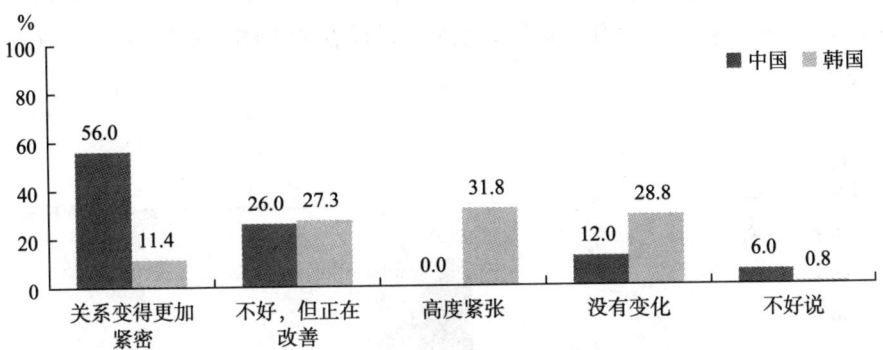

图1-70 由于东北亚地区领土和历史问题产生的磨擦,中国、韩国、日本的关系将会如何发展——中韩政治关系

经济方面,中国企业家中,76.0%认为中韩"关系变得更加紧密",韩国企业家仅有30.4%持同样观点。47.4%的韩国企业家认为中韩未来经济关系"没有变化",比中国企业家高出36.4个百分点;6.7%的韩国企业家认为未来中韩经济关系"高度紧张",中国企业家中无一人做出相同的预测。

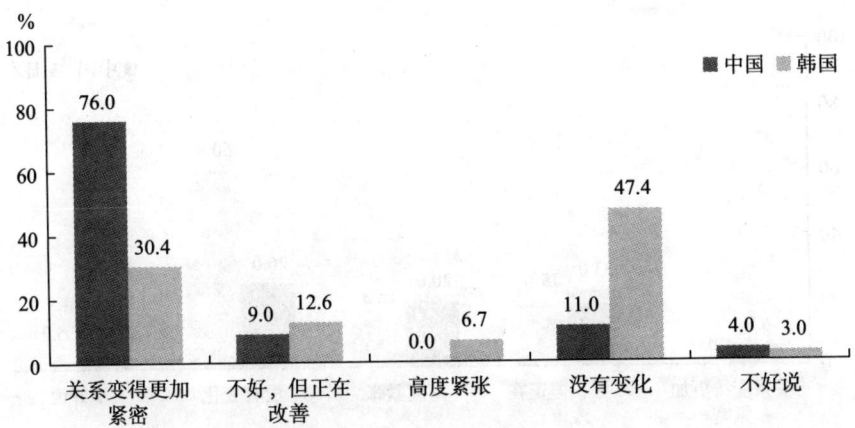

图1-71 由于东北亚地区领土和历史问题产生的磨擦,中国、韩国、日本的关系将会如何发展——中韩经济关系

发现二 中日企业家普遍认为两国未来在政治关系方面将"高度紧张",在经济关系方面日本企业家更倾向认为两国之间"没有变化"

对于中日未来的政治关系,两国企业家的判断都十分严峻。中国和日本的企业家中,分别有70.0%和78.2%做出了"高度紧张"的预测。对于中日未来的经济关系,两国企业家的判断稍好一些,分别有23.0%和19.6%的中日企业家认为经济关系"不好,但正在改善";高达60.8%的日本企业家认为经济关系将"没有变化",比持相同观点的中国企业家高出34.8个百分点。

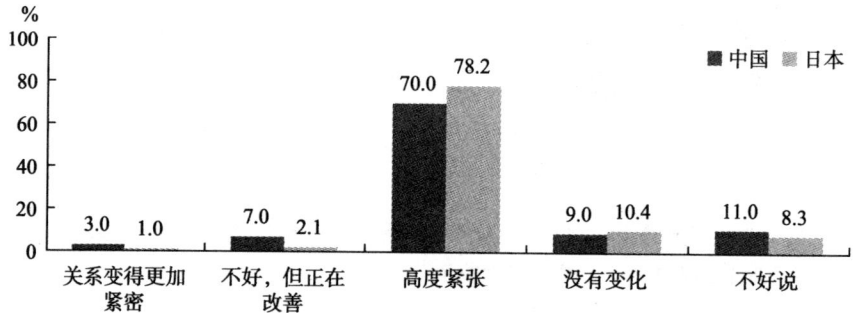

图1-72 由于东北亚地区领土和历史问题产生的磨擦,中国、韩国、日本的关系将会如何发展——中日政治关系

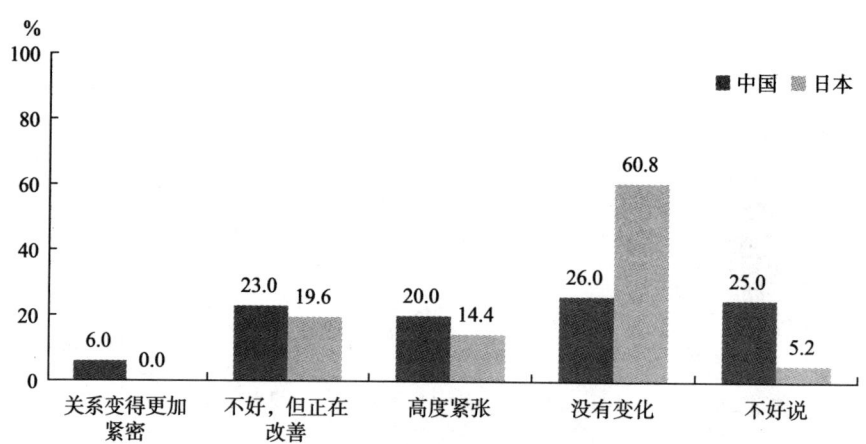

图1-73 由于东北亚地区领土和历史问题产生的磨擦,中国、韩国、日本的关系将会如何发展——中日经济关系

发现三 比较而言,日本企业家认为公司的经营和业绩受东北亚地区政治对立的影响最大

2013年由领土和历史问题引发的政治对立给中日韩三国的企业带来了不同程度的影响。对三国企业家的调查显示,日本企业家中,3.0%认为自己公司的经营和业绩"受到很大影响",26.0%"稍微受到影响",二者合计,共有29.0%的日本企业家认为公司的经营和业绩受到了政治关系的影响。中国和韩国的企业家中,持相同观点的比例分别为14.0%和3.7%。韩国企业家中,大部分(71.1%)认为政治对立"会有影响,但现在不明显";中国企业家中,大部分(54.0%)表示"公司业务与东北亚3国对立无关,不会受到影响"。

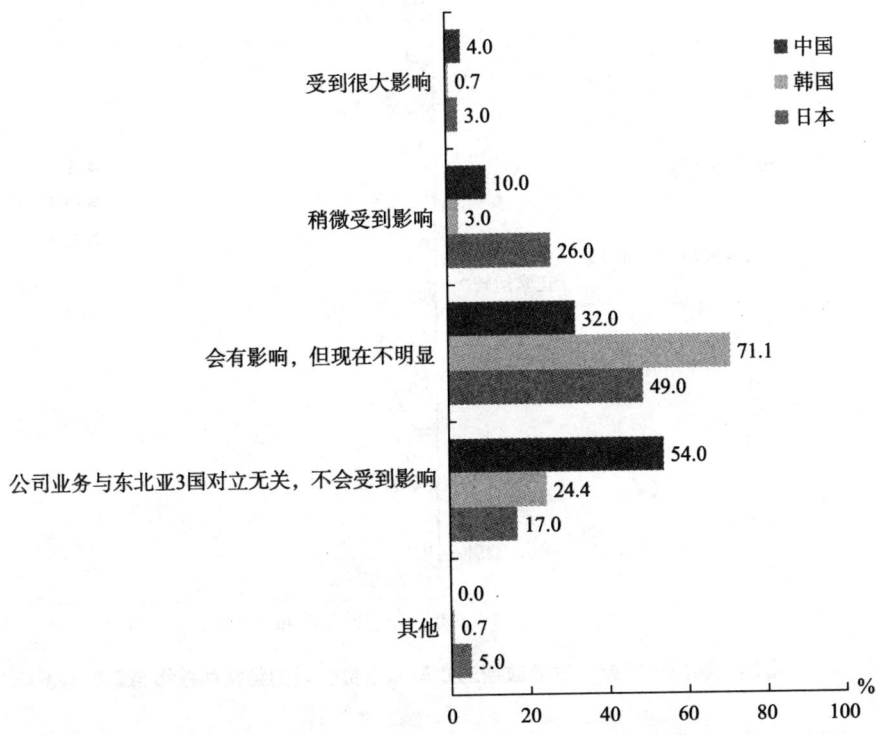

图 1-74 由领土和历史问题引发的政治对立给贵公司的经营和业绩带来什么影响?

发现四 三国企业家表示,政治对立给公司经营和业绩带来的影响集中在"销量减少"、"交易和与合作企业关系受到影响"以及"共同项目或者洽谈没有结果"方面

在认为政治对立使公司经营"受到很大影响"以及"稍微受到影响"的

企业家中进一步调查，发现影响的方面主要是"销量减少"，中、韩、日三个国家分别有57.1%、40.0%和55.2%的企业家选择这一项。其他影响较大的方面包括"交易和与合作企业关系受到影响"以及"共同项目或者洽谈没有结果"。

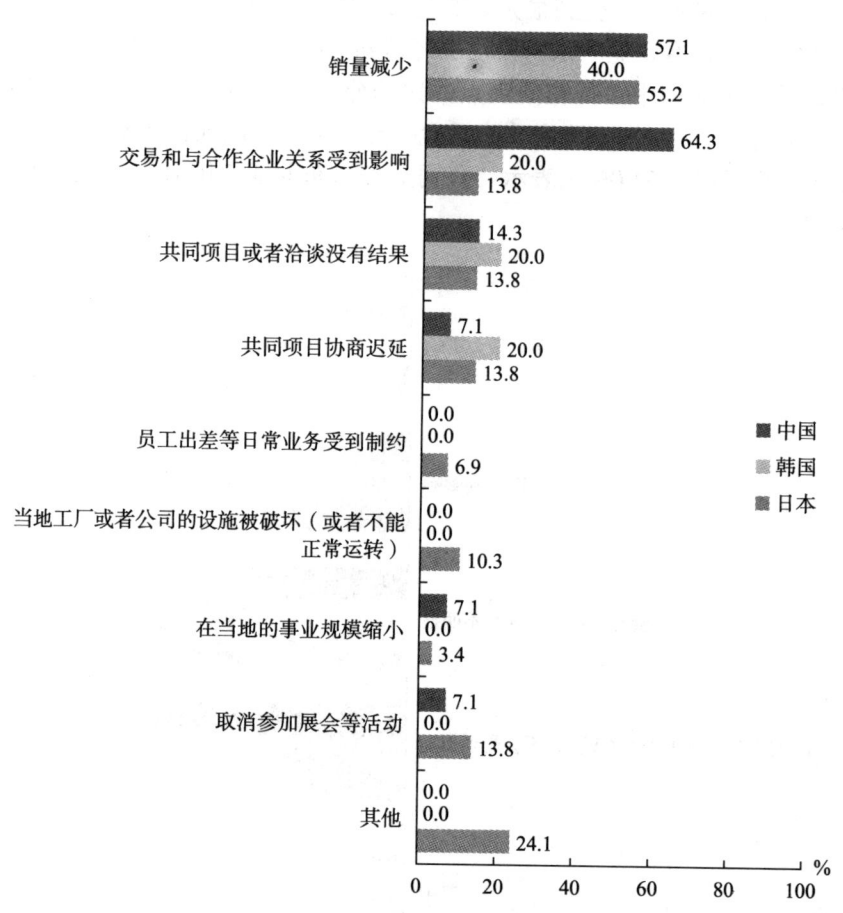

图1-75 由领土和历史问题引发的政治对立具体给贵公司的经营和业绩带来哪些影响？

发现五 近半数中韩企业家都认为，抛开政治环境，可以和对方企业进行合作

在相对严峻的政治环境中，中韩企业家都认为公司合作的可能性较大，分别有48.0%和47.4%的中国和韩国企业家表示"抛开政治，可以合作"；另外分别由34.0%和47.4%的中国和韩国企业家表示"可以合作，但无法无视政治氛围"；仅不到两成的中韩企业家表示"尽量避免合作"或"完全不可能

（合作）"。

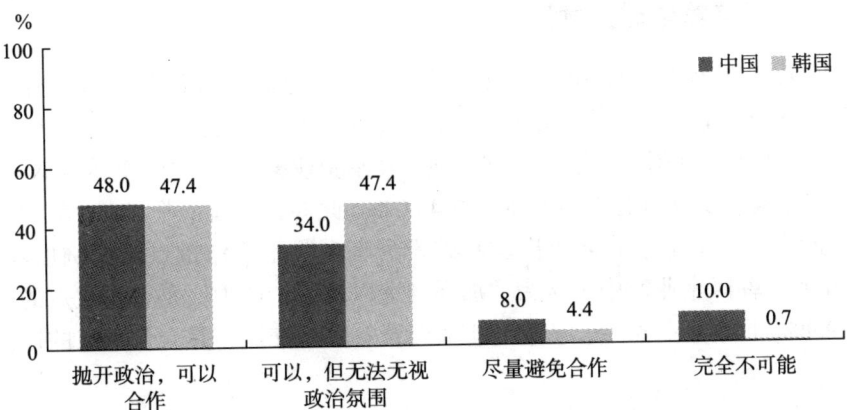

图 1-76 贵公司抛开政治环境外，有没有意向与相对的国家协力合作呢？——中韩企业家

发现六 超过七成日本企业家表达与中国企业合作的意愿

中日企业家相比，日本企业家表达出更强烈的合作意愿：77.6% 的日本企业家表示"抛开政治，可以合作"，而仅有 13.0% 的中国企业家持相同观点。57.0% 的中国企业家认为与日本企业将"尽量避免合作"或"完全不可能（合作）"，而相应的日本企业家仅有 1.1%。

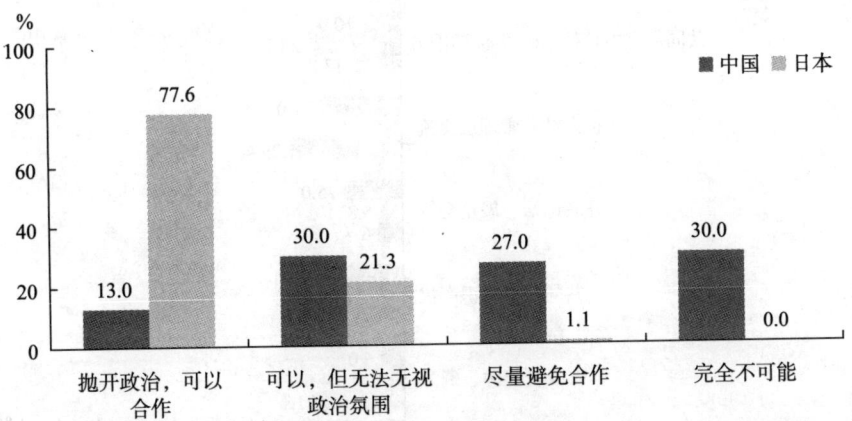

图 1-77 贵公司抛开政治环境外，有没有意向与相对的国家协力合作呢？——中日企业家

发现七 中韩企业家认为,在困难的环境下,三国企业最需要"加强技术的共同研发",日本企业家认为,三国企业最需要"培养全球人才"

问及"在困难的环境下,您觉得中日韩企业需要合作的部分是什么",中韩企业家都认为,最重要的是"加强技术的共同研发",分别有47.0%和49.6%的中国和韩国企业家选择这一项。日本企业家中,认为"培养全球人才"是合作的最重要方面的比例最高,占45.0%。此外,中国企业家中,认为"为风险企业和中小企业的创业构建基础投资平台"是合作重点的比例也较高,占46.0%;韩国企业家中,认为"加强制造以及生产能力"是合作重点的比例达29.9%;日本企业家中,认为"扩大经营管理层交流"是合作重点的比例达29.4%。

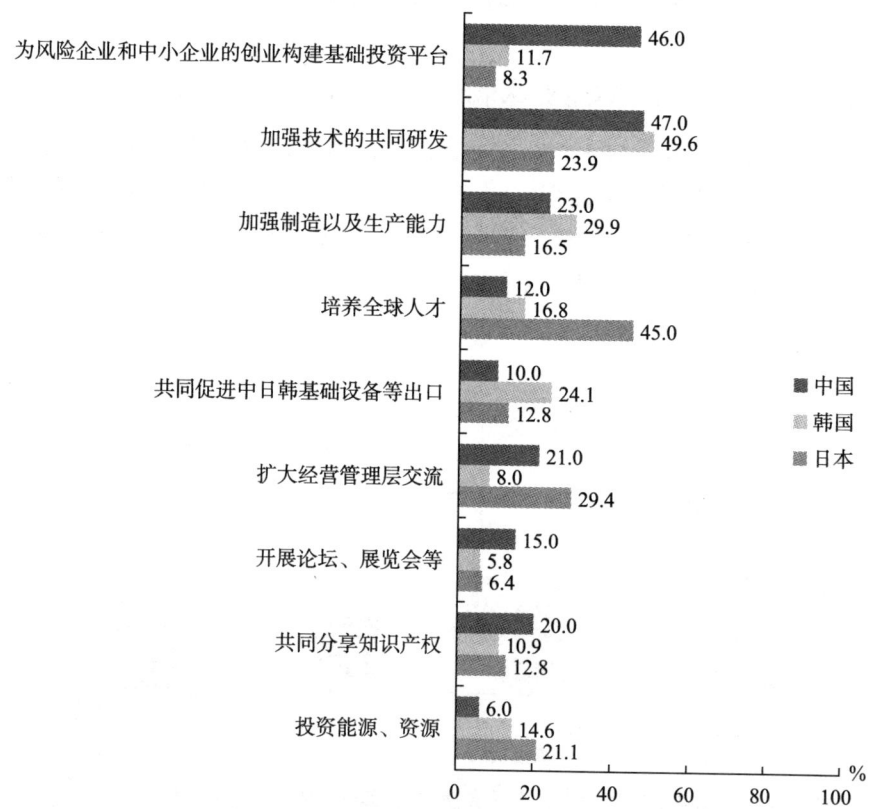

图1-78 在困难的环境下,您觉得中日韩企业需要合作的部分是什么呢?

一、环球对望：中国信心与世界印象

第二部分 经济总结与预测

发现八 中韩企业家倾向于判断2014年世界经济"顺利增长但速度放慢"，日本企业家倾向于判断2014年世界经济"顺利增长"

中国方面，受访的100名企业家中，主流观点是2014年世界经济"顺利增长但速度放慢"（45.0%），认为世界经济会"维持上年水平"的也有32.0%的比例。韩国企业家的看法与中国企业家类似，认为世界经济将"顺利增长但速度放慢"的企业家最多，占51.1%，认为世界经济会"维持上年水平的"占27.7%。日本方面，认为明年世界经济"顺利增长"的企业家占50.5%，认为世界经济将"顺利增长但速度放慢"的占37.1%。

总体来说，三国企业家对2014年世界经济的发展形势判断都比较乐观，认为明年世界经济"逐渐恶化"或"急速恶化"的企业家比例在各国都不超过15%。

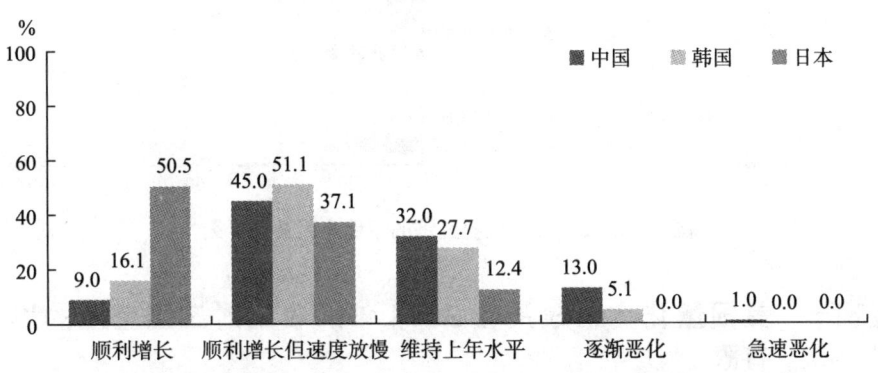

图1-79 2014年与2013年相比，你认为世界经济会有什么变化？

发现九 中韩企业家认为"美国量化宽松政策的萎缩可能性"将是2014年世界经济的最大不稳定因素；日本企业家认为"中国经济增长速度放慢"将是2014年世界经济的最大不稳定因素

提及明年世界经济面临的主要风险，中韩两国被访企业家观点接近一致，都认为"美国量化宽松政策的萎缩可能性"是威胁世界经济的最大不稳定因素，其次是"中国经济增长速度放慢"。日本企业家则认为"中国经济增长速度放慢"是世界经济的最大不稳定因素，其次才是"美国量化宽松政策的萎缩可能性"。

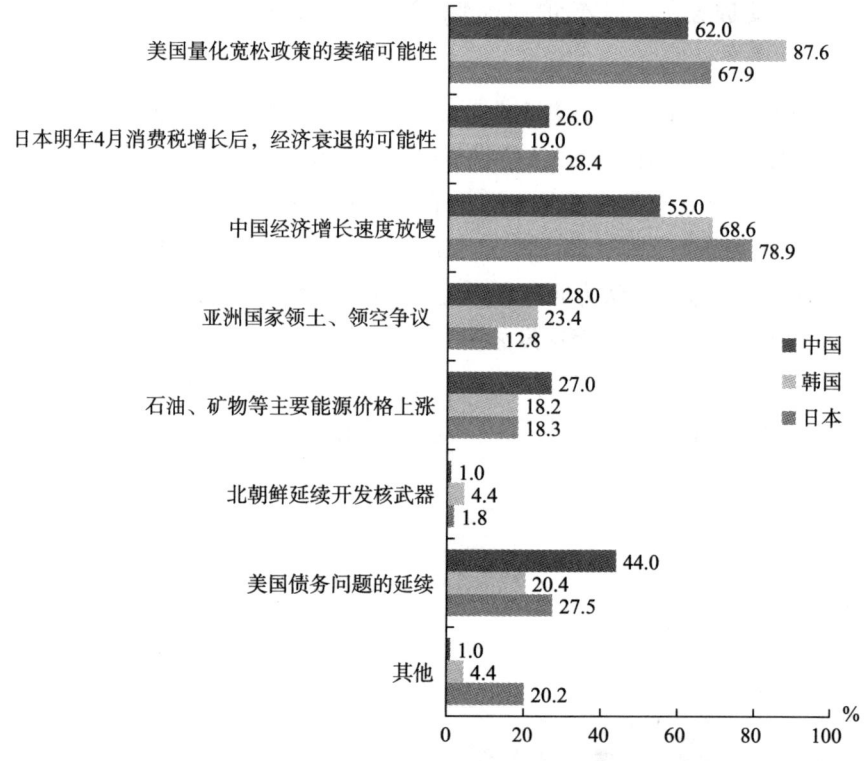

图1-80　2014年世界经济的不稳定因素是什么？

发现十　美国量化宽松政策在2014年的收缩对三国企业的影响有限

根据预测，2014年美国FRB的量化宽松政策将会开始收缩。对中日韩企业家的调查显示，这一变化对于三国企业将"有一些影响"或者"没有什么影响"。认为"有一些影响"的中、韩、日企业家分别占57.0%、59.9%和48.5%，认为"没有什么影响"的中、韩、日企业家分别占37.0%、35.8%和50.5%。认为量化宽松政策的收缩对企业经营有"极大的影响"或者"反而有不错的影响"的企业家在各国都分别不超过3%。

一、环球对望：中国信心与世界印象

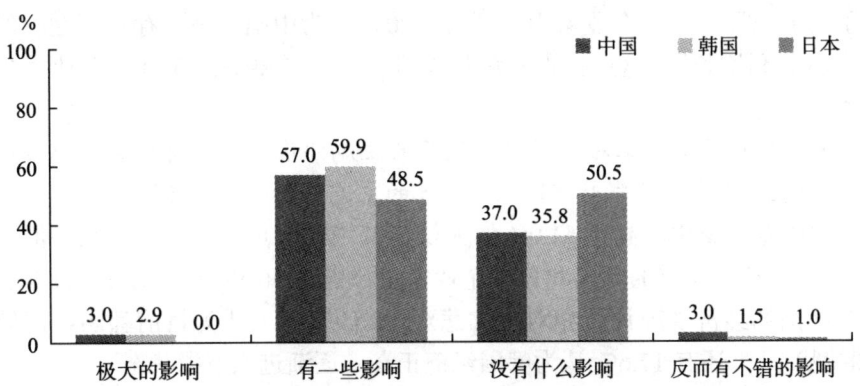

图1-81　美国的量化宽松政策收缩对贵公司业务有多大的影响呢？

发现十一　中日韩三国企业家对于中国的经济发展现况的主流评价都是"保持增长，但速度放慢"

- 中日韩三国企业家普遍认为，中国经济的发展现况是"保持增长，但速度放慢"

认为中国经济正在"保持增长，但速度放慢"的中国企业家有47.0%，韩国企业家有63.2%，日本企业家有53.2%，这一观点在三国企业家中都占

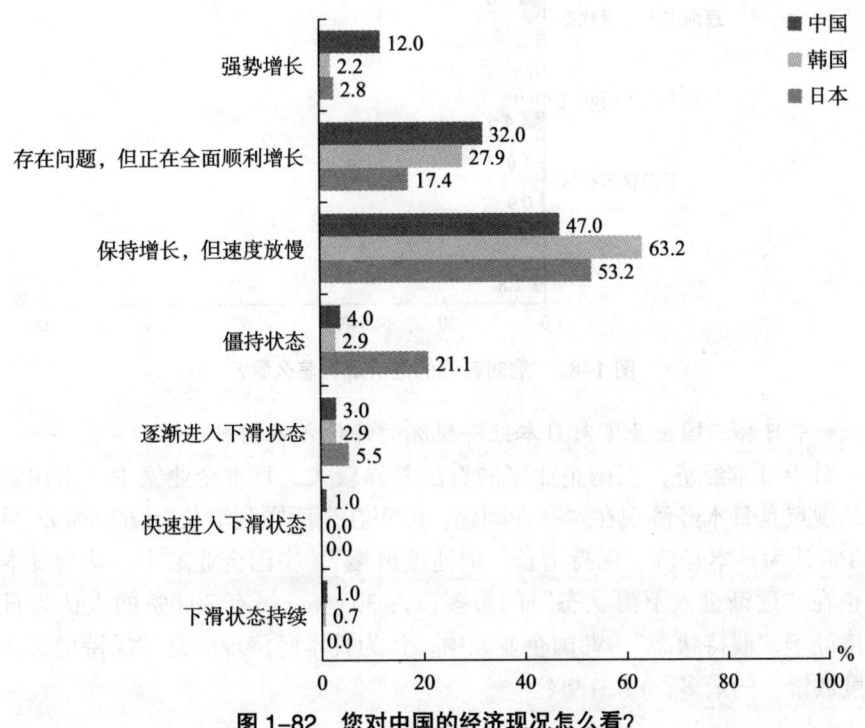

图1-82　您对中国的经济现况怎么看？

据了主流位置。中国企业家中，还有32.0%认为中国经济"存在问题，但正在全面顺利增长"，这一比例在韩国企业家中占27.9%，在日本企业家中占17.4%。

- 中韩两国企业家对韩国经济现况的主流评价是"保持增长，但速度放慢"，日本企业家对韩国经济现况的主流评价是"僵持状态"

中国企业家中，高达51.0%的人认为韩国经济现在"保持增长，但速度放慢"，持这一观点的韩国和日本企业家也分别有36.5%和23.1%。日本企业家对韩国的经济现况评价相对更加悲观，26.9%的人认为目前韩国经济处于"僵持状态"，还有17.6%认为韩国经济正在"逐渐进入下滑状态"。

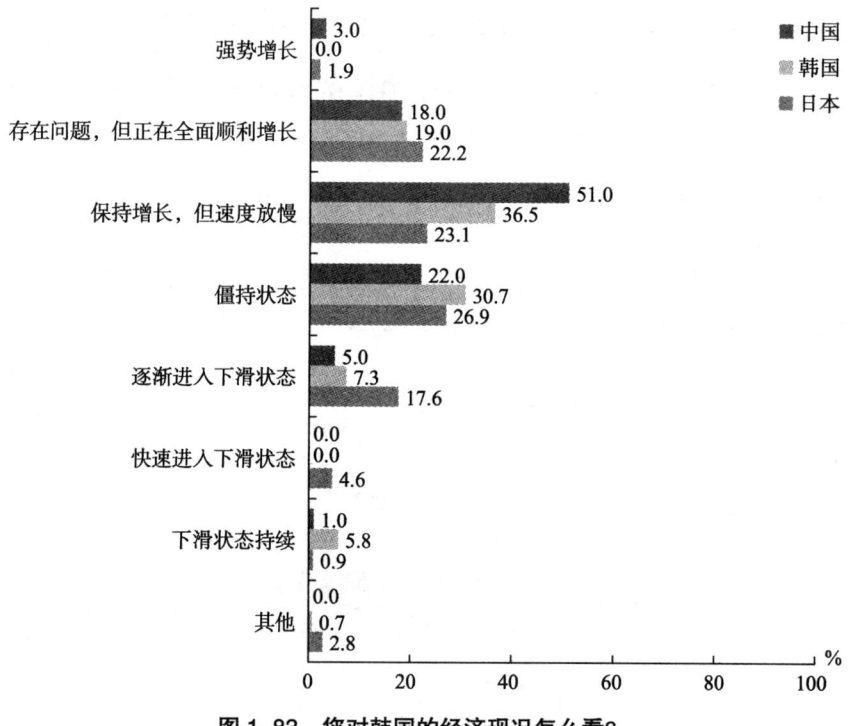

图1-83　您对韩国的经济现况怎么看？

- 中日韩三国企业家对日本经济现况的评价各不相同

对于日本经济，三国企业家的看法差异较大。日本企业家中，占比例最大的观点是日本经济现在"存在问题，但正在全面顺利增长"（67.8%），另有21.1%认为日本经济"保持增长，但速度放慢"。中国企业家中，认为日本经济正在"逐渐进入下滑状态"的最多，占36.0%，另有30.0%的人认为日本经济处于"僵持状态"。韩国企业家中，认为日本经济现况是"保持增长，但速度放慢"的最多，占31.9%。

一、环球对望：中国信心与世界印象

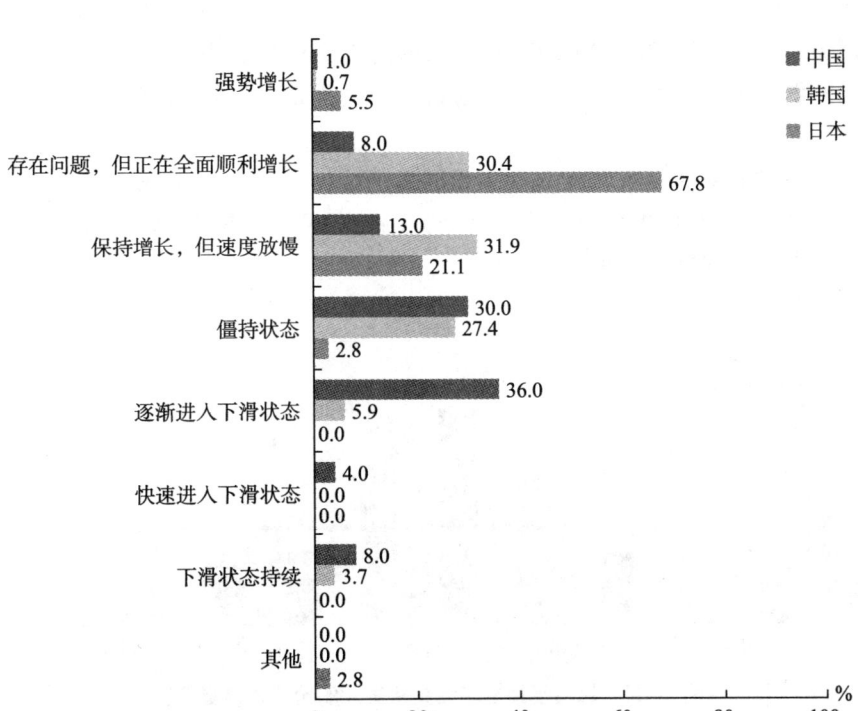

图 1-84　您对日本的经济现况怎么看？

发现十二　中国企业家倾向认为目前人民币外汇价值（兑换美元）"有点高"，日本企业家倾向认为目前人民币外汇价值"有点低"

- 中国企业家倾向认为人民币外汇价值偏高，日本企业家倾向认为人民币外汇价值偏低

问及"您对于目前人民币兑换美元的价值如何看待"，三国企业家看法各不相同。中国企业家中，40.0%认为人民币的汇率"有点高"，而这一比例在韩国和日本的企业家中仅分别占21.3%和9.8%。日本企业家中，46.3%认为人民币

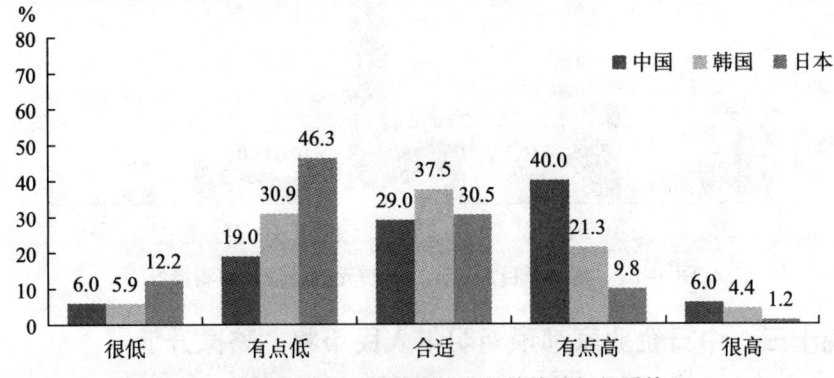

图 1-85　您对于目前人民币兑换美元的价值如何看待？

的汇率"有点低"，这一比例在中国和韩国的企业家中分别占 19.0% 和 30.9%。

- 中日企业家倾向认为韩元目前的汇率"合适"，韩国企业家倾向认为韩元汇率"有点高"

问及"您对于目前韩元兑换美元的价值如何看待"，中国和日本企业家的主流观点都是认为韩元的价值"合适"（各占 60.0% 和 50.0%），而 44.5% 的韩国企业家认为韩元价值"有点高"。

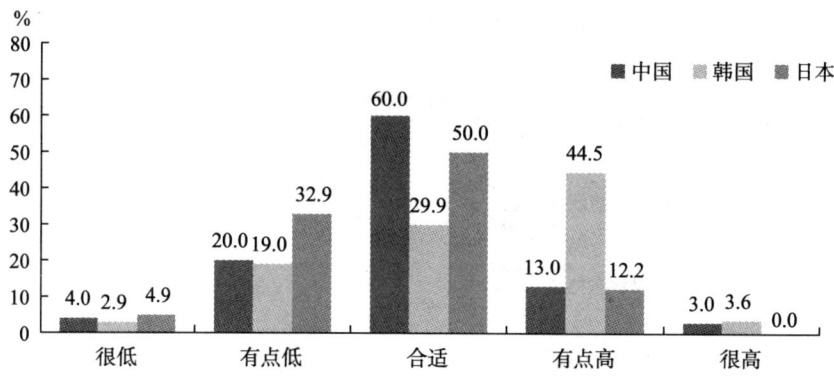

图 1-86　您对于目前韩元兑换美元的价值如何看待？

- 中韩企业家倾向认为日元汇率"很低"或"有点低"，日本企业家倾向认为日元汇率"合适"

问及"您对于目前日元兑换美元的价值如何看待"，中国和韩国的企业家倾向认为日元价值"很低"或"有点低"，持此观点的企业家分别占 62.0% 和 67.7%。日本企业家则认为日元目前兑换美元的价值"合适"，高达 74.8% 的受访者选择此项。

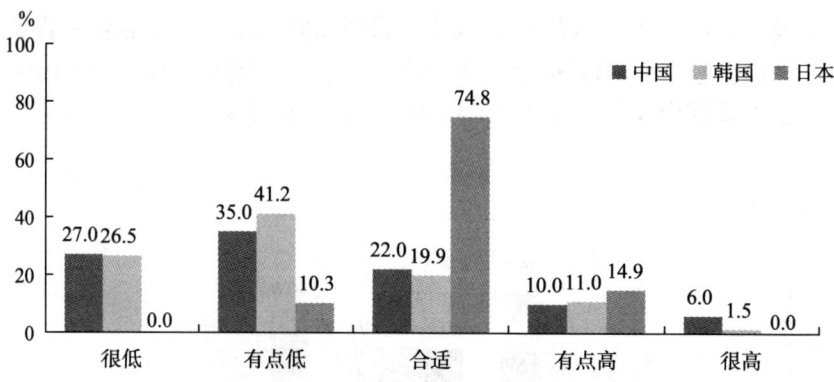

图 1-87　您对于目前日元兑换美元的价值如何看待？

发现十三　中日企业家都预期明年人民币将"略微升值"

- 中日企业家倾向认为明年人民币将"略微升值"；韩国企业家倾向认为

明年人民币汇率"不变"

2014年,三国货币走势如何?调查结果显示,人民币的升值预期明显,中日企业家中,分别有53.0%和50.0%预测明年人民币将"略微升值",韩国企业家中这一比例也占到了39.6%。认为明年人民币汇率"不变"的韩国企业家占43.3%,是韩国企业家选择最多的一项。

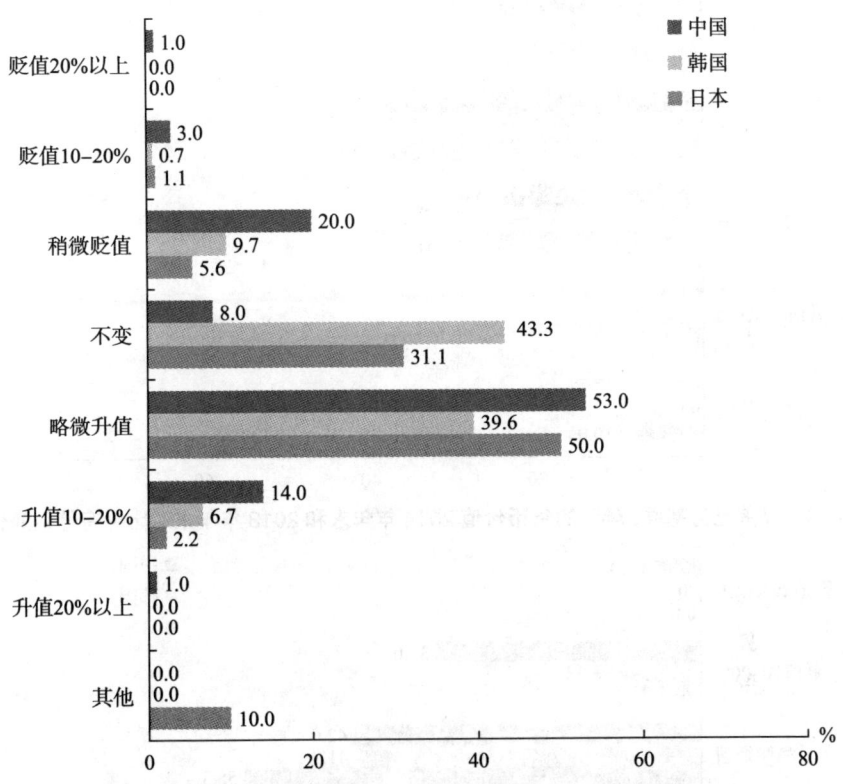

图1-88 以美元为基准,人民币的货币价值2014年年末和2013年年末对比会有什么变化?

- 中日企业家倾向预测明年韩元的汇率"不变",韩国企业家倾向预测明年韩元"略微升值"

对于韩元价值,大部分中日韩企业家均预测明年将"不变"或"略微升值"。韩国企业家对韩元"略微升值"的预期最明显(45.5%),中日企业家则更倾向于预测韩元汇率将保持"不变"(分别为38.0%和40.0%)。

- 三国企业家都倾向预测日元明年将稍微贬值

对于日元,三国企业家的主流观点都是认为明年将"稍微贬值"。日本企业家的这种判断最为明显,占55.3%。

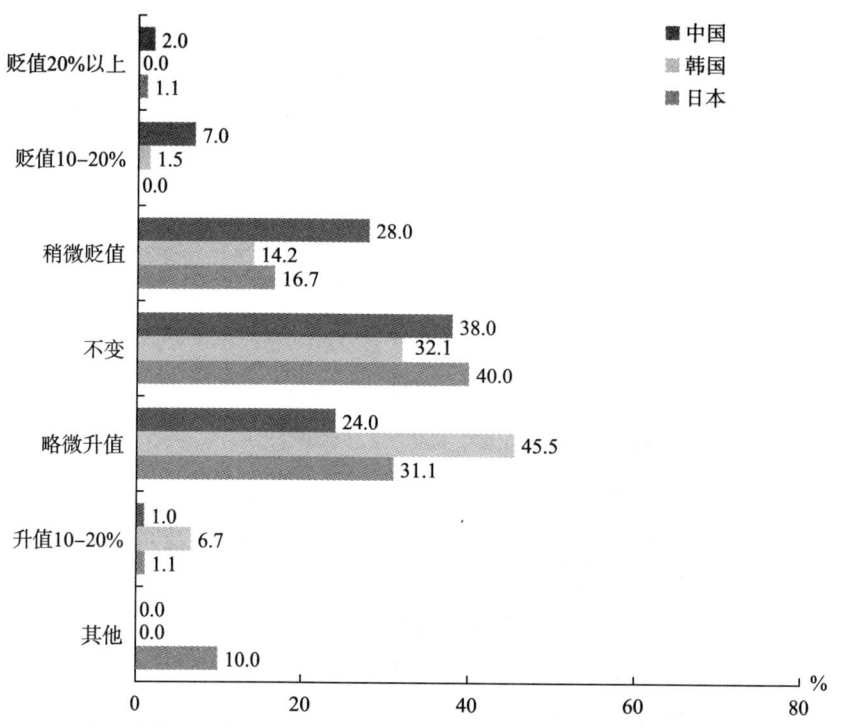

图1-89 以美元为基准,韩元的货币价值2014年年末和2013年年末对比会有什么变化?

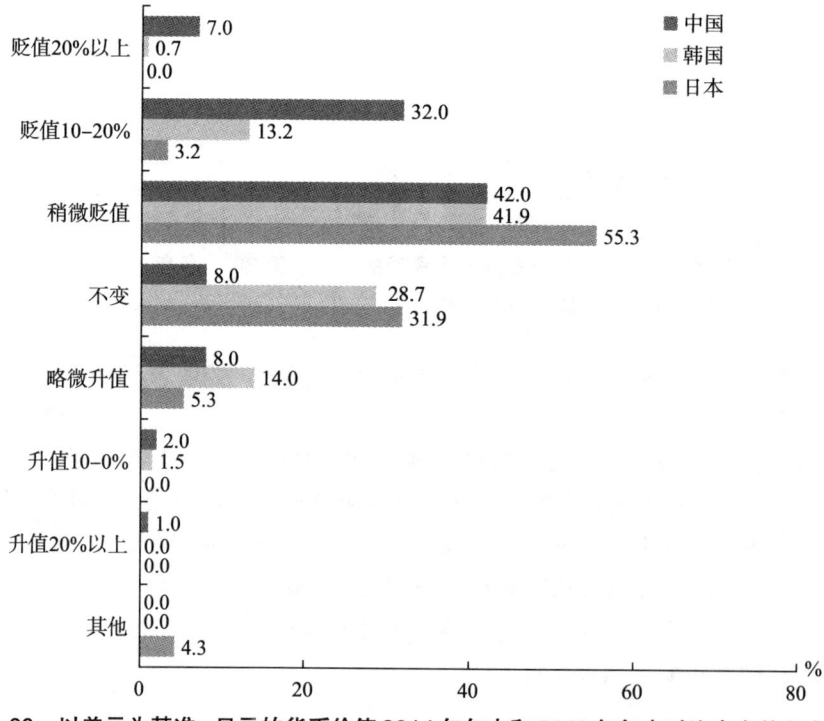

图1-90 以美元为基准,日元的货币价值2014年年末和2013年年末对比会有什么变化?

发现十四 中国企业家对本国政府经济刺激计划信心最足

中日韩 3 个国家政府都提出了经济刺激计划，调查显示，中国企业家对政府的经济刺激计划对经济的提升作用最有信心，59.0% 认为政府计划"完全可以"提高经济，韩国和日本的企业家中，认为本国政府的计划能够实现相同效果的比例仅有 0% 和 14.4%。相反，高达 67.9% 的韩国企业家认为韩国政府的经济刺激计划对于提高经济"有些困难"，这一比例在日本企业家中为 49.1%，在中国企业家中为 34.0%。

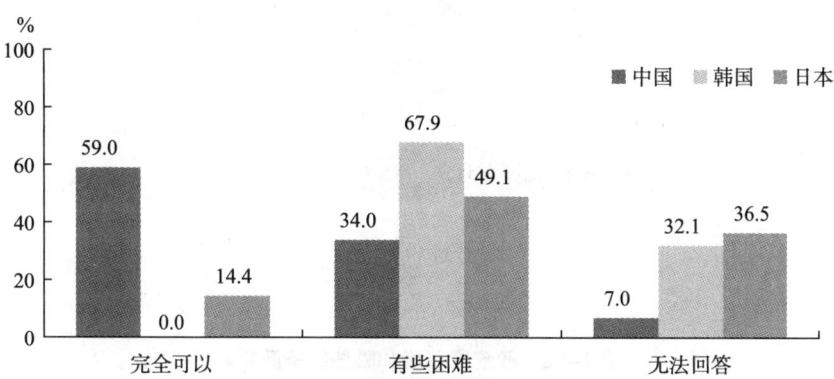

图 1-91 中日韩 3 个国家政府都提出了经济刺激计划。本国的政府经济刺激计划能否提高经济呢？

发现十五 政府"放宽限制，给企业提供更加便利、简化的环境"是中日韩企业家共同的诉求

在认为本国政府目前的经济刺激计划对于提高经济"有些困难"的企业家受访者中，调查进一步追问了"政府需要增加哪些经济政策"。结果显示，"放宽限制，给企业提供更加便利、简化的环境"是三国企业家较突出的诉求，分别有 32.4%、32.3% 和 62.7% 的中、韩、日企业家选择这一项。中国和日本的企业家对于"减少企业所得税等企业减税政策"也比较拥护，分别有 27.0% 和 74.5% 的中、日企业家选择这一项。韩国企业家对于"为促进个人消费增加居民收入"这一项选择率较高，有 26.9% 的受访者选择。

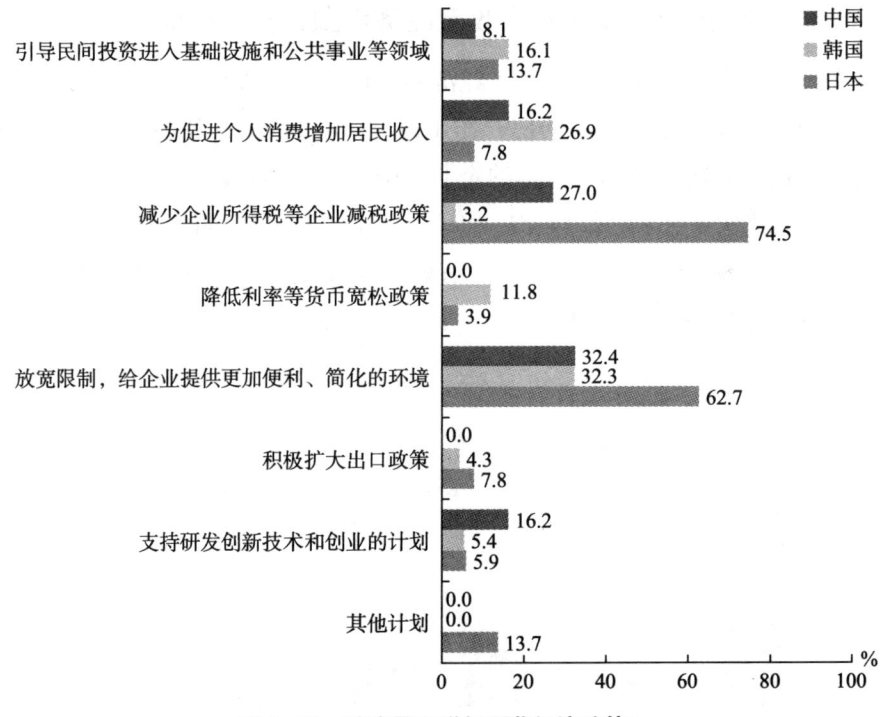

图1-92 政府需要增加哪些经济政策？

第三部分 企业经营战略

发现十六 国内设备投资方面，中国企业家最倾向于扩大规模；海外设备投资方面，韩国企业家最倾向于扩大规模

调查结果显示，对于2014年企业在本国的设备投资规模，中国企业家明显比韩国和日本的企业家更倾向于扩张的战略。20.0%的中国企业家认为明年设备投资规模"大大超过2013年"，23.0%的中国企业家认为明年"投资规模略超2013年"。韩国企业家中，有上述两种投资计划的人各占2.5%和33.9%。日本企业家中，持上述两种计划的人最少，仅各占1.2%和22.1%。

一、环球对望：中国信心与世界印象

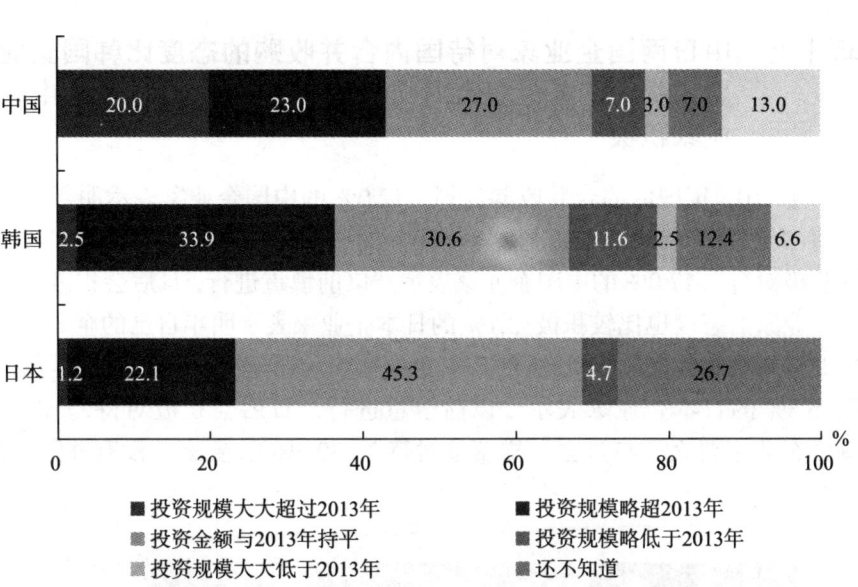

图 1-93 2014 年贵公司对国内投资设备规模有什么计划？

海外设备投资方面，韩国企业家最倾向于扩大规模。4.6% 的韩国企业家表示明年设备投资规模"大大超过 2013 年"，27.7% 的韩国企业家认为明年"投资规模略超 2013 年"。日本企业家中，有上述两种投资计划的人各占 1.2% 和 24.1%。中国企业家中，持上述两种计划的人最少，仅各占 5.0% 和 9.0%。

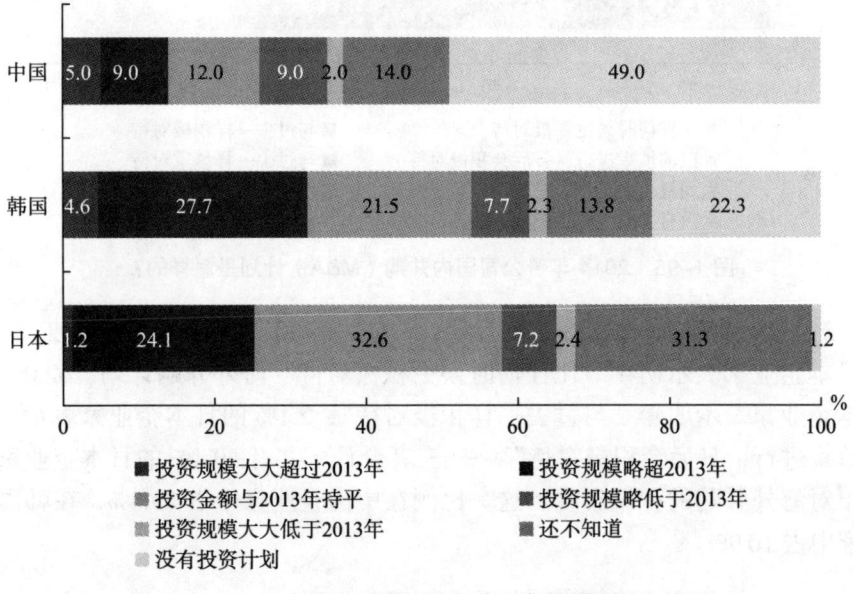

图 1-94 2014 年贵公司对海外投资设备规模有什么计划？

发现十七　中日两国企业家对待国内合并收购的态度比韩国企业家更积极；日本企业家对待海外合并收购的态度比中韩企业家积极

对于2014年国内的合并收购计划，12.0%的中国企业家表示明年自己的企业将"比任何时候更积极对待"，15.0%的中国企业家表示明年将"与过去一样积极对待"，17.0%的中国企业家表示"以前慎重进行，日后会积极对待"。日本企业家的态度也比较积极，3.1%的日本企业家表示明年自己的企业将"比任何时候更积极对待"，29.2%的日本企业家表示明年将"与过去一样积极对待"，6.3%的日本企业家表示"以前慎重进行，日后会积极对待"。而大部分韩国企业家要么"与过去一样慎重对待"（39.5%），要么"没有并购计划"（45.7%）。

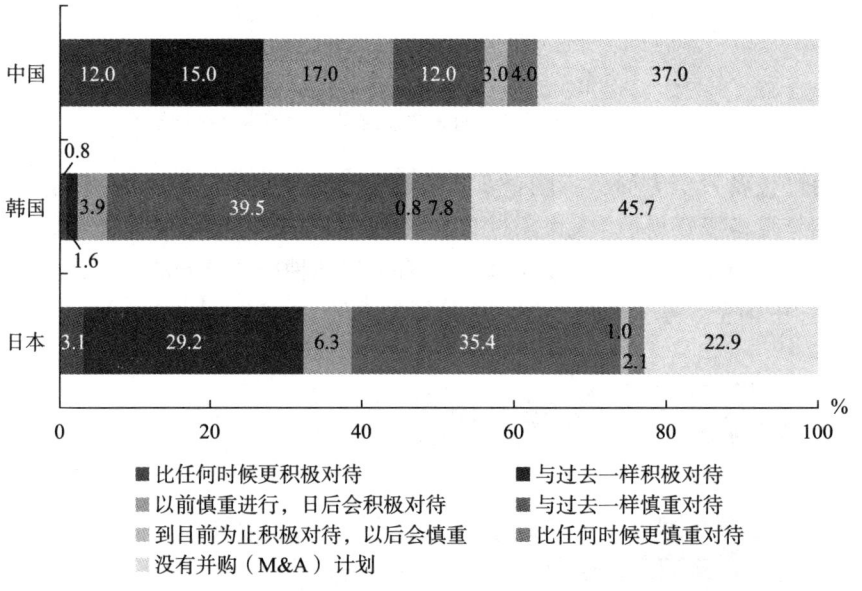

图1-95　2014年贵公司国内并购（M&A）计划是怎样的？

对于2014年海外的合并收购计划，日本企业家表现出最积极的态度。5.3%的日本企业家表示明年"比任何时候更积极对待"海外并购计划，42.0%的日本企业家表示明年"与过去一样积极对待"，2.1%的日本企业家表示"以前慎重进行，日后会积极对待"——三者合计，共有49.4%的日本企业家表现出对海外并购的积极态度。这一比例在中国企业家中占23.0%，在韩国企业家中占10.9%。

一、环球对望：中国信心与世界印象

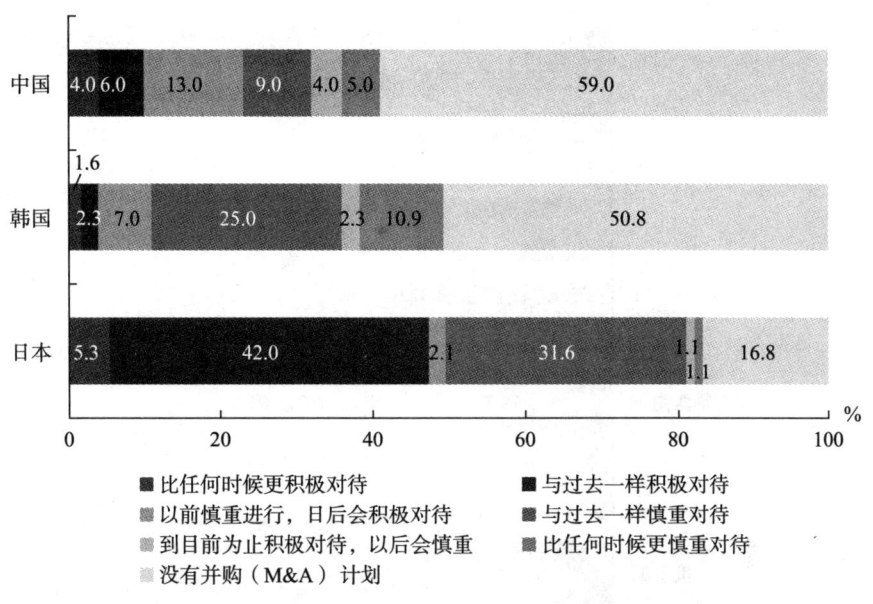

图 1-96　2014 年贵公司海外并购（M&A）计划是怎样的？

发现十八　中韩企业家最看好的产品和服务市场都是中国和东南亚；日本企业家最看好的产品和服务市场是东南亚和日本

问及"2014年哪个地区将会成为贵公司的产品和服务市场"时，中韩两国企业家的首选都是中国，分别有79.0%的中国企业家和59.9%的韩国企业家选择中国。日本企业家的首选市场是东南亚地区（66.1%）。中韩两国企业家的第二选择是东南亚市场，分别有32.0%的中国企业家和46.0%的韩国企业家选择。日本企业家的第二选择是日本，有49.5%的人选择。

发现十九　中国作为"产品和服务的市场"最受日韩企业家期待，作为技术的提供者和教育场所的吸引力不足

问及"您对中国、韩国、日本3个国家有何期待"时，日韩两国企业家对中国的最大期待都集中在"产品和服务的市场"，分别有66.2%的韩国企业家和82.7%的日本企业家抱有这种期待。对于中国的其他方面，尤其是"提供技术"和作为"教育的场所"，日韩企业家的期待非常低。

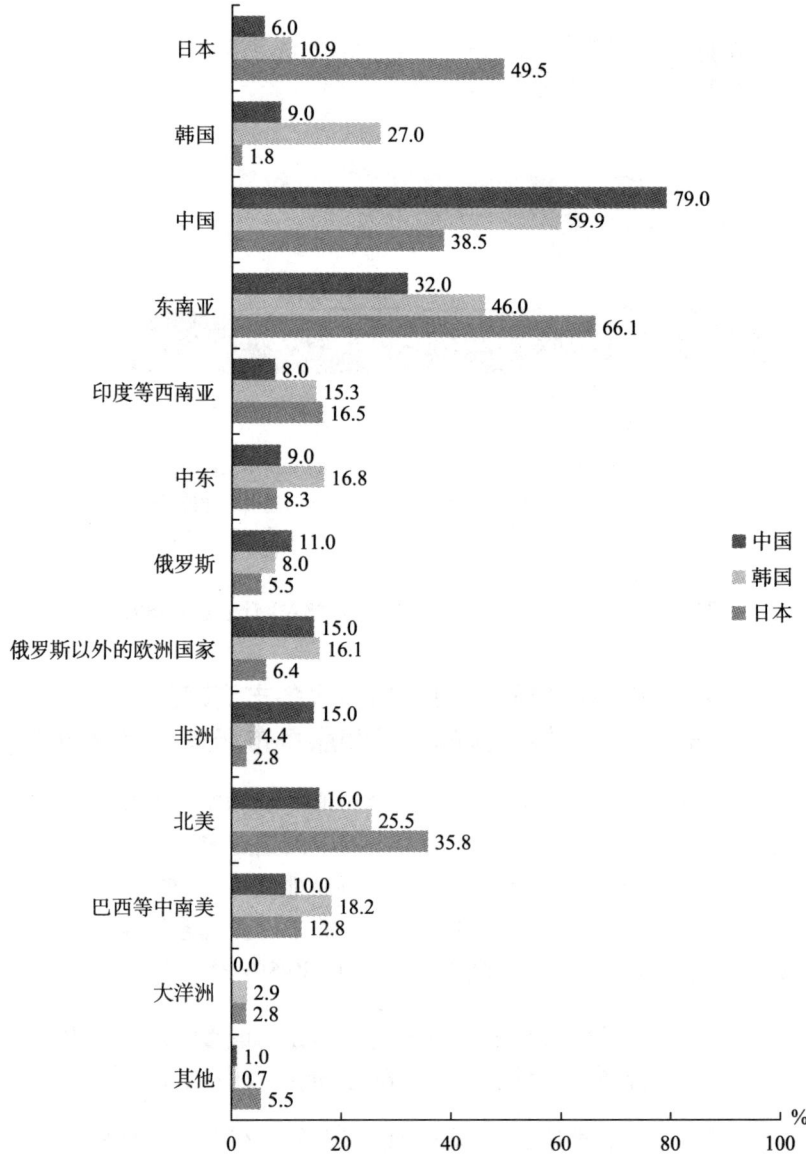

图1-97 2014年哪个地区将会成为贵公司的产品和服务市场?

一、环球对望：中国信心与世界印象

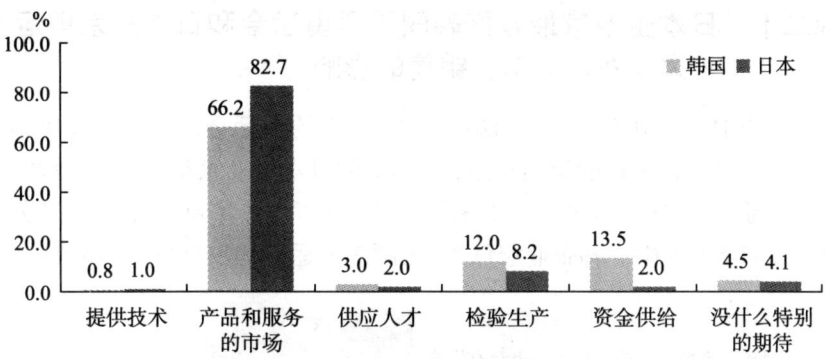

图 1-98 您对中国有何期待？

对于韩国，中国企业家最期待的是其"提供技术"（25.0%），日本企业家最期待其成为"产品和服务的市场"（66.3%）。

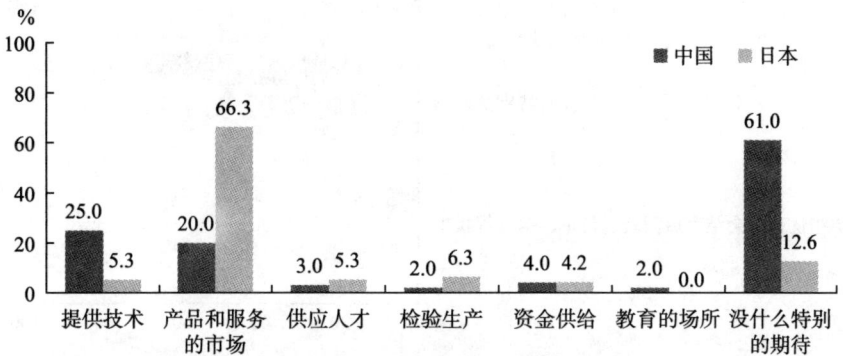

图 1-99 您对韩国有何期待？

对于日本，中国企业家最期待的是其成为"产品和服务的市场"（37.0%），韩国企业家最期待其"提供技术"（54.7%）。

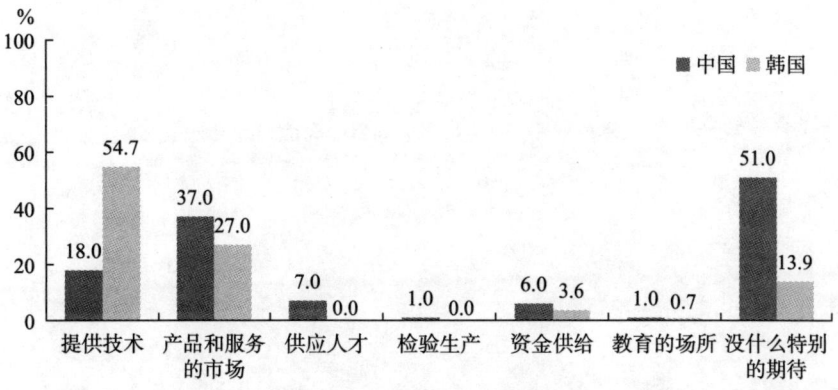

图 1-100 您对日本有何期待？

发现二十　日本企业家最看好韩国平昌奥运会和日本东京奥运会对扩大消费、订单、销售的影响

对于2018年韩国平昌和2020年日本东京的奥运会，日本企业家最看好其对消费、订单和销售的拉动作用，82.3%的日本企业家认为"（两次奥运会）对扩大消费、订单、销售等将会有影响"；中韩企业家则期望不高，分别有72.0%和55.2%的中、韩企业家认为"（两次奥运会）没有特别的影响"。

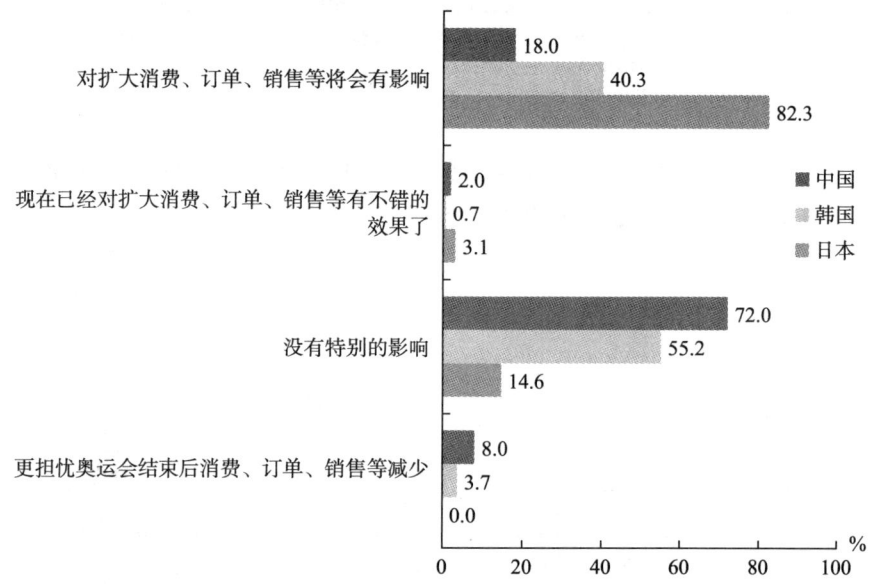

图1-101　2018年韩国平昌、2020年日本东京将各举办奥林匹克运动会。他们举办的奥运会将会带来什么样的影响呢？

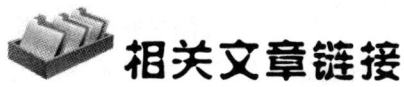 **相关文章链接**

近三成日企称中日交恶影响生意

日本《产经新闻》4日报道称,根据该报对日本122家主要企业近期进行的问卷调查,近三成日本企业表示日中关系的恶化对经营造成负面影响,而过半数的日企表示,在经历短暂调整期后,"没有受到什么影响"。但是它们依然对中国市场表示高度关注,对于中国经济走势持积极态度的企业数量回升。

日本《产经新闻》的调查显示,51%的受访日企表示,日中关系恶化对它们"未造成负面影响",其中,化工、食品、钢铁行业的日企大多表示,尽管短期曾因中方的订货中止而停产或减产,"但很快恢复了,对整个企业经营影响轻微"。但也有26%的日企表示"受到了负面影响"。原因包括在华销量下降(汽车行业),因赔付损失而导致保险金支付增加(保险行业),乘客数量减少(航空交通业)和来自中国政府方面的订单减少(电机行业)。

《产经新闻》评论称,这一调查结果显示,尽管去年日中关系恶化涉及到多数日企,但在企业自身的努力下,大多数企业很快恢复正常,但也有部分行业因对华业务比重较大而尚未恢复。关于日韩关系恶化,74%的日企认为"未受影响",仅有4%的日企认为有负面影响。《产经新闻》称,相比之下,日韩关系对日企的影响"处于可忽略不计的范围"。

调查还显示,关于以中国为代表的新兴经济体当前的经济增长状况,35%的受访日企认为"正处于减速当中"或者"稍有减速"。另有26%的日企认为中国经济"正明显回暖"或"稍有回暖"。

(数据版权:环球时报 2014-01-06 第3215期 第11版|环球财经 作者:卢昊)

中韩日就"道歉"激烈交锋 德媒体称日本自毁形象
皮尤调查:中韩八成国民"厌日"

"日本与其邻居的裂痕正在扩大。"法新社12日以此为题,报道了美国知名调查机构皮尤中心关于亚洲多国对日本形象看法的最新调查。该调查显示，中韩两国约八成国民对日本的看法"非常负面"。国际媒体普遍认为，除了领土争议之外，日本在历史问题上的态度是导致这一结果的主要原因。近来，一些日本政客频频在"慰安妇"、侵略问题上否认历史，这样的"言传身教"显然带坏了日本青少年。在调查中，有73%的日本青少年认为日本"无需道歉"。对这一调查，日本媒体12日大多只进行了小篇幅报道，与中韩以及许多国际媒体的报道形成强烈对比。德国ADHOC新闻网12日以"日本刺目的形象差距"为题称，尽管受到相距甚远的澳大利亚、菲律宾等国的欢迎，但日本首相安倍晋三的外交政策显然不成功。因为日本与其"一衣带水"的两大近邻之间的关系依然紧张，其在这些国家的负面形象正在加剧。

中韩民众与日本人对历史的认识渐行渐远

法新社12日引述美国皮尤调查中心发布的报告称，日本与其邻国在侵略历史问题上的分歧日益加深，一方面是中国和韩国激烈地批评东京，另一方面多数日本人却认为已经进行了足够多的道歉。调查显示，近年来，中韩两国民众对日本的看法持续恶化，对日本有正面看法的韩国人自2008年以来下降了25%，中国的这一数字下滑了17%。只有22%的韩国人和4%的中国人说他们从积极的方面看待日本。这项调查是皮尤中心于3月底和4月初在中国、韩国、日本、澳大利亚、菲律宾、马来西亚、巴基斯坦等8个亚洲国家进行的。报告的作者布鲁斯称，调查结果显然受到近来一系列事件的影响，包括日本批准有争议的教科书和质疑"慰安妇"等事件。关于历史的争论一直像乌云一样笼罩在日本与邻国的关系之上。

这份调查在韩国引起了强烈反响。韩国《文化日报》12日题为"85%的中韩民众讨厌安倍"的文章称，虽然安倍在国内支持度颇高，但在邻国韩国和中国民众中却"不受待见"。皮尤中心的调查显示，中韩两国国民对日本首相安倍晋三持负面评价的比例均高达85%，而对其作出正面评价的韩国人仅有12%，中国人为9%。日本的国家形象在中韩两国民众中也一落千丈。

韩联社称，针对日本侵略历史，中韩与日本三国民众的认识正渐行渐远。皮尤的调查显示，被问到"日本是否已对当年的侵略行为充分道歉"时，韩国受访者中98%的人认为日本没有充分道歉，持相同看法的中国受访者比例达78%。与此形成鲜明对比的是，日本受访者中有48%的人认为已充分道歉，还有15%的人认为"无需道歉"，即63%的日本人认为"就历史问题道歉已无必要"。韩国SBS电视台强调，日本人这样的历史认识在青年中更加明显。根据皮尤的报告，在18岁–29岁日本青年中，认为已"充分道歉"或"无需道歉"的比例高达73%。

韩国《国民日报》12日发表评论称，日本的右倾化状况已经越来越严重，超过一半的日本国民希望首相参拜靖国神社。日本右倾势力甚至露骨地表示要修改和平宪法。评论呼吁，对日本歪曲历史的行为，韩国应该联合中国等曾遭受日本侵略的国家共同应对。

东亚问题的关键在于历史问题

该调查也引起了不少国际媒体的关注。菲律宾Abs-cbn新闻网称，韩中民众对日本压倒性的负面看法"是因为日本在二战问题上没表现出足够的悔悟"。实际上，对日本的历史观，不仅中韩民众不满，即使总体上对日本印象正面的印尼和菲律宾，也分别有40%和47%的受调查者认为日本并未"充分道歉"。

德国新闻电视台称，调查结果反映了东亚地区的现实。自安倍上台后，日本在历史问题上表现越发强硬，政客参拜靖国神社，还想方设法否定"慰安妇"等历史事实。报道称，太平洋是世界政治的未来，东亚关系是其中最重要的关系之一。日本要提升自己的形象，首先应该与中韩解决历史纠葛。

确实，当年那段历史给亚洲许多国家造成的伤害至今仍深深埋在人们心中。一名从事对日索赔的韩国活动家12日对《环球时报》记者说，具体的日本人当然有好有坏，且大部分彬彬有礼，但是日本作为一个整体，特别是作为其代表的政府非常令人反感。随着日本在历史问题上右倾化越来越严重，近来频频出现"嫌韩"示威。一名姓崔的韩国女大学生也说，较喜欢日本电视剧和小说，但对其给韩国带来巨大苦难且还否认歪曲历史的态度十分痛恨。

与邻国对此调查的关注相比，日本媒体却表现得非常"低调"。《日本经济新闻》、《产经新闻》等媒体仅转引了共同社或时事社的有关报道，没有任何评论。这些报道称，虽然中韩"讨厌日本"的人迅速增加，但与中韩相反，澳大利亚、菲律宾、印度尼西亚、马来西亚四国国民中，"对日本抱有好感"的人均在80%以上。

在被称为"日本右翼聚集地"的日本2CH网站上，对此消息却十分关注，但很多日本人的留言不仅没有任何反省，反而以更加激烈的语言攻击中韩。有日本网民称，"日本是进行了过多的毫无意义的道歉，让中韩将此作为一张牌了"。还有网民称，"中韩是令人生厌的民族，所以才会长久记恨日本。"

一位曾经在中国工作过的日本主流媒体记者接受《环球时报》记者采访时不愿透露姓名，他对这个调查结果分析称，第一，这样的结果首先是日本方面的原因，日本与中国和韩国存在历史问题，虽然日本以前道过歉，但日本一些政治人物的言行却让两国民众感觉并未道歉。第二，中国和韩国"厌日"比例激增，也有中韩方面有关教育的影响。第三，领土问题影响了中韩国民对日本的情绪。虽然东南亚国家也曾经有过被日本占领的历史，但目前不存在领土争端问题，因此对日本的态度与中韩并不相同。这名记者还强调，印尼、菲律宾等国对日本的"好感度"相当高，但应考虑到这些国家有在南海等问题上受到中国压力的因素。

被中韩冷落体现"日本外交闭塞感"

"在这个地区，当年的历史显然仍在发挥重大影响，尤其是日本过去曾对其众多邻国进行过残忍的帝国主义侵略。"美国《基督教科学箴言报》称，中韩日三国关系可能更多取决于日本，特别是日本首相安倍。安倍不被邻国信任，其外公岸信介曾幸运地避开了战争罪的审判，安倍本人有关复兴日本的观点让人看来是建立在继续否认日本过去历史的糟糕表现之上。文章引述一名在日西方外交官的话说，很多因素将取决于"安倍内心是如何思考历史问题的"。

但是，日本首相安倍以及一些政客近来却在历史问题上频频激怒中韩等国。安倍选择在7月7日——日本发动全面侵华战争的日子，在被问及对日本侵略历史认知时声称，日本有值得骄傲的历史，邻国应予以尊重。9日，他又在ＴＢＳ电视台党首辩论会上称，历史认识问题与外交两者有别，指责中国把历史认识问题"活用"到外交之中。

共同社评论称，对于与中韩的首脑交流处于中断的指责，安倍日前以上台半年访问了美国等13国为例反驳称："日本完全没有被孤立。"但该评论称，这13个国家中多是东欧和中东等相对较远的国家，却不包括一衣带水的中韩，这正体现了"日本外交的闭塞感"。美国有线电视新闻网称，日本把历史问题变成了进一步激怒中韩的议题。不顾邻国民众对历史的敏感，只会限制日本处理同邻国领土纠纷的空间，并在其他一系列急迫的议题上"遭遇逆风"。

韩国《朝鲜日报》12日引述韩国外交相关人士的话称，日本安倍内阁最近表示有意与朴槿惠信任的韩国政界人士或前外交高官建立幕后渠道，以缓解日韩间的紧张关系。但青瓦台方面对这种"非公开谈判渠道"表现冷淡。韩国政府相关人士表示："朴槿惠总统认为，只有拿领土、历史问题制造矛盾的安倍内阁进行反省和转变，才是建立两国信赖的捷径。对于像以前一样用秘密渠道缝合矛盾的做法并不关心。"

上海交大日本研究中心主任王少普12日在接受《环球时报》记者采访时表示，皮尤的这个调查结果比较客观地反映了中国、韩国与日本关系的实际情况。王少普认为，日本政府在对历史的认识与德国相比有很大的差距，因此日本民众在历史问题上的认识，以用青年历史观的构筑等都有很大欠缺。王少普说，随着时间的流逝，日本国内那段历史的见证者越来越多离世，日本民众对侵略真相的了解也就越来越少,而安倍等政客在历史问题的言行以及针对历史教育的措施,使日本青年与历史真相渐行渐远。事实上,中国与韩国只是希望日本能直面历史真相,这不是宣传仇恨,而是让其吸取教训。

(数据版权:环球时报 2013-07-13 第3073期 第8版|要闻 作者:万宇 王刚 文玉 李珍 青木 邱永峥)

智库为中日韩产业竞争力排名

韩国现代经济研究院26日发布题为《韩中日分工结构中,韩国的份额在减少》的报告,称韩中日三国近来在全球市场的出口份额激增,截至2012年在世界商品出口中,韩中日所占比重约达27%,比2000年的17.6%上升近10个百分点。同时,三国在制造业领域的竞争日趋白热化,韩国的竞争力正在减弱。

现代经济研究院对2000–2011年期间14个制造行业的出口附加值进行比较,分析中日韩三国之间的合作和竞争关系。结果显示,三国在全球市场的出口份额猛增,以钢铁为例,2000年韩国、中国和日本在全球出口市场的份额分别为5.2%、3.1%、11.2%,但2012年分别达到6.3%、9.2%、9.8%。中国在区域内的竞争力急速增强,而韩国对华依赖度逐渐提高,相对收益却在减少。

2011年,韩国从日本和中国获得的附加值比例分别为6.8%和11.5%,在区域内的附加值依赖度高达18.3%,与2000年的12.9%相比,其与区域各国的合作进一步加强。同期,日本在区域内获得的附加值占比由2.8%猛增到8.8%,中国却从7.4%下降到5.6%。

调查显示,日本各产业竞争力在三国中最强,中国第二,而韩国最脆弱。截至2011年,在纺织、石化、橡胶塑料、非金属、金属、机械、电气和光学设备、运输设备等8大核心制造业中,韩国和中国对地区附加值贡献度最高的产业分别为石化(40.0%)和纺织(73.9%),而日本在其余六个产业方面最具竞争力。

(数据版权:环球时报 2014-01-27 第3233期 第11版|环球财经 作者:万宇)

2013，"钓鱼岛争端"给人印象最深

——全国七城市调查"中国人如何看世界"

2013年，中国以"稳中求进"的总基调走过了具有开创时代意义的关键一年，政治、经济、科技等多领域的发展和进步引发世界关注。中国外交上的日益主动和强硬给中国的大国关系带来更多机遇，同时也带来了更多挑战和考验。中国民众如何看待外部环境，对未来一年的发展趋势持何态度？《环球时报》特委托旗下的环球舆情调查中心对"中国人看世界"进行第8次年度民意调查。本次调查于12月6日—12月19日以电话调查的方式展开，对象为北京、上海、广州、长沙、成都、西安、沈阳7个城市15岁及以上的普通民众，共回收有效问卷1512份[①]。

美国的重要性在下降

调查显示，在中国民众心目中，世界范围内对中国影响最大的双边关系依次为：中美关系（74.5%）、中日关系（38.6%）、中俄关系（25.6%）、中欧关系（6.7%）、中国与朝鲜半岛的关系（5.2%）、中国与东南亚国家的关系（4.6%）、中非关系（2.1%）、中印关系（2.0%）、中国与拉美国家的关系（1.4%）。

《环球时报》自2006年起连续8年的调查数据显示，中美关系和中日关系一直是民众心目中对中国影响最大的双边关系。其中，美国的影响力波动幅度不大，且一直维持在74%以上，值得注意的是，中美关系的提及率从2010年至2013年连续4年呈现下降趋势，分别为76.8%、76.6%、74.6%、74.5%。

在中国与周边国家的关系中，中俄、中日关系被认为是最重要的双边关系，分别有62.0%和36.5%的受访者选择这两项。与2012年（53.9%）相比，2013年的中俄关系重要性有了大幅提升。中国与朝鲜半岛的关系在2013年超过中国与东南亚国家关系的重要性，位居第三位，有14.9%的人选择这一选项。

---

① 根据国家统计局公布的第五次人口普查数据，综合地区分布、年龄结构和性别比进行三维加权分析。本次调查为简单随机抽样，在95%的置信度下，允许抽样误差为2.5%。

当被问及"您是否看好中美关系未来的发展趋势"时，57.6%的受访者表示"看好"，30.3%的人"不看好"，剩余12.1%表示"不好说"。与2012年的调查结果相比，"看好"中美关系未来发展的受访者比例上升了4.8%，"不看好"的比例下降6.6%，乐观预期上升。调查还发现，"美国在战略上遏制中国"依然是受访者心目中除"钓鱼岛问题"外影响中美关系的最大问题。

中国人民大学国际关系学院副院长金灿荣对《环球时报》记者说，中美关系在中国人心目中的重要性连续几年小降，这表明中国人的自信心在上升。他认为，中美关系比前几年稳定。近期，美国对中国划设东海防空识别区的反应，以及对中美两舰南海相撞风险的处理，既保持了一贯性又比较灵活，双方总体上比较低调。这恰恰显示中国人对中美关系遭遇意外的承受力在增加，归根到底还是因为中国本身的发展好，大家看美国就淡定了。

钓鱼岛是最受关注国际事件

在被问及"2013年哪些国际事件给您的印象最深刻"时，"中日钓鱼岛争端常态化，吸引全球关注"给受访者的印象最深刻，提及率接近六成（58.5%）；49.9%的人选择"中国设立东海防空识别区引发日本等国强烈反弹"；"'斯诺登事件'曝光美国监听丑闻"的提及率达47.8%；"中国国家主席习近平和美国总统奥巴马在美国加利福尼亚州举行了首次会晤"提及率为36.6%。此外"美国国会两院没有就新预算案达成一致，政府'停摆'关门"、"叙利亚化学武器问题引起各国关注"、"朴槿惠成为韩国历史上首位女总统"三大事件的关注度也较高，分别为23.7%、23.4%、22.0%。

整体来看，民众对中日关系未来一年的发展不乐观。36.0%的受访者认为未来一年中日关系将"基本维持现状"；32.7%的人认为"可能会恶化"，10.1%表示"会进一步恶化"；13.1%认为"将会有些改善"，仅有2.0%认为两国关系"将会有明显改善"；6.1%表示说不清。

在被问及"2013年最能提升中国国际地位的事件是什么"时，"在钓鱼岛问题上对日采取强硬立场，设立东海防空识别区维护国家主权"的提及率最高，达48.1%；超过"神舟十号载人飞船和嫦娥三号月球探测器成功发射"（41.3%）。"十八届三中全会出台一系列深化改革的政策"与"中国经济持续健康发展、日益成为全球瞩目的焦点"的提及率分别为28.6%与21.9%。

央视特约评论员宋晓军30日接受《环球时报》记者采访时说，他不认同这个排序。如果让他来选，第一是神舟和嫦娥，第二是三中全会改革，防空识别区问题可能都排不到前三位。他认为，尽管钓鱼岛风波不小，但救亡图存的年代对中国来说已经过去了，现阶段中国最受关注的应该是在现代化的道路上突飞猛进，媒体和社会应更多关注中国的变化，关注影响中国运行的关键要素。

不过,中国人民大学国际关系学院教授王义桅认为,受访者将"设立东海防空识别区"列为最能提高中国国际地位的事件第一位,反映出新一届政府的外交方式得到了中国民众的认同。

调查还显示,49.1%的受访者认为当今中国的周边环境"不利于中国的和平发展"。而认为未来中国所处的国际环境会"越来越好"(28.0%)和"总体上将得到改善,但摩擦还会很多"(54.5%)的受访者加起来一共占到82.5%,总体来说中国民众对未来所处国际环境预期良好。

六成多受访者表示最喜欢中国

被问及"您最喜欢哪个国家"时,61.6%受访者选择中国,表示最喜欢其他国家的人均不足一成,如美国(6.9%)、法国(3.3%)、加拿大(2.8%)。从受访者选择比率来看,最喜欢中国的受访者比例2012年出现回落,2013年再次回升,且选择率达到历史最高水平。

在被问及"金砖国家中哪个国家的发展后劲更足"时,中国的提及率最高,达48.2%,其次为俄罗斯(18.9%)、印度(12.5%)。问及"2013年,俄罗斯给您留下的最深印象是什么"时,"同意斯诺登在俄临时避难"成为首选,39.2%的人选择此项;38.3%的人对俄罗斯"在叙利亚、伊朗等问题上与西方激烈交锋"留下了最深刻的印象。

对于"中国是否已经是世界性强国"一问,16.5%的受访者选择"是",比去年的调查下降0.9%;认为中国"不是"和"还不完全是"世界性强国的受访者比例分别为30.9%和51.7%。对该问题的差异分析发现,受访者学历越低,越认同中国的世界性强国地位,学历越高,越倾向于认为中国不是世界性强国。问及"中国已具备世界性强国的哪些条件"时,"经济实力"的提及率最高,为51.2%;其次是"政治及外交影响力"和"军事实力",提及率分别为36.2%和34.5%;"文化影响力"的提及率为27.1%。

王义桅表示,只有16.5%的中国人认为自己是强国,这跟中国人谦虚的习惯有关,中国人总是期待自己更强一些,尽管中国人信心有所增长,但仍然有弱者心态,也有进一步发展的空间。

调查显示,在被问及"哪种行为最损害中国的国际形象"时,"部分官员的贪污腐败"提及率最高,达57.3%;不过这一比例比2012年下降了8.2个百分点。受访者对"环境污染"有损中国国际形象的提及率达42.9%,与2012年相比增长了19%。其次是"产品劣质和造假现象严重"(34.4%)、"国人的不文明行为"(27.6%)。

(环球时报 2013-12-31 第3211期 第3版|新闻背景 作者:马晴燕)

一、环球对望：中国信心与世界印象

第一部分　主要发现

一、受访者对双边关系的看法

1.1　中美关系被认为是对中国影响最大的双边关系

● 超过七成受访者认为中美关系影响最大

调查显示，在中国民众心目中，世界各国范围内对中国影响最大的双边关系依次为：中美关系（74.5%）、中日关系（38.6%）、中俄关系（25.6%）、中欧关系（6.7%）、中国与朝鲜半岛的关系（5.2%）、中国与东南亚国家的关系（4.6%）、中非关系（2.1%）、中印关系（2.0%）、中国与拉美国家的关系（1.4%）。中美关系在民众心目中的重要性远超其他双边关系，超过七成受访者将其作为影响最大的双边关系；而其他双边关系的中选率均没有超过四成。

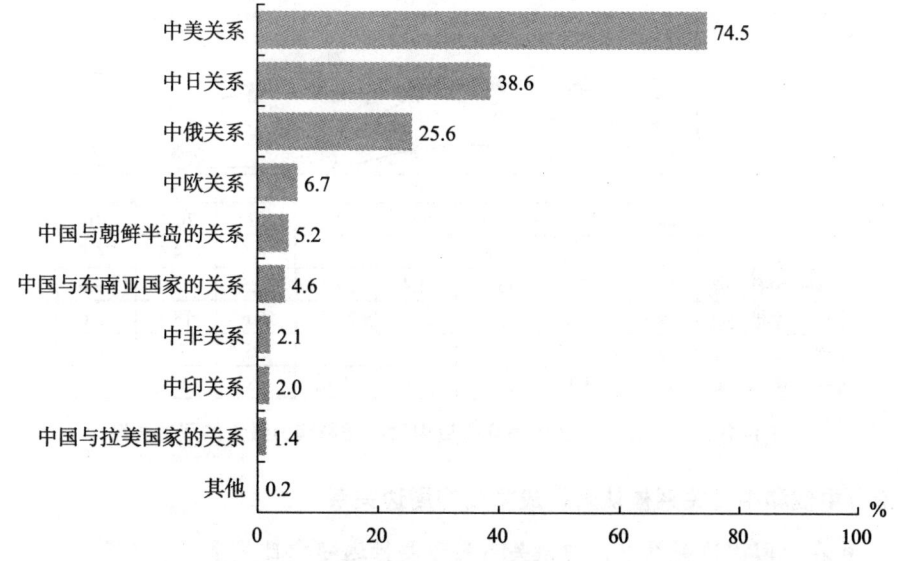

图1-102　您认为哪对双边关系对中国的影响力最大（N=1512）

注：此题为最多可选两项，故各选项之和大于100%。

● 中美和中日关系连续八年被受访者视为对中国影响最大的双边关系

《环球时报》自2006年起连续八年的民众调查数据显示，中美关系和中日关系一直是民众心目中对中国影响最大的双边关系。其中，中美关系的影响力波动幅度不大，且一直维持在74%以上的高中选率，值得注意的是，中美关系的提及率从2010年至2013年出现连续4年的下降趋势。

中日关系在受访者心中的地位波动较大，8年间时增时降，2012年比上一年大幅度提升后,2013年与2012年相比有细微的下降,下降了0.2个百分点。

中俄关系的影响力也一直排在所有双边关系中的第三位,保持在20%左右。与上一年相比,2013年中俄关系的影响力有了大幅的提高,达到8年调查以来最高水平。

2013年的调查显示中欧关系的影响力与2012年相比有小幅提升。

2013年中非关系的影响力比2012年有一定的提升,上升了0.7个百分点。

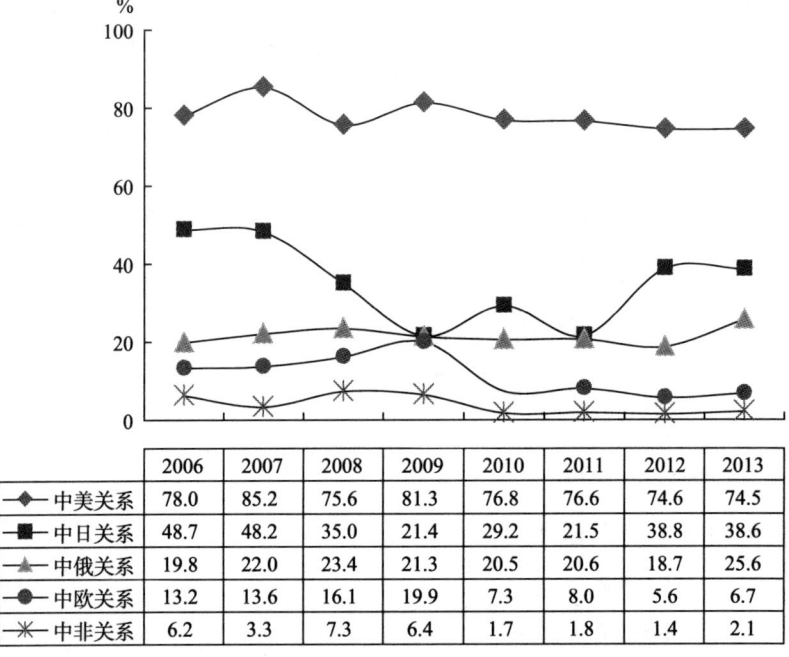

	2006	2007	2008	2009	2010	2011	2012	2013
◆中美关系	78.0	85.2	75.6	81.3	76.8	76.6	74.6	74.5
■中日关系	48.7	48.2	35.0	21.4	29.2	21.5	38.8	38.6
▲中俄关系	19.8	22.0	23.4	21.3	20.5	20.6	18.7	25.6
●中欧关系	13.2	13.6	16.1	19.9	7.3	8.0	5.6	6.7
✳中非关系	6.2	3.3	7.3	6.4	1.7	1.8	1.4	2.1

图 1-103　2006-2013 年民众心目中对中国影响力最大的双边关系

1.2　中俄和中日关系被认为是最重要的周边关系

● 在中国周边关系中,中俄关系的重要性远超中日关系

在中国与周边国家的关系中,中俄、中日关系被认为是最重要的双边关系,分别有62.0%和36.5%的受访者选择这两对双边关系。中国与朝鲜半岛的关系也是民众心目中较重要的双边关系,有14.9%的受访者选择这一选项。其他比较重要的双边关系有:中国与东南亚国家的关系(13.1%)、中印关系(10.9%)。相对来说,中国与巴基斯坦的关系(4.6%)、中国与蒙古的关系(3.2%)、中国与中亚国家的关系(3.0%)在民众心目中的重要性偏低。0.8%的受访者认为还有"其他"重要的周边关系,剩余3.5%的受访者表示说不清楚哪组周边关系最重要。

一、环球对望：中国信心与世界印象

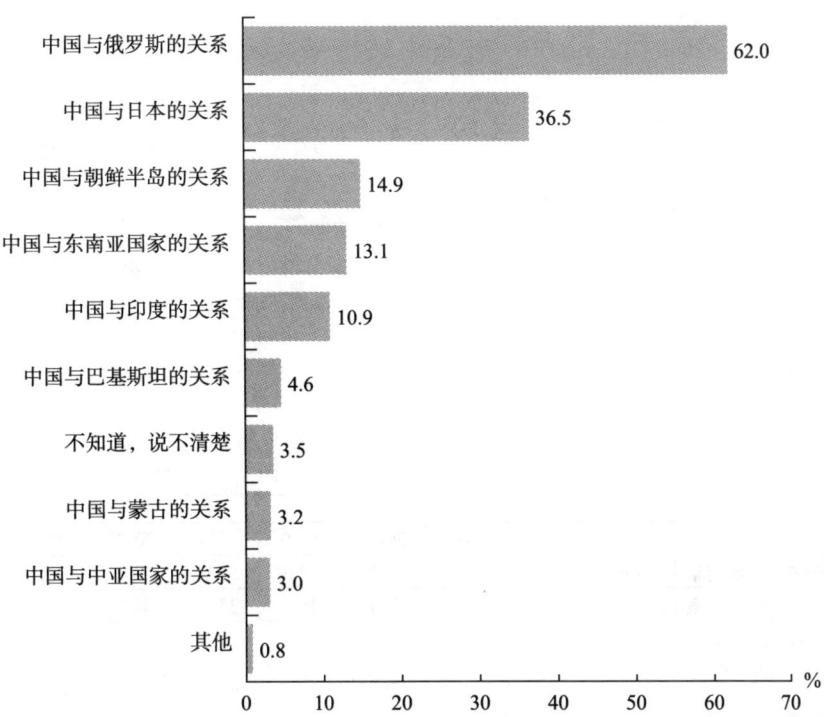

图1-104　在中国与周边国家的关系当中，您认为哪对关系是最重要的（N=1512）
注：此题为最多可选两项，故各选项之和大于100%。

● 在中国周边关系中，中俄关系在受访者心目中的重要性有所提升

与2012年相比，2013年的中俄关系重要性有了大幅的提升，与中日关系重要性的差距比2012年扩大。2013年的调查显示，中日关系的重要性比2012年有一定幅度的下降，下降4.2个百分点。

中国与朝鲜半岛的关系的重要性从2012年起连续两年小幅回升。2011和2012年，中国与朝鲜半岛的关系在受访民众心目中的重要性均排在中国与东南亚国家的关系之后，在所有周边关系中位列第四，而2013年中国与朝鲜半岛的关系重要性超过中国与东南亚国家的关系重要性，位居第三。

2013年中国与东南亚国家的关系在2012年上升的基础上，有一定程度的下降，下降了4.7个百分点。中印关系2013年比2012年小幅回升。

2013年，中国与中亚国家的关系比2012年下降了2.4个百分点，中蒙关系的重要性比2012年略有下降，中巴关系的重要性比2012年提升2.2个百分点。

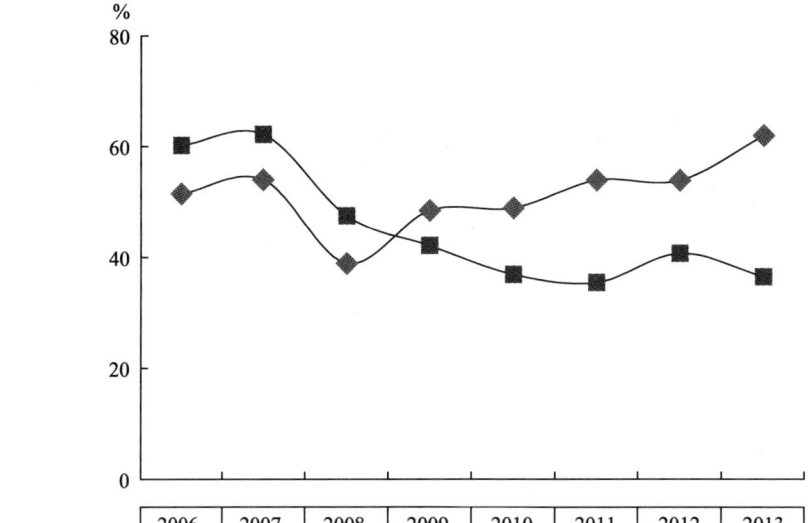

	2006	2007	2008	2009	2010	2011	2012	2013
◆— 中俄关系	51.5	54	38.9	48.5	49.0	54.0	53.9	62
■— 中日关系	60.2	62.2	47.5	42.1	36.9	35.5	40.7	36.5

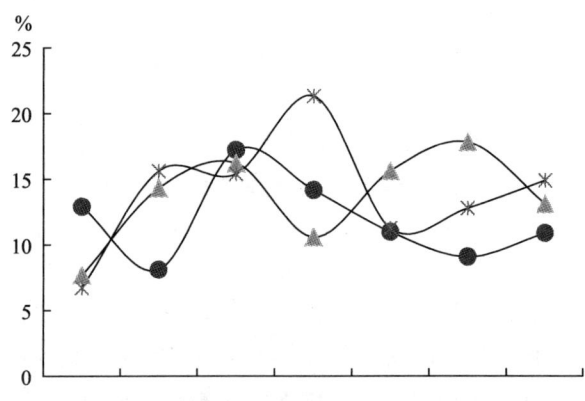

	2007	2008	2009	2010	2011	2012	2013
✴— 中国与朝鲜半岛的关系	6.7	15.6	15.4	21.3	11.3	12.8	14.9
●— 中印关系	12.9	8.1	17.2	14.2	11.0	9.1	10.9
▲— 中国与东南亚国家的关系	7.7	14.3	16.2	10.6	15.6	17.8	13.1

一、环球对望：中国信心与世界印象

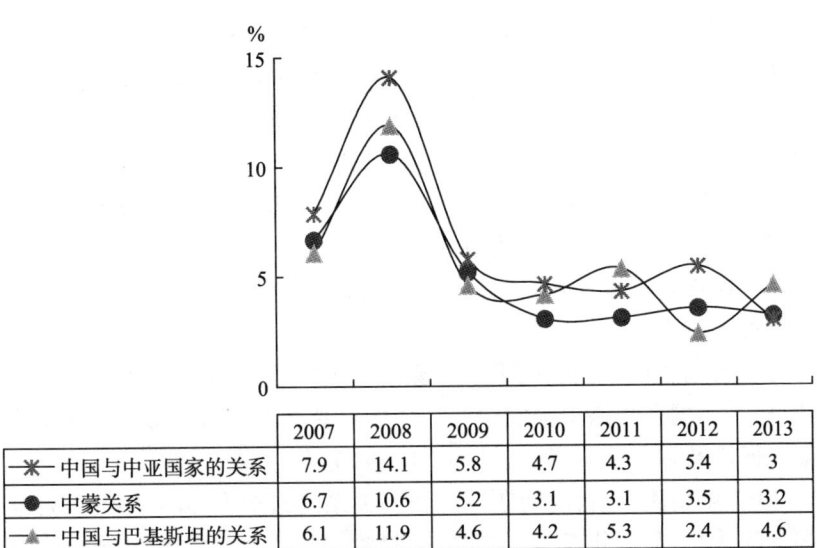

	2007	2008	2009	2010	2011	2012	2013
※ 中国与中亚国家的关系	7.9	14.1	5.8	4.7	4.3	5.4	3
● 中蒙关系	6.7	10.6	5.2	3.1	3.1	3.5	3.2
▲ 中国与巴基斯坦的关系	6.1	11.9	4.6	4.2	5.3	2.4	4.6

图 1-105　2006—2013 年民众心目中对中国影响力最大的周边关系

1.3 "钓鱼岛问题"被认为是影响中美关系的最大问题

● 受访者认为"钓鱼岛问题"对中美关系影响最大，"美国重返亚洲，并在战略上遏制中国"和"台湾问题"的影响次之

当被问及"当前影响中美关系的最大问题是什么"时，"钓鱼岛问题"的

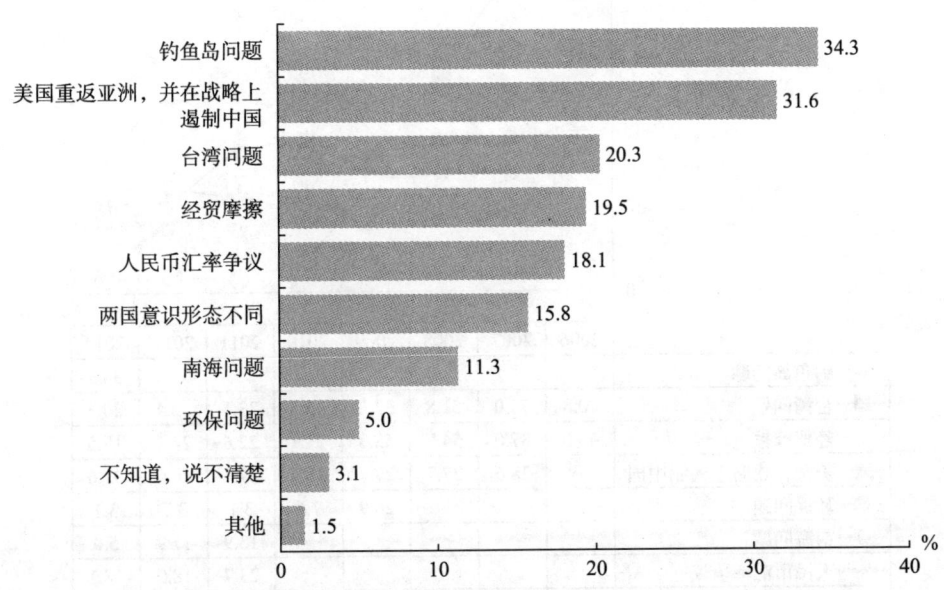

图 1-106　您认为当前影响中美关系的最大问题是什么（N=1512）

注：此题为最多选两项，故各选项之和大于 100%。

提及率最高，达34.3%。其他提及率比较高的问题包括"美国重返亚洲，并在战略上遏制中国"（31.6%）、"台湾问题"（20.3%）、"经贸摩擦"（19.5%）、"人民币汇率争议"（18.1%）、"两国意识形态不同"（15.8%）和"南海问题"（11.3%）。相对来说，"环保问题"在民众心目中对中美关系的影响力度不大，仅有5.0%的受访者选择这一项。还有1.5%的受访者提及了其他问题。3.1%的受访者表示对这个问题说不清楚。

- 除"钓鱼岛问题"外，"美国在战略上遏制中国"依然是影响中美关系的最大因素

与历史数据进行纵向比较发现，除了2013年新增加的"钓鱼岛问题"这一选项外，"美国在战略上遏制中国"依然是受访者心目中影响中美关系的最大因素，但提及率大幅下降，下降14.4个百分点。

与2012年相比，"台湾问题"对中美关系的影响力2013年的重要程度又有小幅下降（2.1个百分点）。

与2012年相比，2013年"经贸摩擦"的重要性有一定程度的下降，重要性排名紧随"台湾问题"，降至第四位。

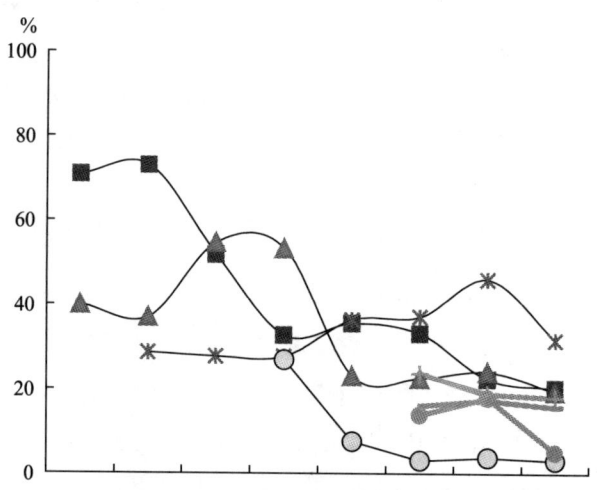

	2006	2007	2008	2009	2010	2011	2012	2013
钓鱼岛问题								34.3
台湾问题	70.8	73.0	51.8	32.7	35.5	33.1	22.4	20.3
经贸摩擦	40.0	37.0	54.7	53.3	23.1	22.6	24.1	19.5
美国在战略上遏制中国		28.6	27.7	27.7	36.4	37.1	46.0	31.6
环保问题				26.9	7.6	3.1	3.7	3.1
南海问题						13.9	17.9	5.0
人民币汇率争议						23.7	18.9	18.1
两国意识形态不同						16.2	17.4	15.8

图1-107　2006-2013年民众心目中影响中美关系的最大问题

一、环球对望：中国信心与世界印象

2013年，"南海问题"的提及率比2012年有大幅下降，下降12.9个百分点。

1.4 近五成受访者认为奥巴马执政的五年，中美关系"没什么变化"

● 47.1%的受访者认为奥巴马过去执政的五年，中美关系"没什么变化"

当被问及"您认为奥巴马过去执政的五年中，中美关系有什么变化"时，47.1%的受访者认为中美关系"没什么变化"；29.0%的受访者表示"更紧张了"；仅15.7%的受访者给予了较好评价，认为中美关系"更紧密了"；6.9%的受访者对这个问题表示"不知道，说不清楚"；1.3%的受访者表示中美存在其他关系。

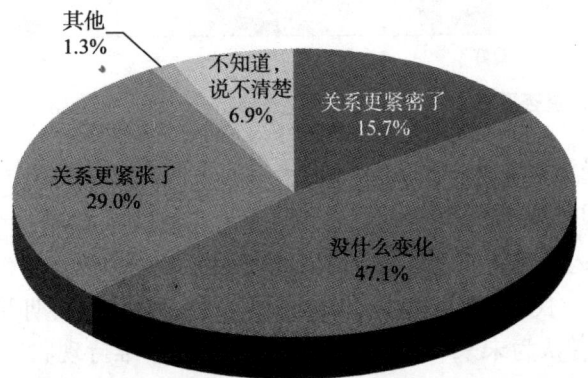

图1-108　您认为奥巴马过去执政的五年中，中美关系有什么变化（N=1512）

1.5 受访者对中美关系的未来走势较为乐观

● 超过半数受访者看好中美关系未来的发展趋势

当被问及"您是否看好中美关系未来的发展趋势"时，57.6%的受访者表示"看好"这对双边关系的发展，态度乐观；相反有30.3%的受访者"不看好"中美关系的未来发展，剩余12.1%的受访者对这个问题表示"不好说"。

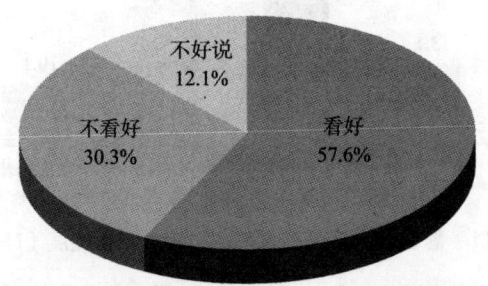

图1-109　您是否看好中美关系未来的发展趋势（N=1512）

● 与2012年相比，2013年受访者对中美关系未来走势的乐观预期有所上升

与2012年的调查结果相比，2013年大部分受访者对中美关系未来走势的预期呈现乐观趋势。"看好"中美关系未来发展的受访者比例上升了4.8个百分点，

"不看好"中美关系未来发展的受访者比例也下降了6.6个百分点,乐观预期上升。

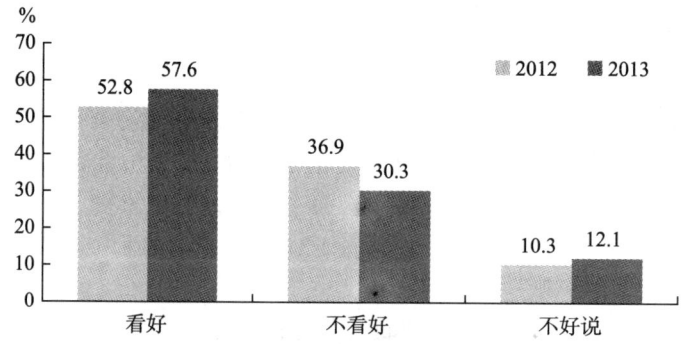

图1-110 您是否看好中美关系未来的发展趋势——2012-2013对比（N=1512）

1.6 大多数受访者预测中日关系未来一年的走向会"基本维持现状"或有不同程度的恶化

- 近三分之一的受访者认为中日关系未来一年"可能会恶化"

整体来看,民众对中日关系未来一年的发展走向预期并不特别乐观。36.0%的受访者认为未来一年,中日关系将"基本维持现状";32.7%的受访者认为中日关系"可能会恶化",10.1%的受访者表示中日关系"会进一步恶化";13.1%的受访者认为中日关系"将会有些改善",仅有2.0%的受访者认为两国关系"将会有明显改善";6.1%的受访者表示说不清。

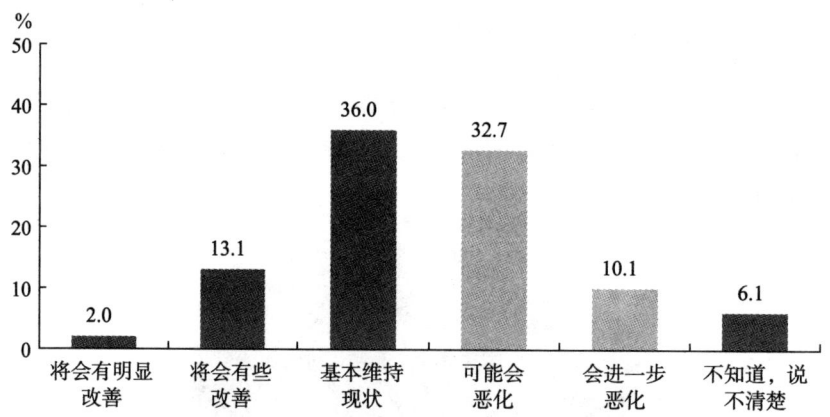

图1-111 您认为中日关系未来一年将会如何发展（N=1512）

1.7 中国被认为是"金砖国家"中最具发展后劲的国家,俄罗斯次之

- 近半数受访者认为中国发展后劲最足,俄罗斯略微强于印度,巴西和南非最不被看好

被问及"金砖国家中哪个国家的发展后劲更足",中国的提及率最高,达

48.2%，远远超过其他四个国家。受访者认为第二大最具发展后劲的"金砖国家"为俄罗斯，有 18.9% 的受访者选择俄罗斯。印度以 12.5% 的提及率排第三。相比之下，选择巴西和南非的受访者比例较少，分别仅为 6.2% 和 7.3%。剩余 6.9% 的受访者表示对这个问题说不清楚。

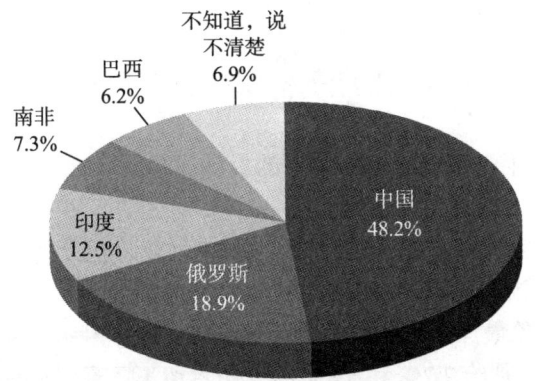

图 1-112　中国、印度、俄罗斯、巴西、南非等五个国家被称为"金砖国家"，这五个国家都在快速发展，您认为今后这五个国家谁的发展后劲更足（N=1512）

- 最看好中国的受访者比例小幅回落，看好俄罗斯和南非的受访者均有所提高

连续 5 年的调查显示，在"金砖国家"中最看好中国发展后劲的受访者自 2010 年以来连续 2 年减少，但 2012 年与 2011 年相比，有了小幅回升，2013 年又有小幅回落。俄罗斯的变化趋势自 2010 年持续两年上升后，

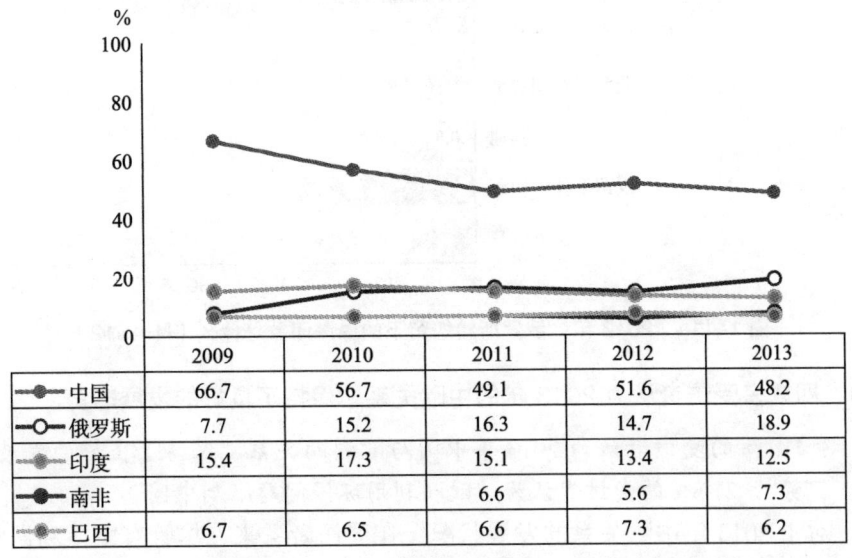

	2009	2010	2011	2012	2013
中国	66.7	56.7	49.1	51.6	48.2
俄罗斯	7.7	15.2	16.3	14.7	18.9
印度	15.4	17.3	15.1	13.4	12.5
南非			6.6	5.6	7.3
巴西	6.7	6.5	6.6	7.3	6.2

图 1-113　"金砖国家"中发展后劲最足的国家——2009-2013 年比较

2012年较2011年首次呈现下降趋势，2013年再次上升。印度在2012年相比上年下降的基础上，2013年再次小幅下降。看好巴西的受访者在2013年达到历年最低值，看好南非的受访者在2013年则有所上升。

1.8 2013年，俄罗斯"同意斯诺登在俄临时避难"给受访者留下了最为深刻的印象

- 近四成的受访者表示2013年对俄罗斯留下的最深印象是"同意斯诺登在俄临时避难"

问及"2013年，俄罗斯给您留下的最深印象是什么"时，"同意斯诺登在俄临时避难"成为首选。具体来看，39.2%的受访者选择"同意斯诺登在俄临时避难"；38.3%的受访者对俄罗斯"在叙利亚、伊朗等问题上与西方激烈交锋"留下了最深刻的印象；16.7%的受访者对俄罗斯"反腐任务艰巨，不断有高官落马"印象最深刻；俄罗斯"反对派势力不断壮大"和"强势扣押绿色和平组织成员"分别给7.7%和5.8%的受访者留下了最深刻的印象；还有0.8%的受访者对"其他"事情留下了深刻印象；此外，有15.4%的受访者表示对于2013年的俄罗斯"没有留下什么印象"；另有7.5%的受访者对此表示说不清楚。

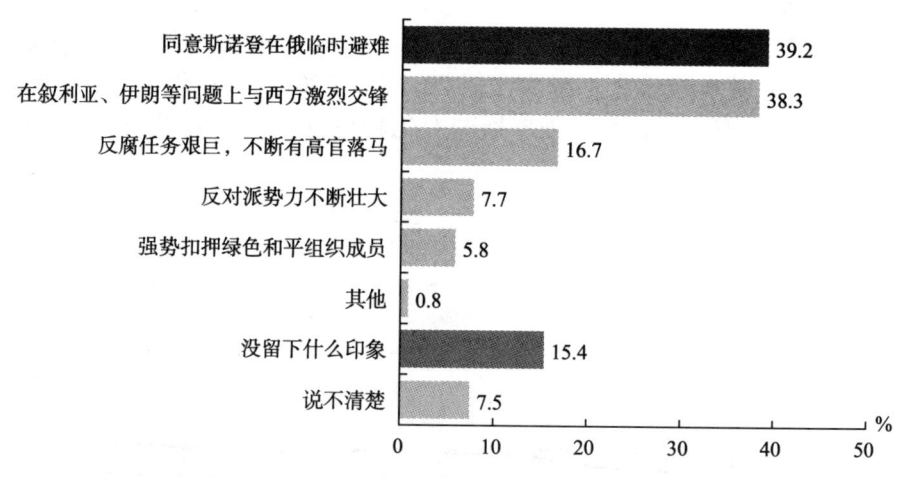

图1-114 2013年，俄罗斯给您留下的最深印象是什么（N=1512）

1.9 四成多受访者认为2013年的中欧关系"保持了良好的发展态势"

- 41.4%的受访者认为2013年中国与欧洲的关系"保持了良好的发展态势"，21.5%的受访者认为"欧洲利用环保问题限制中国"

对于2013年中欧关系的发展状况，在受访者看来，尽管有摩擦和误解，但还是保持了良好的发展态势。具体来看，41.4%的受访者认为中欧总体关

系"保持了良好的发展态势";21.5%的受访者认为"欧洲利用环保问题限制中国";21.3%的受访者认为中欧"经贸摩擦增多";15.5%的受访者认为"欧洲国家受'中国威胁论'影响增大,欧洲内部对中国的态度进一步分化";14.7%的受访者认为"欧洲对中国的防范心理加重";11.0%的受访者认为"欧洲利用人权、宗教问题加大对中国施压"。另外,2.1%的受访者认为中欧关系在2013年"没变化",0.9%的受访者对中欧关系的变化有其他看法,还有10.3%的受访者对这个问题说不清楚。

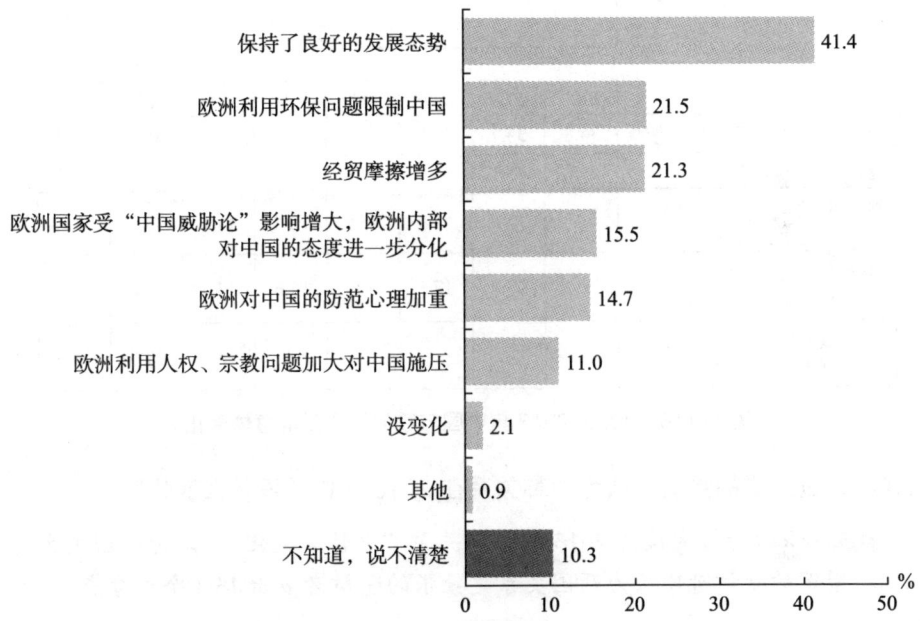

图1-115　2013年中国与欧洲的关系总体上有何变化（N=1512）

注：此题为最多可选两项,故各选项之和大于100%。

- 与往年相比,认为2013年中欧关系"保持了良好的发展态势"的受访者比例达到最高值

2010年以来,"保持良好的发展态势"成为中欧关系发展的主要基调,2013年达到最高值（41.4%）。相比之下,选择"经贸摩擦增多"的受访者自2011年连续两年提升后,在2013年又开始小幅回落。另外,2013年认为"欧洲利用人权、宗教问题加大对中国施压"、"欧洲对中国的防范心理加重"和"欧洲国家受'中国威胁论'影响增大,欧洲内部对中国的态度进一步分化"的受访者比例均比2012年有所下降,分别下降了4.7、3.9和4.2个百分点。

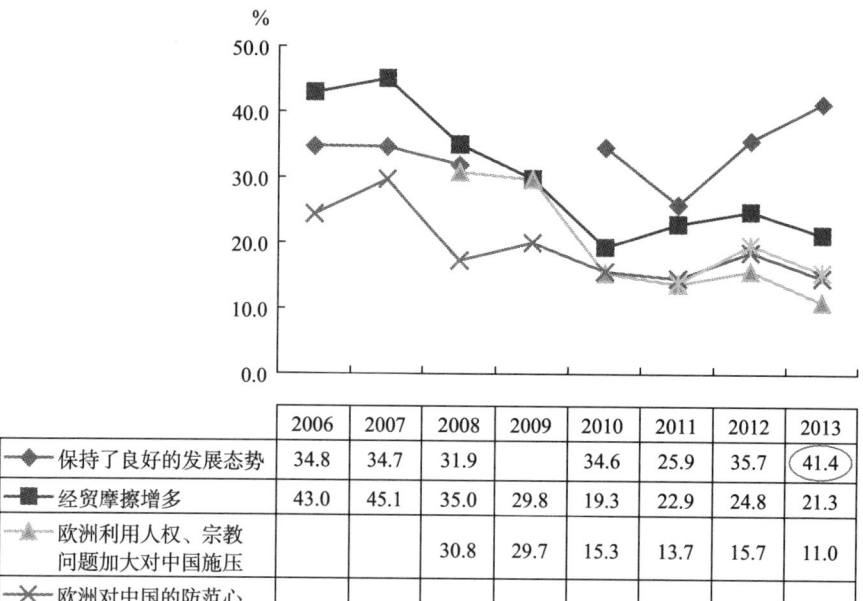

	2006	2007	2008	2009	2010	2011	2012	2013
◆ 保持了良好的发展态势	34.8	34.7	31.9		34.6	25.9	35.7	41.4
■ 经贸摩擦增多	43.0	45.1	35.0	29.8	19.3	22.9	24.8	21.3
▲ 欧洲利用人权、宗教问题加大对中国施压			30.8	29.7	15.3	13.7	15.7	11.0
✕ 欧洲对中国的防范心理加重	24.4	29.7	17.3	20.0	15.6	14.6	18.6	14.7
✳ 欧洲内部对中国的态度进一步分化						13.9	19.7	15.5

图 1-116 2006-2013年中国与欧洲的关系的总体变化

1.10 超过五成的受访者认为中韩关系在2013年内"没什么变化"

- 53.6%的受访者认为2013年中韩关系"没什么变化",认为两国关系更紧密的受访者比认为两国关系更紧张的受访者多出15.4个百分点

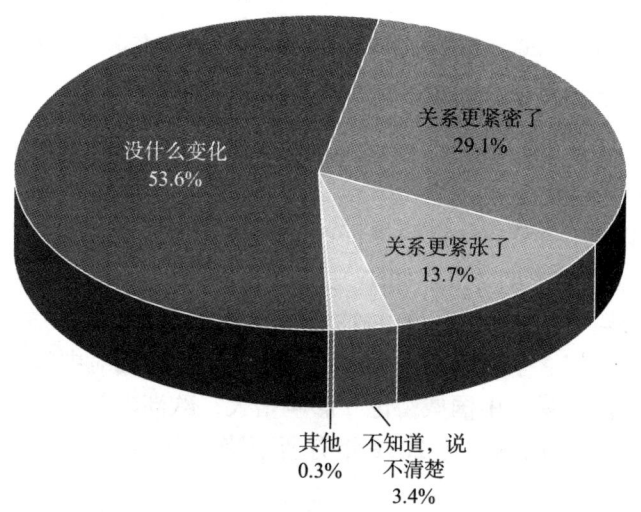

图 1-117 您认为2013年内中国与韩国的关系有什么变化(N=1512)

调查显示,民众对于2013年中韩关系的评价比较保守,认为两国关系"没什么变化"的受访者超过五成(53.6%)。同时值得注意的是,认为"(两国)关系更紧密了"的受访者比例(29.1%)明显高于认为"(两国)关系更紧张了"的受访者(13.7%)。其余3.4%的受访者表示说不清。

- 2013年,认为中韩"关系更紧密了"的受访者比例比2012年有所上升

与2012年相比,2013年受访者对中韩关系的评价更乐观。认为中韩"关系更紧密了(更进一步)"的受访者比例增加了8.0个百分点,认为中韩"关系更紧张了"的受访者比例下降了2.2个百分点,认为中韩关系"没什么变化"的受访者下降了5.2个百分点。

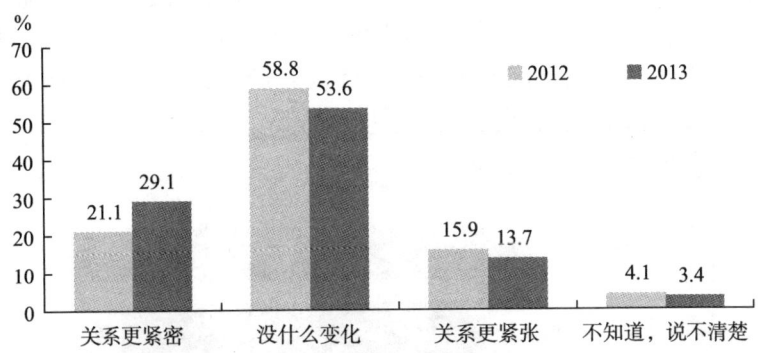

图1-118 您认为过去一年内中国与韩国的关系有什么变化——2012-2013对比

1.11 受访者最关心非洲的方面是"中非友谊及经济合作",其次关注非洲"丰富的资源"以及"经济困难及战乱"

- 四成多受访者关注"中非友谊及经济合作"

问及"您最关注非洲的哪些方面"时,受访者对"中非友谊及经济合作"的关注度最高,提及率超过四成(41.8%);关注非洲"丰富的资源"的受访

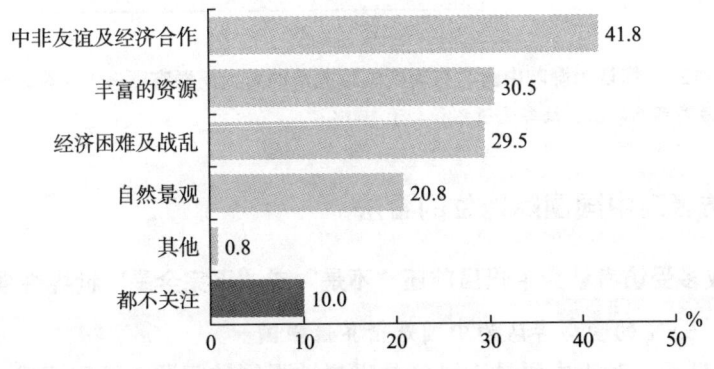

图1-119 您最关注非洲的哪些方面?(N=1512)

注:此题为最多可选两项,故各选项之和大于100%。

者占到30.5%，位居第二；29.5%的受访者关注非洲"经济困难及战乱"；二成（20.8%）受访者关注非洲的"自然景观"；表示"都不关注"的受访者为10.0%；还有0.8%的受访者关注非洲的其他方面，如非洲的民生和体育。

1.12 受访者认为"南海的领土争端"和"美国等外部力量的介入"是影响中国与东南亚国家关系的两个重大问题

- 51.4%的受访者认为"南海的领土争端"是中国与东南亚国家关系的重大影响因素

问及"您认为影响中国与东南亚国家关系的重大问题有哪些"时，"南海的领土争端"和"美国等外部力量的介入"被认为是最重要的问题，提及率分别为51.4%、46.5%；认为"贸易摩擦"、"东南亚国家对中国威胁论的认同"是影响中国与东南亚国家关系的重大问题的受访者比例分别为20.5%、18.5%；还有0.8%的受访者提及政府态度和劳动力等其他问题；剩余7.3%的受访者表示"不知道，说不清楚"。

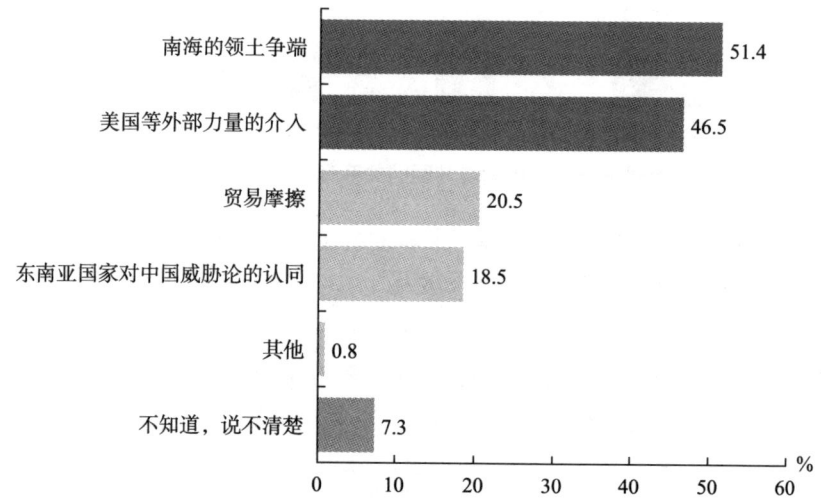

图1-120 您认为影响中国与东南亚国家关系的重大问题有哪些？（N=1512）
注：此题为最多可选两项，故各选项之和大于100%。

二、受访者对中国国际地位的看法

2.1 八成多受访者认为中国目前还"不是"或"不完全是"世界性强国

- 仅16.5%的受访者认为中国是世界性强国

调查显示，对于中国是否已经是世界性强国的问题，不到两成（16.5%）受访者认为中国"是"世界性强国，而认为中国"不是"世界性强国的受访者占到三成（30.9%），此外认为中国"还不完全是"世界性强国的受访者超过一半（51.7%），还有 0.9% 的受访者表示"不知道，说不清楚"。

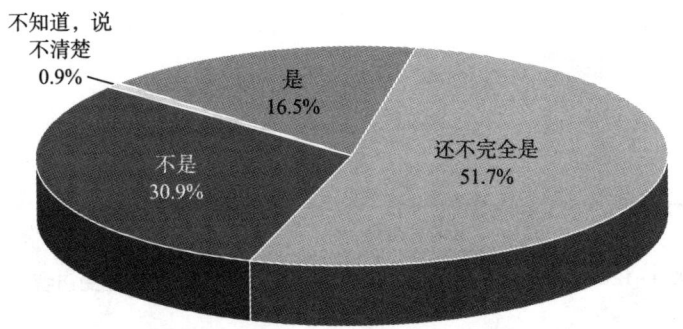

图 1-121　您认为中国已经是世界性强国了吗？（N=1512）

与 2012 年的调查相比，2013 年认为中国"是"世界强国的比例下降了 0.9 个百分点。本次调查中认为中国"不是"世界性强国的受访者比例比 2012 年上升了 2.6 个百分点。认为中国"还不完全是"世界性强国的受访者比例则比 2012 年下降了 2.3 个百分点。

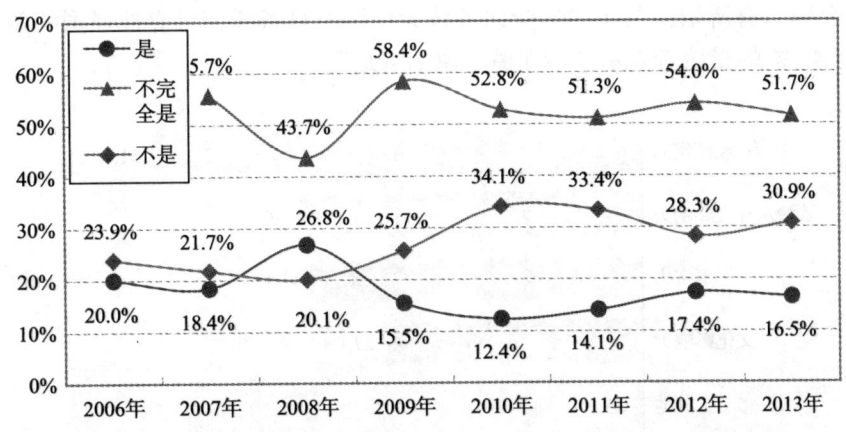

图 1-122　您认为中国已经是世界性强国了吗：2006 年 -2013 年调查结果

● 与国内受访者相比，国外受访者更肯定中国的世界性强国地位

环球舆情调查中心于 2013 年 11 月期间在俄罗斯、日本、韩国、印度、哈萨克斯坦、菲律宾、越南、美国、巴西、英国、肯尼亚、南非和澳大利亚等 13 个国家的普通居民中所做的问卷调查显示，对于中国是否已经是世界性强国的问题，60.0% 的国外受访者予以肯定的答复，比国内受访者高出 43.5 个百分点；认为中国"还不完全是"或"不是"世界性强国的国外受访者则分别比国内受访者低 25.7 和 24.8 个百分点。

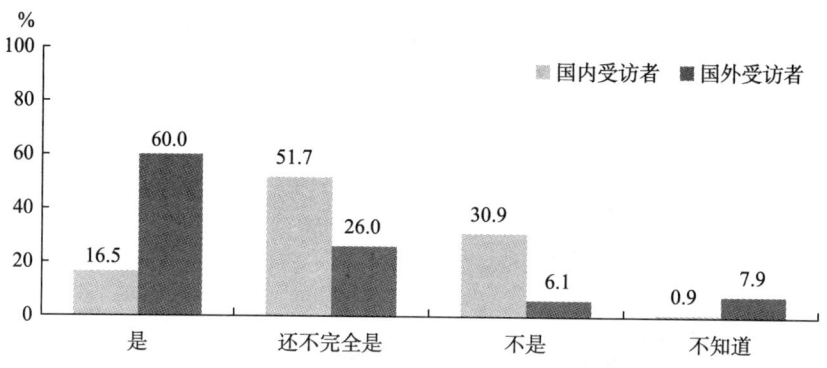

图1-123 您认为中国已经是世界性强国了吗？——中外受访者对比

2.2 认为中国"经济实力"达到世界性强国水平的受访者比例最高

● 半数受访者认为中国的"经济实力"已达到世界性强国的水平

调查显示，问及"中国已具备世界性强国的哪些条件"时，"经济实力"的提及率最高，超过五成（51.2%）；其次是"政治及外交影响力"和"军事实力"，提及率分别为36.2%和34.5%；再次是"文化影响力"，提及率为27.1%；此外，还有0.9%的受访者认为中国具备世界性强国的其他条件，如"综合国力有所增强"；12.9%受访者认为中国不具备任何世界性强国的条件；另有4.0%的受访者表示"不知道，说不清楚"。

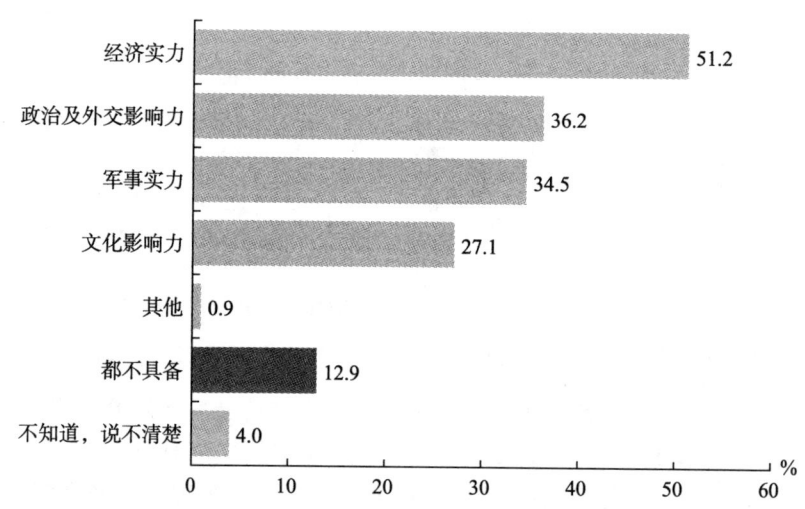

图1-124 您认为，中国已具备世界性强国的哪些条件了？（N=1512）

注：此题为多选题，故各选项之和大于100%。

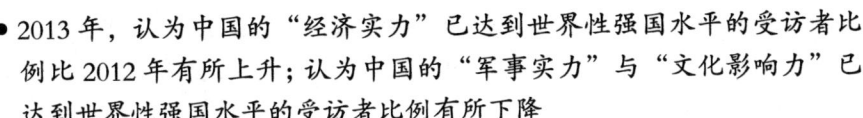

- 2013年，认为中国的"经济实力"已达到世界性强国水平的受访者比例比2012年有所上升；认为中国的"军事实力"与"文化影响力"已达到世界性强国水平的受访者比例有所下降

2013年，认为中国的"经济实力"已达到世界性强国水平的受访者比例比2012年增加了2.0个百分点。"政治及外交影响力"方面，2013年认为中国已达到世界性强国水平的受访者比例比2012年增加了0.1百分点，基本保持不变。

军事方面，民众信心有一定下降，认为中国的"军事实力"已达到世界性强国水平的受访者比例比2012年下降了3.8个百分点。文化方面，2013年肯定中国的"文化影响力"已达到世界性强国水平的受访者比例比2012年下降了7.8个百分点。认为中国不具备任何世界性强国的条件的受访者比例自2008年以来逐年上升，2012年首次下降，但2013再次上升并达到历年最高值（12.9%）。

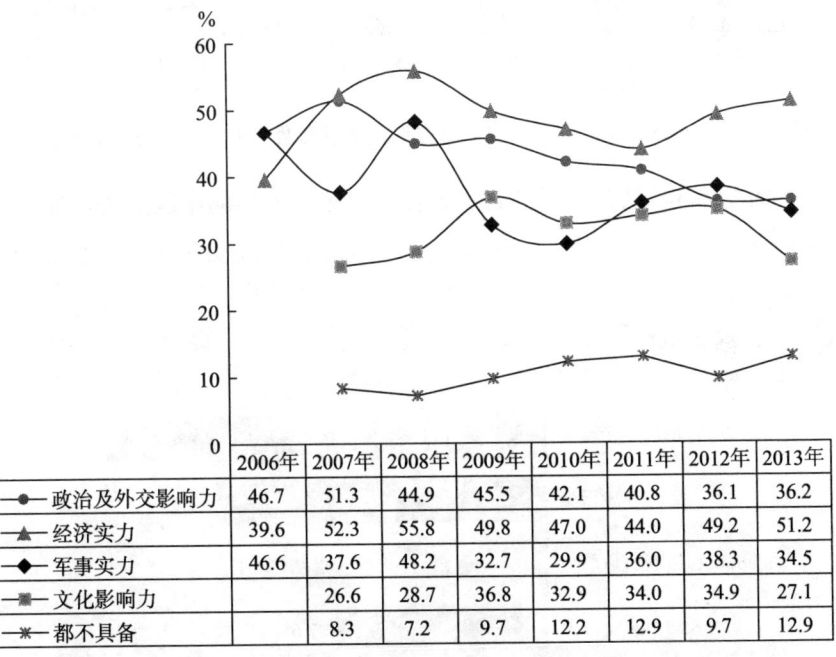

图1-125　中国已具备世界性强国的哪些条件：2006–2013年调查结果

- 与国内受访者相比，国外受访者更肯定中国的"经济实力"已达到世界性强国水平；国外受访者中认为中国的"政治及外交影响力"、"军事实力"以及"文化影响力"达到世界性强国水平的比例低于国内受访者

环球舆情调查中心于2013年11月期间在俄罗斯、日本、韩国、印度、哈萨克斯坦、菲律宾、越南、美国、巴西、英国、肯尼亚、南非和澳大利亚13个国家的普通居民中所做的调查显示，对于中国已具备世界性强国的哪些条件的

问题，中外受访者对各个选项的选择顺序相同，即依次为："经济实力"、"政治及外交影响力"、"军事实力"和"文化影响力"。国外受访者中，高达73.0%认为中国具备世界性强国的"经济实力"，比国内受访者高出21.8个百分点。相反，认为中国的"政治及外交影响力"、"军事实力"和"文化影响力"已达到世界性强国水平的国外受访者则分别比国内受访者低了1.9、10.9和4.9个百分点。

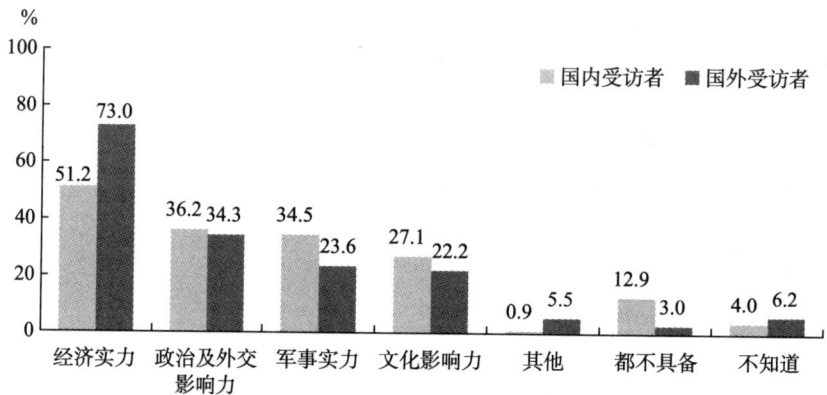

图1-126　您认为中国已具备世界性强国的哪些条件了？——中外受访者对比

2.3　近六成受访者认为"部分官员的贪污腐败"最影响中国的国际形象

● 57.3%的受访者认为"部分官员的贪污腐败"最影响中国的国际形象

调查显示，问及"哪种行为最损害中国的国际形象"时，"部分官员的贪污腐败"提及率最高，达57.3%；其次是"环境污染"，提及率达42.9%；第三

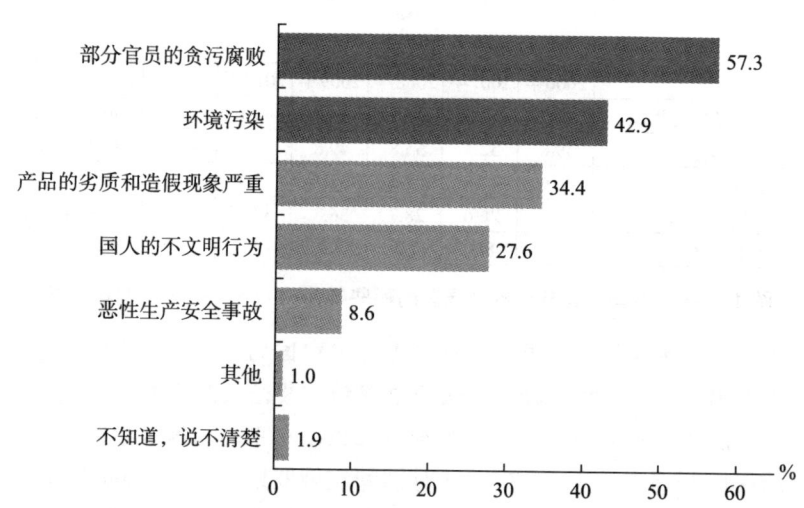

图1-127　哪种行为最损害中国的国际形象（N=1512）

注：此题为最多选两项，故各选项之和大于100%。

一、环球对望：中国信心与世界印象

是"产品的劣质和造假现象严重"，提及率为34.4%。

此外，认为"国人的不文明行为"最影响中国国际形象的受访者比例达27.6%；提及"恶性生产安全事故"的受访者比例达8.6%。此外，还有1.0%的受访者认为其他事件最影响中国的国际形象，剩余1.9%的受访者对此问题没有明确表态，表示"不知道，说不清楚"。

● 受访者对"环境污染"有损中国国际形象的认同度比2012年大幅提升

从数据历史走向来看，最损害中国的国际形象的诸多事件中，受访者对"部分官员的贪污腐败"认同度自2009年以来，连续4年保持上升趋势，但2013这一比例比2012年下降了8.2个百分点。受访者对"产品的劣质和造假现象严重"、"国人的不文明行为"以及"恶性生产安全事故"有损中国国际形象的认同度均有下降，分别比2012年降低7.8个、0.4个和3.3个百分点。受访者对"环境污染"有损中国国际形象的认同度有大幅度的提升，与2012年相比，增长了19.0个百分点。

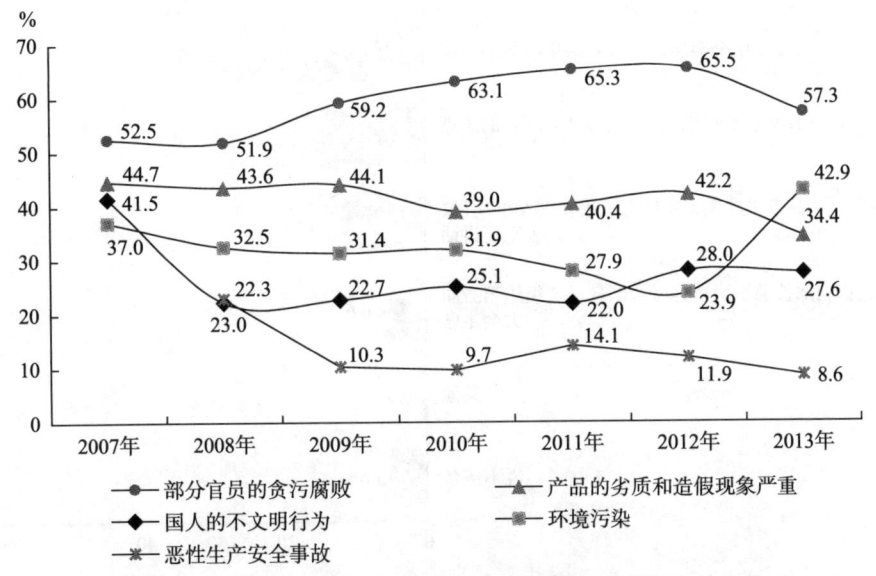

图1-128 哪种行为最损害中国的国际形象：2007-2013年调查结果

2.4 "在钓鱼岛问题上对日采取强硬立场，设立东海防空识别区维护国家主权"被认为是2013年最提升中国国际地位的事件

● 近五成受访者认为"在钓鱼岛问题上对日采取强硬立场，设立东海防空识别区维护国家主权"最提升中国国际地位

调查显示，问及"2013年最能提升中国国际地位的事件是什么"时，"在钓鱼岛问题上对日采取强硬立场，设立东海防空识别区维护国家主权"的提

及率最高，达48.1%；还有41.3%的受访者认为"神舟十号载人飞船和嫦娥三号月球探测器成功发射"最能提升中国国际地位。

认为"十八届三中全会出台一系列深化改革的政策"与"中国经济持续健康发展、日益成为全球瞩目的焦点"最提升中国国际地位的受访者比例均超过两成，提及率分别为28.6%与21.9%。提及率在一成左右的是"国际社会高度关注国家主席习近平出席APEC会议并发表重要讲话"（14.1%）。6.6%的受访者认为"教育部副部长郝平当选联合国教科文组织第37届大会主席"最提升中国国际地位。另有0.9%的受访者提及其他事件，剩余4.9%的受访者表示"不知道，说不清楚"。

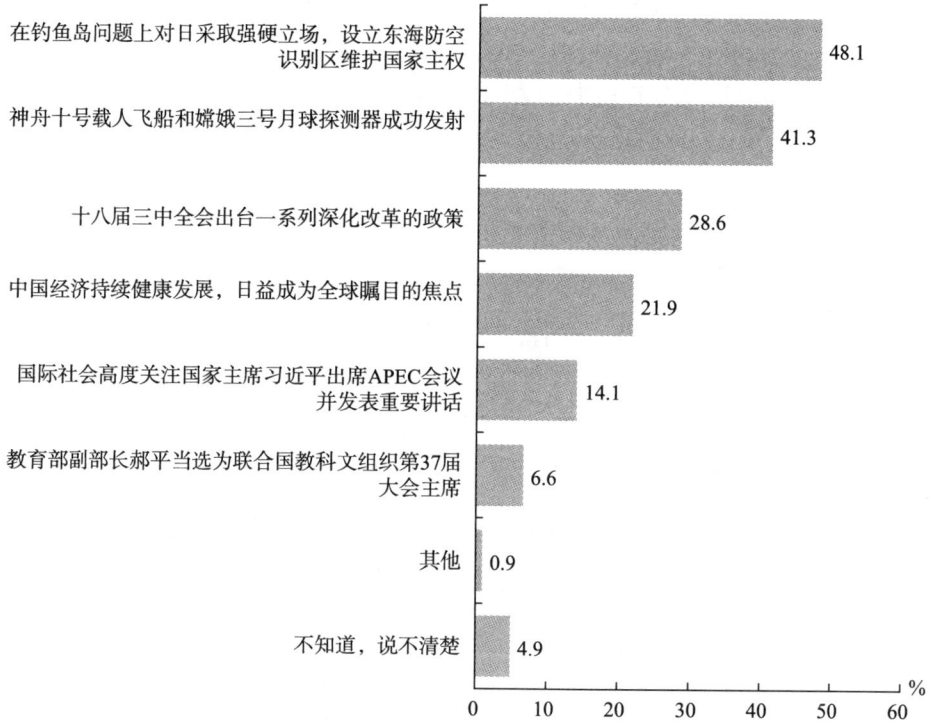

图1-129　2013年最能提升中国国际地位的事件是什么？（N=1512）

注：此题为最多可选两项，故各选项之和大于100%。

2.5　74.4%的受访者对中国制造持正面态度

- 65.1%的受访者对"中国制造"的印象是"还可以，但质量有待提高"

总体来看，受访者对中国制造的产品比较满意，但也有更高的期待。65.1%的受访者认为，"中国制造"的产品"还可以，但质量有待提高"；9.3%的受访者认为"很好，离不开"。加总起来，对"中国制造"持正面印象的受

一、环球对望：中国信心与世界印象

访者共占 74.4%。

16.5% 的受访者对"中国制造"的印象是"质次价低的代名词，质量亟待提高"；5.0% 的受访者认为"很差，拒绝使用"。加总起来，对"中国制造"持负面印象的受访者共占 21.5%。

另外，2.0% 的受访者提及了其他的印象，例如"在家电方面还可以，食品方面不放心质量有待提高"等。2.1% 的受访者表示对这个问题不清楚。

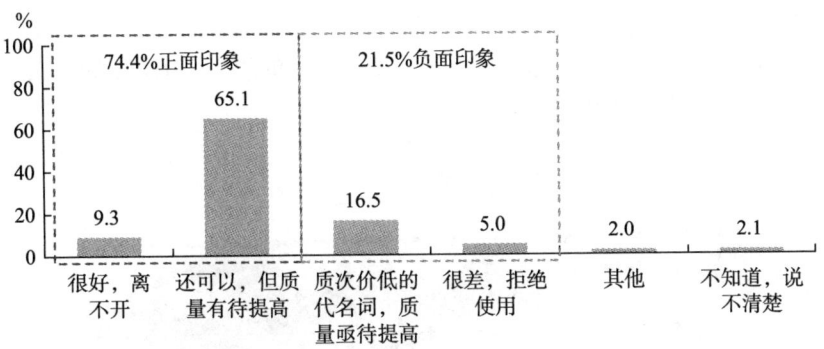

图 1-130　您对"中国制造"的印象如何（N=1512）

● 受访者对"中国制造"的正面评价持续小幅下降

总体来看，受访者对"中国制造"的印象与 2012 年相比没有明显变化。从连续 5 年的数据来看，受访者对"中国印象"的正面评价持续小幅下降，由 2009 年的 80.4% 持续下降到 2013 年的 74.4%。

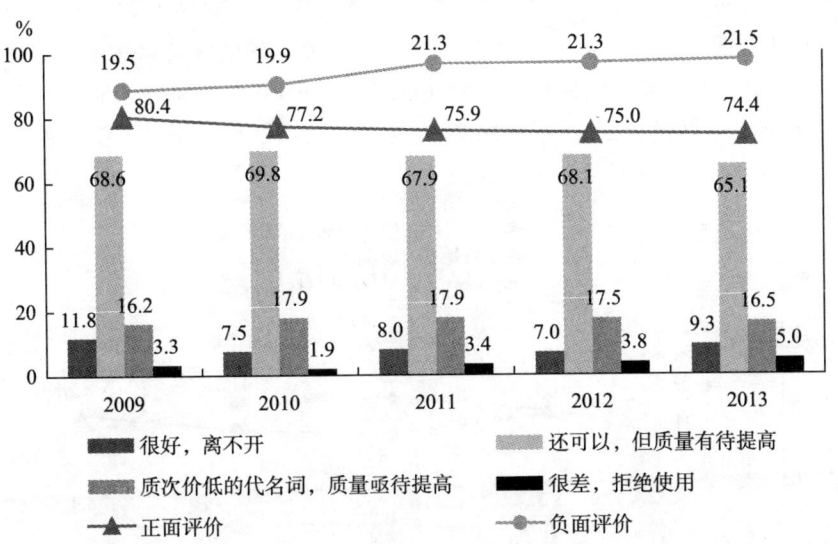

图 1-131　受访者对"中国制造"的印象——2009-2013 年

注：选项未列全，各维度的所列选项加总小于 100%。

2.6 七成多受访者认为西方有遏制中国的行为或意图

- 35.8%的受访者认为西方"有明显的遏制行为"

对于"西方是否正在遏制中国的发展"这个问题，共有七成多（76.5%）的受访者认为西方有意图，或者有明显的遏制中国的行为。具体来看，这部分受访者中，认为西方"有明显的遏制行为"的受访者占总体人数的35.8%，认为西方"有意图，但无明显的遏制行为"的受访者比例达40.7%。其余的受访者中，8.4%的人认为遏制中国"只是有人说说而已"；8.1%的受访者认为"（西方）没有（遏制中国），这只是我们自己的感觉"；0.8%的人表示了其他观点，还有6.2%的受访者表示说不清。

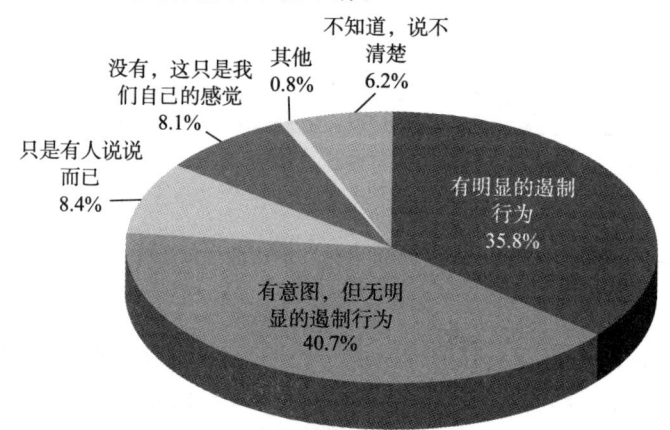

图1-132 您认为西方是否正在遏制中国的发展（N=1512）

- 认为西方"有意图，但无明显的遏制行为"的受访者比例有回升趋势

与2012年的调查结果相比，认为西方对中国"有明显的遏制行为"的受访者比例大幅回落，2013年相比2012年减少了7.5个百分点；认为西方"有

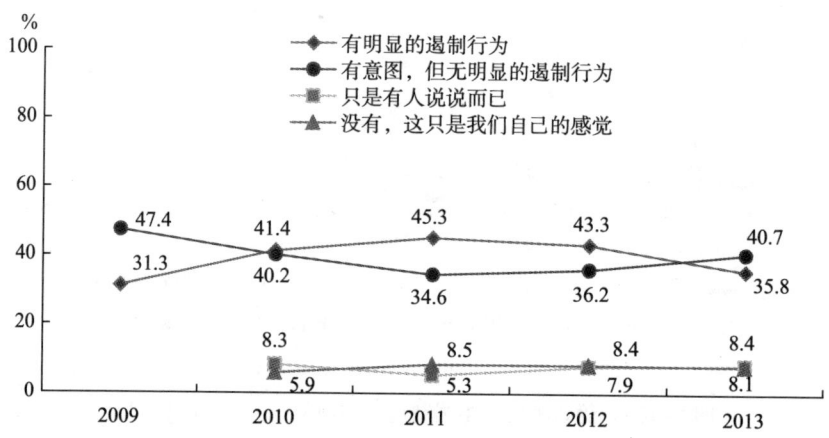

图1-133 西方是否正在遏制中国的发展——2009年-2013年比较

意图,但无明显的遏制行为"的受访者相比 2012 年有一定的增加,2013 年相比 2012 年增加 4.5 个百分点。

2.7 近五成的受访者认为中国周边环境"不利于中国和平发展"

● 49.1% 的受访者认为中国周边环境"不利于中国和平发展"

调查结果显示,近五成(49.1%)的受访者对中国周边环境有忧虑,认为当今中国的周边环境"不利于中国的和平发展";四成多(42.9%)受访者对中国周边环境比较乐观,认为"有利于中国和平发展",比忧虑的受访者比例低 6.2 个百分点;剩余 8.1% 的受访者未表态,选择"不知道,说不清楚"。

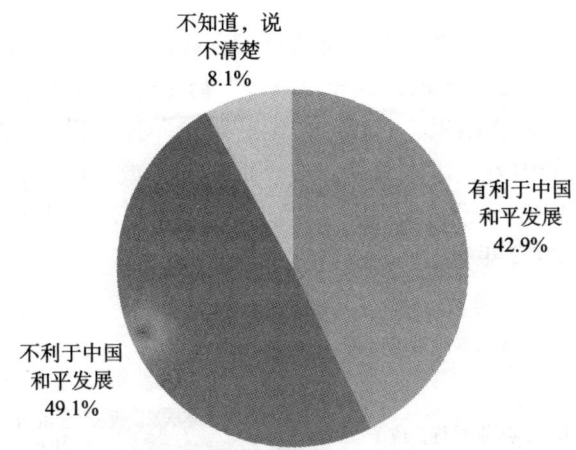

图 1-134　您认为当今中国的周边环境是否有利于中国的和平发展(N=1512)

2.8 近六成受访者认为对待"中国威胁论"应该采取不同程度的反驳、批驳或解释

● 近四成受访者认为对待"中国威胁论"应有针对性的批驳或解释

在"中国威胁论"这个问题上,57.3% 的受访者认为应该采取不同程度的反驳、批驳或解释,包括 40.4% 的受访者认为应该"针对其指责的内容,区别对待,或予以批驳,或予以解释",16.9% 的受访者认为应该"毫不犹豫地给予反驳"。

17.1% 的受访者认为对待"中国威胁论"应该"有则改之,无则加勉",20.0% 的受访者认为应"不予理睬",还有 5.6% 的受访者表示对这个问题"不知道,说不清楚"。

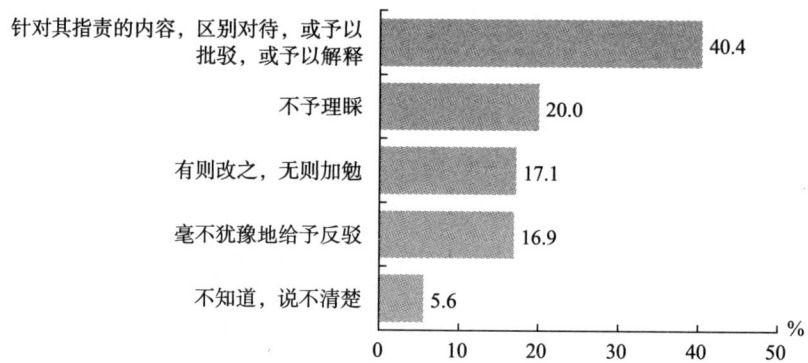

图 1-135 您认为应该如何对待各种"中国威胁论"的说法（N=1512）

- 相比 2012 年，2013 年认为对待"中国威胁论"应"针对其指责的内容，区别对待，或予以批驳，或予以解释"的受访者比例增加

相比前两年的调查结果，对待"中国威胁论"这种说法，2013 年，认为应"针对其指责的内容，区别对待，或予以批驳，或予以解释"的受访者达到历年调查的最高值；认为应"毫不犹豫地给予反驳"、"有则改之，无则加勉"的受访者比例比 2012 年有所下降。

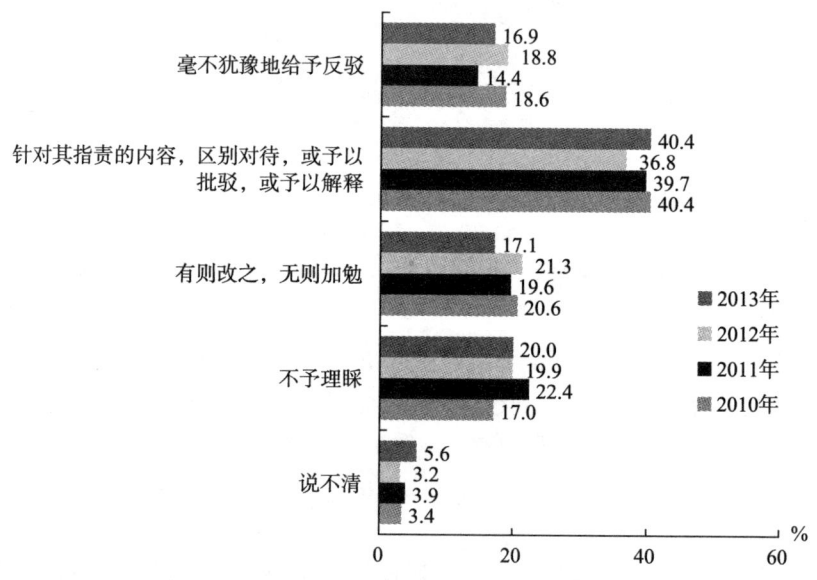

图 1-136 您认为应该如何对待各种"中国威胁论"的说法——2010-2013 年比较（N=1512）

2.9 受访者对未来中国所处国际环境的预期良好

- 八成多受访者对中国未来的国际环境预期良好（"越来越好"或"得到改善"）

认为未来中国所处的国际环境会"越来越好"（28.0%）和"总体上将得

一、环球对望：中国信心与世界印象

到改善，但摩擦还会很多"（54.5%）的受访者加起来一共占到八成多（82.5%），总体来说中国民众对未来所处国际环境预期良好。

此外，有11.9%的受访者认为国际环境"总体上不会有太大变化"，仅有3.0%的受访者认为国际环境会"越来越差"，还有2.7%的受访者对这个问题表示"不知道，说不清楚"。

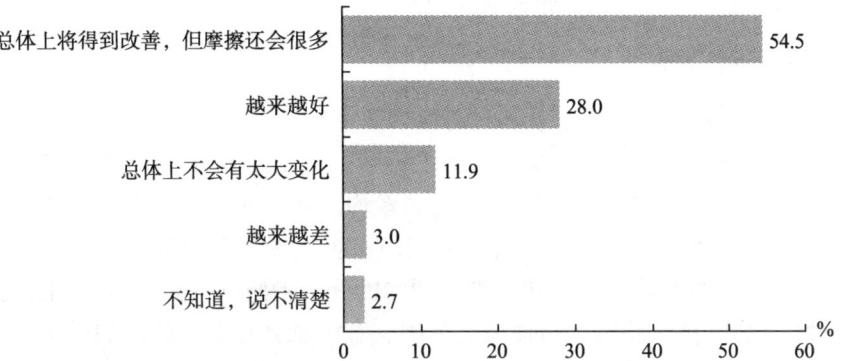

图1-137 随着中国实力的增强，您认为中国未来所处的国际环境将会有什么变化（N=1512）

- 与2012年相比，2013年受访者对中国未来所处国际环境的预期没有明显变化

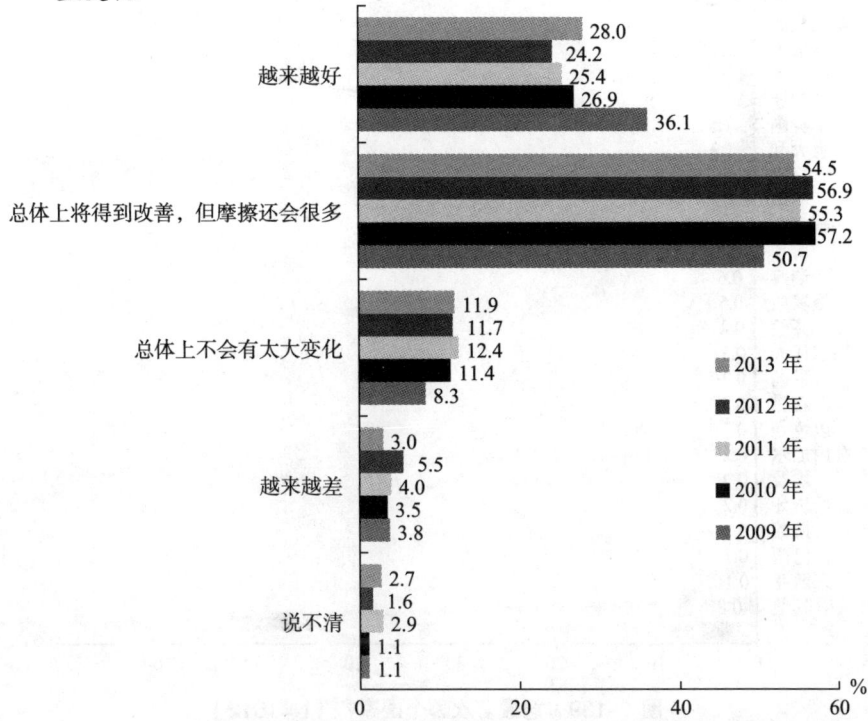

图1-138 受访者对中国未来所处的国际环境变化预期——2009–2013年比较

2013年受访者对中国未来所处国际环境的乐观预期与2012年基本持平，认为国际环境会"越来越好"或"总体上将得到改善，但摩擦还会很多"的受访者比2012年共增长了1.4个百分点；而认为国际环境会"越来越差"的受访者比例比2012年下降2.5个百分点。

三、受访者对不同国家的喜爱程度

3.1 受访者最爱祖国

● 超过六成受访者表示最喜欢的国家是中国

问及"您最喜欢哪个国家"时，七城市超过六成（61.6%）受访者将中国视为最爱，表示最喜欢其他国家的受访者均不足一成，喜欢美国的受访者比例位居第二，为6.9%，第三是法国，比例为3.3%，第四是加拿大，比例为2.8%。此外，最喜欢澳大利亚、瑞士两国的受访者比例也在2.0%以上，提及率均为2.6%。喜欢德国、新加坡、英国、意大利、日本、韩国的受访者比例均不低于1%，分别为1.9%、1.6%、1.5%、1.3%、1.2%、1.1%。

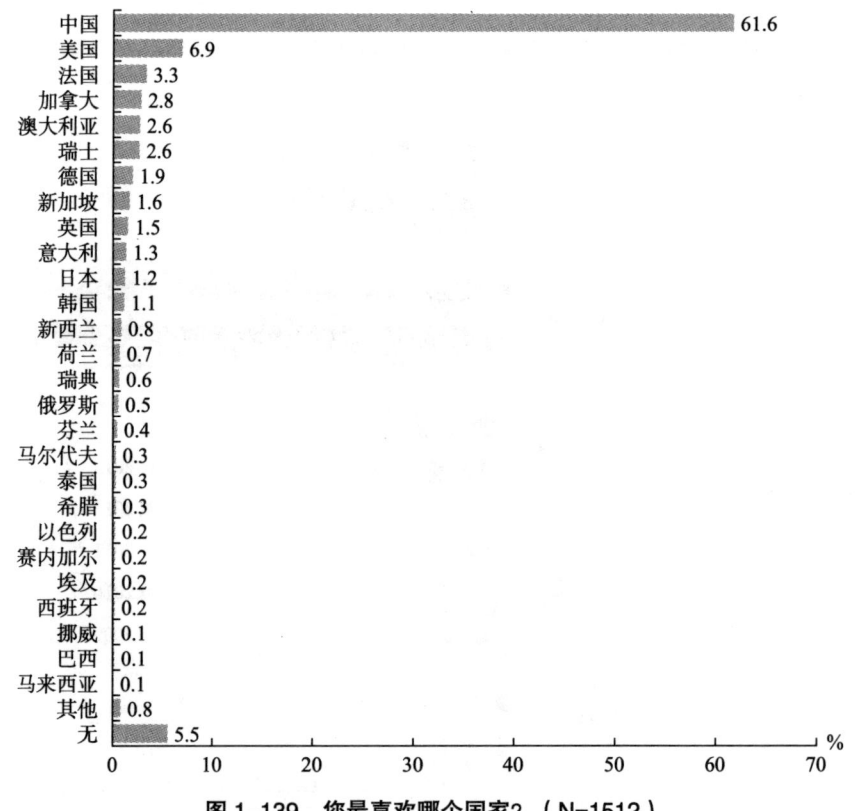

图1-139　您最喜欢哪个国家？（N=1512）

注：选项未列全，故各选项之和小于100%。

一、环球对望：中国信心与世界印象

- 中国、美国、法国连续五年位居中国民众最喜爱的国家前三名

比较连续5年的调查结果得知，中国、美国和法国连续五年位居中国民众最喜欢的国家前三名。从受访者选择比率来看，最喜欢中国的受访者比例在2012年出现回落的情况下，2013年再次提升，且选择率超过历年水平；相比之下，最喜欢美国、法国、澳大利亚、新加坡、韩国和日本的受访者比例均比2012年有不同程度的下降；最喜欢加拿大、瑞士、德国、英国的受访者比例则比2012年有所增加。

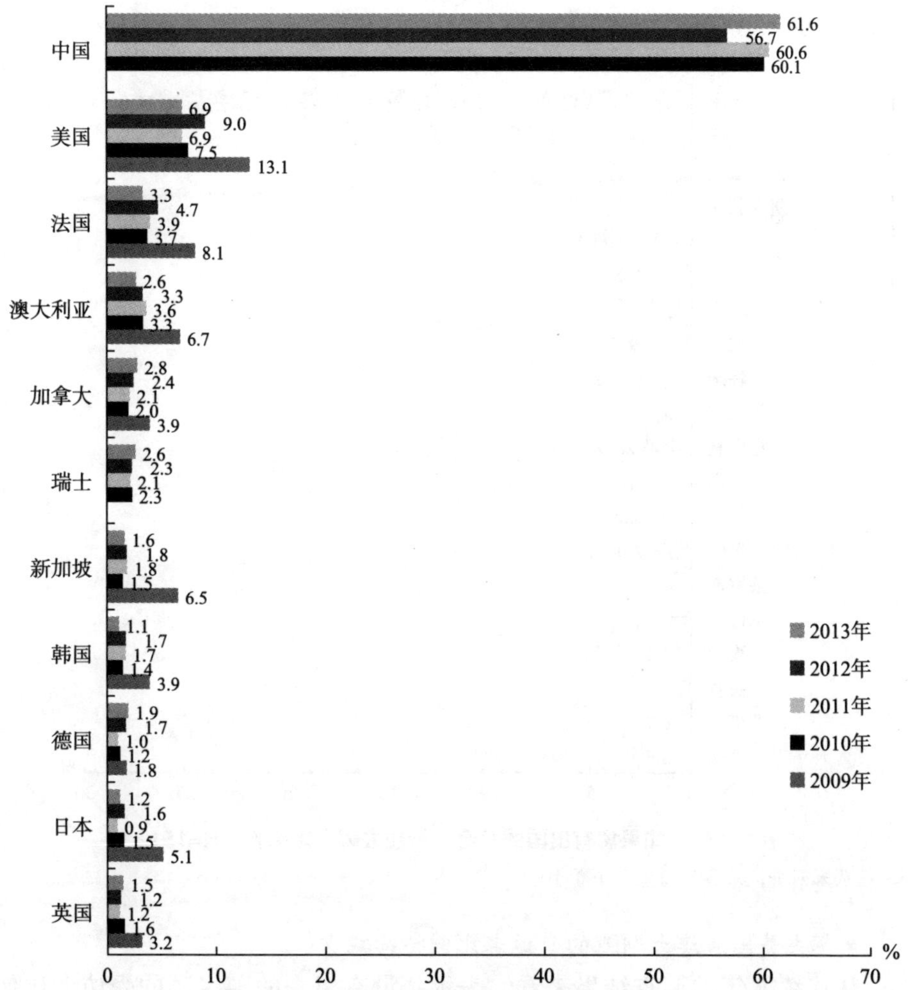

图1-140 最喜欢的国家（几个重要国家）——2009-2013年对比

3.2 受访者最想去的国家是中国

● 二成多受访者表示没有想去的国家，只想留在中国

调查显示，问及"如果您有出国的机会，最想去哪个国家"时，更多受访者表示更愿意留在中国，选择"没有想去的国家"，该人群占受访者总体的26.0%，占比居首。除了留在中国，受访者最想去的外部国家是美国，提及率为15.9%；第二想去的外部国家是法国，选择比例8.3%。表示想去澳大利亚、英国、加拿大、瑞士、德国、韩国的受访者比例均在3%以上，分别为6.2%、4.8%、3.9%、3.6%、3.2%、3.2%。

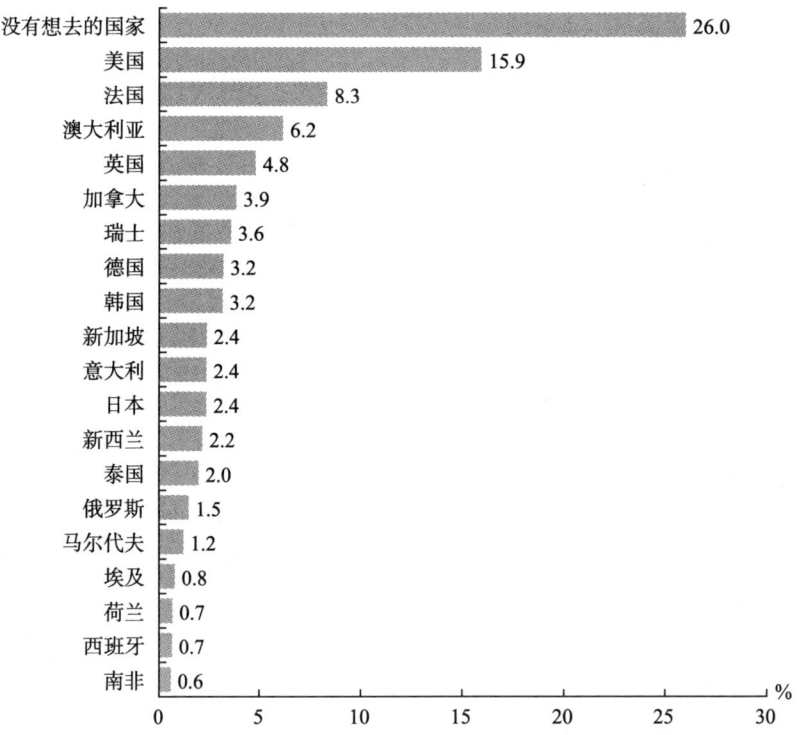

图1-141 如果您有出国的机会，最想去哪个国家？（N=1512）

注：选项未列全，故各选项之和小于100%。

● 想去美国、澳大利亚的受访者比例持续减少

从连续4年的调查结果来看，表示"没有想去的国家"的受访者比例自2012年连续两年提升，并升至四年来的最高点；最想去美国、澳大利亚的受访者比例呈逐年下降的趋势；最想去法国、加拿大和新加坡的受访者比例自2012年起连续两年持续下降；最想去英国的受访者比例自2012年

起连续两年提升。与 2012 年调查结果相比，最想去日本和韩国的受访者比例下降。

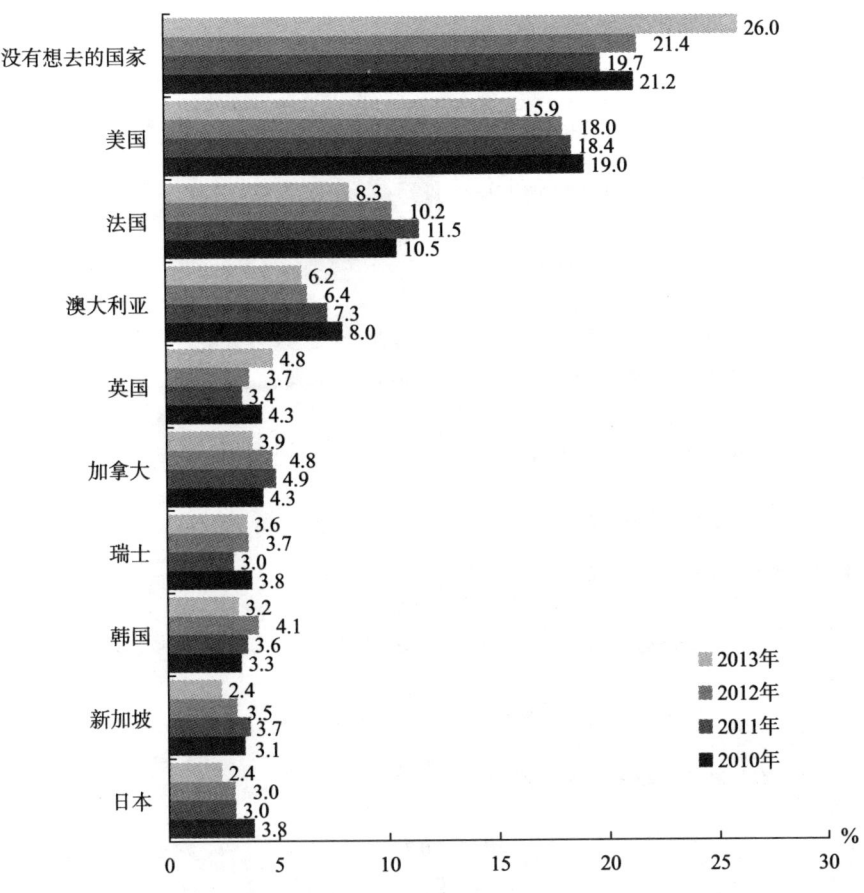

图 1-142 最想去的国家（几个重要国家）2010-2013 年对比

四、受访者最关注的国际事件

4.1 受访者最关注"中日钓鱼岛争端常态化"

问及"2013 年哪些国际事件给您的印象最深刻"时，"中日钓鱼岛争端常态化，吸引全球关注"给受访者的印象最深刻，提及率接近六成（58.5%）；49.9% 的受访者对"中国设立东海防空识别区引发日本等国强烈反弹"留下了最深刻的印象；"'斯诺登事件'曝光美国监听丑闻"的提及率达 47.8%；"中国国家主席习近平和美国总统奥巴马在美国加利福尼亚州举行了首次会晤"的提及率为36.6%。此外"美国国会两院没有就新预算案达成一致，政府'停摆'关门"、"叙利亚化学武器问题引起各国关注"、"朴槿惠成为韩国历史上首位女总统"三大事件的关注度也在二成以上，分别为23.7%、23.4%、22.0%。

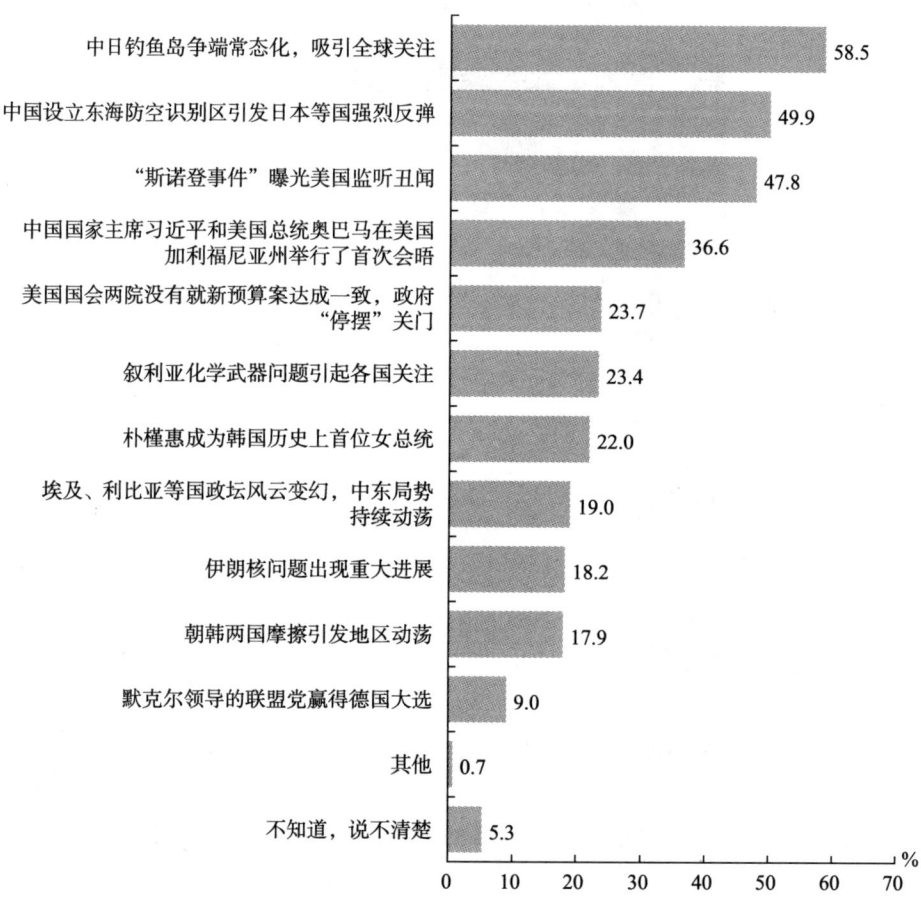

图1-143 2013年哪些国际事件给您的印象最深刻？（N=1512）
注：此题为多选题，故各选项之和大于100%。

一、环球对望：中国信心与世界印象

第二部分　差异分析

一、对双边关系看法

1.1　不同人群对双边关系的认知差异分析

- 女性受访者更关注中美关系和中日关系，男性受访者明显更关注中俄关系

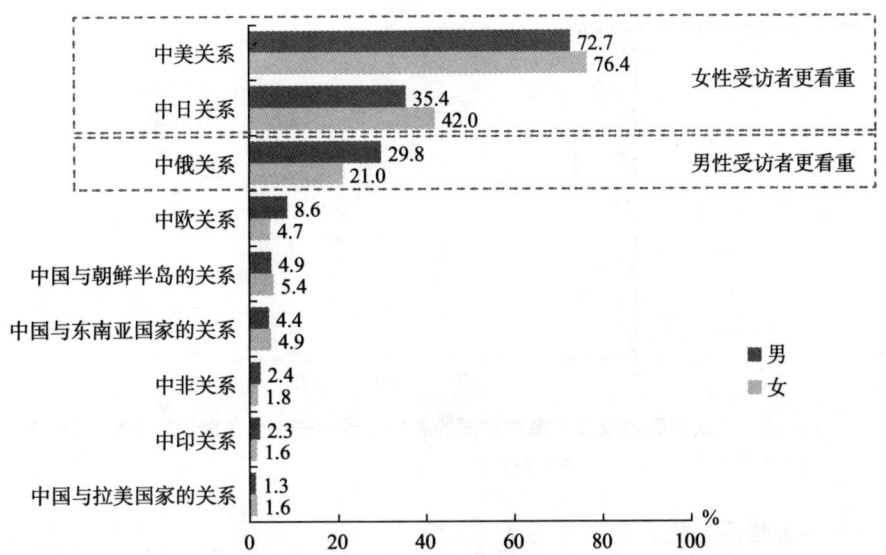

图1-144　您认为哪对双边关系对中国的影响力最大——分性别比较（N=1512）

注：此题为最多可选两项，故各选项之和大于100%。

- 老年（50岁及以上，下同）受访者最关注中俄关系；年龄越小的受访者越关注中日关系；中年（30-49岁，下同）受访者比其他两个年龄组更关注中美关系

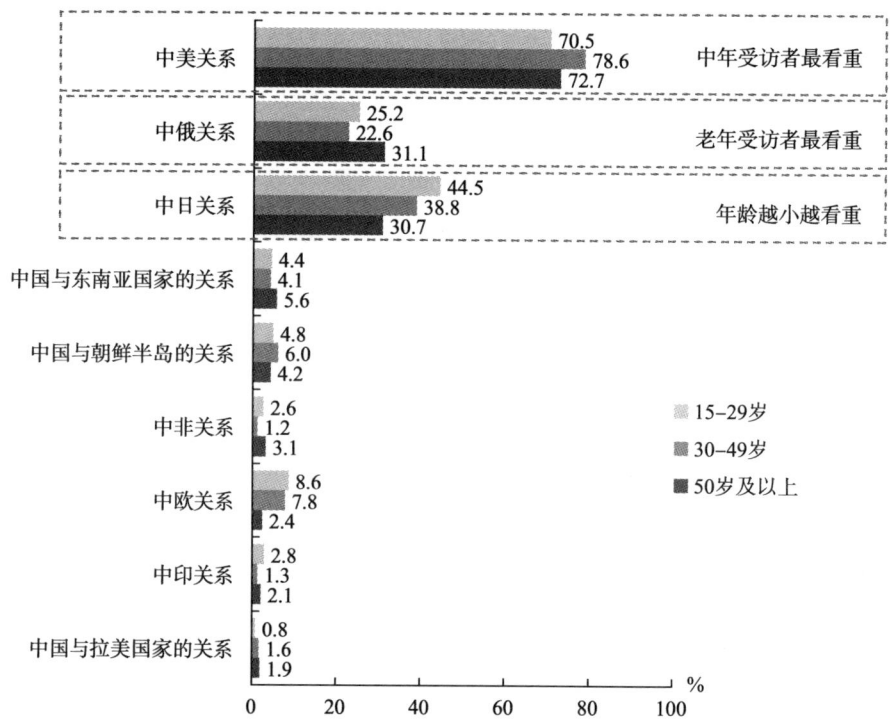

图1-145 您认为哪对双边关系对中国的影响力最大——分年龄比较（N=1512）

注：此题为最多可选两项，故各选项之和大于100%。

- 学历越高，越看重中美关系

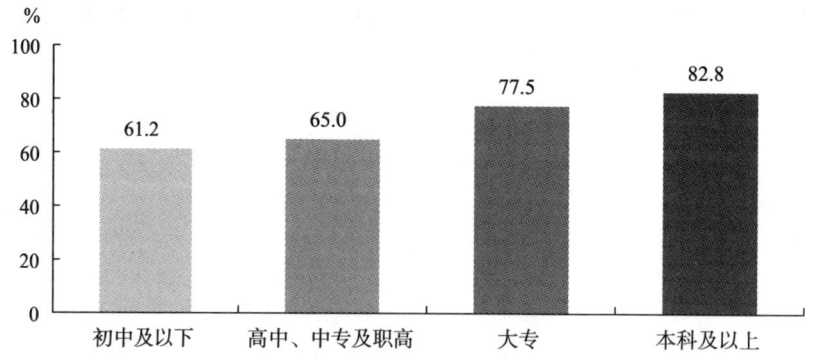

图1-146 中美关系对中国的影响力最大——分学历比较（N=1512）

一、环球对望：中国信心与世界印象

- 出过国的受访者明显更关注中美关系，没出过国的受访者更关注中日关系与中俄关系

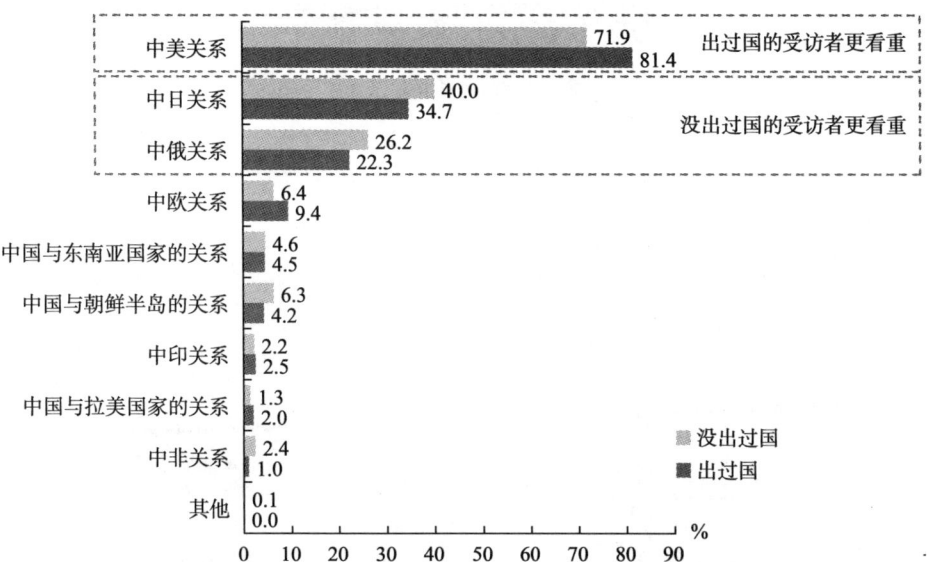

图1-147 您认为哪对双边关系对中国的影响力最大——分出国经历比较（N=1512）
注：此题为最多可选两项，故各选项之和大于100%。

1.2 不同人群对周边关系的认知差异分析

- 男性受访者更看重中俄关系

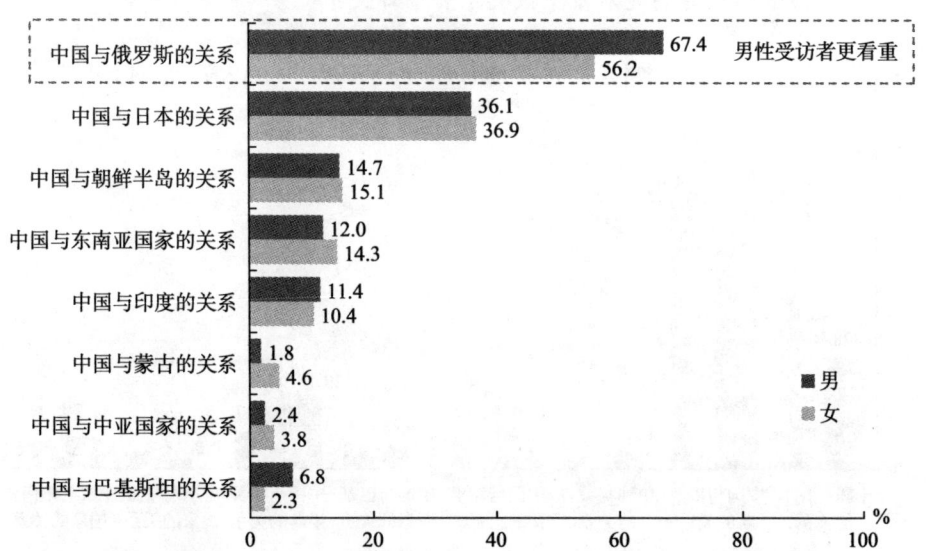

图1-148 在中国与周边国家的关系当中，您认为哪对关系是最重要的——分性别比较（N=1512）
注：此题为最多可选两项，故各选项之和大于100%。

● 中年受访者更关注中俄关系与中日关系

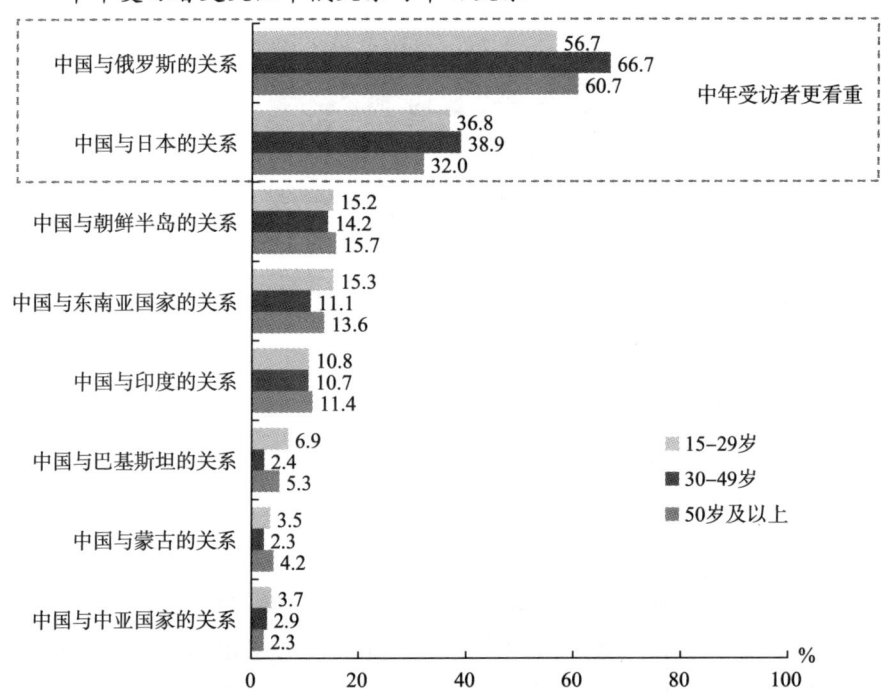

图 1-149 在中国与周边国家的关系当中,您认为哪对关系是最重要的——分年龄比较(N=1512)
注:此题为最多可选两项,故各选项之和大于100%。

● 受访者学历越高越看重中俄关系和中日关系

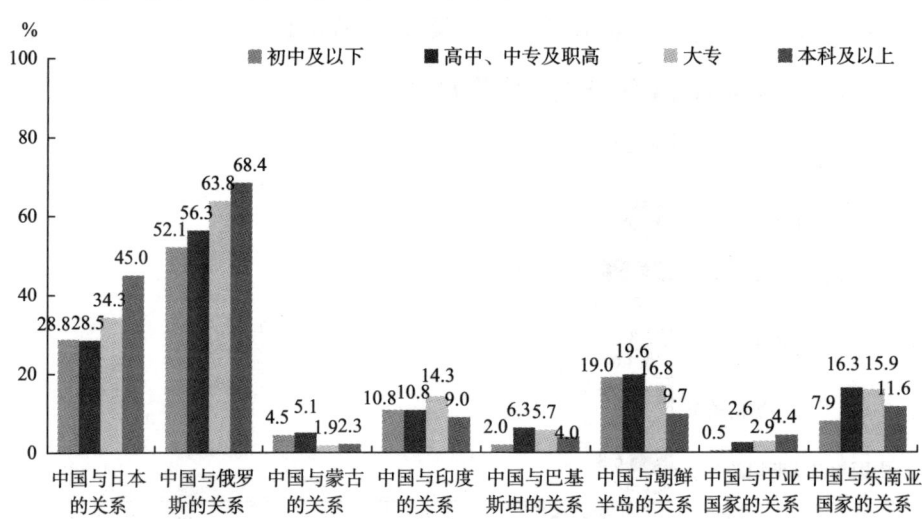

图 1-150 在中国与周边国家的关系当中,您认为哪对关系是最重要的——分学历比较(N=1512)
注:此题为最多可选两项,故各选项之和大于100%。选项未列全

1.3 不同人群对中美关系影响因素的认知差异分析

- 女性受访者更加强调"钓鱼岛问题"对中美关系的影响；男性受访者更加强调"美国重返亚洲，并在战略上遏制中国"对中美关系的影响

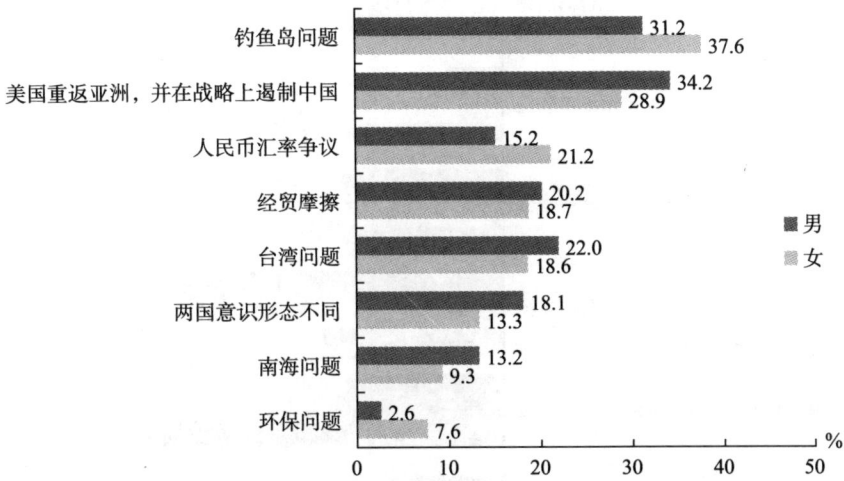

图 1-151　您认为当前影响中美关系的最大问题是什么——分性别比较（N=1512）

注：此题为最多可选两项，故各选项之和大于100%。

- "两国意识形态不同"最受中年受访者重视

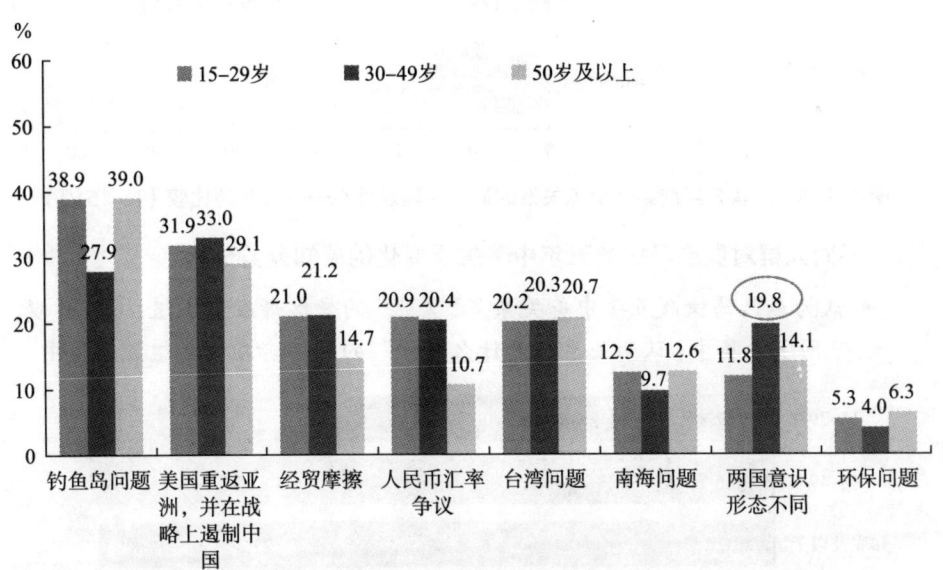

图 1-152　您认为当前影响中美关系的最大问题是什么——分年龄比较（N=1512）

注：此题为最多可选两项，故各选项之和大于100%。选项未列全

- 学历越高，越强调“美国在战略上遏制中国”、“经贸摩擦”以及“两国意识形态不同”是影响中美关系的最大问题

台湾问题
21.2
20.2
21.6
19.4
人民币汇率争议
7.1
17.1
23.6
19.8
经贸摩擦
14.9
14.4
21.1
23.4
钓鱼岛问题
52.2
43.7
31.9
23.7
美国重返亚洲，并在战略上遏制中国
19.9
22.1
35.8
39.7
两国意识形态不同
11.3
11.2
13.3
21.4
环保问题
6.2
6.9
2.9
4.6
南海问题
10.9
15.8
15.3
6.9
初中及以下
高中、中专及职高
大专
本科及以上
0
10
20
30
40
50
60
%

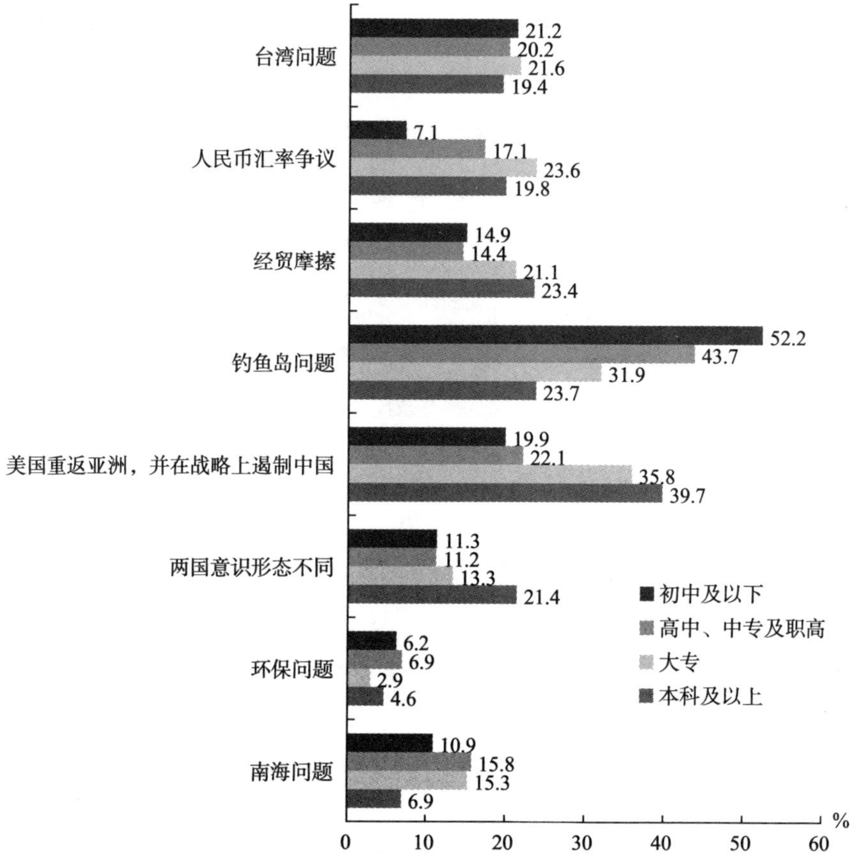

图 1-153　您认为当前影响中美关系的最大问题是什么——分学历比较（N=1512）

1.4　不同人群对奥巴马执政五年中美关系变化的感知差异分析

- 认为奥巴马执政五年中美关系“更紧张”的受访者在青年组（15–29 岁，下同）最集中；认为关系“没什么变化”的受访者在中年组最为集中

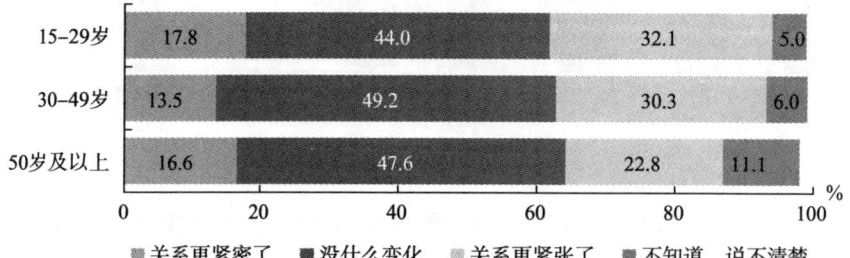

15–29岁
17.8
44.0
32.1
5.0
30–49岁
13.5
49.2
30.3
6.0
50岁及以上
16.6
47.6
22.8
11.1
0
20
40
60
80
100
%
关系更紧密了
没什么变化
关系更紧张了
不知道，说不清楚

图 1-154　您认为奥巴马过去执政的四年中，中美关系有什么变化——分年龄比较（N=1512）

一、环球对望：中国信心与世界印象

- 受访者学历越高，越倾向于认为中美关系在五年中"没什么变化"

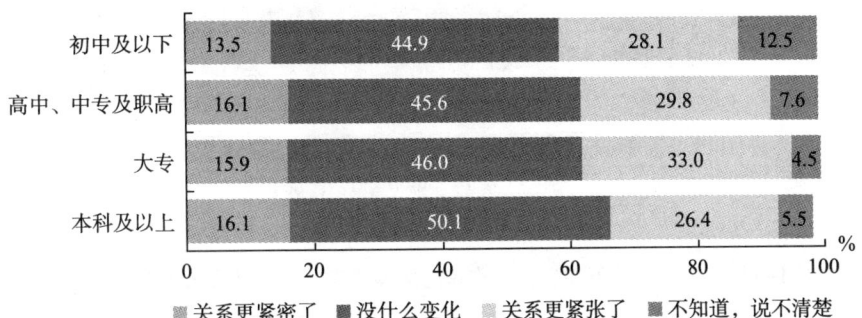

图 1-155　您认为奥巴马过去执政的四年中，中美关系有什么变化——分学历比较（N=1512）

1.5　不同人群对中美关系未来走势的预期差异分析

- 女性受访者对中美关系的发展预期更乐观

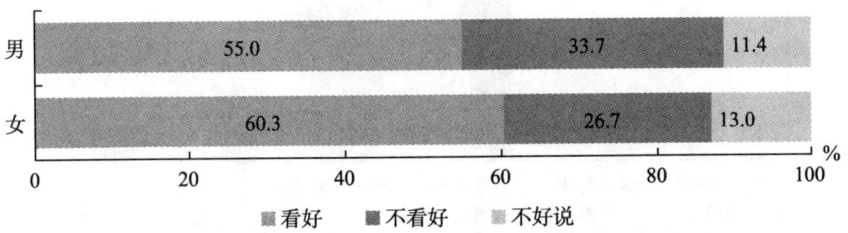

图 1-156　您是否看好中美关系未来的发展趋势——分性别比较（N=1512）

- 受访者年龄越轻，对中美关系的发展预期越谨慎；老年组受访者对中美关系的发展趋势最为乐观

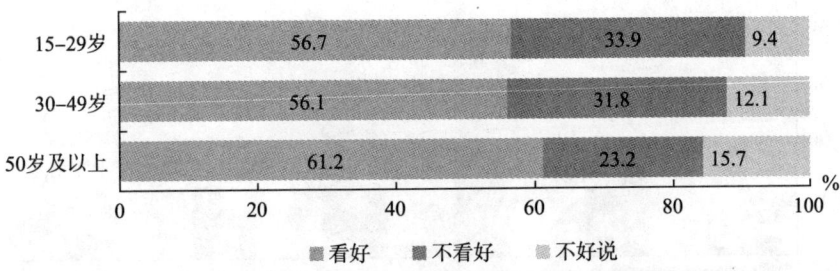

图 1-157　您是否看好中美关系未来的发展趋势——分年龄比较（N=1512）

- 学历越高的受访者对中美关系的发展预期越乐观

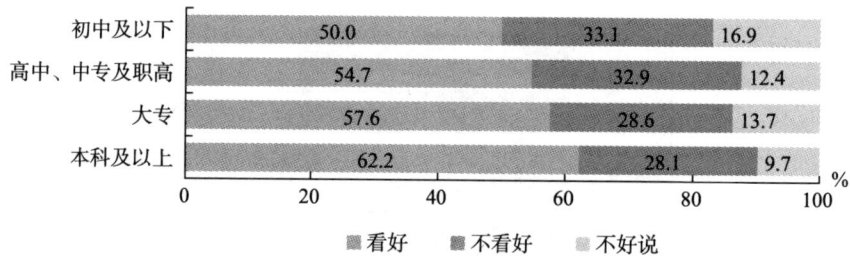

图 1-158　您是否看好中美关系未来的发展趋势——分学历比较（N=1512）

1.6 不同人群对中日关系未来一年走向的预期差异分析

- 女性受访者对未来一年中日关系的预期更乐观

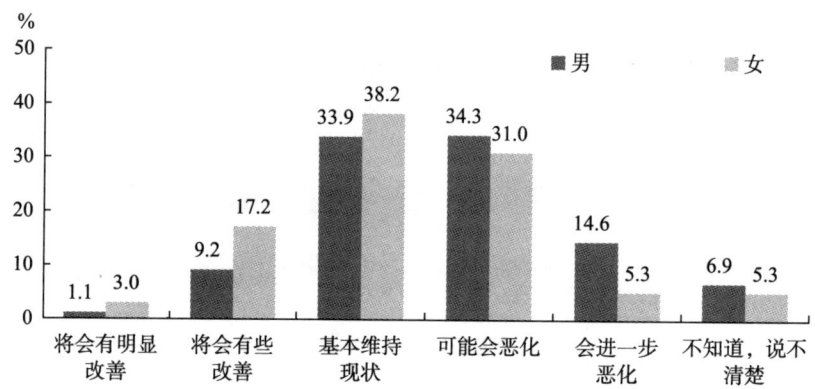

图 1-159　您认为中日关系未来一年将会如何发展——分性别比较（N=1512）

- 青年组受访者对未来一年的中日关系发展预期最为乐观

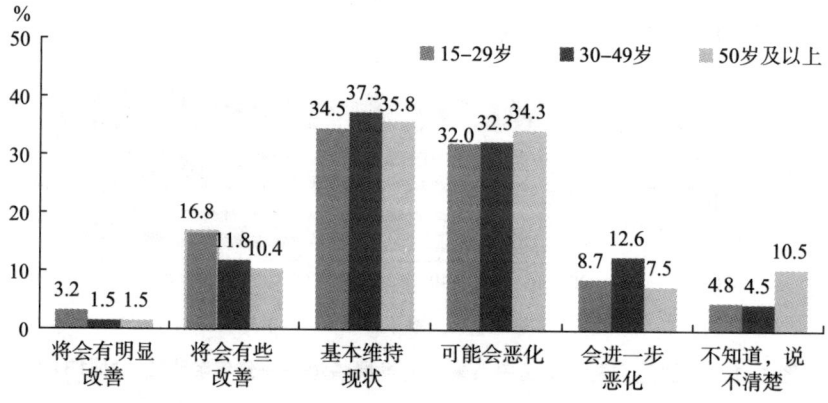

图 1-160　您认为中日关系未来一年将会如何发展——分年龄比较（N=1512）

- 高中、中专及职高学历组受访者对未来一年中日关系的预期最为乐观；本科及以上的高学历组受访者最倾向于认为中日关系未来一年"基本维持现状"

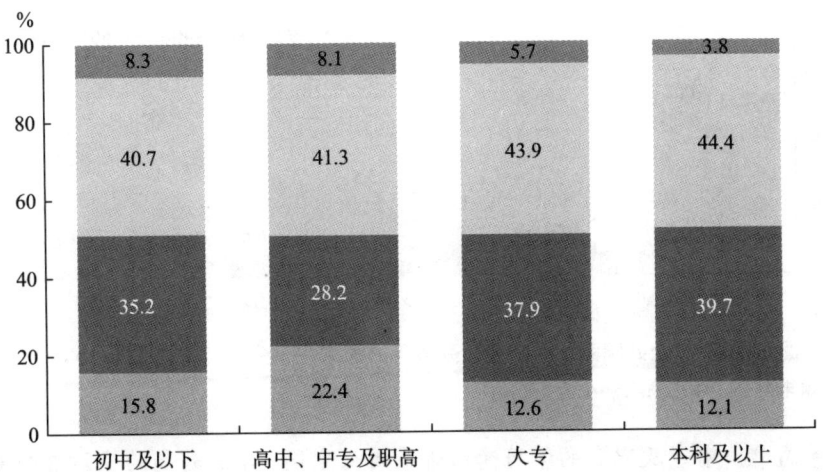

图1-161 您认为中日关系未来一年将会如何发展——分学历比较（N=1512）

1.7 不同人群对最具发展后劲的"金砖国家"的认知差异分析

- 男性受访者中，看好中国、印度、俄罗斯、巴西的受访者均略高于女性

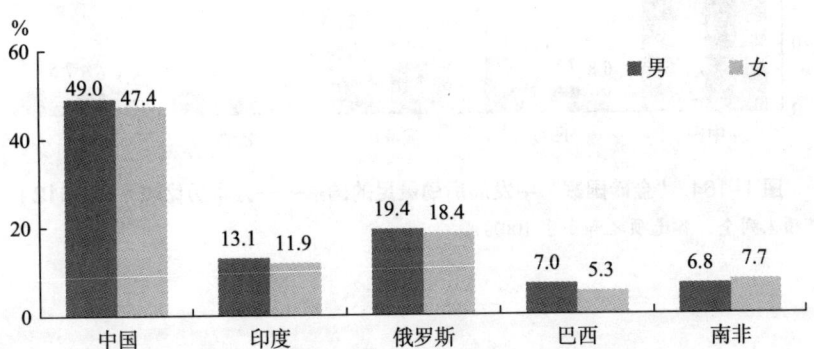

图1-162 "金砖国家"中发展后劲最足的国家——分性别比较（N=1512）

注：选项未列全，各选项之和小于100%。

- 看好中国的受访者在青年组最集中；看好印度的受访者在中年组最集中；年龄越大越看好俄罗斯

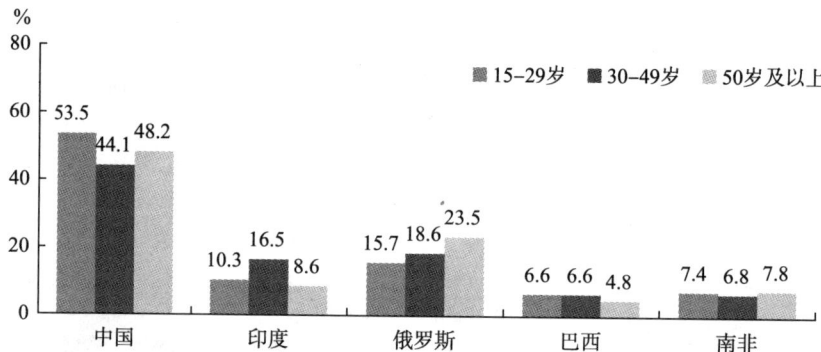

图1-163 "金砖国家"中发展后劲最足的国家——分年龄比较（N=1512）

注：选项未列全，各选项之和小于100%。

- 高中、中专及职高的学历受访者最看好中国；学历越高的受访者越看好印度、巴西和南非

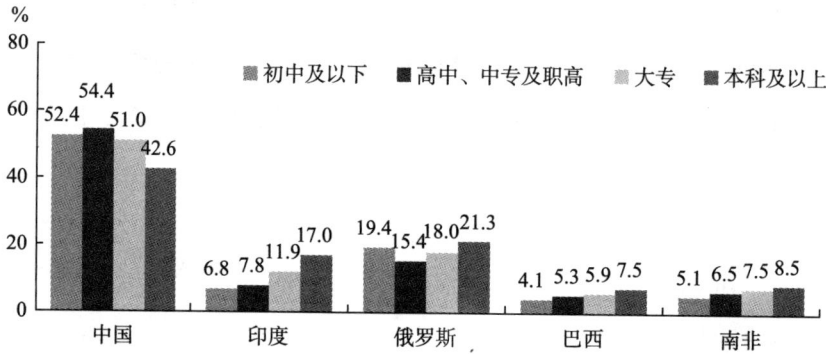

图1-164 "金砖国家"中发展后劲最足的国家——分学历比较（N=1512）

注：选项未列全，各选项之和小于100%。

1.8 不同人群对俄罗斯的印象差异分析

- 男性受访者对俄罗斯"在叙利亚、伊朗等问题上与西方激烈交锋"的关注度比女性更高;女性受访者对俄罗斯"强势扣押绿色和平组织成员"、"反对派实力不断壮大"的印象更深

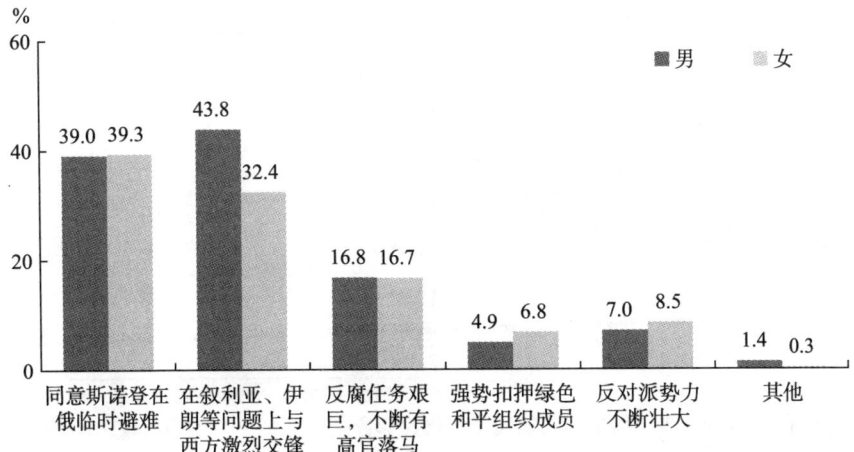

图 1-165　2013 年,俄罗斯给您留下的最深印象是什么——分性别比较(N=1512)
注:此题为最多可选两项,故各选项之和大于 100%。

- 老年受访者最关注俄罗斯"同意斯诺登临时避难"事件;青年受访者更关注俄罗斯"反腐任务艰巨,不断有高官落马"、"强势扣押绿色和平组织成员"、"反对派实力不断壮大"的问题

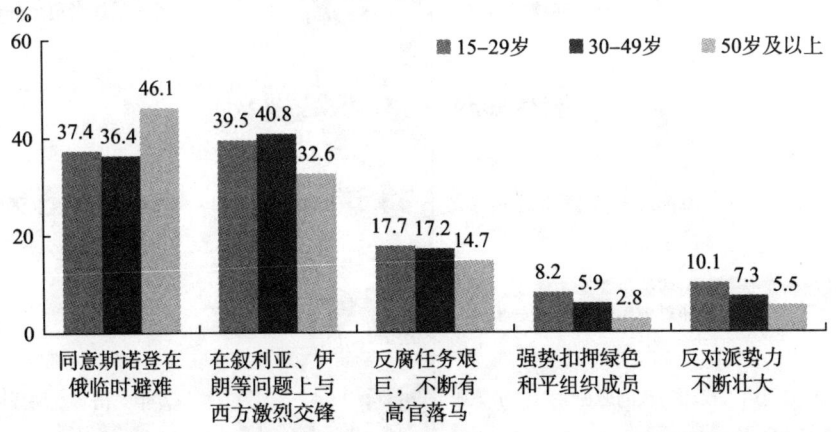

图 1-166　2013 年,俄罗斯给您留下的最深印象是什么——分年龄比较(N=1512)
注:此题为最多可选两项,故各选项之和大于 100%。

中国民意调查

- 受访者学历越高越关注俄罗斯"同意斯诺登在俄临时避难"事件

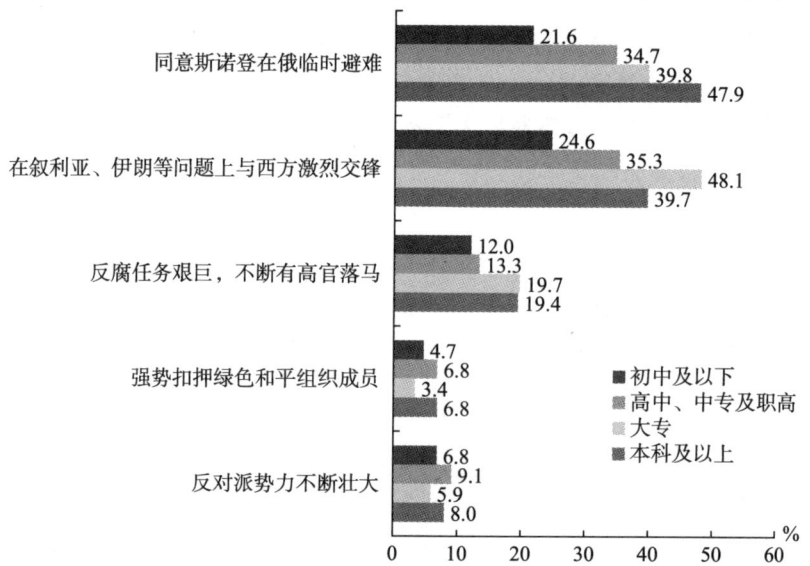

图1-167　2013年，俄罗斯给您留下的最深印象是什么——分学历比较（N=1512）

注：此题为最多可选两项，故各选项之和大于100%。

1.9　不同人群对中欧关系的认知差异分析

- 受访者的年龄越大越认为中欧"保持了良好的发展态势"；受访者的年

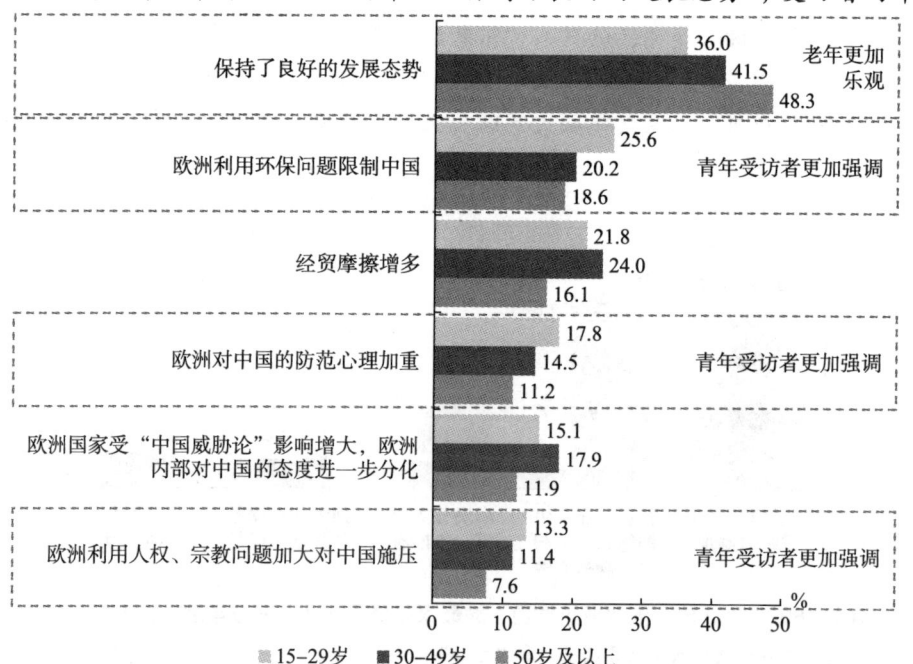

图1-168　在您看来，2013年中国与欧洲的关系总体上有何变化——分年龄比较（N=1512）

注：此题为最多可选两项，故各选项之和大于100%。

龄越小越认为中欧关系存在"欧洲利用环保问题限制中国"、"欧洲对中国的防范心理加重"以及"欧洲利用人权、宗教问题加大对中国施压"等趋势

- 本科及以上学历的受访者中，认为2013年中欧"保持了良好的发展态势"的比例最高；受访者学历越高越认为中欧"经贸摩擦增多"

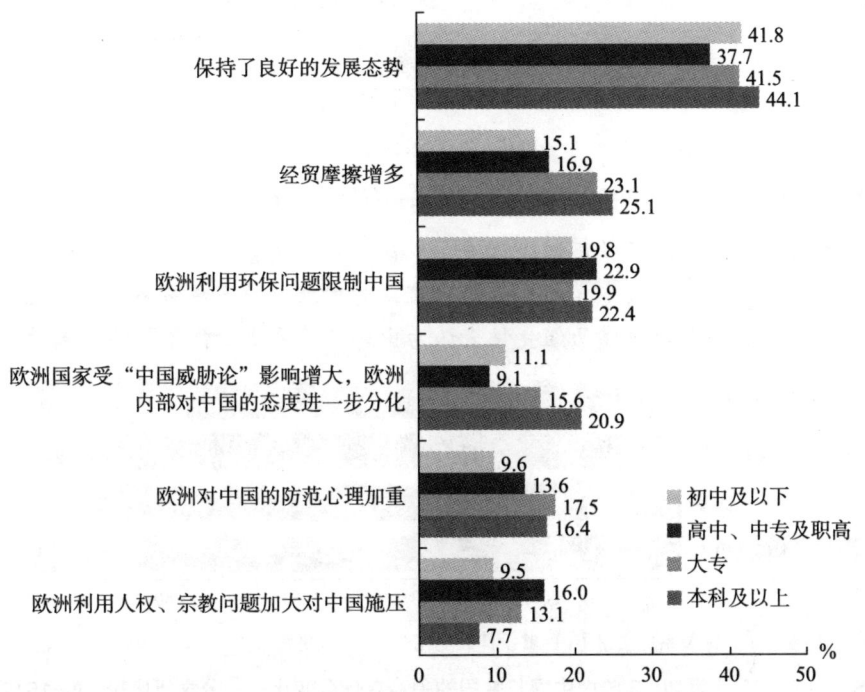

图1-169 在您看来，2012年中国与欧洲的关系总体上有何变化——分年龄比较（N=1512）
注：此题为最多可选两项，故各选项之和大于100%。

1.10 不同人群对中韩关系在过去一年内的变化认知差异分析

- 女性受访者更倾向认为中韩关系2013年"更紧张了"，男性受访者更倾向认为"关系更紧密了"或"没什么变化"

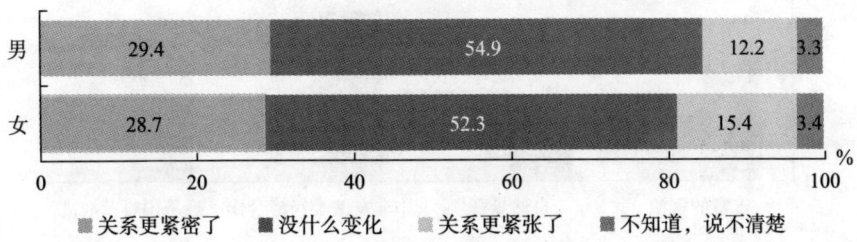

图1-170 您认为2013年内中国与韩国的关系有什么变化——分性别比较（N=1512）

- 年龄越大的受访者越倾向认为2013年中韩关系"更紧密了",年龄越小的受访者越倾向认为2013年中韩关系"更紧张了"

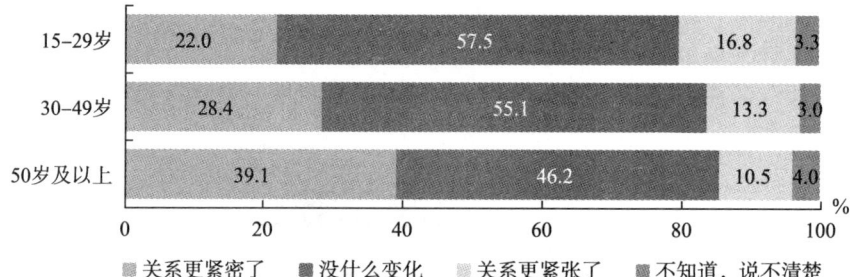

图1-171 您认为2013年内中国与韩国的关系有什么变化——分年龄比较(N=1512)

- 本科及以上的高学历组受访者中,认为中韩关系2013年"没什么变化"的比例最高,大专学历组的受访者认为中韩"关系更紧密了"的比例最高,初中及以下学历组受访者认为中韩"关系更紧张了"的比例最高

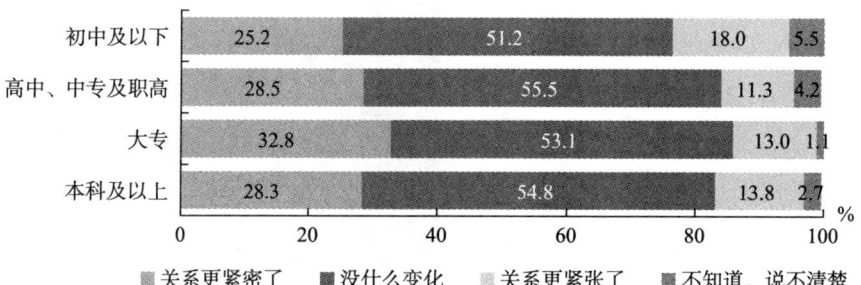

图1-172 您认为2013年内中国与韩国的关系有什么变化——分学历比较(N=1512)

1.11 不同人群对非洲的关注点差异分析

- 男性受访者更关注"中非友谊及经济合作"与非洲"丰富的资源",女性受访者更关注非洲的"自然景观"、"经济困难及战乱"

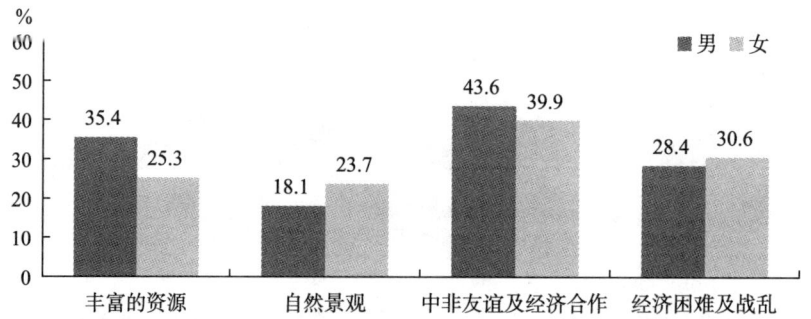

图1-173 您最关注非洲的哪些方面?——分性别(N=1512)

注:此题为最多可选两项,故各选项之和大于100%。选项未列全

- 老年组受访者更关注"中非友谊及经济合作",青年组受访者对非洲"丰富的资源"及"经济困难及战乱"的关注度均高于其他两个年龄组

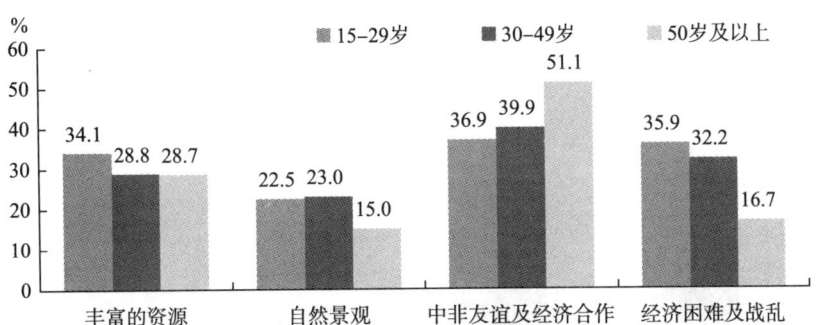

图1-174 您最关注非洲的哪些方面?——分年龄(N=1512)
注:此题为最多可选两项,故各选项之和大于100%。选项未列全

- 学历越高的受访者对非洲的"丰富的资源"、"自然景观"以及"经济困难及战乱"的关注度越高

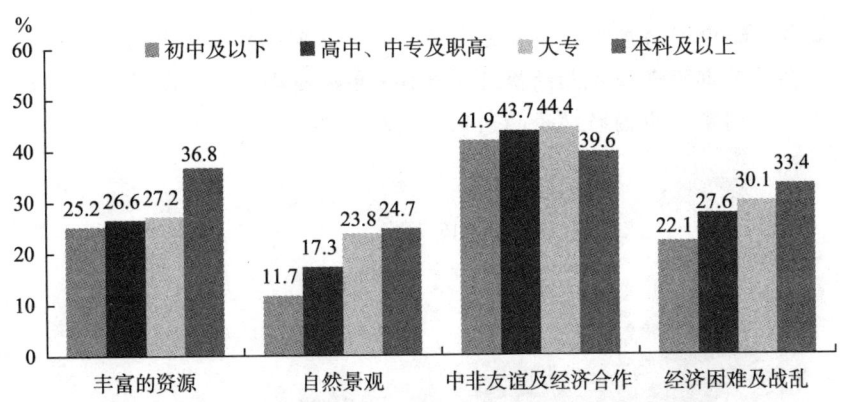

图1-175 您最关注非洲的哪些方面?——分学历(N=1512)
注:此题为最多可选两项,故各选项之和大于100%。选项未列全

1.12 不同人群对中国与东南亚国家关系影响因素的看法差异分析

- 男性受访者更倾向于认为"南海的领土争端"最影响中国与东南亚国家的关系;女性认为"贸易摩擦"最影响中国与东南亚国家的关系的比例高于男性

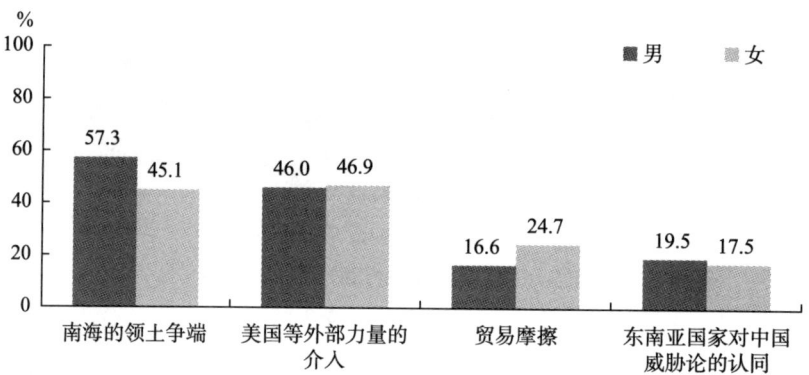

图1-176 您认为影响中国与东南亚国家关系的重大问题有哪些?——分性别(N=1512)
注:此题为最多可选两项,故各选项之和大于100%。选项未列全

- 在影响中国与东南亚国家之间关系的诸多问题中,中年组受访者对"美国等外部力量介入"的提及率最高;年龄越小,对"贸易摩擦"与"东南亚国家对中国威胁论的认同"的提及率越高

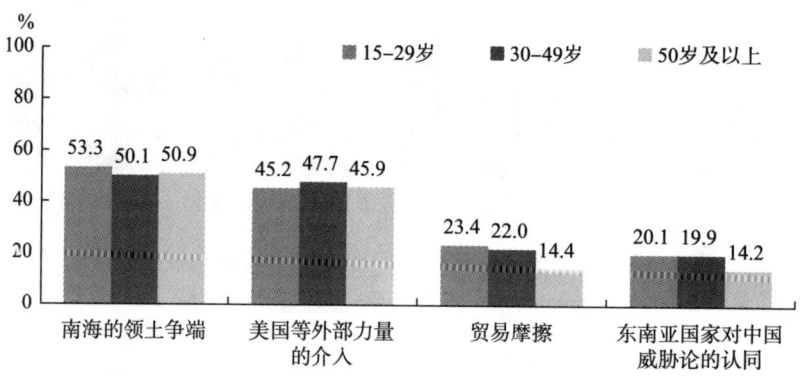

图1-177 您认为影响中国与东南亚国家关系的重大问题有哪些?——分年龄(N=1512)
注:此题为最多可选两项,故各选项之和大于100%。选项未列全

一、环球对望：中国信心与世界印象

- 学历越高，认为"南海的领土争端"是影响中国与东南亚国家之间关系的重大问题的比例越高

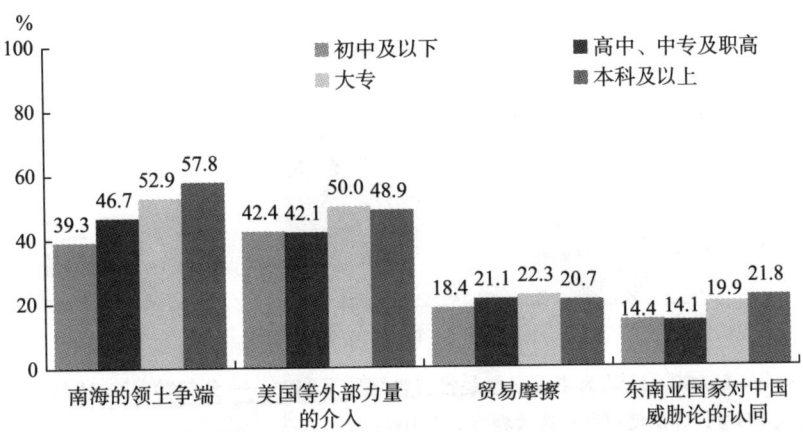

图 1-178　您认为影响中国与东南亚国家关系的重大问题有哪些？——分学历（N=1512）
注：此题为最多可选两项，故各选项之和大于100%。选项未列全

二、不同人群对中国国际地位的看法差异分析

3.1　不同人群对中国国际地位的认知差异分析

- 女性受访者对中国"还不完全是"世界性强国的认同度高于男性

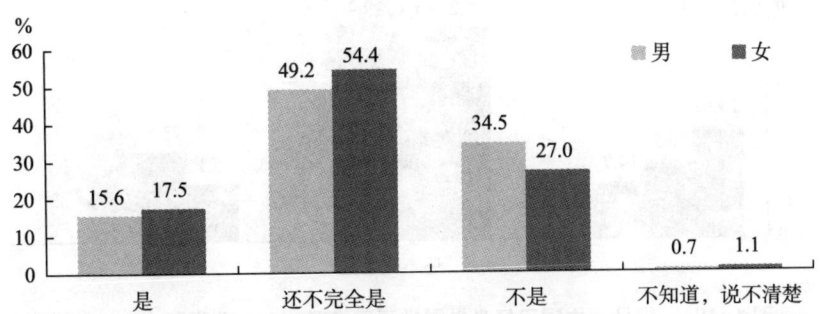

图 1-179　您认为中国已经是世界性强国了吗？——分性别（N=1512）
注：选项未列全，各维度的所列选项加总小于100%。

- 受访者年龄越大，越肯定中国的世界性强国地位；中年组受访者比其他年龄组更倾向于认为中国"不是"世界性强国

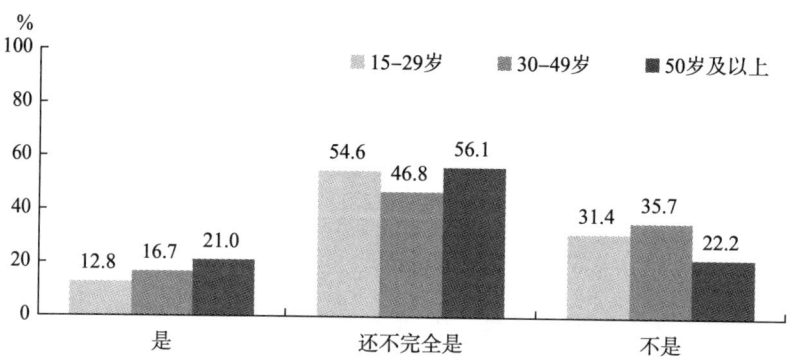

图1-180 您认为中国已经是世界性强国了吗？——分年龄（N=1512）

注：选项未列全，各维度的所列选项加总小于100%。

- 受访者学历越低，越认同中国的世界性强国地位；学历越高的受访者越倾向于认为中国"不是"世界性强国

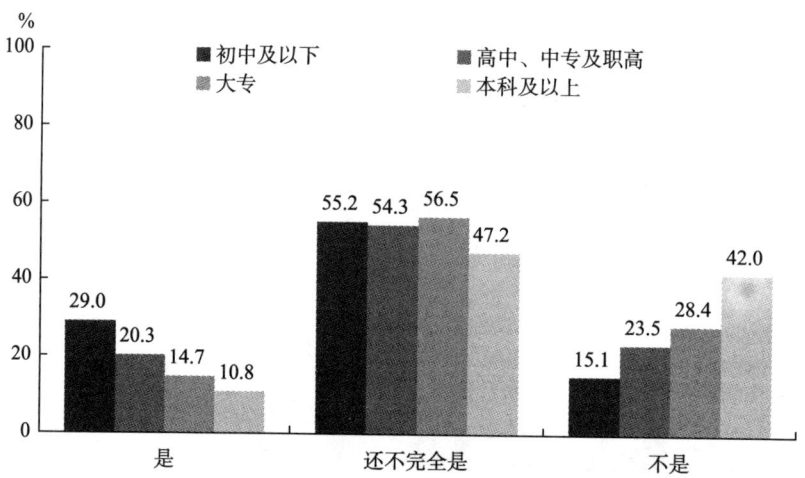

图1-181 您认为中国已经是世界性强国了吗？——分学历（N=1512）

注：选项未列全，各维度的所列选项加总小于100%。

3.2 不同人群对中国达到世界性强国条件的认知差异分析

- 男性受访者更认同中国具备世界强国的"经济实力"条件；女性受访者对中国"政治及外交影响力"、"军事实力"和"文化影响力"方面的信心强于男性

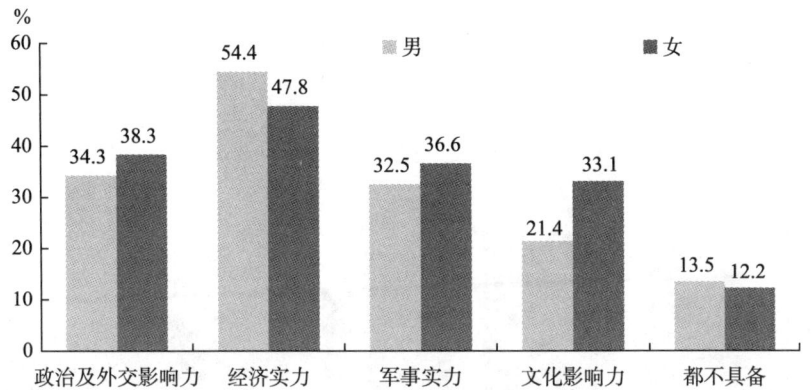

图 1-182　您认为，中国已具备世界性强国的哪些条件了？——分性别（N=1512）

注：此题为多选题，故各选项之和大于100%。选项未列全

- 中年组受访者对中国"经济实力"的信心高于其他两个年龄组；青年组对中国的"文化影响力"最有信心

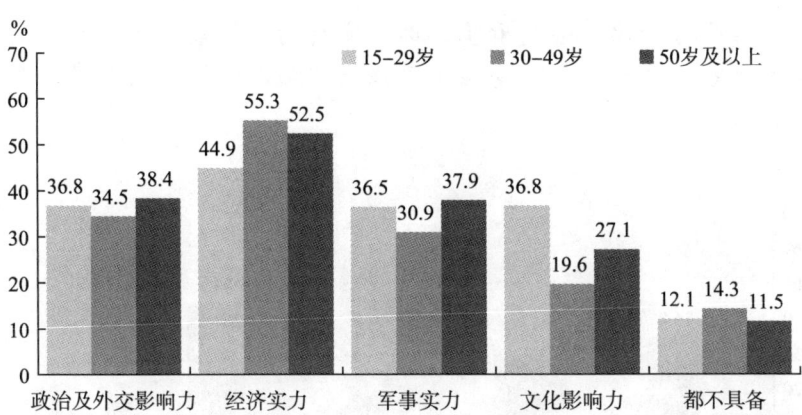

图 1-183　您认为，中国已具备世界性强国的哪些条件了？——分年龄（N=1512）

注：此题为多选题，故各选项之和大于100%。选项未列全

中国民意调查

- 大专学历组受访者对中国的"政治及外交影响力"、"军事实力"和"文化影响力"三方面达到世界性强国水平的肯定均高于其他年龄组;本科及以上的学历组对中国所具备的世界性强国条件的认知最为保守

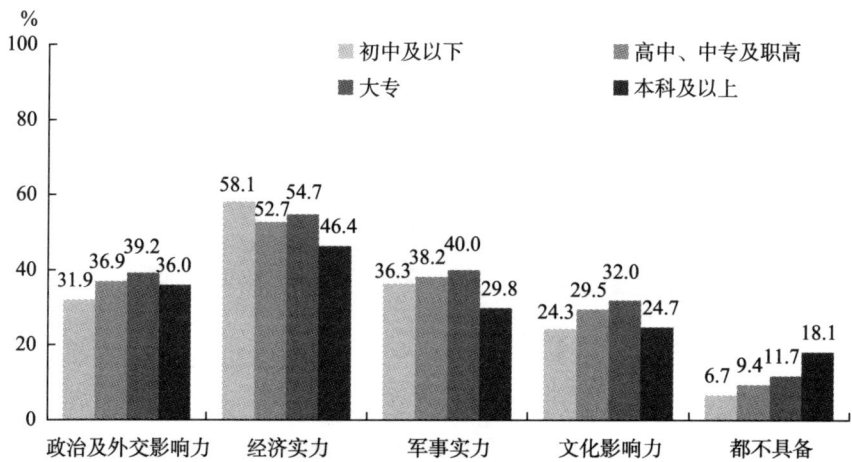

图 1-184 您认为,中国已具备世界性强国的哪些条件了?——分学历(N=1512)
注:此题为多选题,故各选项之和大于100%。选项未列全

3.3 不同人群对最损害中国国际形象行为的认知差异分析

- 男性受访者比女性更看重"部分官员的贪污腐败"对中国国际形象的损害作用,女性受访者更强调"国人的不文明行为"的损害作用

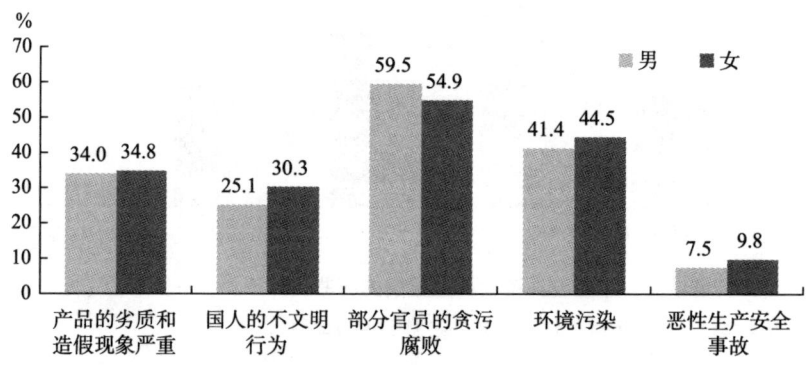

图 1-185 哪种行为最损害中国的国际形象——分性别(N=1512)
注:此题为最多选两项,故各选项之和大于100%。选项未列全

- 老年组受访者对"部分官员的贪污腐败"最损害中国国际形象的认同度最高;受访者年龄越大,越看重"环境污染"对中国国际形象的损害作用

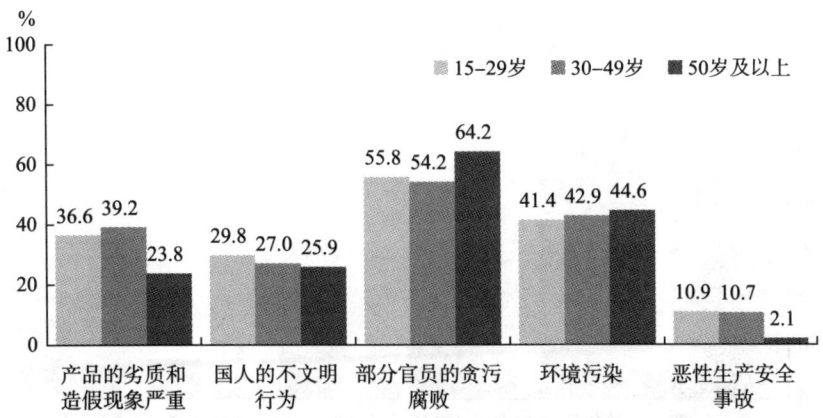

图1-186 哪种行为最损害中国的国际形象——分年龄(N=1512)

注:此题为最多选两项,故各选项之和大于100%。选项未列全

- 受访者学历越低,越认同"部分官员的贪污腐败"最损害中国的国际形象;学历越高的受访者越看重"环境污染"对中国国际形象的损害作用

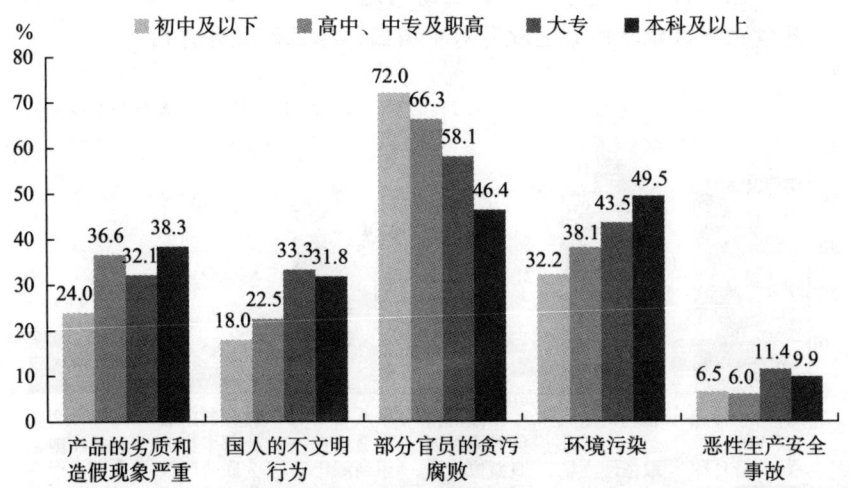

图1-187 哪种行为最损害中国的国际形象——分学历(N=1512)

注:此题为最多选两项,故各选项之和大于100%。选项未列全

3.4 不同人群对提升中国国际地位的事件认知差异分析

- 男性受访者更看重"在钓鱼岛问题上对日采取强硬立场，设立东海防空识别区维护国家主权"、"十八届三中全会出台一系列深化改革的政策"对中国国际地位的提升作用；女性受访者更看重"神舟十号载人飞船和嫦娥三号月球探测器成功发射"对中国国际地位的提升作用

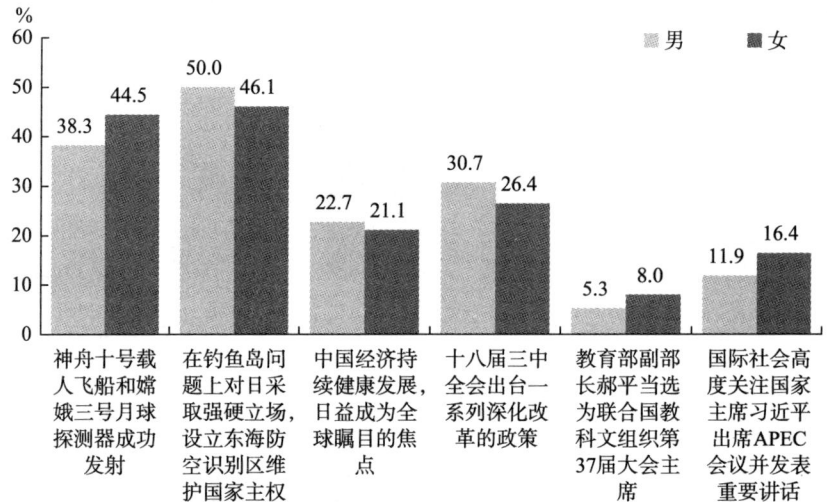

图 1-188 2012 年最能提升中国国际地位的事件是什么？——分性别（N=1512）

注：此题为最多可选两项，故各选项之和大于100%。选项未列全

- 中年组受访者更看重"在钓鱼岛问题上对日采取强硬立场，设立东海防空识别区维护国家主权"对中国国际地位的提升作用

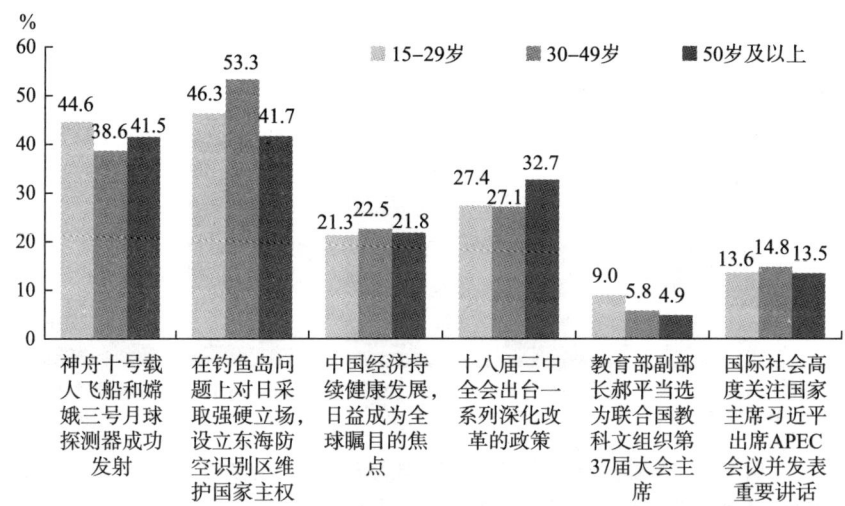

图 1-189 2012 年最能提升中国国际地位的事件是什么？——分年龄（N=1512）

注：此题为最多可选两项，故各选项之和大于100%。选项未列全

- 学历越高的受访者越看重"在钓鱼岛问题上对日采取强硬立场,设立东海防空识别区维护国家主权"对中国国际地位的提升

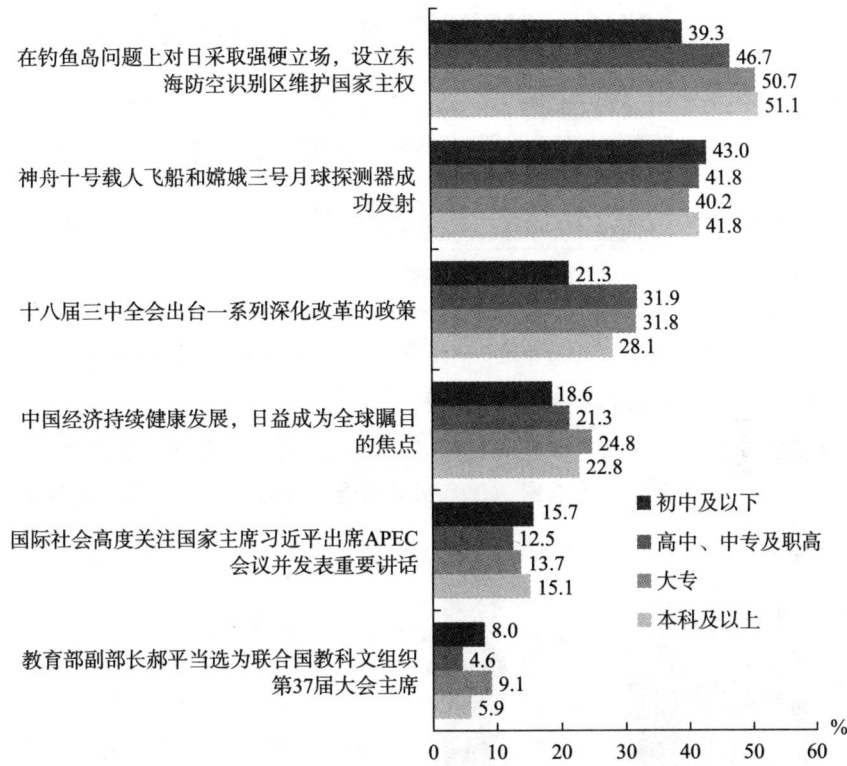

图 1-190 2012 年最能提升中国国际地位的事件是什么?——分学历(N=1512)

注:此题为最多可选两项,故各选项之和大于 100%。选项未列全

3.5 不同人群对中国制造的印象差异分析

- 老年组受访者对"中国制造"的印象最好,中年组受访者对其印象最差

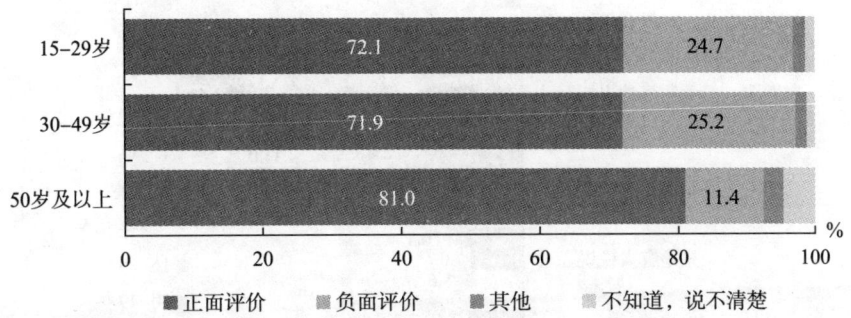

图 1-191 您对"中国制造"的印象如何——分年龄比较(N=1512)

注:正面评价包括"很好,离不开"或者"还可以,但质量有待提高";负面评价包括"质次价低的代名词,质量亟待提高"或者"很差,拒绝使用"。

- 初中及以下的低学历组受访者对"中国制造"的印象最好，本科及以上高学历组受访者对其印象最差

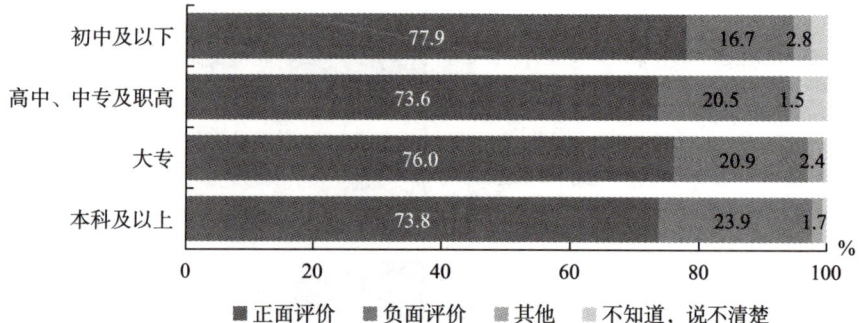

图1-192 您对"中国制造"的印象如何——分学历比较（N=1512）

3.6 不同人群对西方遏制中国的看法差异分析

- 男性受访者认为西方"有明显的遏制行为"的比例高于女性受访者；女性受访者认为西方"有意图，但无明显的遏制行为"的比例高于男性受访者

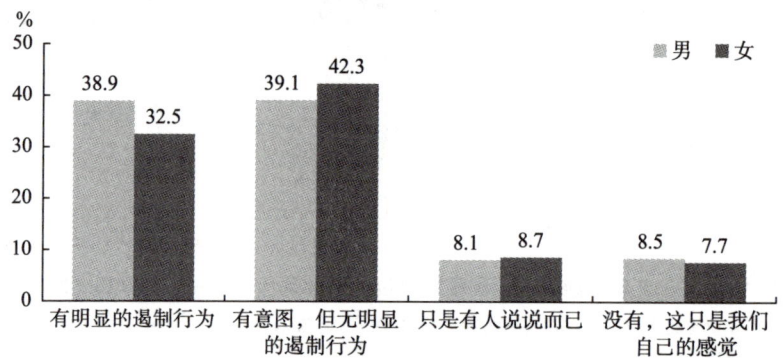

图1-193 西方是否正在遏制中国的发展——分性别比较（N=1512）

- 中年组受访者最认同西方"有明显的遏制行为"；年龄越小的受访者越认为西方"有意图，但无明显的遏制行为"

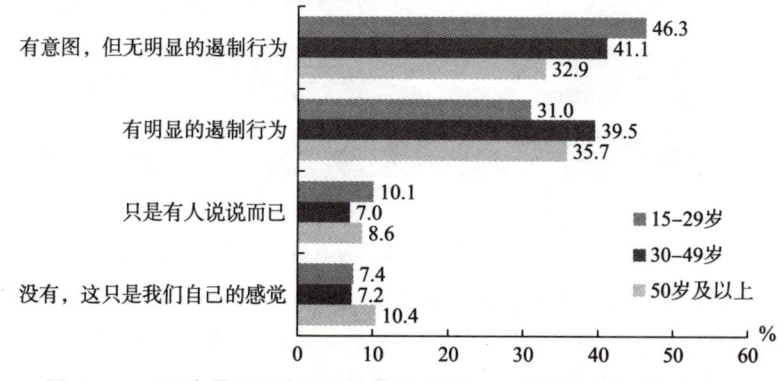

图1-194 西方是否正在遏制中国的发展——分年龄比较（N=1512）

- 受访者学历越高，越认为西方"有明显的遏制行为"；大专学历组受访者认为西方"有意图，但无明显的遏制行为"的比例高于其他三个学历组

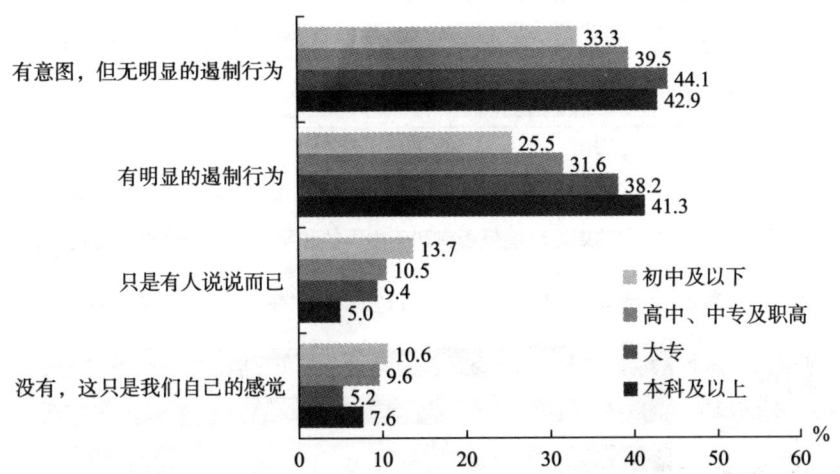

图1-195　西方是否正在遏制中国的发展——分学历比较（N=1512）

3.7 不同人群对中国周边环境对中国和平发展影响的看法差异分析

- 女性受访者比男性受访者更认同中国的周边环境"有利于中国的和平发展"，男性受访者更为悲观

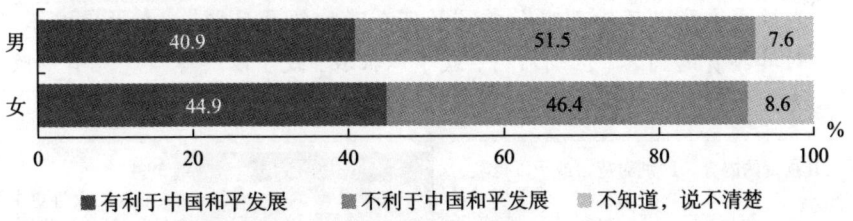

图1-196　您认为当今中国的周边环境是否有利于中国的和平发展——分性别比较（N=1512）

- 青年组受访者最认同中国的周边环境"有利于中国的和平发展",中年组受访者最不认同

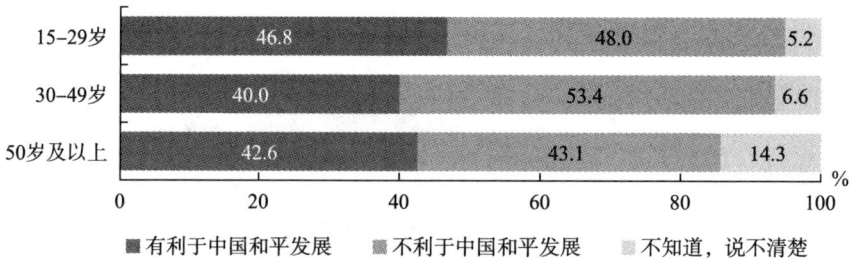

图1-197 您认为当今中国的周边环境是否有利于中国的和平发展——分年龄比较(N=1512)

- 学历越高的受访者越认为中国的周边环境"不利于中国的和平发展"

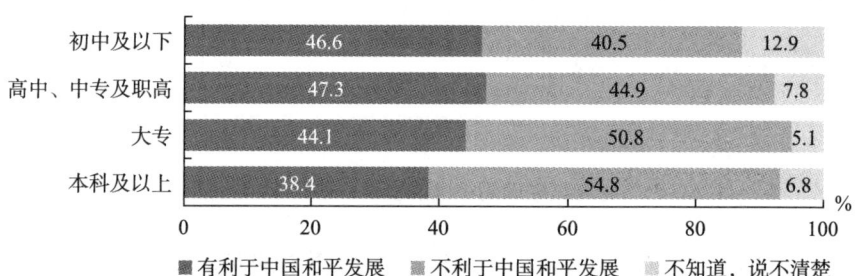

图1-198 您认为当今中国的周边环境是否有利于中国的和平发展——分学历比较(N=1512)

3.8 不同人群对待"中国威胁论"的态度差异分析

- 男性更主张"不予理睬"或"毫不犹豫地给予反驳",女性更主张"针对其指责的内容,区别对待,或予以批驳,或予以解释"或"有则改之,无则加勉"

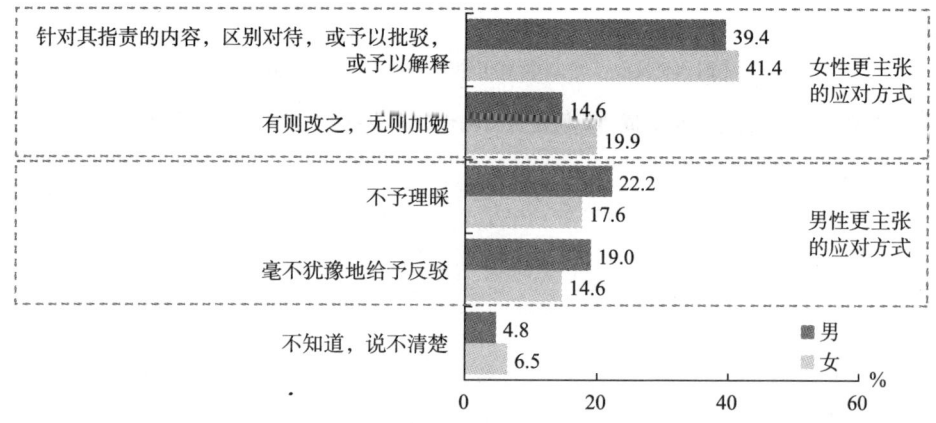

图1-199 您认为应该如何对待各种"中国威胁论"的说法——分性别(N=1512)

● 年龄越小的受访者越认为应该"针对其指责的内容，区别对待，或予以批驳，或予以解释"或"有则改之，无则加勉"；年龄越大的受访者越认为应该"毫不犹豫地给予反驳"

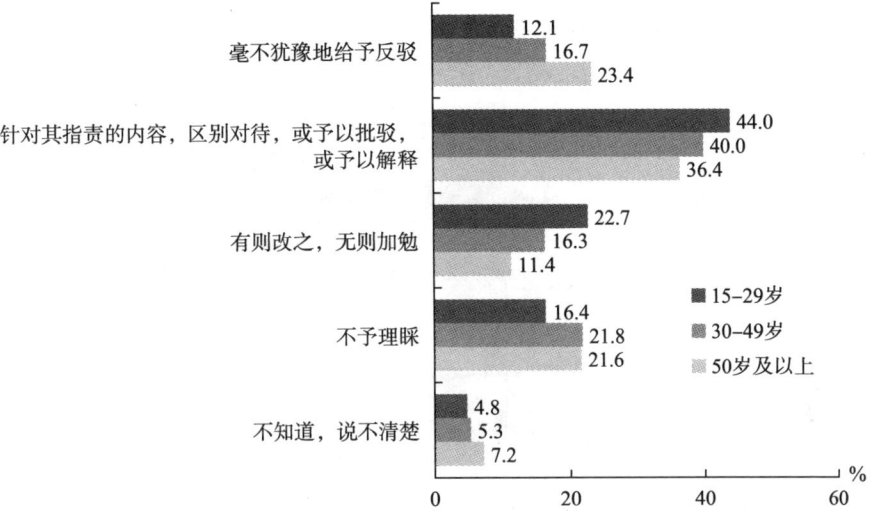

图 1-200　您认为应该如何对待各种"中国威胁论"的说法——分年龄（N=1512）

● 学历越高，越认为应该"针对其指责的内容，区别对待，或予以批驳，或予以解释"；学历越低越认为应该"毫不犹豫地给予反驳"

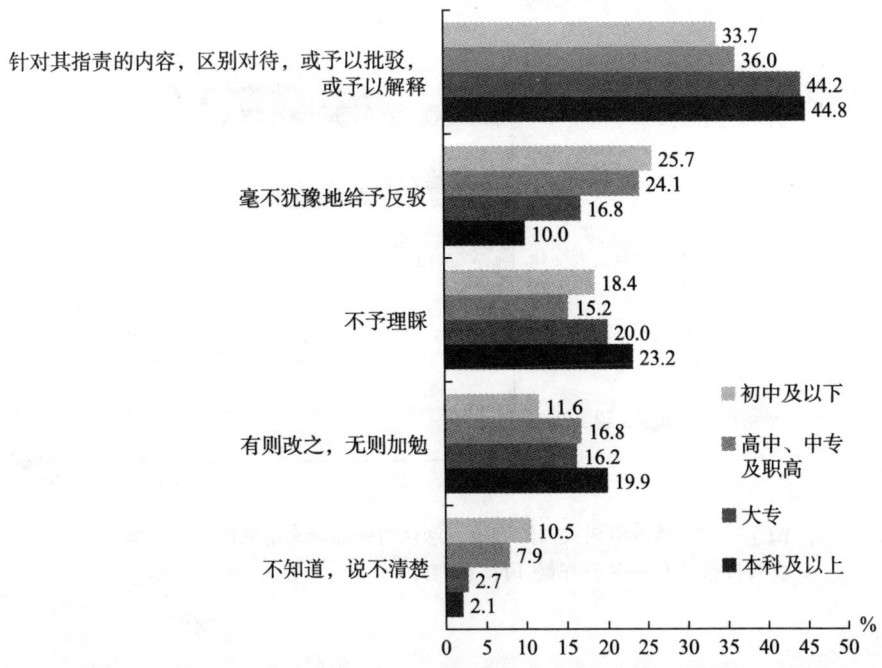

图 1-201　您认为应该如何对待各种"中国威胁论"的说法——分学历（N=1512）

3.9 不同人群对未来中国所处国际环境的预期差异分析

- 认为中国未来所处的国际环境会"越来越好"和"越来越差"的男性受访者比例均比女性高；女性受访者对中国未来所处的国际环境"总体上将得到改善，但摩擦还会很多"的认同度高于男性

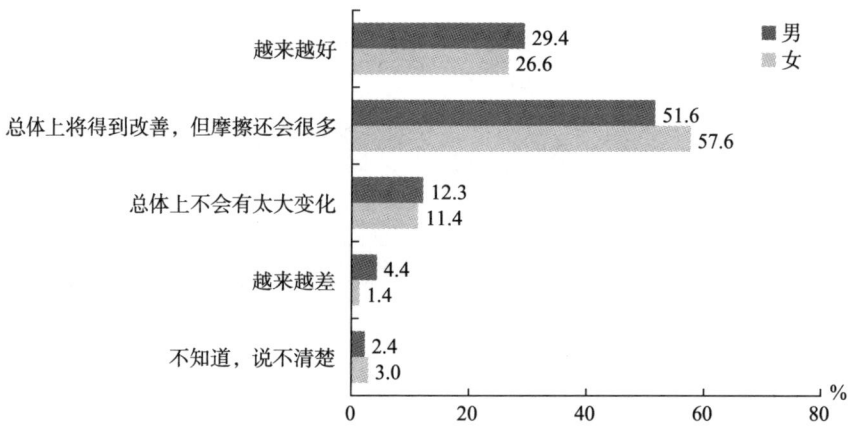

图 1-202　中国未来所处的国际环境将会有什么变化——分性别（N=1512）

- 年龄越大的受访者越认为中国未来所处的国际环境会"越来越好"；年龄越小的受访者越认同"总体上将得到改善，但摩擦还会很多"

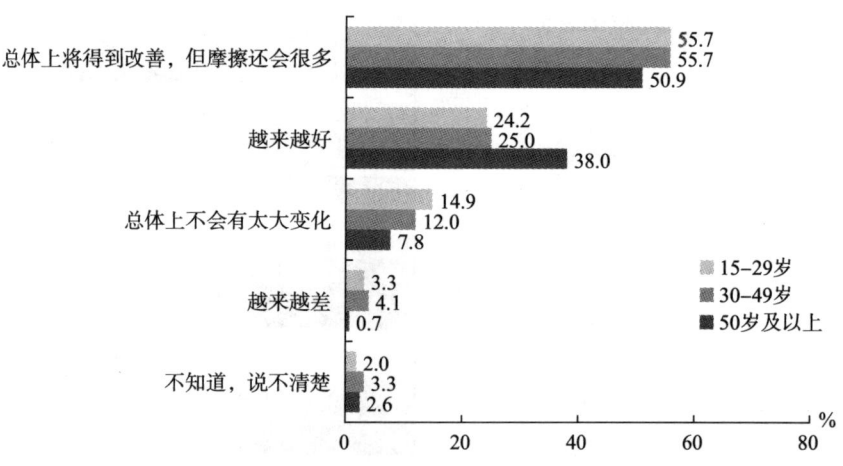

图 1-203　随着中国实力的增强，您认为中国未来所处的国际环境将会有什么变化——分年龄（N=1512）

一、环球对望：中国信心与世界印象

- 受访者学历越低，对国际环境的预期越乐观；学历越高对国际环境的预期越谨慎

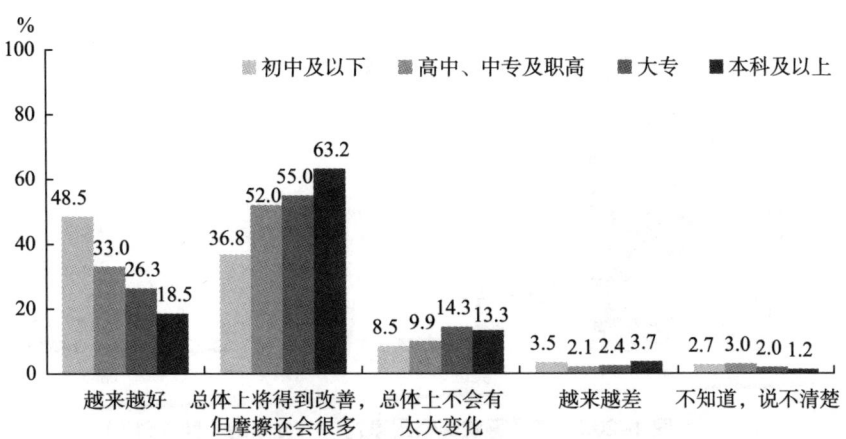

图1-204　随着中国实力的增强，您认为中国未来所处的国际环境将会有什么变化——分学历（N=1512）

三、不同人群对国家偏好的差异分析

3.1　不同人群最喜欢国家的差异分析

- 男性受访者喜欢中国和美国的比例都高于女性

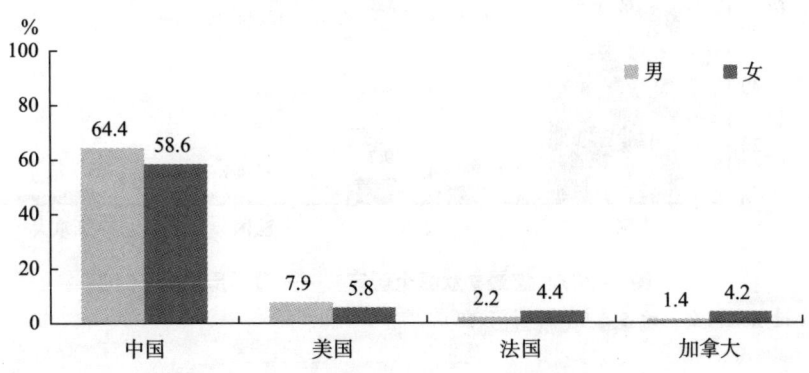

图1-205　您最喜欢哪个国家？——分性别（N=1512）

注：选项未列全，故各选项之和小于100%。

- 受访者年龄越大，最喜欢中国的比例越高；年龄越轻，对美国和法国的喜爱度越高

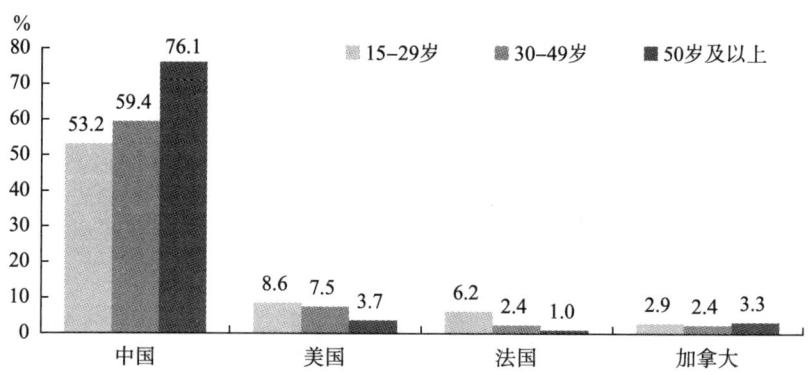

图 1-206　您最喜欢哪个国家？——分年龄（N=1512）

注：选项未列全，故各选项之和小于100%。

- 学历越低的受访者最喜欢中国的比例越高；本科及以上学历组受访者对美国的喜爱度最高

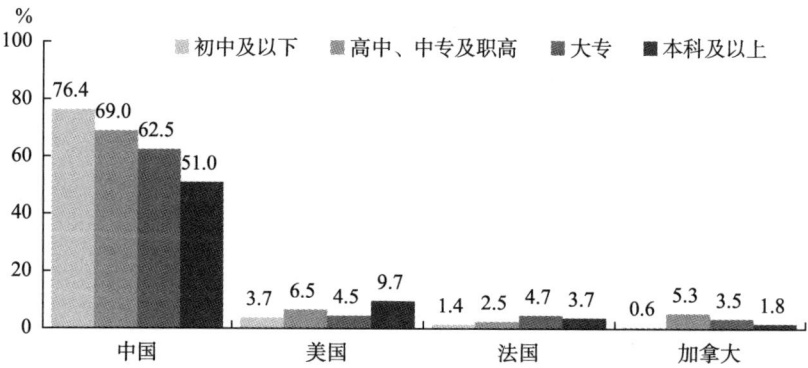

图 1-207　您最喜欢哪个国家？——分学历（N=1512）

注：选项未列全，故各选项之和小于100%。

3.2 不同人群最想去的国家的差异分析

- 男性受访者中表示"没有想去的国家"或想去美国的比例高于女性受访者；女性受访者中表示想去法国和澳大利亚的比例高于男性受访者

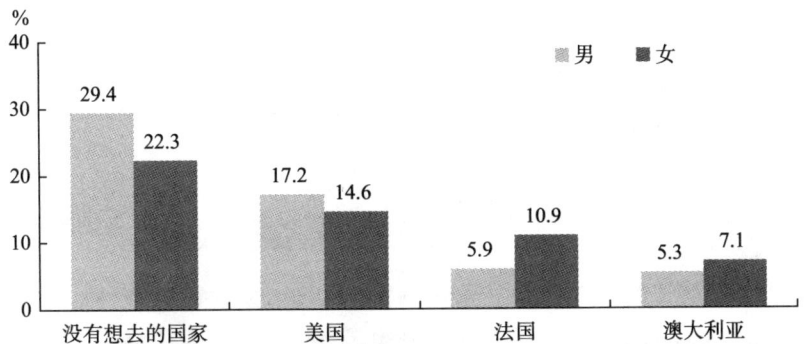

图 1-208 如果您有出国的机会，最想去哪个国家？——分性别（N=1512）

注：选项未列全，故各选项之和小于100%。

- 年龄越大的受访者越愿意留在中国；最想去美国的人数在中年组所占比例最高；受访者年龄越轻，最想去法国的人数占比越高

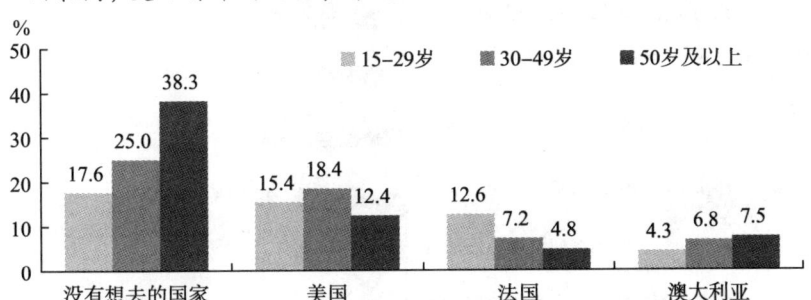

图 1-209 如果您有出国的机会，最想去哪个国家？——分年龄（N=1512）

注：选项未列全，故各选项之和小于100%。

- 学历低者更倾向不出国；学历越高的受访者越想去美国和法国

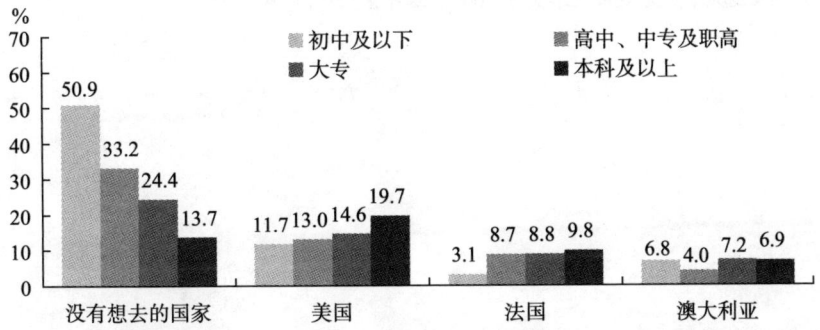

图 1-210 如果您有出国的机会，最想去哪个国家？——分学历（N=1512）

注：选项未列全，故各选项之和小于100%。

四、不同人群最关注新闻事件的差异分析

- 女性受访者更关注"中日钓鱼岛争端常态化,吸引全球关注"、"朴槿惠成为韩国历史上首位女总统"和"中国国家主席习近平和美国总统奥巴马在美国加利福尼亚州举行了首次会晤"等事件;男性受访者更关注"中国设立东海防空识别区引发日本等国强烈反弹"和"埃及、利比亚等国政坛风云变幻,中东局势持续动荡"等事件

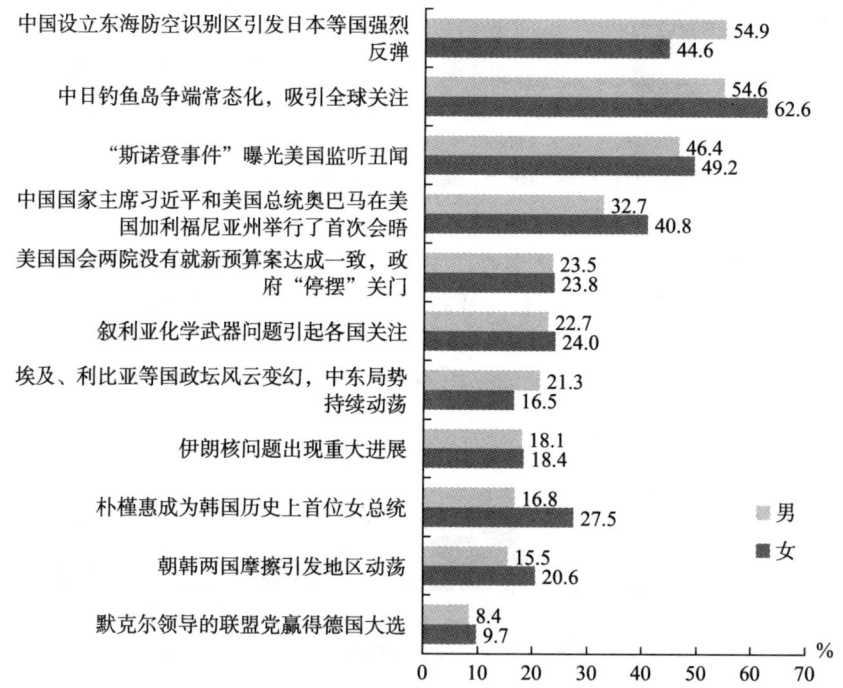

图1-211　2013年哪些国际事件给您的印象最深刻?——分性别(N=1512)

注:此题为多选题,故各选项之和大于100%。选项未列全。

一、环球对望：中国信心与世界印象

● 年龄越大的受访者越关注"中国设立东海防空识别区引发日本等国强烈反弹"、"埃及、利比亚等国政坛风云变幻，中东局势持续动荡"、"朴槿惠成为韩国历史上首位女总统"和"叙利亚化学武器问题引起各国关注"等事件

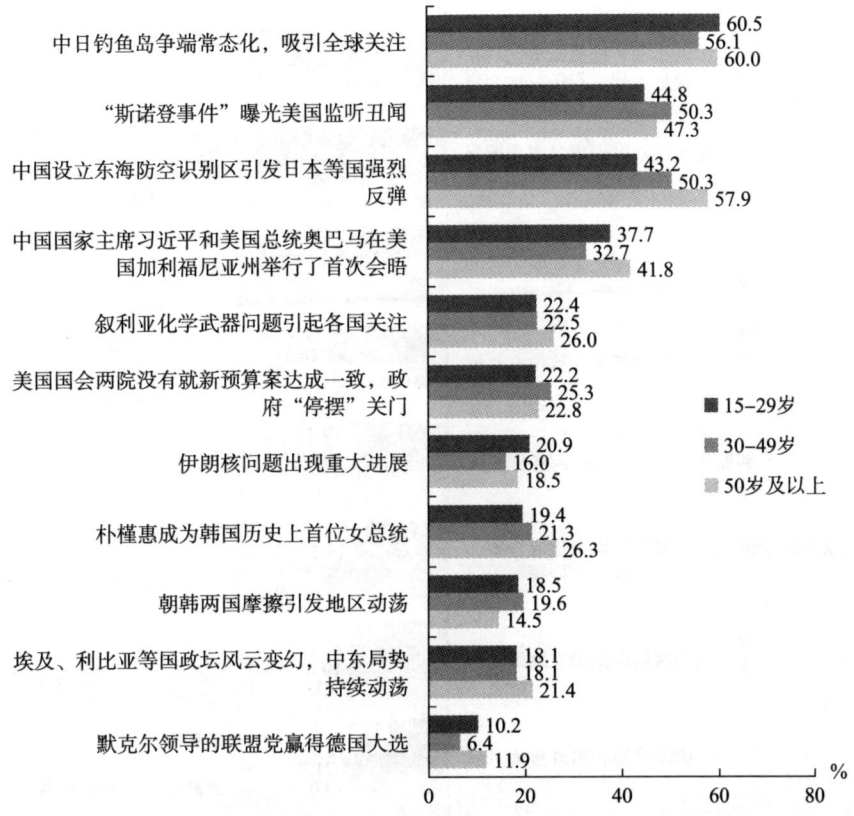

图1-212　2013年哪些国际事件给您的印象最深刻？——分年龄（N=1512）

注：此题为多选题，故各选项之和大于100%。选项未列全。

● 总体趋势来看，高学历受访者对多数重大国际事件的关注度高于低学历者

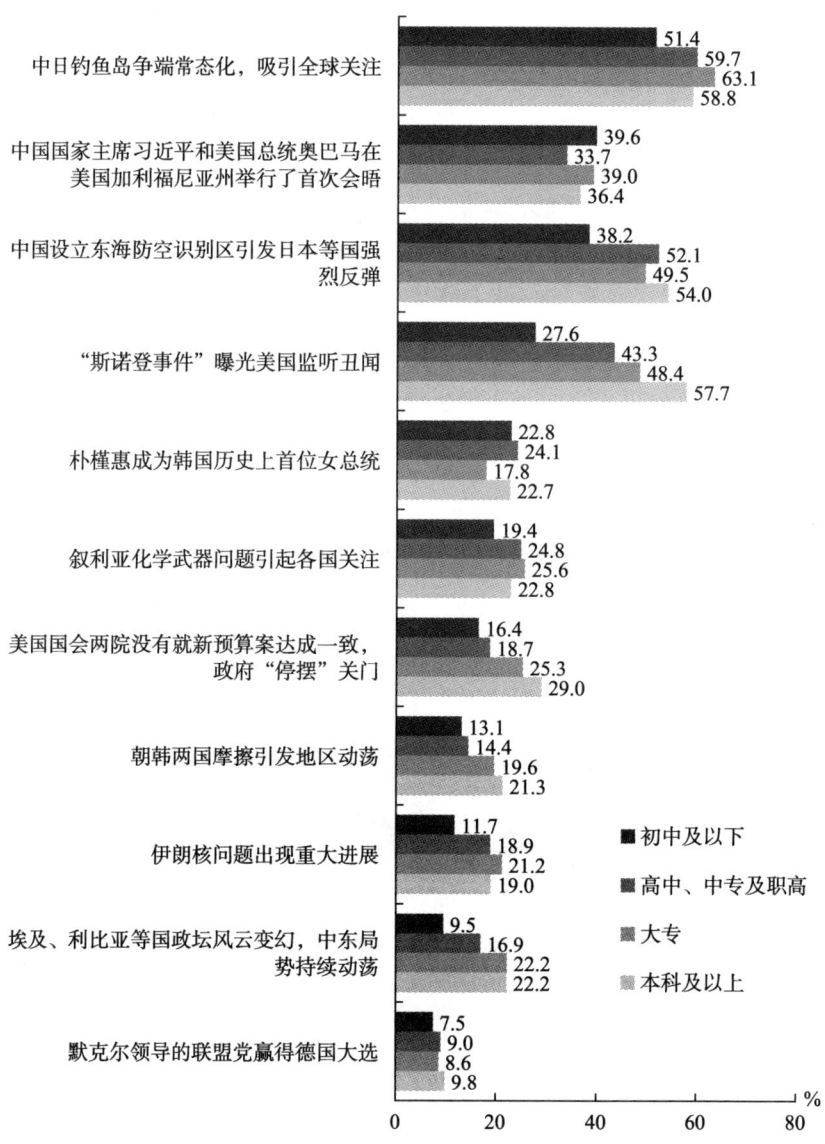

图1-213 2013年哪些国际事件给您的印象最深刻？——分学历（N=1512）

注：此题为多选题，故各选项之和大于100%。选项未列全。

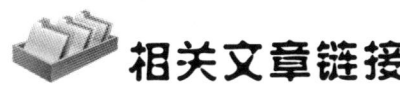
相关文章链接

哈佛费正清中国研究中心前主任柯伟林接受本报专访称

中国很强大，但仍不够自信

曾担任哈佛大学费正清中国研究中心主任的柯伟林（William C.Kirby）是知名中国通，现在有着哈佛大学中国研究 T.M.Chang 讲席教授、商学院史宾格勒家族工商管理学教授等身份，并受聘担任中国人民大学重阳投资教育基金理事。身为历史学家的他，习惯了从历史的视角看中国。柯伟林近日在北京接受《环球时报》专访时表示，中国出色、积极地利用了和平环境，中国很强大，但尚未达到应有的自信。

今天的东亚像一战以前的欧洲，这完全是胡说

环球时报：您怎么看"中国梦"？

柯伟林：事实上，从孙中山开始，中国领导人就一直在谈论民族复兴。上世纪 40 年代，中国摆脱了不平等条约，结束了一个世纪的屈辱史，并在二战胜利后成为一个强大国家。过去二三十年只是中国崛起的最新章节，中国恢复往昔的显赫与权威不可避免。

环球时报：在您看来，中国崛起的最大挑战是什么？

柯伟林：我觉得是政治改革问题。这项挑战并不容易。我不推荐任何国家去模仿美国的政治制度，就像我从不建议任何大学去复制哈佛，因为这项工程过于复杂。在 20 世纪初，中国丢掉很多历史制度：帝王制度、科举制度以及粘合国家与社会的乡绅制度。此后，中国从国际社会的菜单上攫取了各种各样的选项：宪政共和国、袁世凯的"中华帝国"、军阀割据时期无法无天的军国主义、上世纪 30 年代短暂的法西斯主义、社会主义、50 年代的斯大林主义以及由此衍生的 60 年代的毛泽东主义。

中国自身的政治传统值得审视。今天，就像一个多世纪以前那样，中国需要公开讨论它所面临的重大问题，让中国人的才华和经验得到发挥。中国需要通过一些方式实现政治放松，实现康梁在 1898 年提出的广开"言路"，以及对这个国家的重大议题进行实实在在的讨论。中国新一代领导人正面临制度化的巨大挑战。拿反腐来说，每个国家都有腐败，但长久整治腐败唯有

依靠开放制度,首先你得有诚实的警察,诚实的法官和开放的媒体。与危机年代相比,和平繁荣时期当然更适合改革。清末的改革遭遇巨大危机,包括军事溃败,民众对统治精英彻底丧失信心。今天的中国并不是这样。

环球时报:今天"中国梦"的历史语境显然与一个世纪前大相径庭。您怎么看待今天中国的地缘环境?

柯伟林:从越战结束到今天,东亚地区拥有自鸦片战争以来前所未有的和平时期。从战略角度看,这是中国面临的极好时刻。今天的中国没有敌人,没有任何国家威胁中国的边境安全:俄罗斯不是,日本不是,越南不是,印度也不是。中国没有外部威胁。过去三十年里,这种和平与安定始终是中国繁荣的基石。任何威胁到和平的东西都会威胁中国繁荣。中国出色、积极地利用了这一和平环境。这对中国而言是重大利好消息。

有人说今天的东亚就像一战以前的欧洲。这完全是胡说。一场世界大战的发生不是无缘无故的,它有军事部署在先。一战前的欧洲人拥有战争计划,并且那些计划一旦实施就无法逆转。如果你回顾历史,会发现它跟今天东亚的情况差得太远。

缺少诚意的日本,愚蠢到让人难以置信

环球时报:您怎么看当下的中美关系?

柯伟林:最让我吃惊的事件之一,就是今天我们正在经历美中关系中一个如此重要、如此积极的时刻,而美中关系直到二战时期都不是关注焦点,对于彼此也并非至关重要。二战时期我们结为同盟,但很遗憾,很快我们就成为敌人。不过从上世纪70年代起,美中关系就成了对彼此最重要的关系。这其中存在历史的偶然。美国的外交政策向来没有建立在可靠情报的基础之上。

今天的美国人对中国的了解多得多,但是这种了解仍然不充分。美国人常常脱口而出:中国人这么做,中国人那么说,好像中国每一个人的想法都如出一辙。事实上,中国有那么多不同的地区,不同的利益集团,以及各种各样的看法。中国是个非常老练、非常复杂的地方,外人不会轻易搞懂。今天有美国生意人来到中国,拜访了中国一个部,以为问题就解决了,事实上,问题才刚刚开始。

环球时报:对中日之间的历史问题争端,您怎么看?

柯伟林:中国人执着地要从日本人那里得到真诚的致歉,而日本人执着地拒绝这么干,这就是问题所在。德国人道歉了很多次。日本人其实也道歉了很多次。但区别也许是德国人最终是真心实意地道歉,而对亚洲人而言,无论是韩国人,中国人,还是缅甸人,他们都不认为日本有诚意道歉。从日本方面来说,如果你想显示诚意,你最不该干的事就是去参拜靖国神社。这种

一、环球对望：中国信心与世界印象

愚蠢让人难以置信。

但是，中国也不要过度反应，从而给日本可乘之机。大国不应该让一些小事件成为他们的核心关注点。日本也不是唯一一个面临历史挑战的国家。当然，人们应该思考和铭记二战历史，但中日关系有几千年历史，在过去一百年间，中日之间也一直维系着重要领域的合作。在中国现代史进程中，日本发挥了很多积极作用，第一代反清革命者也是在日本接受的教育。

20世纪七八十年代的中日关系也是很好的。彼时那些历史问题并未消失，但人们选择面向未来，而非过去。今天的中国年轻人，有的从未跟一个日本人照过面，但表现得比他们的长辈还要抗日，这是说不通的。日本首相安倍晋三去参拜靖国神社，中国当然要抱怨，要抗议，但不要被这个问题困住。战时的日本做了非常可怕的事情，但是历史问题真的应该成为当代中日关系的核心吗？

北京在处理对台关系上越发老练

环球时报：鉴于这种紧张的地缘局势，中国还可以领导亚洲吗？

柯伟林：当然。中国无疑是重要力量。中国今天的挑战不仅在于成为这种主要力量，还在于成为一个积极意义上的领导者。中国是"大哥"，可以向其他区域性力量提供支持。中国不需要去争海上的每一个岛屿，北京也不需要跟邻国在所有问题上达成共识。中国很强大，但尚未达到应有的自信。

然而，我们也应该注意到，北京处理棘手的地区性问题已日趋圆融。拿台湾问题来说，2008年以来，中国大陆和台湾在以一种谨慎而非情绪化的方式处理两岸关系，这样的方式令人赞许。北京在处理对台关系上越发老练。

环球时报：最近围绕"习马会"的议论很多。您觉得在不久的将来，两岸有可能实现政治谈判的突破吗？

柯伟林：我觉得时机已至。这是很有可能发生的。最终会不会发生取决于两岸各自的内部政治。这不会给北京带来任何负面影响。就在五六年前，两岸冲突论还不绝于耳。大陆与台湾的冲突也许将来仍会发生，但是今天已无人谈论这一话题。今天从台北飞到上海只需要1小时15分钟。我们正在经历一个和平的时刻，眼下两岸关系正常化运作得非常好。

（数据版权：环球时报 2014-02-19 第3247期 第7版|访谈实录 作者：陈晨晨）

国际关系进入"云时代"

云计算是一个产生于IT领域的概念，是指IT基础设施的交付和使用模式，指通过网络以按需、易扩展的方式获得所需资源和服务。这种服务可以是和 IT 软件、互联网相关，也可以是其他服务。云是对网络、互联网的一种比喻说法。

我们可以借"云计算"概念将当今世界各国间关系称为国家间"云关系"。国家间"云关系"是指国与国之间因其地缘、历史、文化、政治等因素，形成多重复杂关系体系。它的突出特点是说明国家间彼此不是孤立存在的，而是网络化地相互联系的，只是联系的程度、关系好坏各异。在国与国关系基础上，根据不同目的和利益还形成各类地区和国际组织。这种一国与其他国家及国际组织间相互错综复杂的关系就构成国家间的"云关系"。

认识到国家间的"云关系"，根本是要在处理国家间关系中树立正确的思维方式。

一是看问题眼界不能过于狭窄。尤其要防止用"放大镜"和"有色眼镜"去看待"竞争对手国"或"敌对国"的外交活动，把它们的任何外交活动都视为针对自己的外交举措。譬如现在安倍政权为反对中国而加大对中国周边外交；另一方面，也要看到日本在中国周边的有些外交行为也未必全是针对中国的，如安倍访问俄罗斯，就未必完全是为了拉俄对华，况且中俄关系岂是日本能离间的。

二是处理问题不能过于偏激。现在国与国之间联系紧密，一旦对另一国的错误行为反应过当，就可能伤及第三国或更多国家。因此，外交政策制定和出台既要目标明确，更要注重平衡性。仅以东北亚地区为例，中国在该地区必须妥善处理好与朝、韩、日、美、俄及蒙古的六边关系，及时做出既符合我战略利益和主张，又能有助于维护地区局势稳定和推动解决冲突的平衡反应。

三是要清楚认识本国的实力和地位。每个国家都有长短，相互之间都有一定的互补和借重等关系，如果看不清本国的优势和劣势而在外交上盲目或鲁莽行动，容易招致其他国家的"反感"或"不配合"，有时甚至会引起一些看似无关国家的强烈"反弹"。

四是要提高处理国际关系的灵敏度和舒适度。不论对本国发生的事，还是对他国发生的事，相关部门都要保持高度关注和高效回应。同时，在处理国际问题时要尽力做到相互都能接受和舒适，譬如不能用一国或几国的"绝对不安全"来换取另一国或几国的"绝对安全"。

五是要处理好"自主"与"从众"的关系。在网络化的世界中，要学会善于合作，但绝不能迷失自我。要做到"合作"而不失"自主"，"自主"而不刚愎自用。

（数据版权：环球时报　2013-07-12　第3072期　第14版 | 国际论坛　作者：王郦久　中国现代国际关系研究院研究员）

中国的苦恼：日益被视为头号强国

美国《福布斯》杂志 9 月 5 日文章，原题：中国日益被视为头号强国，这对中国是个问题

2008 年雷曼兄弟公司破产时，许多人意识到已身处一场国际金融危机。如今尘埃仍未落定，但影响显然不限于金融。国际上很多人认为，经济上的力量平衡已骤然摆向中国。

这一舆论转向受到许多中国人欢迎，却让北京颇为头疼。这意味着中国将受到外界更多审视，而它对此还没做好准备。这还暴露了中国日益扩大的软实力赤字——令其崛起变得更加复杂。

从皮尤全球调查来看，越来越多人视中国为世界头号经济强国。从 2008 年到 2013 年进行调查的 20 个国家中，认为中国是"头号经济强国"的比例已从 20% 增至 34%（相比之下，美国的数字从 47% 降至 41%）。尽管事实是，照目前的发展轨迹，今后 10 多年中国不太可能超过美国成最大经济体，且中国的未来发展存在诸多不确定性。

这凸显出，国际舆论是如何把事实夸大其词的——或许反映了发达经济体民众的一种看法：自 2008 年以后中国变成了远远更为强大的经济对手。

诚然，许多中国人欢迎外界对其国力增长的承认。然而，这也被北京视为一大挑战。中国的大战略的前提是向权力逐渐、和平的转变。此过程中，中国会变得强大，同时保持低调。自 2008 年后备受关注，是中国始料未及的。

这进一步加剧了中国的软实力赤字。软实力靠的是一个国家外交政策、政治价值和文化在国际上的吸引力。北京承认软实力是个关键政治商品，但在发展软实力方面乏善可陈。随着国际上对中国国力的看法改变，越来越多迹象表明外界对其心存担忧、甚至抱有公开的敌意。

随着这种挑剔审视的加强，北京必须找到更好的办法来应对正在成为麻烦的软实力赤字。当务之急，中国须重新面对外界对其作为新兴强国之意图的担心。需加大努力，让外界视其为负责任、和平的大国，还需力推政治改革、提高透明度。若加强公共外交，争取更多的外国"人心"，会促进中国的海外形象。中国还需减少中央政府的角色，增强非政府组织的作用……这些改革计划对北京构成重大挑战。然而，除非采取措施，否则中国软实力赤字只会扩大，特别是其全球地位继续以目前速度提升的话。

（数据版权：环球时报 2013-09-07 第 3121 期 第 6 版|关注中国 作者安德鲁·哈蒙德，乔恒译）

四成受访者认为中美是朋友

——中美关系公众意见调查

中国国家主席习近平7日同美国总统奥巴马在美国加州举行了"庄园会晤"。为了解中国民众对中美元首"庄园会晤"及对两国构建新型大国关系前景的看法,环球舆情调查中心在全国7座城市普通居民中开展了民意调查。调查结果显示,近八成受访者肯定此次会晤对中美关系的积极影响,53.1%的受访者认为中美是盟友或朋友关系。复旦大学美国研究中心主任吴心伯13日对《环球时报》记者说,这说明民众总体上都认为这次会晤比较成功。但超过一半的人认为中美是盟友或朋友关系,他认为这与现实有差距。

本次调查于6月9日至12日以CATI(计算机辅助电话调查)采访的方式进行数据收集。调查对象为北京、上海、广州、成都、西安、长沙、沈阳7座城市18岁以上的普通民众。调查为简单随机抽样,在95%的置信度下,允许抽样误差为2.5%。调查共回收有效问卷1305份。调查结果如下:

被问及"庄园会晤"是否对中美关系产生了积极影响时,79.4%的受访者予以肯定,12.0%的人表示否定,剩余8.6%对这一问题表示"说不清"。在对上述问题持肯定态度的1036名受访者中,被进一步追问"您认为两国元首在两天内共处六七个小时的超长会面,将对未来的中美关系产生怎样的积极影响"时,23.0%的受访者认为"产生重大积极影响,有利于中美深层次沟通";47.8%的人认为"产生比较积极的影响,向世界表明中美致力于发展更健康关系";另有超过26.8%认为"产生一般积极影响,表明中美重视对方";剩余2.3%未表态,选择"说不清"。

被问及"如何看中美新型大国关系的前景"时,65.5%的受访者表示"看好"中美新型大国关系的前景,27.2%的人表示"不看好",剩余7.3%表示"说不清"。吴心伯说,这次会晤从内容到形式都让人感觉到给中美关系带来转机,大多数人会对中美新型大国关系前景充满信心。

对于"构建中美新型大国关系将促使哪些问题朝积极方面发展"一问,最被看好的是"经贸问题",59.7%的受访者选择此项。其次是"朝鲜半岛问题",受访者提及率为42.5%。"人民币汇率问题"、"台湾问题"、"南海问题"和"网络安全问题"的被提及率分别为38.1%、37.4%、37.4%和30.8%。有1.6%

的人提及"人权"、"钓鱼岛"等其他方面的问题,还有9.3%表示"说不清"。吴心伯说,中美关系给人最直观的感觉就是经贸伙伴。连接中美关系最重要的是经贸,不是政治,也不是安全问题。

当被问及"总体上说,美国与中国的关系是怎样的"时,53.1%的受访者认为中美两国之间是盟友或朋友关系。具体来看,12.7%认为两国之间是"盟友关系",40.4%认为是"朋友关系,但不是盟友关系",36.4%的人认为是"不友好的竞争关系",4.7%认为是"敌对关系",剩余5.8%表示"不知道,说不清"。其中,50岁及以上的老年组受访者更认同中美两国之间是盟友或朋友关系,而本科及以上学历组受访者最认同中美两国是"朋友关系,但不是盟友关系"。

与美国盖洛普公司6月1日至4日在美国所做的民意调查结果相比,认为两国之间是盟友或朋友关系的中国人和美国人比例相当。而更多中国人(36.4%)认为两国之间是"不友好的竞争关系"(美国人为26%);更多美国人(14%)认为两国之间是"敌对关系"(中国人为4.7%)。

吴心伯说,美国一直把不断崛起的中国看作是挑战美国地位的对手。而在中国人看来,我们的发展是为了自己,所以中美关系更多是竞争。半数以上受访者认为中美两国是盟友或朋友关系,这与现实有一段距离,是因为这次成功的会晤给大家带来了乐观情绪。事实上,中美关系一直处于合作和竞争交织之中,变化的只是二者的比重。

中国人民大学美国研究中心主任时殷弘12日接受《环球时报》记者采访时说,由于价值观和很多方面国家利益的冲突,中美关系根本改变的可能性很小,所以只有23%的民众认可习奥会晤会对未来中美关系"产生重大积极影响",这也体现了民众的理性。他认为,半数以上受访者认为中美两国是盟友或朋友关系,这有些乐观了,与现实不特别符合。出现的原因可能是会晤给大家带来了乐观情绪和中美近期在部分国际问题上的合作,民意短期内受到了影响。

(数据版权:环球时报 2013-06-13 第3047期 第3版|新闻背景 作者:郭芳)

第一部分 主要发现

发现一 近八成受访者肯定中美元首会晤对中美关系的积极影响

被问及中美两国元首7、8两日会晤是否对中美关系产生了积极影响时,近八成(79.4%)受访者予以肯定,认为此次会晤对中美关系产生了积极影响,仅一成多（12.0%）受访者表示否定，剩余8.6%的受访者对这一问题表示"说不清"。

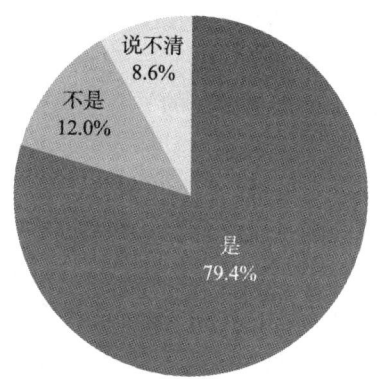

图1-214　中国国家主席习近平于6月7日至8日在加利福尼亚同美国总统奥巴马进行会晤。您认为这次会晤是否对中美关系产生了积极影响？（N=1305）

发现二　二成多受访者认为中美元首超长会面对中美关系产生重大积极影响

针对肯定中美元首会晤对中美关系产生积极影响的1036名受访者，进一步追问了"您认为两国元首在两天内共处六七个小时的超长会面，将对未来的中美关系产生怎样的积极影响"，二成多（23.0%）的受访者认为"产生重大积极影响，有利于中美深层次沟通"，近五成（47.8%）的受访者认为"产生比较积极的影响，向世界表明中美致力于发展更健康关系"，还有超过四分之一（26.8%）的受访者认为"产生一般积极影响，表明中美重视对方"，剩余2.3%的受访者未表态，选择"说不清"。

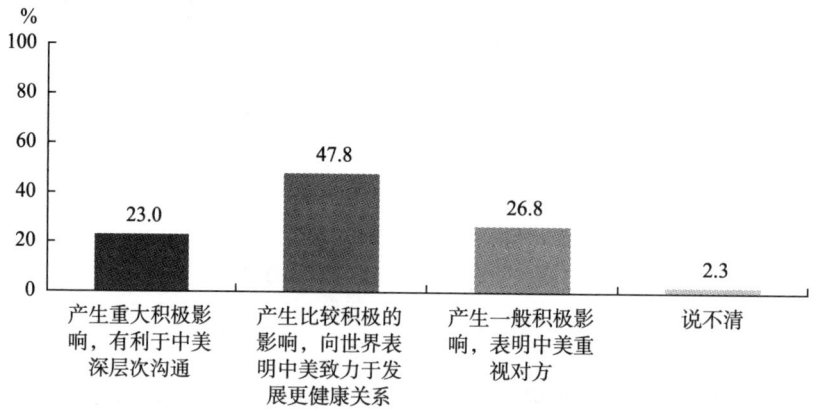

图1-215　您认为两国元首在两天内共处六七个小时的超长会面，将对未来的中美关系产生怎样的积极影响？（N=1036）

一、环球对望：中国信心与世界印象

发现三 超过六成半的受访者看好中美新型大国关系的前景

被问及"您如何看中美新型大国关系的前景"时，超过六成半（65.5%）的受访者表示"看好"中美新型大国关系的前景，不足三成（27.2%）的受访者表示"不看好"，剩余 7.3% 的被访者对这一问题表示"说不清"。

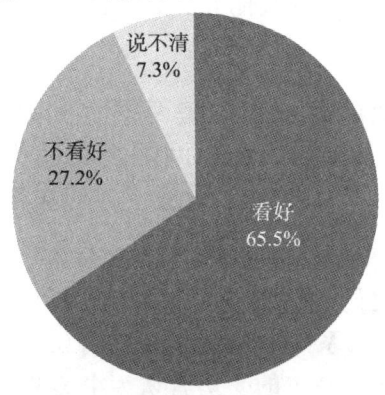

图 1-216 习近平与奥巴马的会晤中，提出了构建中美新型大国关系，您如何看中美新型大国关系的前景？（N=1305）

发现四 受访者最看好中美新型大国关系将促进"经贸问题"朝积极的方面发展

对于"中美新型大国关系的构建将会促使哪些问题朝积极的一面发展"

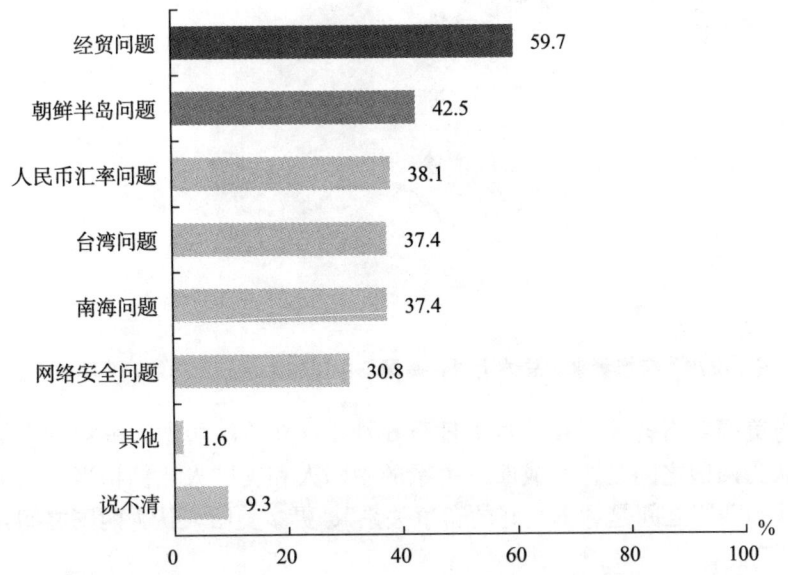

图 1-217 在您看来，中美新型大国关系的构建将会促使哪些问题朝积极的一面发展？（N=1305）
注：此题为可多选，各选项之和大于100%。

这一问题，受访者最看好的是"经贸问题"，近六成（59.7%）受访者选择此项。其次是"朝鲜半岛问题"，受访者提及率为42.5%。提及"人民币汇率问题"、"台湾问题"、"南海问题"和"网络安全问题"的受访者比例均在30%以上，提及率分别为38.1%、37.4%、37.4%、30.8%。有1.6%的受访者提及"人权"、"钓鱼岛"等其他方面的问题，还有9.3%的被访者对这一问题表示"说不清"。

发现五　半数以上受访者认为中美两国之间是友非敌；与盖洛普调查相比，更多中国人认为两国之间是"不友好的竞争关系"，更多美国人认为两国之间是"敌对关系"

问及"总体上说，美国与中国的关系是怎样的"时，半数以上（53.1%）受访者认为中美两国之间是盟友或朋友关系，具体来看，12.7%的受访者认为两国之间是"盟友关系"，40.4%的受访者认为是"朋友关系，但不是盟友关系"。四成多（41.1%）的受访者认为中美两国之间关系不友好，是竞争或敌对关系，有36.4%的受访者认为是"不友好的竞争关系"，4.7%的受访者认为是"敌对关系"。剩余5.8%的被访者对这一问题表示"不知道，说不清"。

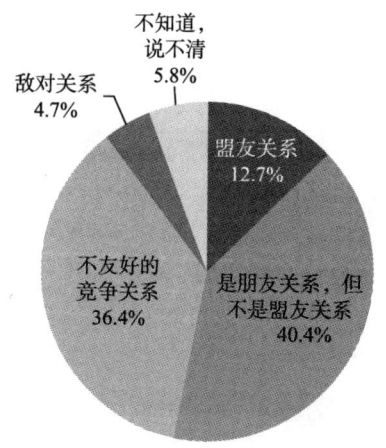

图1-218　在您看来，总体上说，美国与中国的关系是怎样的？（N=1305）

与美国盖洛普公司在6月1日至6月4日在美国所做的民意调查结果相比，认为两国之间是盟友或朋友关系的中国人和美国人比例相当，而更多中国人认为两国之间是"不友好的竞争关系"，更多美国人认为两国之间是"敌对关系"。

一、环球对望：中国信心与世界印象

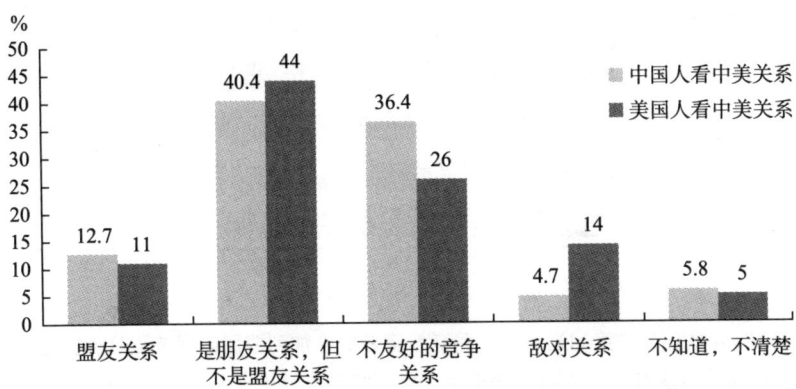

图 1-219　总体上说，美国与中国的关系是怎样的？——中美调查对比

第二部分　差异分析

差异一　各类人群对中美元首会晤如何影响中美关系的看法差异

● 相比男性受访者，女性受访者更肯定中美元首会晤对中美关系的积极影响

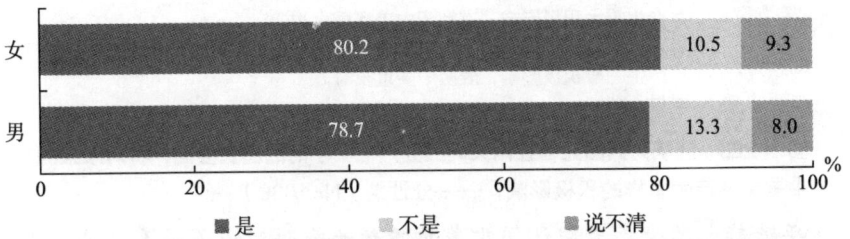

图 1-220　中国国家主席习近平于6月7日至8日在加利福尼亚同美国总统奥巴马进行会晤。您认为这次会晤是否对中美关系产生了积极影响？——分性别（N=1305）

● 年龄越大的受访者越肯定中美元首会晤对中美关系的积极影响

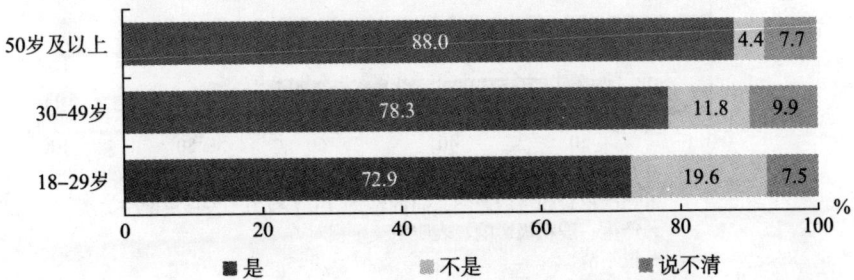

图 1-221　中国国家主席习近平于6月7日至8日在加利福尼亚同美国总统奥巴马进行会晤。您认为这次会晤是否对中美关系产生了积极影响？——分年龄（N=1305）

- 大专学历组的受访者最肯定中美元首会晤对中美关系的积极影响

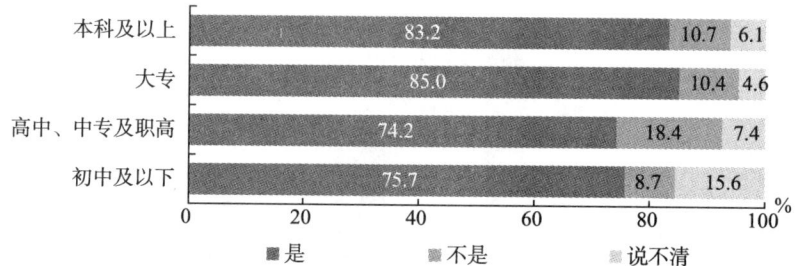

图1-222 中国国家主席习近平于6月7日至8日在加利福尼亚同美国总统奥巴马进行会晤。您认为这次会晤是否对中美关系产生了积极影响？——分学历（N=1305）

差异二 各类人群对中美元首超长会晤产生何种积极影响的看法差异

- 男性比女性受访者更认同中美元首超长会晤对中美关系"产生一般积极影响，表明中美重视对方"

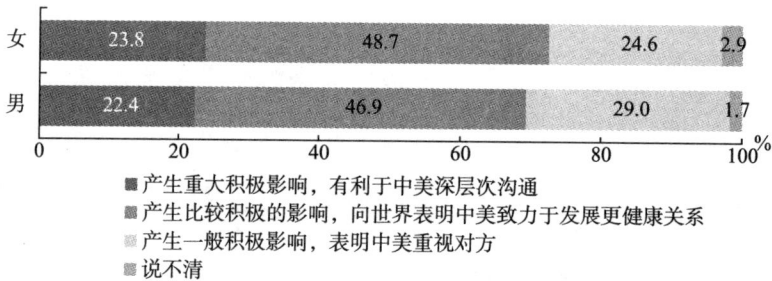

图1-223 您认为两国元首在两天内共处六七个小时的超长会面，将对未来的中美关系产生怎样的积极影响？——分性别（N=1036）

- 年龄越大的受访者越认同中美元首超长会晤对中美关系"产生重大积极影响，有利于中美深层次沟通"

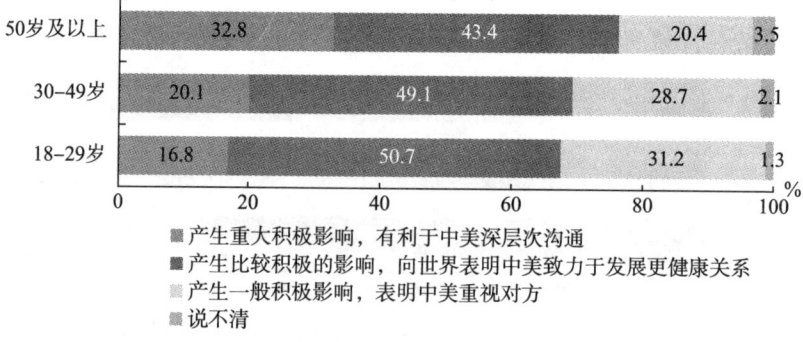

图1-224 您认为两国元首在两天内共处六七个小时的超长会面，将对未来的中美关系产生怎样的积极影响？——分年龄（N=1036）

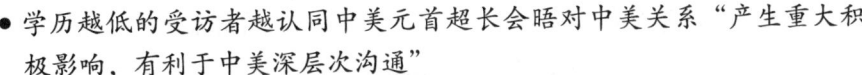

- 学历越低的受访者越认同中美元首超长会晤对中美关系"产生重大积极影响,有利于中美深层次沟通"

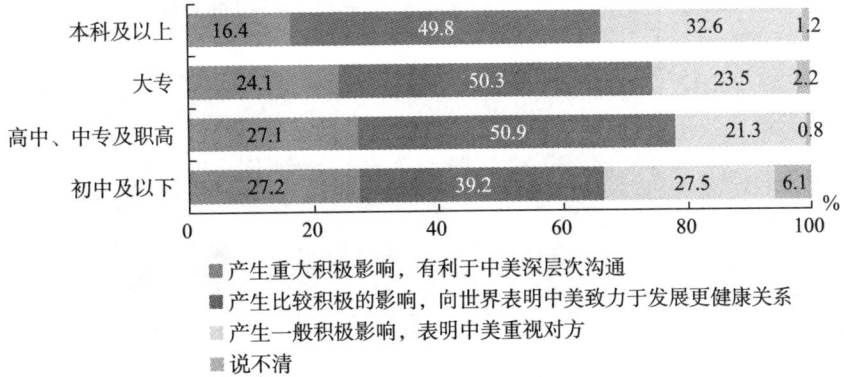

图 1-225 您认为两国元首在两天内共处六七个小时的超长会面,将对未来的中美关系产生怎样的积极影响? ——分学历(N=1036)

差异三 各类人群对构建中美新型大国关系前景的看法差异

- 女性受访者更看好中美新型大国关系的前景

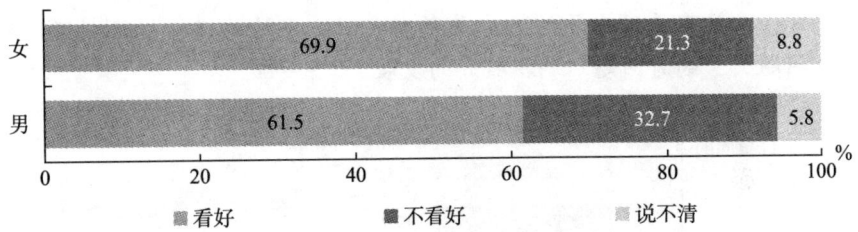

图 1-226 习近平与奥巴马的会晤中,提出了构建中美新型大国关系,您如何看中美新型大国关系的前景? ——分性别(N=1305)

- 年龄越大的受访者越看好中美新型大国关系的前景

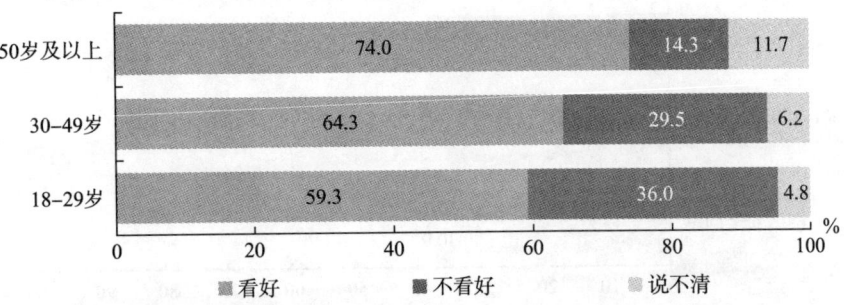

图 1-227 习近平与奥巴马的会晤中,提出了构建中美新型大国关系,您如何看中美新型大国关系的前景? ——分年龄(N=1305)

- 大专学历组受访者最看好中美新型大国关系的前景

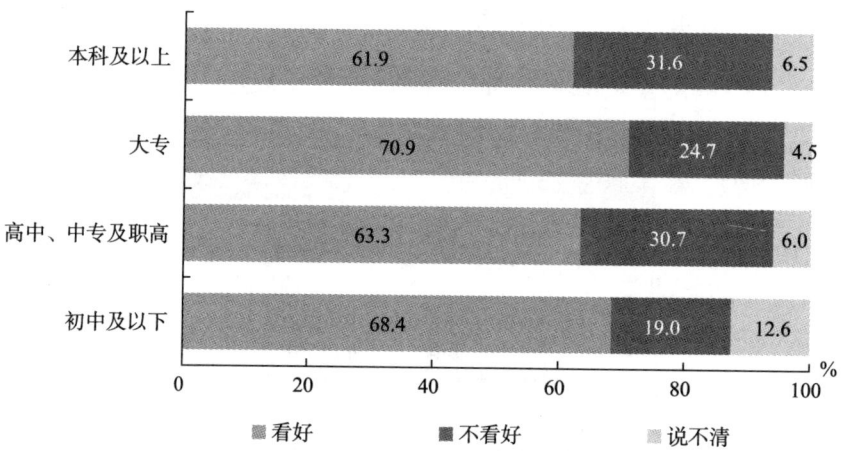

图1-228 习近平与奥巴马的会晤中，提出了构建中美新型大国关系，您如何看中美新型大国关系的前景？——分学历（N=1305）

差异四 各类人群对中美新型大国关系促使哪些方面积极发展的看法差异

- 男性受访者更倾向于认为中美新型大国关系的构建将促使"朝鲜半岛问题"、"南海问题"朝积极方向发展

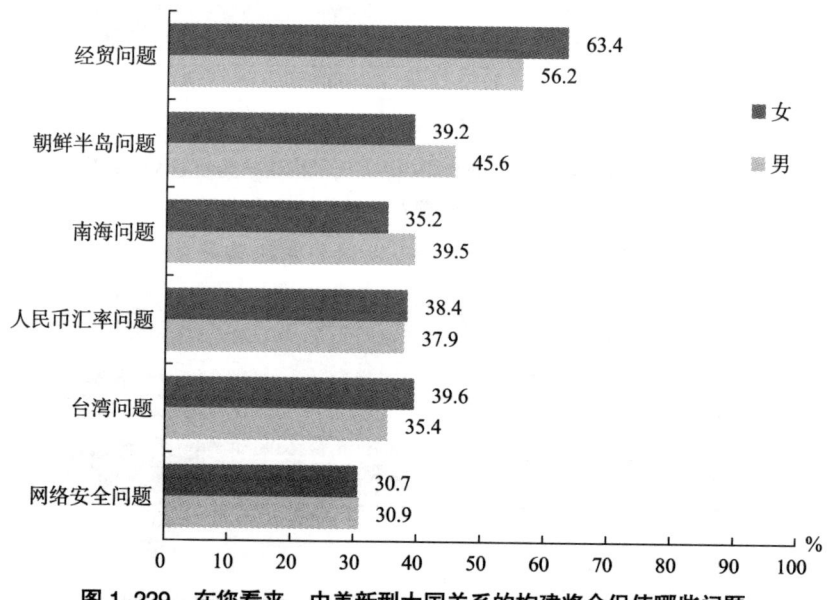

图1-229 在您看来，中美新型大国关系的构建将会促使哪些问题朝积极的一面发展？——分年龄（N=1305）

注：此题为可多选，各选项之和大于100%。选项未列全

一、环球对望：中国信心与世界印象

● 受访者年龄越大，越认同中美新型大国关系的构建将促使"朝鲜半岛问题"、"台湾问题"、"网络安全问题"朝积极方向发展

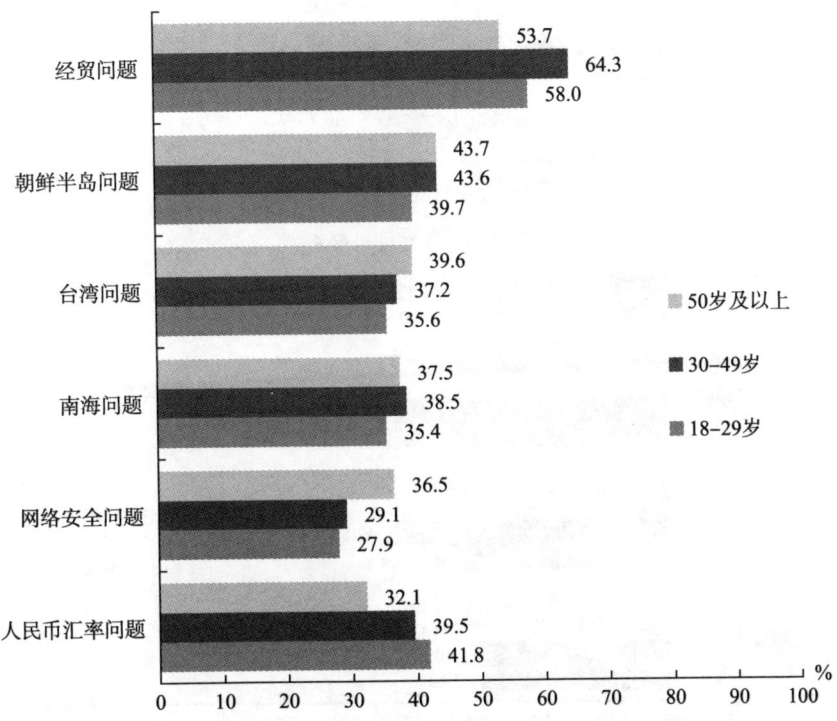

图1-230 在您看来，中美新型大国关系的构建将会促使哪些问题朝积极的一面发展？——分年龄（N=1305）

注：此题为可多选，各选项之和大于100%。选项未列全

- 学历越高的受访者越认同中美新型大国关系的构建将促使"经贸问题"、"人民币汇率问题"、"网络安全问题"朝积极方向发展

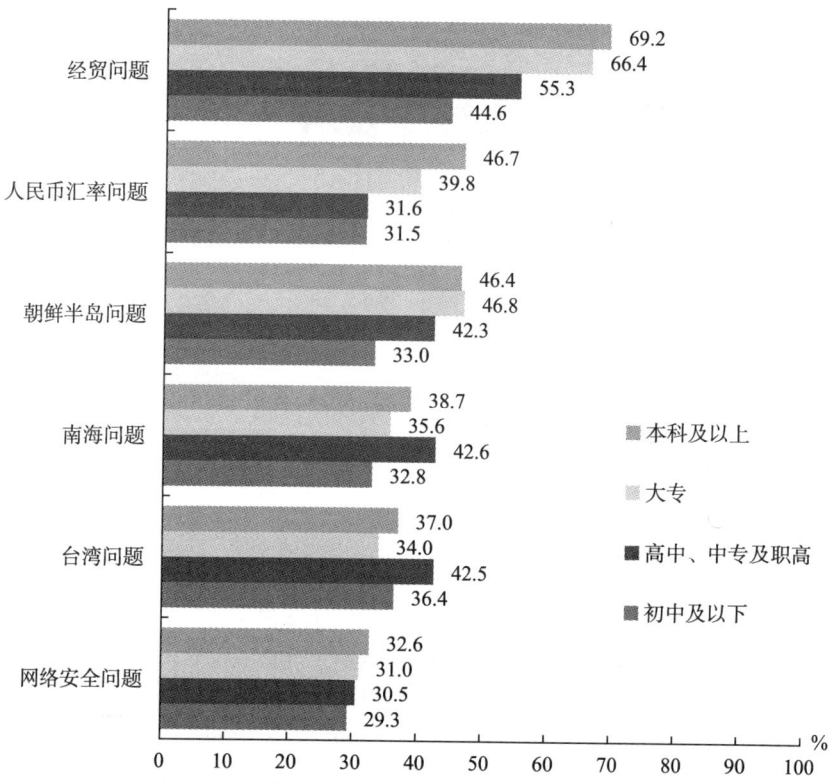

图1-231 在您看来,中美新型大国关系的构建将会促使哪些问题朝积极的一面发展?——分学历(N=1305)

注:此题为可多选,各选项之和大于100%。选项未列全

差异五 各类人群对中美关系的看法差异

- 女性受访者比男性受访者更认同中美两国之间是盟友关系

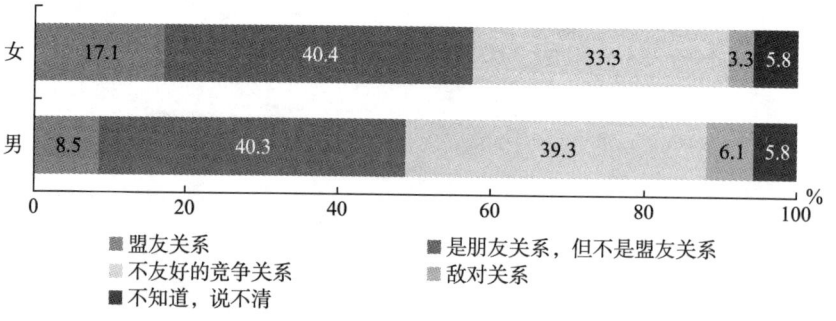

图1-232 在您看来,总体上说,美国与中国的关系是怎样的?——分性别(N=1305)

- 50 岁及以上的老年组受访者更认同中美两国之间是盟友或朋友关系

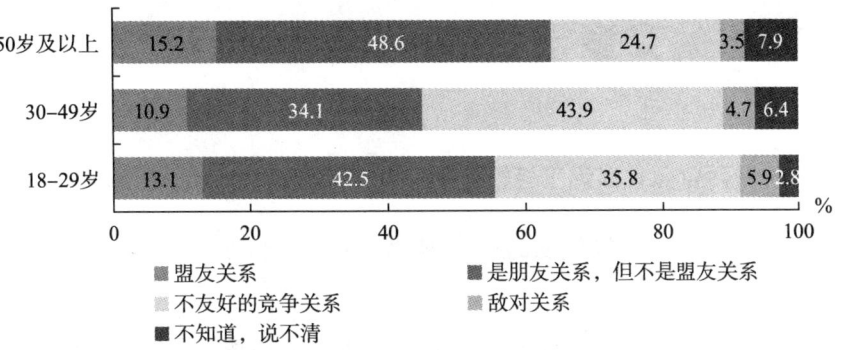

图 1-233　在您看来，总体上说，美国与中国的关系是怎样的？——分年龄（N=1305）

- 本科及以上学历组的受访者最认同中美两国是"朋友关系，但不是盟友关系"

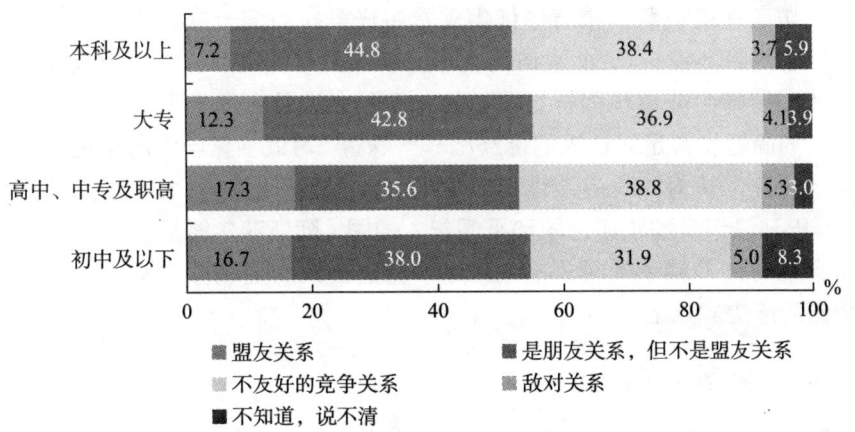

图 1-234　在您看来，总体上说，美国与中国的关系是怎样的？——分学历（N=1305）

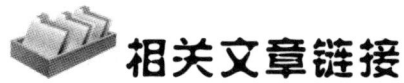 **相关文章链接**

两位元首高温下轻松握手　各方舆论期待有重大突破

习奥聚焦"新型大国关系"

"习奥誓言要迎来美中合作的新模式",美国《环球邮报》7日用强调语气总结中美领导人"非同寻常的庄园峰会"第一天会谈情况。当天,中美领导人身穿敞口白色衬衫、没有戴领带,冒着高温一起走在庄园里,并在照相机前握手拍照。这轻松的一幕传向世界,与1972年尼克松访华,以及1979年邓小平访美在得克萨斯戴着牛仔帽观看牛仔竞技表演一样,成为中美"私人外交"中的经典镜头。"此次访问会形成中美关系的第二次重大突破吗?"很多媒体期待峰会成果也同样经典。第一天的会谈并未发表具体声明,但两国领导人的简短发言足以让人们琢磨出一些味道:习近平重申中国坚定不移走和平发展道路,认为中美应该也可以走出一条不同于历史上大国冲突对抗的新路,奥巴马表示美国欢迎中国和平崛起。德国《阿斯菲尔德汇报》8日评论说,习奥会上有许多棘手问题,但"合作"仍是会谈的主调,中美关系正坐落于一个新的历史起点上。

40多度高温下的握手

6月7日,美国加利福尼亚州安纳伯格庄园所在的科切拉谷地最高气温蹿到43摄氏度。《环球时报》记者不停地喝水,但沙漠里的阳光就像会随时把人口中的水分蒸发掉一样,仍不住地感到口干舌燥、喉咙作痛。

当地时间14时50分,美国总统奥巴马抵达棕榈泉国际机场,然后前往安纳伯格庄园迎候习近平主席。16时50分许,插着中美两国国旗的习近平主席坐车驶出下榻酒店,几分钟后抵达安纳伯格庄园。守候在庄园门口的十多辆电视转播车,以及大量文字、摄影记者竞相捕捉车队驶入大门的历史性时刻。

领导人会晤、会谈时,记者每次只听个开场白,这次也不例外。在开始长达3小时的会晤之前,两位领导人向记者做了简短发言。"尝试新的开始",德国电视1台8日以此为题报道说,尽管是庄园会谈,但两人并没有太随便,在40多度的高温中,两位领导人身穿深色西装,不过,他们至少没有打领带。

在郁郁葱葱的花园中,他们握了握手,对着记者手中的相机微笑。然后两位领导人重申将加强两国合作。奥巴马强调,美国欢迎中国和平崛起为世界强国,这符合美国的利益。习近平则表示,希望本次会谈为双边关系提供新的推动力和新的历史起点。现在世界更关注的内容是,两人在长时间会谈中是否建立了良好的个人关系。

日本《每日新闻》评论称,8日中美首脑会谈一开始,习近平就呼吁奥巴马总统一起构建自己提倡的"新型大国关系"。虽然中国领导人对"新型大国关系"没有明确定义,但是一些分析把它说成是"中美之间竞争和合作共存"。中国现在制定了"2020年收入翻番"、"中华民族伟大复兴"等"中国梦"的目标。对于旨在建设海洋强国的习近平领导层来说,要和美国构建"即使发生摩擦也能将影响控制在最小限度"的关系,要给中国一个专心发展的安定环境。

"习近平主席和奥巴马总统在安纳伯格庄园带了个好头!"美国亚裔城市联盟主席、加州阿罕布拉市议员沈时康在接受《环球时报》记者采访时说:"美中两国的对话和交流应当是多层次、多领域的,我真诚希望在两国元首会晤之后,能看到更多包括地方合作在内的活跃沟通,为美中两个大国关系的健康发展筑就更加坚实的基础,而两国民间'不打领带'的互动与交流,也有助于官方层面减少摩擦和误判。"

"两位领导人会谈的目标,应当是引领两个超级大国的新型关系和互动。"美中关系全国委员会主席欧伦斯对《环球时报》记者说,习奥会为美中关系迈上新台阶提供了难得机遇,相信这次会晤将在两国构建新型大国关系上取得实质性进展。

用长远眼光看峰会成果

习奥会能否成为尼克松访问中国一样的会谈?《基督教科学箴言报》提出的问题代表相当一部分人的期待。报道称,奥巴马和习近平将举行至少6个小时的会晤,而且是以一种罕见的、非正式的促膝交谈的方式。有人认为这将重塑这两个世界大国之间的关系。自1972年尼克松访华以来,中美两国领导人的会谈无不是经过精心准备的,而且从未超过一小时。亚洲观察家们希望,这次不打草稿、为期两天的中美峰会能与尼克松访华一样取得重要成果。中美关系亚洲社会研究中心负责人谢尔表示,美中关系的第二次重大突破已成为圣杯。

7日的会谈结束后,英国路透社说,此次为期两天的会谈为奥巴马和习近平增进相互认识提供了一个机会,也为经常变冷的两国关系注入一丝暖意,为两国进行更好的合作搭建了舞台。第一天的会谈没有带来重大突破,也没有发表具体声明。会谈结束后，习近平和奥巴马说他们同意有必要在解决网络安全问题上进行合作，这是中美关系产生摩擦的一个主要因素。他们还认为改善两军关系很重要。相互不信任和交流不畅在过去一直阻碍着中美两军关系。

"习奥会首日谈话聚焦构建中美新型大国关系，网络安全暂摆一边"，法国国际广播电台以此为题报道说，中美领导人首先就各自国内发展、构建中美关系的"新模式"等问题深入交换意见。而最为敏感的网络安全议题似乎没有显著进展。习近平在回答美国媒体时重申，中国也是网络安全的受害国，也希望积极解决此一问题。双方因此同意，将在中美战略与经济对话的架构下，设立中美网络安全工作小组。

分析人士认为，奥巴马这是迫于国内压力，故意要在中国面前表现自己的"强硬"以及对美国利益的维护，避免给国内反对者提供向中方叩头的口实。"对于奥巴马来说，他要试图求取平衡，一方面为美国利益站出来，另一方面又必须培养与全球影响力日益增长的中国的关系。"加州当地《沙漠太阳报》说。

实际上，美国谈及网络安全问题的意愿已经受到国内事务的掣肘。法新社在报道相关议题时称，美国总统在捍卫国家信息安全之际，其政府却正处于受到监控网络与窃听电话指控的漩涡：美国国家安全局与联邦调查局以反恐的名义，对网络实行监控并对一些私人电话进行窃听事件在美国掀起轩然大波。媒体不断炮轰新闻自由遭到侵害，甚至有评论称，"担心来自中国的网络攻击，难道就不担心来自美国自身的网络攻击？"

一些分析认为，网络安全问题进展与否并不是评判峰会成果的最主要标准。比利时《晚报》7日在世界版大篇幅报道习奥会。其中以"两个寻求平衡的国家"为题的报道称，距离上次中美两大强国领袖坐下来非正式会谈，已有几十年了。位于华盛顿的卡内基国际和平研究所学者史文接受《晚报》访问时称，近两年中美关系显得紧张，双方对彼此关注焦点解读错误的风险也在增加，这次会面显示，两方都认同双边关系的重要性。史文评估称，这次习奥会不会有突破性重大宣言，但如果双方都准备好进行实质对话以克服歧见、和平解决西太平洋的安全问题，就很不错了，如果两人能透过这次会面建立互信，会谈就算成功。

"峰会成果要长远看"，"美国之音"8日的一篇报道使用了这样的小标题。报道援引专家的分析说，两国政府都努力降低人们对这次会晤成果的期望，他们说，没有打算宣布什么大事，也不一定提出完整具体的协议，他们降低人们的期望，专注在为两国存在的主要问题促成阶段性发展的讨论。

法新社称，白宫并不期待此次会谈对解决敏感问题带来立竿见影的效果，因此需要从改善中美两大世界经济强国的关系这个长远目标来评估峰会成

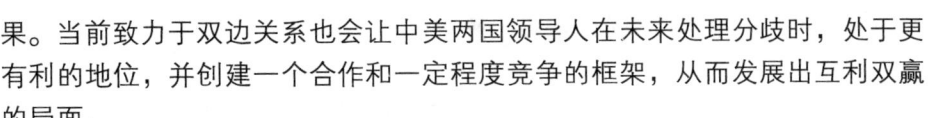

果。当前致力于双边关系也会让中美两国领导人在未来处理分歧时,处于更有利的地位,并创建一个合作和一定程度竞争的框架,从而发展出互利双赢的局面。

中美的"战略性谨慎"

习奥会不仅关乎中美,也关乎世界其他国家。"德国之声"向欧洲提出问题说:"欧洲正在寻找自己在世界上的位置,这一背景下,中美举行首脑峰会。欧洲表现的坦荡中,是否暗含几分酸楚与嫉妒?"

另据日本时事通讯社报道,日本官房长官菅义伟8日出席东京电视台节目时,对于中美首脑会谈称:"日本的想法已经向美国转达。美国会为日本好好主张。日美关系正在良好的信赖感中进行着。"报道称,菅义伟的话显示出奥巴马在峰会中将在钓鱼岛问题、朝鲜问题上持与日本相同立场的见解。日本电视台8日评论称,明天(美国时间8日)中美首脑将展开第二日的会谈,将就朝核问题、钓鱼岛问题和海洋安保、气候变化等问题进行磋商,明天的议题才最令人关注。

一些议题可能导致中美关系走上令人担忧的方向。奥地利《标准报》8日援引哈佛大学最近进行的一项调查说,在15个可能导致国与国发生冲突的领域中,中美两国在其中11个方面已经发生某种程度的重大冲突。

但中美关系又不能说成全是"冲突"的关系。"爱恨交织"是德国《明镜》周刊8日驻华记者报道中对中美关系的定义。文章称,中国与美国维持一种奇怪的关系:有时充满相互敬佩,有时又是怀疑和鄙视——而这往往发生在同一时间。美国正在尽力奉承中国,安排阳光庄园举行习奥会,好莱坞电影《钢铁侠3》有了中国版本。而中国电影《中国合伙人》也是一个中国人的"美国梦"。在对手越来越少的时候,顶端的两个国家充满"爱恨交织"关系。

法国《费加罗报》8日分析说,在21世纪中美两大巨头双边关系和贸易依存度不断加深的同时,华盛顿智囊团对本次习奥会提出"战略性谨慎"的新概念来解释本次"面对面式"会谈的情形。美国智库布鲁金斯学会认为,战略性谨慎的基础是对美中关系利益长期分析的结果,美国人和中国人都清楚老牌势力和新兴强国交手,难得好结果。奥巴马本次会面的任务是和他的对话者"建立起一种非官方的个人关系,并消除质疑。"而美国政府也将习近平视为"一个与众不同的中国新式领导人",习近平能够排除国家元首访问的传统繁杂规程,接受本次非正式会谈,本身就显示出他"对会谈感到放松"。习近平看上去"是一位具有开放姿态的对话者,"因而本次会面可以给两人提供比正式访问多出三倍的交流时间。

(数据版权:环球时报 2013-06-09 第3046期 第1版|要闻 作者:

陈一鸣　青木　潘亮　李珍　孙微　陈一)

美媒：中美建"新型关系"，很难

美国战略与国际研究中心太平洋论坛网6月11日文章，原题：一种"新型大国关系"？很难出于担心唯一超级大国与快速崛起的挑战者之间"不可避免"的冲突，中国说在寻求建立"新型大国关系"。但细看会发现，中国想要的似乎恰恰是种传统的大国关系，它具有大家熟悉的划定势力范围的意图——尽管北京没采用这个说法。

北京讨论与俄印日的关系时，从不谈新型大国关系。它们或许是多极世界的新极，但似乎还达不到"大国"层次。

"新型关系"让人想到美苏争霸，尽管每个参与对话的中国人都避免给美中关系套上冷战框架。美中每次讨论，信任都是中心话题。也就是说，新型关系的基础是信任。但建立信任的担子首先落在美国人肩上。中方表示，中国从未做过任何损害美国核心利益的事，而美国在这方面做的不能令人满意。

不论如何延展，中国"核心利益"始终存在地理上的连贯性，从中可看出"新型大国关系"的面貌：轮廓就像门罗主义——中国的势力范围。在此范围内，北京拥有左右亚洲重大事态的权力。这也透露出美中关系中"互相尊重"的含义。在中国人看来，"尊重"意味着在讨论北京关切的问题时"顺从"中国的意愿。

中国对地位的要求还根植于某种国家认同，这与美国相似。两国都自视与众不同：中国是"中央王国"，美国是"山巅之城"。这种认同，加之美国历史上对势力范围的宣言，无疑刺激了中国试图获得对其近邻的更多影响力。可惜，邻国担忧北京的野心，转向华盛顿求助。美中关系是十分重要，但北京别指望与华盛顿建立"一种新型大国关系"以给中国在亚洲的行动一张空白支票。（作者布拉德·格罗斯曼）

澳大利亚《商业观察家》6月12日文章，原题：一个柔韧的中国只是加州之梦在中国战略家看来，未来理想的中国版G2是怎样的？华盛顿承认中国在亚洲的势力范围，而北京将东太平洋及大西洋视为美国天然的战略后院。这种方案存在问题。首先，亚洲已成为美国和其他西方公司全球生产链中的重要一环。华盛顿若将西太让给一个战略对手，就等于放弃保护其国家商业利益的职责。

另外，亚洲日益发展的消费市场对美国未来的经济命运至关重要。第七舰队的作用是确保战略稳定及海上贸易路线的自由开放，这点将来会变得更重要。没哪位美国总统能说服美公众放弃控制，转而依靠解放军海军的善意。

中美之间存在诸多妨碍战略互信的因素：一个老牌强国与一个新兴强国很少能和睦相处。

此外，中国宣称对几乎整个南海拥有主权。北京是否会不考虑政治关系，向所有国家提供自由和开放的重要海上贸易通道？实际上，从北京之前的行为来看，它更愿使用经济手段惩罚他国的战略和政治决定。

中国版 G2 行不通的第三个原因是，若设立此类方案初衷是确保稳定，结果可能恰恰相反。抵制另一个亚洲国家主导，是几乎所有现代亚洲国家历来的大战略——因此普遍接受不属于亚洲的美国人充当战略主角。若美国"让出"亚洲，日本、越南或澳大利亚诸国都不太可能顺从一个由中国主导的秩序。

（数据版权：环球时报　2013-06-13　第 3047 期　第 6 版 | 关注中国　作者：约翰·李，乔恒　译）

美民调：1/5 民众视中国为"头号敌人"

据美国著名民意测验机构盖洛普 2 月 20 日公布的"世界事务"调查，中国今年首度取代伊朗，成为美国人心目中的"头号敌人"。《今日美国报》分析说，中国获得这一"殊荣"主要源于伊朗核危机缓和后，美国人将对伊朗的负面评价"分摊"给了更多国家。调查还显示，53% 的美国人对中国有负面或非常负面的看法；对中国持正面或非常正面看法的比例为 43%。

该调查在 2 月 6 日至 9 日进行，随机抽取了美国 50 个州和华盛顿特区的 1023 名 18 岁以上成人手机或固定电话用户。调查显示，在此前 8 年的调查中，伊朗一直被美国人视为"头号敌人"，2012 年高达 32% 的受访者做出这种选择，而今年这一比例降低到 16%，20% 的受访者将中国视为"头号敌人"。此外，16% 的受访者将朝鲜视作最大敌人，9% 认为是俄罗斯，另有 7%、5% 和 3% 的人分别选择伊拉克、阿富汗和叙利亚。进一步分析发现，与明显倾向于民主党或共和党的受访者不同，把中国视为美国最大敌人的受访者大多政治立场较为模糊。

盖洛普的报告认为，美国人越来越倾向于认为，中国日益显露的经济实力带来的威胁要比伊朗或朝鲜的潜在军事威胁更大。该调查 1979 年开始向受访者询问对华看法，当时中国的国内生产总值不足美国的 1/5，但却有高达 64% 的受访者积极看待中国。今年的调查显示，52% 的美国人认为中国未来 10 年对美国"重大利益的关键威胁"是其日益增长的经济实力，46% 的被调查者认为这种威胁来自中国的军事力量。分析人士认为，这表明至少在目前，美国民众仍是通过经济视角来观察中国不断增长的影响力的。

《华盛顿时报》称，美国的 GDP 几乎是中国的两倍，但在该调查中，

52%的美国人认为中国是世界上最大的经济体,只有31%的受访者选择了美国。盖洛普的分析师指出,2000年,只有10%的美国人把中国当成世界最大经济体,但这一比例此后持续攀升。从2011年至今的连续4次调查中,将中国视为最大经济体的美国人比例稳定在52%和53%之间。造成这种结果的主要原因在于,过去的13年中,中国经济在绝大多数时候保持了两位数增长,而美国经济却一路危机相伴。

(数据版权:环球时报　2014-02-22　第3250期　第3版 | 新闻背景　作者:陈一鸣)

边界摩擦不断被放大　民间互信始终难形成

媒体误读加重中印"沟通赤字"

——中印媒体相互报道现状监测分析

中印两国总人口超过 25 亿,但互派到对方国家的记者总数仅约 20 人。这种严重的"比例失调",显然无法满足两国民众相互了解的巨大需求。不可否认,两国媒体在中印关系发展中起了很大的推动作用,但在报道对方国家时又存在不少问题。8 月 21 日,由环球时报公益基金会(GTF)和印度观察家研究基金会(ORF)主办的 2013 首届"中印媒体对话"在北京拉开序幕。应邀与会的印度媒体人还将在北京、深圳参观考察。对话要探讨的就是中印媒体对两国关系的发展到底有何种影响,又该如何消除那些因误解和偏见而产生的障碍。

有团体为军火订单炒"中国入侵"

在"中印媒体对话"举行前,环球时报舆情调查中心选取中印两国各 10 家影响力较大的媒体,对近 3 年标题中含"中国"、"印度"、"中印"的新闻报道进行分析。结果显示,印度报业托拉斯、《印度快报》、《印度斯坦时报》、《印度时报》等 10 家印媒对中国的关注与日俱增。在近期的印媒涉华报道中,体现出印度对两国关系既担忧又有所期待的矛盾心态。而中国新闻社、《人民日报》、《新华每日电讯》、《南方都市报》等 10 家中国媒体对印度的关注度有所下降,且关切重心由印度民生向军事转移。

环球时报舆情调查中心的调查显示,今年 5 月 10 日至 8 月 10 日期间,10 家中国媒体涉印报道 875 篇,印媒涉华报道 1324 篇。对印媒报道标题的词频分析显示,"border(边界)"是除"China(中国)"、"India(印度)"之外出现频率最高的词,标题中含"border"的报道占总量的 17.8%。中国与其他国家的关系也是印媒关注的重要话题,包括中巴友谊、中日领土争端等。在印媒报道中,较多使用负面词汇描述中印关系,如在边界问题中,多使用"入侵"、"激怒"、"不信任"等词。相反,中国报道中较多使用"合作"、"携手"、"友好"、"伙伴"、"近邻"等。对于边界问题,中国媒体认为是"印媒炒作"。

印度观察家研究基金会主席乔希·辛族告诉《环球时报》记者,今年发生在印中边界的事件最吸引印媒注意,而且大部分报道自然会倾向于负面。

今后"安全因素"注定会使印媒的这个现象愈发突出,因为"一次突发的安全事件将会使100个美好、正面的故事黯然失色"。乔希·辛族说,印媒涉华负面报道还包括南海问题、中国人权问题、印中贸易失衡、流亡藏人等,最近还有中国网络威胁和黑客活动的报道,"但毫无疑问的是,印媒也集中报道中国的经济变革和进步"。

印度曼尼帕尔大学地缘政治学教授纳拉帕特观察到一个有趣的现象:印媒有关"中国入侵印度"的报道,通常出现在印中即将开展高层交往之前。他认为,一些国际军售的游说团体在印非常活跃,他们擅长制造煽动性的新闻,以此"证明"中国想侵占印度领土。纳拉帕特说:"这有助于他们获得巨额订单,而这种大惊小怪的报道在中国相对较少。"但他强调:"我不同意中媒比印媒更克制的说法,愚蠢的评论和杞人忧天的报道同时出现在中印边界两侧。"

中印媒体都应摆正心态

在《环球时报》驻印记者看来,印媒对中国建设成就的报道相对客观。今年3月,印度一名内阁部长在媒体上撰文称,"在基础设施建设方面,印度应向中国学习"。但涉及边界争议或中国军力发展等敏感内容时,不少印媒就容易失去理性和客观立场。今年4月发生所谓"帐篷对峙"事件后,有印媒连篇累牍地渲染,发出"中国是印度最大敌人"、"要对中国强硬"等论调。记者的一个印度朋友甚至打电话问:"印中是不是要爆发战争了?"实际上,记者接触的印度媒体同行不少都非常友善。8月17日,印度新德里电视台一名女同行在一次活动中告诉记者:"印中是兄弟"。

目前中国多家主流媒体派驻印度的记者不到20人。《环球时报》驻印度记者订阅了《印度时报》、《印度教徒报》、《经济时报》、《印度快报》和《今日印度》,涉华报道几乎天天都能在这些报刊上看到,两国边界争议上头版头条或其他版头条是常有的事。据了解,印度报业托拉斯、《印度教徒报》、《印度时报》、《印度斯坦报》4家印媒在中国派驻了4名记者,这与过去比已经算多的了。这些驻华记者给印媒提供了大量的涉华报道。

印度新德里中国研究所主席莫汉蒂从事中国问题研究40年,他认为,印中两国媒体的沟通很重要,双方应多从对方角度想问题,才能减少误解。他认为印度在华常驻记者有限,很多记者没去过中国或只在中国短暂停留,对中国的历史和现实都不了解。莫汉蒂还提到,中国媒体在报道印度时也应注意词汇的恰当使用,避免刺激当地人民的感情。

印度防务研究与分析研究所防务专家拉吉夫·夏尔马也是知名记者兼作家,他认为,影响印中关系的最大"刺激物"是历史包袱,印度1962年印中战争失败的伤口还没有愈合,一些印媒沉溺于"中国威胁"。他认为"这非常容易理解，除中国外印度不害怕任何国家，因为其他国家都不会像中国这样对印度的国家完整和主权构成威胁"。印度新德里尼赫鲁大学国际关系学院教授斯瓦兰·辛格认为，印度视觉媒体的涉华报道通常比传统纸质媒体更负面。他批评大部分印媒有时依然愚昧无知，特别是它们对知之甚少的事务迫不及待地竞相报道时。但他认为，与印媒对中国缺乏了解相比，中国媒体更不了解印度。

中国现代国际关系研究院南亚研究所所长胡仕胜告诉《环球时报》记者，他认为，有时中国媒体在报道印度时带有某种轻视心态，在很多方面没有看到印度的优势，也没把它当成大国。他觉得，中国媒体对印度负面新闻关注得有点多，涉及印度军事现代化和强奸案等社会新闻"容易吸引眼球"。同时，印度媒体人对中国更不了解。一些印度驻华记者的报道相对客观，但由于语言差异，印度本国报道的信息和观点主要来自西方，一方面难免带有西方媒体的视角，另一方面多从矛盾、分歧和对抗等负面的视角来看中国。上海国际问题研究院南亚研究室主任赵干城认为，印媒自由度较高，以受众为导向，"报忧不报喜"，接近西方视角。印媒内部看法认为，"印度民众乐于看到中印关系中消极的新闻"，这是中印关系中的一个隐忧。赵干城认为，中国媒体对印报道也不全面，如对报道印度经济兴趣不大，其实印度政府近年来也做了很多事，如修建地铁、高铁等。

两国互派记者应增加到75人

印度观察家研究基金会主席乔希·辛族说，高层次的印中媒体交流将有助于消除彼此误解。负面和不正确的报道会给两国决策者带来更多压力，导致他们对改善双边关系踯躅不前。他希望，双方关系应成熟到都愿意摒弃昔日"非黑即白"的旧观念，并从对方的角度考虑问题。

目前中印在对方国家常驻的记者加起来仅约"可怜的"20人。印度曼尼帕尔大学地缘政治学教授纳拉帕特认为，中印应多互派记者到对方国家，"数量应增至比较合理的75人"。他建议，中国的电视节目应进入印度且像英美节目那样容易被收看，反之亦然。印度学者夏尔马建议："印中两国媒体可以积极一点，花钱邀请对方的记者来参观、交流，为什么一定要将这些事推给政府做呢？"他认为，两国政治家和外交官必须意识到，在双方媒体重新认识对方的文化、习俗和惯例之前，两国民间的关系不可能得到加强，媒体的贡献是可以使政治家和外交官改善中印关系的任务更加简单。官方应把对方派来的记者当成"品牌大使"而不是"鼓动战争的贩子"，记者手中就像握有反映对方社会真实情况的明镜。

胡仕胜认为，中印关系主要还是由两国政府来主导，"高层领航的推动力大于民意的牵制力"，因此双方媒体的负面报道对中印关系并无大的影响。他建议两国媒体多互动,多在对方国家落地设点,利用网络、电视等工具来进行宣传,多做一些能让两国人民相互欣赏的报道。中国媒体对印报道应更加全面,用词不应带感情色彩。赵干城认为,由于沟通少,两国民间"偏见代替正确认识"的现象短时间内无法改变,这就需要双方加强交流。自律的媒体对敏感问题一般要"不乱讲、不挑衅"。他特别提到中国媒体最近对印度航母下水的报道,"其实中国应更加自信一点,只要客观陈述就可,不用凸显印度的劣势"。

印度联合新闻社经济部前负责人、现为自由撰稿人的拉吉夫·西奥多谈到一个"技术问题":"印媒必须对译自中国媒体的涉印报道保持最高程度的谨慎,因为在翻译对方报道时也有风险。印中媒体也不要过分援引西方媒体对两国的负面报道。"也许只有这样,中印才能从容地进行交往。

(数据版权:环球时报 2013-08-21 第3106期 第7版|深度报道 作者:吕鹏飞 凌玉环 孙啸波)

主要发现

环球时报舆情调查中心对近年来中国、印度两国媒体相互报道的情况进行了监测研究。研究选取了中印两国各十家影响力(或覆盖面)较大媒体(如下表所示),对近三年里中国媒体报道的标题中含"印度"、"中印"或"India"的新闻,印度媒体报道的标题中含"China"的新闻进行了分析。

中国媒体	印度媒体
中国新闻社	印度报业托拉斯
人民日报	印度快报
新华每日电讯	印度斯坦时报
中国日报	印度时报
中国青年报	印度教徒报
北京日报	德干纪事报
南方都市报	德干先驱报
21世纪经济报道	今日印度
扬子晚报	亚洲时代
北京青年报	政治家

注:中媒报道数据来源于香港慧科讯业新闻数据库,印媒报道数据来源于美国道琼斯新闻数据库。

主要发现如下：

1. 近年来印度媒体对中国的关注与日俱增渐增，关切重心由经济领域转向国际关系；中国媒体对印度的关注度有所下降，但关切重心向印度军事军队转移。

2. 在近期的互相报道时，中媒的印度报道内容均衡，印媒的中国报道明显偏好于时政；在报道中印关系方面时，印媒纠结于边境问题，中媒看重互访合作。

3. 在近期报道的态度倾向上，印媒报道中弥漫着担忧和希望的矛盾态度，中媒报道则普遍呈现乐观态度。

一、中印媒体相互关注趋势

1. 印媒对中国的关注渐增，中媒对印度的关注递减

监测数据显示（参见下图），印度媒体对中国的标题报道量整体上明显高于中国媒体对印度的标题报道量。2010 年至 2012 年，中国的十家媒体中，有七家媒体对印度的报道量呈逐年下降的趋势，且下降趋势在报道量较大的媒体中表现得更明显；印度的十家媒体中，有六家媒体对中国的报道量呈逐年上升的趋势，且上升趋势在报道量较小的媒体中表现得较为明显。

分析认为，印媒对中国的报道呈上升态势，意味着印度对中国的关注与关切近年来与日俱增；中媒对印度的报道呈下降态势，意味着中国对印度的关注与关切近年来不断降低。

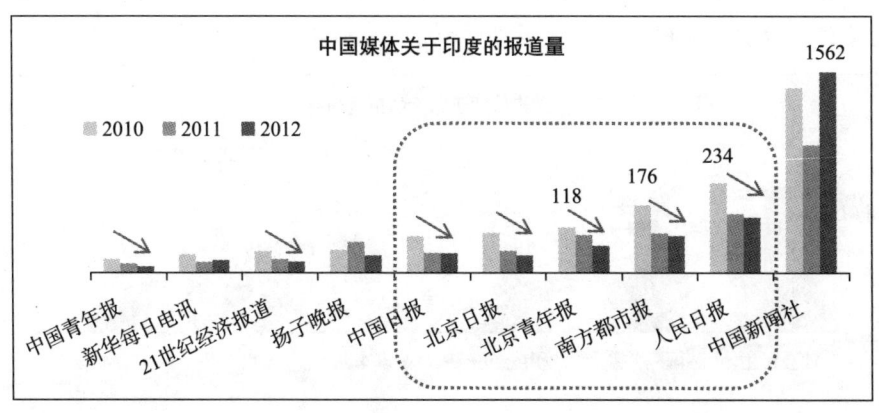

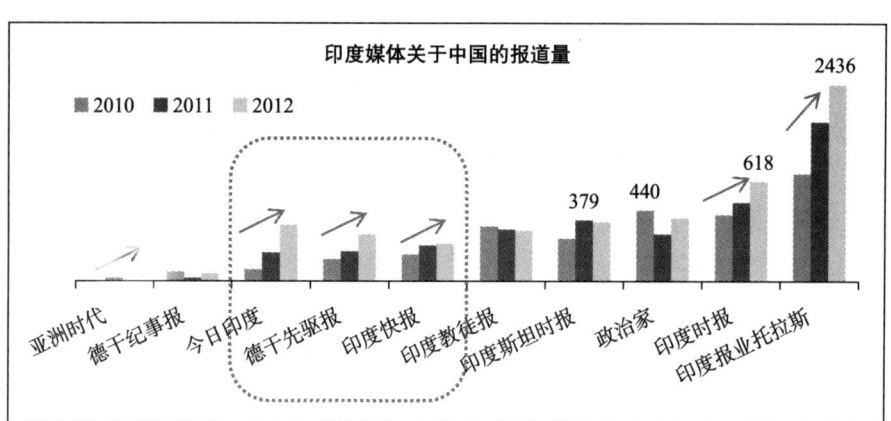

图1-235 中印媒体相互报道量的趋势比较

2. 印媒关切由经济领域转向国际关系，中媒关切由社会民生转向印度军事

从新闻报道内容的分布情况来看，社会民生是中印两国互相报道最多的内容。此外，中国媒体关于印度报道较多的领域为国际关系，且略显趋增的态势；印度媒体关于中国报道较多的领域为经济，且出现递减的态势。2011至2012年，中国媒体对印度军事军队的报道量出现猛增，而同时印度媒体对中国国际关系的报道量出现猛增。

分析认为，除了国际新闻报道普遍关注的社会民生内容外，惯常意义上来讲，印媒更关切中国经济，而中媒更关切与印度有关的国际关系事务。但从趋势上来看，印媒对中国经济的关切逐年降低，去年开始，中国的国际关系事务成为印媒的重点关切对象；印度的军事军队情况成为中媒的重点关切对象，而社会民生的受关注度逐渐降低。

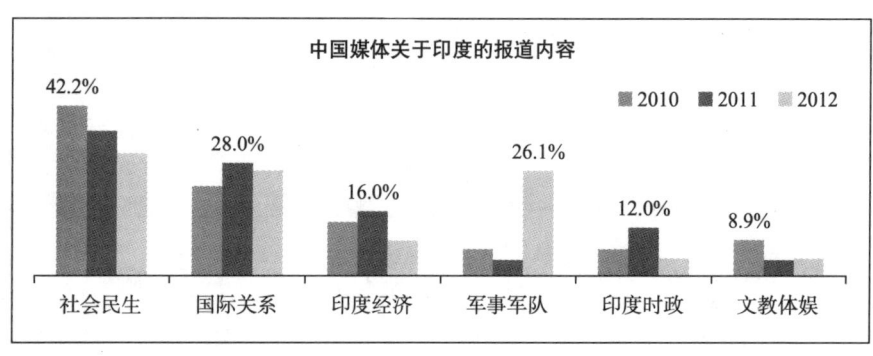

一、环球对望：中国信心与世界印象

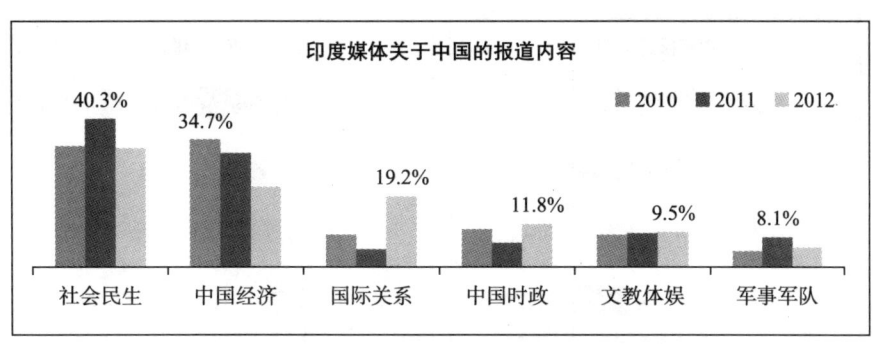

图 1-236　中印媒体相互报道内容的趋势比较

二、中印媒体相互报道内容

1. 报道对方国家时，中媒报道内容均衡，印媒报道偏好明显

本研究选取了近三个月（2013 年 5 月 10 日至 8 月 10 日）的中印媒体相互报道，对其新闻内容进行分析。其中，中媒报道 875 篇，印媒报道 1324 篇。

中国媒体的新闻报道中，43.5% 的内容主要谈及中印关系，56.5% 的内容主要针对印度；印度媒体的新闻报道中，36.6% 的内容主要谈及中印关系，63.4% 的内容主要针对中国。

分析认为，在相互报道中，中国媒体相对而言更加关切中印关系，而印度媒体对中国本身更感兴趣。

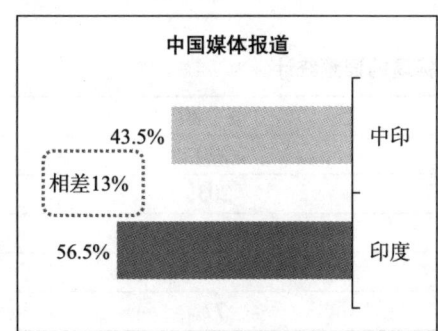 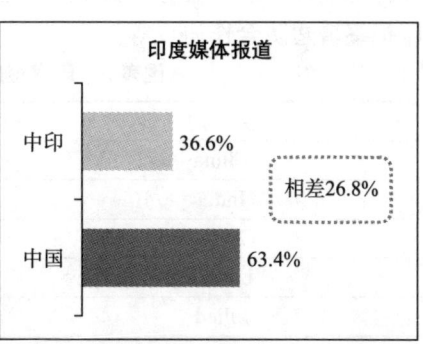

图 1-237　中印媒体相互报道内容范围的比较

在中印媒体不涉及中印关系、主要针对对方的报道中，社会民生仍旧是近期中印媒体相互报道的主要内容，占比近半（见下图）。除此之外，中媒报道印度的主要内容为军事军队和印度时政，但与其他类型内容之间的报道量差距不大；而印度媒体报道的主要内容为中国时政，不同类型的报道量之间存在明显差距。推论认为，中媒对印度报道在内容选择上相对平衡，而印媒对中国报道在内容偏好上存在明显差异。

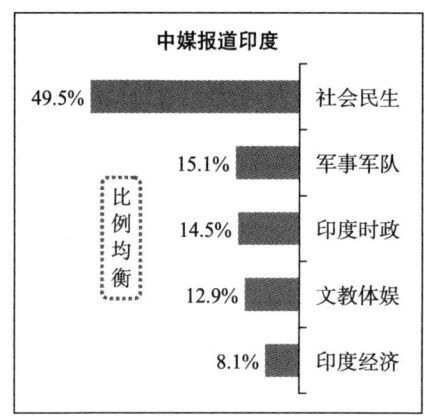 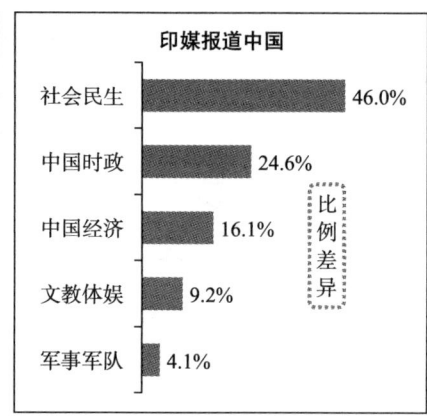

图1-238 中印媒体报道对方的内容分布

2. 报道中印关系时，印媒纠结于边境问题，中媒看重互访合作

在中印关系方面，印度媒体关切的主要议题有中印边境问题、中印高层互访、中国与周边国家关系、美俄在中印关系中的作用等。

其中，印媒对边境问题尤为关切。对印媒报道标题的词频分析显示，"border"是除"China"、"India"之外出现频率最高的实词，标题中含"border"的新闻占中印关系新闻总量的17.8%，高于任何其他议题或关键词的比重。印媒在边境问题上的主要报道议题涉及印度拟在中印边境部署"山地打击军"，中国首部蓝皮书表达在边境问题上的强硬立场，印方呼吁尽快解决边境问题，中印拟签署边防合作协议等。

图表5 印媒报道标题的词频统计

实　词	词　频
China	990
India	203
China's	92
border	86
killed	77
US	52
visit	49
ties	40
talks	35
trade	33
Chinese	31
new	31
Li	31

中国与其他国家的关系也是印度媒体报道不可或缺的重要议题,包括中巴友好关系、中日领土争端、美俄等大国作用等。词频分析中,"US"一词在印媒1324篇关于中国的报道中的出现频率达到52次,可见美国在印媒对中国报道中所产生的重要作用。

中国总理李克强于2013年5月19日–27日对印度进行正式访问,2013年7月4日印度防长安东尼率印度军方高级代表团访问中国,也成为近期印媒热衷报道的主要议题。"visit"一词的在印媒报道的标题中出现了近50次。

此外,印媒报道中还有不少关于两国发展比较分析的文章。

与印度媒体显著不同的是,中国媒体近期报道中印关系的议题大多数为中印高层、企业或团体互访及取得的成果,对中印边境问题的报道很少。

3. 在态度倾向上,印媒报道中弥漫着担忧和希望的矛盾态度,中媒报道普遍呈现乐观态度

监测发现,近期中国媒体有关印度和中印关系的报道中,呈现出乐观态度,正面态度的报道占16.2%,负面态度仅占1.0%;而印度媒体的相关报道中,负面态度较为明显,占9.5%,集中围绕中边境问题和中国的地缘政治问题,正面态度也有一些,占4.2%,主要围绕着中印互访带来关系改善的预期。

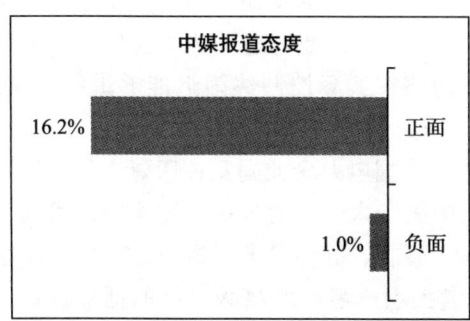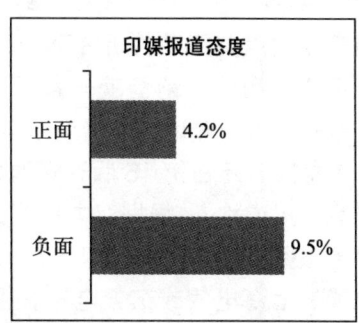

图1-239 中印媒体报道的态度倾向

分析发现,印度媒体报道中,较多使用负面词来描述中印之间的关系,如在边境问题中,多使用入侵、侵略、激怒、不信任等词语(aggression、intrusion、incursion、mistrust、provoke)。相反,中国报道中较多使用正面具有积极意义的表述方式,如"合作"、"携手"、"共同"、"友好"、"伙伴"、"近邻"等,而对于边境问题,中国媒体认为是"印媒炒作"。

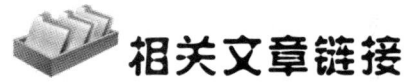 相关文章链接

评价边防协议能避冲突　担心中国货币成为武器

中印携手，印媒欢呼并警惕着

"世界足够大，可容纳印中发展"，印度总理辛格24日在中央党校的演讲中强调印度和中国之间存在充足的合作空间。对于已签订9项重要合作协议的中印来说，此时"合作"二字已经压倒"分歧"，尤其是边防合作协议与经济合作的敲定，令印度媒体开始热烈讨论接下来印中合作的"舞步"，当然还有现存的一丝警惕。

24日，在外交部的例行记者会上，中印边防合作协议也成了各方关注的热点。外交部发言人华春莹在回答记者提问时表示，"此次中印签署边防合作协议，重申双方不将其军事能力用于针对对方"。

中印携手引起印度舆论的持续关注，并进行了跟踪报道。《印度教徒报》24日在头版刊登题为"发生对峙之时，印中不会使用武力"的文章。印度中国研究所主席莫汉蒂告诉《环球时报》记者，他对这一边防合作协议的签署十分高兴，因为此前他就一直呼吁两国在实际控制线附近能够进行经常性、不同级别官员的对话，以增进互信，避免冲突。

该报同时还在第15版刊登题为"中国电力企业同意在印建立基地"的头条文章。报道称，"根据双方协定，中国最大的电力公司已同意在印度建立电力设备服务中心，以解决印度客户的问题"。据印度方面透露，所指的中国企业可能是上海电气或东方电气。报道援引一名印度高级官员的话称，这是一个里程碑式的事件，并将为中国最终在印度建立生产基地铺平道路。

据《环球时报》记者了解，印度今年年初对来自中国的电力设备征收20%的关税，这沉重打击了中国电力设备的对印出口，甚至有相关企业负责人向记者透露出放弃印度市场的打算。此次建立生产基地也将让中国公司避开进口税。对于这一协定，印度计划委员会副主席蒙特克表示，它将为在重点领域深化两国经济合作创立新机制。

中国电力设备制造商希望在印度建立生产基地，也希望印度简化签证手续。印度《经济时报》24日报道称，中国期待印度能实现简化签证体制，但由于印度存在的疑虑而最终被拒绝。报道援引印度中国问题专家库达帕里的

话称,"未来在中国国家主席习近平访问印度时,也许印中两国有望达成简化签证的协议"。

至于中印两国没能在中国工业园区问题上达成协议,印度媒体认为这是由于中国方面对于印方给出的 5 个选址地点没有做出决定。据《环球时报》记者观察,中国工业园区搁置的因素十分复杂。首先就是征地问题。印度议会近期通过新的征地法案,对征地的要求更为苛刻。其次是基础设施落后、电力短缺、道路状况较差等。第三,就是政治制度的制约,由于印度实行联邦制,常常出现中央和地方政权分属不同党派的情况,这就极易导致掣肘局面的出现。

一些印度媒体也并未放下"警惕"的姿态。《印度时报》的报道援引一名专家的话说,"如果你认为经济渗透会影响地区安全的话,那么印度就需要做好准备。中国市场及产品将在未来很长一段时间内主导亚洲市场。人民币将成为中国最有力的武器,而不是导弹"。

此外,印度国防研究与发展组织负责人阿维那什·查德 24 日表示,目前,印度海域正遭受来自中国的 19 颗卫星全面监视,印度要对此进行反击,破坏这些卫星传输的数据信息,同时还要抓紧科研攻关,实现对自己海域的立体式全天候监控。

(数据版权:环球时报 2013-10-25 第3154期 第3版|新闻背景 作者:陈晨 丁良恒 汪品植)

媒体要促进中印文化交流合作

中印交往需要新的取经人

胡锡进(环球时报总编辑):中印两国是亚洲最大的国家,也是世界上人口最多的两个国家,但两国老百姓们经常感觉彼此很遥远,当两国想到彼此是邻国的时候,经常是谈论边界冲突、领土争端的时候。两国媒体经常打交道,但往往是一些尖锐的话,造成两国民众间的误解。事实上,两个国家有很多值得相互学习的地方,中印两国如果成为朋友,亚洲就不会有问题,世界也会稳定。

拉贾·莫汉(印度快报专栏作家):中国的崛起在印度引发了五种情绪,第一个感觉是非常钦佩,第二个想法是中印这两个古国的崛起重新定义了整个国际系统,印度人的第三个感觉则是想从中国学习,并进而确定中国是一个机会,特别是一个经济机会。不过,印度人的最后一个感觉是恐惧,担心中国的进步会导致军事发展,关注中国如何运用军事力量。除了边界问题、西藏问题等争议，两国现在面临重新定义彼此关系的重大问题。比如，很多中国人觉得印度和美国关系非常近，但我们会说，中国和美国关系才更近。印度对此比较担心，尤其是如果中国和美国变成G2，对欧洲、亚洲都有非常大的影响。可以说，中印如何处理与第三方之间的关系，也将越来越复杂。

BR·迪帕克（尼赫鲁大学中国及东南亚研究中心教授）：中印之间经过2000多年的文明对话，现在面临各种挑战，特别是西方的强势影响，如何像古代那样延续良好的交流？我认为必须要在合作和解决冲突方面建立切实可行的机制。回顾历史，中印两国之间的良好交流是有催化剂的，在古代一个是佛教徒的传教活动，如取经人士，另外则是中国对外来佛教的包容和接纳。实际上，这些传播佛经的人士就是古代的交流学者，而现在我们恰恰缺乏这种角色、这样的人士，实际上两国媒体可以去效仿这些传播佛经的古代人士。

负面报道的影响有多大

蓝建学（中国国际问题研究所南亚研究中心副主任）：媒体对中印关系的影响非常复杂，目前中印媒体相互报道中存在不少问题，这些问题是双方共同的问题，而不是单方的指责：第一就是捕风捉影，第二个问题是心态的失衡，第三个问题是一些媒体在报道中断章取义，还有就是逐利忘义，最后就是西方中心主义，即不论中国还是印度媒体，都通过大量引用西方媒体的材料去报道对方，影响非常不好。对中印这么大的两个国家，找到两国的矛盾和分歧并不难，但找矛盾和分歧并不是媒体人的专业体现，怎么推动问题解决，为两国关系总体友好服务，这才是媒体人真正的价值。

阿肖克·马利克（印度时报专栏作家）：最近的一个调研表明，印度媒体9.2%的涉华报道是消极的，4%是积极的，大部分都是中性报道。但是负面的报道通常占据头版头条，而积极、正面或中性的报道，大都处于不显著的版面。这种情况之所以发生，原因就是媒体要取悦市场和读者。需要强调的是，印度外交政策制定的来源实际上在不断拓展，媒体在外交政策制定中也起到了一定作用。这对中国既是机遇也是挑战。

董迎春（中央电视台财经频道国际事务组制片人）：媒体在中印关系中的责任，我觉得不应该放大。矛盾和冲突永远是媒体关注的焦点，媒体针对中印存在的一些军事、边界方面的问题进行报道，这很正常，即便有放大嫌疑，也不必过于担忧。只要做到尊重事实，中印媒体方面存在的问题就不会太大。就像当初中国人对美国了解特别多，而美国人对中国没有了解欲望一样，中印之前了解对方的欲望都不强烈，而现在两国互相了解的欲望逐渐增强，大家才认识到媒体的问题，但随着时间的推移，这些都不再成为问题，就像美国和中国一样。

媒体合作不必立竿见影

马尼什·昌德（印度 India Writes 网站主编）：中印两国的彼此了解不应止步于当前像宝莱坞电影这种交流，应通过媒体的合作来弥补这方面的差距。中印都担心自己的文明受到美国文化的影响，不妨在文化合作方面有更多探索。但我们希望中印能更多地做流行文化的交流，如果两国只是交流"阳春白雪"，公众可能不太感兴趣，所以我们应该将流行文化、高端文化结合起来，需要有企业在文化方面进行探索、投资。

唐璐（新华社世界问题研究中心研究员）：对于中印媒体未来的合作，不仅要加强媒体与媒体，媒体人与媒体人之间的理解，还应加强政府与媒体之间的合作与理解，我们需要清楚：第一，不要试图立竿见影，要有一个长期的计划，第二要考虑到印度媒体的属性是私人的，而中国的媒体是国家的，中印政府需要在媒体合作中起重要作用。第三，媒体合作着眼点应该是年轻人。例如可以设立一个政府间的媒体交流项目，选择中印年轻媒体人在对方的媒体或大学传媒系进修一年。但我们必须清楚，这种交流并不是要改变对方的思想，而是在于要理解对方，为什么会这样想、会这样报道。

拉杰什·马哈帕特拉（印度斯坦时报执行总编辑）：加强中印媒体合作，需要由市场来决定，但市场只是一个因素。我建议中印文化交流的一些具体层面，并不要完全基于市场考虑，如可将季羡林教授注解、玄奘编著的《大唐西域记》译成英文，帮助中印重建很久以前就存在的文化联系。在这方面，印度政府需要进一步鼓励那些在中国推广印度文化的人，中国政府同样也应这么做。

（数据版权：环球时报 2013-08-26 第 3110 期 第 15 版 | 国际论坛 作者：环球时报 本文主要来自由环球时报公益基金会和印度观察家研究基金会（ORF）联合主办、于 21 日至 24 日在北京举行的首届"中印媒体对话"嘉宾发言。）

中印媒体人围绕热点坦诚对话

首届"中印媒体对话"于 21 日至 24 日在北京举行，这场由环球时报公益基金会和印度观察家研究基金会（ORF）联合主办的论坛邀集中印双方十余名媒体人士参加。其间，中印媒体代表就"中印媒体人如何看对方国家发展现状及形势、中印两国共同面临的机遇与挑战"、"媒体在中印关系中的作用与影响"、"中印双方相互报道的现状"、"中印的社交媒体"、"中印文化产业的交流与合作"以及"未来：中印媒体合作"等话题进行讨论。

环球时报公益基金会的名誉理事长、《环球时报》总编辑胡锡进说，中印是亚洲最大的两个国家，也是世界人口最多的两个国家，但两国的老百姓时常忘记两国是邻国，感觉彼此非常遥远。中国去过印度的人很少，印度来过中国的人恐怕也不多，两国民众经常是因为谈论边界冲突和领土争端的时候，才想到彼此是邻国，而且是两个充满问题的邻国。想到合作和友好时，大家往往就忘了。胡锡进表示："两国有很多值得相互学习的地方，中印两个国家成为朋友的话，亚洲就不会有问题，甚至从长远看，世界也就会稳定。"

ORF主席萨米尔·萨兰在论坛上把印中关系形容为两条非常古老的河流，上千年来一直在不停流淌。他说，"我们之间虽然有些问题，但这并不能阻碍我们已经有的长久合作。同时，这个河流流动的趋势是没有变化的。"他认为，印度需要更多地了解中国，了解中国的文化和媒体。中国不只一个思想，中国有成千上百万的声音，中国有很多媒体，他们的声音都希望能够被世界聆听。

《北京日报》评论部主任毛晓刚认为，中印之间存在三个最紧迫议题：在新能源、新科技方面的合作；贸易和金融领域方面的合作和协调；共同改善亚太地区的安全环境，建立更为平衡的游戏规则。《印度快报》专栏作家、ORF战略研究家拉贾·莫汉表示，印度人对中国崛起产生五种感觉：一是非常钦佩，二是两国为整个的国际系统重新定义了秩序，中国和印度的崛起，已经影响到整个亚洲局势；三是要向中国学习；四是中国是一个机会；最后一个感觉是恐惧。

《人民日报》、新华社、中央电视台、《环球时报》、《北京日报》、新浪网等中国媒体的多位人士，《印度快报》《印度斯坦时报》、新德里电视台、《印度教徒报》、《印度时报》等印度媒体人以及前印度政府国家安全问题组成员、尼赫鲁大学中国及东南亚研究中心的学者参加了此次论坛。

（数据版权：环球时报　2013-08-23　第3108期　第3版 | 新闻背景　作者：段聪聪）

二 国家安全：两岸大局与周边情势

- 33.9% 的边民最担心"朝鲜半岛爆发战争"
- 28.6% 的边民最担心"美国等域外大国介入半岛冲突"
- 超九成大陆受访者和近七成台湾受访者支持两岸合作对菲律宾施压，多数受访者以外交和经济手段还击
- 近九成受访者支持中国军方对"违规进入中国防空识别区"的不明目标进行有效行动
- 75.7% 的受访者认为安倍晋三参拜靖国神社的后果是"令日本与中韩等邻国的关系跌入谷底"

中朝边境居民最担心半岛开战

——2013 中朝边境百姓对朝鲜半岛局势的看法调查

在朝鲜导弹蓄势待发的传闻中,朝中社 12 日再发社论,警告日本若有任何风吹草动,战争的火花"首先会在日本点燃"。日益紧张的朝鲜半岛局势给中国的国土安全和和平发展带来威胁。为了解边境百姓对朝鲜半岛局势的看法,环球舆情调查中心于 4 月 10 日至 12 日对中朝边境城市(县)的公众开展了民意调查。调查结果显示,33.9% 的边民最担心"朝鲜半岛爆发战争",28.6% 的人担心"美国等域外大国介入半岛冲突"。专家认为,调查结果总体反映出中朝边境地区百姓对半岛局势的高度关注。边境百姓担心战争爆发有一定道理,但我国边境地区总体是稳定的。

环球舆情调查中心此次调查对象为中国与朝鲜接壤的辽宁省丹东市(主要是丹东市区、东港市以及宽甸满族自治县),吉林省延边自治州(主要是珲春市、图们市),以及吉林省通化市(以集安市为主)18 周岁以上的普通居民。电话调查样本均通过随机抽取的方式获得,截至 4 月 12 日,共回收有效问卷 1033 份。① 调查结果如下:

26.2% 的受访者认为朝鲜半岛局势"紧张";26.6% 的人认为半岛局势"有点紧张";认为"不太紧张"和"不紧张"的分别占 15.3% 和 25.9%。专家认为,由于调查仅限于东北地区,因此民众的"紧张"情绪较高,但我国边境地区总体是稳定的。

对于目前有亲戚朋友在朝鲜或韩国的受访者,28.1% 的人表示"担心,希望他们尽快回国",27.4% 的人"比较担心,观察一下局势再做决定",21.3% 的人"不太担心",23.2% 的人"不担心"。

当被问及"最担心半岛局势发生怎样的变化"时(此题为多选),33.9% 的人最担心"朝鲜半岛爆发战争";29.8% 的人担心"中朝边境出现难民潮";28.6% 的人担心"美国等域外大国介入半岛冲突";24.8% 的人担心"朝鲜进

---

① 本次调查采用 CATI(计算机辅助电话)的方式进行数据收集,所有样本均通过随机抽样的方法获得。本次调查为简单随机抽样,在 95% 的置信度下,允许抽样误差为 3.0%。

行第四次核试爆"。

对于"以前朝鲜核试爆后,您是否担心您居住地区的环境受到污染"问题,共 77.1% 的边境地区受访者表达了担忧情绪,其中 57.1% 为"担心",20.0%"有点担心"。此外,6.1% 的被访者"不太担心",15.8% 的人明确表示"不担心"。

对此,延边大学亚洲研究中心主任金强一 12 日对《环球时报》记者表示:"擦枪走火或意外的局部冲突升级可能性比较大。边民担心战争有一定道理。但目前来看,应该担心的是朝鲜试射导弹或试爆原子弹,这是可能的。"至于核污染问题,金强一认为,边民的担心有道理,朝鲜有可能出现核物质泄漏。中国应就此进行深入考虑。

对于哪国最有能力缓和半岛危机?调查结果显示,选择中国、美国、朝鲜、韩国的相对较多,也有人认为是"其他有能力的国家,包括朝鲜和韩国联合,缺一不可,以及俄罗斯等国"。此外,18.7% 的人表示说不清。对此,中国联合国协会副会长张小安认为,朝鲜最想和美国签订和平协定,希望美国改变对它的敌对政策,它并不在乎其他国家。所以,真正能解决问题的是美国。美国如不改变态度,其他国家做什么都效果有限。金强一认为,"事实上,缓和钥匙在朝鲜自己手中,它可以看事态发展决定是否退让。朝鲜看起来是弱者,但在这个博弈中,它已经变成强者"。

面对半岛危机,中国应如何应对?边境地区百姓的看法有较大分歧。26.2% 的人认为中国应"站在朝鲜一边,要求韩美不要轻举妄动";23.2% 的人认为中国应"采取措施要求朝鲜保持克制";17.8% 的人认为中国最好是"置身事外,维护好自身利益";15.1% 的人认为中国应该"向朝韩美三方施压,避免地区局势升级";5.0% 的人提出其他应对方针,主要是坚持和平协商,包括重启六方会谈等。

对此,北京大学国际战略研究中心副主任朱锋教授认为,无论是"前门"还是"后门",中国都需要在半岛局势上表明自己的立场。中国不可能横加干涉朝鲜,但中国在这个问题上应该有立场。朝鲜这次威胁的举动是空前严重的。现在,不仅美国,全世界的目光都在看着中国,中国应告诉全世界我们反对。

(数据版权:环球时报 2013-04-13 第 2999 期 第 3 版 | 新闻背景 作者:邱永峥)

第一部分 主要发现

发现一 52.8%的边境地区受访者认为朝鲜半岛局势处于"紧张"或"有点紧张"的状态

● 各有约26%的被访者认为朝鲜半岛局势"紧张"或"有点紧张"

26.2%的受访者认为朝鲜半岛局势"紧张",26.6%的受访者认为半岛局势"有点紧张"——二者合计,共有超过半数的受访者认为半岛局势处于不同程度的紧张状态。15.3%的受访者认为半岛局势"不太紧张",25.9%的受访者认为半岛局势"不紧张"。另有5.9%的受访者对这一问题表示说不清。

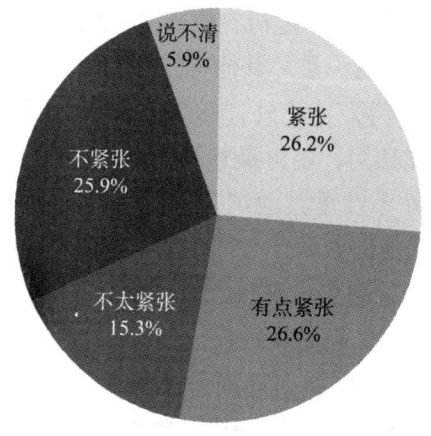

图2-1 您认为朝鲜半岛局势处于何种状态?(N=1033)

发现二 大部分边境地区受访者了解半岛局势的主要途径是媒体报道

● 91.3%的被访者通过媒体报道了解到半岛局势处于紧张状态

认为朝鲜半岛局势处于"紧张"或"有点紧张"的边境地区百姓是通过何种渠道做出上述判断的呢?调查显示,在可以多选的情况下,91.3%的被访者表示,"媒体报道"是他们获知半岛局势紧张的最主要渠道;9.8%的被访者通过"边境守卫力量有所加强"了解到半岛局势紧张;7.1%的被访者发现"中朝正常边贸及通关受到影响"而认为半岛局势紧张;5.3%的被访者"通过在朝鲜和韩国的亲戚朋友了解到"半岛局势紧张;另有4.6%的被访者通过其他渠道了解到半岛局势紧张,主要是听边境当地的亲戚朋友提及。1.1%的受访者对这一问题表示说不清。

二、国家安全：两岸大局与周边情势

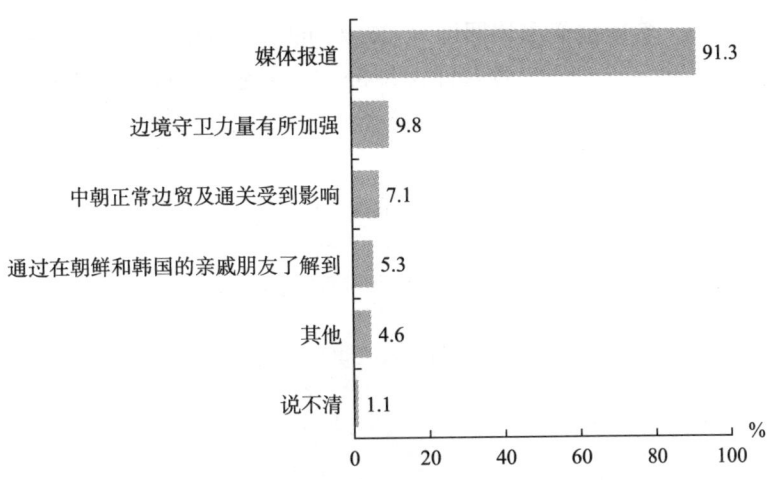

图 2-2　您通过哪些途径了解到朝鲜半岛局势紧张？（N=546）

注：此题为可多选，各选项之和大于 100%。此题仅针对认为朝鲜半岛局势"紧张"或"有点紧张"的被访者进行调查，因此样本量 N=546。

发现三　21.3% 的边境地区受访者目前有亲戚朋友在朝鲜或韩国

在接受访问的中朝边境地区受访者中，21.3% 表示他们目前有亲戚朋友在朝鲜或韩国，其余 78.7% 没有亲戚朋友在朝鲜或韩国。

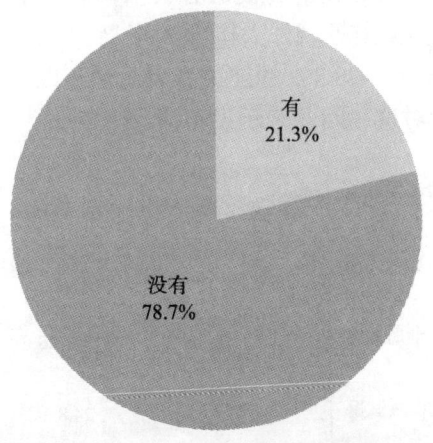

图 2-3　您是否有亲戚朋友目前在朝鲜或韩国？（N=1033）

发现四　55.5% 的边境受访者担心在朝韩亲友的安全

● 28.1% 的被访者表示"担心"亲朋在朝韩的安全，"希望他们尽快回国"

朝鲜已要求旅韩外国人制定应急疏散方案，对于目前有亲戚朋友在朝鲜或韩国的被访者，调查询问了他们是否担心亲戚朋友的安全。28.1% 的受访者表示"担心,希望他们尽快回国",27.4% 的受访者表示"比较担心,观察一下局势再做决定"——二者合计,共55.5% 的受访者对身处朝韩的亲朋表示了担忧的情绪。21.3% 的受访者则表示"不太担心"他们的安全,23.2% 的受访者明确表示"不担心"。

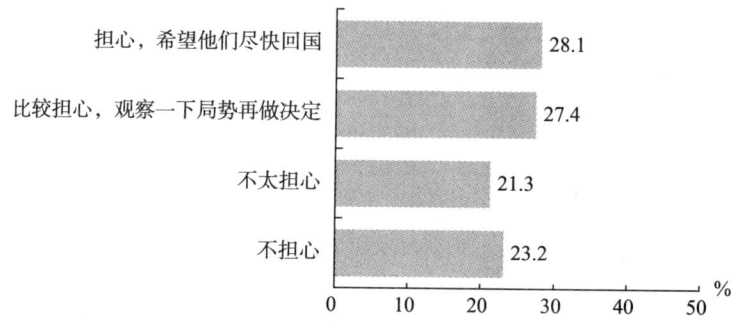

图 2-4　朝鲜已要求旅韩外国人制定应急疏散方案,您是否担心亲友的安全?(N=220)
注:此题仅针对目前有亲戚朋友在朝鲜或韩国的被访者进行调查,因此样本量N=220。

发现五　边境地区受访者最担心半岛局势滑入"爆发战争"的风险

● 33.9% 的被访者最担心"朝鲜半岛爆发战争"

问及"您最担心半岛局势发生怎样的变化",33.9% 的被访者表示最担心"朝鲜半岛爆发战争";29.8% 的被访者表示担心"中朝边境出现难民潮";28.6% 的被访者担心"美国等域外大国介入半岛冲突";24.8% 的被访者担心"朝鲜进行第四次核试爆";23.3% 的被访者表示对于以上可能出现的情况都不担心。8.2% 的受访者对这一问题表示说不清。

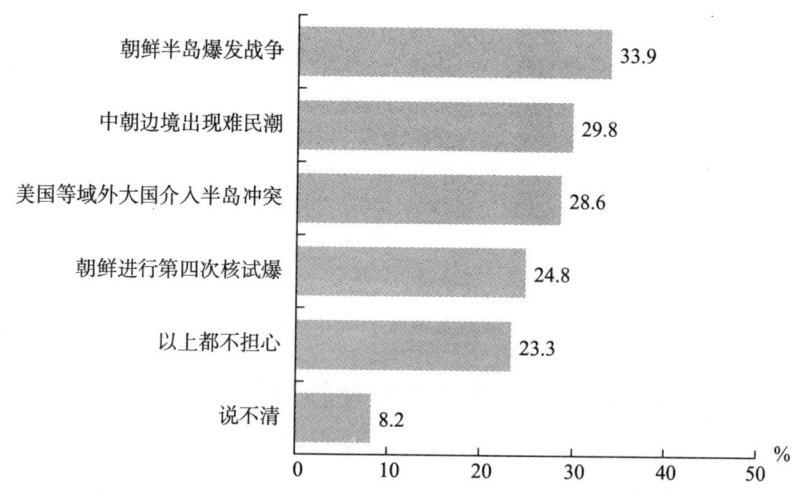

图 2-5　您最担心半岛局势发生怎样的变化?(N=1033)
注:此题为可多选,各选项之和大于100%。

发现六 77.1%的边境地区受访者担心居住地区受到朝鲜核试爆的污染

- 57.1%的被访者"担心"居住地区的环境受到污染，20.0%的被访者"有点担心"

问及"以前朝鲜核试爆后，您是否担心您居住地区的环境受到污染"，共77.1%的边境地区受访者表达了担忧的情绪，其中57.1%的被访者表示"担心"，20.0%的被访者表示"有点担心"。6.1%的被访者则表示"不太担心"居住地区受到污染，15.8%被访者明确表示"不担心"。1.0%的被访者表示说不清。

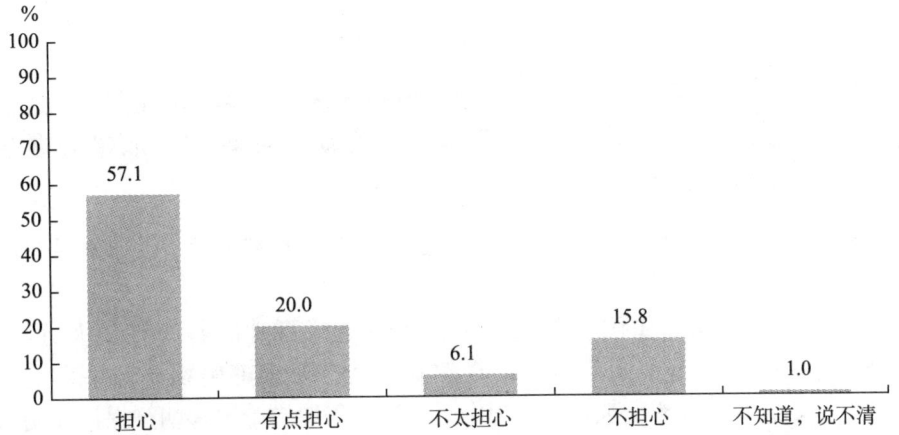

图2-6　以前朝鲜核试爆后，您是否担心您居住地区的环境受到污染？（N=1033）

发现七 46.2%的边境地区受访者认为，中国握有令半岛危机缓和的钥匙

- 仅5.3%的受访者认为韩国有能力缓和半岛危机

哪国最有能力缓和半岛危机？调查结果显示，46.2%的受访者认为中国"握有令半岛危机缓和的钥匙"；其次是美国，18.5%的受访者认为美国能缓和半岛危机；10.0%的受访者认为朝鲜握有令半岛危机缓和的钥匙；仅5.3%的受访者认为韩国能缓和半岛危机；1.4%的受访者提出了其他有能力的国家，包括朝鲜和韩国联合，缺一不可，以及俄罗斯等其他国家；18.7%的受访者对这一问题表示说不清。

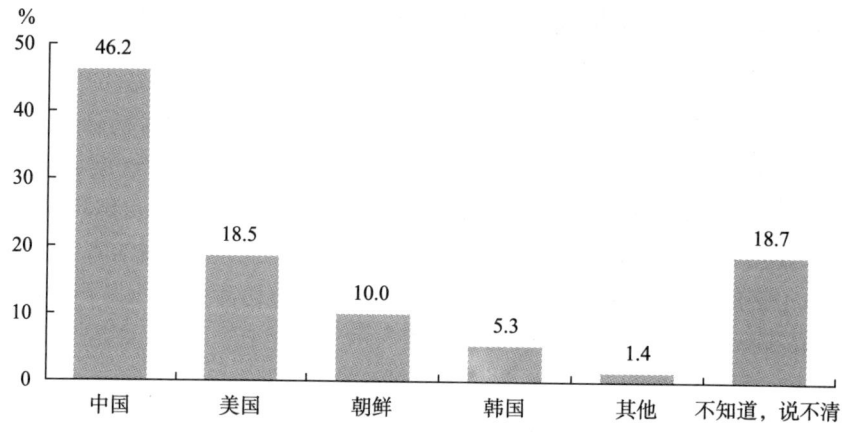

图 2-7　您认为哪国握有令半岛危机缓和的钥匙？（N=1033）

发现八　各有四分之一左右的边境地区受访者认为，中国应"站在朝鲜一边，要求韩美不要轻举妄动"或者"采取措施要求朝鲜保持克制"

- 26.2% 的边境地区受访者认为中国应该"站在朝鲜一边，要求韩美不要轻举妄动"

面对半岛危机，中国应怎样应对？边境地区百姓的看法有较大分歧。26.2% 的受访者认为中国应该"站在朝鲜一边，要求韩美不要轻举妄动"；23.2% 的受访者则持相反观点，认为中国应该"采取措施要求朝鲜保持克制"；17.8% 的受访者认为中国最好的举措是"置身事外，维护好自身利益"；15.1% 的受访者认为中国应该"向朝、韩、美三方施压，避免地区局势升级"；5.0% 的受访者提出了其他应对方针，主要是坚持和平协商，包括重启六方会谈等；12.6% 的受访者对这一问题表示说不清。

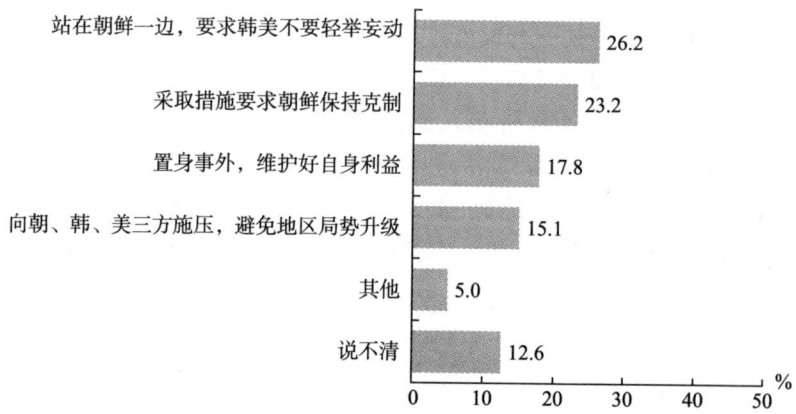

图 2-8　面对朝鲜半岛的危急局面，您认为中国应怎样应对？（N=1033）

第二部分　人群差异

差异一　对于朝鲜半岛目前局势的认识差异

- 女性受访者中，认为朝鲜半岛局势"紧张"或"有点紧张"的比例高于男性

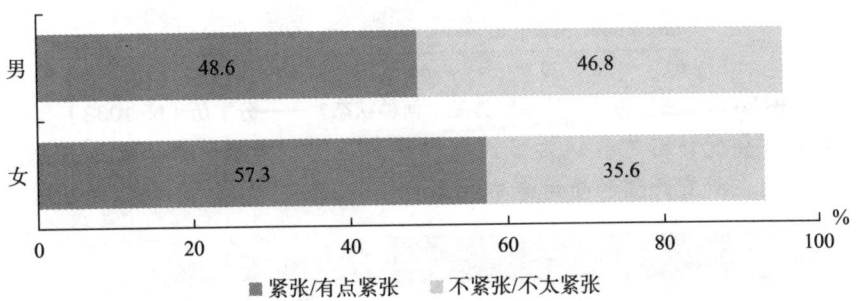

图 2-9　您认为朝鲜半岛局势处于何种状态？——分性别（N=1033）

- 年龄越小的受访者越倾向认为朝鲜半岛局势目前"紧张"或"有点紧张"

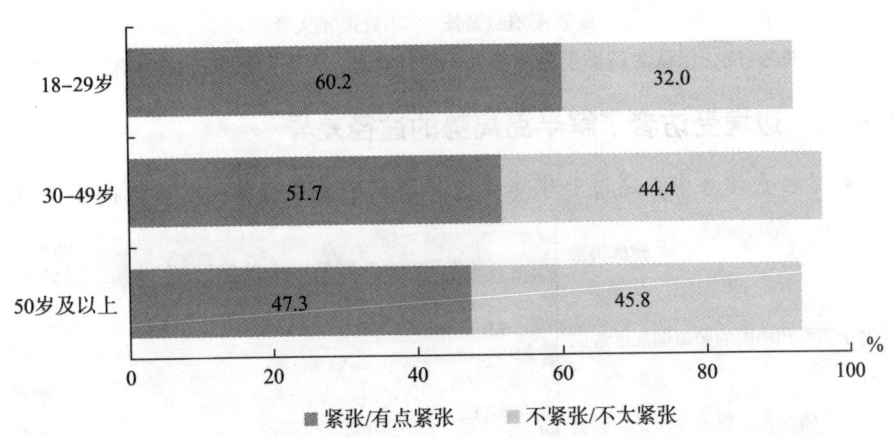

图 2-10　您认为朝鲜半岛局势处于何种状态？——分年龄（N=1033）

- 本科及以上学历的受访者中，认为朝鲜半岛局势"紧张"或"有点紧张"的比例在所有学历的受访者中最高

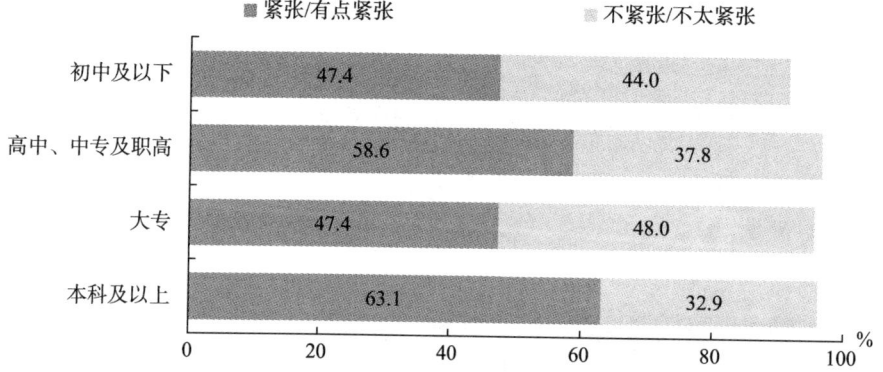

图2-11　您认为朝鲜半岛局势处于何种状态？——分学历（N=1033）

- 朝鲜族受访者中，认为目前朝鲜半岛局势"紧张"或"有点紧张"的比例在所有民族的受访者中最高

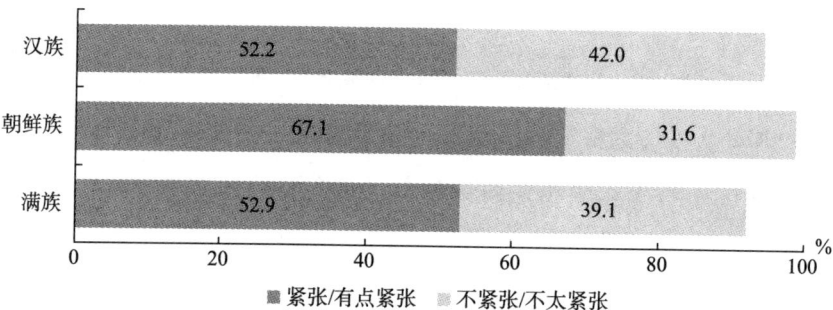

图2-12　您认为朝鲜半岛局势处于何种状态？——分民族（N=1033）

差异二　边境受访者了解半岛局势的途径差异

- 男性受访者中，通过非媒体渠道了解到半岛局势紧张的比例高于女性

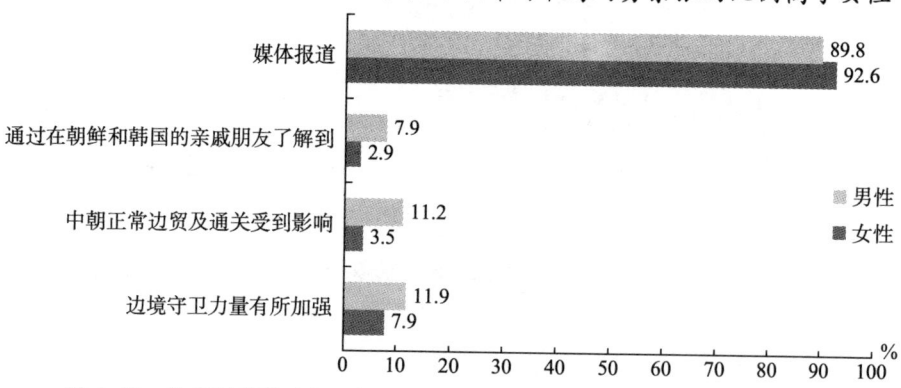

图2-13　您通过哪些途径了解到朝鲜半岛局势紧张？——分性别（N=546）

二、国家安全：两岸大局与周边情势

- 18-29岁的青年组受访者在所有年龄段中，"通过在朝鲜和韩国的亲戚朋友"以及"边境守卫力量有所加强"了解到朝鲜半岛局势紧张的比例最高

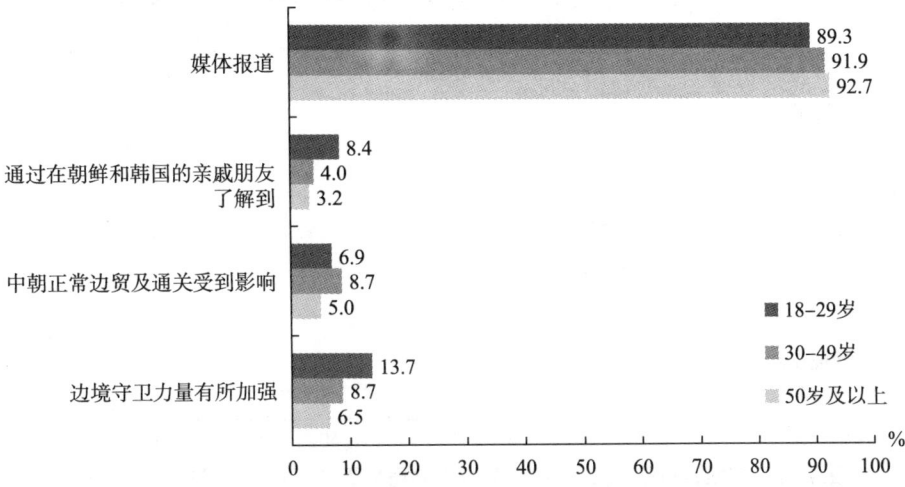

图2-14 您通过哪些途径了解到朝鲜半岛局势紧张？——分年龄（N=546）

- 学历越高的受访者，通过非媒体渠道了解到朝鲜半岛局势紧张的比例越高

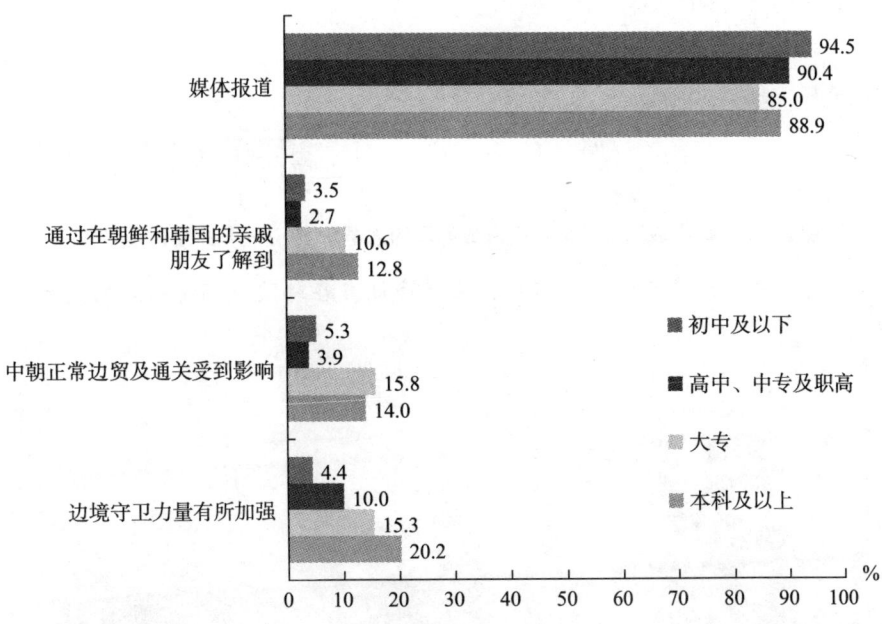

图2-15 您通过哪些途径了解到朝鲜半岛局势紧张？——分学历（N=546）

- 朝鲜族的受访者中，通过媒体报道以及在朝鲜或韩国的亲戚朋友了解到半岛局势紧张的比例最高

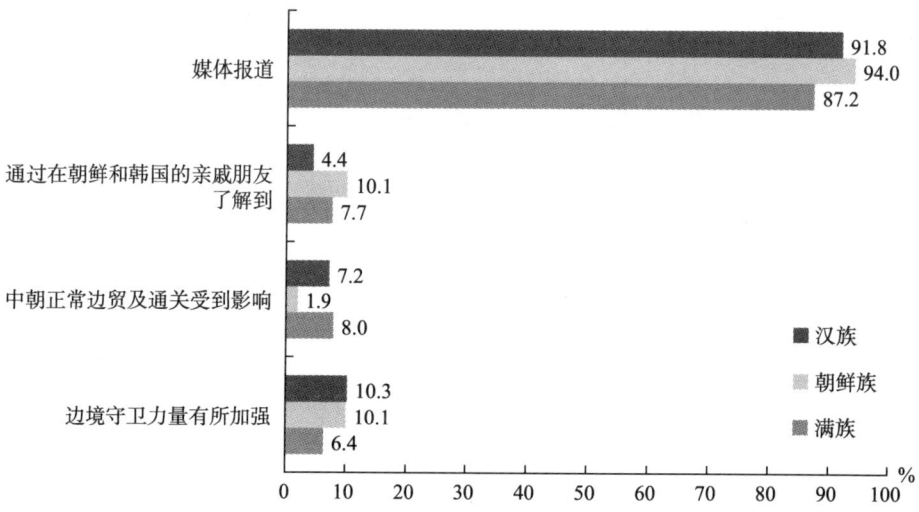

图 2-16 您通过哪些途径了解到朝鲜半岛局势紧张？——分民族（N=546）

差异三 是否有亲戚朋友在韩国或朝鲜的人群差异

- 男性受访者中，有亲戚朋友在韩国或朝鲜的比例高于女性

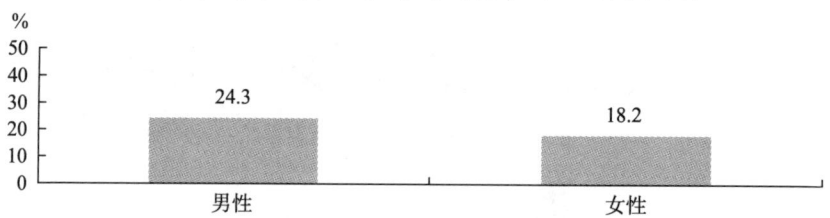

图 2-17 有亲戚朋友目前在朝鲜或韩国的人群比例——分性别（N=1033）

- 18-29 岁的青年组受访者中，有亲戚朋友在韩国或朝鲜的比例最高

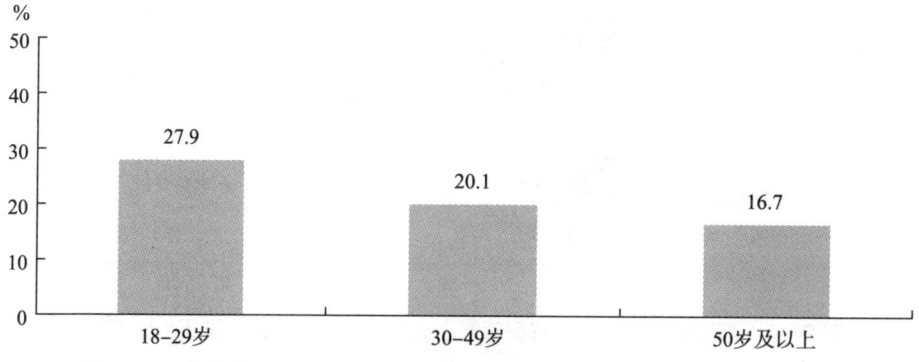

图 2-18 有亲戚朋友目前在朝鲜或韩国的人群比例——分年龄（N=1033）

二、国家安全：两岸大局与周边情势

- 本科及以上学历受访者中，有亲戚朋友在韩国或朝鲜的比例最高

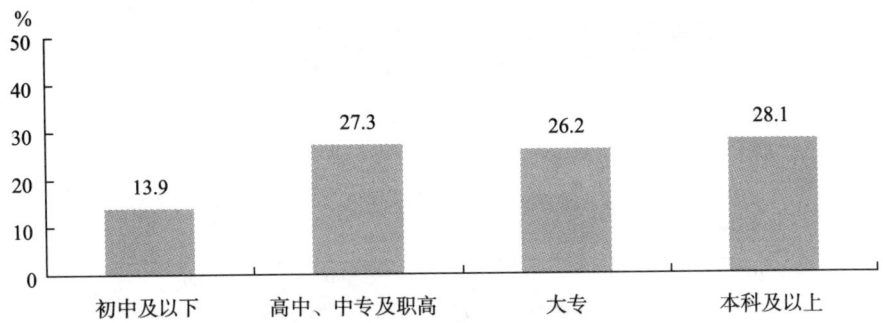

图2-19 有亲戚朋友目前在朝鲜或韩国的人群比例——分学历（N=1033）

- 朝鲜族受访者中，有亲戚朋友在韩国或朝鲜的比例显著高于其他民族受访者

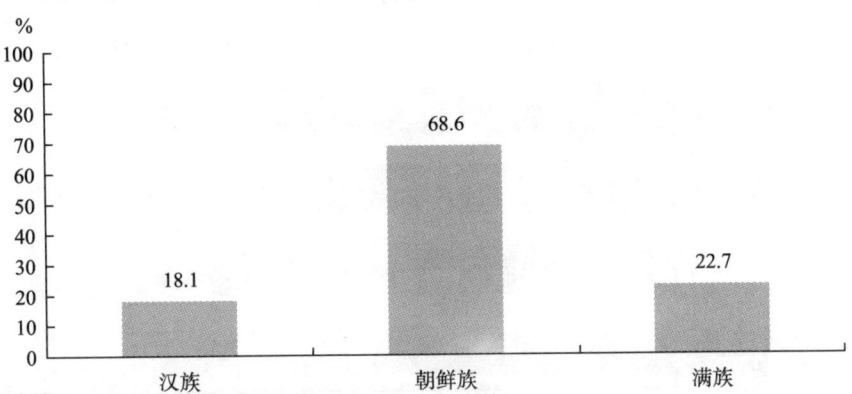

图2-20 有亲戚朋友目前在朝鲜或韩国的人群比例——分民族（N=1033）

差异四 对于在朝韩的亲友的担心程度差异

- 女性受访者更担心在朝韩的亲友安全

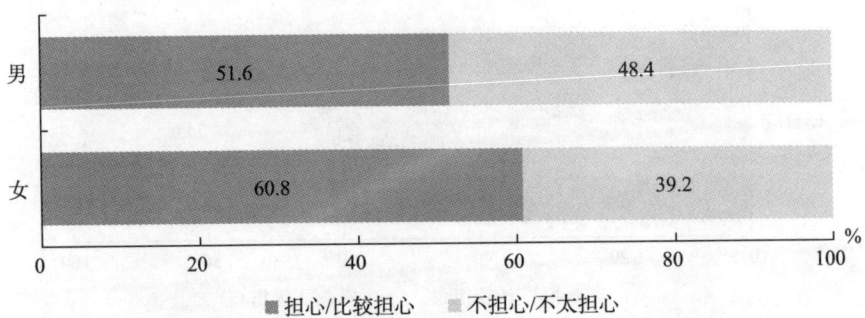

图2-21 朝鲜已要求旅韩外国人制定应急疏散方案，您是否担心亲友的安全？——分性别（N=220）

- 18-29岁的青年组受访者最担心在朝韩的亲友安全

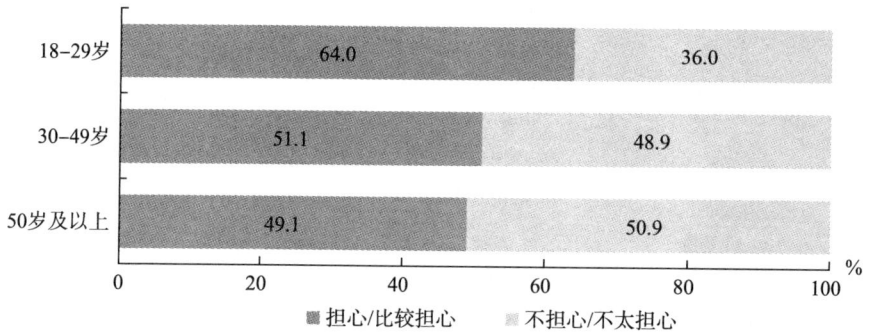

图 2-22 朝鲜已要求旅韩外国人制定应急疏散方案，您是否担心亲友的安全？——分年龄（N=220）

- 学历越低的受访者越担心在朝韩的亲友安全

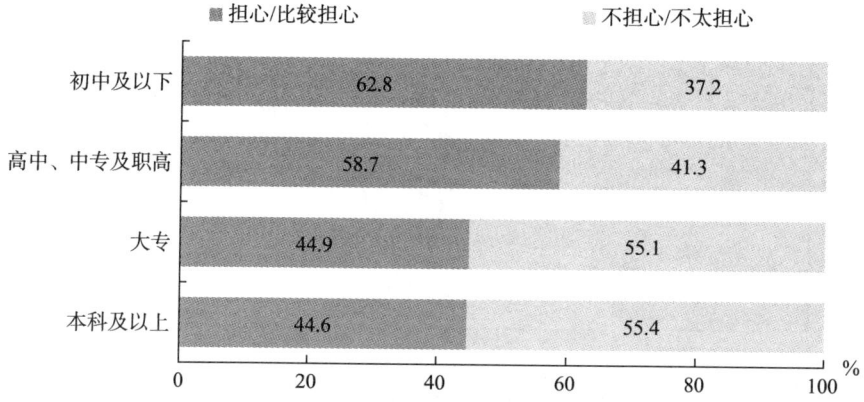

图 2-23 朝鲜已要求旅韩外国人制定应急疏散方案，您是否担心亲友的安全？——分学历（N=220）

- 朝鲜族受访者最担心在朝韩的亲友安全

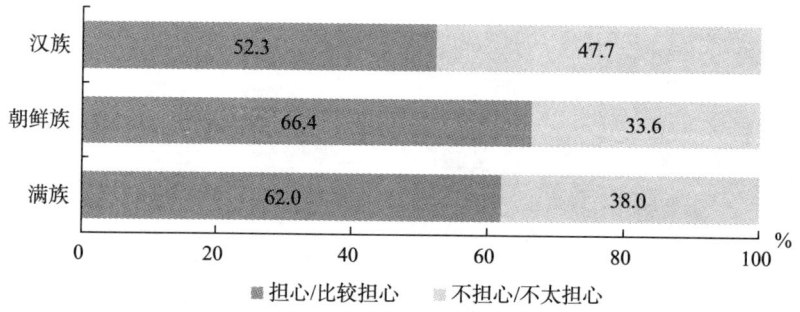

图 2-24 朝鲜已要求旅韩外国人制定应急疏散方案，您是否担心亲友的安全？——分民族（N=220）

差异五　对于半岛局势未来变化的担忧程度差异

- 女性受访者中比男性更担忧朝鲜半岛爆发战争

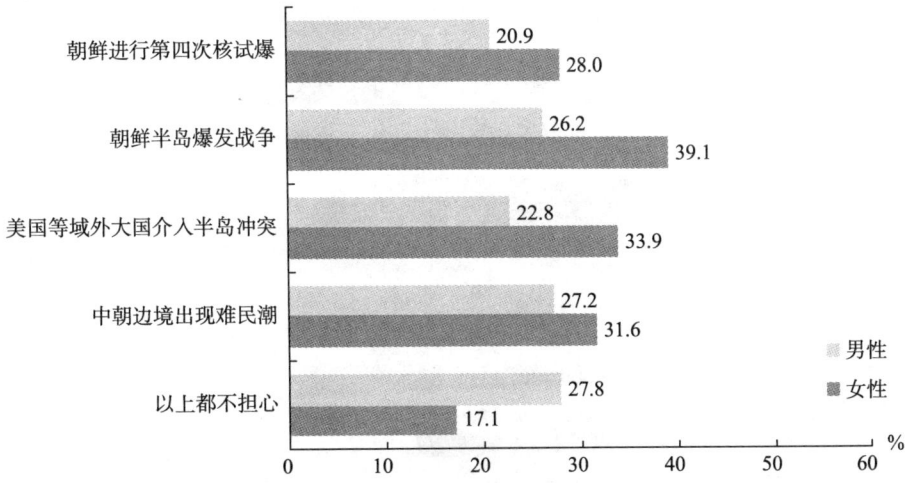

图 2-25　您最担心半岛局势发生怎样的变化？——分性别（N=1033）

- 18-29 岁的青年受访者最担心朝鲜半岛爆发战争

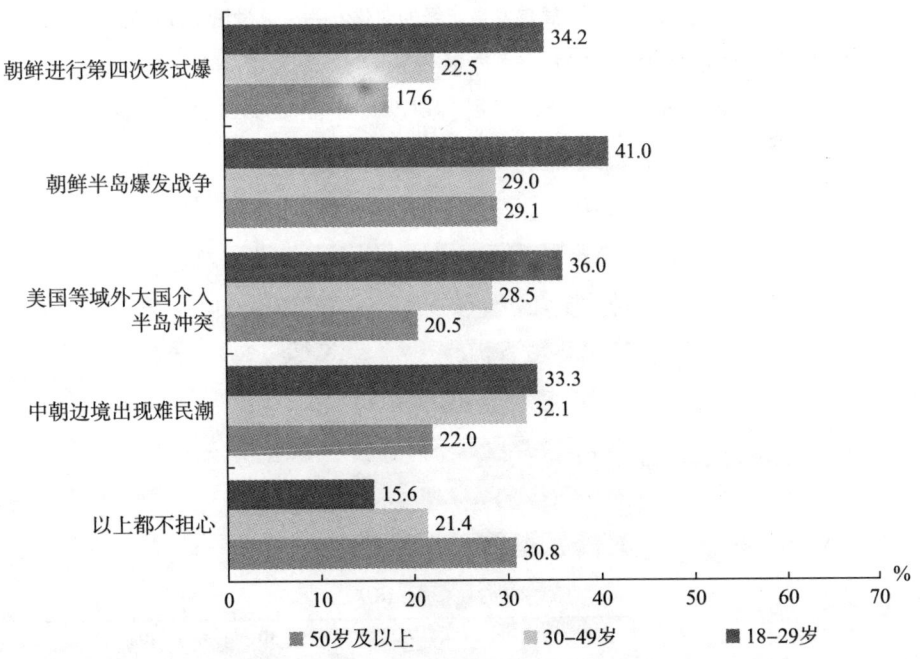

图 2-26　您最担心半岛局势发生怎样的变化？——分年龄（N=1033）

- 本科及以上学历组受访者最担心"朝鲜进行第四次核试爆"以及"朝

鲜半岛爆发战争"

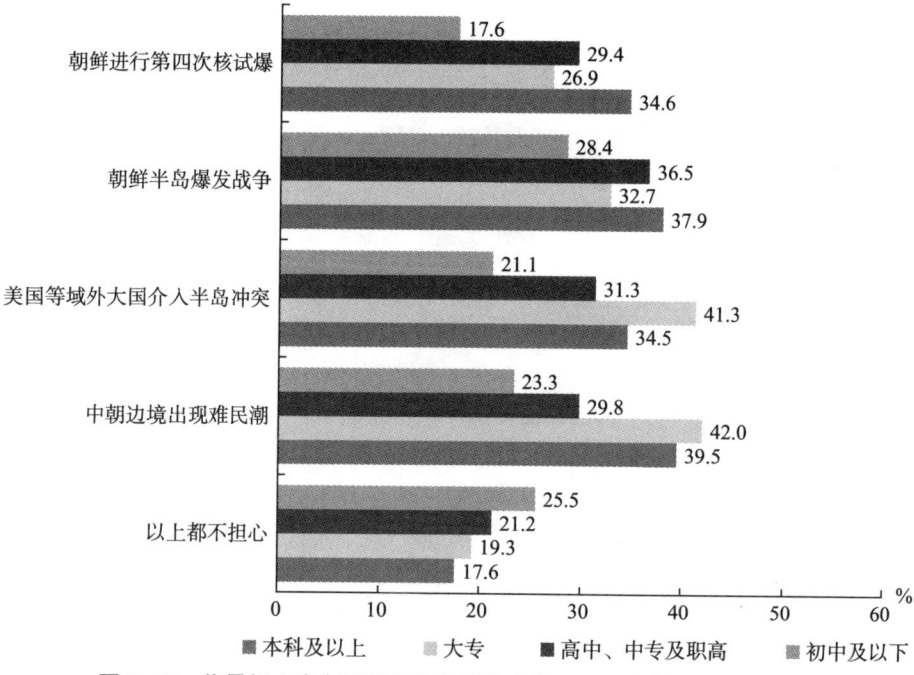

图 2-27　您最担心半岛局势发生怎样的变化？——分学历（N=1033）

- 汉族受访者最担心"朝鲜进行第四次核试爆"、"朝鲜半岛爆发战争"、"美国等域外大国介入半岛冲突"以及"中朝边境出现难民潮"

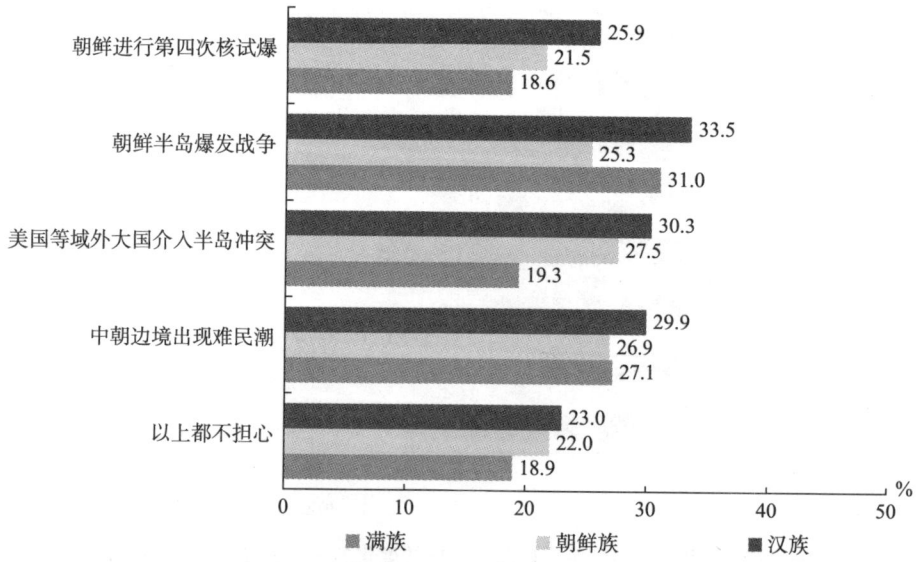

图 2-28　您最担心半岛局势发生怎样的变化？——分民族（N=1033）

差异六　对于朝鲜核试爆造成边境地区环境污染的担忧程度差异

- 女性受访者比男性更担心核试爆造成居住地区环境污染

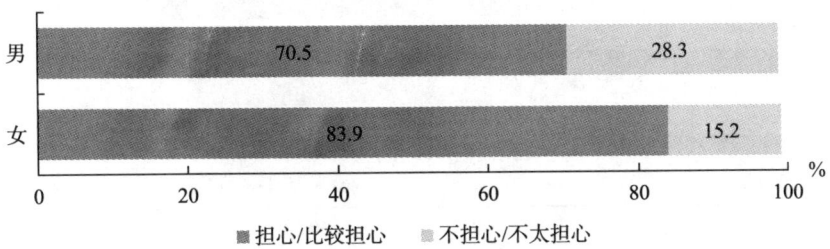

图2-29　以前朝鲜核试爆后，您是否担心您居住地区的环境受到污染？——分性别（N=1033）

- 年龄越小的受访者越担心核试爆造成居住地区环境污染

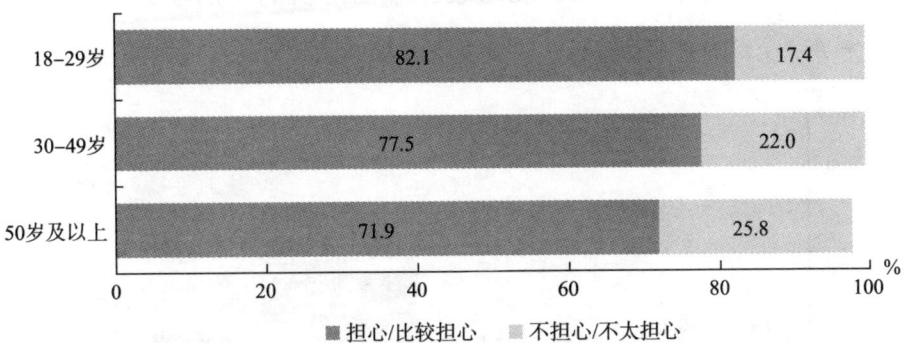

图2-30　以前朝鲜核试爆后，您是否担心您居住地区的环境受到污染？——分年龄（N=1033）

- 大专及以上学历的受访者更加担心居住地区受到核污染

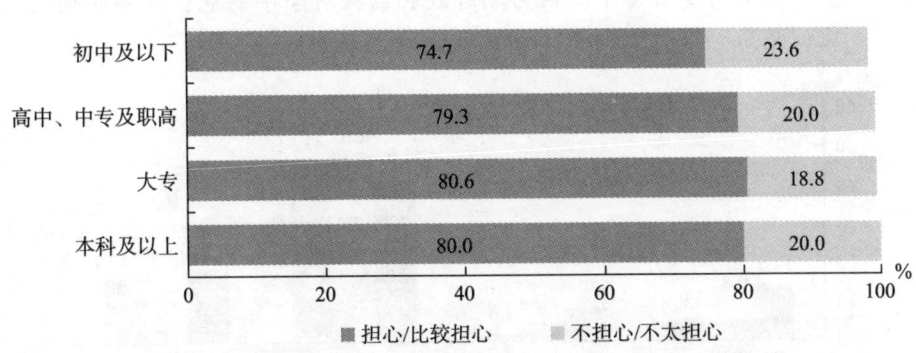

图2-31　以前朝鲜核试爆后，您是否担心您居住地区的环境受到污染？——分学历（N=1033）

- 汉族受访者最担心核试爆造成居住地区环境污染

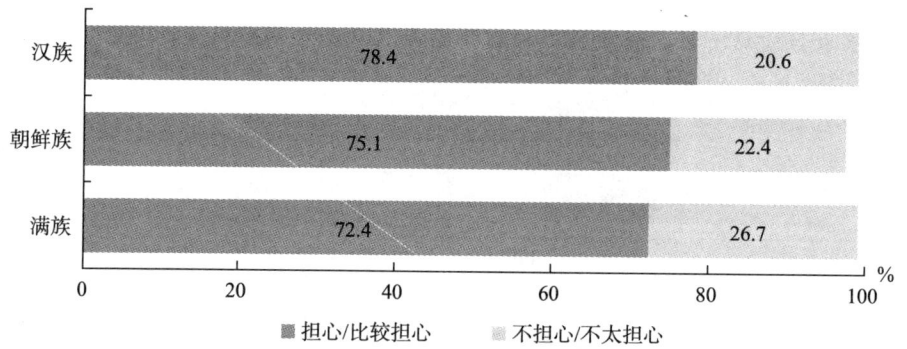

图 2-32 以前朝鲜核试爆后,您是否担心您居住地区的环境受到污染?——分民族(N=1033)

差异七 对于哪个国家最有能力缓和半岛危机的看法差异

- 男性受访者更倾向认为,中国或美国握有令半岛危机缓和的钥匙

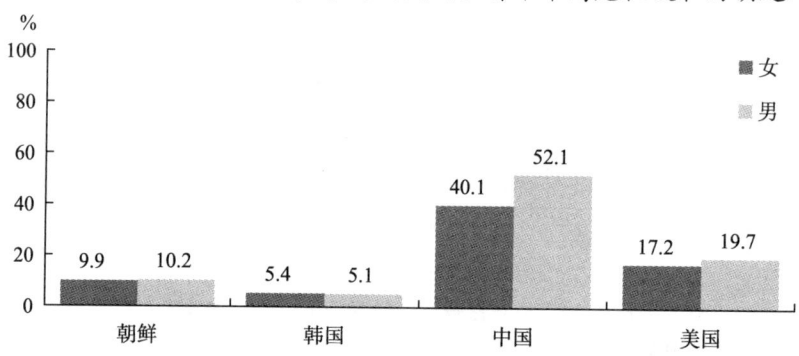

图 2-33 您认为哪国握有令半岛危机缓和的钥匙?——分性别(N=1033)

- 年龄越小的受访者中,认为朝鲜或韩国握有令半岛危机缓和的钥匙的比例越高

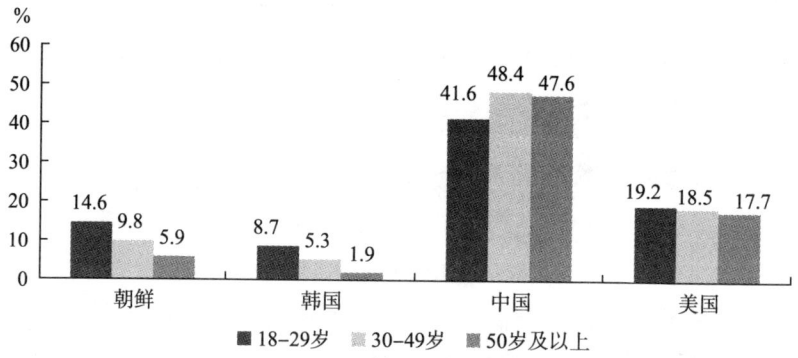

图 2-34 您认为哪国握有令半岛危机缓和的钥匙?——分年龄(N=1033)

- 本科及以上学历的受访者中，认为朝鲜或美国握有令半岛危机缓和的钥匙的比例最高

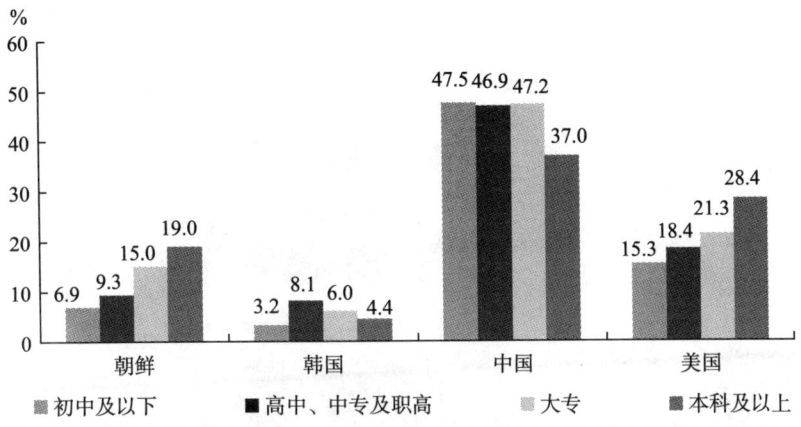

图2-35 您认为哪国握有令半岛危机缓和的钥匙？——分学历（N=1033）

- 朝鲜族受访者中，认为美国或韩国握有令半岛危机缓和的钥匙的比例最高

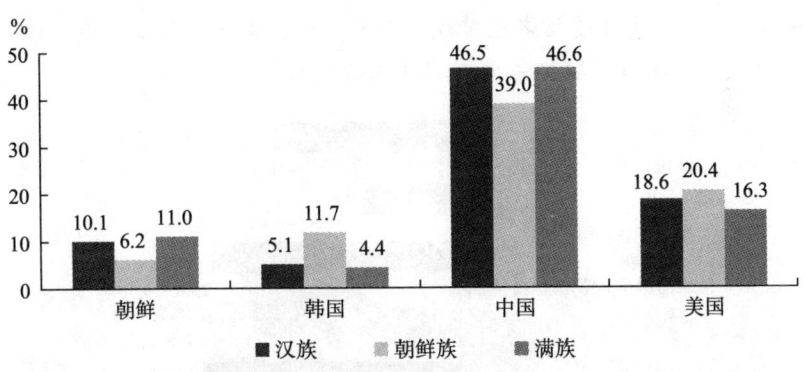

图2-36 您认为哪国握有令半岛危机缓和的钥匙？——分民族（N=1033）

差异八 对于中国如何应对半岛危机的看法差异

- 女性受访者中,认为中国应该"采取措施要求朝鲜保持克制"的比例高于男性;男性受访者中,认为中国应该"站在朝鲜一边,要求韩美不要轻举妄动"的比例高于女性

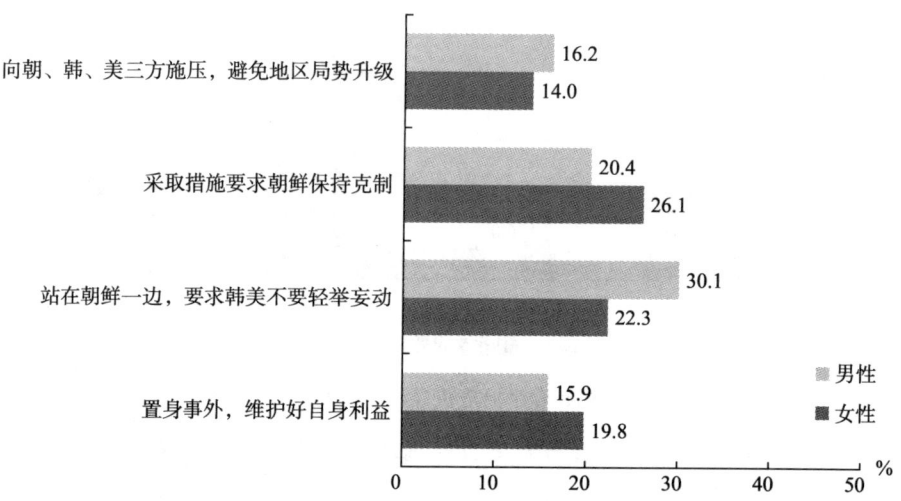

图 2-37 面对朝鲜半岛的危急局面,您认为中国应怎样应对?——分性别(N=1033)

- 18-29岁的青年受访者最赞成"向朝、韩、美三方施压,避免地区局势升级"以及"采取措施要求朝鲜保持克制"

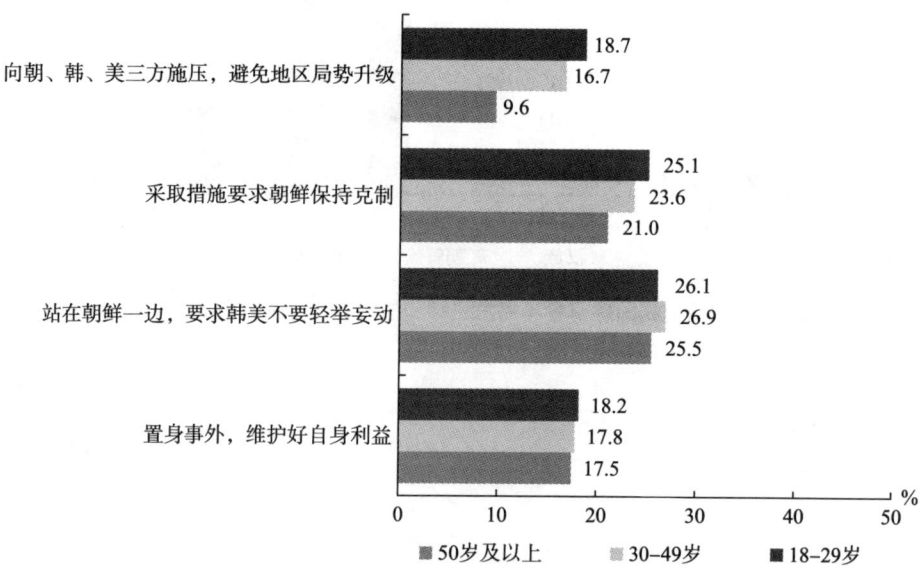

图 2-38 面对朝鲜半岛的危急局面,您认为中国应怎样应对?——分年龄(N=1033)

- 学历越高的受访者越赞成"向朝、韩、美三方施压,避免地区局势升级"以及"采取措施要求朝鲜保持克制"

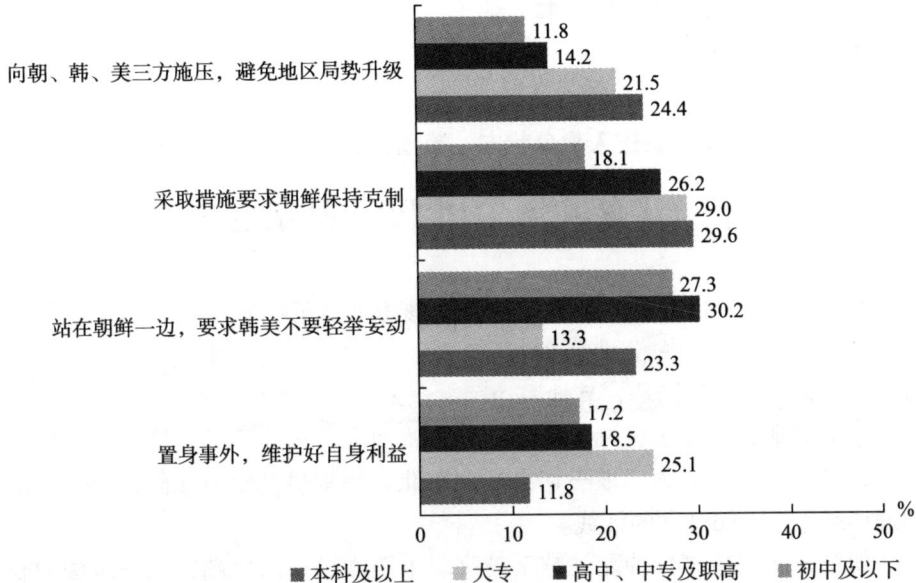

图 2-39　面对朝鲜半岛的危急局面,您认为中国应怎样应对?——分学历(N=1033)

- 朝鲜族受访者最赞成"采取措施要求朝鲜保持克制"

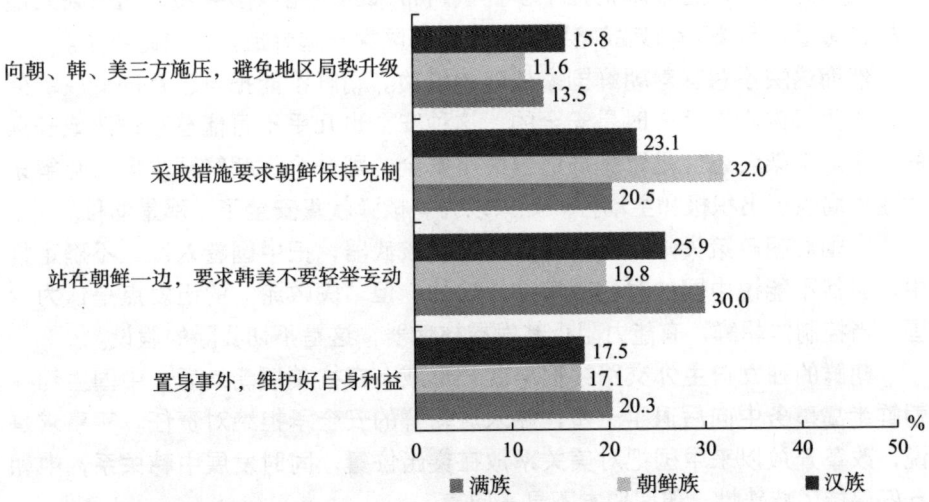

图 2-40　面对朝鲜半岛的危急局面,您认为中国应怎样应对?——分民族(N=1033)

相关文章链接

平壤宣布朝韩进入战争状态　美国议论导弹能否打到得州

朝鲜半岛风急，中国更需战略定力

朝鲜2月12日举行第三次核试爆。因核爆地点距中朝边界仅约100公里，引起中国公众对本国东北地区是否受到辐射污染的担忧。中国环保部的监测截止到目前没有发现污染，其他周边国家也未发现，这是万幸。

我们必须首先在这里郑重告诉朝鲜，确保中国东北不受其核试爆的任何污染，是中国政府必须采取一切措施向东北人民提供的绝对保障，这也应是朝鲜必须不折不扣遵守的红线。

朝鲜一次次核试爆的赌注越来越高。平壤铁了心用极端方式拼本国的长久安全，而外部国家无法向它提供其他可靠的战略安全保障，东北亚一步步走进朝鲜恐惧并且大家跟着惴惴不安的险境。这是整个地区的悲哀。

朝鲜太小了，它根本把控不了拥核所带来的战略风险井喷，这一切只能由核试爆潜在污染区和其战略导弹射程内的国家一起分担，谁也跑不了。

然而这决不意味着朝鲜国家战略的成功。朝鲜不能把自己真的变成绑架者，因为绑架者即使一时是安全的，这种安全也几乎不可能自动过渡成长久的安全。绑架者始终是紧张局面里最不安全的那一个。朝鲜至少要对化解东北亚危局表现出积极和主动性。如果以为有核弹就真安全了，那是幼稚。

中国对朝政策失败了吗？朝鲜搞出了核武器，把中国卷入巨大不确定性中，当然不能说中国的对朝政策是成功的。但"失败论"的出发点是认为中国应当控制住朝鲜，有能力阻止其发展核武器，这是不切实际的假设。

朝鲜的独立自主外交路线很早就已形成，在抗美援朝之后，中国主动从朝鲜半岛事务中向后退了一步，并未对朝鲜的安全承担绝对责任。实事求是说，改革开放以来中国把对美关系放在突出位置，同时发展中韩关系，中朝友好保持了特殊性，但同盟友不是一回事。

这种情况造成了中国对朝鲜影响的局限，中国公众不应在朝鲜面前抱有"大哥说了算"的心态。

但如果说朝鲜是中国的战略屏障，反过来中国对朝鲜更是如此。中朝保持战略协调是互利的，而且对朝鲜只会更有利。在遇重大分歧时，只能寻求

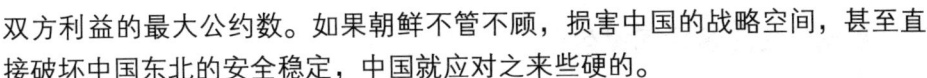

双方利益的最大公约数。如果朝鲜不管不顾,损害中国的战略空间,甚至直接破坏中国东北的安全稳定,中国就应对之来些硬的。

中国"惩罚"朝鲜,须是好友之间的警告,让它知道与中国相处的底线。但我们决不可加入美日韩的阵营,成为美国主导制裁朝鲜的主动配合者。那样做等于把朝鲜从美日韩的敌人变成中国的敌人,那将是战略上的愚蠢之举,把我们这么多年对中朝关系的苦心经营毁于一旦。

朝鲜半岛就是个"烂泥塘",谁都不知道一脚下去会陷多深,能不能拔出来。然而中国的力量越来越强,我们做不到主导局势,但我们完全应当做到不被任何一方主导。这样的决心我们必须有,而且要让所有外人都清楚。

中朝友好并保持特殊关系,这应是我们半岛政策的基本点之一。支持半岛无核化也应是我们的坚定原则。这两点现在发生了冲突,有了矛盾,但推动形成这个矛盾的决非我们自己,我们也无法单独解开它。我们需保持战略定力,与局势互动着稳健前行。

只要中国东北不受到核污染,中国在朝鲜核问题上的回旋空间就足够大,首先惊慌失措的就不应是我们。因此,在朝鲜三次核试爆未影响东北地区的情况下,死守这个底线应是中国应对半岛核问题的"纲"。

(数据版权:环球时报 2013-02-16 第 2952 期 第 7 版|国际论坛 作者:环球时报)

世界担心朝鲜半岛失控

朝鲜半岛"炽热的温度"在刚过去的周末迅速传至四个大洲,这里的危险已被普遍视为不会局限于美朝韩的口水和挥舞拳头。俄罗斯外交官员警告美朝韩"都不要越过界线",北约副秘书长宣称"如果朝鲜攻击美国"北约将对朝采取军事行动,从新西兰到梵蒂冈,人们都在谈论朝鲜半岛。半岛的凶险陡然提升是由于几个事态:朝鲜宣布与韩国"进入战争状态";金正恩作战室的地图被认为划定了华盛顿、洛杉矶等攻击目标;美国核轰炸机进入朝鲜半岛。3月31日,半岛紧张继续升温,韩国传出消息称,韩军王牌海军陆战队4月将与美军举行4次演习;同一天,朝鲜劳动党中央委员会称,核武器是"国家的生命",绝不交换,并且要在"数量和质量上"提升核武器。《苏格兰先驱报》称,"战争齿轮在加速运转"。西方舆论场中尤其是在美国,对朝鲜威胁的讥笑迅速减少,"朝鲜导弹到底能打多远"成为热点话题,美国军方和政府忙着向民众保证:美国已经准备好应对各种威胁,有能力保卫自己。

朝鲜：核武器是国家生命

"世界可能真正认真考虑朝鲜人的威胁了。"美国《时代》周刊的这句评论概括了上周末国际社会的反应。报道引述一名匿名美国官员的话说，这个被孤立的国家"不是一个纸老虎"，其"挑衅行为"不能只被视为"纯粹的咆哮"。

就在昨天，新教皇在梵蒂冈的圣彼得广场祈祷朝鲜半岛"和解"，《澳大利亚人报》声称该国总理吉拉德将在下周访华期间讨论朝鲜威胁。"今日俄罗斯"电视台说，世界大国都在敦促朝鲜保持克制，不要加剧紧张。3月30日，作为安理会常任理事国的英国和法国都对半岛局势表态，英国外交部称，平壤的威胁言论"只会让自己愈加孤立"。与此同时，德国警告说朝鲜半岛紧张升级将直接影响全球安全与和平。莫斯科"回声"电台3月30日题为"第二个珍珠港"的报道称，北约副秘书长弗什博表示，在朝鲜袭击美国军事设施的情况下，北约可动用集体保护其成员国领土的条款对朝采取军事行动。

伊朗presstv网站则引述学者的话说，美朝冲突的根源是朝鲜希望在美国的帝国之下保持独立。

俄罗斯3月30日的表态尤其引人关注。当天，针对朝鲜宣布与韩国关系进入战争状态，俄外交部特命大使洛格维诺夫在记者会上表示，"我们期望，各方都应明白绝不能允许半岛再爆发战争"，"谁也不应越过不会有回头路的危险界线，否则事态将一发而不可收拾"。印度《新闻与分析日报》说，俄罗斯警告"讹诈政策可能引发灾难"。美国《纽约客》杂志评论说，俄罗斯人对金正恩的了解远深于美国人，"如果俄罗斯人都在担心事情将越变越糟，我们应该准备拥抱一个更漫长的春天"。

"韩美海军陆战队下月举行4次联合演习。"韩联社3月31日报道称，韩国海军陆战队相关人士表示，近期半岛的紧张局势因朝鲜挑衅而再度恶化，下月进行的军事训练有助于提升韩军的战备等级和激励官兵士气。韩联社强调，海军陆战队是韩国"战斗力最强的王牌部队"。

"紧张之中，朝鲜誓言强化核能力。"法新社以此为题追踪朝鲜的最新动向。昨晚8时，朝鲜中央电视台播报了劳动党中央政治局党中央全体会议召开的消息，"大会决定朝鲜将实行经济建设和核武力建设并行的战略路线，在强化发展自卫性核武力、加强国防建设的同时下更大力气进行经济建设"。日本共同社称，金正恩表示，要在数量和质量上提升核武器。韩联社称，金正恩时代的国政目标已逐渐明确，那就是"搞活经济"和"追求核遏制力"。新路线实际就是希望既要开发大规模杀伤性武器确保自身安全，同时又通过发展经济缓解内部不满。随着朝鲜明确表示要发展核武器，过去那种朝鲜将不会通过谈判弃核的观点得到印证。美联社说，朝鲜决策机构之一当天举行会议定下指导方针，核武器是"国家的生命"，即使以"数十亿美元"都不会交换。报道引述朝鲜的声明说，核武器不是换取美国金钱的商品，也不是政治谈判筹码。

31日当天，《劳动新闻》头版头条刊发朝鲜政府、政党、团体宣布"朝韩关系进入战时状态，朝韩间所有问题均按战时状态处理"的特别声明。该报还刊登文章，矛头直指美国，称美国是"地球上不正义的根源和'恶'的象征"，鼓舞全国官兵和人民在金正恩领导下取得最后胜利。

德国《商报》3月31日以"失控"描述朝鲜半岛。《韩国日报》说，部分韩国网民产生恐慌情绪。俄罗斯东方研究所学者伏隆佐夫3月31日对俄头条网说，朝鲜半岛最糟糕的一幕是战争打响，没人保证冲突不扩散。届时，俄罗斯与朝鲜的陆地边界将面临危险，"朝鲜北方和南方的30个核反应堆将变成10个切尔诺贝利和福岛"，俄滨海区将面临生态灾难，难民将淹没中国，还可能抵达俄罗斯。他称，俄罗斯应守护好边界。

美国人真正开始担忧了

"这个早春的周末，华盛顿可能没有为担心遭到朝鲜导弹攻击——正如朝鲜所扬言的——而吓得发抖。但此次平壤的恐吓和好战做派实属罕见，这令美国官员和专家困惑和警惕，他们琢磨这个国家飘忽不定的行为已经几十年了。"英国《独立报》3月31日这样写道。

美国新泽西新闻网上周末针对"你担心朝鲜威胁吗？"这一问题的在线调查显示，58%的人称"不担心"，42%的人"担心"。与此前朝鲜威胁美国时绝大多数人都还以讥笑相比，美国舆论的态度出现明显变化。美国《野兽日报》3月30日称，朝鲜在发出"不吉利的咆哮"。《外交政策》说，"朝鲜实际的导弹能力"与"朝鲜威胁声称的导弹能力"存在差距，一些专家不屑朝鲜这种"地图上的战争"，但报道称，显然美国情报界以及独立分析人士可能低估了朝鲜的能力。美国《匹兹堡邮政公报》3月31日称，朝鲜的论调让华盛顿担忧。最近一轮美朝相互威胁，时间漫长，比以往更加恶毒，在美国官员及美国盟友间引发深深的担忧。

让美国人如此担心的是上周朝鲜最高领导人作战室的地图，地图上显示，美国诸多城市都可能是朝鲜的打击目标。印度《新闻与分析日报》说，12年前，布什将朝鲜定为"邪恶轴心"国家，金正恩看来现在仍心怀怨恨，朝鲜政府作战室的地图显示，布什得州的老家也是朝鲜攻击目标。布什在瞄准器上。其他美国目标的战略意义不言而喻：华盛顿特区是美国的首都，加州是美国人口大州，夏威夷是美国在太平洋上的军事前哨。

俄塔社3月31日称，在200万朝鲜人居住的平壤，商店、药房和公共部门一切如常，饭馆也在营业，交通正常，市里看不到军队，当天朝鲜局势平静。

新加坡asiaone新闻网站3月31日报道说，朝鲜领导人深谙"谁先眨眼谁输"的外交技巧。他们确保平壤有足够方式让他们的威胁变得可信，从1987年炸掉韩国民航客机到2010年炮轰延坪岛，他们发动过多种挑衅。报道称，当前的危机与以往不同，远程火箭发射成功和第三次核试验引发了联合国的制裁，这两大事件也重新划定了朝鲜半岛的战略平衡，它使平壤变得大胆、过火，这也刺激了华盛顿。这一次，美国似乎被逼到了墙角，动用了B-52和B-2。1976年，两名美国人在朝韩边界血腥冲突中被杀，美国花了数个星期将轰炸机派往朝鲜半岛，最终在进入朝鲜领空前突然掉头。当时美国国务卿基辛格说，他"从未看到过朝鲜人如此害怕"。夏威夷鹦鹉螺安全与可持续发展研究所学者海耶斯说，重新往朝鲜半岛部署B-52可能是一种"战略蠢行"，因为这勾起了朝鲜对美国核打击的深深忧虑。这是在大声而清晰地宣布美国将与朝鲜打核战争。

巴基斯坦《国民报》发表评论文章说，两架B-2轰炸机上周从美国直接飞抵韩国，这种隐形战机可携带"炸弹之母"，炸穿70米加固的混凝土，使朝鲜地下核设施及其领导人的地堡面临可怕的威胁。本月早些时候，美国B-52重型轰炸机在韩国盘旋，几分钟它们就可以飞到朝鲜上空，令人回忆起上世纪50年代朝鲜战争中美国大规模地毯式轰炸朝鲜。报道还说，五角大楼的研究显示，入侵朝鲜将造成美国多达25万人伤亡。

"金正恩想要什么"

"朝鲜的金正恩到底想要什么？"美国《主考者》3月30日刊文问道。美国NBCNEWS也针对朝鲜领导人提出了一个问题："真疯还是装疯？"报道引述约翰霍普金斯大学美韩研究所访问学者维特的分析说，从朝鲜的角度看，金正恩和他的军官们"没有疯"，"他们是一个非常小的国家，与强大得多的国家打交道，他们不能显示任何弱点。对他们来说，最好的防守就是进攻。"

"朝鲜为什么发出严厉战争威胁？"英国皇家联合军种国防研究所研究员安德烈亚对英国广播公司说，站在西方的立场来看，担心军事演习会成为发动突然袭击的掩护可能是无法理解的。但对于具有"先军思想"和坚持自主原则的朝鲜来说，美韩联合军演的真实目的值得怀疑。《苏格兰先驱报》3月31日说，一些分析家认为，朝鲜真正想要的是美国眼中的合法性——一份和平条约。平壤想让美国军队撤出朝鲜半岛的土地，而火箭和炸弹是朝鲜唯一可以管用的牌，朝鲜以此迫使美国人返回谈判桌。

美国《华尔街日报》3月29日写道，不断加剧的紧张局势也为朝鲜提供了素材，便于他们将金正恩塑造成一个在面对威胁时站出来捍卫国家的强有力的领导人。专家表示，在朝鲜立法机关4月1日召开年度会议前，金正恩近来接连出现在作战演练现场。此举有助于安抚新一代军事领导人，向他们保证金正恩致力于先军政治的国家方针不变。

（数据版权：环球时报　2013-04-01　第2990期　第1版 | 要闻　作者：王刚　程维丹　萧达　青木　李珍　陶短房　汪析　柳直）

平壤盛大仪式庆祝胜利　首尔请来多国参战老兵

朝鲜半岛纪念停战60年

今天是朝鲜战争停战协定签署60周年，美国、韩国和朝鲜都在以"史上最高"的层级和规模进行纪念。美国媒体宣扬本国老兵对当年参战"无怨无悔"，奥巴马公开称赞"国家勇士"帮助创建了一个民主繁荣的韩国；韩国邀请二十多国老兵和代表团访问首尔，一方面表示感谢当年的帮助，另一方面展示韩国的巨大发展。在朝鲜，27日将举行胜利日大阅兵，多国记者和代表团受邀观礼，美国前总统卡特和参加朝鲜战争的美国老兵据称都成了邀请对象，俄罗斯媒体称朝鲜"打开了铁幕"。然而，在风风火火的纪念背后，是朝鲜半岛尴尬的现实：停战60年仍未签署和平协定，也就是说技术上半岛仍处于交战状态。今年以来，半岛尤其成了世界上最危险的火药桶。如今，在这个颇具象征意义的关口，半岛和平看上去依旧前景渺茫：美韩将无核化作为和谈前提条件，朝鲜则宣布要以"核威慑"对抗敌对势力，这似乎已经成了死结。

美韩朝纪念规格均创纪录

"如果说战争将把一个国家团结到一起，那么对战争的纪念很多时候也能做到这一点。"在英国广播公司看来，战争纪念意味深长。

《华盛顿邮报》说，朝鲜为了这次纪念已准备数月之久，士兵们被派去修缮朝鲜战争博物馆，学生们每天下午为新战争主题的阿里郎大型歌舞表演彩排，市民们帮着绿化平壤。带有"胜利"、"战争胜利"字眼的颜色鲜亮的横幅在整个平壤的建筑物上飘动，朝鲜将上演一场2011年金正恩上台以来最华丽的表演，政府将利用这次纪念日吸引人们对朝鲜半岛分裂的关注以及强化对金正恩的支持。

韩国纽西斯通讯社称，27日朝鲜举行大阅兵，将有1万名军人参加阅兵式，届时可能展出新武器系统，此后还有大规模群众游行。美国前总统卡特、芬兰前总统阿赫蒂萨里等多名前国家首脑已获邀请。世界主要媒体的记者也已抵达平壤准备观礼。俄新社称，朝鲜的"胜利日"庆祝变成了国际性活动，"朝鲜政府打开'铁幕'"，允许所有参战者，包括美国人入境。金正恩将首次面对外国记者。

美联社26日聚焦"从朝鲜到美国，大相径庭的纪念"。报道说，一些美国人将朝鲜战争称为'遗忘的战争'，上世纪50年代的那场冲突在遥远的国家发生，战争是如此痛苦以至于幸存者一直试图将其从记忆中抹除。但朝鲜人没有忘记。朝鲜战争停战60年之际，该国为了这个里程碑式的纪念日大规模庆祝，并称之为"胜利日"，尽管双方只是签署了停战协定，迄今未签和平协定。

美国与朝鲜，包括韩国，今年的纪念并非没有相同之处，比如，它们的庆祝规模和层级都被认为是空前的。在美国，27日奥巴马将出席国防部在华盛顿朝鲜战争参战纪念公园举行的纪念仪式，这是美国在任总统首次出席该活动，防长哈格尔陪同。25日，奥巴马发表朝鲜战争停战60周年纪念日公告，称韩国发展为世界上经济规模最大的国家之一、韩美一同建立起支撑太平洋地区稳定的基础，"这一切都要归功于60年前为自由而战斗并守护到今天的勇士们"。

韩国《中央日报》26日称，韩国今年的纪念活动规模堪称"史上最大"。27日，韩国举办首次国家层级的针对参战国家和老兵的纪念活动，9个国家的部长级人物和4000余名包括参战老兵在内的人士将出席。韩国今年邀请联合国以及27国代表前来访问，感谢他们当初的贡献，也向他们展示数十年来韩国不凡的发展。韩国政府宣布将每年的7月27日定为"联合国军参战日"，各大电视台推出专题节目，联合国秘书长潘基文将在韩国发表致辞。

"我们从朝鲜战争学到什么教训？"美国《大西洋月刊》回顾道，1953年7月27日签署的停战协定结束了长达37个月的战争，为此谈判代表谈了158次，用时近25个月。代表们签署协定时，彼此没有讲一个字，没人主动握手。韩国代表拒绝签署，不参加谈判会议。当时的《纽约时报》说，"薄薄的木墙外面，是隆隆炮火声——这是严峻的现实，令人意识到尽管停战协定签署，附近山坡上仍有人在死亡，战斗又继续了12个小时。"美国国内，人们感到压抑。时报广场没有庆祝活动，其他任何地方也都没有。

美联社说，时至今日，就朝鲜战争而言，甚至对谁开启的战争都未达成一致。朝鲜之外，历史学家说是朝军1950年6月25日凌晨跨过边界发动攻击，朝鲜同意这个时间，但声称是美军攻击在先。韩国《亚细亚经济》26日称，战争爆发前，韩国当时的政府内部充满了诸如"一声令下即可占领平壤"

的情绪，时任总统李承晚也接连发表"北进统一"的刺激性言论，这些都成为战争爆发的间接原因。

美国《新闻时报》25日称，朝鲜战争是一场恶战，是美苏冷战的序曲，36914名美军死在朝鲜半岛，成为美国历史上第五昂贵的战争，排在第一至第四位的是冷战、二战、一战和越战。"德国之声"评论称，朝鲜战争是一场有关政治制度的战争，一场血腥内战。最终，美国领导的联合国军和中国盟友以及大批苏式装备支持的朝鲜都没赢。俄罗斯《独立报》26日刊文称，现在各界都在争论当时是否可以避免这场战争？谁应对这场到现在仍未平息的战争负责？虽然苏联没有正式参战，但美国媒体一直宣称苏联是战争的始作俑者。虽然所有档案资料表明并非苏联领导人前往平壤说服朝鲜领导人解放南方。报道称，美国至今仍对朝采取政权更迭的政策。目前半岛局势仍十分紧张，人们并没从朝鲜战争中接受教训。德国洪堡大学国际政治学者26日霍尔特曼对《环球时报》记者说，朝鲜战争的影响可能还要持续20年。

中朝关系被紧盯

"金正恩会见中国国家副主席"的报道26日出现在世界多家媒体上。澳大利亚《先驱太阳报》强调"中国敦促朝鲜会谈"，韩国《朝鲜日报》将"李源潮向朝鲜表明'无核化'立场"放于网站最醒目的位置。

韩联社引述朝中社的报道说，金正恩25日晚在平壤百花园迎宾馆会见当日抵朝并出席朝鲜战争停战60周年纪念活动的中国国家副主席李源潮。李源潮席间向金正恩转达了中国国家主席习近平的口信。报道没有公开口信内容。

《纽约时报》称，朝中媒体周五均报道了这次会面，称双方强调加强双边关系的重要性。但报道也凸显北京和平壤对两国关系的不同关注重心。李源潮——金正恩掌权以来访问朝鲜的最高中国官员——似乎是敦促朝鲜抑制其对抗性做法。他重申北京呼吁朝鲜半岛"无核化"和"和平与稳定"。新华社还援引金正恩的话说，朝鲜"支持中国重启六方会谈努力，愿与各方合作维持半岛和平与稳定"。报道援引金正恩的话说，朝鲜需要"一个稳定的外部环境"，这样才能专心于发展经济。但朝鲜中央通讯社报道同样的会面，没有直接提到"无核化"或支持中国重启六方会谈的努力。《纽约时报》称，缺少此类措辞值得注意。报道还称，北京和平壤再度借助于他们昔日的战场关系，来驾驭他们之间日益复杂的关系，度过一个深度焦虑的时期。

"俄罗斯之声"引述俄学者叶夫谢耶夫的话说，北京客人的到访旨在强调中国在朝鲜战争中的关键角色。李源潮访问的意义远远超出参加朝鲜战争停战60周年等礼节性活动的范围。他在访问期间会试图说服金正恩平静对待半岛局势。目前美韩日都在密切注视中国国家副主席对平壤的这次访问。如果会晤后双方能够发表重要声明，之后平壤用实际行动开始无核化，那么不排除美日韩启动同朝鲜关系的正常化进程。

《日本时报》称，抗美援朝期间，中国大批军队赴朝，实施著名的"人海战术"，在初期扭转局面，令麦克阿瑟领导的"联合国军"向南撤退，此前它们步步推进，几乎打到中国边界。历史学家对中国死亡人数存在争议。西方估计是40万，而近年来中方的数据定为18万左右。不管真实数字是多少，那场战争在现代中国历史和认同中具有特殊的地位。当时，共产党最终打赢内战、成立共和国还不到12个月。毛泽东之子毛岸英牺牲在朝鲜，成为中朝关系象征，两国关系常被称为"唇齿相依"。

中国学者吕超对《环球时报》说，中国通常在10月25日举行纪念活动，那是中国人民志愿军出国作战的日子。2010年10月25日，纪念中国人民志愿军抗美援朝出国作战60周年座谈会在人民大会堂举行，会前，中共中央总书记、国家主席、中央军委主席胡锦涛会见参加过抗美援朝的老同志和志愿军英模代表。时任国家副主席、中央军委副主席习近平一同会见，并在座谈会上发表讲话。

半岛和平前景渺茫

"今年的7月27日是朝鲜战争停战协定签署60周年，但也是韩国人不太可能感到轻松的一天。"《韩民族报》26日的报道显得忧郁，因为"朝鲜半岛永久和平的前景依然不明朗。"同一天的英国《每日电讯报》说，"(朝鲜半岛)战场上的枪声沉寂了60年，但冲突依旧没有正确解决"，"新的敌意随时可能爆发"。俄罗斯《消息报》预测道，8月份美韩将举行新一轮军演，半岛紧张局势将再次点燃。

"签署一份关于朝鲜半岛的和平协定不仅利于朝韩，而且将造福世界和平。"加拿大作家科塞多夫斯基26日在首尔发表演讲称，朝鲜半岛60年来一直处在交战状态，最主要的原因是美国试图利用这个地区作为战争跳板。数十年来，美国一边夸大朝鲜威胁一边增加军费，为军事介入朝鲜半岛辩白。

《韩国先驱报》25日称，专家认为，和平协定需要以"2+2"的方式进行，即包括朝、韩、中、美。不过，报道称，半岛和平协定前景依旧渺茫。首先，签署和平协定最重要的条件就是平壤的无核化。但这场艰难的会谈随着朝鲜坚持要以"核威慑"对抗敌对势力而毫无进展。朝鲜迄今已经进行了三次地下核试验，并且，它已在宪法中宣布是拥核国家，采用同时发展经济和核军备的政策。报道说，去年11月，当时作为总统候选人的朴槿惠暗示，无核化应作为签署任何和平协定的前提，"真正的和平不会因为只签署了一份和平协定就会到来"。

在韩国《世界日报》看来，冲突似乎是朝鲜半岛的宿命。该报 26 日的评论文章写道，60 年前的朝鲜战争可以说是决定世界命运的一场战争，意识形态的对立和冷战思维是战争爆发的主要原因。这场战争既是共产主义和资本主义的理念战争，也是韩朝之间的民族战争，同时还带有强国介入的国际战争性质。即使 60 年过后的今天，韩国仍是希望进入大陆的海洋势力和希望进入太平洋的大陆势力利益冲突的地方，朝鲜半岛的地缘政治意义仍旧没有改变。

（数据版权：环球时报　2013-07-27　第 3085 期　第 1 版 | 要闻　作者：王刚　萧达　孙秀萍　青木　杨明　崔杰通　汪析　柳直）

环球舆情调查中心和台湾中时民调中心联合调查显示

两岸民众支持联手施压菲律宾
——菲律宾枪击台湾渔船两岸民意调查

菲律宾海岸警卫队船只5月9日在台湾东南方向海域向台"广大兴28"号渔船开枪射击,65岁台湾籍船员洪石成中枪身亡。此次事件引发两岸民众关注,民意强烈要求菲政府正式道歉,赔偿损失,做出交代。环球舆情调查中心和台湾中时民调中心5月11日至12日分别在大陆和台湾展开的民意调查显示,超九成大陆受访者和近七成台湾受访者支持两岸合作对菲施压,多数受访者支持以外交和经济手段还击。

本次调查采用CATI(计算机辅助电话)方式进行,调查对象为中国北京、上海、广州、成都、西安、长沙、沈阳及台湾地区的18岁以上普通民众。截至5月12日,中国大陆回收有效问卷1047份,台湾地区回收1007份。本次调查为简单随机抽样,在95%的置信度下,允许抽样误差为3%。

调查显示,92.5%的大陆受访者和68.7%的台湾受访者支持"两岸合作对菲律宾施加压力",另有5.3%的大陆受访者表示不支持合作施压,台湾地区的不支持率为21.2%,此外,台湾地区有10.1%选择"不知道或拒答"。

针对"您认为应如何对菲律宾的挑衅行为进行还击"一问,在可多选的情况下,61.4%的大陆受访者表示应该对菲律宾"施加强大外交压力",57.6%认为应"进行经济制裁",54.1%选择通过"民间拒买菲律宾生产产品或拒绝赴菲旅游"的方式进行还击,44.3%选择用"攻占菲律宾非法侵占的中国岛礁或击沉菲军舰"的军事手段予以还击。台湾地区的排序则有不同,"经济制裁,如停止引进菲劳"获得70.1%支持率,其次是"停止赴菲观光或购买菲国产品"获得61%,认为应"施加外交压力"的占38.4%,选择采取军事手段的为24.1%。

调查还显示,中国大陆48.3%的受访者认为"打掉菲律宾嚣张气焰有助于与越南、日本等国理性解决海洋争端",28.4%认为"只有严惩挑衅者才能维护地区和平",另有16.5%的人认为"打击菲律宾有可能引发美国深度介入南海问题",12.2%认为"反击菲律宾有可能破坏地区稳定"。

在被问到"台湾当局是否有能力通过军事或政治手段维护渔民利益"时，51.4%的大陆受访者表示否定，40.5%表示肯定，另有8.1%表示说不清。台湾地区的受访者被问及"我方政府有没有能力维护渔民权益与替渔民讨回公道"时，49.1%的人表示否定，40%肯定，另有10.9%选择"不知道或拒答"。

"如果台湾当局拒绝与大陆合作解决渔船遇袭问题，大陆应怎么做"，针对这一问题，58.8%的大陆受访者认为"大陆应做台湾当局工作，实现两岸联手"，30.3%认为"大陆仍然要向菲律宾施加强大压力"，7.9%认为"应由台湾自行解决，大陆不插手"，另有3%表示说不清。

广西社会科学院研究员孙小迎12日对《环球时报》表示，从调查结果看，大陆和台湾在两岸合作的认识上略有差异，但整体来看，大陆和台湾对两岸合作的意向很明确。菲律宾现在的执政集团智商不高，其智慧、理性不及菲律宾国内的学者和非政府组织等，如进行还击，要厘清对象。针对菲律宾执政集团，外交施压怕是有理讲不通，经济手段效果也未必显著，两岸现在应合力对菲律宾的公务船采取对等行动。

大陆资深台湾问题专家李家泉12日对《环球时报》记者表示，大陆和台湾民众对两岸合作的支持率都不算理想，但大体上反映了民意。"之前台湾民调超8成人说当局太软弱，马英九此次以72小时通牒和单独制裁显示强硬，在台湾挽回了部分民心，台当局此次的高调回应不能不说是有大陆做后盾的。"李家泉认为，菲律宾的挑衅行为将助推和刺激两岸合作。

（数据版权：环球时报 2013-05-13 第3022期 第3版|新闻背景 作者：刘畅）

第一部分 主要发现

发现一 超九成大陆受访者，近七成台湾受访者支持两岸合作对菲律宾施加压力

- 92.5%的受访者支持两岸合作对菲律宾施加压力

对七城市的电话调查结果显示，对于菲律宾军方射杀台湾渔民且态度强硬，超九成（92.5%）的受访者支持"两岸合作对菲律宾施加压力"，只有5.3%的受访者表示不支持。另有2.2%的受访者对这一问题表示说不清。

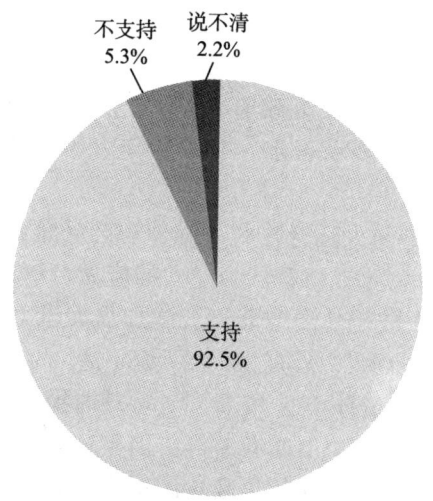

图 2-41 对于菲律宾军方射杀台湾渔民且态度强硬，您是否支持两岸合作对菲律宾施加压力？（N=1047）

- 68.7% 的台湾受访者支持两岸合作对菲律宾施加压力，比例小于大陆地区

台湾地区同时进行的调查结果显示，近七成的受访者（68.7%）支持"两岸合作对菲律宾施加压力"，比例小于大陆地区，21.2% 的受访者对此表示不支持，比例高于大陆地区，另有 10.1% 的台湾受访者选择了"不知道或拒答"。

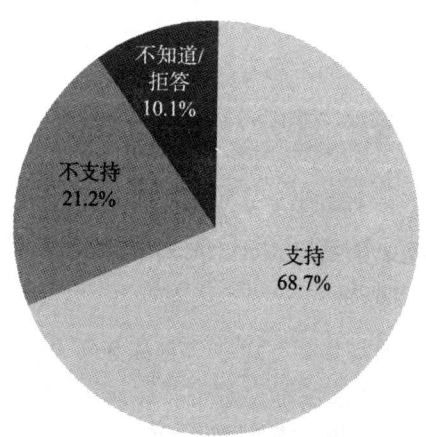

图 2-42 台湾问卷：如果菲律宾不理会我方要求，问您支不支持两岸共同对菲律宾施加压力？（N=1007）

发现二 两岸大部分受访者认为应通过外交和经济手段对菲律宾进行还击

- **大部分受访者认为应在经济、外交和军事方面对菲律宾予以还击**

调查显示,在可以多选的情况下,当被问及"您认为应如何对菲律宾的挑衅行为进行还击"时,61.4%的受访者表示应该对菲律宾"施加强大的外交压力",57.6%的受访者表示应该"对菲律宾进行经济制裁",54.1%的受访者表示应通过"民间拒买菲律宾生产的产品或拒绝赴菲律宾旅游观光"的方式进行还击,有44.3%的受访者表示应通过"攻占菲律宾非法侵占的中国岛礁或击沉菲军舰"的军事手段予以还击,3.4%的受访者表示应通过其他方式进行还击,其他2.3%的受访者表示"说不清"。

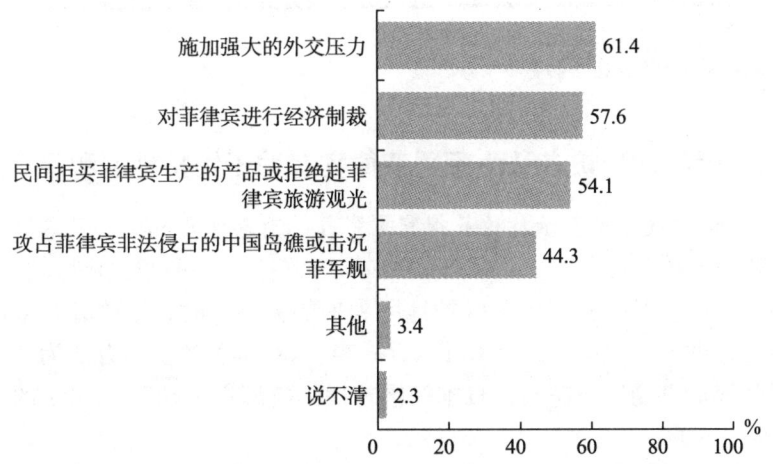

图2-43 您认为应如何对菲律宾的挑衅行为进行还击?(N=1047)

注:此题为可多选,各选项之和大于100%。

- **大多数台湾受访者认为应在经济和外交方面对菲律宾予以还击,认为应进行军事还击的受访者比例小于大陆地区**

台湾地区同时进行的调查结果显示,70.1%的受访者认为应采取"经济制裁,如停止引进菲劳",61.0%的受访者认为应"停止赴菲观光或购买菲国产品",38.4%的受访者认为应"施加外交压力",24.1%的受访者认为应"采用军事手段报复",比例小于大陆地区,9.0%的受访者选择"不知道或拒答",另有1.2%的受访者表示应通过其他方式进行还击。

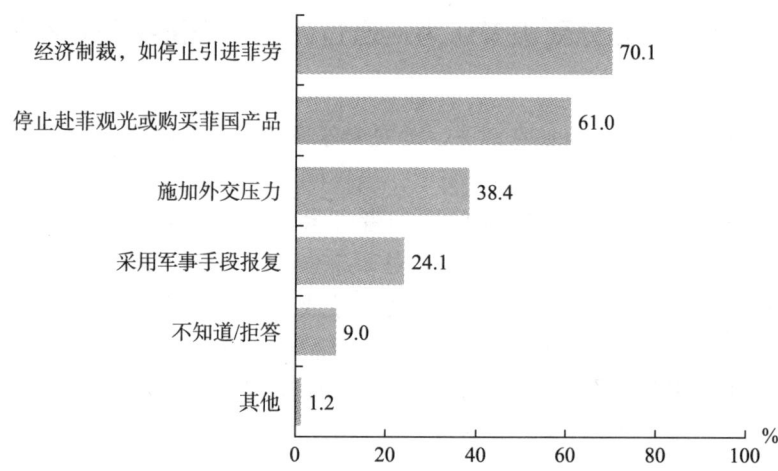

图 2-44 台湾问卷：如果菲律宾不理会我方要求，请问您支持我方采取那些方法施压（N=1007）

注：此题为可多选，各选项之和大于 100%。

发现三 近半数受访者认为惩罚菲律宾有助于维护地区和平

- 48.3% 的被访者表示打掉菲律宾嚣张气焰有助于与越南、日本等国理性解决海洋争端

问及"惩罚菲律宾与中国维护地区和平的关系"时，受访者大多认为惩罚菲律宾有助于中国维护地区和平：近一半（48.3%）的受访者认为"打掉菲律宾嚣张气焰有助于与越南、日本等国理性解决海洋争端"，28.4% 的受访者

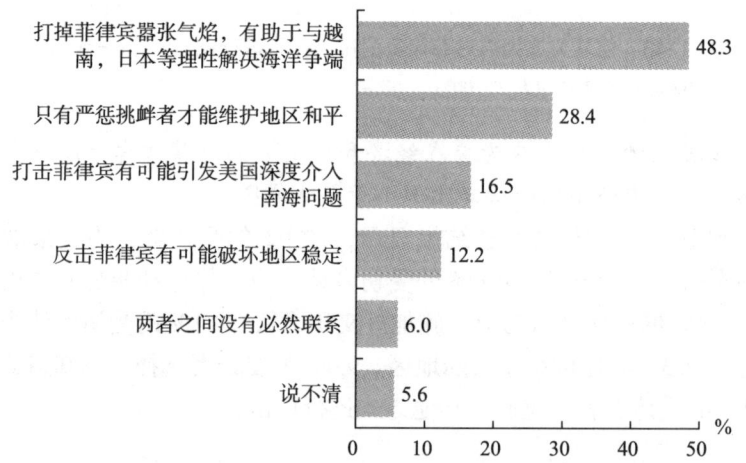

图 2-45 您认为惩罚菲律宾与中国维护地区和平的关系是怎样的？（N=1047）

注：此题为可多选，各选项之和大于 100%。

认为"只有严惩挑衅者才能维护地区和平";少部分受访者认为惩罚菲律宾会对地区和平产生不利影响：16.5%的受访者认为"打击菲律宾有可能引发美国深度介入南海问题",12.2%的受访者认为"反击菲律宾有可能破坏地区稳定"。有6.0%的受访者认为"惩罚菲律宾"和"中国维护地区和平"之间没有必然联系,5.6%的受访者表示说不清。

发现四　两岸受访者都倾向于认为台湾当局没有能力通过军事或政治手段维护渔民利益

- 对于台湾当局是否有能力通过军事或政治手段维护渔民利益,51.4%的受访者持否定意见,比例略高于持肯定意见者

对于"台湾当局是否有能力通过军事或政治手段维护渔民利益"这一问题,51.4%的受访者表示否定,同时有40.5%的受访者表示肯定,两者比例接近,另有8.1%的受访者表示说不清。

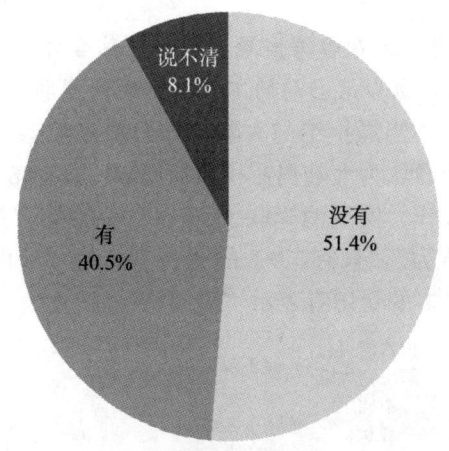

图 2-46　您认为台湾当局是否有能力通过军事或政治手段维护渔民利益？（N=1047）

- 台湾地区受访者认为台湾当局没有能力通过军事或政治手段维护渔民利益的比例略低于大陆地区

台湾地区同时进行的调查结果显示,对于"我方政府有没有能力维护渔民权益与替渔民讨回公道"这一问题,49.1%的受访者认为台湾地区政府没有能力维护渔民权益与替渔民讨回公道,比例略低于大陆地区,40.0%的受访者认为台湾地区政府有能力维护渔民权益与替渔民讨回公道,比例与大陆地区接近,另有10.9%的受访者选择了"不知道或拒答"。

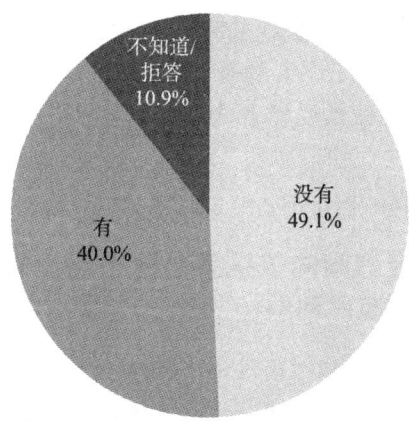

图 2-47　台湾问卷：请问您认为我方政府有没有能力维护渔民权益与替渔民讨回公道？（N=1007）

发现五　近九成受访者表示在台湾当局拒绝与大陆合作解决渔船遇袭问题的情况下，大陆仍需积极应对

- 58.8% 的受访者认为在台湾当局拒绝与大陆合作解决渔船遇袭问题的情况下，大陆仍应做台湾当局的工作，实现两岸联手

当问及"如果台湾当局拒绝与大陆合作解决渔船遇袭问题时大陆应如何做"时，89.1% 的受访者认为大陆仍需积极应对：其中 58.8% 的受访者认为"大陆应做台湾当局的工作，实现两岸联手"，30.3% 的受访者认为"大陆仍然要向菲律宾施加强大压力"。只有 7.9% 的受访者认为"应由台湾自行解决，大陆不插手"，另有 3.0% 的受访者表示"说不清"。

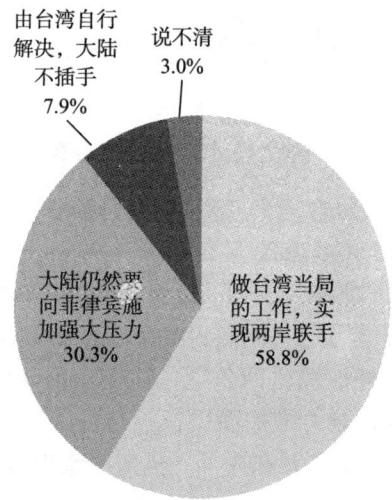

图 2-48　如果台湾当局拒绝与大陆合作解决渔船遇袭问题，您认为大陆应如何做？（N=1047）

第二部分 人群差异

差异一 对于是否支持两岸合作对菲律宾施压的差异

- 大部分男性和女性受访者均表示"支持两岸合作对菲律宾施压"

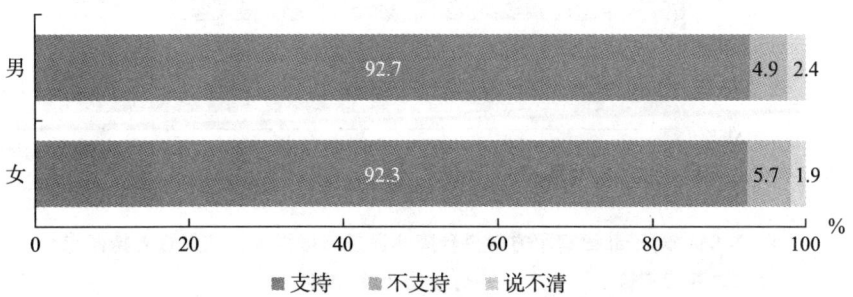

图 2-49 对于菲律宾军方射杀台湾渔民且态度强硬,您是否支持两岸合作对菲律宾施加压力?——分性别(N=1047)

- 年龄越大的受访者越倾向于支持"两岸合作对菲律宾施压"

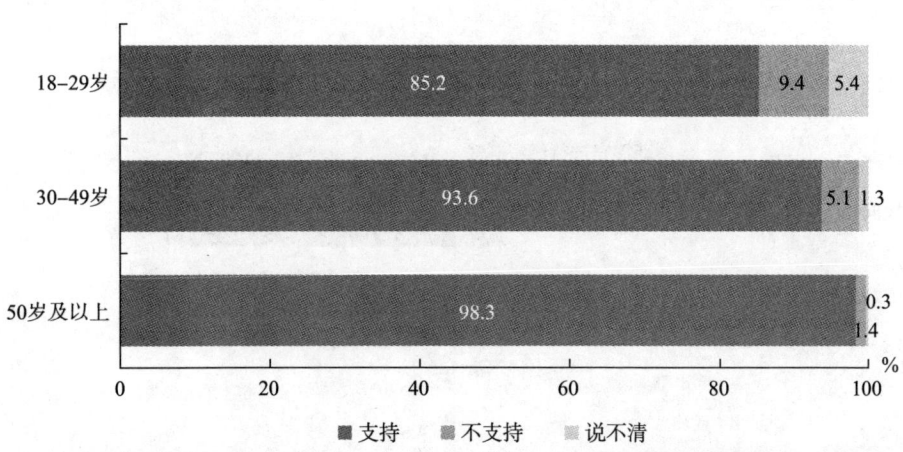

图 2-50 对于菲律宾军方射杀台湾渔民且态度强硬,您是否支持两岸合作对菲律宾施加压力?——分年龄(N=1047)

- 本科及以上学历的受访者中，支持"两岸合作对菲律宾施压"的比例在所有学历的受访者中最高

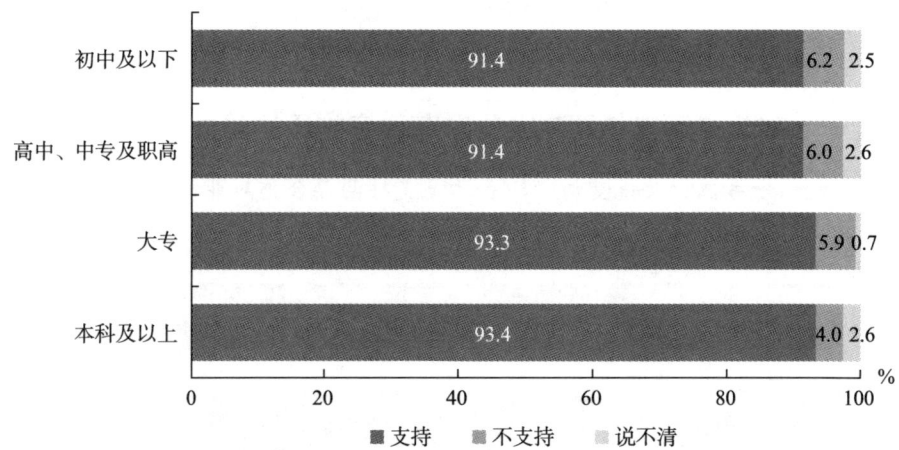

图2-51 对于菲律宾军方射杀台湾渔民且态度强硬，您是否支持两岸合作对菲律宾施加压力？——分学历（N=1047）

差异二 对菲律宾挑衅行为的还击方式的看法差异

- 男性受访者更倾向于通过军事手段进行还击，女性受访者更倾向于通过外交和经济手段进行还击

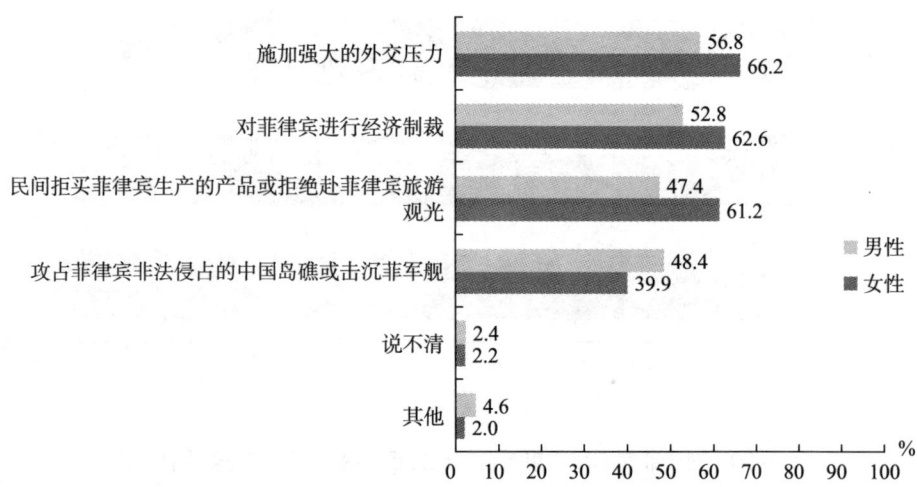

图2-52 您认为应如何对菲律宾的挑衅行为进行还击？——分性别（N=1047）

- 50岁以上的老年组受访者更倾向于通过军事手段进行还击，30-49岁的中年组受访者更倾向于通过"拒买菲律宾生产的产品或拒绝赴菲律宾旅游观光"等经济行动进行还击

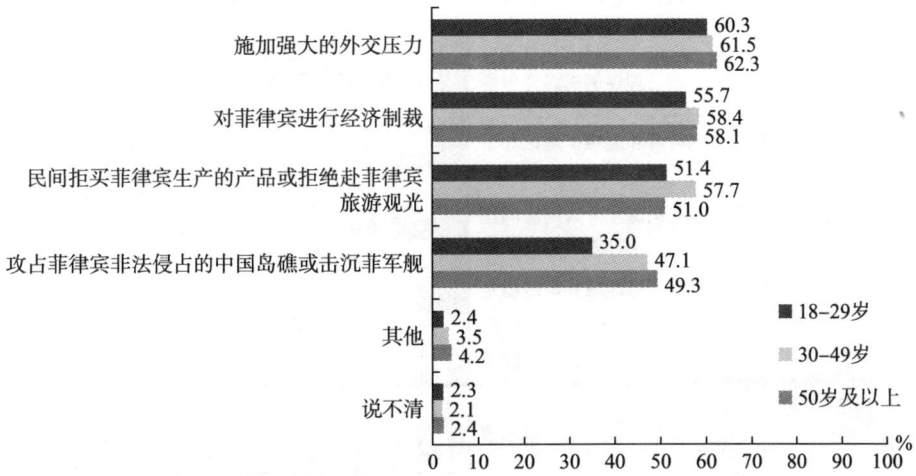

图2-53 您认为应如何对菲律宾的挑衅行为进行还击？——分年龄（N=1047）

- 学历越高的受访者，越倾向通过"施加强大的外交压力"对菲律宾挑衅行为进行还击

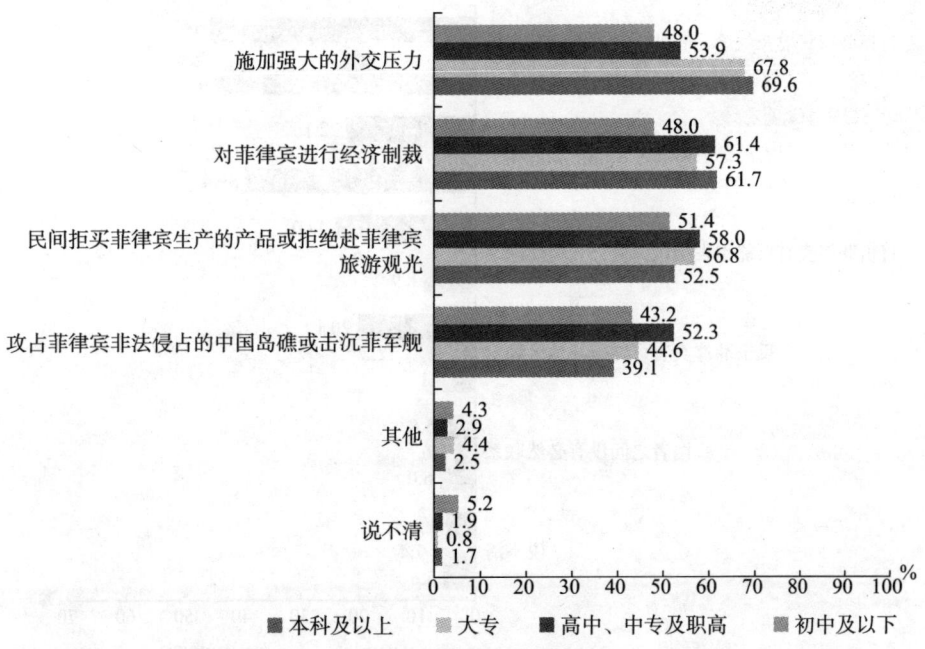

图2-54 您认为应如何对菲律宾的挑衅行为进行还击？——分学历（N=1047）

差异三 对于惩罚菲律宾与中国维护地区和平的关系的看法差异

- 男性受访者更倾向于认为,"只有严惩挑衅者才能维护地区和平"以及"打掉菲律宾嚣张气焰,有助于与越南,日本等理性解决海洋争端"

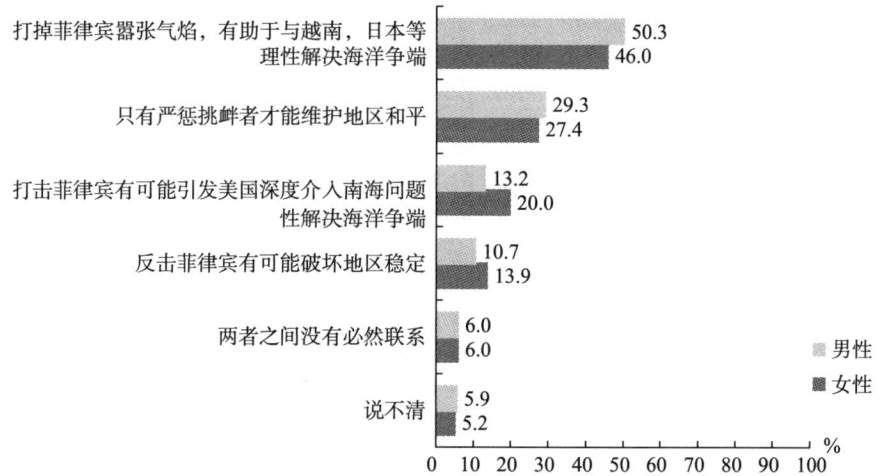

图 2-55 您认为惩罚菲律宾与中国维护地区和平的关系是怎样的？——分性别（N=1047）

- 年龄越大的受访者越倾向认为"只有严惩挑衅者才能维护地区和平"

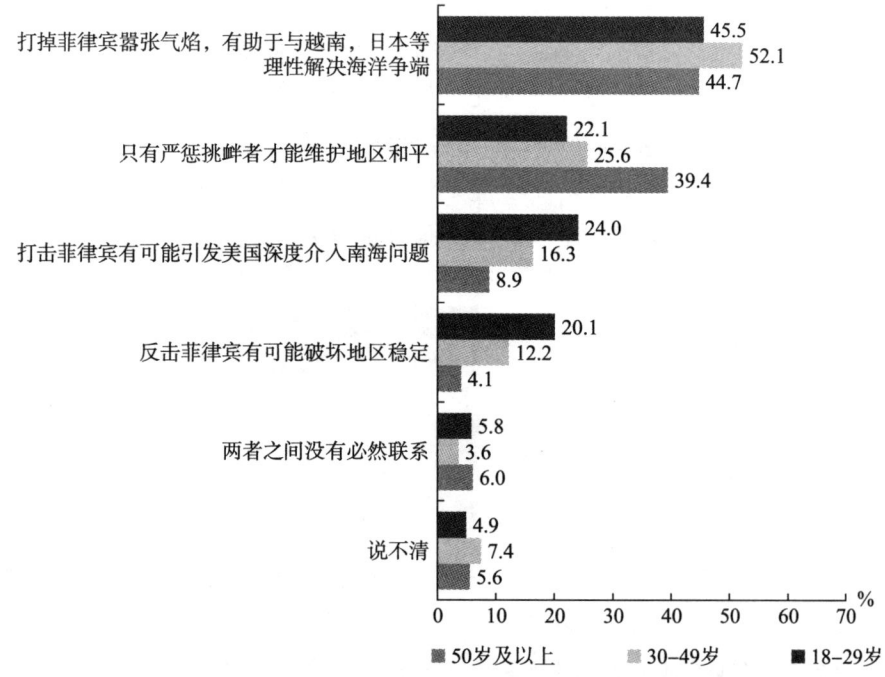

图 2-56 您认为惩罚菲律宾与中国维护地区和平的关系是怎样的？——分年龄（N=1047）

- 初中及以下学历的受访者中,认为"只有严惩挑衅者才能维护地区和平"的比例最高;本科及以上学历受访者中,担忧"打击菲律宾有可能引发美国深度介入南海问题"的比例最高

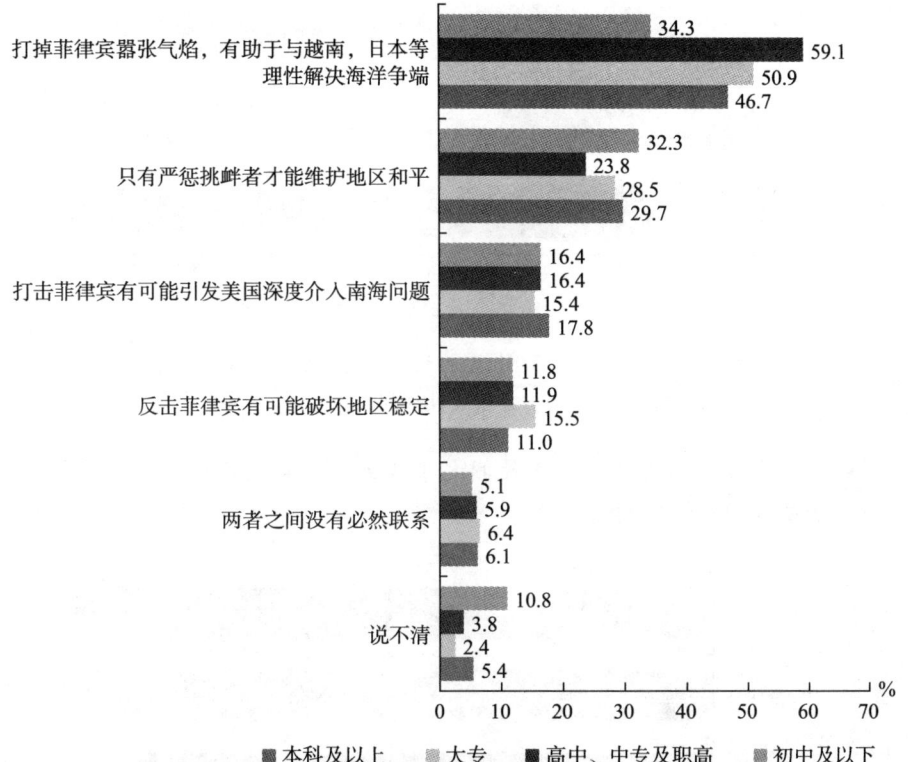

图2-57　您认为惩罚菲律宾与中国维护地区和平的关系是怎样的?
　　　——分学历(N=1047)

差异四　对于台湾当局是否有能力通过军事或政治手段维护渔民利益的看法差异

- 女性受访者更倾向于认为台湾当局有能力通过军事或政治手段维护渔民利益

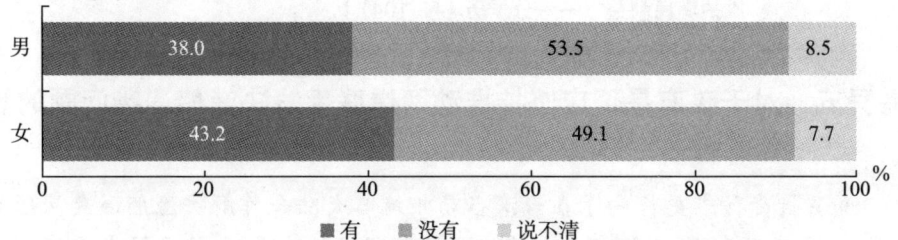

图2-58　您认为台湾当局是否有能力通过军事或政治手段维护渔民利益?——分性别(N=1047)

- 18—29岁的青年组受访者最倾向于认为台湾当局有能力通过军事或政治手段维护渔民利益

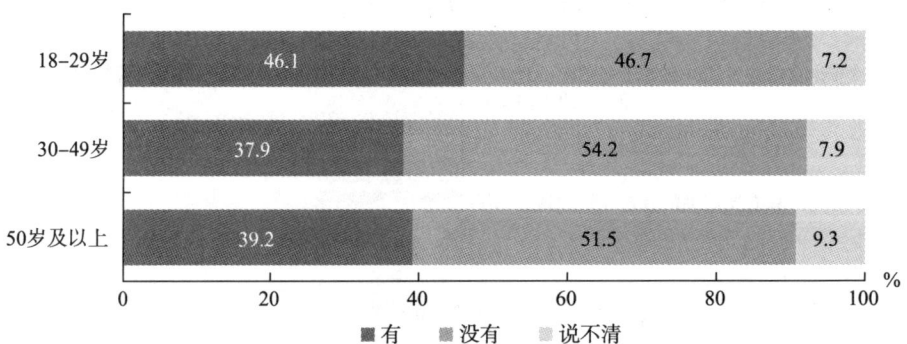

图 2-59　您认为台湾当局是否有能力通过军事或政治手段维护渔民利益？——分年龄（N=1047）

- 初中及以下学历的受访者最倾向于认为台湾当局有能力通过军事或政治手段维护渔民利益

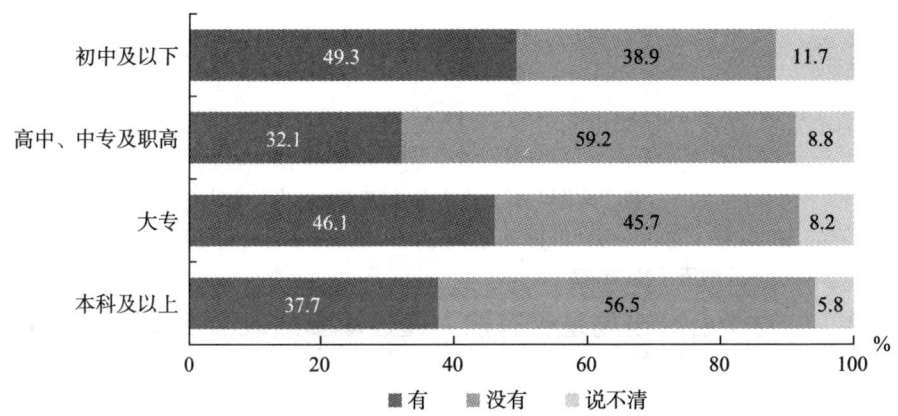

图 2-60　您认为台湾当局是否有能力通过军事或政治手段维护渔民利益？——分学历（N=1047）

差异五　对于政府是否应坚持推动两岸联手解决渔船遇袭问题的看法差异

- 男性受访者更倾向于在台湾当局拒绝与大陆合作解决渔船遇袭问题的情况下，"大陆仍然要向菲律宾施加强大压力"；女性受访者更倾向于"做台湾当局的工作，实现两岸联手"

二、国家安全：两岸大局与周边情势

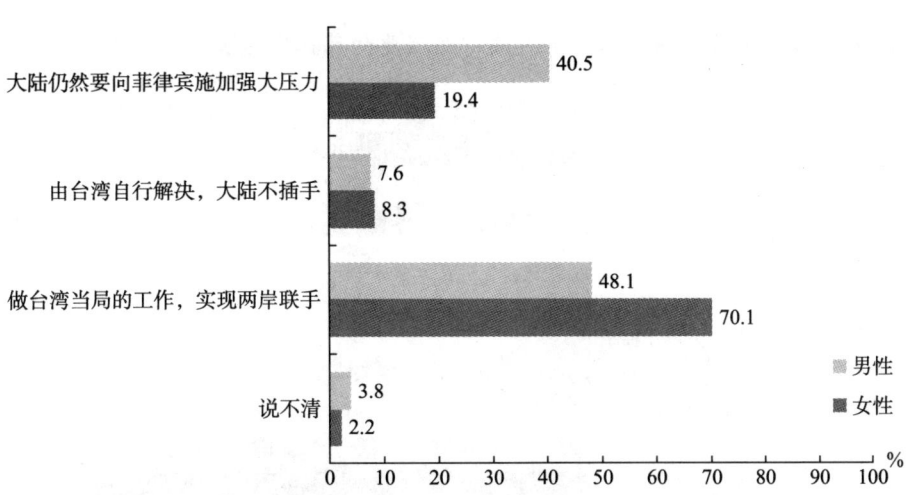

图2-61 如果台湾当局拒绝与大陆合作解决渔船遇袭问题，您认为大陆应如何做？——分性别（N=1047）

- 18-29岁的青年受访者中，认为大陆应"做台湾当局的工作，实现两岸联手"的比例最高；认为应"由台湾自行解决，大陆不插手"的比例也最高

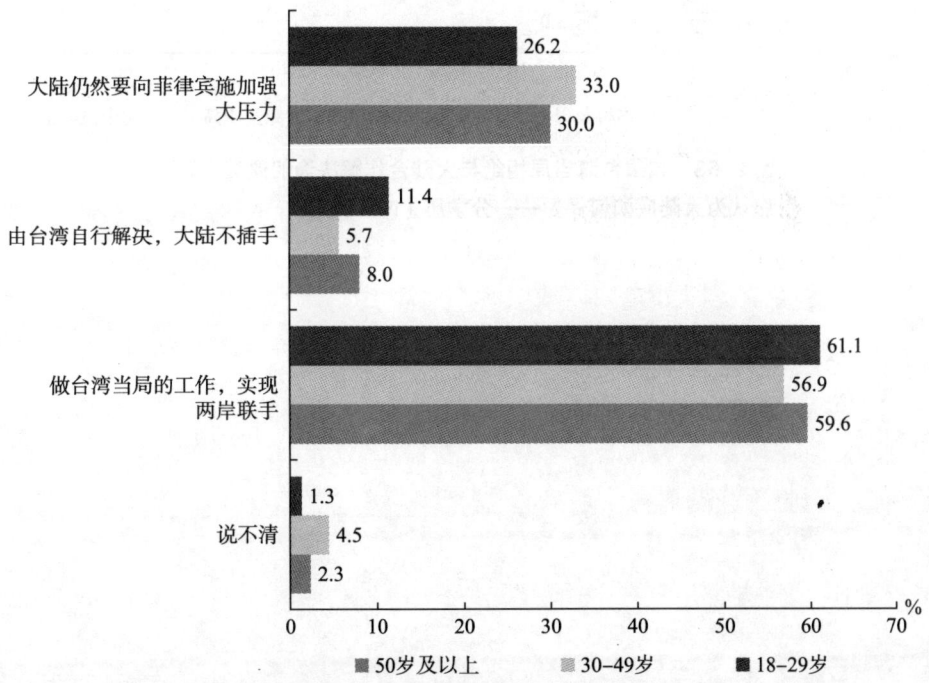

图2-62 如果台湾当局拒绝与大陆合作解决渔船遇袭问题，您认为大陆应如何做？——分年龄（N=1047）

- 受访者学历越高，越支持大陆"仍然要向菲律宾施加强大压力"

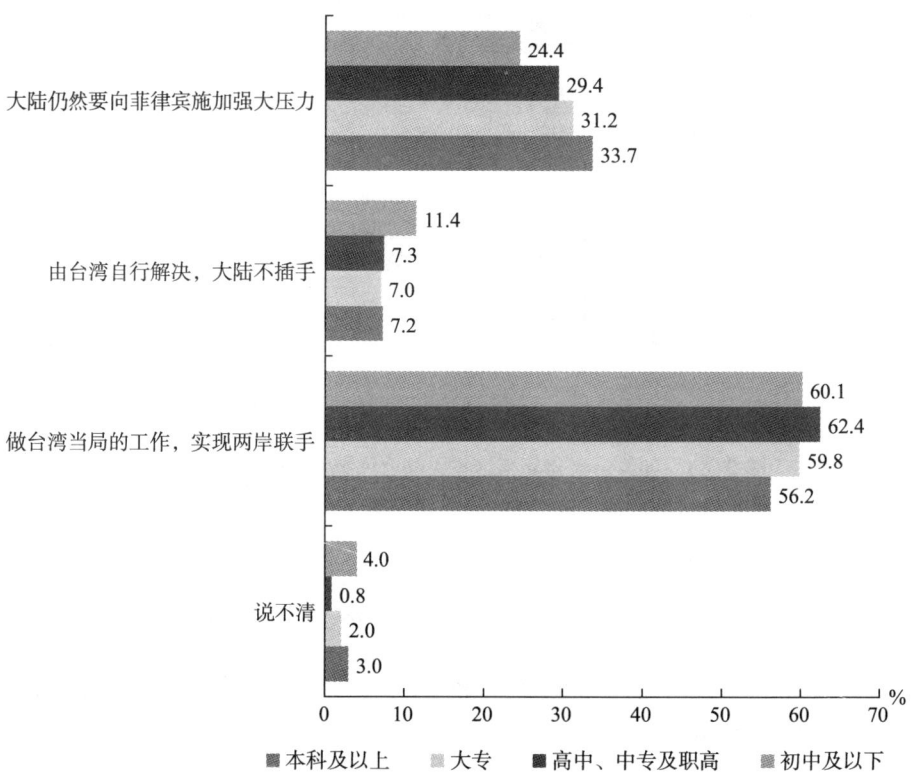

图2-63 如果台湾当局拒绝与大陆合作解决渔船遇袭问题，您认为大陆应如何做？——分学历（N=1047）

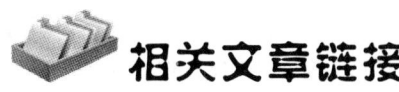
相关文章链接

大陆强硬反制菲律宾在情在理

一艘台湾渔船9日上午在南海遭到扫射，一名台湾船员死亡，船只严重受损。渔民表示行凶者是一艘菲律宾军舰。大陆国台办昨晚发声明"强烈谴责"这一"野蛮行径"，要求菲方尽快彻查，给出交代。台湾"外交部"虽然也要求菲方"追查凶手"，但表达态度的措辞用的是"严重关切"，明显要弱一些。

大陆分析人士的第一反应差不多都包含了一个推测，即菲律宾在黄岩岛等冲突中慑于中国大陆的强大，被迫克制，于是把憋的气撒到台湾头上。菲律宾通过扫射台湾渔船显示自己的意志和决心，强化针对中国大陆的谈判地位，维护其国内的士气。

向渔船扫射并致船员死亡，这是南海上很严重的事件。事情的细节目前尚不清楚，但通常认为，如果菲律宾军舰在争议海域对中国大陆渔民下此狠手，必遭到中方猛烈报复。近年敢对中国大陆渔民动枪动炮的情况在减少。去年一名中国大陆渔民被韩方海警用橡皮子弹意外打死，位置是非争议的韩方水域。

昨天大陆网民普遍希望北京对菲律宾采取强硬反制态度，助台湾给其教训。但这显然首先取决于台湾官方的反应，它是否有勇气把"严重关切"至少提高到"强烈谴责"之上，以及它是否愿意大陆方面施以援手。

台湾迄今的对外摩擦表现大多很温和，台湾当局最强硬的表现是李登辉和陈水扁时期朝着大陆方向做出的。台湾的综合力量在周边地区只明显强于新加坡，同日韩越以及印尼相比都不占上风，同菲律宾斗也很困难。

如果台湾完全依靠一己之力同菲律宾交涉，事情的最终结果只能是不了了之，菲律宾最多给一点补偿。这件事对台渔民必将造成长久心理创伤，影响他们对海上作业安全的预期。

但台湾当局借大陆之力捍卫渔民利益的可能性很小，马英九政府很怕对外造成他们与大陆"联手"维权的印象，他们既怕岛内的民进党说闲话，也怕华盛顿对此不高兴。

因此大陆方面既要给马英九政府留一些面子，也要从中华民族的大义出发，以"单独行动"对菲律宾施加强大压力。只要证实射杀台渔民是菲律宾海军干的，大陆就应加强在与菲争议海域的军舰活动，向菲方示威。大陆不必公开将此举同菲方射杀台渔民联系起来，但大陆的举动谁都看得懂，它的意义不言自明。

大陆派出力量对菲施压，首先必得大陆人心，鼓舞民意。只要大陆不公开宣扬此事与台渔船遭遇的联系，不让马英九政府难堪，也一定能获得台湾民众的好感。

大陆做出反应，还可压制菲律宾方面的气焰，防止其错估形势，产生大陆会被其吓住的幻想。菲律宾是南海上"最野蛮"的国家，之前就射杀过台渔民。它应当受到坚决反制，这是为了南海和平与稳定保持各方最低默契的需要。

总之南海出了这么严重的扫射事件，中国渔民有人丧生，大陆做出强烈反应在情在理。光发一个声明是不够的，我们还需要更明确的行动。

（数据版权：环球时报　2013-05-10　第3020期　第14版|国际论坛　作者：环球时报）

两岸一定要做到让菲律宾正式道歉

菲律宾海岸警卫队船只扫射台湾渔船并致一台湾渔民死亡后，菲律宾只由其驻台代表口头表达歉意，又被海岸警卫队"只同情、不道歉"的强硬态度抵消。马英九政府在一天多的时间里表现乏力，舆论不满度很高。

对大陆方面来说，需要做两件事。第一是要警告菲律宾，让其真正意识到射杀渔民的严重性。菲律宾的做法违反了《南海各方行为宣言》关于不使用武力解决争端的基本原则，带头破坏南海和平。不给菲律宾一个教训，将后患无穷。

第二要争取台湾的民心。同胞被邻国射杀，当局无力反制，这是台湾民众最难过、也最无助的时候。这时大陆方面如能提供恰当的支援，既解台湾的困境，又做到在这个过程中保持台湾人的尊严，而不是让台湾人感到大陆"另有所图"，两岸关系就能实现一次真正的拉近。

把这两件事合二为一，中国大陆就需"少说多做"，在已经强烈谴责菲律宾的野蛮行径之后，下一步可以减少表态，因为如果表态轻了，大陆舆论不干。反复使用强硬措辞，会让马英九政府难堪。大陆应避免突出两岸强硬度的差距，那样的话会让台湾人不舒服。

大陆应当以行动做语言，在菲台发生冲突海域之外的其他中菲争议海域加强活动，向菲律宾示威。比如中国应组织更多渔船前往中菲争议海域作业，并派出军舰护航。如果菲律宾军舰前来骚扰，就坚决与其对峙，将其赶走。这样的消息出来后，两岸民众都会拍手叫好。对台湾人来说，这样的支持不仅来得及时，而且照顾了台湾的面子。

大陆不应急于追求两岸在维护主权问题上的合作，那样可能会事与愿违。大陆只管做自己应当并能够做的，不要强求台湾方面做什么。台湾相对弱小，而且敏感，要考虑美国的态度，还爱打点自己的小算盘。这些问题现在都不是应当计较的时候。

在国际上，中国对菲施压有充足的道德依据。开枪射杀渔民这件事，菲律宾到哪儿去讲都不占理。中国在其刚犯了"重错"之后向其施加压力，也是世界舆论相对最容易接受的时候。

中国对菲律宾反制坚决，其效果也会延伸到越南。菲律宾在黄岩岛偷鸡不成蚀把米，这一次应当让它再吃点亏，这些教训终将在南海上积累，产生积极作用。

最后我们想说，中国作为整体这次一定要做到让菲律宾官方给出正式道歉，赔偿损失。相信台湾首先有这样的政治需求，这也是大陆以恰当方式协助台湾实现这一目标的机会。

（数据版权：环球时报 2013-05-11 第3021期 第7版 | 深度报道 作者：环球时报）

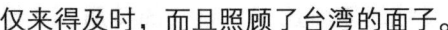

马英九再提最后通牒　众渔民要求偿还血债

台湾恼火等待菲律宾道歉

台湾当局向菲律宾发出最后通牒时限一分一分地临近，菲律宾看起来却对此视若无睹。13日是菲律宾的中期选举日，从官员到民众和媒体都聚焦于热闹喧嚣的投票，打死台湾渔民的事情像没发生过。总统阿基诺三世公开露面，在媒体追问下仍拒绝向台湾道歉。菲驻台代表没等最后期限到来被驱逐，就"偷偷溜回"马尼拉。菲律宾的轻松刺激了台湾民众的愤怒情绪，大批渔民13日陈情，要求"血债血偿"，甚至有人呼吁"向菲律宾宣战"。多家台湾媒体更是详细盘算"台菲军力对比"，认为菲律宾"三流的海军"远不是对手。就是这样一个国家，近几年却先后强硬地与中国大陆、香港、台湾都发生冲突。香港《东方日报》提出一个很多人心中的疑问："人们想知道的是，一个鱼腩小国，竟然一再在中国人头上撒野，难道是吃了豹子胆？"中国军事问题专家宋晓军13日对《环球时报》说，菲律宾之所以在底气不足的情况下频频与其它国家和地区发生冲突，固然跟美国支持有关，更是菲律宾的决策层素质使然。菲政治决策层多由财阀背景的政客组成，这些政客眼光相对短浅，不具备国际战略大视野，很容易让菲对外交往时表现出"任性"的特质，完全不符合国际政治和外交规则。

菲总统再次回避问题

"说道歉太难"，台湾东森新闻13日的文章在标题中感叹菲律宾对台湾的态度，当天菲律宾各部门没有做出更多的回应。总统阿基诺三世在距离马尼拉100公里的家乡投票，被媒体问及台湾渔船遭射击事件是否影响与台湾地区的关系时，阿基诺没有正面回答，只是重申涉案执法人员已经返回马尼拉，他已下令就事件展开调查。阿基诺三世说，"有人在事件中丧生，我们要检视执法程序是否正确。"

据菲律宾媒体报道，阿基诺三世13日赶回马尼拉，下午2时召开会议，关注全国各地选情以及国际事务。菲律宾中期选举，将选出1.8万多个中央和地方的职位，对阿基诺三世剩下的3年任期至关重要。有分析称，阿基诺三世全力抢攻国会亲执政党席次，因此不愿在此时回应，以免节外生枝，影响选情。台湾"中央社"称，菲律宾可能在14日回应台方要求。

让台湾民众气愤的是，菲总统府副发言人瓦尔特不仅发言内容"轻佻"，电视画面显示，她在记者会上还笑着回答记者的问题。台湾媒体评论说，事发之后，菲律宾从总统府、外交部、渔业局到海防队，对事件轻描淡写的态度引起台湾民众激愤。

台湾"总统"马英九13日再次提到72小时最后通牒，称菲律宾射击台湾渔民造成死亡，令人感到不可思议与愤怒；如果菲律宾不在14日24时之前对台湾的要求做出回应，台湾将不得不采取制裁措施。

根据72小时通牒内容，若菲方不做回应，台湾将要求菲驻台代表白熙礼回菲律宾。但台湾"中央社"发现，没等台湾方面驱逐，白熙礼13日一早就从桃园机场搭机，悄悄地低调离台，返回马尼拉。另有报道称，白熙礼可能14日回台北。

菲律宾媒体13日并不关注枪击台湾渔民事件，即使有媒体报道，也多像报道其他国际事件那样，转载法新社的通稿，各大媒体评论员也未触及这一话题。倒是网民热议跟帖，有对菲官方关于此事的诸多说辞表示质疑的，而大部分网民力挺菲政府立场，有网民指责台湾和中国大陆一样，都想以"制裁"的手段迫使菲律宾"低头"。还有网民声称，台湾更需要有技术的菲律宾劳工与护士，并称在台菲律宾劳工工作环境很差。

菲律宾凭什么强硬？

菲律宾对台湾的警告虚应故事，甚至不理不睬，让台湾更加难堪。台湾岛内的激愤情绪13日继续上升。据台湾东森新闻网报道，台湾"全国渔会"13日总动员，400多名渔民前往"立法院"陈情，要求菲律宾偿还血债。国民党"立委"苏清泉称，菲律宾20多年来"在台湾的头上尿尿"，已有20多人丧命，一定要血债血还。屏东县琉球乡长蔡天裕称菲律宾是"土匪国家"，呼吁向菲律宾宣战，把所有渔船武装，跟菲律宾拼。当天，还有数百民众到菲驻台代表处外进行抗议，并焚烧菲国旗。

台湾《自由时报》称，台军已计划组舰队大规模护渔，万一台菲再爆发海上冲突，就算菲律宾海空军尽出，也绝非台军对手。对于菲国海军，台军将领惯用"三流海军"形容，因在一级作战舰上的数量，台菲不仅呈现26:2的悬殊对比，菲律宾仅有的两艘老旧汉密尔顿级巡逻舰服役已45年，连攻舰导弹都没有。空军方面，菲律宾更无正规空军可言，原有的F-5A型战机已全数除役，目前仅剩下20架服役已达50年的OV-10野马轻型攻击机，和台湾空军拥有300架较先进战机相比，更完全无对战之力。

不过，《自由时报》同时认为，就算菲国军力非台湾对手，但背后同样有美国力挺，处理台菲关系的政治复杂度，远高于简单的军事较量，透过军事力量对菲武吓示威，能做的空间恐怕很有限。

实际上，菲律宾军力和国力虽然被邻居们小瞧，但它却是东南亚最敢于在与邻居们的冲突中抢先出手、并保持强硬的国家。2007年1月，台东籍渔船"满春德号"曾遭菲律宾海岸警队开枪射击，船长陈安老不幸中弹身亡。2010年8月，香港游客在马尼拉市被菲前警察劫持，菲警方实施突击解救行动，导致8名香港游客死亡，6人受伤。菲律宾至今拒绝道歉。2012年中菲南海争端，菲律宾是挑事者，它的执法船要在黄岩岛海域抓扣中国渔船。今年2月，数百名菲律宾武装分子冲入马来西亚沙巴，菲外交部则跟进声称，菲政府并未完全放弃对马来西亚沙巴州的声索。

美国的支持被认为是菲律宾强硬的原因之一。台湾渔民被枪击事件发生之后，美国国务院的表态是，敦促所有各方确保海上安全，保持克制，避免采取令该地区紧张升级的行动。"美国之音"13日报道"亚太地区海事纠纷争议升级"的文章不提菲律宾的强硬举动，反而称亚洲各国正展开海军扩建，中国是这场较量的领头人，中国东海和南海海域的纷争随时有可能升级成为国际性的全面海上危机。

但宋晓军认为，菲律宾的背后固然有美国支持的因素，但这并非关键所在，而是菲律宾的决策层素质使然。菲律宾的政治决策层不具备国际战略大视野，更难让菲律宾政府具备国际水准的政治、军事和外交战略。宋晓军说，菲律宾的政治阶层的表现不只是"幼稚"，更是"粗蛮"。

有菲律宾知情人士告诉《环球时报》记者，菲律宾海岸警队横行霸道已久，台渔民在巴士海峡捕鱼时遭遇菲方扣押，多数以"罚钱"了事。菲律宾海岸警队食髓知味，始终认为台湾可欺。在黄岩岛争端之后，大陆渔船有舰船护航，菲海岸警队再也不像过去那样通过"扣押渔船"发财，因此这次碰到台湾渔船就借机发泄不满。而阿基诺三世为强化对领海的主权声索，就算明知是理亏大概也不会向台低头，公开道歉。

两岸会合作护渔吗？

要让菲律宾让步，台湾的筹码在哪里？台湾《联合报》13日的社论说：尽管菲律宾在外交上坚持"一中原则"，但在两岸关系渐入佳境的形势下，我方在谈判上不啻拥有更大空间，这可能是较"冻结菲劳"更有力的筹码。在钓鱼岛争议硝烟中，台方和日本签署的渔业合作协议，其间"中国因素"的作用不言而喻。

马英九是否会趁势与大陆合作，处理此次事件？台湾《中国时报》的一篇评论认为，马英九无法冲破美日与"台独"挟持。该评论说，马英九不与大陆连手保钓，不签署两岸军事互信，而是发表"东海和平倡议"，与日本签"台日渔业协议"，形成变相"连日美抗中"。这次事件很可能也一样，出现类似台日渔业协议现象，但台湾最终只能是自我孤立。

寄希望于美国，被认为是台湾可能的选择。《联合报》13日的分析文章说，台菲没有"邦交"，两国要坐下来谈判，还是得透过共同的盟友美国居中调解。"解决争端的战场，不只在巴士海峡的北纬20度线，华盛顿是双方无可回避的场合"。《中国时报》的文章对此公开警告说：过去提起领海争议，马英九三句话离不开和平，但国际社会的乖乖牌，救不了自己的人民，也捍卫不了国家的主权。

台湾政大教授张士贤13日接受《环球时报》采访时认为，台湾在国际间的地位确实非常尴尬，许多国际事务都非常被动，必须要有美国、日本等大国的幕后协助，尤其是美国长时间都具备"维系台湾生存"的力量。美国是菲律宾的宗主国，也是台湾的"保护国"，当然不可能因为一条船、一个人的生死就让他的两个"小弟"打起来。

张士贤说，这次事件台湾是苦主，如果美国公正的话，应当是要求菲国"对台湾道歉"，但美国却台菲各打二十大板，要双方"克制"，这其实是很明显在"压制台湾"，而且美国的立场又决定了手下的一群小弟对台湾的态度。

(数据版权：环球时报 2013-05-14 第3023期 第1版|要闻 作者：黄栋星 于景浩 孙微 萧师言 本报记者 邱永峥)

本报舆情调查显示，近九成受访者支持中国军方对不明目标采取有效行动

设立防空识别区有利钓鱼岛局势

——设立防空识别区公众认知调查

中国23日宣布划设东海防空识别区，识别区包含钓鱼岛及其相关海域在内，部分区域与日本防空识别区重叠。日方就此提出交涉，美国白宫、国防部等多个部门表示关切。中国有关部门迅速做出回应，强调中国对设立识别区有充分自主权，有充分正当性。环球舆情调查中心25日在全国七城市展开的互联网调查结果显示，绝大多数受访者能较为理性地认识中国设立防空识别区的动因、依据和对该区域的权利，近九成支持中国军方对"违规进入中国防空识别区"的不明目标进行有效行动，逾九成认为识别区设立将促使钓鱼岛局势向有利于我的方向发展或趋缓。

本次调查采用互联网在线调查的方式收集数据，调查对象为中国北京、上海、广州、成都、西安、长沙、沈阳7座城市的18岁以上普通民众，共回收有效问卷1107份。所有样本均从环球舆情调查中心在线会员库通过配额抽样的方法获得，所有问卷均由受访者自愿填答完成。因系统计算时采用四舍五入原则，导致各选项之和比100%有上下0.1%的误差率。

就中国设立防空识别区的原因一问，在可多选的情况下，有84.1%的受访者选择了"遵循国际惯例维护本国相关空域安全"，其次是70.2%的人选择"防止美日等国航空器对中国沿海进行抵近侦察"，67.5%选择"彻底打破日方在钓鱼岛空域的军事优势"。剩余2.2%的受访者表示对这一问题"不清楚"。

87.6%的受访者认为，"如果外国航空器违规进入中国防空识别圈"，中方应"派预警机、战斗机等军用飞机进行监控、拦截、驱赶"；59.8%认为"在警告无效后应使用实弹进行射击"，同时有58.6%的人支持中国坚持一贯的外交手段如"提出外交抗议"；51.8%认为应该"像日方之前提出的，使用曳光弹进行警告射击"。

就识别区设立可能给钓鱼岛局势带来的触动，53.6%的人认为会"打破原有军事平衡，使中国在钓鱼岛问题上更有利"，39.5%认为会"令中日空中和海上军事力量形成均势，使局势更稳定"。此外，有4.3%认为识别区设立会"被日本用来宣扬中国军事强硬，对中国更不利"。

中国东海防空识别区与日方识别区存在重合，这一结果是否会增加双方擦枪走火的可能性？50.1%给出肯定答案，认为由此"出现军事冲突的风险在增加"，而认为识别区重合"反而会压制日本的军事冒险冲动、从而降低冲突风险"的受访者比例达到46.1%。另有3.8%的人表示"不清楚"。最后，有89.5%的受访者表示防空识别区设立增强了"自己对国家国防安全的信心"，3.3%持相反观点，剩余7.2%表示"说不清"。

中国军事专家孟祥青25日接受《环球时报》采访时表示，整体调查结果呈现出中国民众对国际争端、对外交军事趋于理性的认知面貌。具体来看，受访者最认可的"设立识别区是遵循国际惯例"，"维护空防安全"，"我军机可对不明目标进行监控、拦截、驱赶"等选项恰与中国对外发布设立识别区的主要口径一致，展现了中国民众渐趋成熟的心态。一边强硬要求对识别区内不明目标进行防御性反制，一边提出坚持外交抗议的方式，可见中国民众已初具大国心态。

孟祥青说，超过9成人认为设立识别区让中国在钓鱼岛问题上更有利，或至少局势会趋缓，这种积极的看法显示中国民众对此举的潜在赞同，而赞同背后是自信，民众的大国自信和对政府及军队的信任。

受访者对中日识别区重合是否会造成潜在军事冲突风险的判断差异较大，认为会与不会的人几乎各占一半。孟祥青说，受访者的选择客观反映了重合区未来可能出现的种种不确定因素，因不确定所以看法各异，重合区就是敏感空域。

（数据版权：环球时报　2013-11-26　第3181期　第3版｜新闻背景　作者：刘畅）

第一部分　主要发现

发现一　八成半受访者认为"遵循国际惯例维护本国相关空域安全"是设立防空识别区的最主要原因

问及中国设立防空识别区的原因，七城市的受访者认知比较一致，"遵循国际惯例维护本国相关空域安全"获得了最广泛的公众认同，提及率接近八成半，达84.1%。在受访者看来，"防止美日等国航空器对中国沿海进行抵近侦察"是第二大主要原因，提及率达70.2%。"彻底打破日方在钓鱼岛空域的军事优势"的提及率也比较高，为67.5%。剩余2.2%的受访者对这一问题表示"不清楚"。

二、国家安全:两岸大局与周边情势

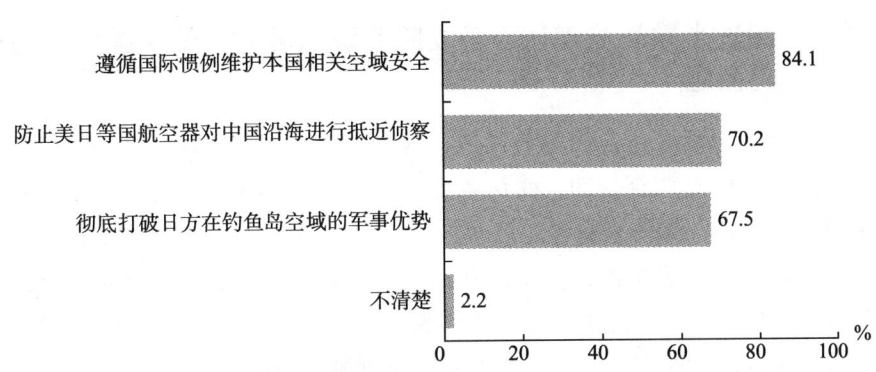

图 2-64　你认为中国为何设立防空识别区?(N=1107)

注:此题为可多选,故各选项之和大于 100%。

发现二　近九成受访者认为当外国航空器违规进入防空识别区时,中国应该派出军用飞机进行监控、拦截、驱赶

问及"如果外国航空器违规进入中国防空识别圈,中方应如何应对",七城市的调查显示,受访者更希望中方在实际行动上有所作为,如派出预警机、战斗机进行监控、拦截、驱赶。具体来看,近九成(87.6%)受访者认为中方应该"派预警机、战斗机等军用飞机进行监控、拦截、驱赶",提及率居首。第二措施是"在警告无效后使用实弹进行射击",提及率为 59.8%。总体上,还有 58.6% 的受访者认为应该采用中国一贯坚持的外交手段"提出外交抗议";51.8% 的受访者认为应该"像日方之前提出的,使用曳光弹进行警告射击"。剩余 0.9% 的受访者对这一问题表示"说不清"。

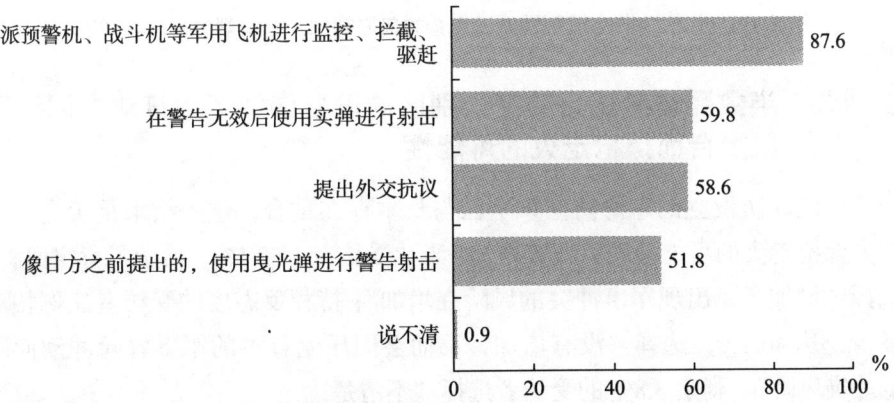

图 2-65　如果外国航空器违规进入中国防空识别圈,中方应如何应对?(N=1107)

注:此题为可多选,故各选项之和大于 100。

发现三　超过半数受访者认为设立防空识别区有利于中国解决钓鱼岛问题

东海防空识别区包含钓鱼岛区域，这一设定对解决中日钓鱼岛争端会产生怎样的影响呢？调查得知，受访者更倾向于认为该区域设定在钓鱼岛问题上更有利于中国。具体来看，超过半数（53.6%）受访者认为防空识别区的设定会"打破原有军事平衡，使中国在钓鱼岛问题上更有利"；39.5%的受访者认为会"令中日空中和海上军事力量形成均势，使局势更稳定"；仅有4.3%的受访者认为这将"被日本用来宣扬中国军事强硬，对中国更不利"；剩余2.8%的受访者对此问题没有明确表态，选择"说不清"。

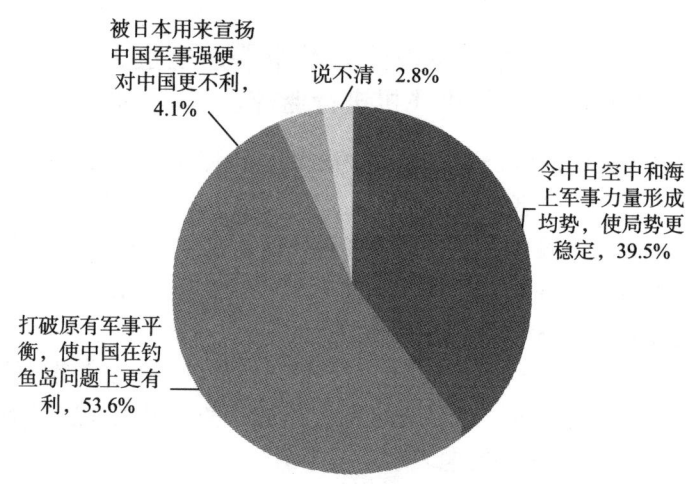

图2-66　你认为防空识别圈的设定会如何影响钓鱼岛争端？（N=1107）

发现四　半数受访者认为防空识别区的设立增加了中日双方因识别区重合而擦枪走火的可能性

中国此次设立的东海防空识别区与日本存在重合，这一结果是否会增加双方擦枪走火的可能性呢？调查得知，半数受访者（50.1%）给予了肯定回答，选择"增加了，出现军事冲突的风险在增加"；持相反态度的受访者比例相对较少，达46.1%，选择"没有增加，反而会因压制日本的军事冒险冲动而降低冲突风险"。剩余3.8%的受访者选择"不清楚"。

二、国家安全：两岸大局与周边情势

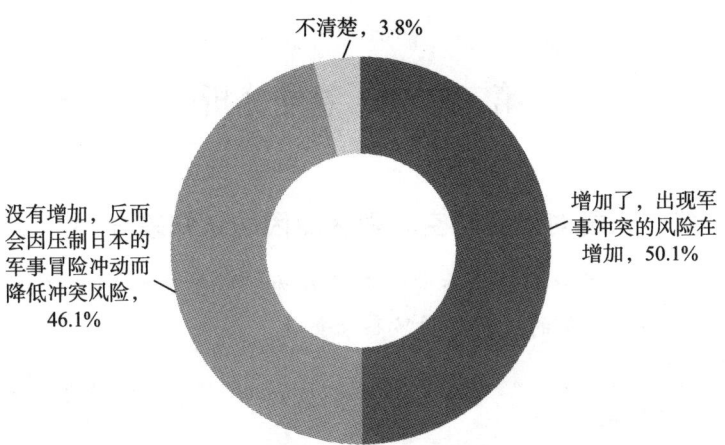

图 2-67　中日防空识别区出现重合，你认为双方擦枪走火的可能性是否增加了？（N=1107）

发现五　近九成受访者因防空识别区的设立而增强了对中国国防安全的信心

七城市的调查显示，防空识别区的设立，很好地起到了增强公众对中国国防安全的信心的作用。具体来看，近九成（89.5%）受访者表示防空识别区的设立增强了自己对国家国防安全的信心，仅有 3.3% 的受访者持相反观点，剩余 7.2% 的受访者对此问题没有明确表态，选择"说不清"。

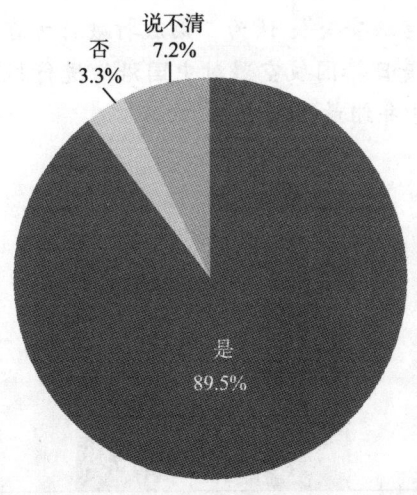

图 2-68　防空识别区的设立，是否增强了你对中国国防安全的信心？（N=1107）

第二部分 差异分析

差异一 各类人群对设立防空识别区原因的认知差异

- 男性受访者对中国设立防空识别区是为了"彻底打破日方在钓鱼岛空域的军事优势"的认同度明显高于女性

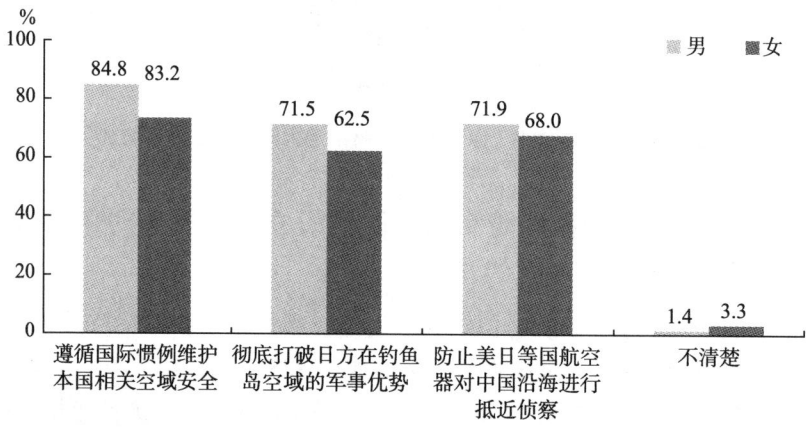

图 2-69 你认为中国为何设立防空识别区？——分性别（N=1107）

- 受访者年龄越大，越认为中国设立防空识别区是为了"遵循国际惯例维护本国相关空域安全"；认为"彻底打破日方在钓鱼岛空域的军事优势"和"防止美日等国航空器对中国沿海进行抵近侦察"是主要原因的受访者均在中年组最为集中

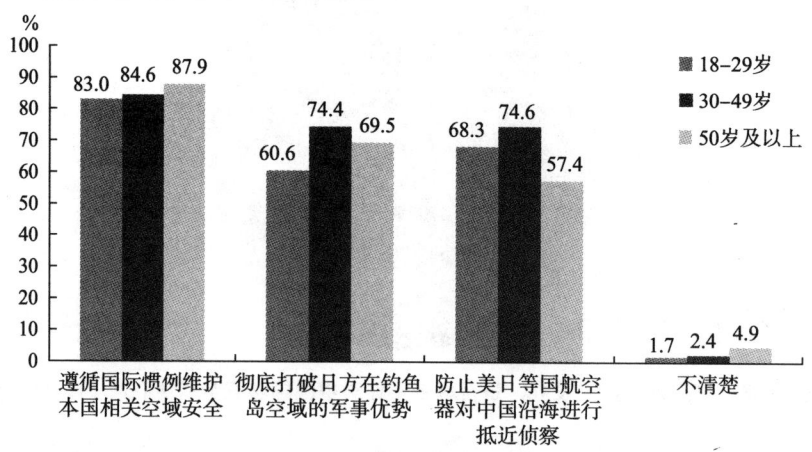

图 2-70 你认为中国为何设立防空识别区？——分年龄（N=1107）

差异二　各类人群对中方应如何应对外国航空器违规进入中国防空识别圈的认知差异

- 男性受访者比女性更希望中方"派预警机、战斗机等军用飞机进行监控、拦截、驱赶",女性受访者则更希望中方"提出外交抗议"

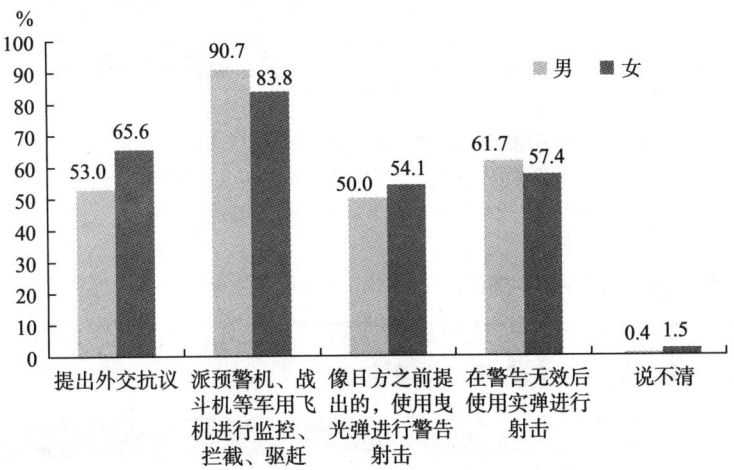

图2-71　如果外国航空器违规进入中国防空识别圈,中方应如何应对?——分性别（N=1107）

- 总体来看,受访者年龄越大,越认为中方应该以"提出外交抗议"的方式应对外国航空器违规进入中国防空识别圈

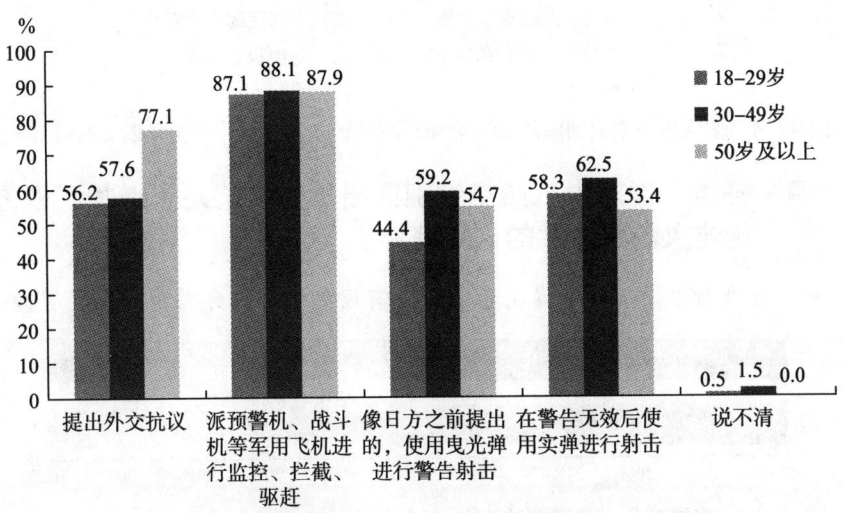

图2-72　如果外国航空器违规进入中国防空识别圈,中方应如何应对?——分年龄（N=1107）

差异三　各类人群对防空识别圈的设定对钓鱼岛争端影响的认知差异

- 男性受访者对于"防空识别圈的设定有利于中国处理钓鱼岛问题"比女性更为乐观

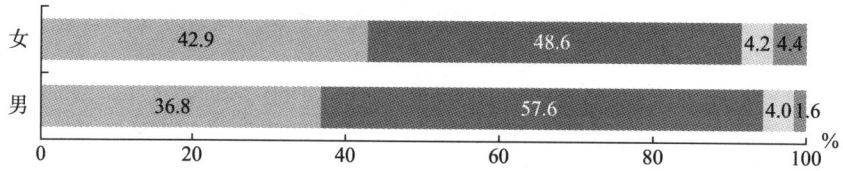

- 令中日空中和海上军事力量形成均势，使局势更稳定
- 打破原有军事平衡，使中国在钓鱼岛问题上更有利
- 被日本用来宣扬中国军事强硬，对中国更不利
- 说不清

图2-73　你认为防空识别圈的设定会如何影响钓鱼岛争端——分性别（N=1107）

- 受访者年龄越大，越认为防空识别圈的设定有利于"打破原有军事平衡，使中国在钓鱼岛问题上更有利"

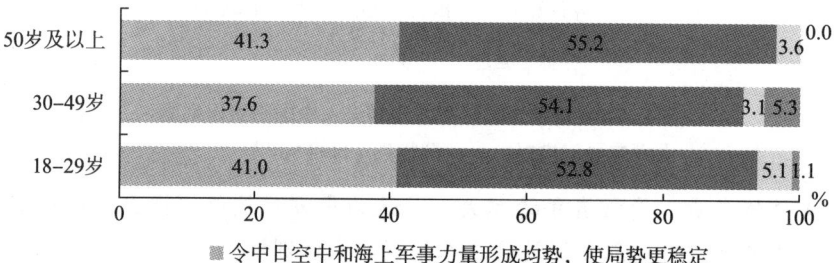

- 令中日空中和海上军事力量形成均势，使局势更稳定
- 打破原有军事平衡，使中国在钓鱼岛问题上更有利
- 被日本用来宣扬中国军事强硬，对中国更不利
- 说不清

图2-74　你认为防空识别圈的设定会如何影响钓鱼岛争端——分年龄（N=1107）

差异四　各类人群对中日防空识别区出现重合，是否增加了双方擦枪走火的可能性的认知差异

- 男性受访者比女性更倾向于认为没有增加中日双方擦枪走火的可能性

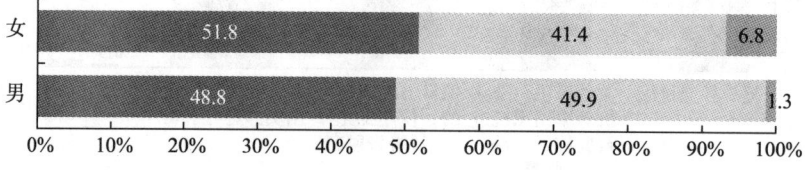

- 增加了，出现军事冲突的风险在增加
- 没有增加，反而会因压制日本的军事冒险冲动而降低冲突风险
- 不清楚

图2-75　中日防空识别区出现重合,你认为双方擦枪走火的可能性是否增加了——分性别（N=1107）

二、国家安全：两岸大局与周边情势

- 受访者年纪越大，越认为没有增加中日双方擦枪走火的可能性；青年受访者对增加双方军事冲突风险的感知最强烈

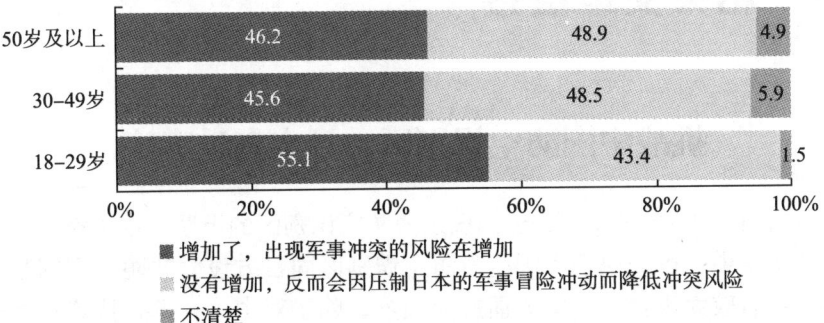

图 2-76 中日防空识别区出现重合，你认为双方擦枪走火的可能性是否增加了？——分年龄（N=1107）

差异五 各类人群对防空识别区的设立，是否增强了对中国国防安全的信心差异

- 男性受访者因防空识别区的设立，增强对中国国防安全的信心的比例比女性更高

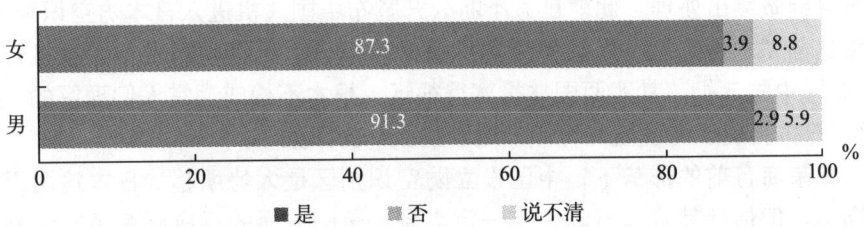

图 2-77 防空识别区的设立，是否增强了你对中国国防安全的信心？——分性别（N=1107）

- 受访者年龄越小，越容易因为防空识别区的设立而增强对中国国防安全的信心

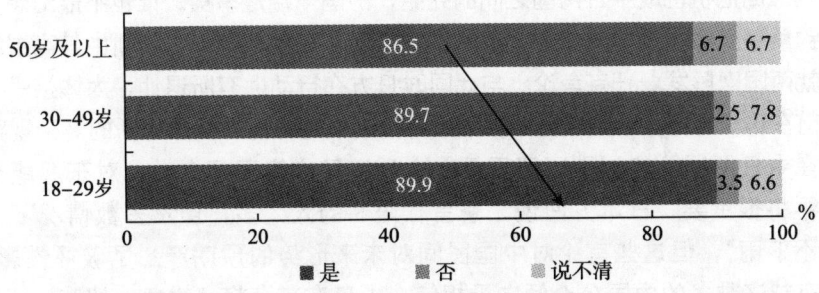

图 2-78 防空识别区的设立，是否增强了你对中国国防安全的信心？——分年龄（N=1107）

挑战中国防空识别区，日本在过嘴瘾

中国国防部23日发布关于划设东海防空识别区的声明，中国空军随即进行了首次空中巡逻。由于中国所设防空识别区同日方设立的防空识别区在钓鱼岛一带有较大重合，日本方面反应强烈，除了对中国"严正抗议"外，日防卫省召集紧急会议，要求日防空自卫队"加倍警戒，毅然应对"。

我们认为日本方面的所谓"严正抗议"既虚伪，又无耻。众所周知，日本在东南西北各个方向上都设立了防空识别区，在北部方向距俄罗斯只有50公里，东海方向距中国大陆的最近距离只有130公里。中国设立防空识别区无论于法于理都是正当之举，中方特别强调这一做法"不针对特定国家"，这是避免地区紧张升级的姿态。

日本是个不停用激烈语言刺激地区局势的国家，而且经常把本该模糊的针对目标做突出处理。此前日方不断公开宣布中国飞机进入日本防空识别区，尽管这与"入侵领空"是截然不同的概念，但日方经常同时发布其战机升空"拦截"中国飞机，其实两国飞机离得很远，根本不构成通常人们理解的"拦截"。日方强化了两国随时可能"爆发空战"的印象。

在东海目前的形势下，中国设立防空识别区是大势所趋。日本这两天过过嘴瘾，但估计其实际行动将有一定克制。美国方面的反应延续了它偏袒日本的态度，但目前没有美国会直接介入中日争端的迹象。如果日方战机真敢对中国飞机强制"拦截"，那么中方战斗机就应坚决对其"反拦截"。降低东海局势的紧张需由中日同担责任，日本休想逼中国单方面让步。

钓鱼岛危机已成中日两国之间的死结，两国争端是事实，谁也不能幻想完全主导钓鱼岛局势。日本方面至今不承认钓鱼岛存在主权争议，不断由其高层级领导人就两国摩擦发表狂妄言论。与此同时日方在行动上有所退让，大体接受了中方目前在钓鱼岛地区的维权方式，形成中日围绕钓鱼岛主权争议新的复杂现实。

在中日两国防空识别区严重重叠之后，日方究竟怎么做，对东海能否保持和平将很重要。日本方面说"豪言壮语"的人太多，虽然多数情况下"光打雷不下雨"，但这些言论对中国民间对未来形势的预期产生了破坏性影响。现在有越来越多的中国公众倾向于相信，中日在东海将"难免一战"。

这种预期使得日本不仅不再是中国的朋友，而且逐渐成为中国公众心中

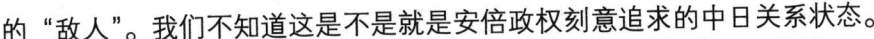

的"敌人"。我们不知道这是不是就是安倍政权刻意追求的中日关系状态。

我们支持中国宣布设立防空识别区,这有益于各方加深对中国保卫领土主权决心的认识。同时我们希望中日双方正视彼此的立场差距,建立有效的危机管控机制。我们作为中国人清楚中方的和平意愿,但大多数中国公众不了解日本是否同样珍惜东海的和平。日本官方的表现在中国人看来非常好斗,很多中国人对日本会贸然铤而走险存在疑虑。

中日之间有各种对立,但社会心理对立是使其他对立真正结成死结的那一部分,"防空识别区"的对立其实是最表面的东西。否则中印有那么大面积的领土争端,双方的对立不知要严重多少倍。日本没有理由以为中国会被它的强硬吓倒,如果安倍政权真那样想,那将是整个日本国的幼稚。

中国把防空识别区设了,不宣布针对谁,但肯定会坚决回击对这一防空识别区的狂妄挑衅者。如果日本把同中国斗作为其战略选择,那么就请嚼口香糖长大的安倍这代领导人带着这个国家来吧。

(数据版权:环球时报 2013-11-25 第3180期 第14版 | 国际论坛 作者:环球时报)

官员接连强硬表态　媒体预测东海摩擦
美日非议中国防空识别区

中国国防部 23 日宣布划设东海防空识别区,并表示这是中国有效行使自卫权的必要措施,不针对任何特定国家和目标,不影响有关空域的飞越自由。如此清楚的表白过去两天却被几十年前就做出类似举动的日美"严重忧虑","识别区覆盖钓鱼岛"更被大肆炒作。日本政府出动多名高官表示"强烈抗议",今天还计划召见中国驻日大使,一贯对华强硬的日本《产经新闻》气势汹汹地称,如果擦枪走火,中国"要负全责"。美国白宫、五角大楼和国务院 24 日轮番数落中国的不是,同时重申对盟友的"武力支持"。这种拉偏架的做法甚至遭到本国媒体嘲讽,《福布斯》杂志说,"该醒了奥巴马。带着安倍上谈判桌吧"。24 日的西方媒体普遍担心"7 平方公里"岛屿上空的空气被"烤得过热",而日本记者满脑子都是"如何保卫日本天空"。对于日美的一唱一和,一名中国军方人士 24 日只给出两个字的评价:"虚伪"。

美国政府连喊"严重关切"

"中国的举动将恶化地区局势。"中国 23 日宣布设立东海防空识别区后几个小时，白宫就发声表示"关切"。白宫国家安全委员会发言人海登称，美国正与地区盟友和伙伴密切合作。正在日内瓦参加伊核问题磋商的美国国务卿克里在声明中用了"严重关切"一词。他说，"这一单边行为企图改变东海现状"。美国不支持任何国家针对没有意图进入其领空的外国飞机使用防空识别区程序。克里称，美国敦促中国不要对未被识别和未遵守中国指令的飞机实施威胁或采取行动，希望"中国保持克制"。美国防长哈格尔24日说，中方举动增加了误解及误判的风险，"不会改变美方在该地区的军事行动"。他还重申《美日安保条约》第五条适用于钓鱼岛的一贯政策。

"中国基于国家安全判断和形势发展需要在东海海域设立防空识别区，不需要与任何国家进行协商，根本不存在'单边行为'。"一名不愿透露姓名的中国军方人士24日对《环球时报》表示，国际法律法规对一国设立防空识别区未作相关规定，从目前20多国先后设立防空识别区的国际实践来看，这是一国自主权利。这名军方人士表示，"美国、日本等早已设立防空识别区的国家对此心知肚明，却仍以站不住脚的说辞对中国进行攻击。试问日本：1969年你们设立的防空识别区边缘线距中国陆地海岸线最近处仅130公里，和中国协商了吗？而美国此番表态使其'对东海问题不持立场'的虚伪昭然若揭。"

美国《福布斯》杂志讽刺说，美国务院心不在焉，国家安全委员会无知无为、五角大楼搞莽撞官僚自行其是，这些加起来就是"美国对中日岛争问题的行动和政策"。报道警告称，美国因中日岛屿争端被拉入致命冲突的危险性在增加。但奥巴马没有采取更多措施缓和危机并协商解决办法，这是美国在外交上的严重过失和无能，很可能贻害世界并造成灾难性后果。

韩联社报道称，由于中国的防空识别区与日本的防空识别区有很大部分重叠，涵盖包括钓鱼岛领空，日本因此反应强烈。日本外相岸田文雄24日称，"中国设定的防空区域是日本领土，（我们）不承认其单方面措施。"岸田文雄还表示将要向中国方面提出强烈抗议。日本前防相高村正彦鼓动说，日美两军必须防止中方造成局势"爆炸"。

日本《产经新闻》称，中国划定防空识别区是凭借军事力量改变现状，决不能容忍。中日防空识别区重复，会使得两国紧急升空应对的战斗机接近，发生意外时"中国要负全部责任"。《现代东京时报》称，中方所说的"对不配合识别或者拒不服从指令的航空器，中国武装力量将采取防御性紧急处置措施"，无异于发动"突袭窃取"日本主权。文章说，中国国防部要求所有进入识别区的飞机必须通报飞行计划，日本显然绝不会服从，两国之间的猫抓老鼠游戏将继续。《华盛顿邮报》报道说，中方未详细指出对不服从指令的飞机要采取什么措施，但防务专家表示中国军队可能派飞机起飞应对或击落被视为威胁的飞机。

日本明治大学国际综合研究所学者奥村纯 24 日告诉香港《南华早报》，"下次中国飞机飞进日本空域，日本战机肯定会起飞应对，空中会打口水仗，甚至也很可能开火。两国都不希望发生更严重的情况，但局势的变化说明误判的可能性确实大幅增加。"

除了一贯强硬的《产经新闻》，日本各大报纸 24 日头版都以图文并茂的形式报道中国设立防空识别区的消息，电视节目中反复播放着几个镜头：包含钓鱼岛的中国防空识别区示意图和 23 日首次在防空识别区巡航的中国军机。这让《环球时报》驻日记者有这样一种感觉，日本媒体在向民众传递一个信号：摩擦将至。

防空识别区并非军事冲突区

24 日，韩国国防部就中国划设的东海防空识别区与韩国的防空识别区部分重叠表示遗憾。韩国《每日经济》援引韩军相关人士的话表示，与中日防空识别区重叠严重不同，中韩之间的重叠部分属于"微不足道"，由于中韩两军已经设立了相关军事热线，发生偶发性冲突的可能性不大。

接受《环球时报》记者采访的中国军方人士表示，防空识别区的名称已表明其属性：一是目的在于防空，该空域是一国防卫领空的缓冲区；二是手段在于识别，当不明目标进入该空域，一国武装力量即有权采取查证、警告及阻拦等防御性处置措施。中国国防部宣布设立防空识别区，这已是识别区发挥作用的第一步，即告知他国有义务作进入通报。根据国防部同时颁布的航空器识别规则公告，这一通报包括通报飞行计划并提供无线电、应答机和身份标识等 4 种识别方式。上述军方人士说，"识别区最东端距中国依然最近，他国飞行器自此很快就能抵达中国领空。"一旦进入识别区的不明目标不配合识别，我国空军即会迅速升空应对，首先判断对方属性及意图，是民用航班、运输机还是作战飞机，并据此采取警告、阻拦等防御性措施。"防空识别区意在为空防留出预警时间，只有当不明目标进入领空，一国武装力量才会采取攻击性行动，防空识别区不会成为军事冲突区。"

一周前，两架俄罗斯图-95 战略轰炸机在太平洋上空沿日本边界飞行，日本战机升空防御。有中国军事专家 24 日以此为例向《环球时报》讲述防空识别区的性质："俄无侵犯日本领空，只是表明态度，因此防空识别区内的较量大多情况下是政治、外交角力的延伸。"

"中国海充满危机和悬念。"法国电视二台评论称，美国正将舰艇部署到远东，第七舰队常驻于此，未来几年 60% 的美国海军兵力将部署到亚太，但中国表现出与以往不同的自信，通过设立东海防空识别区和再次派遣执法船进入钓鱼岛海域显示自己的主张和力量，并且交替使用刚柔两手，在东海表现强硬的同时,又派医院船去菲参与救灾。

法国欧洲新闻电视台称,尽管正如中国所强调的,防空识别区不妨碍空中交通自由,但这仍然是彰显经济军事实力的表现。加拿大《蒙特利尔地铁报》评论称,实力的提升使中国有能力在划定的防空识别区里履行防空识别任务,这也令中国在海洋主权诉求表达时更富主动性。不过,《福布斯》杂志认为,虽然日美有共同防卫条约,但军事介入钓鱼岛不符合美国利益。恰恰相反,美国的安全要求华盛顿"绝对不能"因几个小岛被拖入与北京的武装冲突中。

钓鱼岛上空的"既成事实"

日本《外交学者》杂志称,中国设定识别区的实际意义在于挑战日本对钓鱼岛的管辖权。在岛屿争端上,中国正在空中"创造新的事实"。德国新闻电视台说,钓鱼岛的空气正在"被加热"。23日,日本内阁府发布了关于"外交民意调查"的结果:80.7%的受访者表示对中国没有亲近感,创自1978年开始调查以来新高,而中日岛屿争端是主要原因。

24日被问及"如何保护日本的天空"时,正在神奈川打高尔夫球的日本首相安倍晋三顾左右而言他:"心情很好。必须要做这件事(指打高尔夫球),日本的天空也是秋季的晴空吧。"彭博社说,日本下月发布新10年防务计划,将加大对争议岛屿的安保措施。

《福布斯》杂志说,中日双方尽管互不妥协,但对峙似乎在可控范围内。日本经济百人访华团刚结束访问回国,表明中国开始发出解冻中日经济关系的信号。北京的立场很明显:结束经济冰冷期可以接受,但因安倍政权在领土问题上的强硬态度,中方不和日本谈钓鱼岛问题,其态度是一贯的。《读卖新闻》称,中国设定包含钓鱼岛在内的防空识别区,是在逼迫安倍政权让步。

(数据版权:环球时报 2013-11-25 第3180期 第1版|要闻 作者:李博雅 文玉 李珍 王刚 青木 刘畅 甄翔 李渊 玉鹏)

马英九强调"不涉主权"苏贞昌建议强硬出击

"防空识别区"成蓝绿交锋新战场

大陆划定东海防空识别区后,夹在大陆和美日之间的台湾的表态受到关注。马英九26日首度强调,防空识别区不涉及领空、领土,也与主权无关,27日台湾又表示会向大陆提交飞行计划。对此,苏贞昌等绿营大佬频频对马英九发难。有岛内评论称,日本首先单方面改变现状宣布钓鱼岛"国有化",

二、国家安全：两岸大局与周边情势

苏贞昌只呛马当局,自己却不敢向日本政府吭一声,"何须等到日方看不起,台湾人民就先瞧不起你了"。

据台湾《中国时报》27日报道,马英九26日在国民党"中山会报"时主动提及大陆划定东海防空识别区一事,强调大陆此举不涉及主权和领土、领空,而且与台湾公布的防空识别区重叠区域很小,不影响"国军"演训。他同时表示,台当局仍会就此事向大陆与周边地区表达严正关切立场,呼吁依照他所提的"东海和平倡议"架构,以自我克制、不升高对立以及搁置争议、寻求和平解决争端原则来解决问题。相关人士解释说,防空识别区类似经济海域的概念,而非领空,因而比较不涉及主权,像台湾与日本、菲律宾的经济海域都有重叠。国民党发言人杨伟中称,当局始终以积极、稳健而有效的方式捍卫钓鱼岛主权与渔权,反而是民进党在钓鱼岛问题上的退缩让步、无所作为,几乎是全民共识。

至于台湾是否向大陆提交飞行计划,"交通部长"叶匡时27日在"立法院"回答质询时坦言,向大陆和日本双方都递交飞行计划,"这是依照国际民航惯例"。台民航局也称,东海防空识别区是大陆用来识别具有敌意及攻击行为的航空器,但不影响相关空域民航机的飞行自由;台民航局是依国际飞航情报作业机制及惯例,送交飞行计划给大陆空管局,"且经了解,新加坡和菲律宾也有送交"。据台民航局统计,每天从台北飞航情报区往北飞的航班中,有100班需向大陆提交飞行计划。

台当局的一系列克制表态经绿营解读都变了味。据《自由时报》27日报道,"台联党"主席黄昆辉26日对马英九当局发出通牒,称此次大陆划定防空识别区范围,再次证明马英九欲推动的"军事互信和解"只是投降的代名词,要求马必须在3天之内向正在台湾访问的大陆海协会会长陈德铭提出抗议,并要求陈德铭确实有所响应,否则"台联党"扬言将把陈德铭列为不受欢迎人物,要求他立即离台。黄昆辉称,倘若马当局继续闷不吭声,"台联党"将在3天后有所行动,至于行动内容为何,目前还不能透露细节。民进党主席苏贞昌27日称,这就是为什么这么多台湾人会质疑马英九亲中。他提出两条建议,一是不要让台湾的航空公司提交什么飞行计划书;二是联合日本、韩国及东南亚,要求大陆撤回划设防空识别区的动作。民进党"立委"叶宜津还称,台湾提交飞行计划形同民航局"马上投降",等于同意大陆划设,"台湾的态度不应该怯懦,连抗议的态度、骨气都没有,令人无法接受"。

绿营的态度遭到不少岛内媒体批评。东森新闻27日称,台湾夹在大陆和美日两大势力之间左右为难,马英九的做法很务实。《中国时报》称,台湾夹在大陆与日本之间,本来就非常敏感,又陷入中美日冲突的暴风核心圈,理应小心应对,苏贞昌却"放言高论"加码紧张情势,真是搞不清楚自己的立场。

大陆划界针对日本,怎会对台湾"侵门踏户","两岸宪法本来就各自涵盖对方治下的领土,大陆当然拥有宪法权利代表台湾对日本争取钓鱼台(即钓鱼岛)主权"。文章认为,面对复杂的东亚战略情势,台湾如果选边中国大陆,可能有利于两岸关系的深化,但会得罪美日安保同盟;反之,已进入深水区的两岸关系会非常困难,"目前中国大陆与美日两国均未逼迫台湾表态,台湾仍能保持战略模糊……苏贞昌在钓鱼台主权问题上一向软弱,现在却要求马英九强硬,但政府错误的强硬将陷台湾于不义,苏贞昌究竟安的什么心?"

(数据版权:环球时报　2013-11-28　第3183期　第10版 | 台港澳传真　作者:孙诚)

74.6% 受访者倾向对日强硬反制
——安倍晋三参拜靖国神社国内公众态度调查

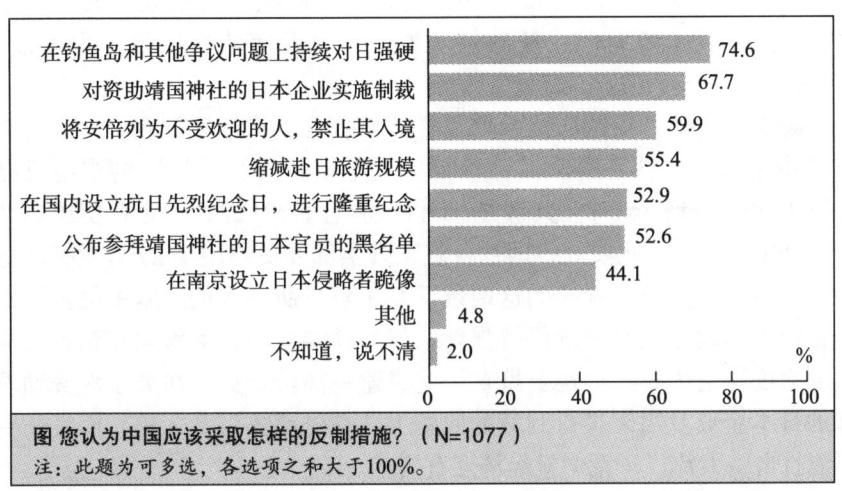

图 您认为中国应该采取怎样的反制措施？（N=1077）
注：此题为可多选，各选项之和大于100%。

在就任日本首相一周年之际，12月26日安倍晋三悍然参拜靖国神社，此举在中美韩日等国家都激起舆论的批评与抗议。在中日关系因钓鱼岛等争端问题趋于紧张的态势下，中国民众如何看待安倍的举动？中日关系是否更加难以缓和？为了解民众对这些问题的看法，环球舆情调查中心于27日针对中国大陆七个代表性城市的普通民众展开了民意调查。调查结果表明，46.5%的受访者在知道"安倍晋三参拜靖国神社"这个消息后表示"异常愤怒"。75.7%的受访者认为安倍参拜靖国神社的后果是"令日本与中韩等邻国的关系跌入谷底"。社科院日本所副所长高洪27日告诉《环球时报》，目前对日本最重要的是打好舆论战，在国际社会上争夺话语权。让国际社会都把安倍钉在人类道德和良知的耻辱柱上。

本次调查所选取的7个城市分别是北京、上海、广州、成都、西安、长沙、沈阳。调查时间为27日14时至17时，共回收有效问卷1077份。本次调查采用在线会员库随机抽样的调查方式进行数据收集，所有样本均通过在线调查会员库随机抽取，受访者自愿填答问卷。所有受访对象为18岁以上普通民众。本次调查为简单随机抽样，在95%的置信度下，样本的允许抽样误差为

3.0%。

七城市的调查结果显示,问及"安倍晋三在其就任日本首相一周年之际参拜靖国神社,您知道这个消息后的感觉是什么"时,46.5%的受访者表示"异常愤怒",22.6%的受访者表示"愤怒",二者合计,共69.1%的受访者对安倍参拜靖国神社感到不同程度的愤怒。

对于安倍参拜的后果,在可以多选的情况下,大多数受访者认为会"令日本与中韩等邻国的关系跌入谷底"(75.7%),其次是"使日本的右翼政治势力进一步坐大"(62.4%),接着是"使美化侵略战争成为日本政坛的主流思潮"(59.1%),最后是"为日本修改宪法、扩张军力做铺垫"(57.9%)。

在颇受关注的"中国应该采取怎样的对日反制措施"问题上,受访者最倾向于中国以"在钓鱼岛和其他争议问题上持续对日强硬"的措施反制日本,所占比例达到74.6%。其次是"对资助靖国神社的日本企业实施制裁",67.7%的受访者选择此项。中国社科院荣誉学部委员冯昭奎27日对《环球时报》记者表示,受访者选择的这两条反制手段是所列入的措施中最强硬的两招。在钓鱼岛问题上要继续保持强硬,就必须继续加大海警船在钓鱼岛海域巡航的力度,空中军机巡逻要慎重一些,避免擦枪走火。在关于对资助靖国神社的日本企业及组织进行制裁的问题上,首先要搞清楚名单,而且还要注意不能打击一大片,毕竟中日经济互有需求。

对于中日关系未来走向,国内受访者态度不乐观。65.2%的受访者认为中日关系在5年之内难以缓和,17.8%认为10年之内难以缓和。对此,冯昭奎表示中国民众目前对中日关系比较悲观,这并不奇怪。安倍任期时间还有3年,目前民主党很弱,即便安倍下台,很可能还是自民党执政。现阶段安倍的执政理念是追求"日本梦",换言之是"正常国家梦",即摆脱战后体制,摘掉战败国帽子,拥有军队和发动战争的权利,某种意义上带有军国主义复兴的色彩。这一追求得到日本部分民众的支持,刺激国内民族主义情绪高涨。日本梦与我们的和平发展的"中国梦"在某种意义上是相克的,相互制约的。中日双方都不支持对方的梦想,这就预示着中日之间的关系不会轻易好转。不过,中国倒不是一定要压制日本,但在日本未对历史做出正确认识之前,我们依旧担心一个军事强大的日本对地区安全是威胁。

(数据版权:环球时报 2013-12-28 第3209期 第3版|新闻背景 作者:杨婷婷 胡锦洋)

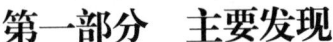

二、国家安全：两岸大局与周边情势

第一部分　主要发现

发现一　近七成受访者得知安倍参拜靖国神社的消息后感到"异常愤怒"或"愤怒"

● 46.5% 的受访者感到"异常愤怒"

七城市的调查结果显示，问及"安倍晋三在其就任日本首相一周年之际参拜靖国神社，您知道这个消息后的感觉是什么"时，46.5% 的受访者表示"异常愤怒"，22.6% 的受访者表示"愤怒"，二者合计，共 69.1% 的受访者对安倍参拜靖国神社感到不同程度的愤怒。18.8% 的受访者表示"平静，这是意料之中的事"，10.3% 的受访者表示"不满"，1.2% 的受访者"没什么感觉"，0.5% 的受访者有"其他感觉"。

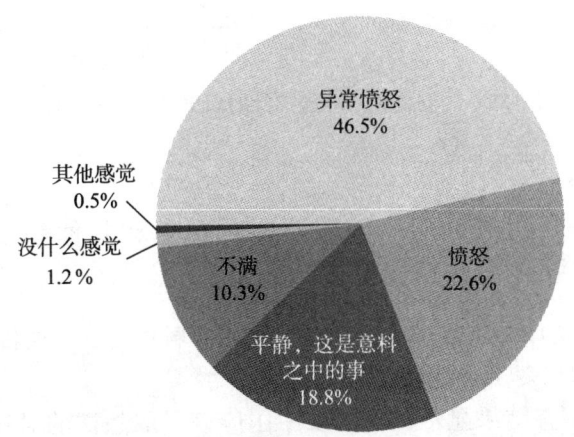

图 2-79　12 月 26 日，安倍晋三在其就任日本首相一周年之际参拜靖国神社，您知道这个消息后的感觉是什么？（N=1077）

发现二　七成多受访者认为安倍参拜靖国神社的后果是"令日本与中韩等邻国的关系跌入谷底"

● 75.7% 的受访者认为安倍参拜靖国神社的后果是"令日本与中韩等邻国的关系跌入谷底"

七城市的调查结果显示，对于安倍参拜靖国神社的后果，在可以多选的情况下，大多数受访者认为会"令日本与中韩等邻国的关系跌入谷底"

（75.7%），其次是"使日本的右翼政治势力进一步坐大"（62.4%），接着是"使美化侵略战争成为日本政坛的主流思潮"（59.1%），最后是"为日本修改宪法、扩张军力做铺垫"（57.9%）。此外，2.6%的受访者认为此举还会造成"其他"后果。2.0%的受访者对这一问题表示"说不清"。

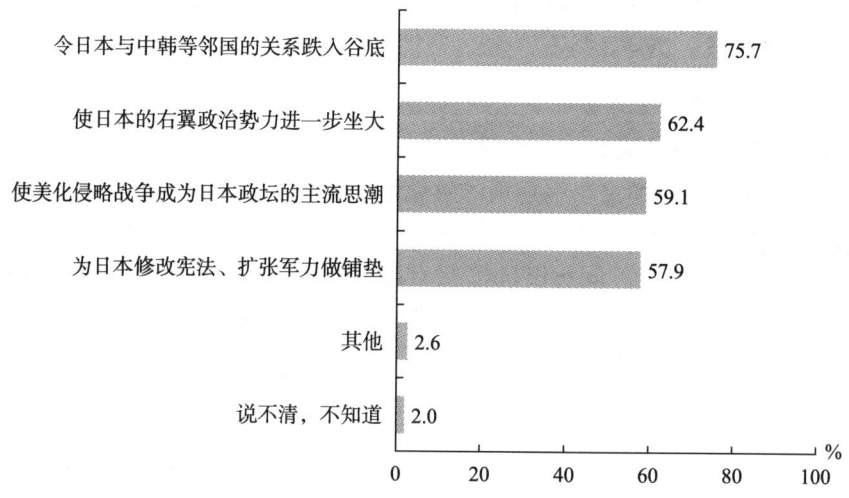

图2-80 您认为安倍参拜靖国神社的后果是什么？（N=1077）

注：此题为可多选，各选项之和大于100%。

发现三 受访者最倾向于中国以"在钓鱼岛和其他争议问题上持续对日强硬"的措施反制日本

- 74.6%的受访者认为中国对日本采取的反制措施应该包括"在钓鱼岛和其他争议问题上持续对日强硬"

七城市的调查结果显示，在问及中国应该采取怎样的对日反制措施时，74.6%的受访者选择"在钓鱼岛和其他争议问题上持续对日强硬"，成为选择率最高的一项。其次是"对资助靖国神社的日本企业实施制裁"，67.7%的受访者选择此项。其他反制措施按照受访者选择的比例高低依次是："将安倍列为不受欢迎的人，禁止其入境"（59.9%）、"缩减赴日旅游规模"（55.4%）、"在国内设立抗日先烈纪念日，进行隆重纪念"（52.9%）、"公布参拜靖国神社的日本官员的黑名单"（52.6%）、"在南京设立日本侵略者跪像"（44.1%）以及"其他"（4.8%）。2.0%的受访者对这一问题表示说不清。

二、国家安全：两岸大局与周边情势

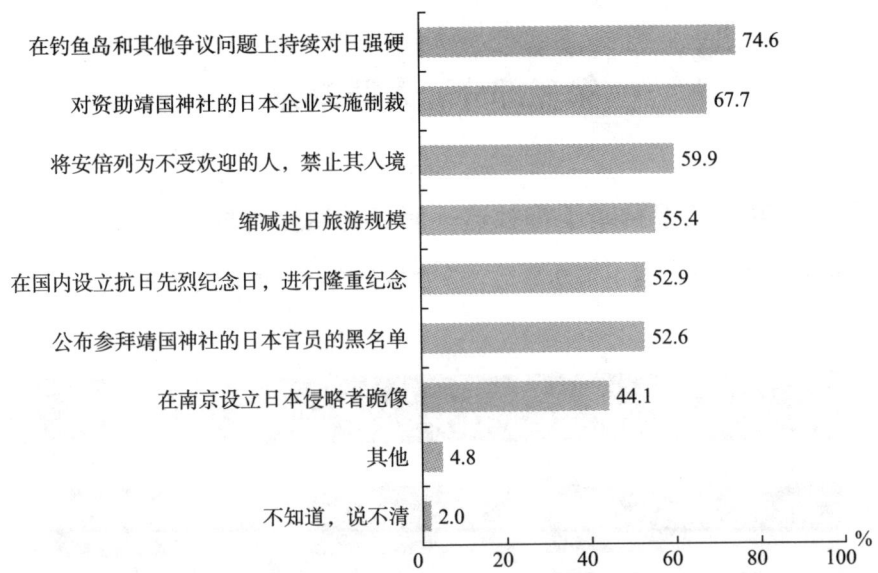

图 2-81　您认为中国应该采取怎样的反制措施？（N=1077）

注：此题为可多选，各选项之和大于100%。

发现四　超过六成受访者认为中日关系在5年之内难以缓和

●65.2%的受访者认为中日关系在5年之内难以缓和

对于中日关系未来走向，国内受访者态度不乐观。65.2%的受访者认为中日关系在5年之内难以缓和，其中24.0%认为中日关系5年之内难以缓和，17.8%认为10年之内难以缓和，23.4%认为10年以上都难以缓和。另外，3.2%的受访者认为中日关系一年之内难以缓和，15.9%认为3年之内难以缓和。15.8%的受访者对这一问题表示说不清。

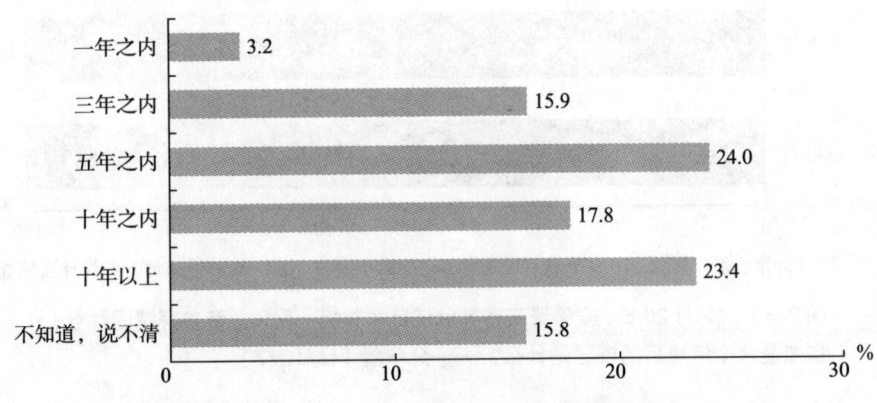

图 2-82　您认为中日关系在多少年之内难以缓和？（N=1077）

第二部分　人群差异

差异一　对安倍参拜靖国神社这一消息的感受差异

- 男性受访者对这一消息感到"异常愤怒"的比例远高于女性

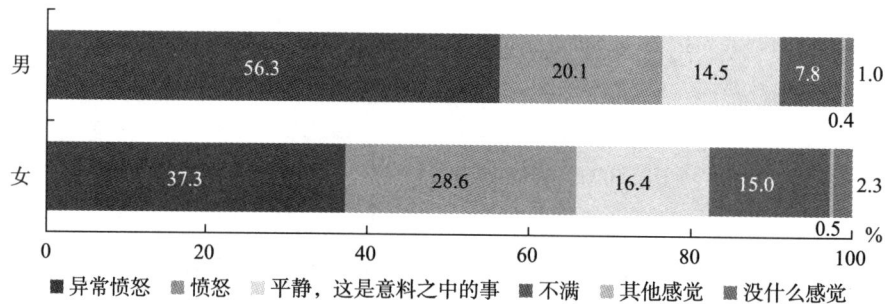

图2-83　12月26日，安倍晋三在其就任日本首相一周年之际参拜靖国神社，您知道这个消息后的感觉是什么？——分性别（N=1077）

- 30-49岁的中年组受访者中，对安倍参拜靖国神社感到"异常愤怒"的比例最高

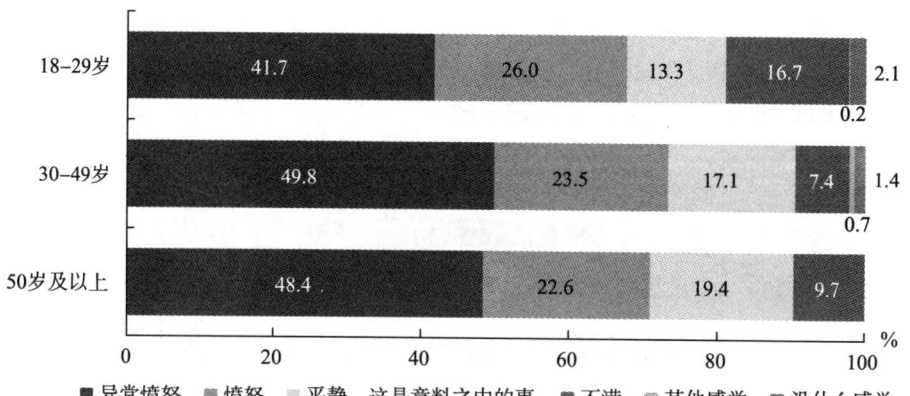

图2-84　12月26日，安倍晋三在其就任日本首相一周年之际参拜靖国神社，您知道这个消息后的感觉是什么？——分年龄（N=1077）

二、国家安全：两岸大局与周边情势

- 学历越高的受访者对安倍参拜靖国神社感到"异常愤怒"的比例越高

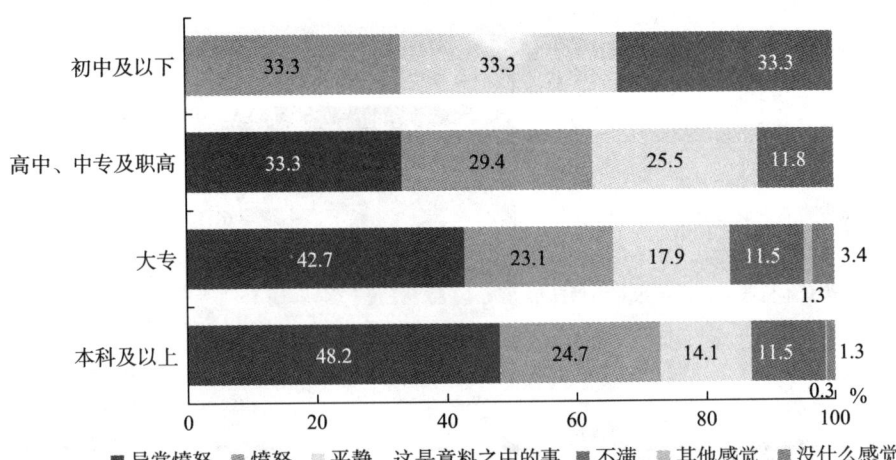

图 2-85　12 月 26 日，安倍晋三在其就任日本首相一周年之际参拜靖国神社，您知道这个消息后的感觉是什么？——分学历（N=1077）

差异二　对安倍参拜靖国神社的后果的看法差异

- 男性受访者对安倍参拜靖国神社的各项后果的评估都比女性严重

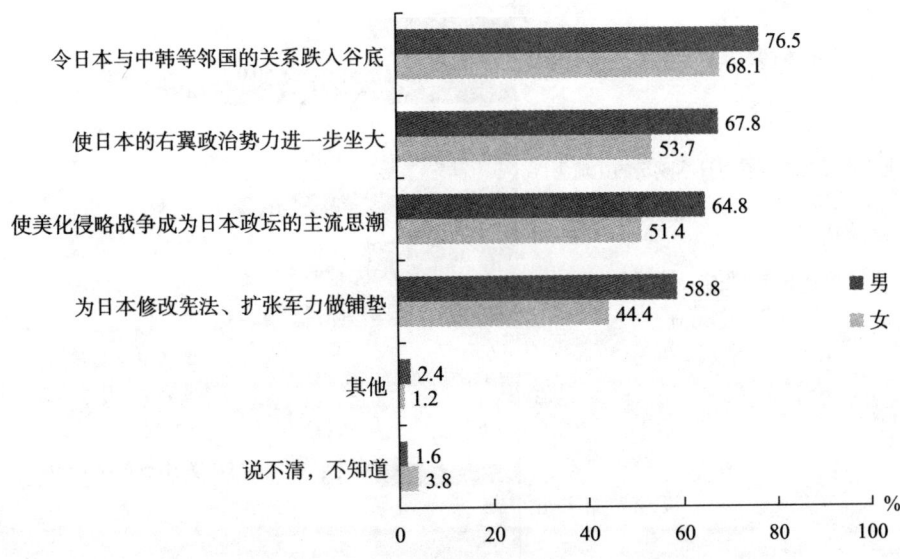

图 2-86　您认为安倍参拜靖国神社的后果是什么？——分性别（N=1077）

- 受访者年龄越大，越认同安倍此次参拜会"令日本与中韩等邻国的关系跌入谷底"以及"为日本修改宪法、扩张军力做铺垫"

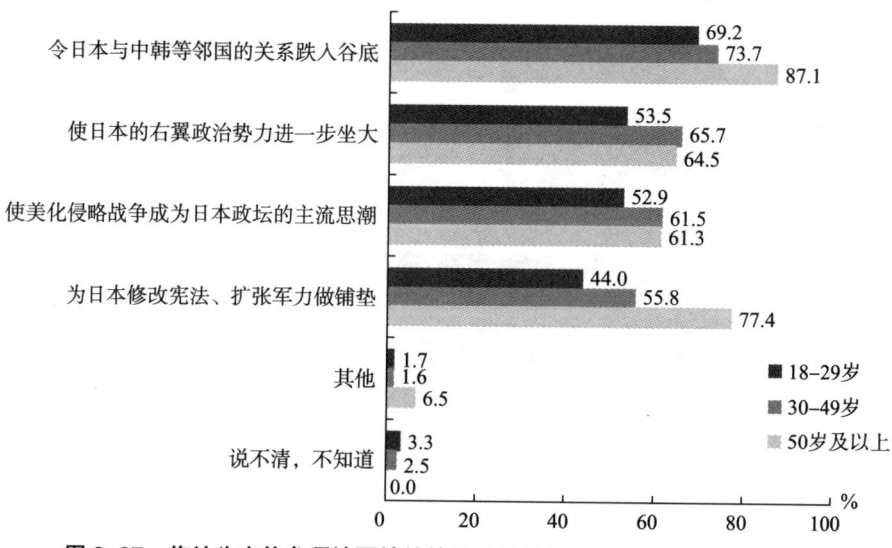

图 2-87　您认为安倍参拜靖国神社的后果是什么？——分年龄（N=1077）

- 学历越高的受访者对安倍参拜靖国神社可能导致的后果评估越严重

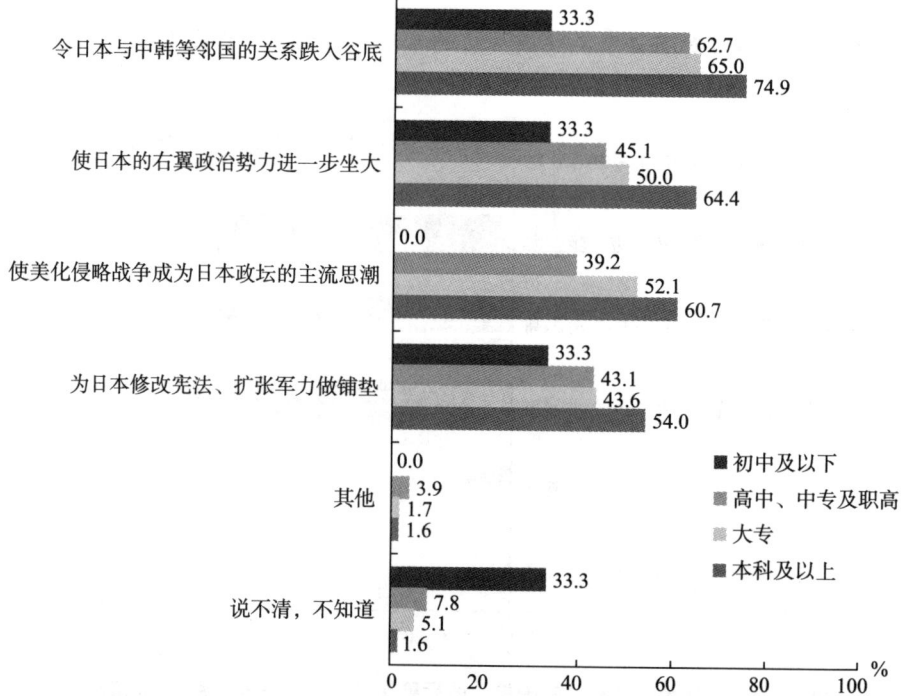

图 2-88　您认为安倍参拜靖国神社的后果是什么？——分学历（N=1077）

二、国家安全：两岸大局与周边情势

差异三　对中国对日反制措施的看法差异

- 男性受访者对各项反制措施的支持程度都高于女性

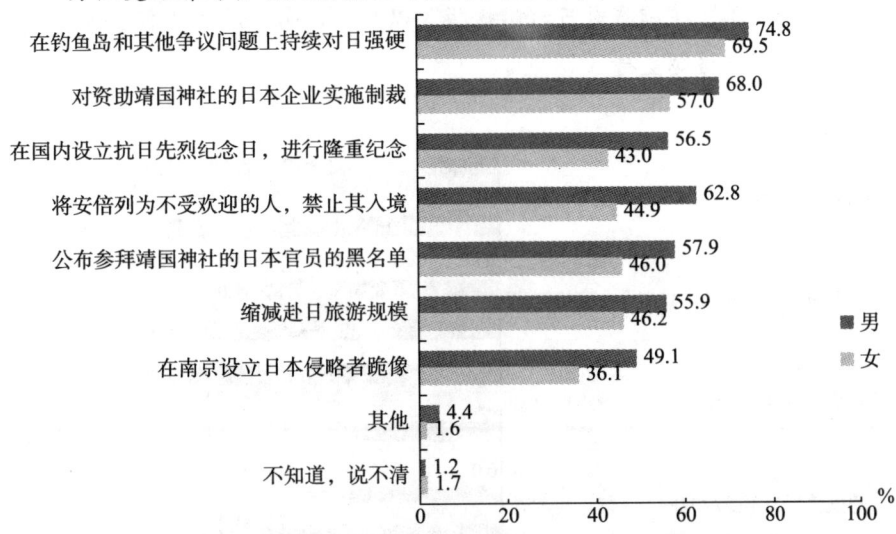

图 2-89　您认为中国应该采取怎样的反制措施？——分性别（N=1077）

- 年龄越大的受访者对各项反制日本的措施支持度越高

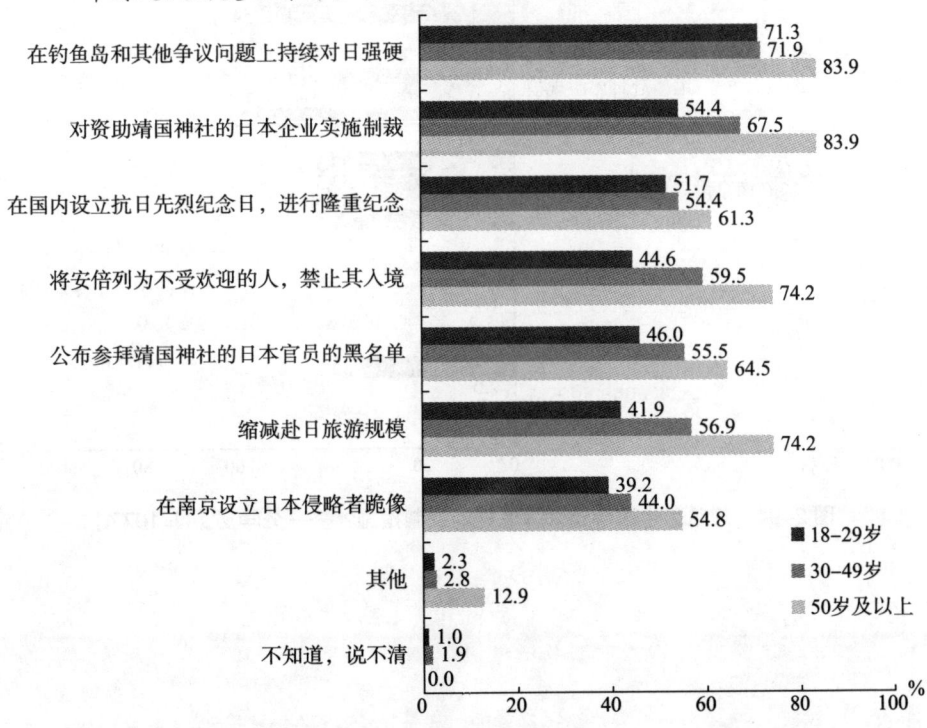

图 2-90　您认为中国应该采取怎样的反制措施？——分年龄（N=1077）

● 学历越高的受访者对"对资助靖国神社的日本企业实施制裁"、"将安倍列为不受欢迎的人，禁止其入境"、"公布参拜靖国神社的日本官员的黑名单"、"缩减赴日旅游规模"以及"在南京设立日本侵略者跪像"等反制措施越支持

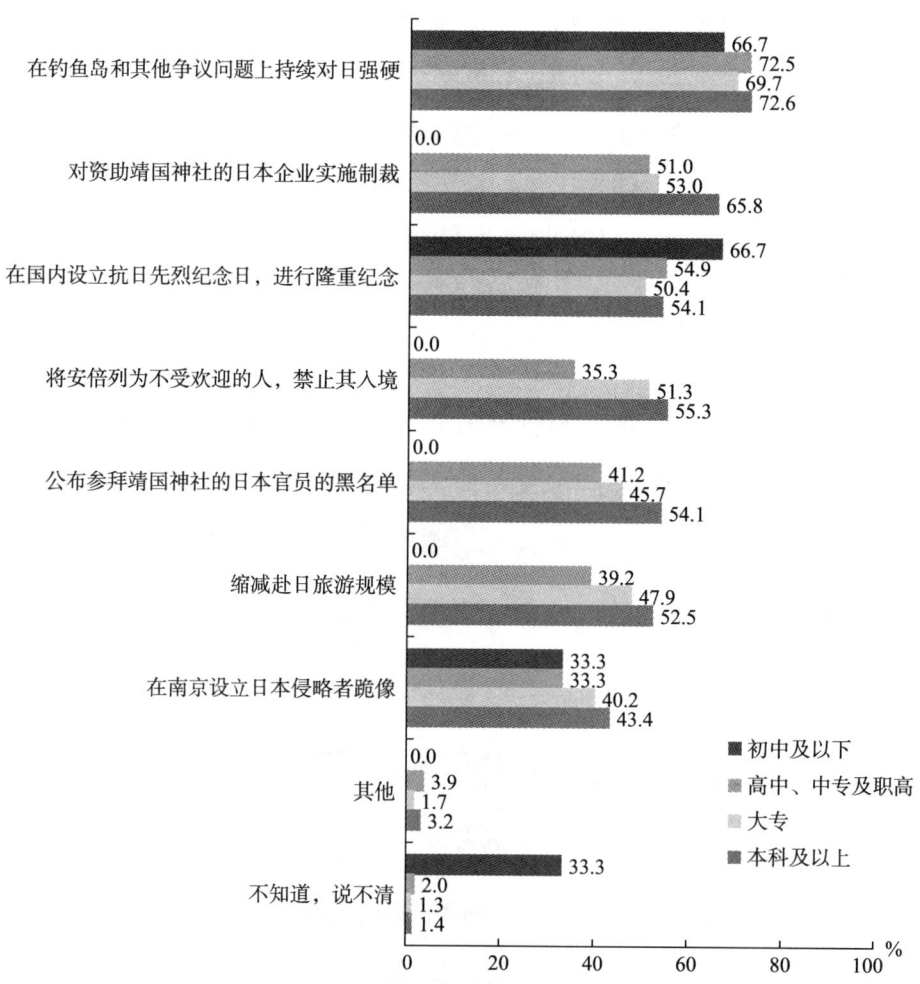

图 2-91　您认为中国应该采取怎样的反制措施？——分学历（N=1077）

差异四　对中日关系未来走向的判断差异

- 男性受访者中，认为中日关系超过10年难以缓和的比例高于女性

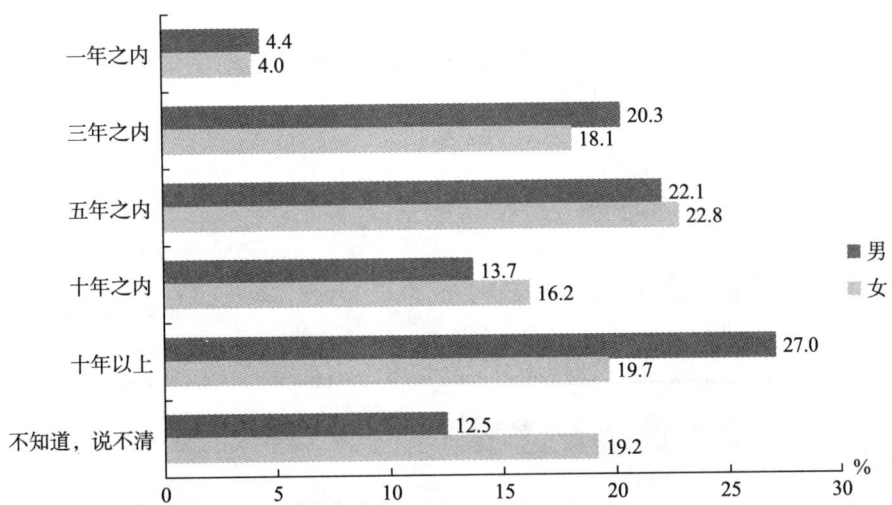

图2-92　您认为中日关系在多少年之内难以缓和？——分性别（N=1077）

- 50岁及以上的老年受访者中，认为中日关系五年之内难以缓和的比例最高

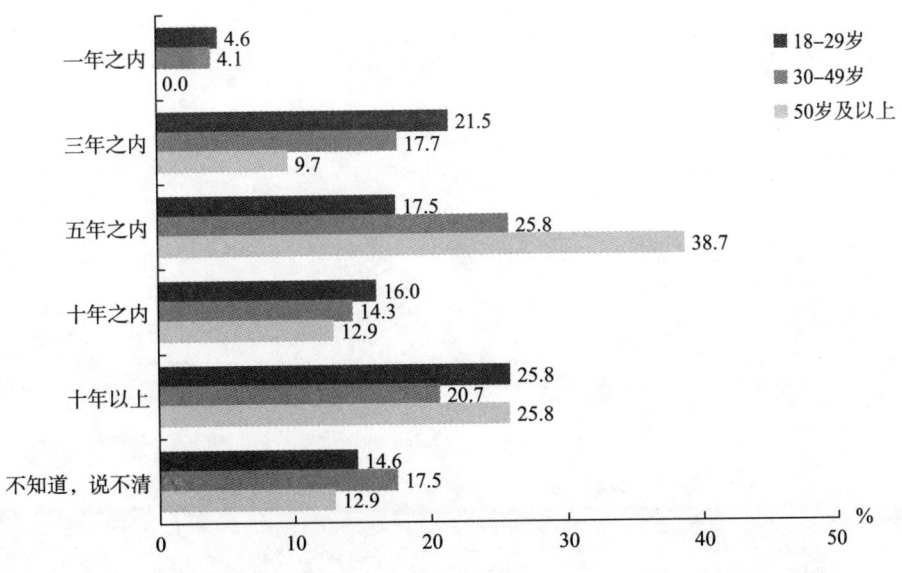

图2-93　您认为中日关系在多少年之内难以缓和？——分年龄（N=1077）

- 学历越高的受访者中,认为中日关系超过10年难以缓和的比例越高

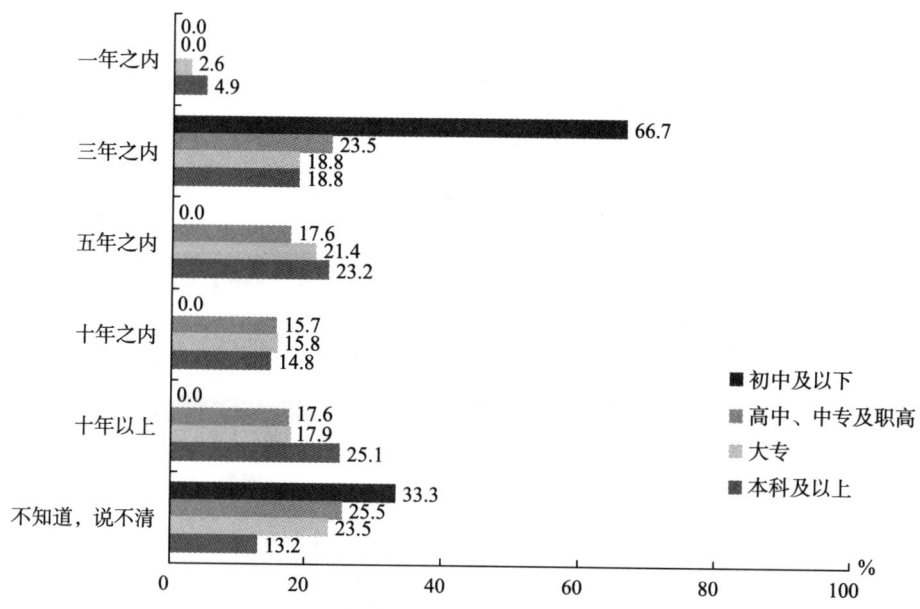

图2-94 您认为中日关系在多少年之内难以缓和?——分学历(N=1077)

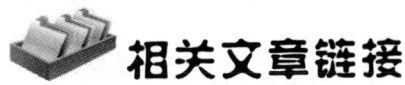 **相关文章链接**

中日进入"冷对抗",缓和不需急

安倍所在的自民党在日本参议院选举中"大获胜利",自民党与联合执政的公明党控制了参议院一半以上的席位,但自民党未实现单独过半的目标。这使得安倍力推的修宪前景面临不确定性,但其"长期执政"有了条件。

安倍对中国"强硬"将更有底气,他"8·15"参拜靖国神社的可能性在增加。中日关系将很难大规模缓和,但安倍采取极端冒险行动也没有足够本钱。

安倍昨天说日中关系对于双方都是"最重要的双边关系之一",不希望两国的难题影响全面关系。但他说的这些更像是"面子话",我们不应指望中日关系在他的任内出现缓和。其实中日关系对中国的战略重要性低于中俄和中美的级别,它对日本是"最重要的双边关系之一",对中国未必是。

中日关系能缓和当然好,但条件是安倍政权的对华思维必须有重大改变,否则可以让它这么僵下去。只要中日不发生大规模军事冲突,两国是否友好对中国的战略意义在下降。

现实给了中国人一种自信:中国的国力已经能够镇住日本与中国一战的冲动。那将是日本根本无法承受的灾难,中国将越来越有能力在日本军事挑衅的情况下给其一个"足够痛的"教训。

中国现在要做的是保持战略定力,不理会安倍政府一日三变的对华喊话。我们应当冷落它,对它视若不见,把精力更多投入到更大的亚太战略构建上,投入到中国的内政建设上。

安倍政府或许会采取更多极端政治挑衅行为,包括安倍本人参拜靖国神社。那么就让中日的对立再升一级,我们不必为了避免这种情况的发生而对安倍做安抚。

中日两国现在的关系进入了一种"冷对抗"状态,我们使用这个新概念,是因为中日对立已经打破了正常国家关系,但低于"冷战"的强度,我们称之为"冷对抗"。

中日由于有大规模的经贸往来,大概不至于滑向冷战,更难走向热战。但两国重回洋溢着睦邻气息的正常国家关系也已经很难。中日之间被历史反复锤炼的精神对立甚至仇视已被唤醒,两国缺乏克服各自情绪的外部环境,内部动力也不足，因此如果两国关系能稳定在"冷对抗"的状态，这应是东北亚局势不幸中之幸。

现阶段谈中日友好是自欺欺人，只会扰乱中日外交应当共同维护的底线，这个底线就是和平。把期待值彻底降下来，让"冷对抗"成为两国都接受的状态，把它当成安排两国各自利益的新出发点，这对两国未必不是好事。

需要指出的是，中国已经历史性地成为调控中日关系的战略主动方。日本小动作活跃，但中国处于亚太大外交的更高端，中国的综合实力实际给日本的折腾画了个越来越清晰的圈。

我们建议中国领导人长期不见安倍，中国高官也不就对日关系发表谈话，对日本的表态尽可能控制在外交部发言人的级别。这样的"不对等"坚持下去，就是对安倍等日本高官对华强硬表演的羞辱。要让日本舆论看明白这一点，安倍等人将面临"表演越多，受辱越多"的压力。

用中国的欣欣向荣回答安倍等人把自己当猴一样耍的表演，用中国的强大力量威慑他们"大闹东北亚"的冲动。中国需用不变应日本的万变，东北亚的时和势都在我们一边。

（数据版权：环球时报　2013-07-23　第3081期　第14版 | 国际论坛　作者：环球时报）

安倍支持率急降十个点

日本共同社12月8日和9日实施的全国电话调查结果显示，安倍内阁的支持率为47.6%，比11月急剧下降10.3%，这是去年12月安倍内阁成立以来首次跌破50%。

日本NHK电视台12月6日至8日进行的舆论调查显示，安倍内阁的支持率比上次降低10%，降至去年12月再次出任首相以来的最低点，仅为50%，而不支持率与上次相比增加10个百分点，升至35%。

对于日本执政党6日强行在国会通过《特定秘密保护法》，日本共同社的调查显示，54.1%的受访者要求今后在例行国会上修改，28.2%的受访者要求废除，两者占比共计82.3%，而回答"照这样实施"的受访者仅占9.4%。另外，对该法"感到不安"的占70.8%，折射出日本民众对侵犯国民"知情权"抱有强烈的担忧。受访者感到不安的理由依次为："信息公开受到限制，媒体今后将无法获得充分采访"、"普通民众可能成为被惩罚对象"等。

针对《特定秘密保护法》侵犯国民知情权一事，日本NHK电视台的调查也显示，有27%的受访者表示"非常不安"，46%的人表示"一定程度上的不安"。

据日本时事通讯社报道，安倍9日傍晚在首相官邸举行记者会。这是安倍为通过的《特定秘密保护法》首次辩解。安倍声称，"为了保护国民的生命与财产，有必要尽早制定该法律"。安倍还强调，"该法并不扩大秘密的范围，也不会使一般人卷入其中"。针对国会审议不充分的指责，安倍称，"必须谦虚并真挚地接受国民的斥责。我也在反省"。针对年内是否参拜靖国神社一事，安倍表示，"不应该把该事变成政治问题与外交问题。"

（数据版权：环球时报 2013-12-10 第3193期 第2版 | 新闻背景 作者：文玉）

将安倍列入"不受欢迎的人"黑名单

日本首相安倍晋三26日悍然参拜靖国神社，向中韩等亚洲邻国发动新一轮的挑衅。中国外交部、韩国外交部昨天都做出强烈反应，美国驻日本大使馆也对安倍的行为"表示失望"。安倍在昨天迈进靖国神社时就已经输了理，这是确定无疑的。

中国方面严厉谴责安倍政府是有必要的，这有助于加深世界舆论对安倍"做了什么坏事"的印象。但必须指出，中国的外交谴责是日本意料之中的事，他们早就做了评估，这一招对他们已不管用。

就中国社会来说，已经对针对日本的"强烈谴责"感到厌倦。人们希望中国政府在对日问题上多做更具实际意义的行动。

我们认为，由于安倍当局这一次的挑衅十分明显，中国作为大国，采取适当的、甚至稍有些过量的反制，将在国际舆论中获得理解。日本方面对此也是有预期的，他们只是不知道中国的具体反制是什么。

如果中国只是抗议，或者反制行动不够有力，将是我们自己对国际政治权利的一种放弃，而且这将成为外界评估中国是"纸老虎"的一个依据。

那么中国应当采取什么措施，才能使反制既恰当又有力呢？除了不与日本举行高层会晤等老措施外，我们还需有全新的行动，让世人眼前一亮或者心头一震，表达我们坚决反对安倍参拜靖国神社的意志。

我们认为，宣布安倍等人为在中国"不受欢迎的人"，从此禁止他们进入中国，不失为一个既简单易行，又有相当震慑力的行动。中国应公布一个黑名单，将安倍以及今年以来在参拜靖国神社问题上表现恶劣的日本高官和著名议员列入其中，规定他们五年之内不得来中国做任何旅行和访问。

中国一旦这样做，等于是排除了安倍任内同中国进行高层互访的可能，安倍政府几乎失去了改善对华关系的能力。我们认为中国就应公开表达对安倍政府和他本人的这种态度，也应告诉以后的日本政治家，如果谁高调参拜靖国神社，他就将被禁止来华。也要让日本社会知道，选这样的政治家当首相，就是选择同中国没有高层往来的关系状态。

中国宣布这样的黑名单，必将受到国内社会的高度支持。在国际上，由于这是对安倍挑衅的反应，而且原因是日本拒绝反省二战侵略亚洲的罪行，我们会受到同情和理解。靖国神社之争会比钓鱼岛之争更容易让国际社会看明白，加上韩国社会必将就此事天然站在中国一边，中日的这场冲突日本在外交和道德上都输定了。

靖国神社问题主动权一直在日本一方，因为参不参拜毕竟是由日本首相和高官们做最后决定，中国阻止他们不堪其累。将参拜者公开列入黑名单，禁止他们进入中国，中国就能在很大程度上扭转形势，变被动为主动。

不要再把中日友好作为我们考虑采取什么反制行动的出发点了。我们必须清楚，只要安倍在台上，中日关系就是休克状态。把他宣布为"不受欢迎的人"，我们会更踏实，从此更加明确同安倍政府打交道的性质。

中日之间的游戏规则应当更加明确，不存悬念，那就是日本做出挑衅，中国必有反制。中国人不必为安倍耍政治流氓生气，犯不上，把他列入黑名单，我们的所有态度就全有了。美国列黑名单时，榜上的人有不少是恐怖主义分子、法西斯分子等。没错，安倍在我们的眼里就同那一大类人差不多。

（数据版权：环球时报　2013-12-27　第3208期　第14版 | 国际论坛　作者：环球时报）

三 民众信心：公众关注与民生期待

- 50.3%的受访者认为"提高人民生活水平，建成小康社会"是中国未来10年最重要的国家目标
- 近七成受访者最关心"两会上提出哪些民生议题"
- 超半数受访者认为"大部制改革"体现的改革力度"适中"
- 四成受访者认为中国现在的发展速度太快
- 超八成受访者认为未来五年的生活水平会随着改革的深入提高

民众最期望建成小康社会

——2013中国人期待调查

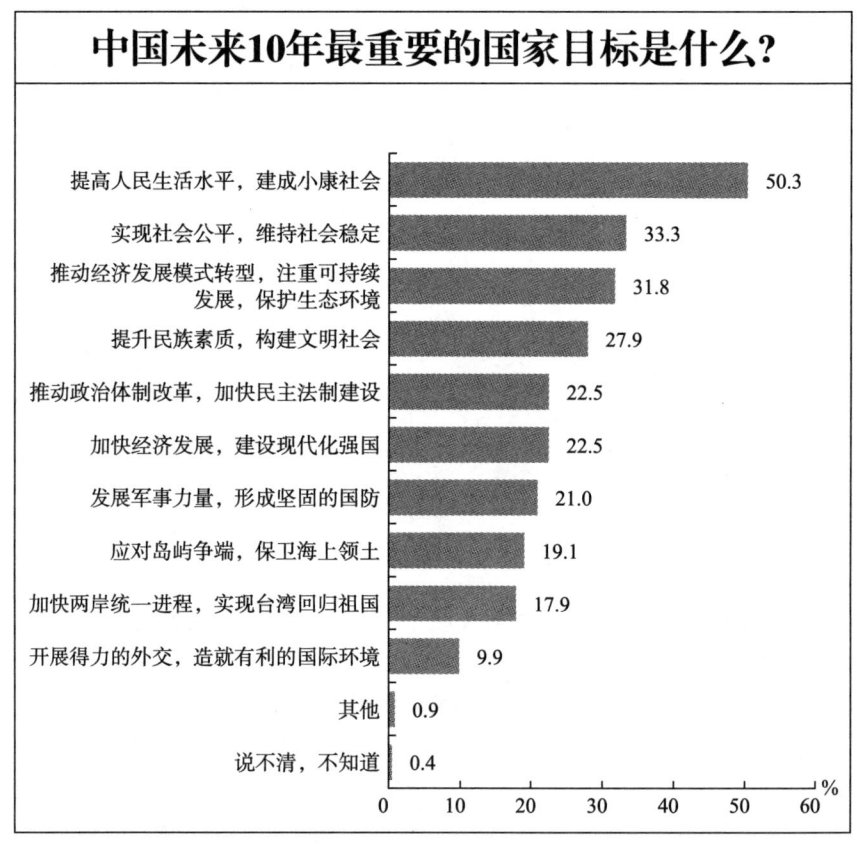

2013年是中国新一届政府施政的第一个自然年。"建成小康社会"的目标、改革的深入、钓鱼岛争端的发酵等一系列问题给国家和政府带来挑战。为了解民众对国家前景的看法,《环球时报》旗下环球舆情调查中心于1月27日至2月2日在全国7座城市展开民意调查。结果显示,50.3%的受访者认为"提高人民生活水平,建成小康社会"是未来10年中国最重要的国家目标;六成受访者认为"官员腐败"是中国稳步发展的最大威胁;"缩小贫富差距"被超过三成人视做改善民生方面的重中之重。复旦大学美国研究中心教授吴心伯

三、民众信心：公众关注与民生期待

2月3日接受《环球时报》记者采访时表示，中国未来的发展模式需要转变，许多问题已经不是单纯经济增长可以解决的，需要社会和政治手段配套，包括反腐败问题、贫富悬殊问题等。

本次调查对象为北京、上海、广州、成都、西安、长沙、沈阳7座城市的18岁以上普通民众。调查采用CATI（计算机辅助电话）方式进行数据收集，所有样本均通过随机抽样的方法获得，截至2月2日共收回有效问卷1503份。[①]调查结果如下：

当被问及"中国未来10年最重要的国家目标应该是什么"时，受访者选择率最高的前3个目标是"提高人民生活水平，建成小康社会"（50.3%）、"实现社会公平，维持社会稳定"（33.3%）、"推动经济发展模式转型，注重可持续发展，保护生态环境"（31.8%）。其他选择率较高的依次是："提升民族素质，构建文明社会"（27.9%）、"推动政治体制改革，加快民主法制建设"（22.5%）、"发展军事力量，形成坚固的国防"（21.0%）、"应对岛屿争端，保卫海上领土"（19.1%）等（如图）。

中国国家行政学院教授汪玉凯就此认为，实现社会公平这个话题有很深刻的内涵，包括反腐败问题、利益分配矫正，也包括政治体制改革问题。加强军事力量、外交、应对岛屿争议等排在后面，主要因为这些目标与老百姓的实际生活距离较远。

对于"未来10年影响中国稳步发展的最大威胁是什么"，受访者选择"官员腐败"的最多，占60.4%，其次是"环境污染严重"（37.6%），接下来是"社会分配不公"（35.5%）。其他选择率较高的威胁有："物价上涨"（30.2%）、"社会保障体系不健全"（28.3%）、"房价太贵"（27.8%）以及"世界强权的干扰"（11.9%）。分别有不到一成的受访者认为"境内外民族分裂势力"、"经济减速"、"大规模群体性事件"会是影响中国稳步发展的最大威胁。还有1.1%的受访者提出其他看法，例如"法律不健全"、"政治体制改革缓慢"等。

汪玉凯认为，民调结果再次印证腐败问题已经引起大多数民众的关注。吴心伯认为，近期出现在北京等地的雾霾天气使环境污染引起更多人的关注，说明环境问题的确越来越突出。腐败、环境污染、分配不公都是具有共性的问题。其他问题可能跟每个人的个人感受和想法有关。

未来中国在改革、发展与社会稳定之间应该如何取舍？调查显示，38.6%的人认同"三者平衡最重要"，32.1%的人认同"社会稳定最重要"，14.6%的受访者认同"改革最重要"，14.4%的人认同"发展最重要"。另有0.3%的人对这一问题表示说不清。

---

① 本次调查为简单随机抽样，在95%的置信度下，允许抽样误差为2.5%。

调查数据还显示,在"未来10年国家改善民生的工作"方面,受访者有很多期待,其中"缩小贫富差距"的期待最高,36.2%的受访者选择这一项。"健全基础医疗卫生制度"、"增加居民收入"、"保障食品安全"、"改革教育体制"的中选率也都超过1/4。"完善社会保障体系"、"调控房价"、"加强法制建设"、"平抑物价"的中选率分别是24.5%、20.6%、19.2%和17.7%。吴心伯认为,中国的发展已经过了温饱阶段,到了大家关注相对收入的阶段。这个问题也涉及到分配制度、政治体制等。

对于"2020年实现收入倍增的目标",超过76.0%的受访者有不同程度的信心,具体来看,40.6%的人表达了"充足的信心",35.4%的人对这一目标"比较有信心"。表示"没信心"的受访者仅占21.0%。3.0%的人表示说不清。

"未来10年,中国在经济总量和综合实力方面能否赶超美国?"受访者对此态度谨慎。认为"中国的经济总量和综合实力有一定提高,但各方面与美国不可比"的人最多,占35.5%;选择"中国经济总量与美国持平,但综合实力仍大大落后于美国"的人占24.8%;14.6%的人估计"中国经济总量和综合实力都与美国持平";8.8%的受访者认为"中国经济总量仍落后美国,综合实力更没法比"。

吴心伯认为,中国人不仅看绝对经济增长,更看综合指数,注重增长的质量、增长的分配和受益情况,体现了中国民众能够比较成熟地看待国家发展。

(数据版权:环球时报 2013-02-04 第2947期 第3版|新闻背景 作者:段聪聪)

第一部分 主要发现

发现一 "提高人民生活水平,建成小康社会"被认为是未来10年中国最重要的国家目标

- 50.3%的受访者认为"提高人民生活水平,建成小康社会"是未来10年中国最重要的国家目标

问及"中国未来10年最重要的国家目标应该是什么",在可以多选的情况下,受访者选择率最高的是"提高人民生活水平,建成小康社会"(50.3%),其次是"实现社会公平,维持社会稳定"(33.3%),接下来是"推动经济发展模式转型,注重可持续发展,保护生态环境"(31.8%)。

其他选择率较高的国家目标依次是:"提升民族素质,构建文明社会"(27.9%)、"推动政治体制改革,加快民主法制建设"(22.5%)、"加快经济发展,建设现代化强国"(22.5%)、"发展军事力量,形成坚固的国防"(21.0%)、

三、民众信心：公众关注与民生期待

"应对岛屿争端，保卫海上领土"（19.1%）、"加快两岸统一进程，实现台湾回归祖国"（17.9%）以及"开展得力的外交，造就有利的国际环境"（9.9%）。0.9%的受访者提到了其他国家目标，例如"腐败问题"、"食品安全问题"等。0.4%的受访者表示说不清。

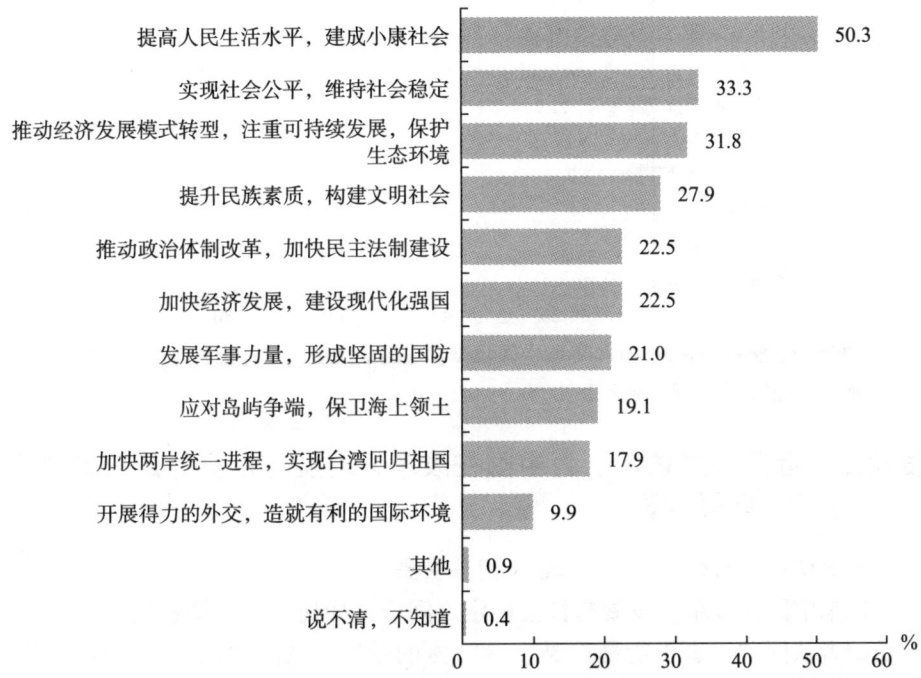

图3-1　您认为中国未来10年最重要的国家目标应该是什么？（N=1503）
注：此题为可多选，各选项之和大于100%。

发现二　"官员腐败"被认为是未来10年影响中国稳步发展的最大威胁

- 60.4%的受访者认为"官员腐败"是未来10年影响中国稳步发展的最大威胁

问及"未来10年影响中国稳步发展的最大威胁是什么"，在可以多选的情况下，受访者选择率最高的是"官员腐败"（60.4%），其次是"环境污染严重"（37.6%），接下来是"社会分配不公"（35.5%）。

其他选择率较高的威胁有："物价上涨"（30.2%）、"社会保障体系不健全"（28.3%）、"房价太贵"（27.8%）以及"世界强权的干扰"（11.9%）。另外，分别有不到一成的受访者认为"境内外民族分裂势力"（8.7%）、"经济减速"（8.0%）、"大规模群体性事件"（5.6%）会是未来10年影响中国稳步发展的最大威胁。1.1%的受访者提出了其他看法，例如"法律不健全"、"政治体制改革缓慢"等。1.0%的受访者表示说不清。

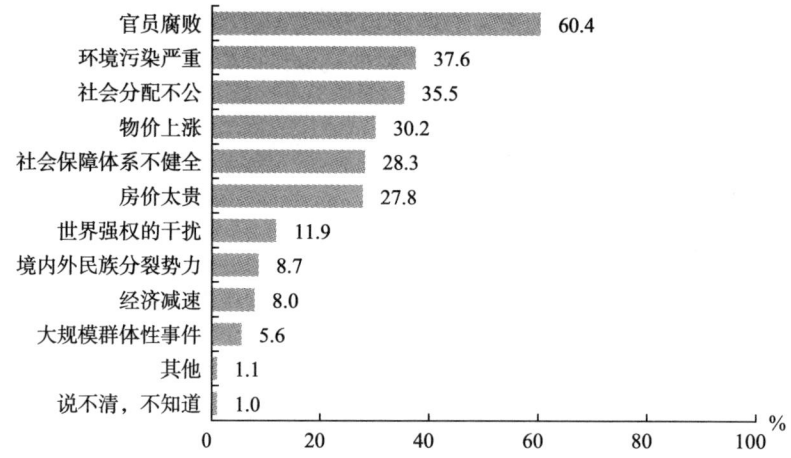

图3-2 您认为未来10年影响中国稳步发展的最大威胁是什么？（N=1503）
注：此题为可多选，各选项之和大于100%。

发现三 近四成受访者认为中国在改革、发展与社会稳定三者之间"平衡最重要"

- 38.6%的受访者同意"三者平衡最重要"

未来中国在改革、发展与社会稳定之间应该如何取舍？调查显示，38.6%的受访者认同"三者平衡最重要"，32.1%的受访者认同"社会稳定最重要"，14.6%的受访者认同"改革最重要"，14.4%的受访者认同"发展最重要"。另有0.3%的受访者对这一问题表示说不清。

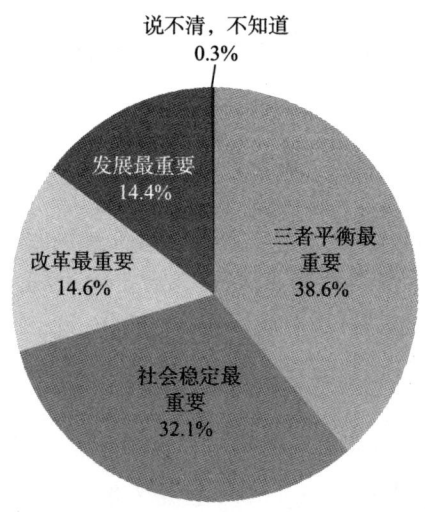

图3-3 您认为未来10年，中国在改革、发展和社会稳定三个方面哪个更重要？（N=1503）

三、民众信心：公众关注与民生期待

发现四 "缩小贫富差距"被认为是未来 10 年国家在改善民生方面的重中之重

- 36.2% 的受访者认为"缩小贫富差距"，是未来 10 年国家在改善民生方面应该重点做的工作

调查数据显示，在改善民生方面，受访者对国家有很多期待，其中"缩小贫富差距"的期待最高，36.2% 的受访者选择这一项。"健全基础医疗卫生制度"、"增加居民收入"、"保障食品安全"、"改革教育体制"的中选率也都超过了四分之一，分别有 28.2%、27.1%、26.8% 和 26.4% 的受访者认为上述四项是未来 10 年国家在改善民生方面应该重点做的工作。"完善社会保障体系"、"调控房价"、"加强法制建设"、"平抑物价"的中选率分别是 24.5%、20.6%、19.2% 和 17.7%。

相对来说，以下任务的重要性在受访者心目中较低："完善政府工作机制"（14.9%）、"改善就业状况"（13.3%）以及"严惩黑恶势力"（10.7%）。1.1% 的受访者提出了其他期待，例如"改善环境"、"提高公平程度"等。0.5% 的受访者表示说不清。

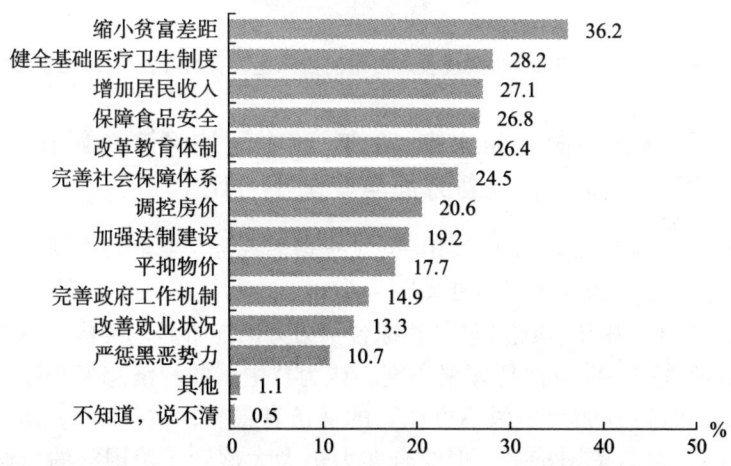

图 3-4 您认为未来 10 年，国家在改善民生方面应该重点做哪些方面的工作？（N=1503）
注：此题为可多选，各选项之和大于 100%。

发现五 超过四分之三的受访者对 2020 年实现收入倍增的目标有不同程度的信心

- 40.6% 的受访者对 2020 年实现收入倍增的目标"有信心"，35.4% 的受访者"比较有信心"

对 2020 年实现收入倍增的目标，超过四分之三（76.0%）的受访者有不

同程度的信心,具体来看,40.6%的受访者表达了充足的信心,35.4%的受访者对这一目标"比较有信心"。表示"没信心"的受访者仅占21.0%。3.0%的受访者表示说不清。

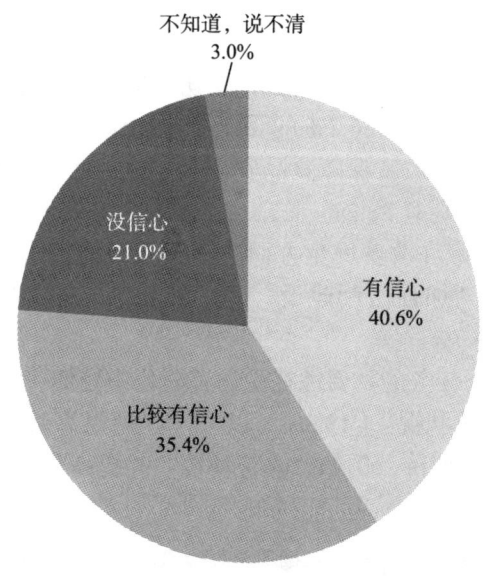

图3-5 您对2020年实现收入倍增的目标是否有信心?(N=1503)

发现六 受访者倾向认为未来10年,"中国的经济总量和综合实力有一定提高,但各方面与美国不可比"

- 35.5%的受访者认为未来10年,"中国的经济总量和综合实力有一定提高,但各方面与美国不可比"

未来10年,中国在经济总量和综合实力方面能否赶超美国?调查数据显示,受访者对这一前景保持谨慎态度。认为"中国的经济总量和综合实力有一定提高,但各方面与美国不可比"的受访者最多,占35.5%;其次是选择"中国经济总量与美国持平,但综合实力仍大大落后于美国"的受访者,占24.8%;14.6%的受访者乐观估计"中国经济总量和综合实力都与美国持平";8.8%的受访者认为"中国经济总量仍落后美国,综合实力更没法比";6.7%的受访者认为"中国的经济总量和综合实力和现在差不多";1.2%的受访者认为"中国的经济总量和综合实力会下降"。3.2%的受访者提出了其他看法,例如"各方面都会高于美国"等。5.1%的受访者表示说不清。

三、民众信心：公众关注与民生期待

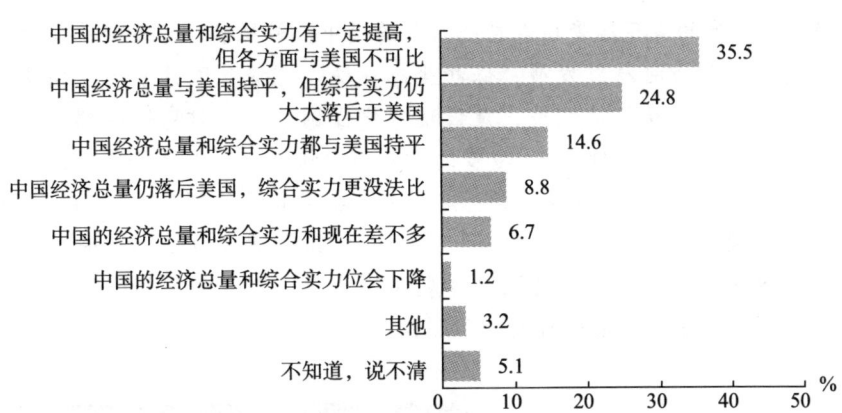

图 3-6 您认为未来十年，中国的经济总量和综合实力会发生怎样的变化？（N=1503）

第二部分 人群差异

差异一 对于未来 10 年中国最重要的国家目标的认识差异

- 在"推动政治体制改革，加快民主法制建设"、"加快经济发展，建设现代化强国"、"发展军事力量，形成坚固的国防"、"应对岛屿争端，保卫海上领土"以及"加快两岸统一进程，实现台湾回归祖国"五个方面，男性受访者比女性受访者更强调其重要性；在其他方面，女性受访者更强调重要性

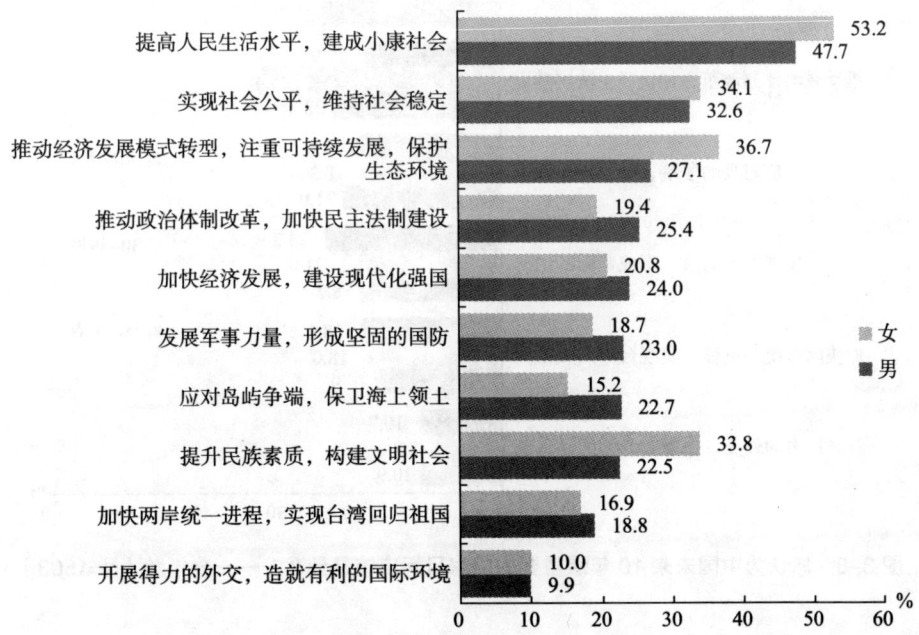

图 3-7 您认为中国未来 10 年最重要的国家目标应该是什么？——分性别（N=1503）

- 18-29岁的青年组受访者在所有年龄段中，最强调"推动经济发展模式转型，注重可持续发展，保护生态环境"、"提升民族素质，构建文明社会"、"加快经济发展，建设现代化强国"、"应对岛屿争端，保卫海上领土"的重要性；30-49岁的中年组受访者在所有年龄段中，最强调"实现社会公平，维持社会稳定"和"推动政治体制改革，加快民主法制建设"的重要性；50岁及以上的老年组受访者最强调"提高人民生活水平，建成小康社会"、"发展军事力量，形成坚固的国防"、"加快两岸统一进程，实现台湾回归祖国"的重要性

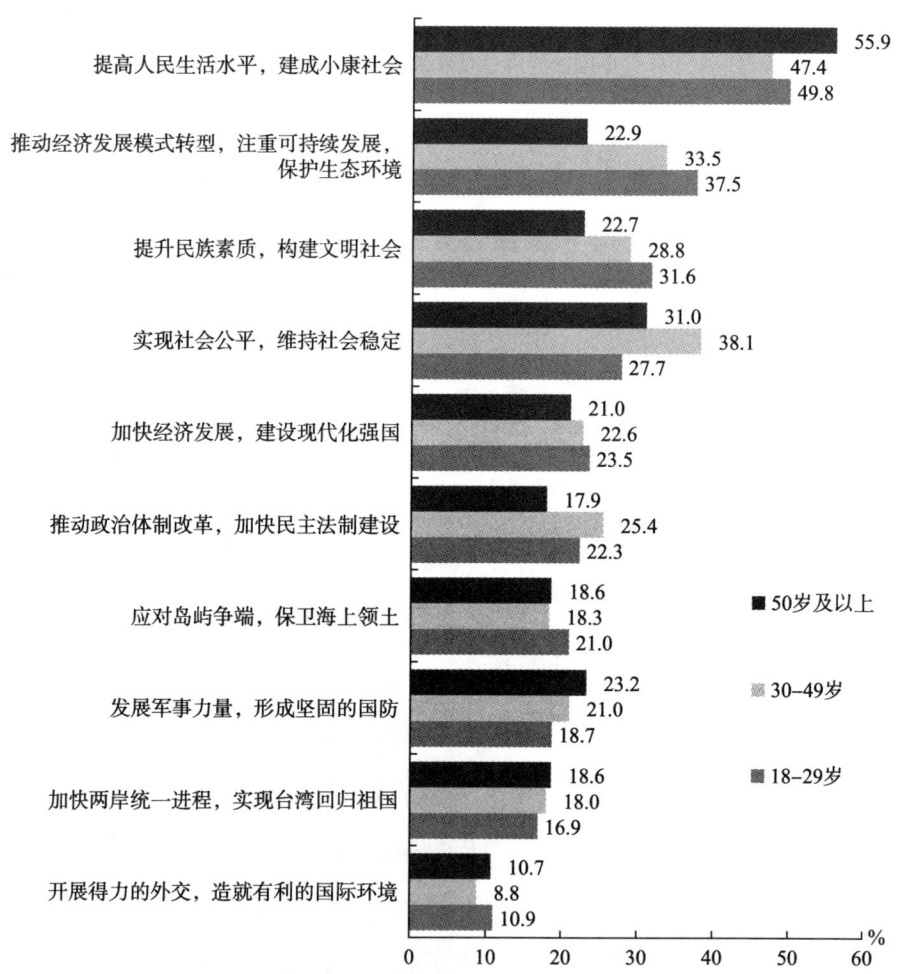

图3-8 您认为中国未来10年最重要的国家目标应该是什么？——分年龄（N=1503）

三、民众信心：公众关注与民生期待

- 本科及以上学历组的受访者最强调"推动经济发展模式转型，注重可持续发展，保护生态环境"、"推动政治体制改革，加快民主法制建设"、"提升民族素质，构建文明社会"的重要性

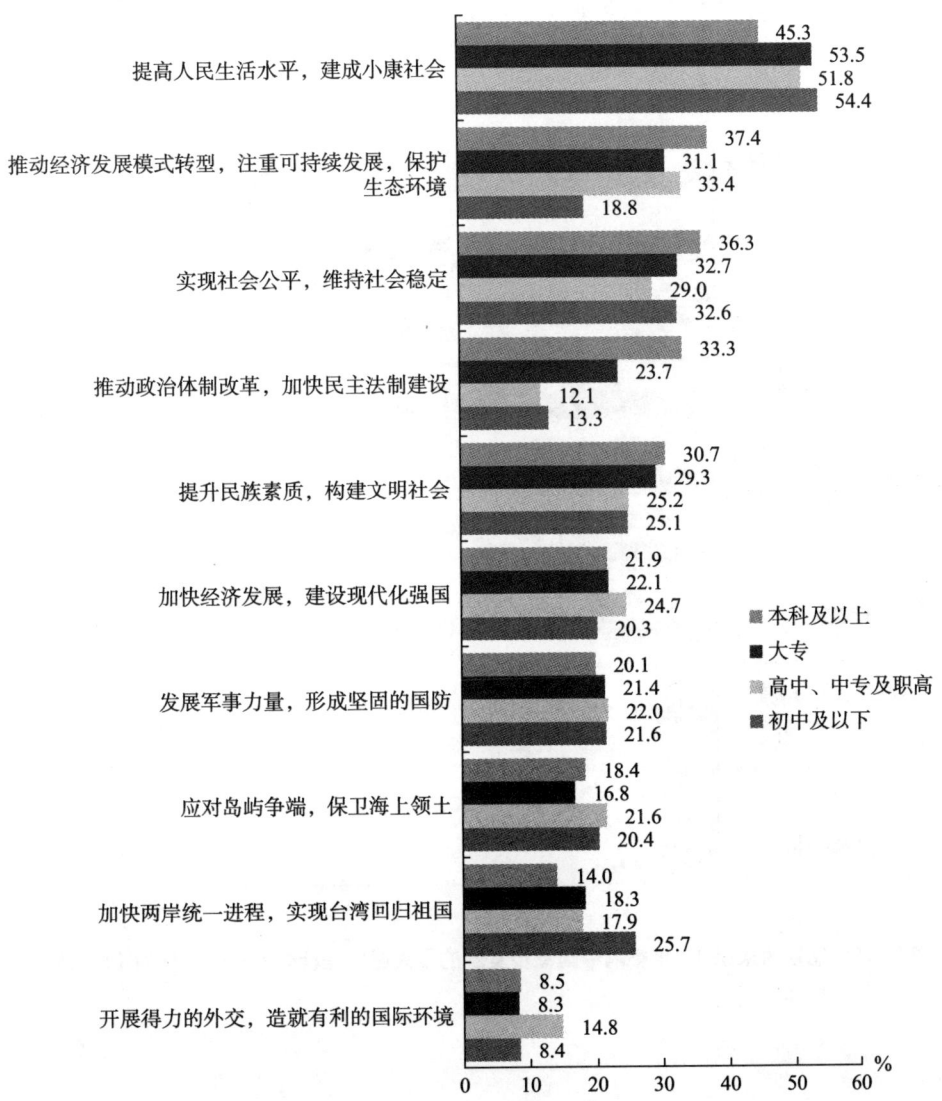

图3-9 您认为中国未来10年最重要的国家目标应该是什么？——分学历（N=1503）

差异二 对于未来10年影响中国稳步发展的最大威胁的认识差异

- 男性受访者比女性更看重"官员腐败"、"社会分配不公"、"社会保障体系不健全"、"世界强权的干扰"、"境内外民族分裂势力"、"经济减速"以及"大规模群体性事件"对未来10年中国稳步发展的威胁;在其他方面,女性受访者更强调其威胁性

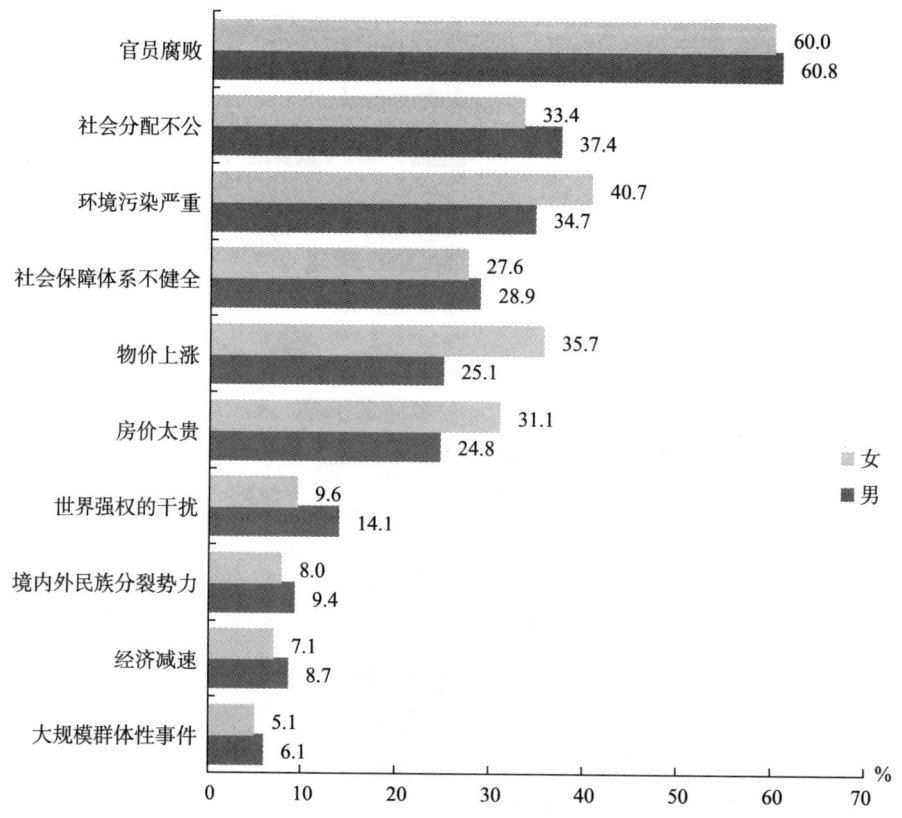

图3-10 您认为未来10年影响中国稳步发展的最大威胁是什么?——分性别(N=1503)

三、民众信心：公众关注与民生期待

- 18-29岁的青年组受访者在所有年龄段中，最强调"环境污染严重"、"物价上涨"、"世界强权的干扰"、"经济减速"以及"大规模群体性事件"的威胁性；30-49岁的中年组受访者在所有年龄段中，最强调"官员腐败"、"社会分配不公"、"房价太贵"、"社会保障体系不健全"和"境内外民族分裂势力"的威胁性

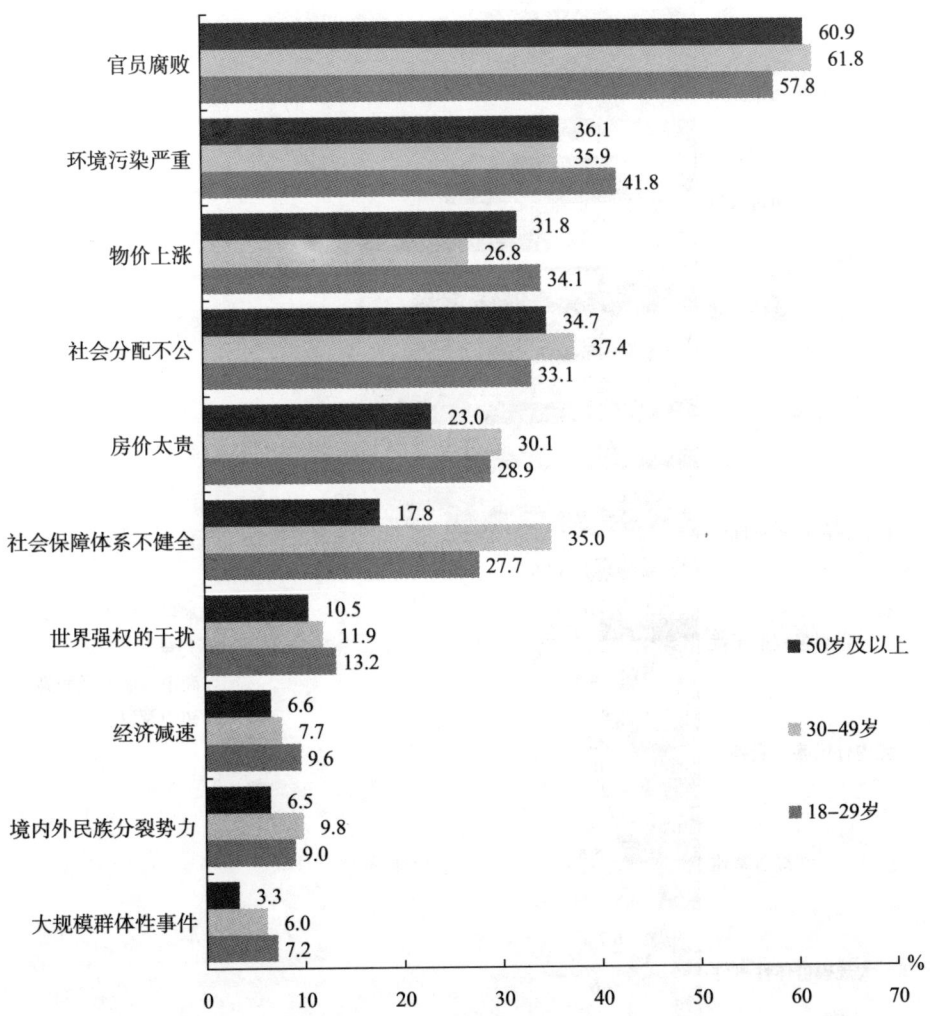

图3-11 您认为未来10年影响中国稳步发展的最大威胁是什么？——分年龄（N=1503）

- 学历越高的受访者越强调"社会分配不公"、"社会保障体系不健全"、"境内外民族分裂势力"以及"经济减速"的威胁性；学历越低的受访者越强调"房价太贵"的威胁性

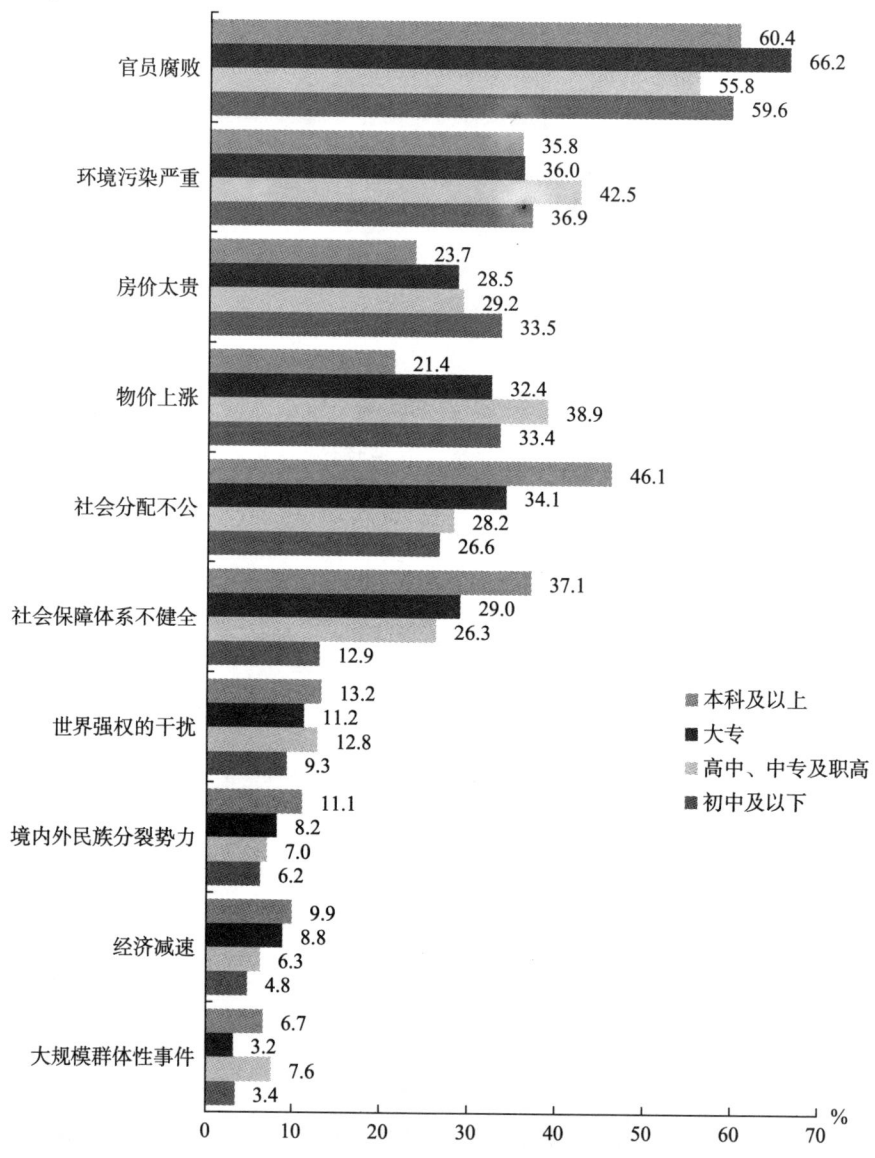

图3-12 您认为未来10年影响中国稳步发展的最大威胁是什么？——分学历（N=1503）

差异三　对于改革、发展和社会稳定三者关系的认识差异

- 女性受访者中，认为"三者平衡"最重要的比例高于男性

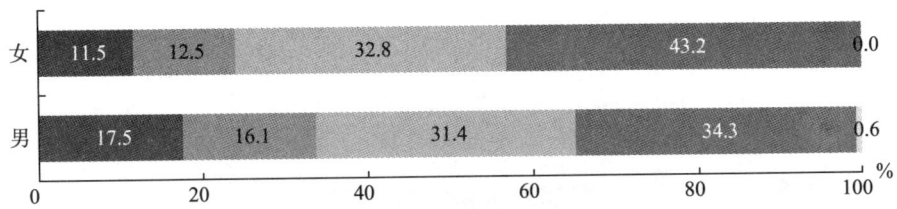

图3-13　您认为未来10年，中国在改革、发展和社会稳定三个方面哪个更重要？——分性别（N=1503）

- 年龄越小的受访者越认同"三者平衡最重要"；年龄越大的受访者越认同"社会稳定最重要"

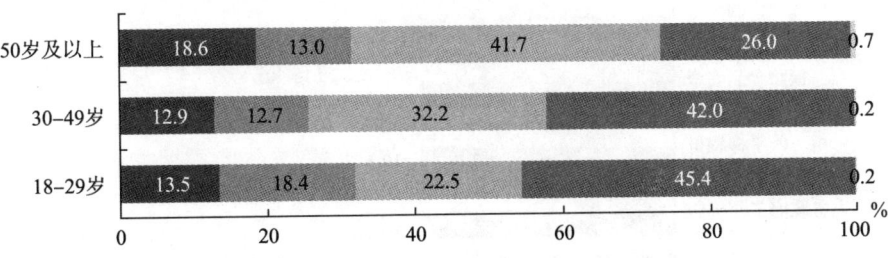

图3-14　您认为未来10年，中国在改革、发展和社会稳定三个方面哪个更重要？——分年龄（N=1503）

- 学历越高的受访者越认同"三者平衡最重要"的观点；学历越低的受访者越认同"社会稳定最重要"的观点

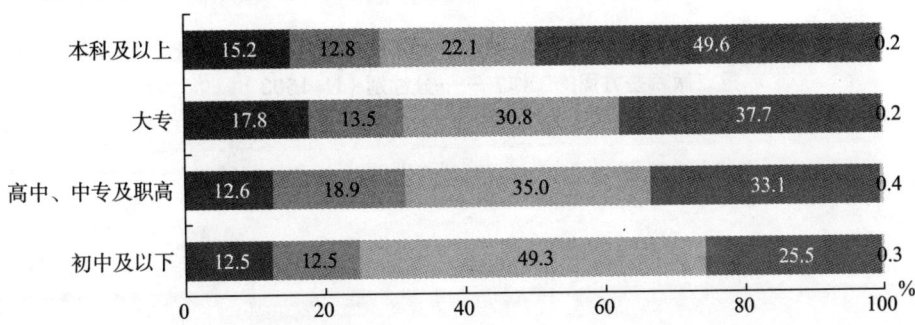

图3-15　您认为未来10年，中国在改革、发展和社会稳定三个方面哪个更重要？——分学历（N=1503）

差异四 对于国家在改善民生方面重点应做的工作的认识差异

- 在"增加居民收入"、"健全基础医疗卫生制度"、"改革教育体制"、"保障食品安全"、"调控房价"以及"改善就业状况"方面,女性的呼声显著高于男性

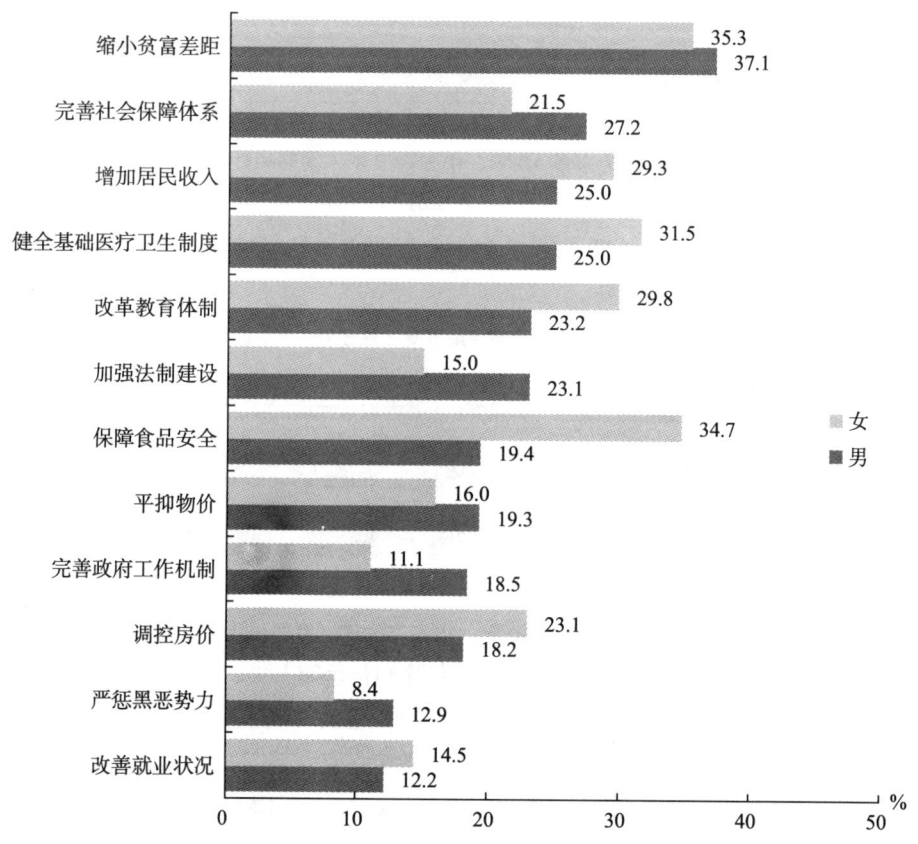

图 3-16 您认为未来 10 年,国家在改善民生方面应该重点做哪些方面的工作?——分性别(N=1503)

三、民众信心：公众关注与民生期待

● 年龄越大的受访者越强调"缩小贫富差距"的重要性；年龄越小的受访者越强调"调控房价"、"加强法制建设"、"严惩黑恶势力"的重要性；30-49岁的中年组受访者在所有年龄段中，最强调"改革教育体制"、"保障食品安全"、"健全基础医疗卫生制度"的重要性

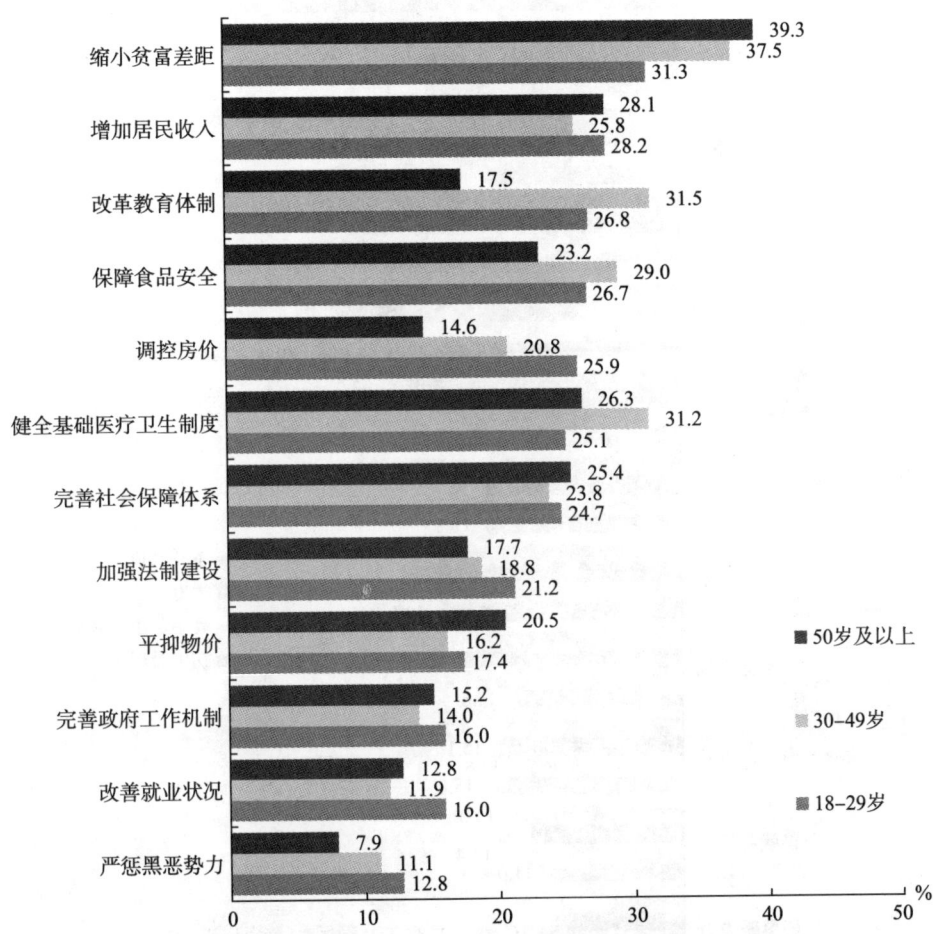

图3-17 您认为未来10年，国家在改善民生方面应该重点做哪些方面的工作？——分年龄（N=1503）

- 学历越高的受访者越看重"改革教育体制"、"完善社会保障体系"的重要性

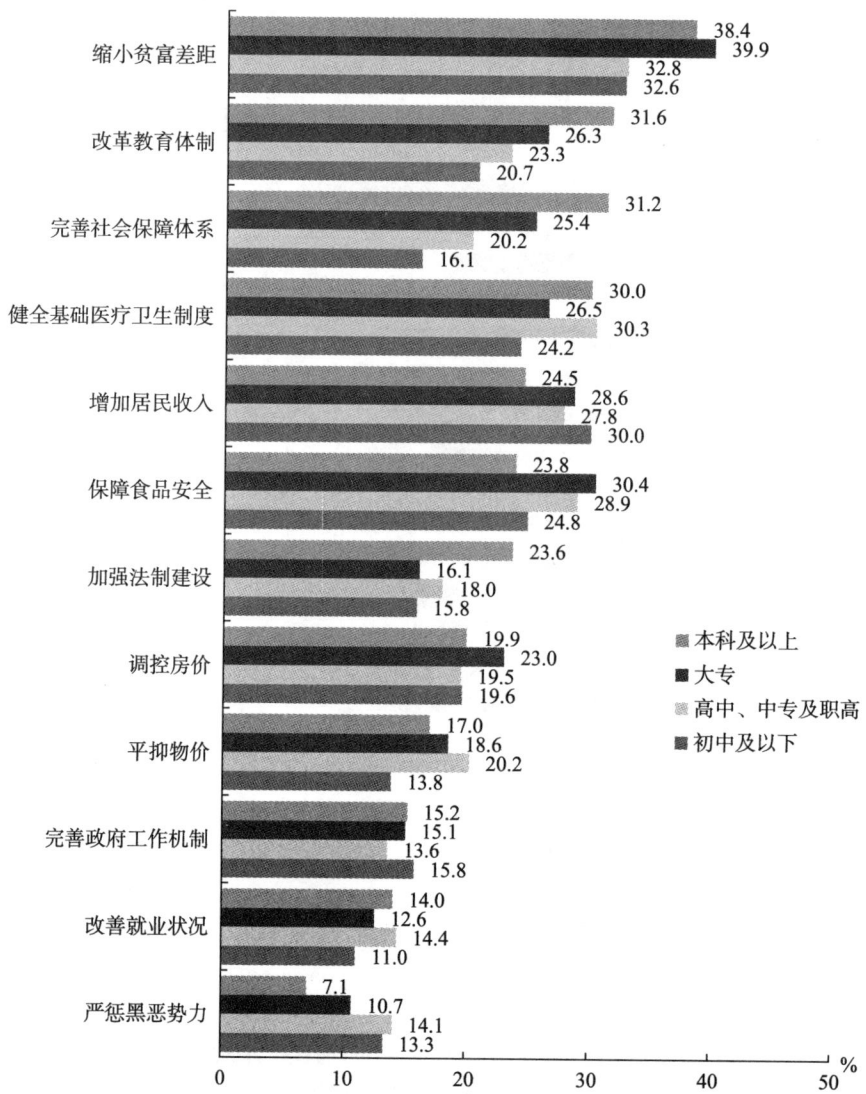

图3-18 您认为未来10年,国家在改善民生方面应该重点做哪些方面的工作?——分学历(N=1503)

差异五　对于 2020 年实现收入倍增的目标的信心差异

- 男性受访者中，表示对 2020 年实现收入倍增的目标"有信心"的比例高于女性

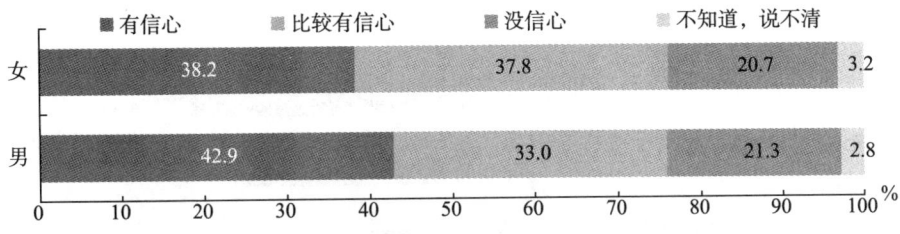

图 3-19　您对 2020 年实现收入倍增的目标是否有信心？——分性别（N=1503）

- 50 岁及以上的老年组受访者在所有年龄段中，对 2020 年实现收入倍增的目标表示"有信心"的比例最高

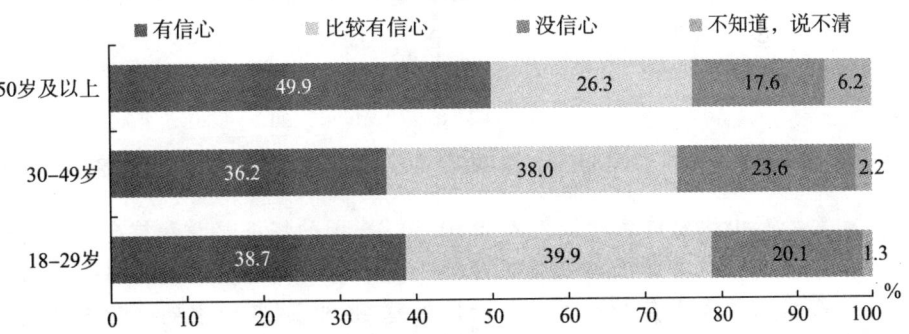

图 3-20　您对 2020 年实现收入倍增的目标是否有信心？——分年龄（N=1503）

- 学历越低的受访者对 2020 年实现收入倍增的目标表示"有信心"的比例越高；学历越高的受访者对 2020 年实现收入倍增的目标表示"比较有信心"的比例越高

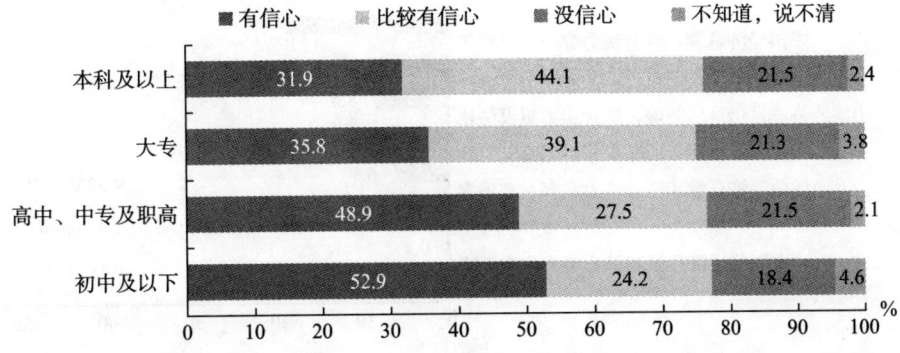

图 3-21　您对 2020 年实现收入倍增的目标是否有信心？——分学历（N=1503）

差异六 对未来十年中国经济总量和综合实力变化的认识差异

- 女性受访者中,认为未来10年中国的经济总量和综合实力"有一定提高,但各方面与美国不可比"、"都与美国持平"、"和现在差不多"的比例均高于男性

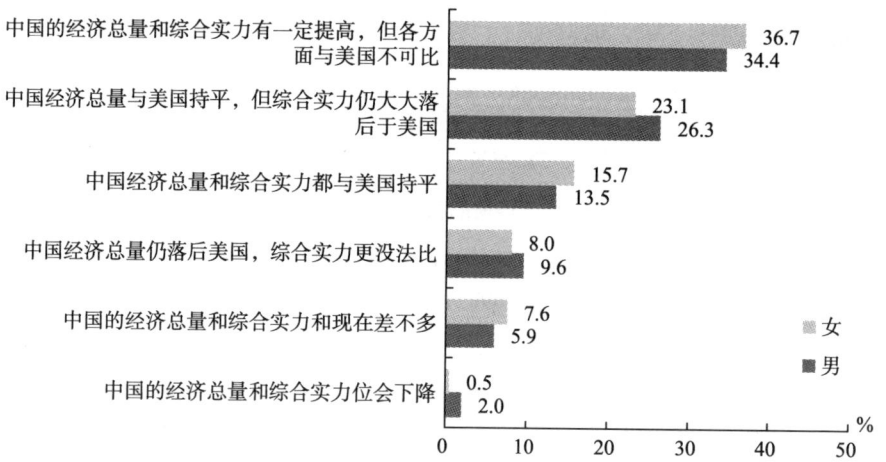

图3-22 您认为未来十年,中国的经济总量和综合实力会发生怎样的变化?——分性别(N=1503)

- 年龄越小的受访者,认为未来10年"中国的经济总量和综合实力有一定提高,但各方面与美国不可比"、"中国经济总量与美国持平,但综合实力仍大大落后于美国"的比例越高;50岁及以上的受访者最认同未来10年"中国的经济总量和综合实力都与美国持平"

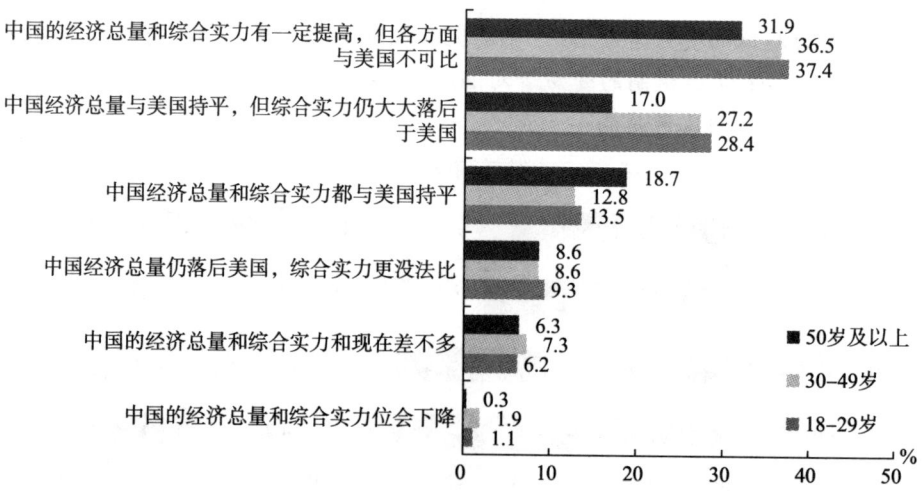

图3-23 您认为未来十年,中国的经济总量和综合实力会发生怎样的变化?——分年龄(N=1503)

● 学历越低的受访者,认为未来10年"中国经济总量和综合实力都与美国持平"的比例越高;学历越高的受访者,认为未来10年"中国经济总量与美国持平,但综合实力仍大大落后于美国"的比例越高

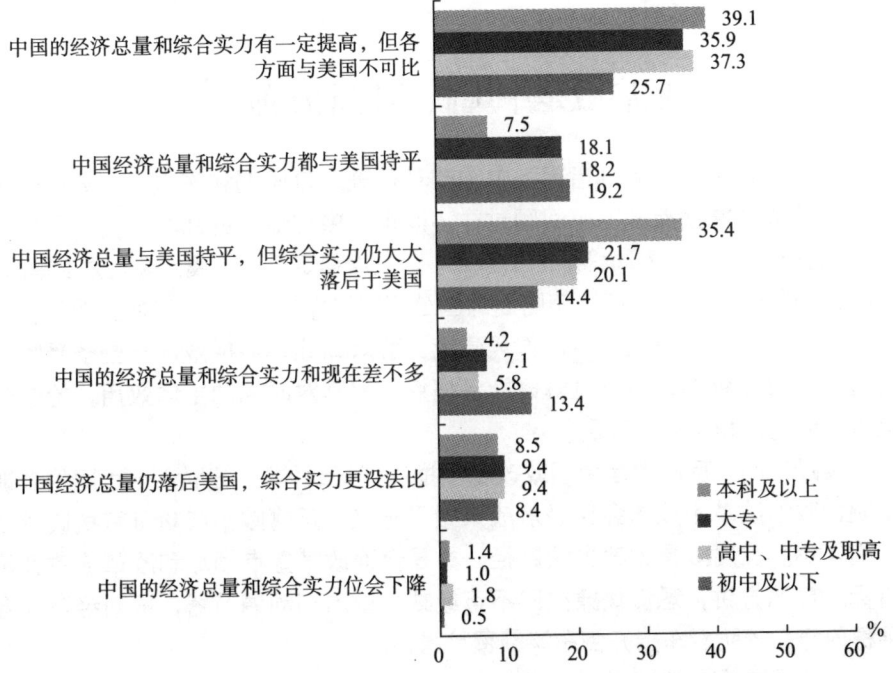

图 3-24 您认为未来十年,中国的经济总量和综合实力会发生怎样的变化?——分学历(N=1503)

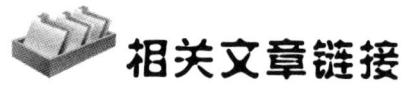
相关文章链接

反腐败是中国政治稳定压舱石

国家主席习近平近日指出，中国改革已进入攻坚期和深水区，要敢于向积存多年的顽瘴痼疾开刀。回顾过往，改革是中国最大的红利，稳定是中国最大的资本。如果说大局稳定系于改革，则政治稳定系于反腐。从地方到军队，从机关到国企，从本土商业贿赂到跨国公司"洋贿"，改革之刃挥到哪里，反腐之锋就到哪里。放眼当下，作风建设、群众路线日显成效，一些备受瞩目的贪腐大案被查办，虽不免触碰社会痛点，但其对时局的主体效用，恰是创建大于创痛、稳定大于紊乱。

实践证明，反腐败是中国政改稳步推进"好载体"。苏联亡党亡国的教训说明，政治改革不成熟会让经济成果毁于一旦，反腐败不成功可将执政成就一笔勾销。反腐败是政改方法路径，亦是全面改革重点领域和改革成败评价指标。打比方讲，惩贪保廉如同不可或缺的政治制动调节器，推动经济社会平稳前行，预防翻车、开倒车等颠覆性错误。

中国改革布满高难动作，需确保稳定性和成功率。因此，反腐败既是政治救济机制，又有改革成本规制和风险防控作用。其主战场会有些大要案"地标"，组织人事、行政、司法等领域亦留下配套改革"路标"，如以法治、公开等合围特权的理性就是渐进改革的战利品。同时，撇清发展的寻租经济"水分"，滤掉社会的奢靡风气"糖分"，减少改革的利益冲突"戏份"……反腐败的多功能也很突出。如果说"可调控的稳定市场"是中国经济治理代表作，则"可持续的稳定反腐"是中国政治治理样板间。中国不搞政治"大拆大建"，务实稳妥反腐是执政方略和治理技术，应研究其普适性并加强外宣。

还要看到，反腐败走群众路线是稳健可行"好民主"。一些西方输入的广场民主、"推特革命"与反腐乱象是发展绊脚石，而中国依靠群众反腐，布局线上线下，有序、有限而有效的民主参与恰如稳定压舱石。稳定离不开民主，但其不在如何标榜，而在如何实现。构建公序良俗"无谣网络"，以责任驱动的中式"网民政治"置换利益驱策的西化"选民政治"，加固社会矛盾缓冲区、公众监督舆论场和协商民主试验田，或可规避"舶来坏民主"和政治黑金化、选举选秀化、政见投机化等竞选病。民主良性运转起来，内生动力和原创智慧最不可少。如中纪委开门办案开网执纪、济南中院"微'薄'"、中国政府

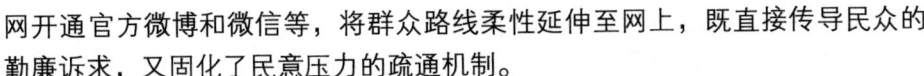

网开通官方微博和微信等,将群众路线柔性延伸至网上,既直接传导民众的勤廉诉求,又固化了民意压力的疏通机制。

可以预见,反腐败将为全面改革提供稳固持久"好助力"。成功推进全面改革,有效率的廉政建设始终不可或缺。反腐败是在中国"问题域"做文章,群众不满意之处仍多。适应"稳中进,破中立"的改革节奏感,提升反腐败专门机构执行力和有效性,不搞时宽时严"松紧带",有助于彰显治党执纪的政治确定性。纪律就是力量,监督给力、惩治得力时愈显其强。由此,高强度反腐的"政治红利"将为全面改革提供更大底气和更多助力,并在三中全会成果清单得以续写。

(数据版权:环球时报 2013-10-14 第3144期 第15版|国际论坛 作者:高波 中国社科院中国廉政研究中心副秘书长)

中国人的收入差距被夸大了

中国人的收入差距状况如何?国家统计局日前表示,中国的基尼系数在2008年达到峰值,为0.491,然后逐步回落,到2012年为0.474。根据基尼系数的定义可以得出,在基尼系数为0.5时,相当于25%的人得到75%的收入,2012年中国基尼系数为0.474的水平要比这个状态稍微公平一些。

有媒体说0.474这个数字相当严重,因为它高于"国际公认的警戒线0.4","发达国家一般在0.24到0.36之间","2010年全球基尼系数平均值0.44"。事情果真如此吗?

实际上,流行于网络的这三个"对照组"数据都与实情有很大出入。

首先,"国际公认的警戒线0.4"这一说法仅流传于中文传播空间,搜索相关英文材料,除中国媒体写的英文报道之外,各种权威、非权威的英文资料均未见"基尼系数0.4"有任何特殊之处的说法。美国1980年之后基尼系数一直超过0.4,法国等数个西欧工业国在上世纪50年代初到70年代末工业发展时期基尼系数也长期在0.4以上,80年代之后随着工业化停滞基尼系数才逐步下降。如果说基尼系数0.4是警戒线,难道"警戒"的是处在主要经济增长时期的美国、法国?

其次,"发达国家一般在0.24到0.36之间"说法也不尽准确。根据美国人口调查局数据,美国2010年基尼系数为0.469。欧洲统计发布的基尼系数数据,2011年欧盟27国如果看税前基尼系数,英国为0.51,意大利为0.53,希腊为0.44。中国基尼系数0.474从方法上看更接近欧洲"税前基尼系数"概念。

最后,"2010年全球基尼系数平均值0.44"则是错误的说法,这显然是把各国基尼系数相加后除以国家数得到的平均值,但这种做法是错误的!基尼系数是基于收入数据经过数学计算得出的,各国"收入"概念不同,不具可比性,不能简单平均,只能把"全球"作为一个单独对象,研究"全球基尼系数"。根据联合国粮农组织的估计,"全球基尼系数"2002年为0.71,2005年为0.68。

基尼系数是基于"收入"概念的指标,如何定义"收入"对计算结果有决定性影响。在中国,城乡之间"收入"概念不同,城市房产已经"货币化"了,相应收入可以计入个人财产性收入,而农村宅基地属于集体所有,无法进行相应的个人收入统计。类似这样的区别几乎存在于收入统计的方方面面,因此城乡可比的收入统计标准实际上是不存在的。中国的"城市内部基尼系数"和"农村内部基尼系数"都低于全国基尼系数,全国基尼系数很大程度上来自于城乡合并计算过程。

实际上,如果跳出"基尼系数"的概念看收入差距,中国的收入分配差距是小于美国和欧盟的。美国加州大学伯克利分校经济学教授伊曼努尔·塞伊兹于2012年3月公布的论文称,2010年美国全国收入增长的93%为顶尖1%美国家庭所获取,这如果被折算进去,美国的基尼系数恐怕就是0.8或0.9了,但美国前1%的富人只申报了应纳税收入的至多17%,而这部分是无法纳入统计的。在欧洲,欧盟统计局数据显示,2011年,欧盟有近1.2亿人口面临贫困或遭社会排斥风险,占欧盟成员国总人口的24.2%。这如果折算进基尼系数,欧盟的基尼系数显然会更大。

欧美基尼系数显得相对"平等",一方面与"统计局只统计可统计的数据"有关,另一方面也与建立了覆盖全国的完善二次分配机制有关。欧美的二次分配规模通常占到GDP总量的20%—30%,极大提高了居民最终收入分配的平等程度。这也是一些欧洲国家税前基尼系数在0.5以上而税后基尼系数可以降到0.3以下的原因所在。

不可否认,中国城乡之间、地区之间、行业之间存在巨大收入差距,并引发很多社会问题。但不能据此夸大中国收入分配差距,人为制造恐慌情绪。

(数据版权:环球时报 2013-01-23 第2937期 第15版 | 国际论坛 作者:贾晋京 中国人民大学重阳金融研究院研究员)

中国经济进入绿色民生版阶段

绿色经济对于中国未来10-30年的转型发展具有重要意义。对1949年以来新中国的发展,粗略地可以有三个版本的说法。第一阶段是1949-1979年的30年,可看作是中国发展的1.0版和政治版;第二阶段是1979-2012

年的30多年,即改革开放以来的30多年,可视作中国发展的2.0版和经济版;从2012年起的未来30-40年,可视为中国发展的3.0版和民生版,而绿色转型将是民生版的主旋律。

绿色经济将是中国突破中等收入陷阱的关键。中国发展1.0版的大多数时候,没有环境保护概念,即使参加了1972年的斯德哥尔摩会议,也一度认为环境问题是资本主义的事情,与社会主义没有关系;中国发展2.0版的中间时期有了可持续发展观念,但只是在弱可持续性的意义上推进发展,认为只要以人造资本为主体的经济增长抵消人力资本的社会损失与自然资本的环境损失,就是可持续发展;现在3.0版的绿色经济,则要求在"自然资本非减"的意义上实现经济和社会发展。

一些人基于传统的经济增长概念,强调中国发展3.0版的主要任务是人均GDP翻番突破1万美元大关,这虽然是重要的,但却是不够的。如果我们以拼资源拼环境的方式、以贫富差距拉大的代价,实现这样的目标,就不能算真正突破中等收入陷阱。绿色经济意义上的突破中等收入陷阱,应该具有经济高效、规模适度、社会包容的特征,应该是人均生态足迹保持在发达国家水平之下,有与人均GDP1万美元相匹配的人类发展水平,同时大幅降低贫富差距。

中国这样人口大国的绿色转型,没有经验可以借鉴。可以运用绿色经济中自然资本消耗规模要控制、资源分配要公平、资源生产率要提高的一般原理和量变关系,构建三位一体的政策体系,倒逼经济模式转型。首先要实行绿色经济的生态规模政策。对耕地、能源等重要自然资本实行总量控制,限制GDP规模和速度过快增长。第二是推行绿色经济的分配公平政策。让每个人都有发展机会,把资源环境总量按照人口平均分配到各区域,特别是保证贫穷人口的生态权利。第三是绿色经济的效率提高政策。通过提高技术和管理水平,提高资源环境的生产率,通过市场机制把自然资源配置到最有效率的地方去。目前,我国只强调效率政策,这远远不够。生态规模、公平分配、高效配置这三条政策要相互配合,形成系统,才能真正推动绿色转型。

从全国看,中国离世界人均生态足迹水平还有一段距离,但发展空间已经不大,因此中国转型时间紧迫。中国的绿色发展应当是生态足迹适度往上走,在不超过世界平均水平和发达国家平均水平的空间内,实现经济增长和社会福利的过程。从区域看,沿海发达地区是生态优化功能区,应该在提高经济社会水平的同时降低生态足迹;中部地区是重点发展功能区,要尽可能提高生态效率,用较少的生态足迹增加实现有质量的发展;而在生态禁止发展和限制发展功能区,重点是降低贫穷人口比例,提供均等化的公共服务。以属于东部沿海优化发展区的上海为例,上海当前的人均GDP为1万多美元,但是人均能源消耗和二氧化碳排放已经达到发达国家平均水平，因此未来的发展需要更多地从关注经济增长转向关注福利发展。

（数据版权：环球时报　2013-04-11　第2997期　第15版 | 国际论坛　作者：诸大建　同济大学可持续发展与管理研究所所长）

七成民众最关心两会民生议题

——全国两会前公众关注与期待调查

2013年全国两会3日拉开大幕。这是中共十八大后第一次全国两会,是关键历史节点上召开的重要会议。本次会议将选举和决定新一届国家机构,中国政坛的"新老换届"将告完成。两会上推出的政策,对国家未来发展至关重要,同时也将深刻影响世界。各界对两会可能传递出的深化改革的信息充满期待。为了解中国民众对两会的关注点和期望,环球舆情调查中心在全国7个城市的普通居民中开展了民意调查。调查显示,近7成受访者最关心"两会上提出哪些民生议题",4成受访者希望改革措施"保证连续性、进行政策微调"。

本次调查2月28日至3月3日进行,调查对象为北京、上海、广州、成都、西安、长沙、沈阳18岁以上普通民众,以计算机辅助电话方式随机抽样进行调查,共回收有效问卷1446份。在95%的置信度下,允许抽样误差为2.6%。调查显示,77.1%的受访者对2013年两会有不同程度的关注,其中63.8%表示"关注",13.3%"非常关注"。22.2%的人表示"不关注"两会,另有0.7%表示对这一问题"说不清"。

在被问及"您最关心今年两会的哪些内容"时,67.6%的受访者选择了"两会上将提出哪些民生议题",其次是"新一届领导人会推出哪些新政"(56.3%)和"将出台哪些反腐措施"(53.9%)。另有39.7%的受访者关心"如何为国家的发展方向定调",27.7%关心"领导人和政府的换届",26.9%关心"国务院机构改革方案的具体内容是什么"。2.4%表示对两会相关内容"都不关心"。

此外,41%的受访者希望"增加居民收入"成为两会代表关注的焦点,34.7%的受访者希望"完善社会保障体系"成为代表关注焦点,"反腐败"和"缩小贫富差距"的提及率分别为33.0%和31.9%。提及率在2成以上的还有"调控房价"、"保障食品安全"和"加大力度保护环境"。另有"健全基础医疗卫生制度"、"改革教育体制"、"平抑物价"、"强力维护社会治安"等成为受访者希望被关注的焦点。

调查还显示,对于今年两会即将推出的改革措施力度,40.3%的受访者希望改革措施"保证连续性、进行政策微调",34.4%希望"以稳为主、积极进取"，20.5%认为应该进行"大规模且力度空前的"改革，4.8%表示"不知道，说不清"。

对于"大部制改革"的最重要意义是什么，53.4%的受访者选择了"落实'问责制'、建设责任政府"，24.9%选择"行政体制改革的突破和深化"，15.2%选择"减少职能交叉，完善行政运行机制"，另有6.4%的被访者表示"不知道，说不清"。

中央党校教授戴焰军3日对《环球时报》表示，民生历来为民众关注，但今年成为首选，和中国发展现阶段的现实紧密相关。"社会利益分配问题突出，保障体系不完善，过渡期诸多不确定因素越来越明显，让老百姓对个人的生活前景有一种忧虑。"戴焰军说，受访者对"反腐"、"贫富差距"等提及较多，实际上也源于对自身境遇的关注，归根到底还是希望通过反腐改善民生。中国政法大学政治学教授杨阳同样认为，物价房价给了包括中产阶级在内的民众实实在在的压力，社会老龄化趋势显著，大家却对养老心里没底，对公共政策缺乏信心，所以今年的民生呼声尤其高。"腐败是对公共资源的侵占，反腐问题解决不了，民生也解决不了。"

此外，在改革措施力度问题上，受访者期待有所不同。杨阳表示，中国政策透明度不足，包括大部制改革在内，百姓摸不清改革方向、抓手，故对途径也有分歧。戴焰军认为，这是中国社会对改革认识的缩影，针对不同的改革目标，措施力度必然不同，关键是要明确改革方向，究竟要解决中国的什么问题，由此才能凝聚改革共识。

（数据版权：环球时报　2013-03-04　第2966期　第3版|新闻背景　作者：刘畅）

第一部分　主要发现

发现一　近八成受访者对2013年两会有不同程度的关注

调查显示，近八成（77.1%）受访者对2013年两会有不同程度的关注，具体来看，在被问及"您关注今年即将召开的全国两会吗？"时，63.8%的受访者表示"关注"，13.3%的受访者表示"非常关注"。仅二成（22.2%）的受访者不关注两会。剩余0.7%的受访者对这一问题表示"说不清"。

三、民众信心：公众关注与民生期待

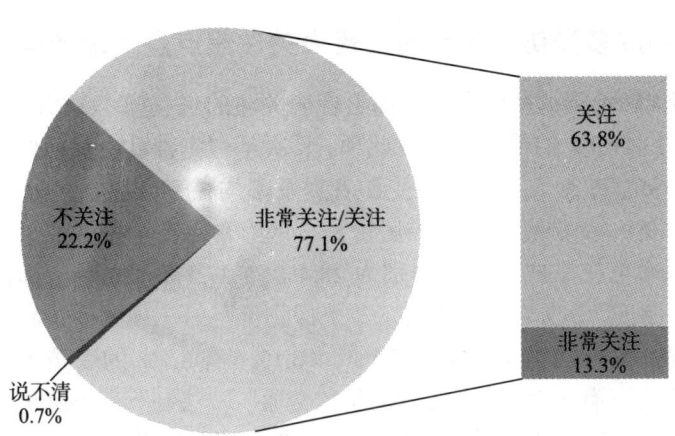

图 3-25 您关注今年即将召开的全国两会吗？（N=1446）

发现二 近七成受访者最关心"两会上提出哪些民生议题"

被问及"您最关心今年两会的哪些内容"时，"两会上将提出哪些民生议题"获得了最高的关注度，提及率接近七成（67.6%）；其次是"新一届领导人会推出哪些新政"和"将出台哪些反腐措施"，均有半数以上的受访者关心，提及率分别为 56.3%、53.9%；约四成（39.7%）的受访者关心"如何为国家的发展方向定调"；关注"领导人和政府的换届"、"国务院机构改革方案的具体内容是什么"两项的受访者比例在 20%～30% 之间，提及率分别为 27.7%、26.9%；还有 4.9% 的受访者表示最关心钓鱼岛、房价、环境、社会保障等"其他"方面的内容；还有 2.4% 的受访者表示对两会的相关内容"都不关心"。

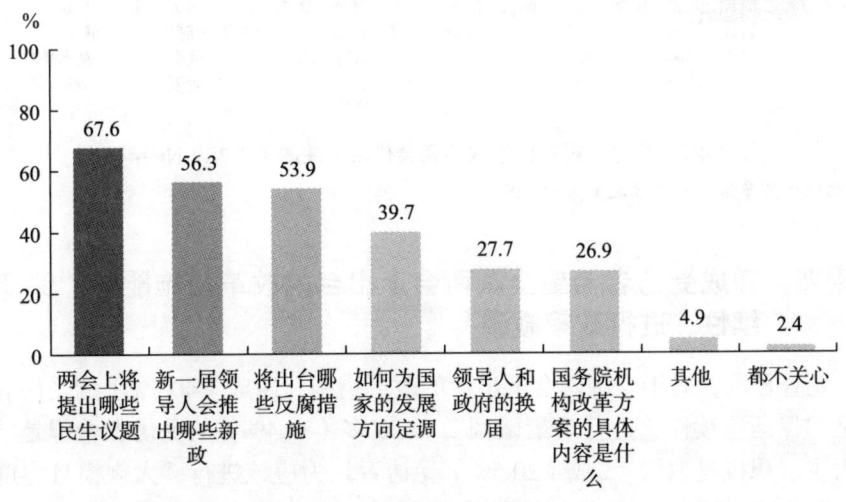

图 3-26 您最关心今年两会的哪些内容？（N=1446）

注：此题为可多选，各选项之和大于 100%。

发现三　四成多受访者希望两会代表关注焦点是"增加居民收入"

被问及"您希望哪些问题成为两会代表关注的焦点"时,"增加居民收入"的呼声最高,41.0%的受访者提及此项;其次是"完善社会保障体系"、"反腐败"、"缩小贫富差距"等三项,受访者提及率均在三成以上,分别为34.7%、33.0%和31.9%;受访者对"调控房价"、"保障食品安全"、"加大力度保护环境"的提及率也在二成以上,分别为28.4%、27.5%、20.4%;选择"健全基础医疗卫生制度"、"改革教育体制"、"平抑物价"等三项的受访者比例均在一成以上,提及率分别为19.4%、17.5%、16.1%;有8.7%的受访者提及"强力维护社会治安";有1.7%的受访者提及"交通"、"法制"、"国际地位"等"其他"方面;还有0.5%的被访者对这一问题表示"不知道,说不清"。

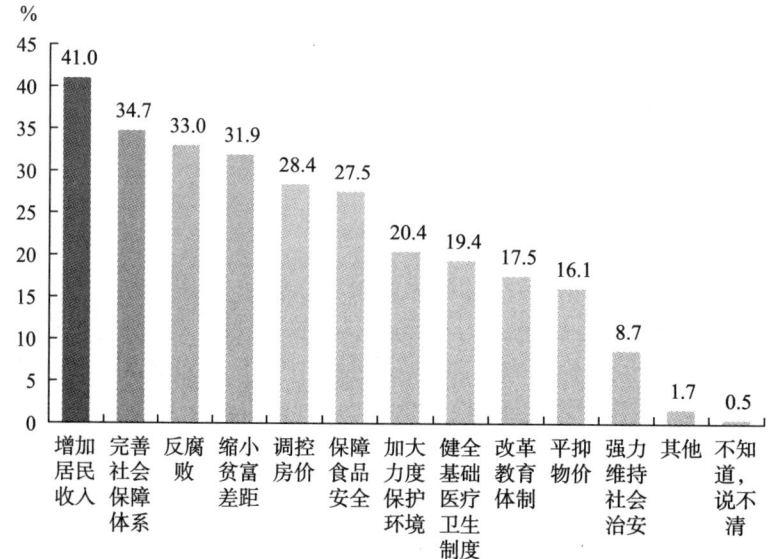

图3-27　您希望哪些问题成为两会代表关注的焦点?(N=1446)

注:此题为可多选,各选项之和大于100%。

发现四　四成受访者希望全国两会上出台的改革措施能够"保证连续性、进行政策微调"

调查显示,对于全国两会上出台的改革措施,四成(40.3%)的受访者希望是"保证连续性、进行政策微调",三成多(34.4%)的受访者希望是"以稳为主、积极进取",二成(20.5%)受访者认为应该进行"大规模且力度空前的"改革,剩余4.8%的被访者对这一问题表示"不知道,说不清"。

三、民众信心：公众关注与民生期待

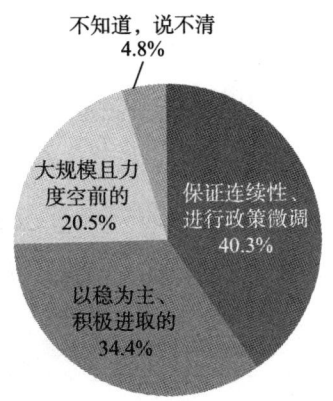

图 3-28　您希望在全国两会上出台的改革措施是怎样的？（N=1446）

发现五　五成多受访者认为"大部制改革"的最重要意义是"落实'问责制'，建设责任政府"

问及"您认为'大部制改革'最重要的意义是什么"时，"落实'问责制'，建设责任政府"被受访者摆在首位，有五成多（53.4%）的受访者提及此项；其次是"行政体制改革的突破和深化"，受访者对此项的提及率位居第二，为 24.9%；再次是"减少职能交叉，完善行政运行机制"，受访者提及率低于前两项，为 15.2%；剩余 6.4% 的被访者对这一问题表示"不知道，说不清"。

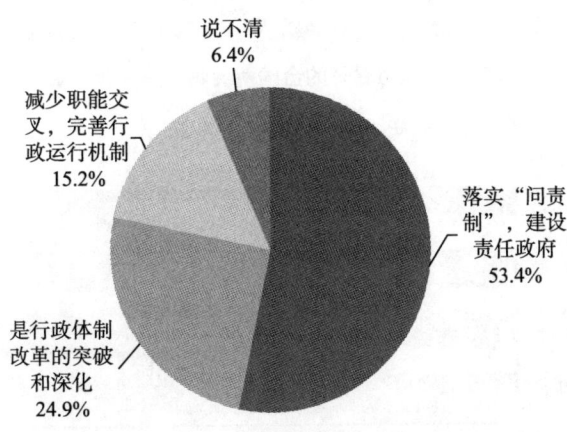

图 3-29　国务院机构改革，也就是通常所说的"大部制改革"是今年两会的重点议题。您认为"大部制改革"最重要的意义是什么？（N=1446）

第二部分　差异分析

差异一　各类人群对 2013 年两会的关注度差异

- 男性受访者非常关注和关注两会的比例均明显高于女性受访者

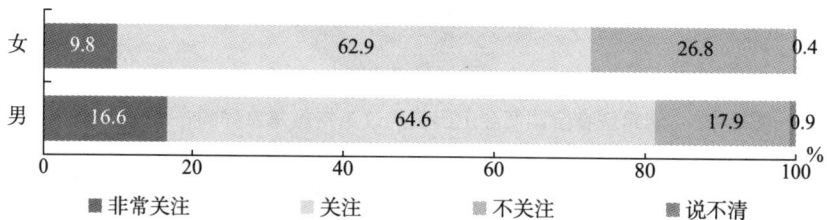

图 3-30　您关注今年即将召开的全国两会吗？——分性别（N=1446）

- 年龄越大的受访者表示"非常关注"、"关注"两会的比例越高

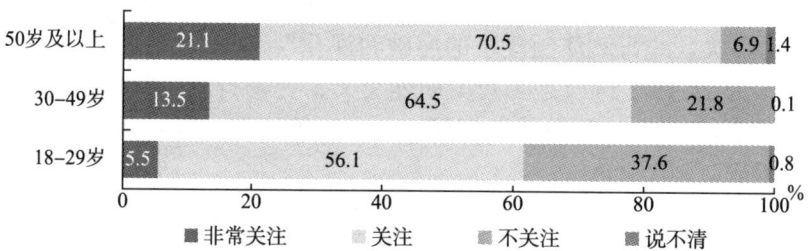

图 3-31　您关注今年即将召开的全国两会吗？——分年龄（N=1446）

- 学历越高，对 2013 年两会的总体关注度越高

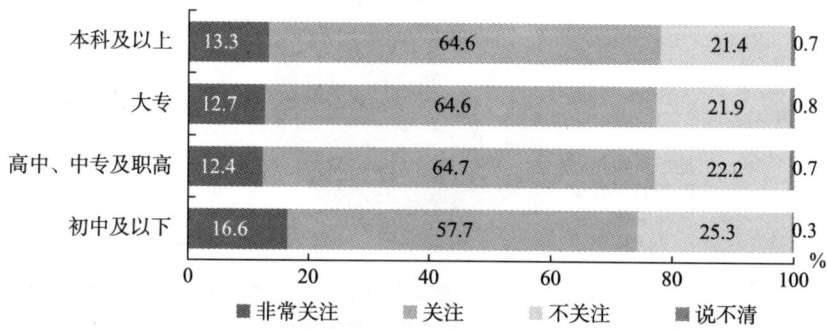

图 3-32　您关注今年即将召开的全国两会吗？——分学历（N=1446）

三、民众信心：公众关注与民生期待

差异二　各类人群对2013年两会内容的关注点差异

- 女性受访者相比男性更关注"两会上将提出哪些民生议题"；男性受访者相对更关注"将出台哪些反腐措施"、"如何为国家的发展方向定调"、"领导人和政府的换届"、"国务院机构改革方案的具体内容是什么"等

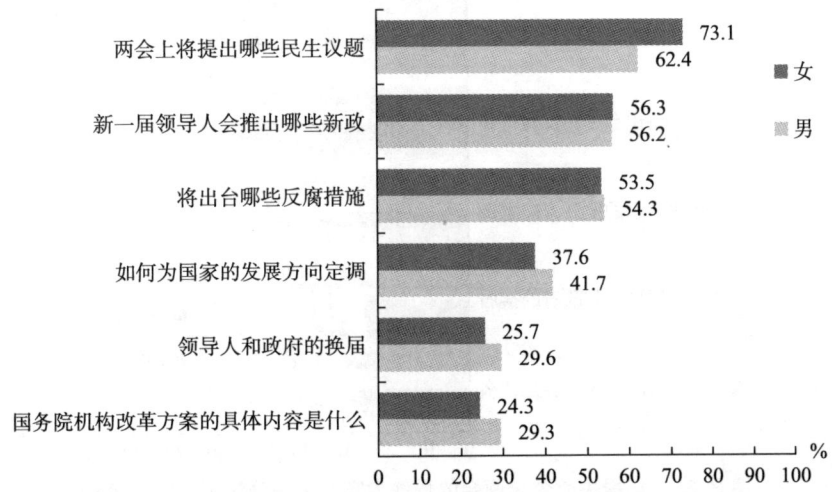

图3-33　您最关心今年两会的哪些内容？——分年龄（N=1446）

注：此题为可多选，各选项之和大于100%。选项未列全

- 受访者年龄越大，越关注"将出台哪些反腐措施"、"如何为国家的发展方向定调"、"领导人和政府的换届"、"国务院机构改革方案的具体内容是什么"等；年龄越小的受访者越关注"新一届领导人会推出哪些新政"

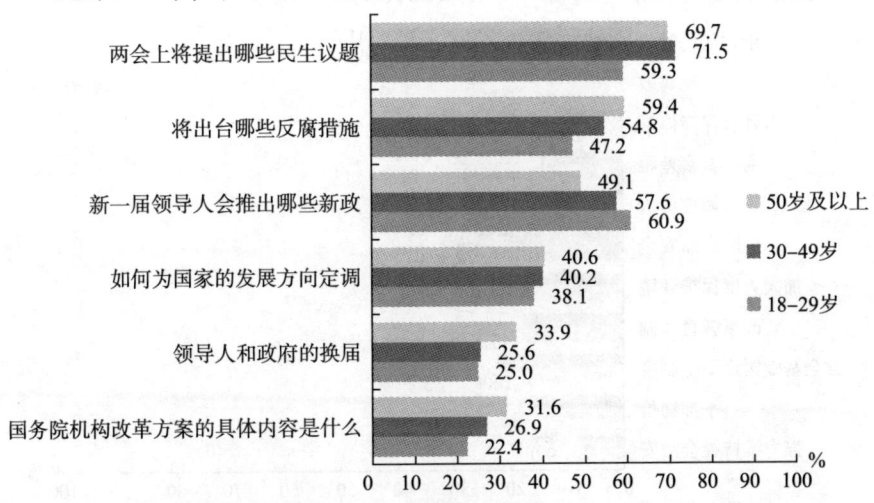

图3-34　您最关心今年两会的哪些内容？——分年龄（N=1446）

注：此题为可多选，各选项之和大于100%。选项未列全

- 学历越高的受访者越关注"新一届领导人会推出哪些新政"、"将出台哪些反腐措施"、"如何为国家的发展方向定调"、"领导人和政府的换届"

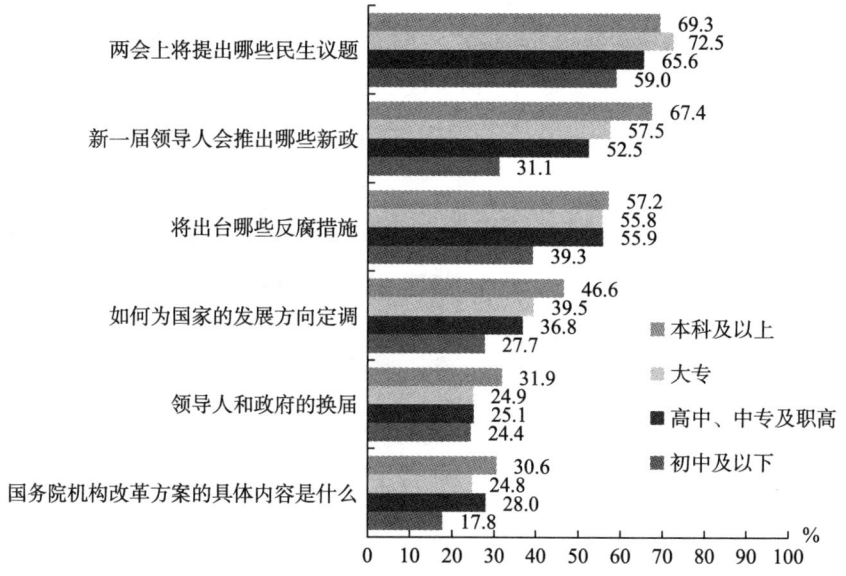

图 3-35 您最关心今年两会的哪些内容？——分学历（N=1446）

注：此题为可多选，各选项之和大于100%。选项未列全

差异三 各类人群对2013年两会解决问题的期望差异

- 女性受访者期望两会代表聚焦"增加居民收入"、"调控房价"、"保障食品安全"、"加大力度保护环境"、"改革教育体制"、"健全基础医疗卫生制度"、"平抑物价"等方面的比例高于男性

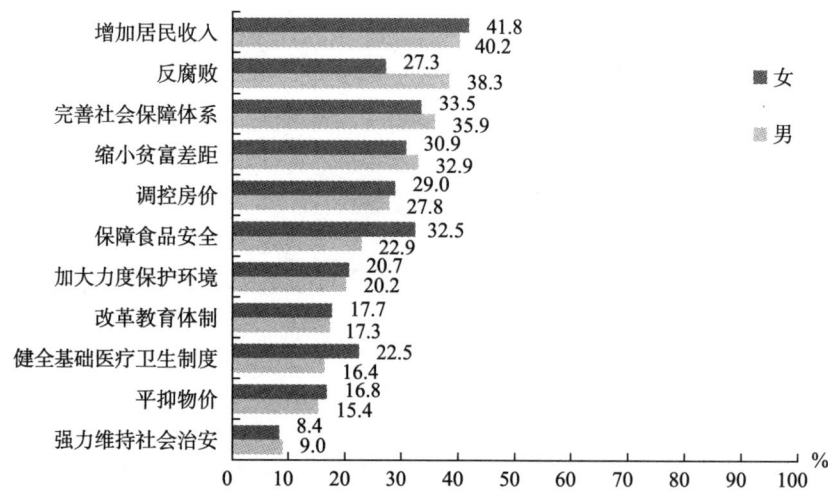

图 3-36 您希望哪些问题成为两会代表关注的焦点？——分年龄（N=1446）

注：此题为可多选，各选项之和大于100%。选项未列全

- 受访者年龄越大，越期望两会代表聚焦"缩小贫富差距"、"反腐败"、"健全基础医疗卫生制度"以及"强力维持社会治安"；年龄越小的受访者，越期望两会代表聚焦"调控房价"

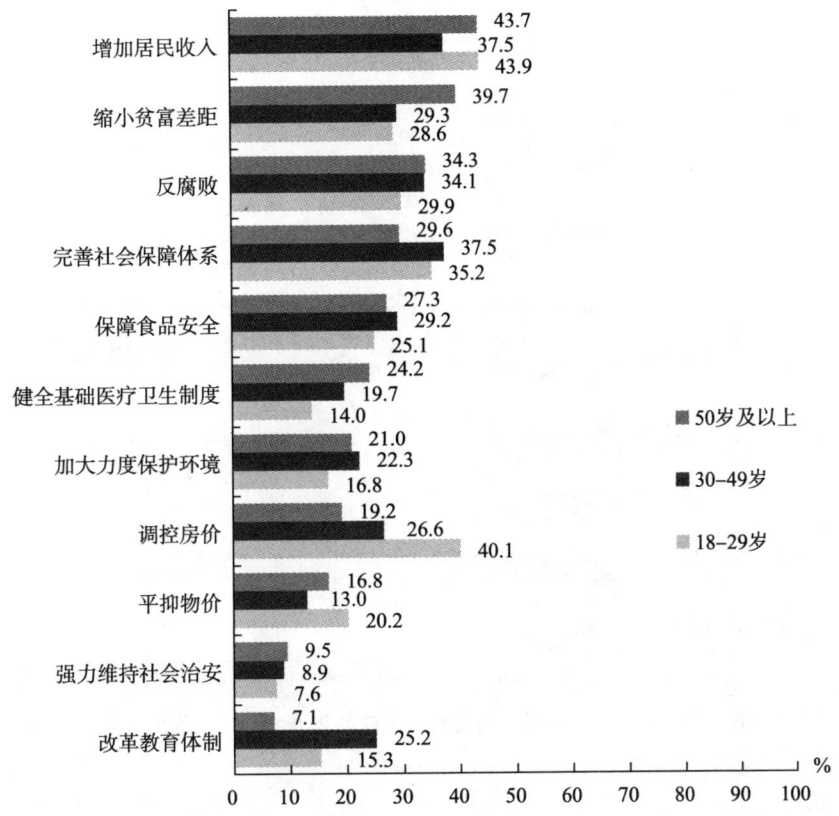

图 3-37　您希望哪些问题成为两会代表关注的焦点？——分年龄（N=1446）

注：此题为可多选，各选项之和大于100%。选项未列全

- 学历越高的受访者越期望两会代表聚焦"完善社会保障体系"、"平抑物价"等

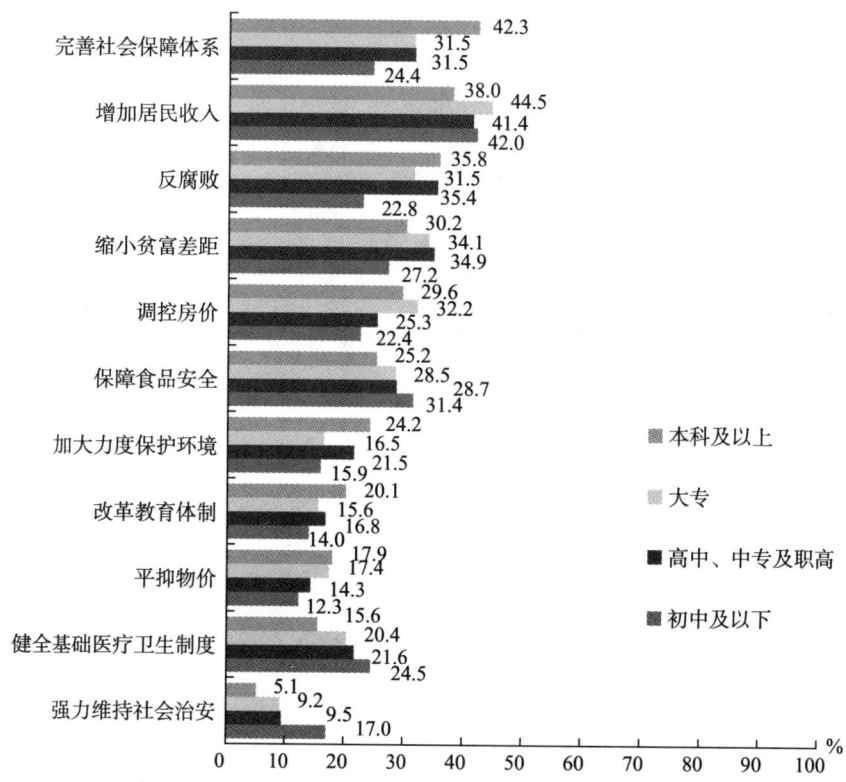

图 3-38 您希望哪些问题成为两会代表关注的焦点？——分学历（N=1446）

注：此题为可多选，各选项之和大于100%。选项未列全

差异四 各类人群对 2013 年两会出台改革措施的期望差异

- 女性受访者更期待全国两会上出台的改革措施是"保证连续性、进行政策微调"的；男性受访者更期待改革措施是"大规模且力度空前的"和"以稳为主、积极进取的"

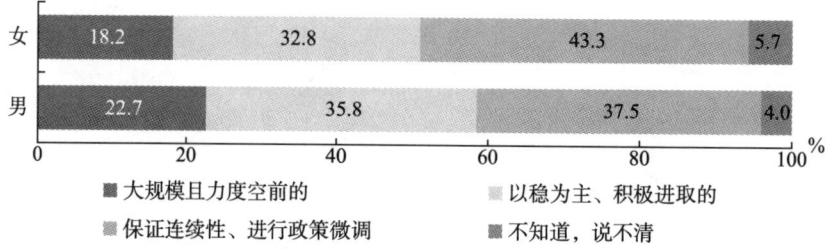

图 3-39 您希望在全国两会上出台的改革措施是怎样的？——分性别（N=1446）

- 年龄越小的受访者越期待全国两会上出台的改革措施是"以稳为主、积极进取的";年龄越大的受访者越期待改革措施是"保证连续性、进行政策微调"的

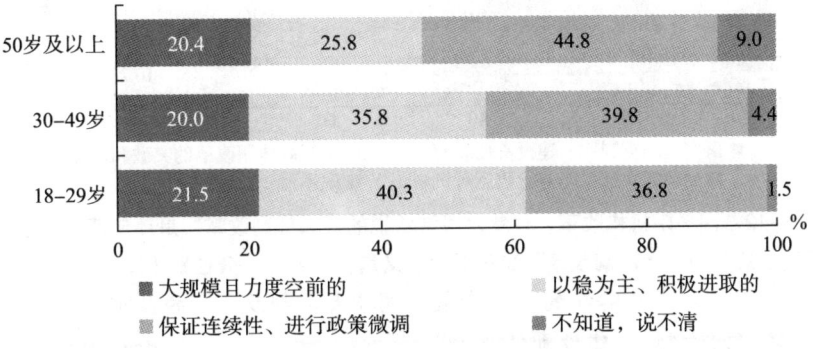

图 3-40 您希望在全国两会上出台的改革措施是怎样的?——分年龄(N=1446)

- 学历越高的受访者越期待全国两会上出台的改革措施是"以稳为主、积极进取的";学历越低的受访者越期待改革措施是"保证连续性、进行政策微调"的

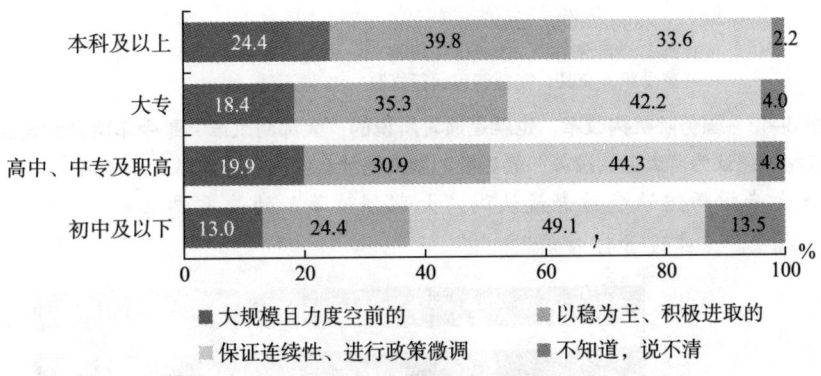

图 3-41 您希望在全国两会上出台的改革措施是怎样的?——分学历(N=1446)

差异五　各类人群对大部制改革意义的看法差异

- 女性受访者中认同"大部制改革"的最重要意义是"落实'问责制',建设责任政府"、"行政体制改革的突破和深化"的比例高于男性受访者

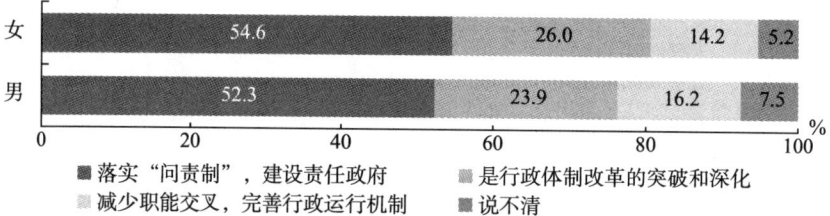

图3-42　国务院机构改革,也就是通常所说的"大部制改革"是今年两会的重点议题。您认为"大部制改革"最重要的意义是什么？——分性别（N=1446）

- 50岁及以上年龄组的受访者最认同"大部制改革"的最重要意义是"落实'问责制',建设责任政府"

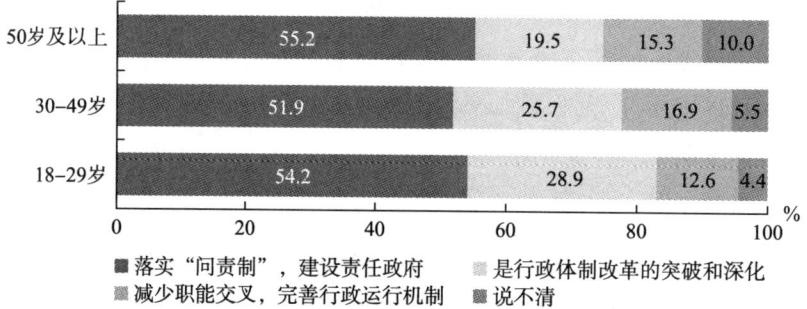

图3-43　国务院机构改革,也就是通常所说的"大部制改革"是今年两会的重点议题。您认为"大部制改革"最重要的意义是什么？——分年龄（N=1446）

- 大专学历组的受访者最认同"大部制改革"的最重要意义是"落实'问责制',建设责任政府"

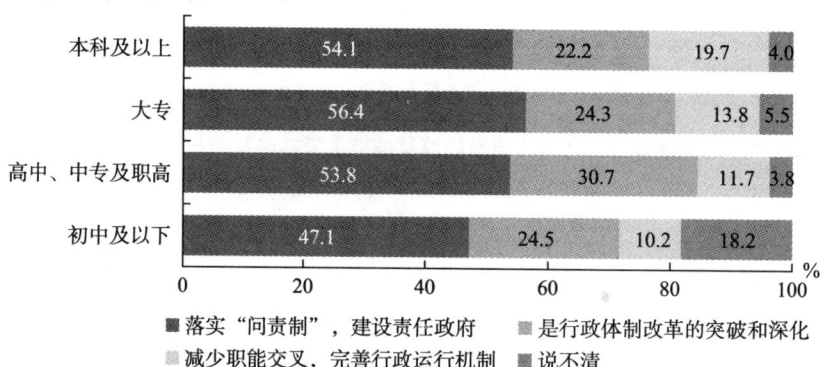

图3-44　国务院机构改革,也就是通常所说的"大部制改革"是今年两会的重点议题。您认为"大部制改革"最重要的意义是什么？——分学历（N=1446）

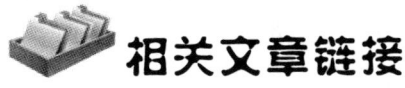 **相关文章链接**

两会，让意见响起来，让主题坚持住

两会在即，中国社会的各种意见表达再次进入高潮。这印证了两会政治参与的高度活跃，也为人大政协如何分配会议期间的注意力带来一定考验。

来自舆论场的很多声音是围绕民生发出的，但也有一些政治性的，比如一些人联名要求中国加入涉及人权的《公民权利和政治权利国际公约》。还有人联名提出允许同性婚姻，四个重大节日免费乘火车等等。

类似声音在中国互联网上都已让人耳熟能详，但它们试图进入中国立法机构年会的视野和关注，又是意味深长的。中国社会的变化似乎已经走过多元化的朦胧期，逐渐清晰可寻。

多元化不会是轻松的游戏，它有可能导致利益分化的不可逆，而要避免这一后果的出现，社会就要伴随多元化进程不断有能力营造共同利益，使围绕后者的关注和争论处于主导地位，维护多元化条件下的社会团结。

两会期间的尖锐话题今后只会越来越多，两会应接受各种言论的洗礼，但两会本身决不应碎片化。两会吸引了中国方方面面问题的大汇集，但又不应被这些问题淹没。两会的主题应当坚定不移，因为这些主题都是对中国国内外形势的战略性应对，直接或间接与民间的各种诉求发生着联系。

民间的诉求都有各自道理，至少对提出者的圈子是合理的。但它们未必就有两会级别和当务之急的合理性。有些事情虽然在互联网上容易炒热，但这与民间的实际关注程度未必对应。两会形成的问题和诉求橱窗应扩大中国政治治理的容量和弹性，而不是一味增加它的急促和刻不容缓。

什么是中国人最关心和最想要的，两会的有限精力应投到什么方向上，或者换句话说，什么是中国社会的主流关注和诉求，舆论上一直众说纷纭。如今基本上谁在互联网上嗓门大，谁会制造互联网上的舆论热点，谁就代表了"主流民意"。由于中国缺少可信、有权威的民调机构，这样的角色空缺造成互联网在意见表达领域独占鳌头。那些意见征服了很多人，也威慑了不少怀疑者。

官方对信息提供的吝啬，使得临到两会召开，互联网上的议题设置已经风起云涌，但主流引导仍很孱弱。这些年各种大事件的官方组织者习惯了舆论上的防守，"不出事"通常是"最高目标"。孰不知这给各种进攻性话题让出了主场，使得它们犹如山中无老虎，猴子成了大新闻。

发展民生是中国社会当前最大的共识，向这个领域投钱投力无论上下几乎没有异议，对于民生的重重问题全社会也看得清清楚楚。对公众最关心的民生难点，官方应带头说，组织学者和意见领袖说，这不仅有助于两会舆论热点的健康化，也会对中国长期舆论氛围产生建设性影响。

中国没有什么话题能与民生话题开展长期竞争，只要官方积极参加到民生话题讨论中，提供公众迫切了解的足够信息，舆论的主流面就有可能逐渐稳定下来。

中国的国防、外交也需要官方提供更多信息，所谓"不炒作"的观念需要彻底反思，因为"低调"意味着给其他的"高调"自然让路。

中国官方舆论从不提前讨论人事，这在中国的确有着特殊的敏感。但这种情况很难长久下去，公众的兴趣需要信息和传闻填充，而后者常常会造成扰乱。这一领域的探索是面向未来的，它有着很难绕过的重要性。

两会的社会舆论氛围越来越热烈和复杂，但这完全没有影响两会越开越成功。两会吸引的中国内外注意力连年激增，这一反全世界大多数国家政治会议受关注度逐年下降的普遍情形。仅仅这一项指标，就清楚标明了中国政治进程的方向。

（数据版权：环球时报 2013-03-01 第2964期 第15版 | 国际论坛 作者：环球时报）

议论政治社会新风 猜测改革发展走向

世界借两会审视中国

全国政协十二届一次会议昨天召开，拉开了中国每年一度最大政治活动的序幕。更为特殊的是，今年适逢中国领导层换届，这一届两会更加让世界充满好奇。从会议期间的"不封路"、"不铺红地毯"，到中国近来的铁腕反腐，国际媒体聚焦中国的政治社会新风，它们将两会视为中国新领导人的"一个舞台"，试图从中探测中国未来政策的风向。在西方舆论中，以前常有人以"橡皮图章"称呼中国的两会，但现在这种说法在减少，侨居东京的华人学者庚欣3日对《环球时报》说，不少日本人已经将中国两会期间的政府工作报告视为堪比美国总统国情咨文的文件。空气污染、贫富差距、养老保险，世界舆论场上描述的中国面临的挑战每一个都令人生畏，同时他们也都承认，中国民众对新领导人十分认同，抱有很高期待。庚欣3日对《环球时报》说，中国解决问题的底子和底气，中国的经济增长、国民信心、社会活力以及政策执行力，是很多国家难以比拟的。

中国进入"两会时间"

"超过 3000 名记者申请采访两会,其中外国记者接近 1000 人。"日本 TBS 电视台用这样两个数字描述两会的分量。英国《每日电讯报》3 日在其网站上连登 16 张照片报道"全国政协十二届一次会议在北京开幕"。英国《金融时报》题为"中国聚会正式确立新领导人"的文章写道,中国每年一度的政治会议在北京开启,"执政的中国共产党准备正式任命新的国家主席和总理,在未来 10 年治理这个国家,接下来 10 天的会议和演讲将凸显中国新政府的政策优先选项和目标"。

政协会议 3 日至 12 日在北京举行,全国人大将于 5 日在北京召开。英国广播公司称,两会今年有三大看点:人事安排、国务院机构改革和反贪腐问题,其中,人事变动是这次两会的最重要议题。澳大利亚广播公司 3 日题为"全国人大会议展示中国新领导人"的报道说,中国新一代领导人,将在此次人大正式担任政府职务。多个不同的高官任命也将公布。在会议最后一天,中国新总理将举行年度记者招待会。他回答什么问题,怎么回答,将令外界略窥中国可能的方向。报道说,这次会议的场外背景是中国与日本日益紧张的关系。届时,外长的记者会,肯定有一些问题是关于发生冲突的可能性的。文章称,当然,中国政府的强项向来是经济。中国可能在空气污染等问题上遭遇尴尬,但中国经济航船顺利度过两次全球经济危机,许多人都想"搭船"。"难以找到一个对中国经济未来不乐观的普通民众"。

台湾《联合报》3 日报道说,受中共总书记习近平号召节约政策影响,今年两会也吹"节俭风",推出多项新规定,如减少宴请、团拜等,代表、委员报到期间,没有欢迎仪式,宾馆也不铺红地毯。《韩国日报》评论说,中国年度最大的政治活动今年开始上演更加亲民和实用的"习近平 STYLE"。西班牙"欧亚评论"网站称,中国政治协商会议一直扮演重要角色。政协积聚了大量受过良好教育的知识分子和学者,他们想为国家的发展和安全作出贡献。法新社 3 日说,从国际影星成龙到篮球明星姚明、诺贝尔文学奖获得者莫言都是政协委员,分析人士称,这表明中共试图打造"软实力"。

法国"全球外交"网站评论说,改革、反腐、社会平等、农村和贫困、教育问题、社会道德重塑……新一届中国领导人能否将陷入瓶颈的改革带上一个新高度,人们正拭目以待。英国《金融时报》称,分析家正紧盯中国的官僚体系重组,将此视为新领导人改革意愿的迹象,以及他们面对强大的既得利益者反对时的执行力。德国《商报》3 日评论认为,"中国的经济政策将更侧重社会",因为世界第二大经济体将回到自己的共产主义根源:政府要平等地分配收入。此外,在住房、食品价格、休假权等社会性项目上,中国政府也将花大力气。

德意志广播电台3日称,如果你现在在北京街头四处打听,市民对新领导人的反应是非常积极的。日本电视台3日称,中国新领导人经历过"文革",经历过农村生活,他们对于老百姓生活的甘苦有很深的认识。中国国内对他们充满期待。美国印第安纳大学中国问题学者肯尼迪对英国《金融时报》说,中国新领导人的一个重要任务将是向民众注入更多乐观主义和信心,而国内的高期待提供了空间和蜜月期,他们可以做很多事。

高期待与大挑战

"在陈秋阳(音)看来,中国新领导层只需做一件事就能大大改善她的生活,这就是为她所在的西北甘肃省一个偏远角落的村子提供自来水。"3日,英国路透社刊发报道,聚焦中国社会对新领导人的期待以及中国社会面临的大挑战。报道称,缩小这个庞大国家的贫富差距将是新任中国国家主席的首要挑战之一。中国现在有317个亿万富豪,占世界总数的1/5,但是,另一方面,根据联合国的说法,中国13亿人口中有13%(大约1.7亿人)每天靠不到1.25美元生活。

日本《朝日新闻》2日用"中国的未来在雾中"评论中国的环境污染。加拿大Postmedia报业公司1日称,20世纪很长一段时间内,矿工用鸟笼带金丝雀进入矿井。金丝雀对有毒气体非常敏感。如果金丝雀呼吸困难,那就表明一氧化碳在蓄积,可能危及矿工生命。报道称,现在假设你生活在纽约,在2013年1月22日的早间,你把金丝雀放在打开的窗口让其呼吸新鲜空气。鸟儿可能会扑扇着翅膀,但不会咯咯叫。那天纽约的PM2.5指数是19,但如果那天你在北京把金丝雀放在窗口,那么你可能很快就需要再买一只金丝雀了。那天北京的PM2.5指数是惊人的755。报道同时写道,中国的工业、社会和经济已经爆炸般发展几十年了。加拿大有6个人口过百万的城市,而中国有160个。北京就生活着超过2000万人。更糟糕的是,北京城位于低洼的平原,周围是群山和大量工厂。在无风的日子,北京就是一个大锅炉。

南非《邮卫报》3日称,中国新领导人接班,催生改革呼声。美国《华尔街日报》则感慨"中国改革成本巨大"。德国《时代》周报网站举例说,中国制定了一个雄心勃勃的计划,让2.6亿民工转为享受所有社会福利的城市居民,国家为此可能需要支付3.17万亿欧元的社会福利费用。

美联社3日报道说,中国的国有媒体、刻薄的社交媒体评论家,甚至种玉米和白菜的农民都一致认为:新的中共总书记习近平有个不错的开局。报道说,习近平的形象是经济改革者、铁腕反腐者、坚定民族主义者以及平易近人的亲民者——这引发了人们对改革的期待。报道引述华盛顿布鲁金斯学会中国政治专家李成的话说:"习肯定接受挑战,将挑战变为机遇。"

香港《成报》3日题为"团结一条心,实现'中国梦'"的文章对中国未来感到乐观,因为过去一年,中国经济企稳回暖。在全球金融危机背景下,中国经济总量首次超过50万亿元,7.8%的增速令世界瞩目。德国洪堡大学国际政治问题专家胡博尔3日接受《环球时报》记者采访时说,一方面是包括社交媒体在内的媒体爆炸式发展让两会效应增强,中国人期望值提高,另一方面是中国面临的每一项挑战都如此巨大。"不过,正走在复兴道路上的中国看上去有财力、有能力、有精力应对挑战。"

中国外交布局引发猜测

香港"亚洲时报在线"刊文称,今年的全国人大会议上,将决定谁是中国新一届政府外交政策的关键负责人——换言之,谁接替国务委员戴秉国和外长杨洁篪。"这些接任者的选择是了解中国外交可能走向的初步迹象"。连日来,日本方面正紧盯着中国外交方面的人事更迭,分析可能对钓鱼岛争端的影响。路透社称,中国可能将与美国、日本以及朝鲜的关系视为最麻烦的关系,任命两名对这些国家有丰富经验的外交官。

在日本的华人学者庚欣3日对《环球时报》说,作为日本首相安倍晋三"幕后人物"的一个团体近日邀请他一起访问中国,时间就定在中国两会结束之后,到北京沟通,会见对象包括中国外交、军队、安全等方面的人士。

澳大利亚智库洛伊国际政策研究所学者雅克布森最近撰文认为,由于维持中国经济增长和社会稳定的压力巨大,外交将不是中国新领导人的头等大事。香港"亚洲时报"在线评论称,中国不可能置身于外交问题之外。中国不能韬光养晦了。首先,中国的外交政策日益受到关注,其次,国内、地区和全球问题的分界日益模糊。比如,2014年以后阿富汗的局势,不仅是一个国际问题,会影响大中亚地区,影响中国与中亚的关系,影响中国在上合组织的努力,还影响新疆形势。另外,还有朝鲜核问题,中国需要处理这些问题,更重要的是,外界期待中国去处理。

新加坡亚洲新闻网3日报道称,中国以及国外的专家认为,改善与邻国关系是今后5年中国外交诸多挑战之一。布鲁塞尔欧洲亚洲研究所高级研究员福盖特称,中国的首要议题应是令邻国和世界其他国家对其意图放心。德国国际与安全事务研究所学者戈德哈特说,"中国应明确表达其目标,更重要的是中国外交政策的界限。对诸如中国核心利益是什么、什么对中国而言绝对不可谈判等问题的清晰答案,实际上会改善中国在地区和美国的形象。"

(数据版权:环球时报 2013-03-04 第2966期 第1版|要闻 作者:萧达 王刚 李珍 青木 纪双城 汪析 柳直 崔杰通)

近九成民众对中国未来有信心
——2013年两会结束后公众意见调查

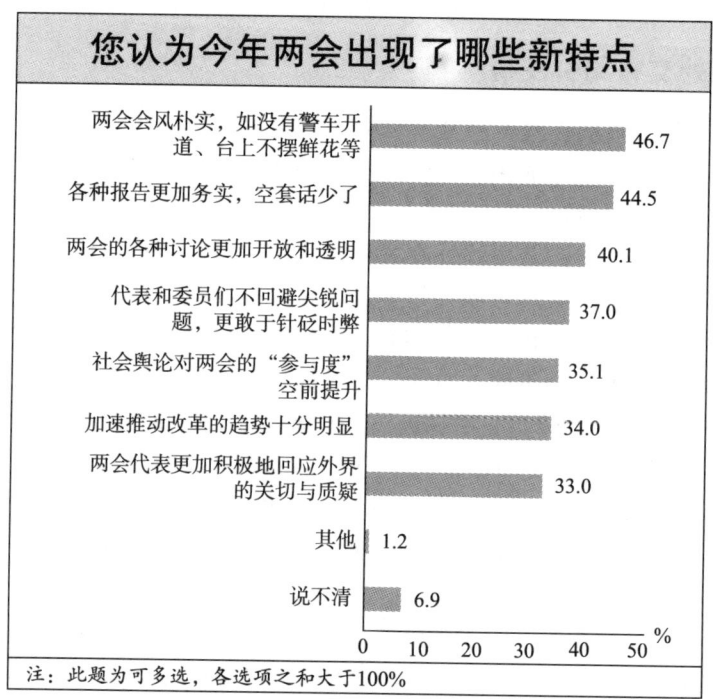

17日，2013年全国两会顺利落幕。此届两会上，党的十八大精神化为一系列决定中国未来改革发展的重大决策，对国计民生影响深远。"新老交接"、"中国梦"、"国务院机构改革"、"城镇化"和"新会风"、"网络反腐"等成为民间的两会热词。为了解中国民众对2013年两会的印象及关注点，中国民众透过看两会对中国未来发展获得怎样的信心，环球舆情调查中心上周在全国7座城市普通居民中间开展了民意调查。调查结果显示，近4成受访者视此届两会为"民生的大会"；超过半数认为"大部制改革"体现的改革力度"适中"；近6成受访者最关心"新建的国家食品药品监督管理总局能否明显改善食品安全问题"；近9成受访者表示，通过今年两会，他们对中国未来发展有信心。

三、民众信心：公众关注与民生期待

本次调查在3月14日至3月17日期间进行，调查对象为北京、上海、广州、成都、西安、长沙、沈阳18岁以上普通民众，以计算机辅助电话方式对随机抽样进行调查，共回收有效问卷1103份。在95%的置信度下，允许抽样误差为3%。

调查显示，在回答"您如何概括今年的两会"时，36.6%的受访者选择"民生的大会"，28.7%的人倾向于认为这是"换届的大会"，另有25.2%选择了"改革的大会"一项，剩余9.5%表示对这一问题"说不清"。

今年两会出台"大部制改革"方案，国务院组成部门应声减至25个。在被问及"您认为大部制改革体现的中国改革力度怎样"时，52.7%的人选择"力度适中，应注重后期的落实与执行"，22.2%认为"力度不足，舆论关心的发改委和金融机构改革没有涉及"，20.5%认为"力度很强，应在平稳的前提下逐步推进"。另有4.7%未做表态。

此外，当被问及"'大部制改革'中，您最关心哪些内容"时，在只能选择一项的前提下，57.3%的受访者表示最关心"新建的国家食品药品监督管理总局能否明显改善食品安全问题"，18.8%的人最关心"重建的国家海洋局以中国海警局名义进行海上维权执法，能否更好保障中国在钓鱼岛和黄岩岛等地的国家利益"。分别有8.2%和7.4%的受访者最关心"计生委撤并是否会导致独生子女政策发生改变"、"铁道部被撤销，今后乘火车出行费用是否上升"。另有4.3%的人对以上几项"都关心"。

对于2013年两会出现的新特点，46.7%的受访者选择了"会风朴实"一项，44.5%认为"各类报告更加务实，空话套话少了"，40.1%选择"两会的各种讨论更加开放和透明"。"代表和委员们不回避尖锐问题，更敢于针砭时弊"等也获得超过3成人认可（见左图）。

最后，在被问及"透过今年两会，您对中国未来发展信心如何"，32.3%的受访者表示"更有信心了"，55.2%表示"比较有信心"，9.6%表示"没信心"，另有2.9%的受访者对这一问题表示"说不清"。

北京大学政府管理学院教授燕继荣17日对《环球时报》记者表示，此届两会既是"民生的大会"、"换届的大会"，同时也是"改革的大会"。最被关心的两会议题，往往是与民众利益最攸关的议题，比如调查中涉及"大部制改革"的一问，近6成人最关心食品安全，因为这不仅攸关利益，还攸关生命。他认为，调查显示有近1成受访者选择对中国未来发展"没信心"，应该对他们的处境、他们没有得到满足的诉求给予关注。

中央党校教授戴焰军17日告诉《环球时报》记者,老百姓评价"大部制改革"看的是动作和结果,"后期的落实与执行"并增强改革透明度很重要,要给百姓以交代。他表示,17日中国国家主席习近平和国务院总理李克强的讲话皆提及信心、表明信心,百姓的信心建立在对政府工作绩效的评估上,未来新一届政府需进一步提高绩效、拿出成果,增强民众信心,而社会的高信心值反过来能够促进政府工作。

(数据版权:环球时报　2013-03-18　第2978期　第3版 | 新闻背景　作者:刘畅)

第一部分　主要发现

发现一　近四成受访者认为2013年两会是"民生的大会"

被问及"您认为应如何概括今年的两会"时,"民生的大会"提及率最高,有近四成(36.6%)的受访者选择此项。其次是"换届的大会",有28.7%的受访者选择。再次是"改革的大会",有25.2%的受访者选择。剩余9.5%的受访者对这一问题表示"说不清"。

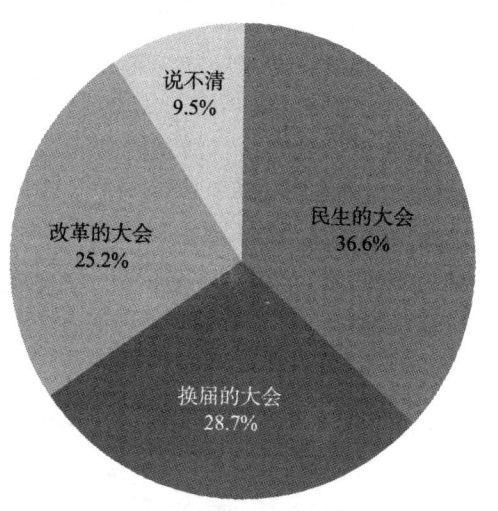

图3-45　您认为应如何概括今年的两会?(N=1103)

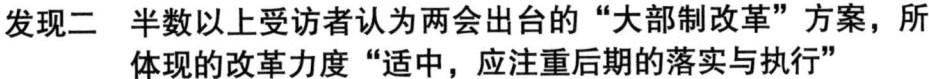

发现二　半数以上受访者认为两会出台的"大部制改革"方案，所体现的改革力度"适中，应注重后期的落实与执行"

被问及"今年两会出台了'大部制改革'方案，国务院组成部门减至25个。您认为它所体现的中国的改革力度是怎样的"时，认为"力度适中，应注重后期的落实与执行"的受访者比例最高，占到半数以上，为52.7%。认为"力度不足，舆论关心的发改委和金融机构改革没有涉及"和"力度很强，应在平稳的前提下逐步推进"的受访者比例均在二成以上，分别为22.2%、20.5%。剩余4.7%的受访者未表态，选择"说不清"。

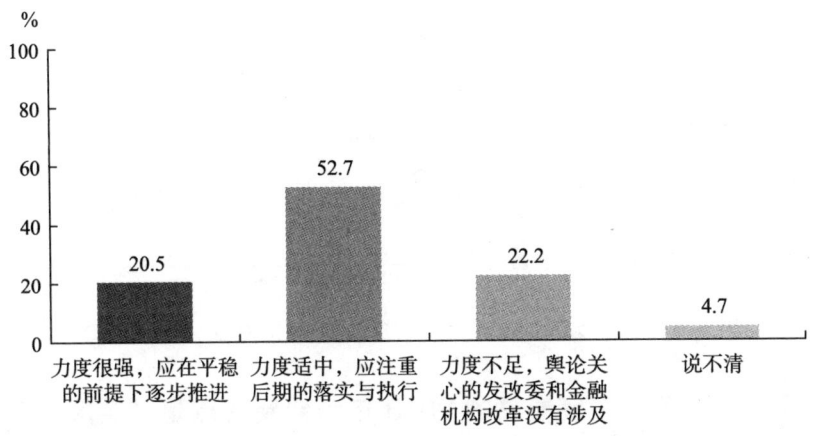

图3-46　今年两会出台了"大部制改革"方案，国务院组成部门减至25个。您认为它所体现的中国的改革力度是怎样的？（N=1103）

发现三　近六成受访者最关心"大部制改革"中的"新建的国家食品药品监督管理总局，能否明显改善食品安全问题"

被问及"在'大部制改革'中，您最关心哪些内容"时，在只能选择一项的前提下，"新建的国家食品药品监督管理总局，能否明显改善食品安全问题"获得最高关注度，有近六成（57.3%）的受访者提及。其次是"重建的国家海洋局以中国海警局名义进行海上维权执法，能否更好保障中国在钓鱼岛和黄岩岛等地的国家利益"，受访者提及率为18.8%。相对而言，受访者对"计生委的撤并是否会导致独生子女政策发生改变"、"铁道部被撤销，今后乘火车出行的费用是否会上升"的提及率均不足一成，分别为8.2%、7.4%；有4.3%的受访者表示对以上几项都关心。还有2.9%的受访者最关心的是"其他"方面。剩余1.1%的被访者对这一问题表示"说不清"。

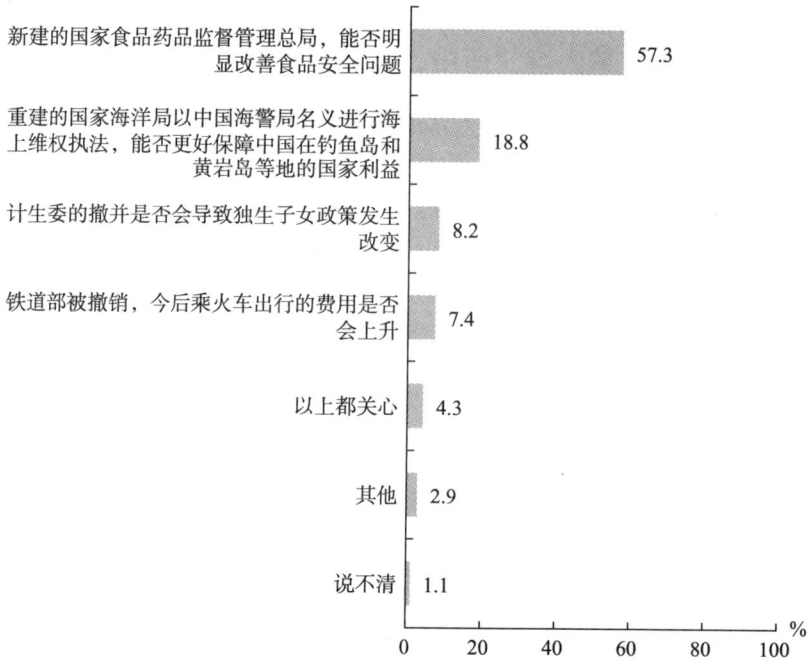

图3-47 在"大部制改革"中,您最关心哪些内容?(N=1103)

发现四 受访者关注度最高的2013年两会新特点是"会风朴实"

对于2013年全国两会出现的新特点,"两会会风朴实"获得最高关注度,受访者提及率接近五成,为46.7%。受访者对"各种报告更加务实,空话套话少了"的关注度位居第二,提及率为44.5%。受访者对"两会的各种讨论更加开放和透明"的提及率也超过四成(40.1%),受访者关注度位居第三位。此外,"代表和委员们不回避尖锐问题,更敢于针砭时弊"、"社会舆论对两会的'参与度'空前提升"、"加速推动改革的趋势十分明显"、"两会代表更积极地回应外界的关切和质疑"等4个方面也获得相当数量受访者关注,提及率分别为37.0%、35.1%、34.0%、33.0%。另有1.2%的受访者提及"其他"方面新特点。还有6.9%的被访者对这一问题表示"说不清"。

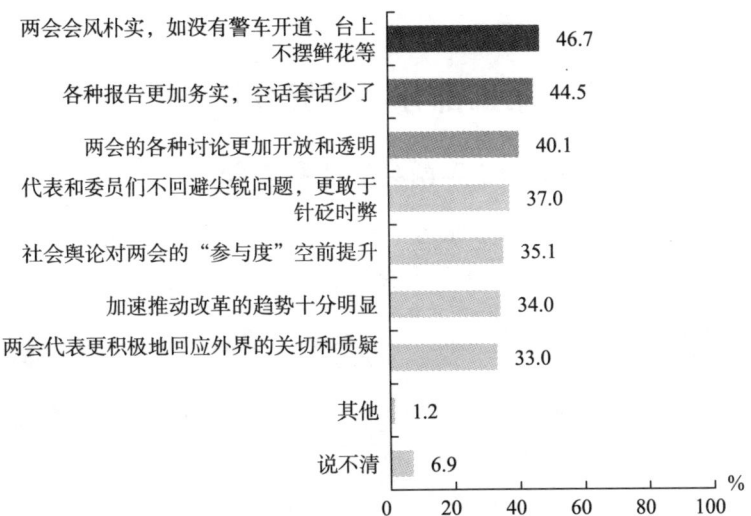

图 3-48　您认为今年两会出现了哪些新特点？（N=1103）

注：此题为可多选，各选项之和大于100%。

发现五　近九成受访者通过今年两会对中国未来的发展更有或比较有信心

问及"通过今年两会，您对中国未来发展的信心如何"时，近九成（87.5%）的受访者表示更有或比较有信心了。具体来看，32.3%的受访者表示"更有信心了"，55.2%的受访者表示"比较有信心"。仅不足一成（9.6%）的受访者表示"没信心"。剩余2.9%的被访者对这一问题表示"说不清"。

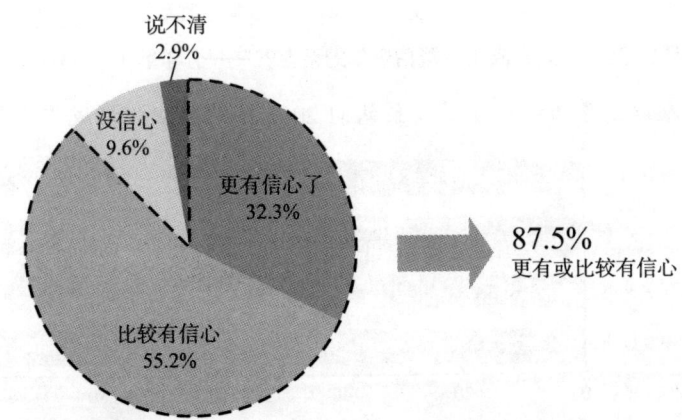

图 3-49　通过今年两会，您对中国未来发展的信心如何？（N=1103）

第二部分　差异分析

差异一　各类人群对 2013 年两会的印象差异

- 男性受访者更倾向于将 2013 年两会概括成"改革的大会"，女性受访者更倾向于概括成"民生的大会"

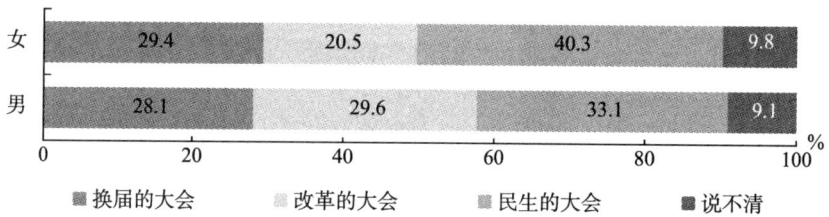

图 3-50　您认为应如何概括今年的两会？——分性别（N=1103）

- 三个年龄组中，30-49 岁的中年组受访者认同 2013 年两会应概括成"换届的大会"的比例高于其他两个组，50 岁及以上的老年组受访者认同概括成"民生的大会"的比例高于其他两个组

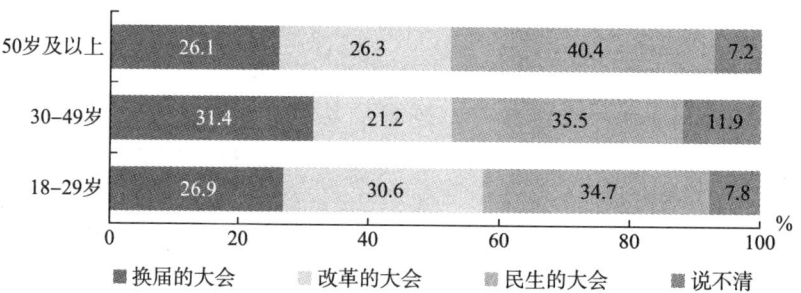

图 3-51　您认为应如何概括今年的两会？——分年龄（N=1103）

- 本科及以上学历组的受访者最认同 2013 年两会应概括成"换届的大会"

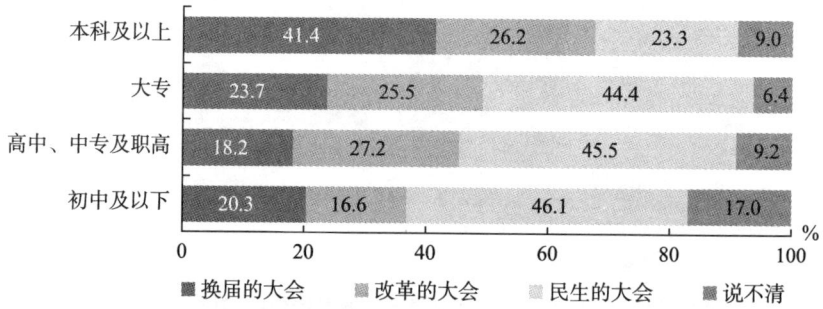

图 3-52　您认为应如何概括今年的两会？——分学历（N=1103）

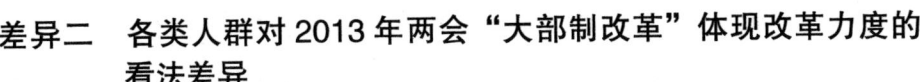

三、民众信心：公众关注与民生期待

差异二　各类人群对2013年两会"大部制改革"体现改革力度的看法差异

- 女性受访者更认同"大部制改革"体现出来的改革力度"适中"；男性受访者相比女性更认同改革"力度很强"和"力度不足"

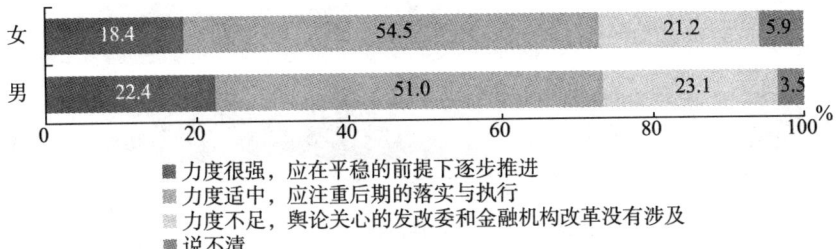

图3-53　今年两会出台了"大部制改革"方案，国务院组成部门减至25个。您认为它所体现的中国的改革力度是怎样的？——分性别（N=1103）

- 年龄越小的受访者越认同"大部制改革"体现的改革力度"适中"

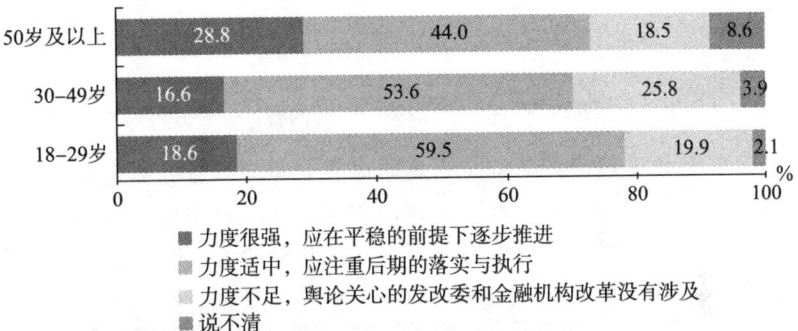

图3-54　今年两会出台了"大部制改革"方案，国务院组成部门减至25个。您认为它所体现的中国的改革力度是怎样的？——分年龄（N=1103）

- 学历越低的受访者越认同"大部制改革"体现出的改革力度"很强"

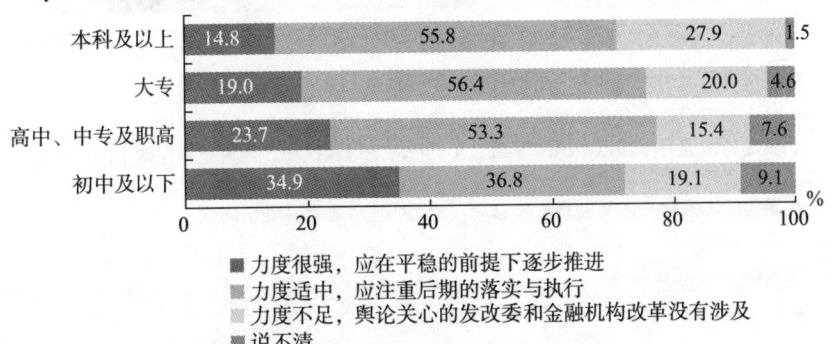

图3-55　今年两会出台了"大部制改革"方案，国务院组成部门减至25个。您认为它所体现的中国的改革力度是怎样的？——分学历（N=1103）

差异三 各类人群对2013年两会"大部制改革"的关注点差异

- 女性受访者更关心"新建的国家食品药品监督管理总局,能否明显改善食品安全问题"

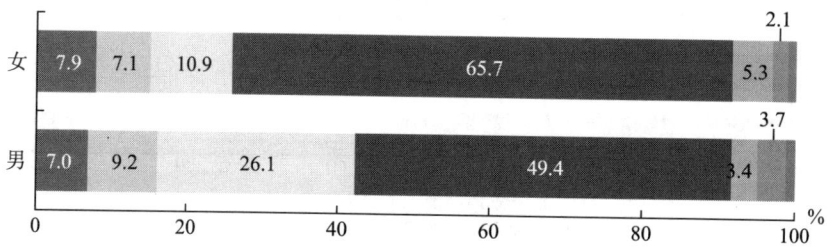

- 铁道部被撤销,今后乘火车出行的费用是否会上升
- 计生委的撤并是否会导致独生子女政策发生改变
- 重建的国家海洋局以中国海警局名义进行海上维权执法,能否更好保障中国在钓鱼岛和黄岩岛等地的国家利益
- 新建的国家食品药品监督管理总局,能否明显改善食品安全问题
- 以上都关心
- 其他
- 说不清

图3-56 在"大部制改革"中,您最关心哪些内容?——分性别(N=1103)

- 年龄越大的受访者越关心"新建的国家食品药品监督管理总局,能否明显改善食品安全问题"和"重建的国家海洋局以中国海警局名义进行海上维权执法,能否更好保障中国在钓鱼岛和黄岩岛等地的国家利益"

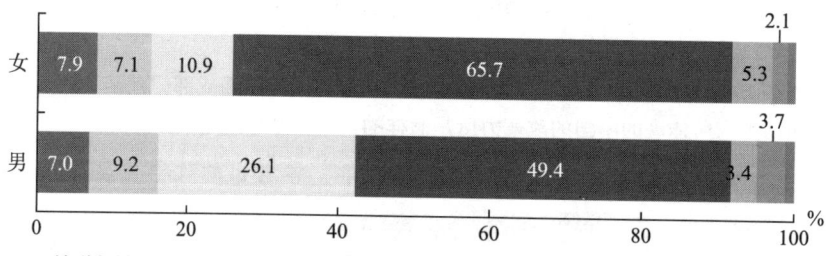

- 铁道部被撤销,今后乘火车出行的费用是否会上升
- 计生委的撤并是否会导致独生子女政策发生改变
- 重建的国家海洋局以中国海警局名义进行海上维权执法,能否更好保障中国在钓鱼岛和黄岩岛等地的国家利益
- 新建的国家食品药品监督管理总局,能否明显改善食品安全问题
- 以上都关心
- 其他
- 说不清

图3-57 在"大部制改革"中,您最关心哪些内容?——分年龄(N=1103)

三、民众信心：公众关注与民生期待

- 大专学历组受访者最关心"新建的国家食品药品监督管理总局，能否明显改善食品安全问题"

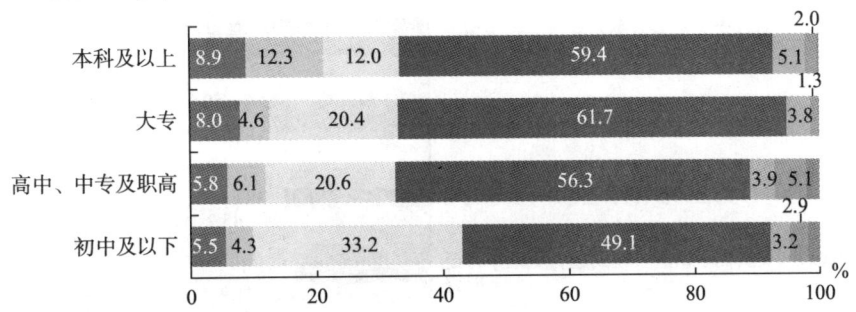

图 3-58 在"大部制改革"中，您最关心哪些内容？——分学历（N=1103）

差异四　各类人群对2013年两会新特点的关注点差异

- 男性受访者更关注两会"各种报告更加务实，空话套话少了"、"代表和委员们不回避尖锐问题，更敢于针砭时弊"、"加速推动改革的趋势十分明显"；女性受访者对两会其他各方面新特点的关注度高于男性

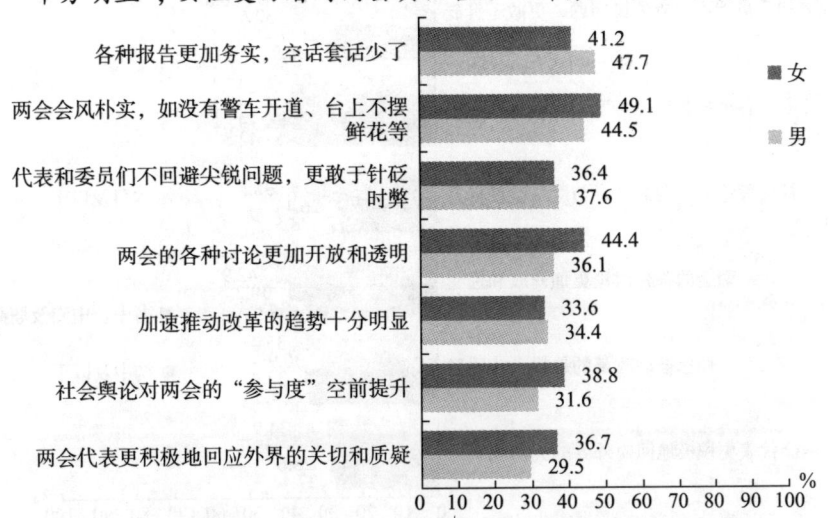

图 3-59 您认为今年两会出现了哪些新特点？——分年龄（N=1103）

注：此题为可多选，各选项之和大于100%。选项未列全

- 受访者年龄越大,越关注"两会会风朴实"、"各种报告更加务实,空话套话少了"

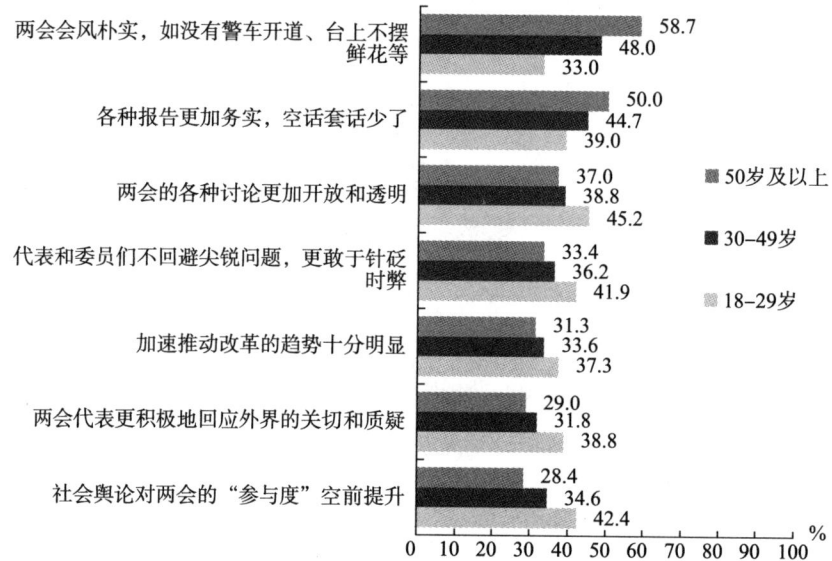

图 3-60 您认为今年两会出现了哪些新特点?——分年龄(N=1103)

注:此题为可多选,各选项之和大于100%。选项未列全

- 学历越高的受访者越关注"各种报告更加务实,空话套话少了"

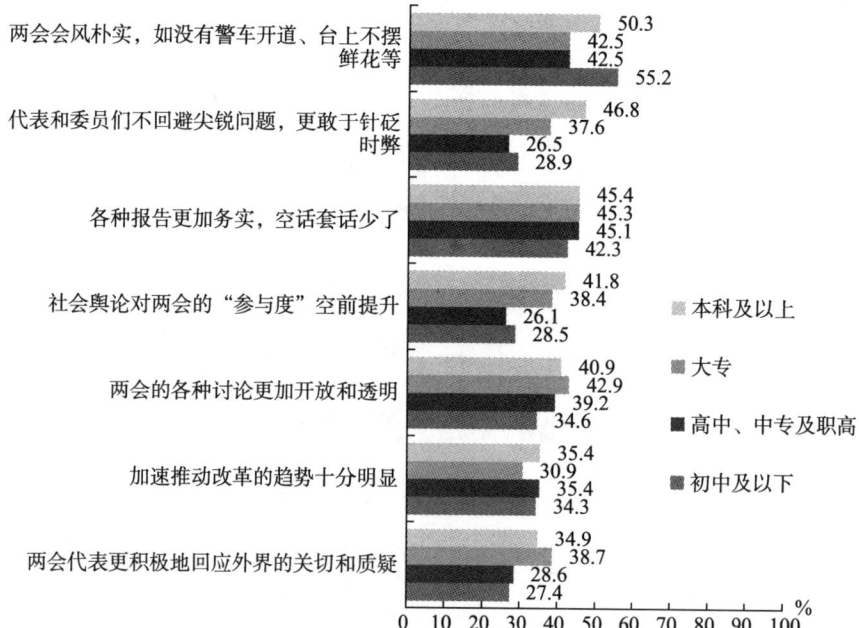

图 3-61 您认为今年两会出现了哪些新特点?——分学历(N=1103)

注:此题为可多选,各选项之和大于100%。选项未列全

三、民众信心：公众关注与民生期待

差异五 各类人群通过两会获得对中国未来发展的信心差异

- 通过今年两会，男性受访者对中国未来发展"更有信心"的比例高于女性受访者，女性受访者中"比较有信心"的比例高于男性

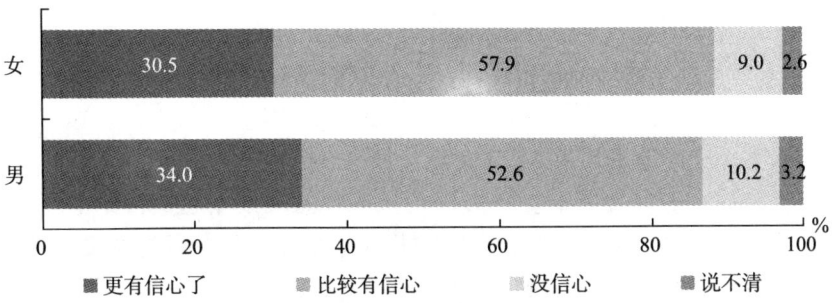

图 3-62 通过今年两会，您对中国未来发展的信心如何？——分性别（N=1103）

- 年龄越大的受访者，表示"更有信心"的比例越高

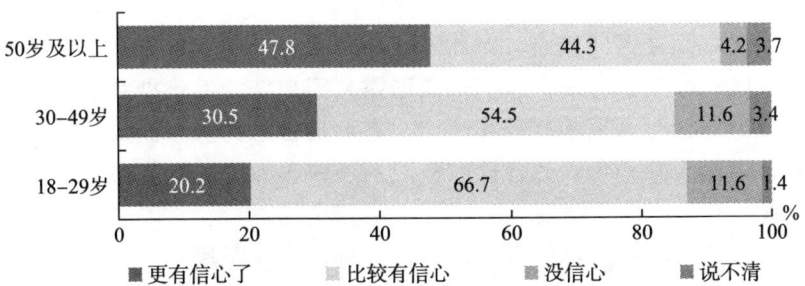

图 3-63 通过今年两会，您对中国未来发展的信心如何？——分年龄（N=1103）

- 学历越高的受访者表示"比较有信心"的比例越高

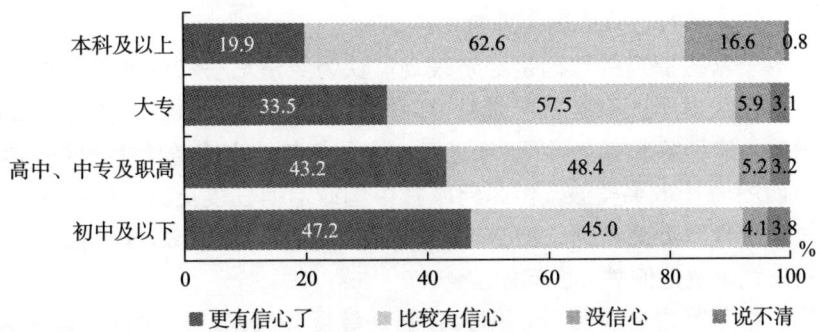

图 3-64 通过今年两会，您对中国未来发展的信心如何？——分学历（N=1103）

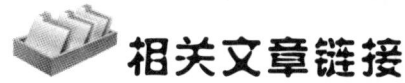相关文章链接

日媒：中国民众为何高度信任政府

日本《外交学者》6月14日文章，原题：在中国，政府为人民？有关中国的政治评论存在明显矛盾。一方面，一些外国观察家总是讨论中国民众如何对政府日益不满。另一方面，民意调查显示执政的中共获得高度民意支持。我们参与的一个全国性面访调查（结果最近发表在《政治研究季刊》上）发现，中国公众对中央政府的满意度极高。根据对随机访问的3763名中国人的调查，民众对北京的平均支持率约为8分（满分是10分）。这一数字也与近来的其他调查相一致。

中国民众高度信任政府，对此有多种解释。一种常见说法是，民调根本不准。中国社会受到压制，人们不敢透露真实想法。但这种看法忽视了活跃的网上政治讨论、频发的抗议和上访，甚至是日常街头与民众的谈话。一切都显示，中国人并不怕表达自己对政府的不悦，即使对参与有组织政治活动较谨慎。

另一种普遍解释是媒体审查。该观点称，因政府禁止中国社会信息自由流动，只有正面新闻才会公布。但在信息时代，控制互联网难度大增，隐瞒阴暗面不那么容易。我们认为，媒体在政治动员中的角色已淡化。市场环境下，赢利的考虑将其进一步削弱。总体说，称大多数中国人只知道政府"好新闻"的说法，不能算对当代中国的准确描述。

还有个常被提及的原因是经济表现。认为经济增长和生活水平提高，令大多数中国人对个人财务状况满意，对国家前景乐观，故而总体上对政府的表现满意。这种解释有个问题：未能考虑中国与其他高速增长社会的差异。印度和巴西的增长水平类似，但为何唯独中国政治信任度更高？蒙古国过去几年增长率属世界最高行列，但2012年的调查显示，超过80%受访者认为政府政策未能解决他们关心的问题。

另一种解释是儒家传统。因为它强调等级和顺从。持这种观点的人说，从文化上中国人习惯于无条件接受政治权威。可这也说不过去。若真是如此，为何其他儒家社会未获得类似的高度信任？此外，儒家传统一直是中国数百年的主流，但该国历史上中央失去民心的例子不胜枚举。

实际上，在中国有个没太得到关注的政治现实——政府回应民众的要求。

乍看，这似乎违反直觉，因为威权政府不会回应民意，因为不必面对实质性大选。但我们的研究显示，没有实质性全国选举并不等于没有公众政治诉求。事实上，约65%的中国民众表示对政府多少有些不满。这些不满声音看来得到了代表"绝大多数"中国人利益的中共的"倾听"。经济表现和文化传统等虽非毫不相干，但只解释了在中国政治信任如此之高的小部分原因。我们对最近民调数据的分析显示，"回应"占到政治信任的50%多。换言之，目前来说，政府回应民众要求是中国政治信任度高的最重要原因。

（数据版权：环球时报　2013-06-17　第3050期　第6版 | 关注中国　作者唐文方（音）、迈克尔·刘易斯等，乔恒译）

新风吹动中国，社会信心可贵

十八大后执政新风不断吹动中国。习近平总书记和李克强、王岐山讲话不用稿子，而且要求参会人不念稿子，传递出的信号远远超过"念不念稿子"本身。领导人强调反腐，与互联网揭腐和地方政府的快速反应形成全局性互动，社会反腐信心大增。此外，近期的多起民生事件都激发了舆论的活跃，中国处理问题的开放度在做新的积累。

中国是个充满积极元素的社会，对国家进步公众有着热烈的渴望，也常常显得有些急切。这是中国的巨大优势和资源，同时也会在某些时候对国家保持稳健带来一定难度。其实新中国这几十年就是不断释放和引导社会的热情，同时避免与中国现实脱钩的复杂把握。这两点都做得好时，中国就前进。两项缺了一项，挫折就会降临。

十八大后官民对改革的积极态度高度一致，这真是难得的好局面。然而把十八大后的开局保持住，长期维系全社会的热情和乐观，却不是件容易的事。

中国急需把实事求是精神做一次面向全社会的发扬光大。这是让全国、特别是民间积极情绪长盛不衰的根本性保障之一。中国在快速进步，但同时这是个复杂的国家。了解这两点对于全面认识中国至关重要，公共舆论对这两点达成共识，则是国家保持凝聚力和社会情绪积极向上的基础。

互联网在迅速把各种理想主义带入中国舆论，中国改革的很多概念都不同程度上被舆论做了放大甚至异化。比如"政治体制改革"的含义在一些人嘴里说出来，同主流社会对它的理解是不一样的。"问责制"官方最初就没讲清楚，舆论的引申又相当激烈，因而不断引发具体案例的争议。

在反腐败的问题上，舆论不断将这个超级复杂的难题简单化。目前已经形成腐败因为是体制造成，只要做体制改革就可根除腐败的固化看法，围绕这个问题做更多样化的探讨已经很难。

实际上反腐败必是与中国现代化全程相伴的巨大工程，它要对权力结构开刀，需要财产公开制度的辅助支持，还需要社会综合环境的及时跟进，其中包括市场经济在中国的不断完善，人情社会、潜规则流行都不断被新规则取代等等。

新班子在大刀阔斧地破除官僚主义，舆论在欢呼的同时，也流露出一举解决所有难题的期望。这种期望在逐渐强化，它们都有道德上的正当性，但却很可能与中国的现实发生新的脱节。

我们认为，负责任的媒体和意见领袖不应无限推高公众的期待，而应一方面鼓舞人们的热情，一方面要敢讲真话，不回避中国真实的复杂性。

改革开放三十多年，中国人的希望和失望交织，国家的进步和尚存的严重缺点相互交错，理性和现实主义在这一切的反复锤炼中不断发育，中国人对未来十年的预期与国家实际能力也总体上是匹配的。

这种可持续的社会积极情绪不应被过度理想化的主张抬得过高，从而为它某一天的受挫埋下伏笔。

反腐败的力度在加大加紧，官僚主义遭遇重击，中国在开启充满希望的十年。但中国必须建立求真务实的评估体系，让自己不仅跑得快，而且头脑清楚，充满自信。我们必须看准自己的"绝对位置"和"相对位置"的变化，知道自己是否在前进，是否前进得快，而不产生过山车上那样的晕眩。

（数据版权：环球时报　2012-12-04　第2896期　第14版 | 国际论坛　作者：环球时报）

全球民调：中国青年对未来最乐观

由西班牙电话公司和《金融时报》联合对全球27个国家、超过1.2万名18岁至30岁青年进行的调查结果4日公布。调查结果显示，58%的受访者认为中国将会是未来十年全球经济增长的最大驱动力，选择美国的有31%；各国青年中，中国青年最为乐观，93%的人表示，最好的日子还在前头。日本受访者最为悲观。

据美国广播公司4日报道，这是迄今为止针对"千禧一代"最大规模的全球民调。调查于2013年1月11日至2月4日进行，通过电话采访了北美、拉美、西欧、中东欧、亚洲、中东和非洲地区的27个国家的12171名年轻人，样本数量根据各国能接触互联网的人口数量和权重确定，美国为1000人，中国1003人，印度1000人，巴西1028人。受访者中31%是学生，其余大多受过高等教育，有固定工作，没有孩子。

三、民众信心：公众关注与民生期待

调查结果显示，亚洲受访者对经济发展最为乐观，65%的亚洲青年认为地区经济和全球经济处于正确轨道。93%的中国青年表示，国家的好日子还在后头，在韩国这一比例为77%，印度为81%，拉美地区持相同观点的比例也达80%，全球平均数为62%。香港《南华早报》5日引述调查结果报道称，悲观情绪在北美和西欧地区占据主导，分别有47%和41%的人认为未来是光明的。日本青年则成为本次调查最悲观的群体，81%的人不看好未来。

名为"企业家机遇"项目的调查结果显示，2/3的中国千禧一代认为，自己有机会在本国成为企业家，在日本和韩国，这一比例分别为48%和56%。《南华早报》称，令人惊讶的是，90%的沙特和印度青年认为自己有很好的机会在本国创业，尽管这两国的创业环境并不被看好。调查数据还显示，仅1/3的中国受访青年认为，中国目前的政治制度并不代表他们的价值观和信仰。在日本和韩国，这一比例分别为3/4和2/3。欧洲青年对政府的批判最为强烈，90%的意大利青年和80%的捷克青年对本国政府不赞同。从全球范围看，52%的千禧一代认为，本国目前的政治体系并不代表他们的价值观和信仰。

科技对千禧一代的影响是本次调查的重点。结果显示，超过80%的受访者认为，科技使他们更加轻松地获得就业机会，36%的人认为，科技教育是确保未来个人成功的最重要因素；62%的人认为，科技拉大了贫富差距。中国青年中92%拥有智能手机，而全球范围该比例为76%。在被问及改变世界的最好途径是什么时，提及率最高的是教育，环境保护和消除贫困分列第二、第三。

（数据版权：环球时报 2013-06-06 第3043期 第3版 | 新闻背景 作者：王方 伊文）

九成民众认为未来10年中国稳定
——中国国家发展民众预期调查2013

中国国家统计局不久前发布上半年经济数据，7.6%的GDP（国内生产总值）同比增速引来国际社会热议：肯定中国经济运行稳定的声音不小，唱衰中国的声音也"前所未有地大"。为了解民众对国家发展现状的认知及对未来发展的信心，《环球时报》旗下环球舆情调查中心连续第四年展开调查。今年的调查结果显示，四成多受访者认为中国现在的发展速度太快；九成受访者认为未来10年中国社会将保持总体稳定；近六成相信未来几年生活会比现在更好。国务院发展研究中心研究员丁一凡认为，民众普遍认识到，社会经济总体发展对所有人都有利，因此对整体发展有很大期待。同时，对未来的期望和社会稳定又形成相辅相成的关系，如果大多数人对未来充满期望，就不会希望社会动荡。

本次调查采用CATI（计算机辅助电话调查）的方式进行数据收集，调查对象为北京、上海、广州、长沙、成都、西安、沈阳等7个城市18岁以上普通市民。调查时间是7月27日至8月2日，共回收有效问卷1539份，所有样本采用随机抽样方式获取。①

调查结果显示，当问及"中国目前是什么样的国家"时，79.1%的受访者认为中国依然是"发展中国家"，11.0%认为是"半发达国家"，7.2%认为是"发达国家"，2.7%表示"不清楚"。与前3年同期的调查结果相比，2013年认为中国是"发展中国家"的受访者比例与2012年相比基本持平，认为中国是"发达国家"的受访者比例为4年来最高。

对于"中国现在的发展速度太快"这个观点，受访者有43.6%表示"认同"，51.8%表示"不认同"，剩余4.6%的民众表示"说不清"。与2012年调查结果比较，"认同"中国现在发展速度太快的受访者比例增加2.7个百分点。中国民主同盟中央经济委员会主任何茂春认为，现阶段，百姓希望更多地解决社会就业问题，整个社会求富、求快的心理很重。

---

① 本次调查为简单随机抽样，在95%的置信度下，允许抽样误差为±2.5%。

在回答"未来 5 年中国经济的总体增长速度会是怎样的"问题时,预计中国经济的总体增长速度会"逐年上升"的受访者占 40.4%,预计"不稳定上下波动"的占 33.7%,预计"基本不变"的占 12.4%,9.4% 预计"逐年下降"。调查发现,认为未来 5 年中国经济总体增长速度"逐年上升"的比例为 3 年来最高。

对于"过去 10 年中国社会的稳定局势如何"这一问题,84.2% 的受访者认为稳定,其中 12.1% 认为"很稳定",39.5% 认为"比较稳定",32.6% 认为"一般稳定"。选择"不太稳定"的受访者占 12.7%,选择"很不稳定"的占 2.3%。

对于未来 10 年内中国社会局势的变化趋势,11.7% 的受访者认为社会将"维持较高的稳定和和谐";43.0% 认为社会将"保持基本稳定";36.3% 认为社会将"出现局部的动荡和不安,但不会影响全国局势";4.0% 认为未来"受内外不安因素的持续干扰,出现全国性的严重动荡和不安";5.1% 对这一问题说不清楚。72.0% 表示中国能够"排除西方国家干扰,继续坚持走中国特色社会主义道路"。

丁一凡认为,最近因为环保、征地、分配、社会治理等原因一些地区出现不安定的问题,未来很可能还会不断地发生,社会发展过程中出现问题难免,但不是全局性的,因为涉及的利益不同。何茂春表示,老百姓心里有数,中国社会存在问题,但总体发展前景看好。中国社会稳定的形势在世界范围都算好的,没有这种局面,经济也不可能健康发展。

调查结果还显示,74.3% 的受访者认为过去 10 年生活水平提高,比例比 2012 年略有增长。认为未来几年整体生活状况会比现在好的受访者比例达 58.1%,31.4% 预计会"维持现状",5.8% 认为会"比现在差"。从连续 4 年同期的调查结果来看,认为未来几年整体生活状况将"比现在好"的受访者比例在连续两年同比下降后,2013 年首次同比增长,持此观点者比例比 2012 年增加 5.2 个百分点。

另外值得一提的是,66.2% 的人认为"中国梦"目标的实现对生活状况改善有帮助,其中 19.0% 认为"有很大帮助",47.2% 认为"可能会对生活状况改善带来一些帮助",2.8% 认为"中国梦"伟大目标的实现"可能不利于生活状况的改善";27.3% 认为"中国梦"伟大目标的实现与生活状况改善之间"没关系,对生活状况变化没影响";3.7% 表示"说不清"。

(数据版权:环球时报 2013-08-05 第 3092 期 第 3 版 | 新闻背景 作者:段聪聪)

第一部分　主要发现

发现一　近八成受访者认为中国是发展中国家，与 2012 年基本持平；认为中国是发达国家的受访者比例为四年来最高

七城市的调查显示，问及"中国目前是什么样的国家"时，近八成（79.1%）的受访者认为中国依然是"发展中国家"，11.0% 的受访者认为是"半发达国家"，仅有 7.2% 的受访者认为是"发达国家"，剩余 2.7% 的受访者表示"不清楚"。

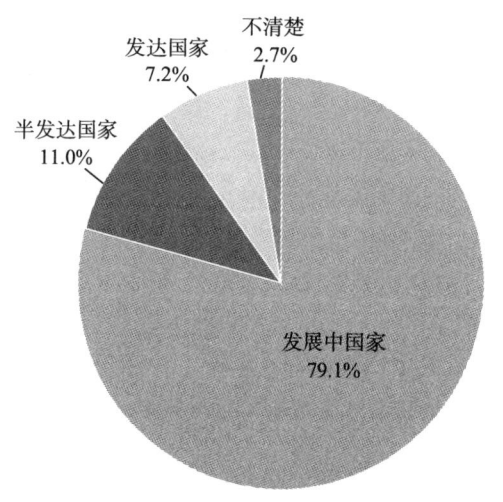

图 3-65　您认为中国目前是什么样的国家（N=1539）

- 认为中国是发达国家的受访者比例为四年来最高

与前三年同期的调查结果相比，2013 年认为中国是"发展中国家"的受访者比例与 2012 年相比基本持平，认为中国是"发达国家"的受访者比例为四年来最高，认为中国是"半发达国家"的受访者比例为四年来最低。

三、民众信心：公众关注与民生期待

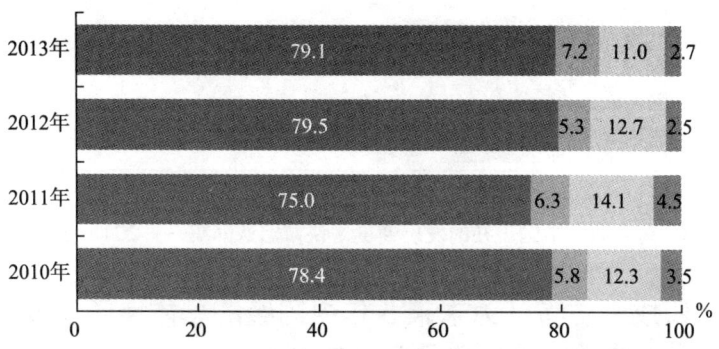

图 3-66　您认为中国目前是什么样的国家——2010-2013 年对比

发现二　四成多受访者认为中国现在的发展速度太快，受访者比例比 2012 年增加

对于"中国现在的发展速度太快"这个观点，四成多（43.6%）受访者表示"认同"，五成多（51.8%）受访者"不认同"，剩余 4.6% 的受访者表示"说不清"。

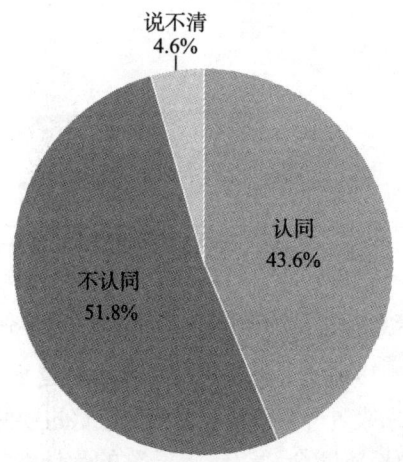

图 3-67　有人认为中国现在的发展速度太快，您认同吗（N=1539）

- 从三年调查结果走势来看，认同中国发展速度太快的受访者比例呈回升趋势

相比 2012 年调查结果，"认同"中国现在发展速度太快的受访者比例增加 2.7 个百分点。

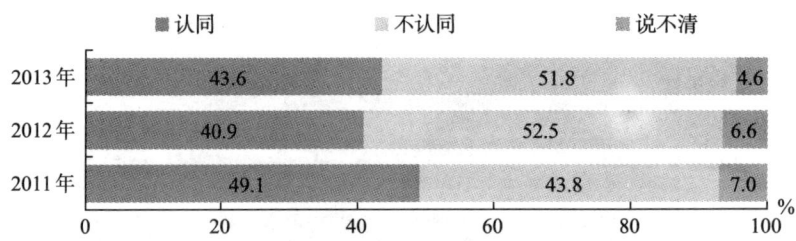

图 3-68　有人认为中国现在的发展速度太快,您认同吗——2011-2013 年对比

发现三　四成受访者认为未来 5 年中国经济总体增长速度会逐年上升,受访者比例为三年来最高

问及"未来 5 年中国经济的总体增长速度会是怎样的"时,四成(40.4%)受访者预计中国经济的总体增长速度会"逐年上升",12.4% 的受访者预计"基本不变",9.4% 的受访者预计会"逐年下降",还有 33.7% 的受访者预计将会"不稳定的上下波动",剩余 4.1% 的受访者对此问题没有明确表态,选择"说不清,不知道"。

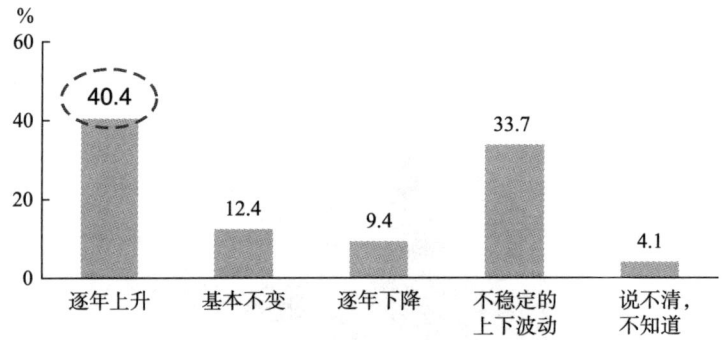

图 3-69　未来 5 年中国经济的总体增长速度会是怎样的(N=1539)

● 与前两年调查结果相比,受访者对经济增长速度的预测更为乐观

2013 年受访者对未来 5 年中国经济增长速度的预测更为乐观。认为未来 5 年中国经济的总体增长速度会"逐年上升"的受访者比例为三年来最高。认为会"基本不变"的受访者比例呈逐年下降趋势。认为会"逐年下降"和"不稳定的上下波动"的受访者比例比 2012 年均有减少。

三、民众信心：公众关注与民生期待

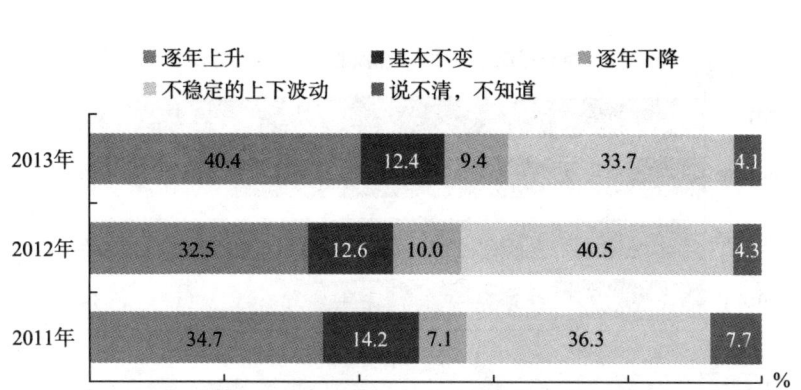

图 3-70 未来 5 年中国经济的总体增长速度会是怎样的——2011-2013 年对比

发现四 近七成受访者认为目前中国的军力能保证国家不受强国入侵，相比前两年调查结果，受访者对中国军力的信心呈稳定回升趋势

问及"您认为目前中国的军力能否保证国家不受强国的入侵"，近七成（68.7%）的受访者信心充足，认为"能保证"，有两成多（21.9%）的受访者信心不足，认为"不能保证"，剩余 9.3% 的受访者表示"不好说"。

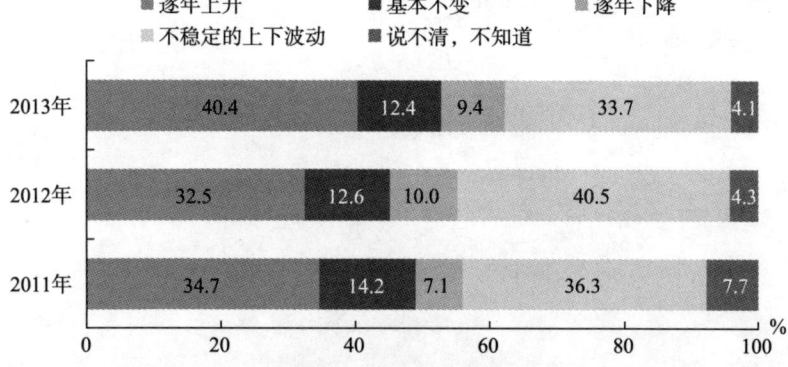

图 3-71 您认为目前中国的军力能否保证国家不受强国的入侵（N=1539）

● 与 2011 年、2012 年相比，受访者对中国军力的信心呈稳定回升趋势

相比前三年的调查结果，2013 年受访者对中国军力的信心虽仍不及 2010 年，但相比前两年呈回暖趋势。2013 年认为中国目前的军力"能保证"国家不受强国入侵的受访者比例相比 2012 年增加了 0.7 个百分点。

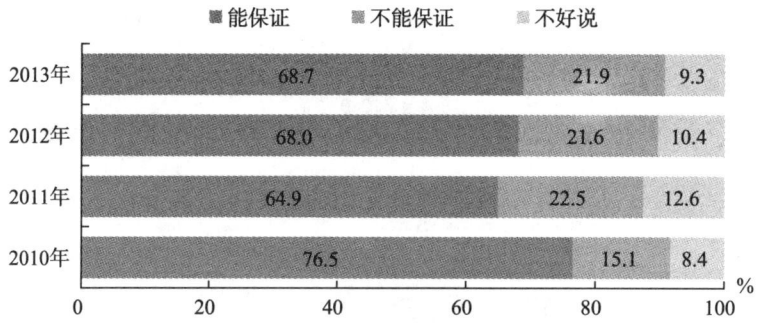

图 3-72 您认为目前中国的军力能否保证国家
不受强国的入侵——2010-2013 年对比

发现五　七成多受访者对中国继续走中国特色社会主义道路有信心

七城市的调查显示，七成多（72.0%）的受访者表示中国能够"排除西方国家干扰，继续坚持走中国特色社会主义道路"，20.7% 的受访者则认为中国不能"排除西方国家干扰，继续坚持走中国特色社会主义道路"，7.3% 的受访者对这一问题表示"不知道，不好说"。

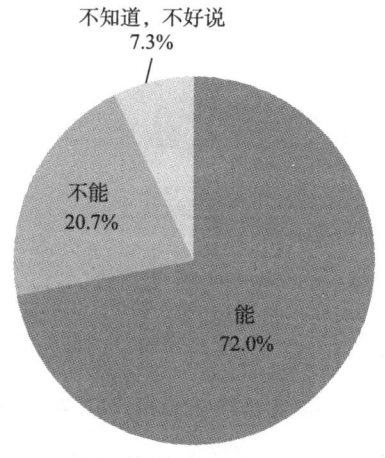

图 3-73 在您看来，中国能否排除西方国家干扰，
继续坚持走中国特色社会主义道路（N=1539）

- 受访者认为中国能排除西方国家干扰，继续坚持走中国特色社会主义道路的比例三年来持续上升

与前两年调查结果相比，认为中国"能"排除西方国家干扰，继续坚持走中国特色社会主义道路的受访者比例持续增长，2013 年比 2011 年、2012

年分别增长 4.6 个百分点、4.3 个百分点。

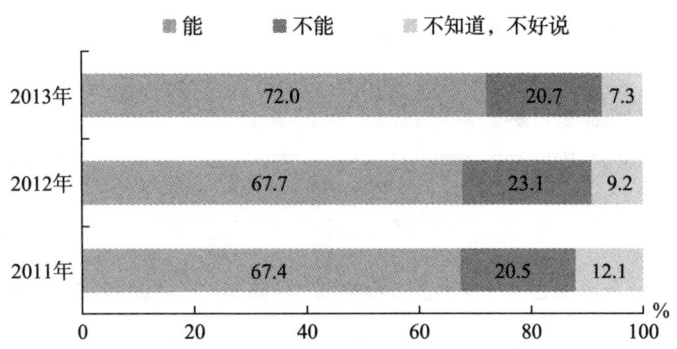

图 3-74　在您看来，中国能否排除西方国家干扰，继续坚持走中国特色社会主义道路——2011-2013 年对比

发现六　八成多受访者认为过去十年中国社会稳定

对于"过去十年中国社会的稳定局势如何"这一问题，八成多（84.2%）受访者认为稳定，包括：12.1% 的受访者认为"很稳定"，39.5% 的受访者认为"比较稳定"，32.6% 的受访者认为"一般稳定"。仅有一成多（15.0%）受访者否定过去十年中国社会的稳定局势，选择"不太稳定"（12.7%）和"很不稳定"（2.3%）。剩余 0.9% 的受访者对这一问题表示"不知道，说不清"。

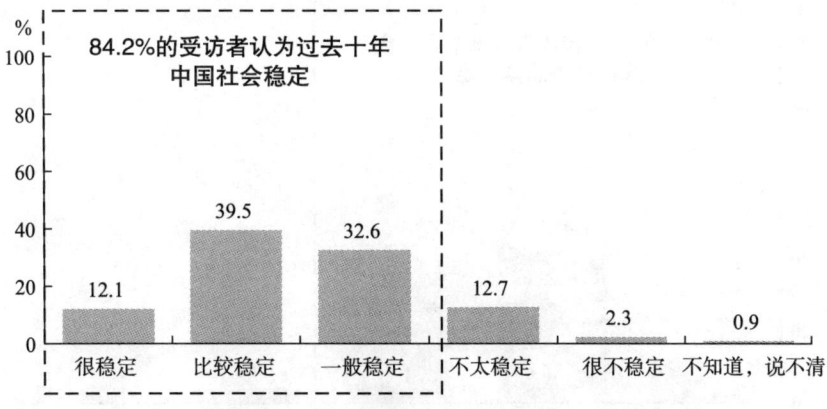

图 3-75　您认为过去十年中国社会的稳定局势如何（N=1539）

● 与 2012 年相比，认为过去十年中国社会稳定的受访者比例略有回落

相比 2012 年的调查结果，2013 年认为过去十年中国社会稳定的受访者比例略有回落，减少 1.9 个百分点，认为不稳定的受访者比例（即"不太稳定"

和"很不稳定"的受访者比例之和)略有增加。

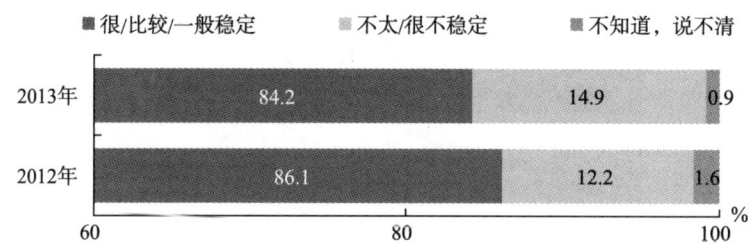

图 3-76　您认为过去十年中国社会的稳定局势如何——2012-2013 年对比

发现七　九成多受访者预计中国未来社会局势总体稳定，受访者比例比 2012 年略有增长

对于未来 10 年内中国社会局势的变化趋势，受访者的判断如下：11.7%的受访者认为社会将"维持较高的稳定和和谐"；43.0%的受访者认为社会将"保持基本稳定"；36.3%的受访者认为社会将"出现局部的动荡和不安，但不会影响全国局势"；持以上三种观点的受访者比例总计为91.0%，这些受访者对社会稳定局势看好。仅 4.0%的受访者认为未来会"受内外部不安因素的持续干扰，出现全国性的严重动荡和不安"。5.1%的受访者对这一问题说不清楚。

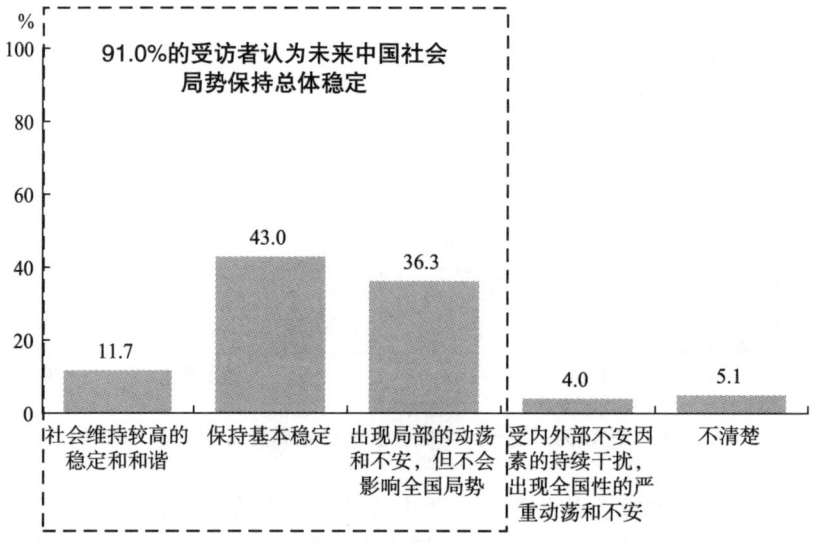

图 3-77　您认为未来 10 年，中国社会的稳定局势将如何变化（N=1539）

- 与2012年调查结果相比，认为未来十年中国社会局势保持总体稳定的受访者比例略有增长

与前三年调查结果相比，认为未来十年中国社会局势保持总体稳定的受访者比例（即：选择"社会维持较高的稳定和和谐"、"保持基本稳定"、"出现局部的动荡和不安，但不会影响全国局势"三项的受访者比例之和）比2010年、2012年增加，而与2011年基本持平，2010年选择以上三项的受访者比例之和为88.1%，2011年为91.1%，2012年为90.3%，2013年为91.0%。具体来看，认为未来十年内中国"社会维持较高的稳定和和谐"和"保持基本稳定"的受访者比例在连续两年同比下降后，2013年出现回暖趋势，而认为"出现局部的动荡和不安，但不会影响全国局势"的受访者比例在持续增长两年后，2013年首次出现下降。

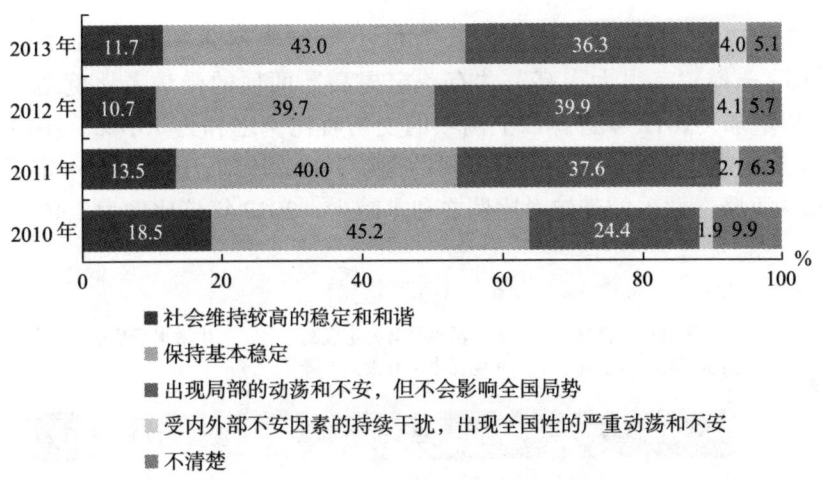

图3-78　您认为未来10年，中国社会的稳定局势将如何变化——2010-2013年比较

发现八　七成多受访者认为过去十年生活水平提高，受访者比例比2012年略有增长

问及"过去十年，您及您家人的整体生活状况发生了什么变化"，74.3%的受访者认为生活水平提高，其中，19.0%的受访者认为生活水平"有很大提高"，55.3%的受访者认为生活水平"有一定提高"。认为生活水平下降的受访者仅有6.5%，其中，4.9%的受访者认为生活水平"有一定下降"，1.6%的受访者认为生活水平"有很大下降"。剩余19.2%的受访者认为过去十年生活水平"基本没有变化"。

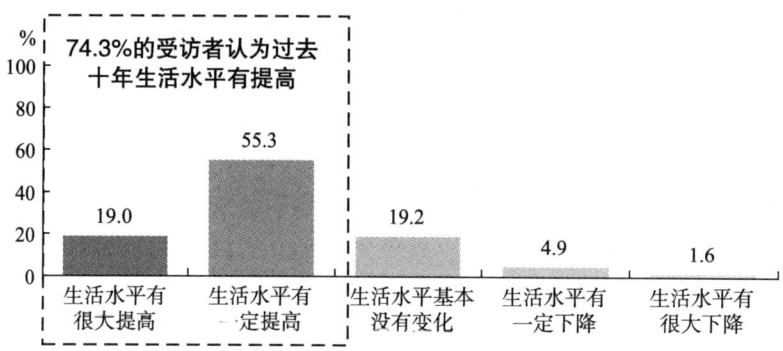

图 3-79 过去十年，您及您家人的整体生活状况发生了什么变化（N=1539）

- 与 2012 年同期相比，认为过去十年生活水平提高的受访者比例略有增加

与 2012 年调查结果相比，认为过去十年生活水平提高的受访者比例（即：选择"有很大提高"、"有一定提高"两项的受访者比例之和）比 2012 年增加，2012 年选择以上两项的受访者比例之和为 73.1%，2013 年为 74.3%。认为过去十年生活水平下降的受访者比例（即：选择"有一定下降"、"有很大下降"两项的受访者比例之和）减少，2012 年该比例为 7.4%，2013 年为 6.5%。

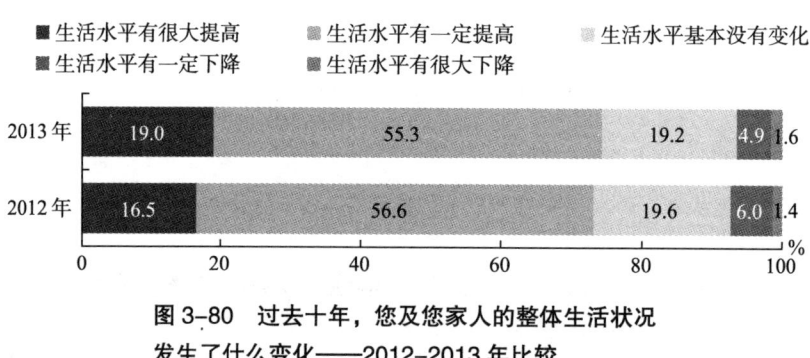

图 3-80 过去十年，您及您家人的整体生活状况发生了什么变化——2012-2013 年比较

发现九 近六成受访者相信未来几年生活会比现在更好，相比 2012 年，预期未来生活变好的受访者比例提升

问及"您觉得未来几年您的整体生活状况会有什么变化"，58.1% 的受访者认为会"比现在好"，31.4% 的受访者认为会"维持现状"，5.8% 的受访者认为会"比现在差"，剩余 4.7% 的受访者表示"说不清"。

三、民众信心：公众关注与民生期待

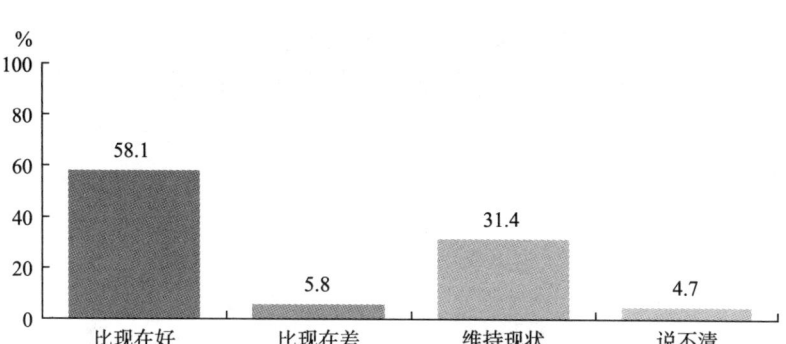

图 3-81 您觉得未来几年您的整体生活状况会有什么变化（N=1539）

- 认为未来几年生活状况会"比现在好"的受访者比例在持续两年同比下降后，2013 年首次增长

从连续四年同期的调查结果来看，认为未来及几年整体生活状况将会"比现在好"的受访者比例在连续两年同比下降后，2013 年首次同比增长，受访者比例比 2012 年增加 5.2 个百分点。认为生活会"维持现状"的受访者比例在连续两年增长后，2013 年开始出现下降趋势，2013 年相比 2012 年减少 2.3 个百分点。认为生活会"比现在差"的受访者比例从 2012 年开始连续两年回落。

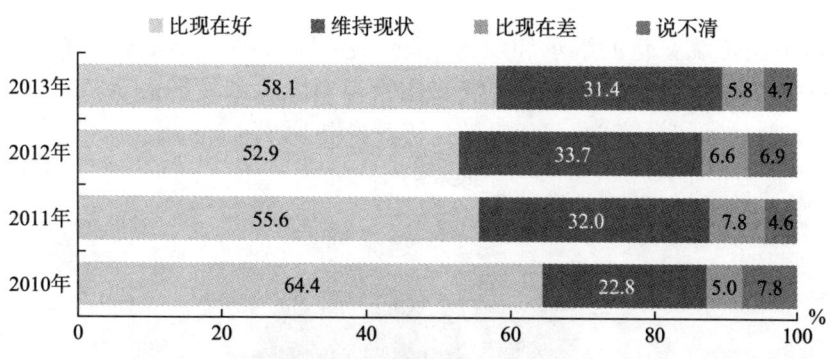

图 3-82 您觉得未来几年您的整体生活状况会有什么变化——2010-2013 年比较

发现十　近七成受访者认为"中国梦"伟大目标的实现会对未来几年整体生活状况的改善有帮助

对于新一届中央领导集体提出实现"中国梦"的伟大目标与未来几年整体生活状况变化之间的关系问题，近七成（66.2%）受访者认为"中国梦"伟大目标的实现对生活状况改善有帮助——19.0% 的受访者认为"有很大帮助"，47.2% 的受访者认为"可能会对生活状况改善带来一些帮助"。仅 2.8% 的受

访者认为"中国梦"伟大目标的实现"可能不利于生活状况的改善"。27.3%的受访者认为"中国梦"伟大目标的实现与生活状况改善之间"没关系,对生活状况变化没影响"。剩余3.7%的受访者对这一问题表示"说不清"。

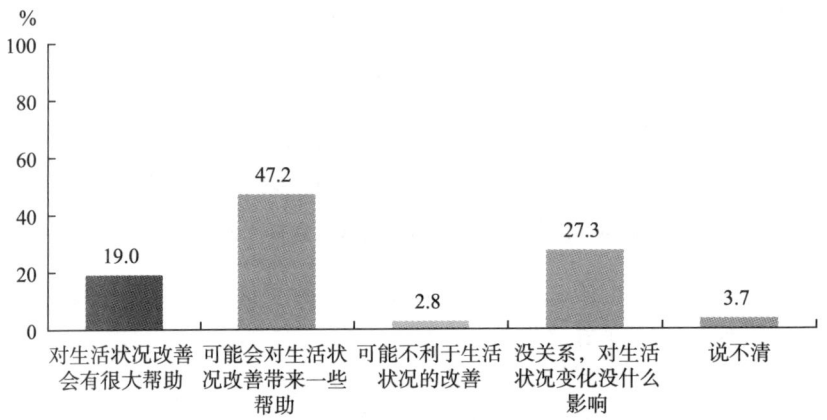

图3-83 您认为新一届中央领导集体提出实现"中国梦"的伟大目标与您未来几年整体生活状况的变化之间有何关系?(N=1539)

发现十一 七成多受访者对继承和发扬中国传统文化有信心,受访者比例比前两年增加

对中国传统文化的继承和发扬问题,七城市的受访者表达了较大的信心——70.7%的受访者对中国传统文化能得到继承和发扬表示"有信心",25.5%的受访者"没信心",3.8%的受访者"说不清"。

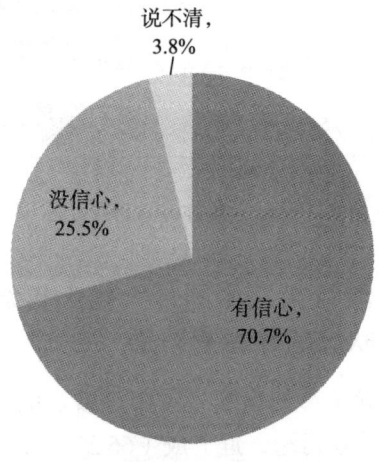

图3-84 受内外部因素的影响,当代年轻人对中国传统文化的认知有所减少,您对中国传统文化的继承和发扬是否有信心(N=1539)

三、民众信心：公众关注与民生期待

- 相比前两年，对中国传统文化的继承和发扬有信心的受访者比例增加

相比前两年的调查结果，2013年对中国传统文化能得到继承和发扬表示"有信心"的受访者比例增加，而表示"没信心"的受访者比例与2012年持平。

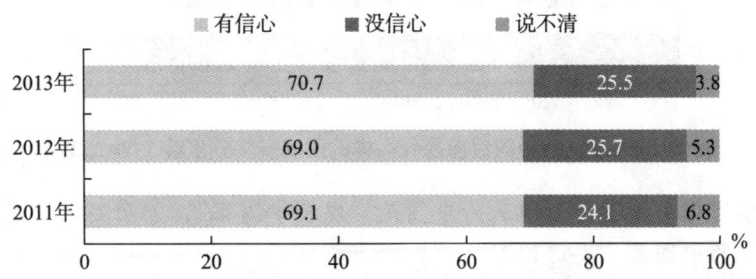

图3-85　受内外部因素的影响，当代年轻人对中国传统文化的认知有所减少，您对中国传统文化的继承和发扬是否有信心——2011-2013年对比

第二部分　差异分析

差异一　各类人群对中国发展阶段的认知差异

- 女性受访者更认同中国是"发展中国家"、"发达国家"；男性受访者认同中国是"半发达国家"的比例高于女性受访者

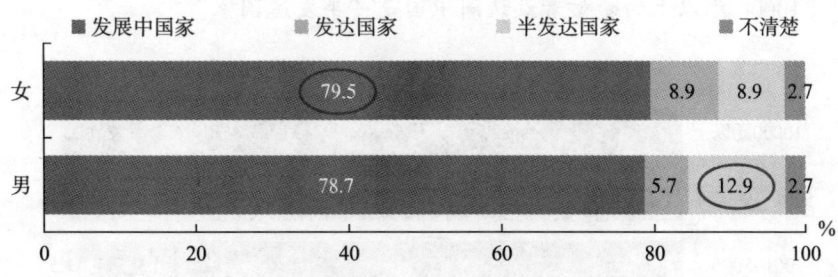

图3-86　您认为中国目前是什么样的国家——分性别（N=1539）

- 年龄越小的受访者越认同中国是"发展中国家",年龄越大的受访者越认同中国是"发达国家"

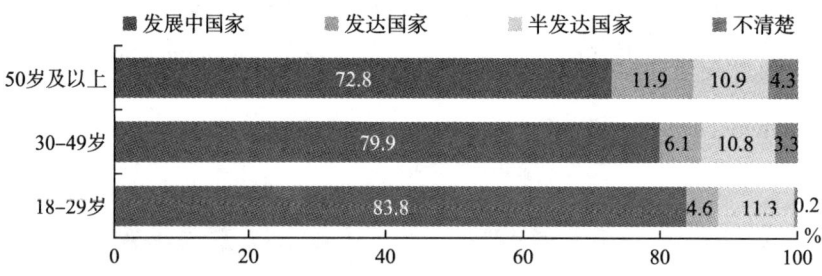

图3-87 您认为中国目前是什么样的国家——分年龄(N=1539)

- 学历越高的受访者越认为中国是"发展中国家",学历越低的受访者越认为中国是"发达国家"

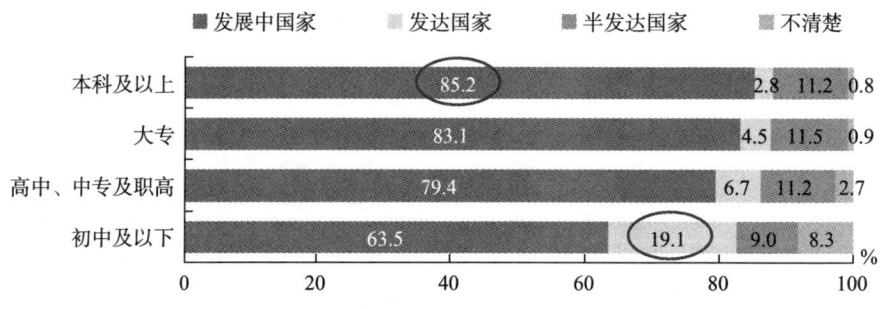

图3-88 您认为中国目前是什么样的国家——分学历(N=1539)

- 月收入在3001-5000元段的受访者最认同中国是"发展中国家";3000元及以下低收入段的受访者最认同中国是"发达国家";月收入在10000元以上的受访者最认同中国是"半发达国家"

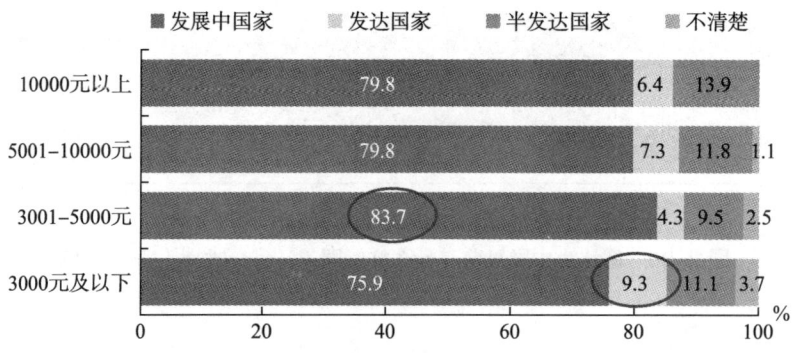

图3-89 您认为中国目前是什么样的国家——分收入(N=1539)

差异二　各类人群对中国发展速度的认知差异

- 女性受访者更认同中国现在的发展速度太快这一观点，男性受访者更不认同

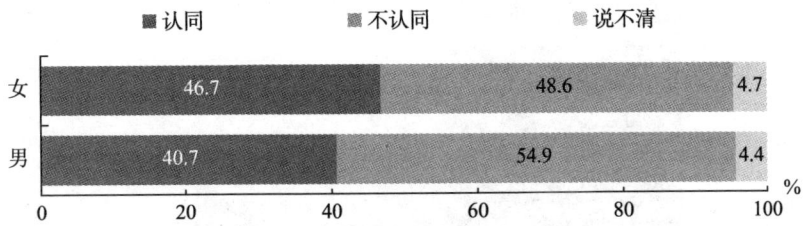

图 3-90　有人认为中国现在的发展速度太快，您认同吗——分性别（N=1539）

- 年龄越小的受访者越不认同中国现在的发展速度太快这一观点

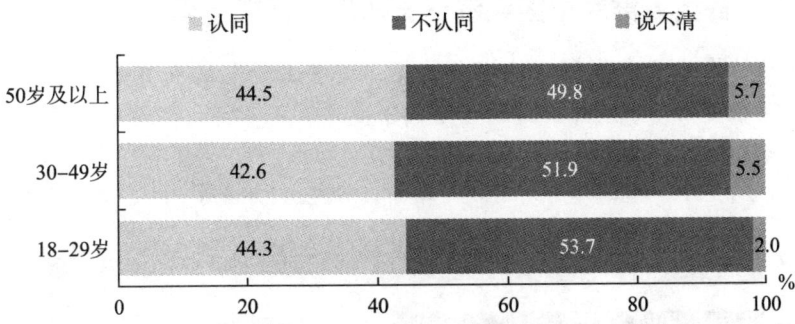

图 3-91　有人认为中国现在的发展速度太快，您认同吗——分年龄（N=1539）

- 初中及以下低学历组受访者最认同"中国现在的发展速度太快"的观点；大专学历组受访者最不认同这一观点

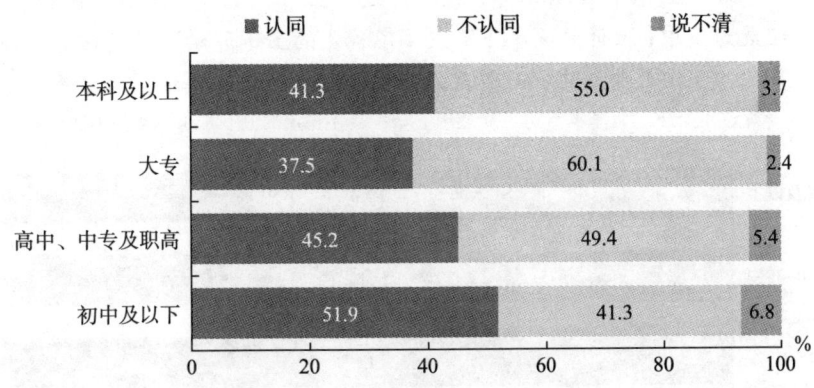

图 3-92　有人认为中国现在的发展速度太快，您认同吗——分学历（N=1539）

- 月收入越低的受访者越认同中国现在的发展速度太快，收入越高的受访者越不认同这一观点

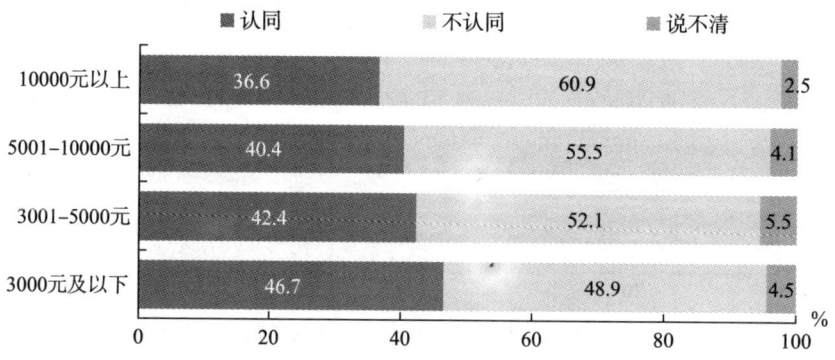

图3-93 有人认为中国现在的发展速度太快，您认同吗——分收入（N=1539）

差异三 各类人群对中国经济增长速度的预期差异

- 预计未来五年中国经济增长速度"逐年上升"的女性受访者比例高于男性受访者；预计中国经济增长速度"基本不变"、"逐年下降"的男性受访者比例高于女性受访者

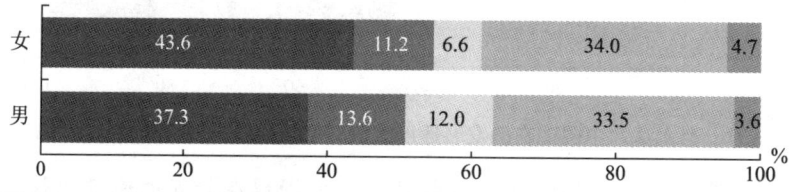

图3-94 未来5年中国经济的总体增长速度会是怎样的——分性别（N=1539）

- 预计未来五年中国经济增长速度"逐年上升"的受访者在18-29岁青年组最为集中；预计"逐年下降"、"不稳定的上下波动"的受访者在30-49岁的中年组最为集中；50岁及以上的老年组受访者最认同会"基本不变"

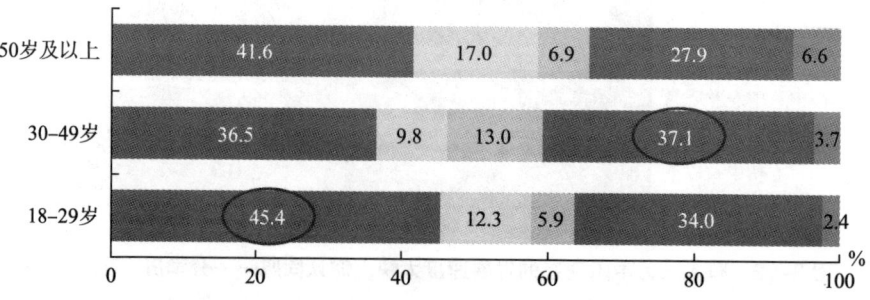

图3-95 未来5年中国经济的总体增长速度会是怎样的——分年龄（N=1539）

三、民众信心：公众关注与民生期待

- 初中及以下和大专两个学历组的受访者最认同未来五年中国经济增长速度将"逐年上升"；本科及以上学历组受访者最认同将"基本不变"、"逐年下降"

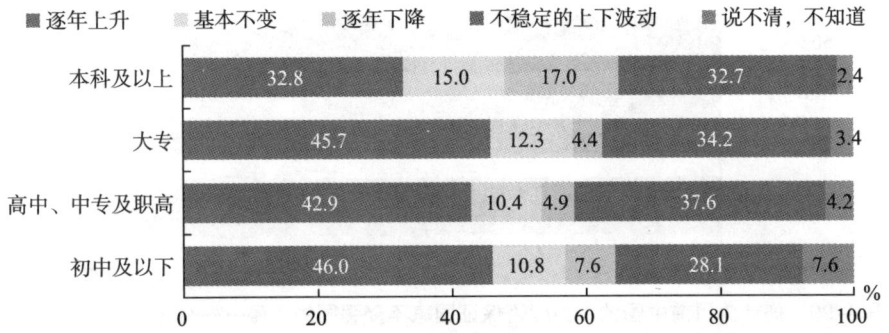

图3-96 未来5年中国经济的总体增长速度会是怎样的——分学历（N=1539）

- 月收入越低的受访者越认同未来5年中国经济的总体增长速度将"逐年上升"；月收入越高的受访者越认同将"逐年下降"

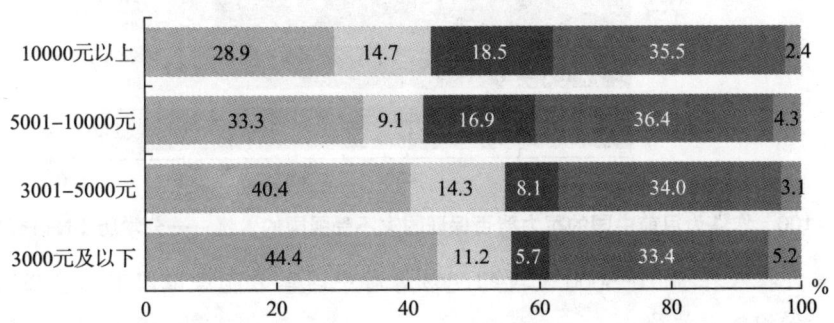

图3-97 未来5年中国经济的总体增长速度会是怎样的——分收入（N=1539）

差异四　各类人群对中国军力的认知差异

- 男性受访者比女性受访者对中国军力的信心更足一些

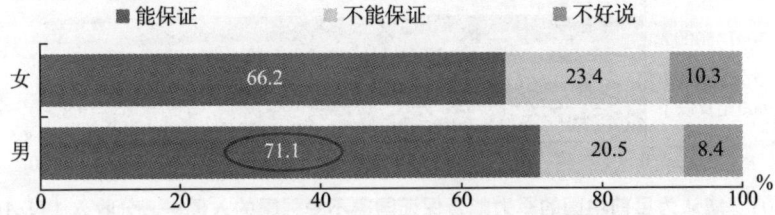

图3-98 您认为目前中国的军力能否保证国家不受强国的入侵——分年龄（N=1539）

- 年龄越大的受访者对中国军力能保证国家不受强国入侵的信心越足；年龄越小，认为中国军力不能保证国家不受强敌入侵的受访者比例越高

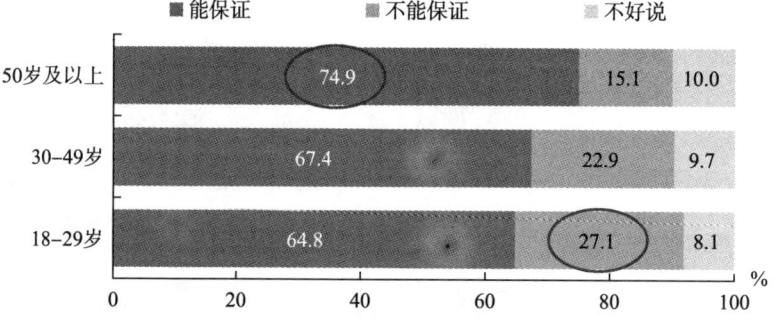

图 3-99　您认为目前中国的军力能否保证国家不受强国的入侵——分年龄（N=1539）

- 大专学历受访者对中国军力能保证国家不受强国入侵的信心最足

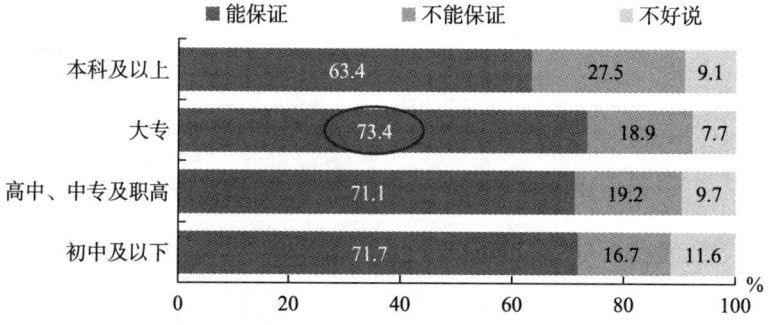

图 3-100　您认为目前中国的军力能否保证国家不受强国的入侵——分学历（N=1539）

- 月收入在 3001-5000 元段的受访者对中国军力能保证国家不受强国入侵的信心最足

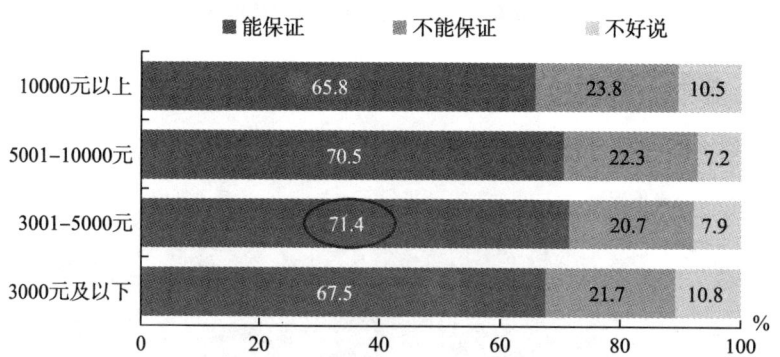

图 3-101　您认为目前中国的军力能否保证国家不受强国的入侵——分收入（N=1539）

差异五 各类人群对中国能否坚持自己的发展道路的认知差异

- 女性受访者对中国能坚持走有中国特色社会主义道路的信心更强

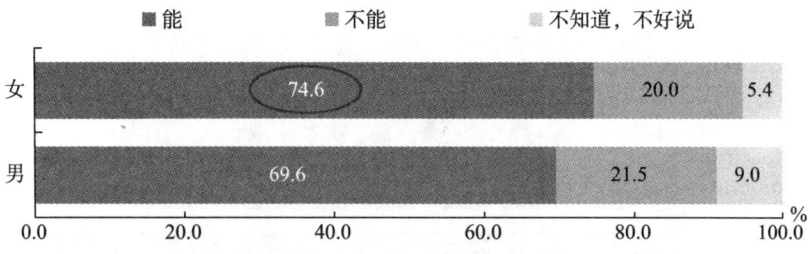

图 3-102 中国能否排除西方国家干扰，继续坚持走中国特色社会主义道路——分性别（N=1539）

- 年龄越大的受访者对中国能坚持走有中国特色社会主义道路的信心越强

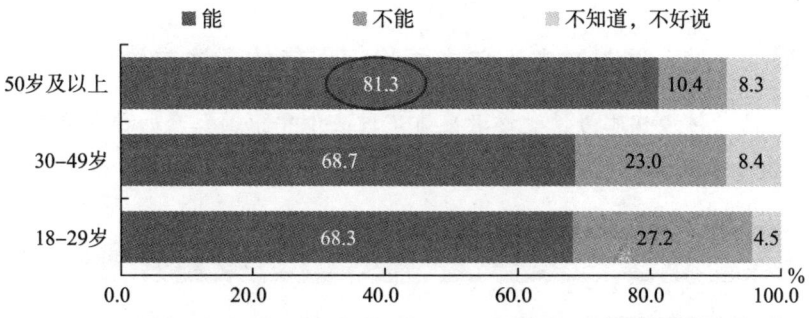

图 3-103 中国能否排除西方国家干扰，继续坚持走中国特色社会主义道路——分年龄（N=1539）

- 学历越低的受访者对中国能坚持走有中国特色社会主义道路的信心越强

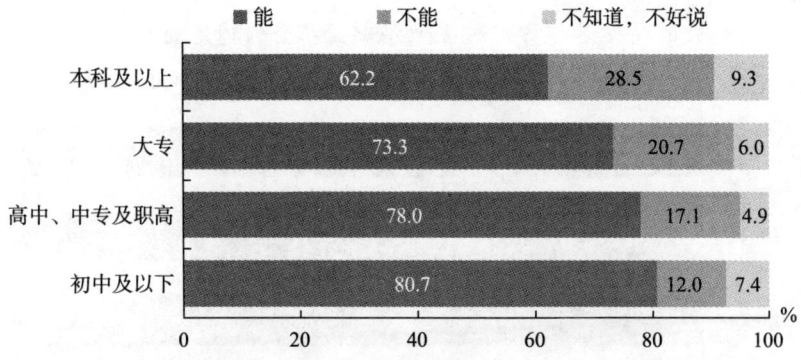

图 3-104 中国能否排除西方国家干扰，继续坚持走中国特色社会主义道路——分学历（N=1539）

- 月收入越低的受访者对中国能坚持走有中国特色社会主义道路的信心越强

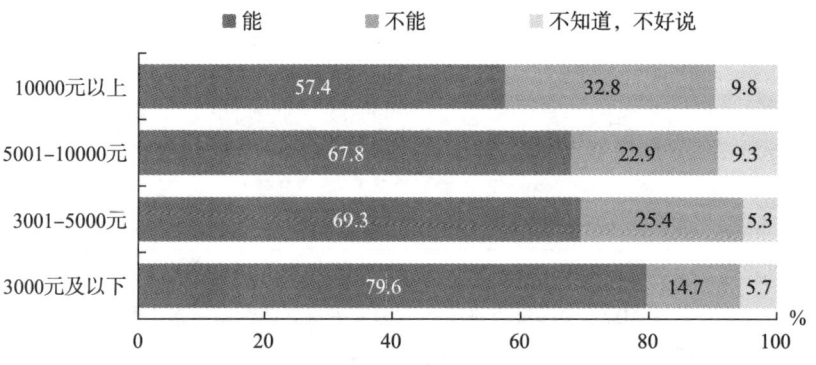

图3-105 中国能否排除西方国家干扰，继续坚持走中国特色社会主义道路——分收入（N=1539）

差异六 各类人群对过去十年中国稳定局势的看法差异

- 女性受访者相比男性受访者更肯定过去十年中国社会的稳定局势

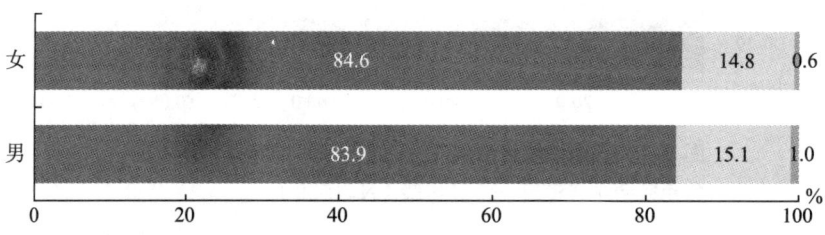

图3-106 您认为过去十年中国社会的稳定局势如何——分性别（N=1539）

- 年龄越大的受访者越肯定过去十年中国社会的稳定局势

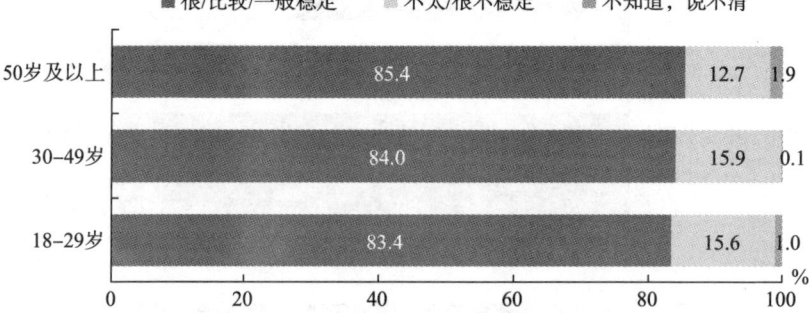

图3-107 您认为过去十年中国社会的稳定局势如何——分年龄（N=1539）

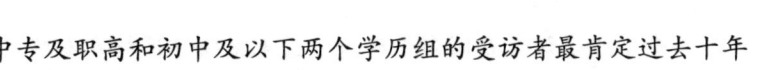

- 高中、中专及职高和初中及以下两个学历组的受访者最肯定过去十年中国社会的稳定局势

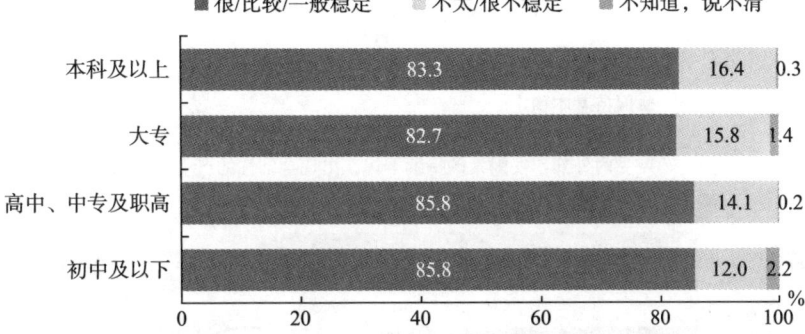

图 3-108 您认为过去十年中国社会的稳定局势如何——分学历（N=1539）

- 月收入在 5001—10000 元段的受访者最肯定过去十年中国社会的稳定局势

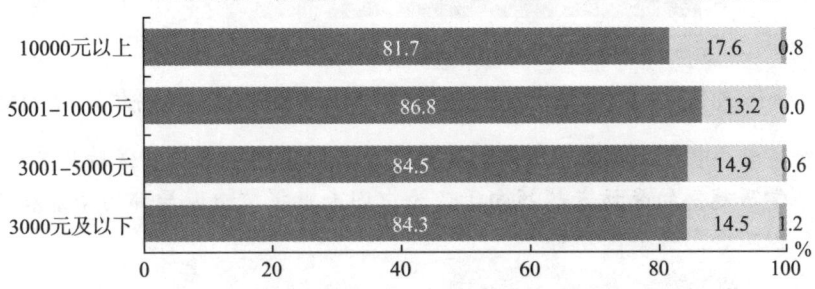

图 3-109 您认为过去十年中国社会的稳定局势如何——分收入（N=1539）

差异七　各类人群对中国稳定局势的预期差异

- 女性受访者比男性受访者更认同中国社会未来十年将"维持较高的稳定和和谐"或"保持基本稳定"

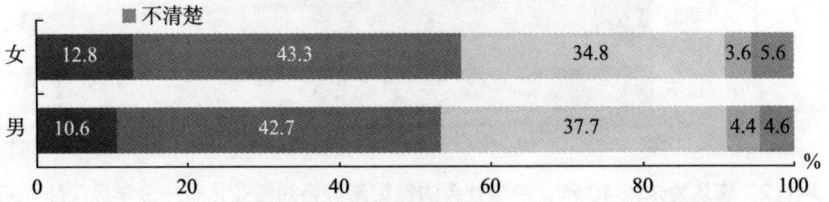

图 3-110 您认为未来 10 年，中国社会的稳定局势将如何变化——分性别（N=1539）

- 老年组受访者更倾向于认为中国未来将"保持基本稳定";中年组受访者更倾向于认为中国未来将"出现局部的动荡和不安,但不会影响全国局势"

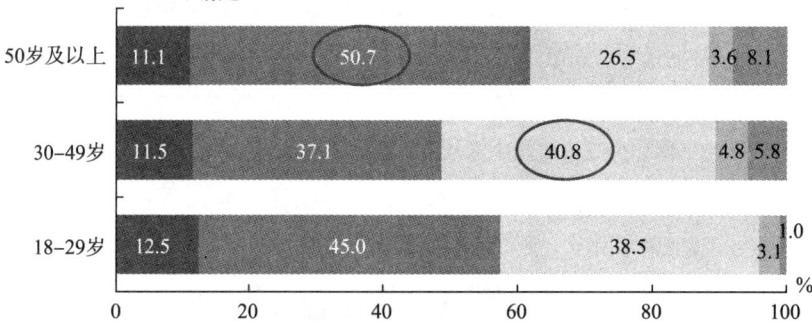

图 3-111 您认为未来 10 年,中国社会的稳定局势将如何变化——分年龄(N=1539)

- 高中、中专及职高学历组的受访者最认同中国未来将"保持基本稳定";学历越高的受访者越倾向于认为中国未来将"出现局部的动荡和不安,但不会影响全国局势"

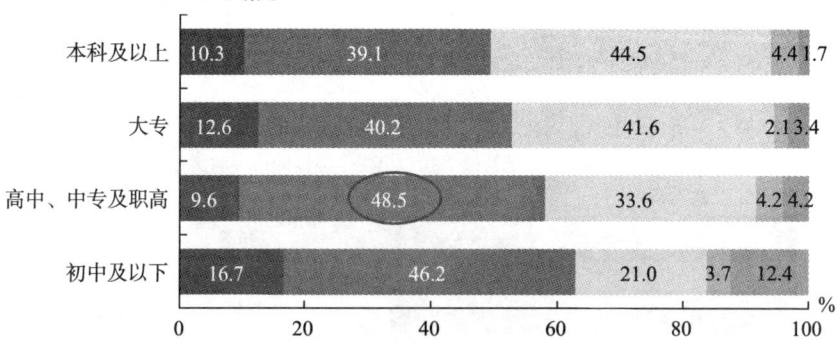

图 3-112 您认为未来 10 年,中国社会的稳定局势将如何变化——分学历(N=1539)

三、民众信心：公众关注与民生期待

- 月收入越低的受访者越认同中国未来将"保持基本稳定"；月收入越高的受访者越认同中国未来将"出现局部的动荡和不安，但不会影响全国局势"

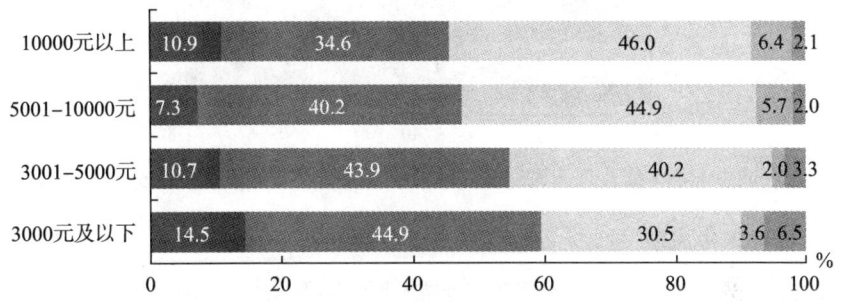

图 3-113　您认为未来 10 年，中国社会的稳定局势将如何变化——分收入（N=1539）

差异八　各类人群过去十年个人生活状态的变化趋势差异

- 相比男性受访者，女性受访者认为过去十年生活水平基本没有变化的比例更高

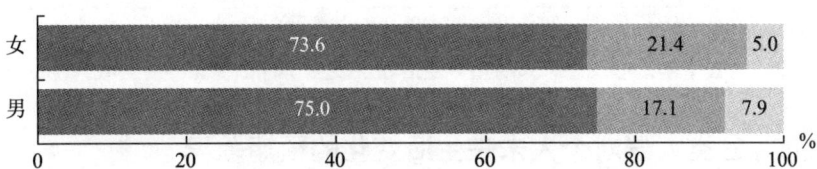

图 3-114　过去十年，您及您家人的整体生活状况发生了什么变化——分性别（N=1539）

- 年龄越小的受访者越肯定过去十年的生活状况有提高

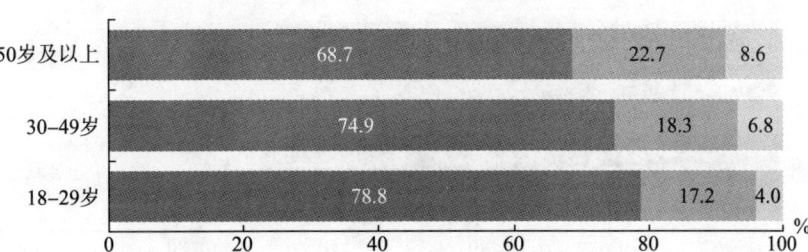

图 3-115　过去十年，您及您家人的整体生活状况发生了什么变化——分年龄（N=1539）

- 学历越高的受访者越认同过去十年的生活水平基本没有变化

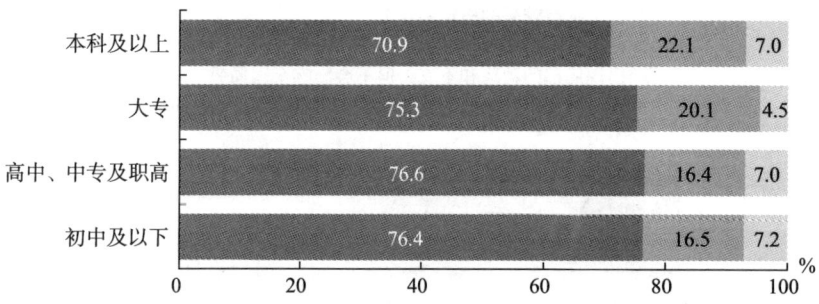

图 3-116 过去十年,您及您家人的整体生活状况发生了什么变化——分学历(N=1539)

- 月收入在 10000 元以上的受访者最肯定过去十年的生活状况有提高

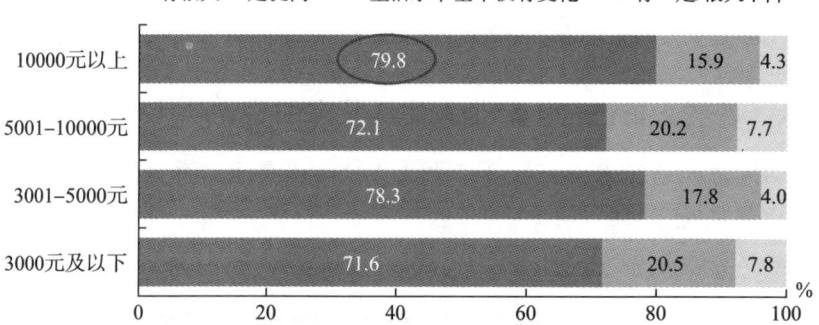

图 3-117 过去十年,您及您家人的整体生活状况发生了什么变化——分收入(N=1539)

差异九 各类人群对个人未来生活变化的预期差异

- 女性受访者认为未来生活会"维持现状"的比例高于男性;男性受访者认为未来生活会"比现在差"的比例高于女性

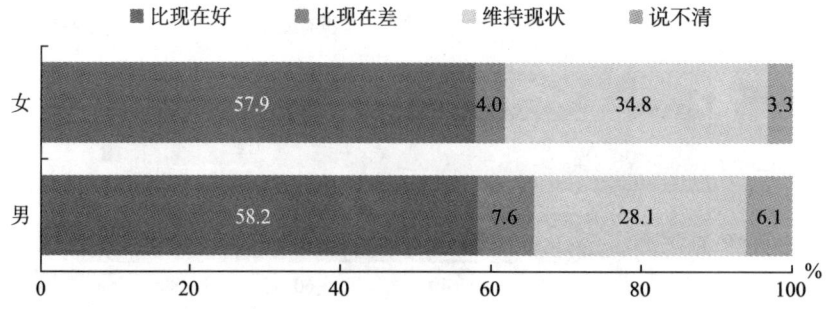

图 3-118 您觉得未来几年您的整体生活状况会有什么变化——分性别(N=1539)

- 年龄越小的受访者越认为未来生活会"比现在好";年龄越大的受访者越认为未来生活会"维持现状"

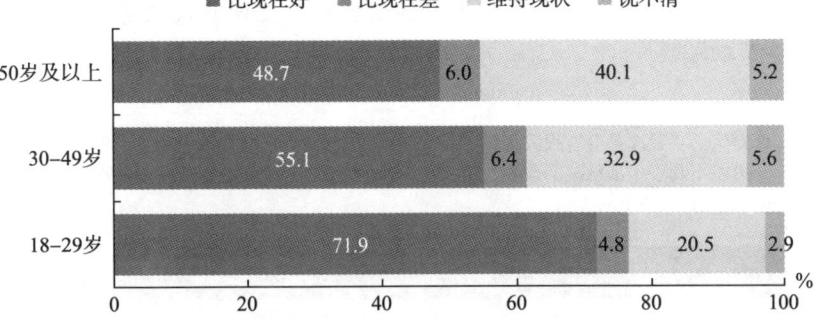

图 3-119　您觉得未来几年您的整体生活状况会有什么变化——分年龄(N=1539)

- 大专学历的受访者认为未来生活会"比现在好"的比例在四个学历组中最高;学历越高,认为未来生活会"比现在差"的受访者比例也越高

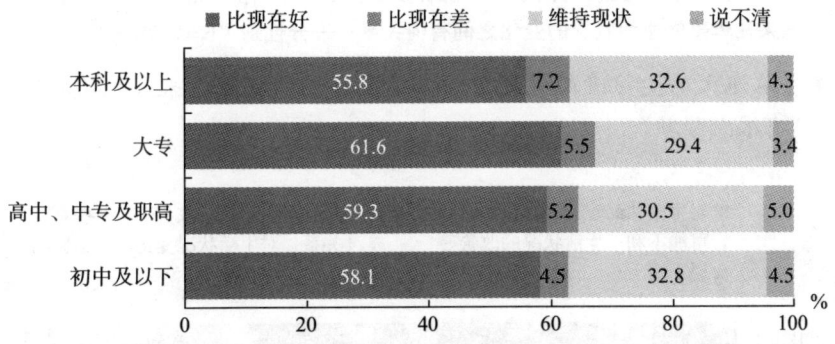

图 3-120　您觉得未来几年您的整体生活状况会有什么变化——分学历(N=1539)

- 月收入在 3001-5000 元段的受访者对未来生活会"比现在好"的信心最足

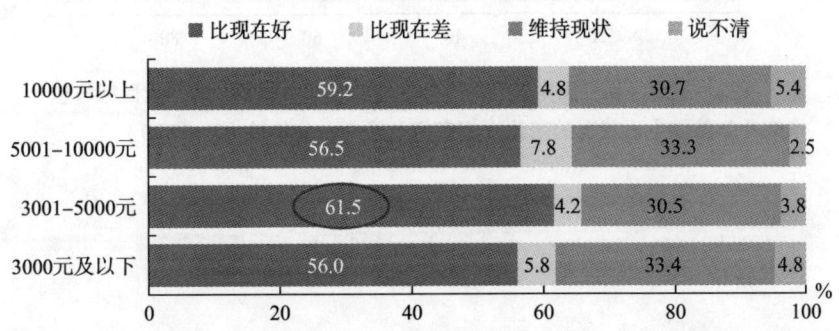

图 3-121　您觉得未来几年您的整体生活状况会有什么变化——分收入(N=1539)

差异十　各类人群对中国梦与生活状况改善之间关系的看法差异

- 男性受访者更肯定中国梦伟大目标的实现对未来生活状况改善"有很大帮助";女性受访者更肯定中国梦实现对生活状况改善可能"带来一些帮助"

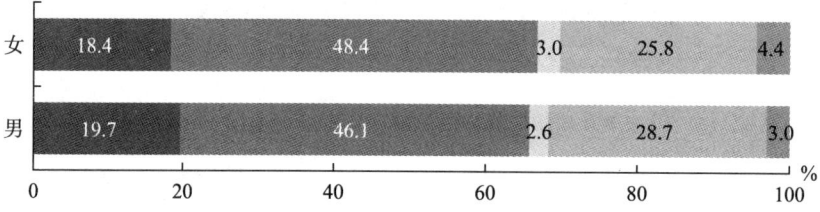

图 3-122　您认为新一届中央领导集体提出实现"中国梦"的伟大目标与您未来几年整体生活状况的变化之间有何关系——分性别（N=1539）

- 年龄越大的受访者越肯定中国梦伟大目标的实现对未来生活状况改善"有很大帮助"

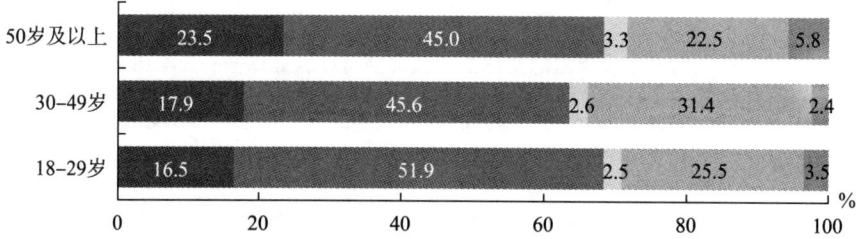

图 3-123　您认为新一届中央领导集体提出实现"中国梦"的伟大目标与您未来几年整体生活状况的变化之间有何关系——分年龄（N=1539）

三、民众信心：公众关注与民生期待

- 初中及以下学历组的受访者最肯定中国梦伟大目标的实现对未来生活状况改善"有很大帮助"

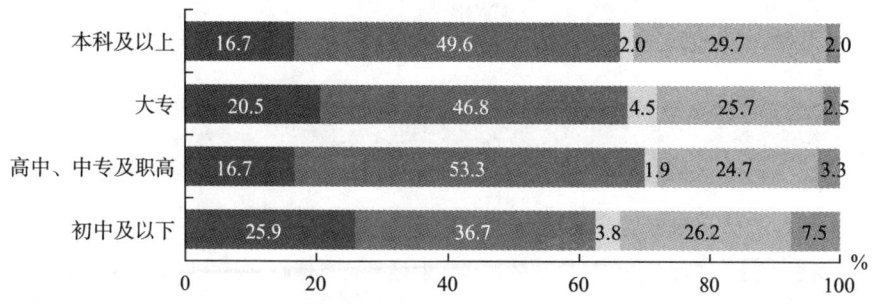

图3-124　您认为新一届中央领导集体提出实现"中国梦"的伟大目标与您未来几年整体生活状况的变化之间有何关系——分学历（N=1539）

- 月收入在3001–5000元段的受访者最肯定中国梦伟大目标的实现对未来生活状况改善"有很大帮助"

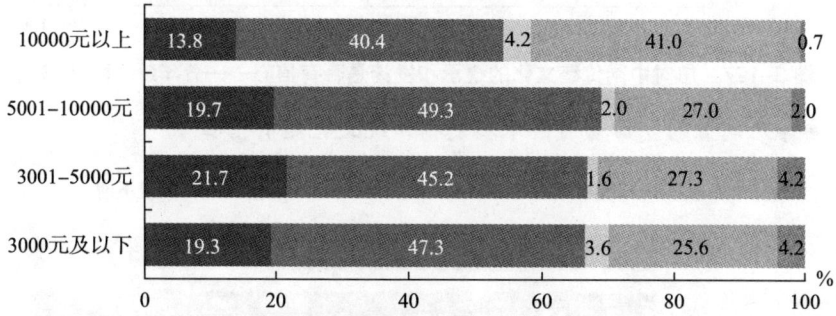

图3-125　您认为新一届中央领导集体提出实现"中国梦"的伟大目标与您未来几年整体生活状况的变化之间有何关系——分收入（N=1539）

差异十一 各类人群对中国传统文化继承和发扬的信心差异

- 女性受访者对继承和发扬传统文化更有信心

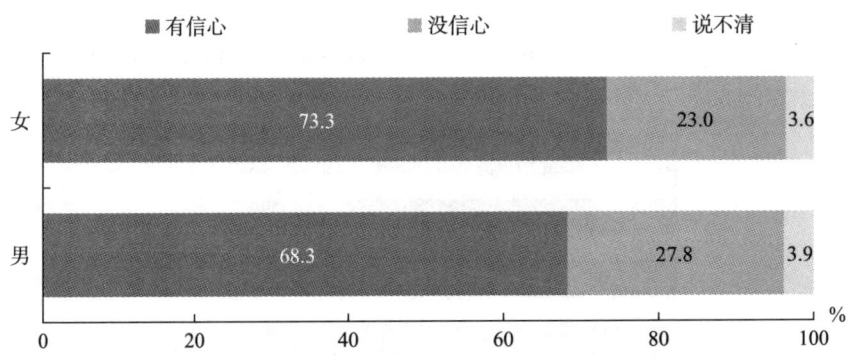

图 3-126 您对中国传统文化的继承和发扬是否有信心——分性别（N=1539）

- 18-29 岁年龄组的受访者对继承和发扬传统文化最有信心

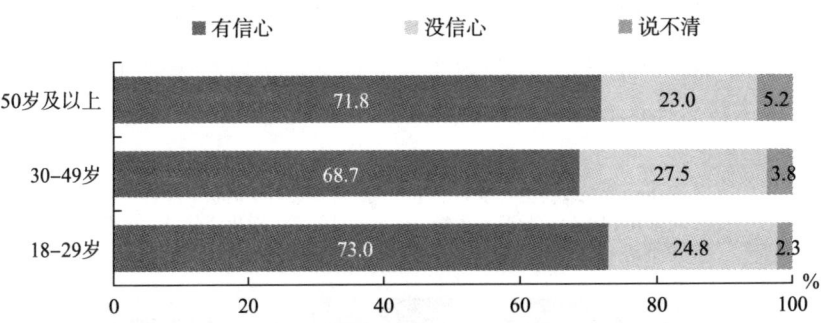

图 3-127 您对中国传统文化的继承和发扬是否有信心——分年龄（N=1539）

- 学历越低的受访者对继承和发扬传统文化越有信心

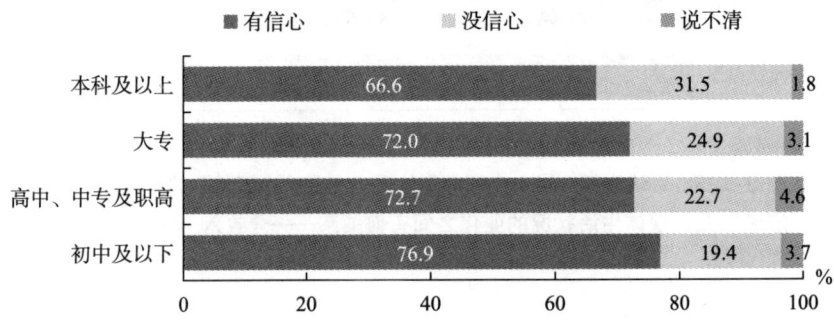

图 3-128 您对中国传统文化的继承和发扬是否有信心——分学历（N=1539）

三、民众信心：公众关注与民生期待

- 月收入越低的受访者对继承和发扬传统文化越有信心

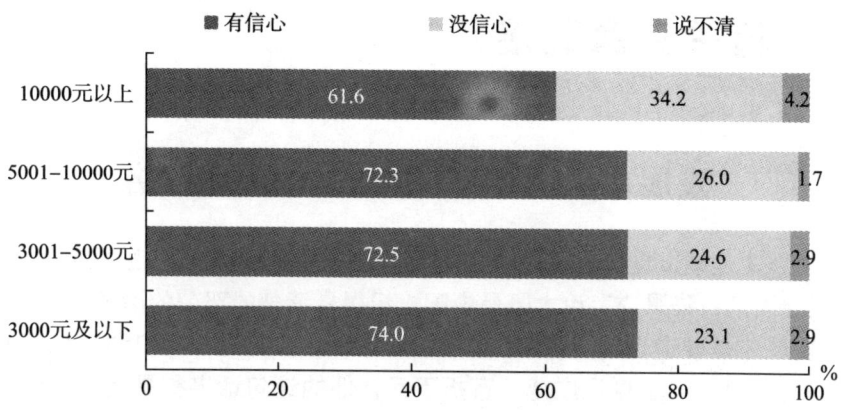

图 3-129　您对中国传统文化的继承和发扬是否有信心——分城市（N=1539）

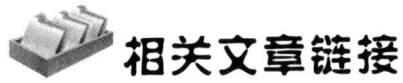 **相关文章链接**

"发展才是硬道理"仍应是中国座右铭

"发展才是硬道理",这是邓公的名言,也可以说是他给中国社会的遗训。这句话连同"白猫黑猫"论大概是中国人记得最清楚的邓公的话了。

"发展才是硬道理",这不是标准的理论论述。它是一句口语,代表的是一种信念。邓公一生见识广博,百折不回,他的这句话堪称是他对经历新中国风雨,以及设计、领导改革的总结性认识。他用这短短几个字改变了中国。

然而记归记得,"发展才是硬道理"如今在中国社会上实际能听到的并不太多了,它尤其被互联网舆论场几乎"屏蔽"了。"公平"取代"发展"成为当下中国舆论场上的主导性词汇,"发展"倒是没有沦落到被批判的地步,但它往往被加上一长串的限定语,而且GDP等与发展挂钩较紧的词汇在舆论场上变得很臭。

时代在变,中国从人均几百美元的穷国一跃上升为人均6000多美元,经济有了些底子,至少不挨饿了。经济基础的变化总是会带来意识形态的变化,这个道理相当准确。

对公平的追求又像急风暴雨一样开始冲刷中国。在民粹主义有着很强根基的中国社会里,公平口号的号召力无与伦比,并有着极强的道德威慑力。中国舆论场上如今的"左派"和"右派"都高举公平大旗,政府、大型国企等则被说成背离公平的代表。

现在有一些大企业主从未听说有在企业内部提高劳工工资和福利的善举,自己身家亿万,但也成为舆论场上高呼公平的风云人物,这的确非常有趣。

中国社会出现了比较严重的分配不公,是绝对公平主义迅速重新抬头的根本原因。对公平的理想主义愿望永远蕴藏在民间,它会不断转化成舆论,对国家政治构成持久压力。建设公平的确是现代人类社会的"规定性"目标之一,它不是国家可有可无的"自选动作"。

然而我们这个曾把公平作为"头号政治"的国家,对公平的认识应当逐渐趋于成熟和理性。我们应当看到,公平不是"只要下决心"就能有的,不是单靠路线和政策就能实现的。我们尤其不能信有些人嘴里蹦出的"公平"口号,不能被忽悠。

中国曾经很"公平"过,现在的年轻人不太清楚,上世纪六七十年代,所有中国人差不多住同样的小房子，挣差别不大的工资，甚至穿同样的衣服，留同样的发型。改革开放就是从打破平均，搞绩效工资，对"投机倒把"睁一眼闭一眼开始的。那时中国公开鼓励"一部分人先富起来"，中国人当时对使他们受了穷的平均主义真是恨透了。

斗转星移，中国创造了震惊世界的发展速度，如果单说效率，资本主义要反过来羡慕我们了。但公平出现了缺失，中国的发展失去了平衡，今天对公平的特殊强调，应当是我们前进中的回调。

然而，回调不能是对我们曾经有过教训的重蹈。我们需要知道，理想的公平只存在于理想中，现实的公平只能与社会的发展不断相互穿梭。"发展才是硬道理"应继续是中国社会的座右铭，没有发展的丰厚支撑，对公平的追求就像要从一条毛巾里使劲拧出最后一滴水。

全民免费医疗需要大量财力，养老金并轨同样需要巨额财力，因为并轨的过程是要尽量让低的向高的并轨，而不是反过来。中国需要一步一个脚印地逐渐走向"富公平"，而不能骤然退回到"穷公平"。中国上世纪50年代末曾经有过公平到连吃饭都不花钱的大食堂，但"没几天"就给吃垮了。

"发展才是硬道理"一定要牢记，除了官方对"效率"和"公平"关系的纲领性论述，这句话应受到中国社会的特殊尊重。它应超越所有意识形态争论，成为衡量各种学说、主张是否真正有益于人民和国家的一把尺子。

（数据版权：环球时报　2013-10-25　第3154期　第15版 | 国际论坛　作者：环球时报）

英国公司发布"中国梦"调查报告

"35%的中国受访者认为目前美国是他们心目中的理想国家，26%认为中国是。但若往后推10年，42%的中国人认为中国将是理想国家，14%的人认为美国是"——这是英国最大广告和传播集团WPP24日发布的《中国梦的力量与潜力》调查报告的内容。该报告还指出，与"美国梦"和"英国梦"更强调个人发展不同，"中国梦"的个人发展和国家发展紧密相关。

"考虑到目前华盛顿和北京冷淡的关系，你可能猜不到，更多的中国人将美国视为世界上的理想国家，而非中国"，英国《金融时报》24日报道称，相比较，52%的美国受访者和30%英国受访者认为本国是"理想国家"。WPP公司的调查在中美英3国进行，但没有给出更多的细节信息。调查还显示，除了美国，澳大利亚、法国、新西兰、德国、英国和加拿大也被中国受访者认为是"理想国家"。报告称，中国民众对本国的不满尤其集中在环境破坏方面，85%的受访者提及此项，其他提及率较高的有食品安全（83%）、医疗保险（78%）、教育问题（76%）、沉重压力导致快节奏生活（66%）。不过，美国和英国民众一样有自己的担忧。70%的美国民众和62%的英国受访者对国家安全感到担忧，67%的美国人和59%的英国人对国家的经济大环境不满意，而对经济环境提出担忧的中国人比例为47%。报告还称，70%的中国人认为"中国梦"的实现对自己很重要，这一比例在年轻人群体中达到76%，远高于美国的65%和英国的39%。

这一报告是WPP公司对中国品牌年度调查的一部分。24日，WPP公司在伦敦召开年度最具价值中国品牌会议，多位英国政界人士参加。据英国《每日电讯报》报道，WPP公司近年来一直在为中国品牌做评估排名，并将它们介绍到西方市场，寻求合作机会。该公司首席执行官苏铭天在当天的活动上说，包括英国在内的许多西方国家没有意识到中国的经济潜力，13亿人口给予中国众多机遇。与会的英国议会议员韦鸣恩说，英国应当看到"中国梦"并非只是为中国人所打造，也同时为外界营造了合作机会，让全世界从中受益。他表示，早前以移民文化为代表的"美国梦"、"英国梦"带动了两个国家的发展，因此中国梦所带动的应该是全世界人的发展梦想。

（数据版权：环球时报 2014-02-26 第3253期 第3版 | 新闻背景 作者：纪双城）

中国今天的国家道路是金不换的

中国这样的发展中大国，国家道路永远有的说。西方发达国家现成摆在那儿，台湾民主转型也摆在那儿，很多学西方学乱了的国家同样摆在那儿。坐在电脑前"设计"一条中国国家道路，很容易自圆其说。

但这却是一个超级严肃的问题，我们不能用互联网上的算术方式，解答这个整个数学都不够用，而必须动员全部知识和经验才能面对的问题。

中国国家和社会未来几十年的主要任务都有哪些？观察的角度有很多。从中国内部做探讨，我们会痛感发展民生、生态、社会公平和反腐败等等的急迫性。再细致些，以中国东南沿海和中部及边疆民族地区做出发点，答案的侧重点就会有变化。如果再把目光投向世界，答案的复杂性就会层层叠加。

中国社会的庞大不仅是量的规模，而且是各种矛盾和多样性的罕见集合。很多任务在局部和特定时段都是最重要的，甚至应"不惜代价"解决。但套上时间的纵深，放到全国以及中国与世界的交汇面上，又没有一个事情的解决可以不顾其他，单求完美。

从一些转型国家因具体冲突坠入大动荡的情况看，中国实际上埋着不少"火山"。中国过去的计划体制强行规定了社会做什么和想什么，只要社会稍

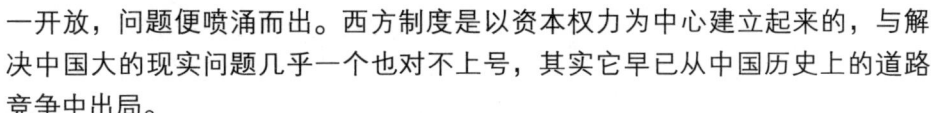

一开放，问题便喷涌而出。西方制度是以资本权力为中心建立起来的，与解决中国大的现实问题几乎一个也对不上号，其实它早已从中国历史上的道路竞争中出局。

中国当前的改革开放路线带来了国家阔别已久的繁荣，"有中国特色的社会主义"从一个方向和轮廓开始，逐渐充实进对继承的选择和大量崭新的内容。它获得了两个巨大成功，一是它推动了中国经济与社会的强劲发展，二是它驾驭了中国的复杂。很多把一些国家难倒甚至掀翻的问题，在中国实现了有惊无险的软着陆。

中国的国家道路既洋溢着理想，同时也是现实主义的平衡系统。这使得国家大而复杂不再是负担，而成为社会可持续进步的资源和动力。中国这些年不断有难题爆发，但国家的调节使它们的展开度大体上契合了社会同时期蕴藏的改革潜能。社会转型期的尖锐烈度因此没有出格。

大国的各种问题很容易汇成"洪水效应"，整个国家同样容易变成各行其是的一盘散沙，中国必须是解决具体问题的高手，同时又必须有稳健操盘的惊人能力。看看苏联，有过很突出的工业和科技成就，曾打败过法西斯，在航天竞争中一度压倒美国，但它薄弱的统筹系统非但没有逐渐加强，反而越来越偏执，最后几个具体问题就把它推进死胡同。

中国比苏联还要复杂得多。几个单项高分撑不起这个国家，而几个单项不及格却可能导致满盘皆输，中国必须用无数如履薄冰构筑它总体的坚实。

中国近30年没卷入战争，以很小代价逐渐推进了人类历史上最宏大的社会转型，曾是最封闭的社会之一，却成为全球化的最大赢家。中国不仅是这几十年的全球经济奇迹，也是综合奇迹，我们尽可以数落它的不足，但我们不得不为这期间中国的非凡收获而庆幸。

中国今天的国家路线同时拥有突破力和驾驭力，促进了国家综合能力的厚积薄发。中国的国家道路里有着过去一百多年民族苦难的层层教训，以及无数探索的反复积累。我们好不容易形成了今天的路线，它是金不换的。我们决不可受一些内外力量的忽悠，轻易动改变它的念头。

中国的未来掌握在中国人自己手里，取决于我们的判断力和决心。只要我们自己不一脚踩空，没有人能挡住我们，或者把我们推倒。

（数据版权：环球时报　2013-01-12　第2928期　第7版｜国际论坛　作者：环球时报）

国外舆论期待经济利好　国内民众重视民生实惠

中外对三中全会期待高

——十八届三中全会公众态度调查

"本周末,中国将描绘未来的经济蓝图",路透社6日发出这篇专栏文章时,世界舆论场对于中共十八届三中全会的热度正迅速升温。期待中国"大手笔"改革的外媒还给将于9日开幕的会议找到一个"历史坐标":它会像1978年那届三中全会一样成为中国经济的"分水岭"吗?相比于国际媒体期待中国传出经济、金融"利好",国内民众的愿望则要"实际"得多。环球时报旗下环球舆情调查中心在全国7座城市进行的民调显示,六成多受访者"关注"这次会议,超过八成的受访者认为未来五年的生活水平会随着改革的深入可能或一定会提高。而"社会福利与社会保障制度改革"超过"收入分配制度改革"、"反腐机制改革"等,最受公众期待。在有的外媒乐观预言"中国将永远改变"的同时,有的也强调摆在中国面前的众多困难:经济发展面临瓶颈,贫富差距问题突出,利益集团势力强大……并因此断言改革远比过去"复杂而艰难"。而在熟悉中国几十年改革脉络的分析人士看来,这也正是中国改革不断深化向前的动力。《旧金山纪事报》援引专家的话称,三中全会的报告很重要,但它远不是今后数年中国改革的终点。

外媒和中国民众期待不同

"读完下面这个长句子你会不会昏昏欲睡?中国共产党第十八届中央委员会第三次全体会议将于本周六举行,会期4天。"美国"市场观察"网站6日提出这个问题。这篇题为"为什么本周末中国有可能永远改变"的报道随即强调,虽然听起来晦涩乏味,但这次被简称为"三中全会"的会议可能是数十年来中国发生的最重大事件。中国现在是全球第二大经济体,中国的命运关系到美国企业的发展。而每次三中全会——特别是领导层换届之后的三中全会,都会启动带来政策变化的改革。法新社7日称,中共中央委员会委员加上候补委员共376人将参加为期4天的会议,三中全会往往会定下一届政府5年任期的经济工作调子。

路透社7日称,中国领导人将在这次会议上制定今后数年的改革议程,在中国经济飞速发展30年后把这个庞大的经济体引上更具可持续的道路。历史上的三中全会往往是重大经济改革的跳板。新领导层往往头几个月先花时间来熟悉问题，达成共识，随后推出政策措施。在1978年的十一届三中全会上，中国选择了改革开放政策。1993年的十四届三中全会上，中国确定建立社会主义市场经济，随后中国开始真正全面融入世界经济。路透社另一篇专栏文章写道，中共十八届三中全会对全球经济和国际地缘政治的影响要大于受到媒体和金融市场关注的美国预算之争、各国央行会议和选举，显而易见的原因在于中国长期必将成为全球最大经济体和政治超级大国。

此次三中全会有可能推动哪些改革？外媒对此猜测纷纷。韩国《亚洲经济》7日称，中国广袤的土地即将刮起改革暴风，习近平主席已经说明，本届三中全会将出台综合改革方案。未来值得关注的是政府职能转变、财政和税收改革、金融强国之梦、土地和户口制度改革、国有企业改革、收入分配和社会福利改革。路透社说，经济改革议题将主导这次闭门会议。分析人士指出，此次会议也会涉及一些社会和政治问题，但西方式政治改革不在议程之上。政府已承诺要让市场在资本价格、能源和土地方面发挥更大作用，同时要减少官僚主义。俄罗斯《消息报》援引专家的话称，继续反腐仍将是此次会议的一个重点。

相比外媒的大胆猜测，中国民众的期望更实际。环球舆情调查中心4日至7日在北京、上海、广州、成都、西安、长沙、沈阳等7座城市进行了电话调查。调查为简单随机抽样，在95%的置信度下，允许抽样误差为2.8%。在1252份有效答卷中，63.4%的受访者表示"关注"这次会议。

对于"您最期待本届三中全会出台哪些领域的改革措施"问题，79.1%的受访者选择了"社会福利与社会保障制度改革"，提及率最高。受访公众期待的第二改革领域是"收入分配制度改革"，54.7%的受访者给予期待（可以多项选择——编者注）。第三是"反腐机制改革"，提及率达51.9%。此外，有47.9%的受访者期待出台"经济领域改革"措施。期待出台"户籍制度改革"措施和"政治体制改革"措施的受访者分别为34.0%、32.7%。还有3.2%的受访者期待"计划生育改革"和"农村土地改革"等其他领域的改革措施；2.1%的受访者对此问题表示"不知道，说不清"。

华中师范大学政治学研究院院长徐勇7日对《环球时报》记者表示，公众现在更关注和民生相关的内容，因为这与切身利益直接相关。现在一个突出的矛盾是社会保障在不同阶层不平等，差距较大。商务部研究员梅新育表示，很能理解民众的期望，改革目的本身就是要让最大多数民众分享成果，尽管这个目的需要分阶段才能实现。不过也应注意一点，社会福利和保障水平过高对国民素质是一种腐蚀，在目前发展水平下，不能对社会福利和保障水平期待过高，它只能是一种补充手段，最重要的还是一次分配。

改革面临的问题与阻力

在关注中国改革的同时,一些外媒也强调了中国当前面临的问题。《纽约时报》7日称,与快速增长相伴的是令人窒息的污染、让人担忧的地方债务、低效腐败的垄断、导致农村人口无法分享以城市为主的国家繁荣的户籍和土地政策。香港《南华早报》7日列举了中国今后5到10年发展的"主要障碍":当前经济体系阻碍了可持续发展;迫切需要解决严重污染问题,高能耗、造成环境恶化的工业和经济发展不可持续;收入差距过大,正引发越来越严重的社会矛盾……显然,解决这些问题和确保可持续发展的唯一办法就是深化改革。

"中共领导人准备举行重要会议之际,一个问题若隐若现,那就是中国快速进入老龄化社会。"英国《金融时报》6日称,中国整体上犹如正向60岁迈进,莎士比亚说,人生第五阶段就是"胖胖圆圆的肚子里塞满了阉鸡"。不幸的是,中国多数人还没来得及富裕。路透社称,作为世界工厂,中国希望避免所谓的中等收入陷阱。世界银行称去年中国人均GDP为6188美元,避免了中等收入陷阱的韩国为2.26万美元,中国香港是3.68万美元,新加坡为5.17万美元。

中国公众对改革力度和广度又有怎样的期待呢?环球舆情调查中心的调查显示,40.2%的受访者希望全会出台"力度大、涉及面广的"改革措施。53.2%公众持求稳的改革心态,希望改革以稳为主或进行政策微调。具体来看,27.0%的受访者希望出台的改革措施是"以稳为主、积极进取的",还有26.2%的受访者希望改革措施"保证连续性,进行政策微调"。6.6%的受访者对这一问题表示"不知道,说不清"。

在被问及"改革的最大阻力在哪"时,"中央政令在地方执行不畅"的认同度最高,提及率达45.4%。30.5%的受访者选择"既得利益集团的阻挠",8.5%的受访者选择"对改革出现问题影响全局的担心",6.0%的受访者选择"各种民间舆论的影响"。此外,还有0.7%的受访者认为改革的最大阻力来自"其他"方面。剩余8.9%对此问题没有明确表态,选择"不知道,说不清"。

梅新育对《环球时报》记者说,中央政府相对超脱,而地方政府受各种各样局部利益掣肘较多。而且中国国土广大,各地情况千差万别,统一性和多样性之间的平衡怎么把握本身就是个难题。梅新育强调,改革必须避免让社会陷入"所有人反对所有人"的误区,把调整中要付出的代价说清楚是必要的,特别是掌握着话语权的阶层,不要自以为从自己利益出发的要求就是"人民的呼声",就代表了大多数人的公利,要知道在自己之外还有"沉默的大多数"。

"三中全会远不是改革终点"

对于调查问到的"未来五年,个人的生活水平是否会随着改革的深化而提高"

问题，受访者表达了较强信心，54.3% 的受访者认为"可能会"，26.5% 受访者选择"一定会"，两者相加超过八成。11.2% 的受访者没有信心，认为改革的深化"不会"提高个人未来五年的生活水平。8.4% 的受访者对这一问题表示"说不清"。在被问及"改革的总体目标包括提高人民生活水平，如果具体改革措施损害了您的利益，您是否愿意承受"时，50.4% 受访者给予了理解和支持，39.7% 的受访者"不愿意"承受个人利益的损害，10.0% 的受访者对这一问题说不清楚。

在一些分析看来，由于改革迈向深水区，牵扯的因素越来越多，尤其凸显改革决心的重要。德国《法兰克福汇报》7 日称，中国正面临艰难的经济改革，预计将深入进行经济政策改革，这需要"更大的政治勇气"。《华尔街日报》7 日称，中国媒体表示，中国领导人深知，深化改革而不是维持现状才能确保党的领导稳定，并帮助解决政府当前面临的所有棘手问题。

《旧金山纪事报》6 日援引关注中国改革的学者比尔·比绍夫的话称，预计三中全会将出台雄心勃勃的决定，但所有效果都显现还需要很长时间。另外，中国一些最重要的改革并不是直接由北京下令实施的，而是在地方实施并推广到全国的。因此虽然全会决定很重要，但远不是今后数年中国改革的终点。

（数据版权：环球时报 2013-11-08 第3166期 第1版|要闻 作者：李勇 王刚 青木 邱永峥 柳玉鹏 甄翔）

第一部分 主要发现

发现一 六成多受访者关注本届三中全会

七城市的调查显示，受访公众对十八届三中全会表达了较高的关注度，总体上有六成多（63.4%）的受访者表示"关注"这次会议，35.5% 的受访者"不关注"，另外也有 1.2% 的受访者因缺乏相关的政治知识，"不知道什么是十八届三中全会"。

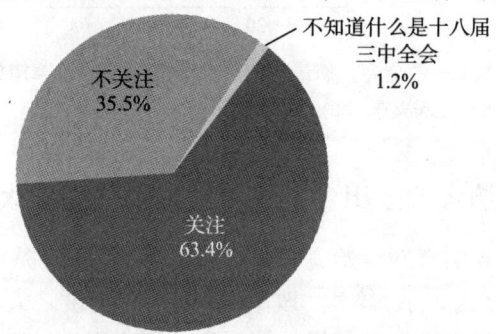

图 3-130 您是否关注即将于本月 9 日至 12 日召开的十八届三中全会？（N=1252）

发现二　近八成受访者最期待本次三中全会出台"社会福利与社会保障制度改革"措施

十八届三中全会召开前,多名高层领导人已在不同公开场合表示,此次三中全会将提出"综合改革方案",而且"改革范围之广,力度之大,都将是空前的"。"三中全会"作为观察中国伟大变革的一扇窗口,备受社会各界乃至国际社会的关注和期待。公众对本次三中全会又有怎样的期待呢?调查显示,"社会福利与社会保障制度改革"和"收入分配制度改革"这两项涉及民生的改革措施最受公众期待,公众对政治领域的改革期待相对较低。具体来看,"社会福利与社会保障制度改革"最受公众期待,提及率近八成,达79.1%;受访公众期待的第二改革领域是"收入分配制度改革",54.7%的受访者给予期待;第三是"反腐机制改革",提及率达51.9%。此外,有47.9%的受访者期待出台"经济领域改革"措施;期待本届三中全会上出台"户籍制度改革"措施和"政治体制改革"措施的受访者相对较少,但提及率也都不低于三成,分别为34.0%、32.7%。还有3.2%的受访者期待"计划生育改革"和"农村土地改革"等其他领域的改革措施;剩余2.1%的受访者对此问题表示"不知道,说不清"。

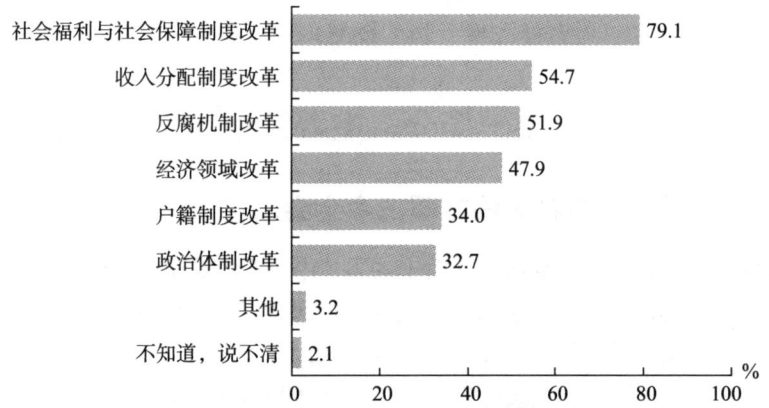

图3-131　对于本届三中全会,您最期待出台哪些领域的改革措施?（N=1252）
注:此题为可多选,各选项之和大于100%。

发现三　四成受访者希望出台的改革措施是"力度大、涉及面广的"

新一届中央领导层履新伊始,"深化改革"的议题就提到了极为重要的战略高度。领导层曾多次表示,本次"改革范围之广,力度之大,都将是空前的"。公众对改革的力度和广度又有怎样的期待呢?调查得知,五成多（53.2%）公众持求稳的改革心态,希望改革以稳为主或进行政策微调。具体来看,总体上有40.2%的受访者希望本届三中全会出台"力度大、涉及面广的"改革措施，27.0%的受访者希望出台的改革措施是"以稳为主、积极进取的"，还有26.2%的受访者希望改革措施"保证连续性，进行政策微调"。剩余6.6%的受访者对这一问题表示"不知道，说不清"。

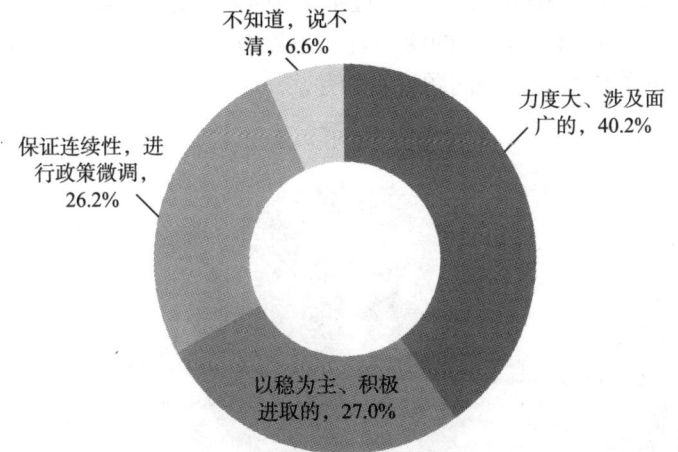

图 3-132　您希望在本届三中全会出台的改革措施是怎样的？（N=1252）

发现四　近半数受访者认为中央政令在地方执行不畅是改革的最大阻力

问及目前各项改革的最大阻力，"中央政令在地方执行不畅"的受访者认同度最高，提及率达45.4%，接近一半；"既得利益集团的阻挠"被认为是改革的第二大阻力，七城市的提及率达三成多（30.5%），第三大阻力是"对改革出现问题影响全局的担心"，近一成（8.1%）受访者提及此项；在七城市的受访者看来，"各种民间舆论的影响"阻力相对较小，提及率仅为6.0%；此外，还有0.7%的受访者认为改革的最大阻力来自其他方面。剩余8.9%对此问题没有明确表态，选择"不知道，说不清"。

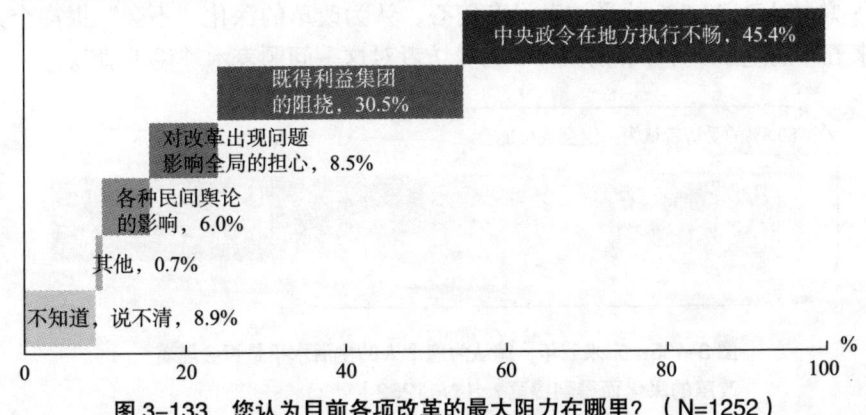

图 3-133　您认为目前各项改革的最大阻力在哪里？（N=1252）

发现五　过半受访者愿意承受为改革的总目标损害个人利益

问及"改革的总体目标包括提高人民生活水平，如果具体改革措施损害了您的利益，您是否愿意承受"时，过半（50.4%）受访者给予了理解和支持，表示"愿意"，相反有39.7%的受访者"不愿意"承受这种个人利益的损害，剩余10.0%的受访者对这一问题说不清楚。

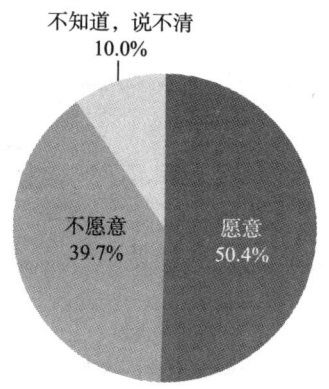

图3-134　改革的总体目标包括提高人民生活水平，如果具体改革措施损害了您的利益，您是否愿意承受？（N=1252）

发现六　八成受访者相信未来五年个人的生活水平会随着改革的深入而提高

对于"未来五年，个人的生活水平是否会随着改革的深化而提高"这个问题，受访者表达了较强的信心，总体上有八成（80.8%）受访者认为一定会或可能会。具体来看，约四分之一（26.5%）受访者信心满满，认为未来五年，改革"一定会"提高个人的生活水平；过半数（54.3%）的受访者认为"可能会"；总体上有11.2%的受访者没有信心，认为改革的深化"不会"提高个人未来五年的生活水平。剩余8.4%的受访者对这一问题表示"说不清"。

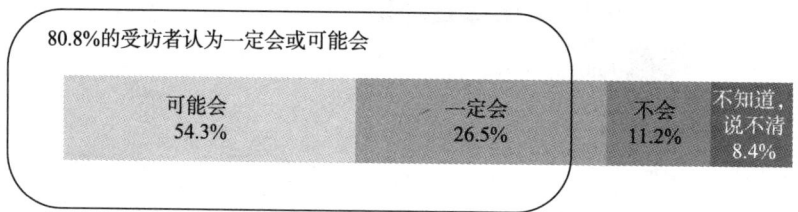

图3-135　未来五年，您认为您个人的生活水平是否会随着改革的深化而得到提高？（N=1252）

第二部分 差异分析

差异一 各类人群对十八届三中全会的关注度差异

- 男性受访者对十八届三中全会的关注度明显高于女性

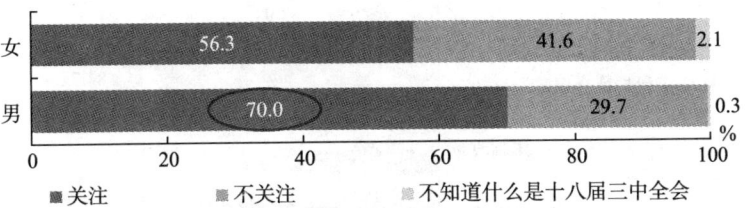

图3-136 您是否关注即将于本月9日至12日召开的十八届三中全会？——分性别（N=1252）

- 受访者年龄越大，越关注十八届三中全会

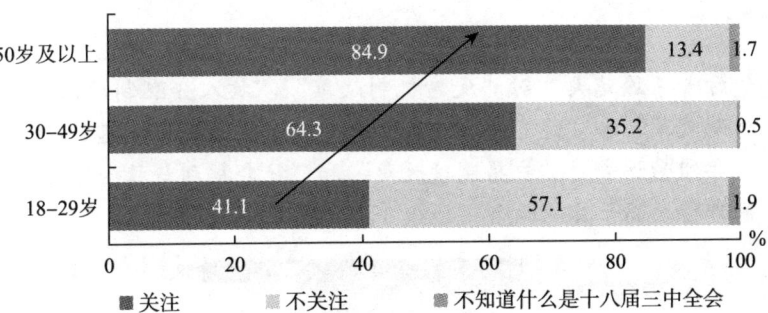

图1-137 您是否关注即将于本月9日至12日召开的十八届三中全会？——分年龄（N=1252）

- 本科及以上高学历组受访者最关注本届三中全会，初中及以下低学历组受访者关注度最低

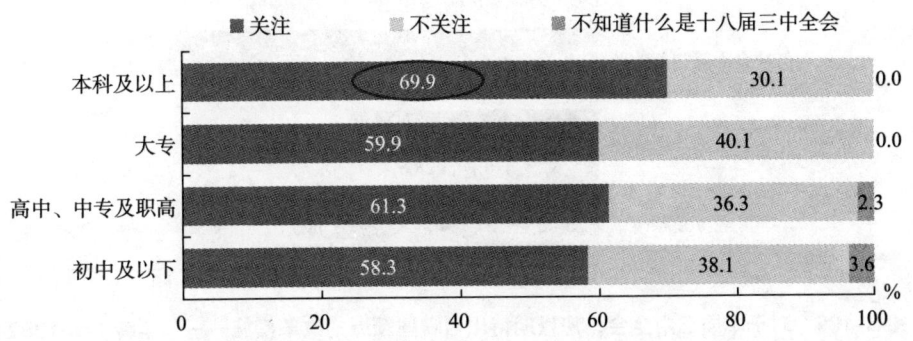

图1-138 您是否关注即将于本月9日至12日召开的十八届三中全会？——分学历（N=1252）

差异二　各类人群对改革措施的期待差异

- 女性受访者比男性更期待"收入分配制度改革"和"社会福利与社会保障制度改革",男性受访者更期待"政治体制改革"和"经济领域改革"

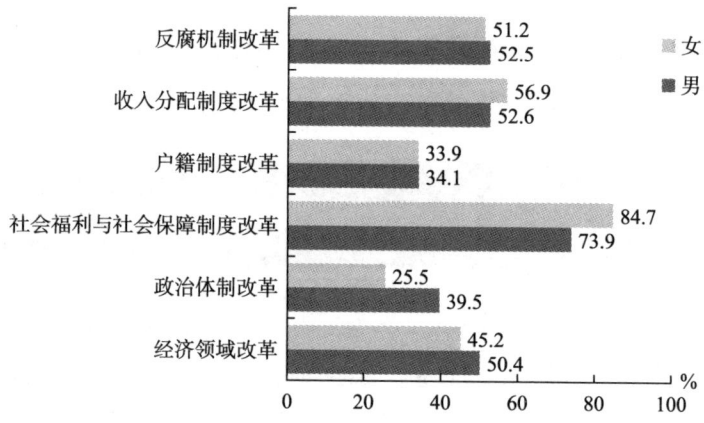

图3-138　对于本届三中全会,您最期待出台哪些领域的改革措施——分性别(N=1252)
注:选项未列全

- 受访者年龄越大,对"反腐机制改革"、"收入分配制度改革"、"政治体制改革"和"经济领域改革"四大领域改革的期待越高;30-49岁的中年组受访者对"户籍制度改革"和"社会福利与社会保障制度改革"的期待均高于其他两个年龄组

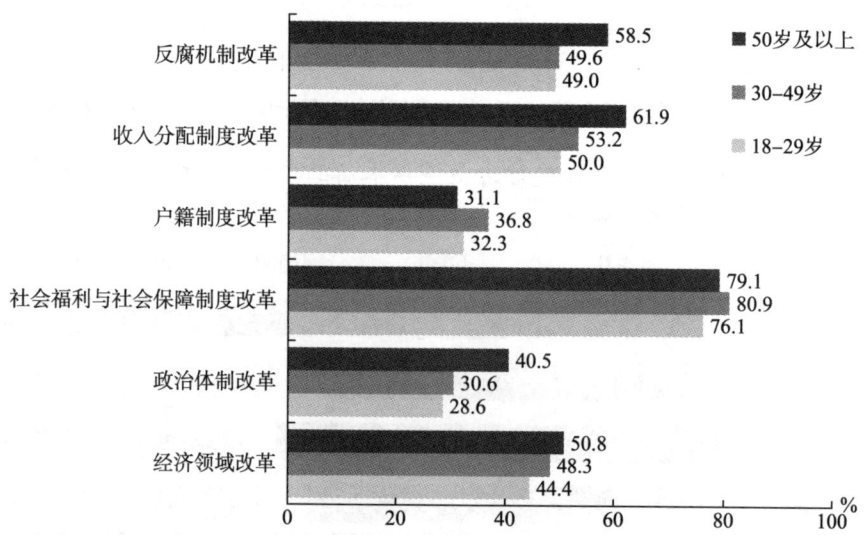

图3-139　对于本届三中全会,您最期待出台哪些领域的改革措施——分年龄(N=1252)
注:选项未列全

三、民众信心：公众关注与民生期待

- 受访者学历越高，对"反腐机制改革"、"收入分配制度改革"和"经济领域改革"三大领域改革的期待越高；期待"政治体制改革"的受访者在本科及以上学历组最为集中

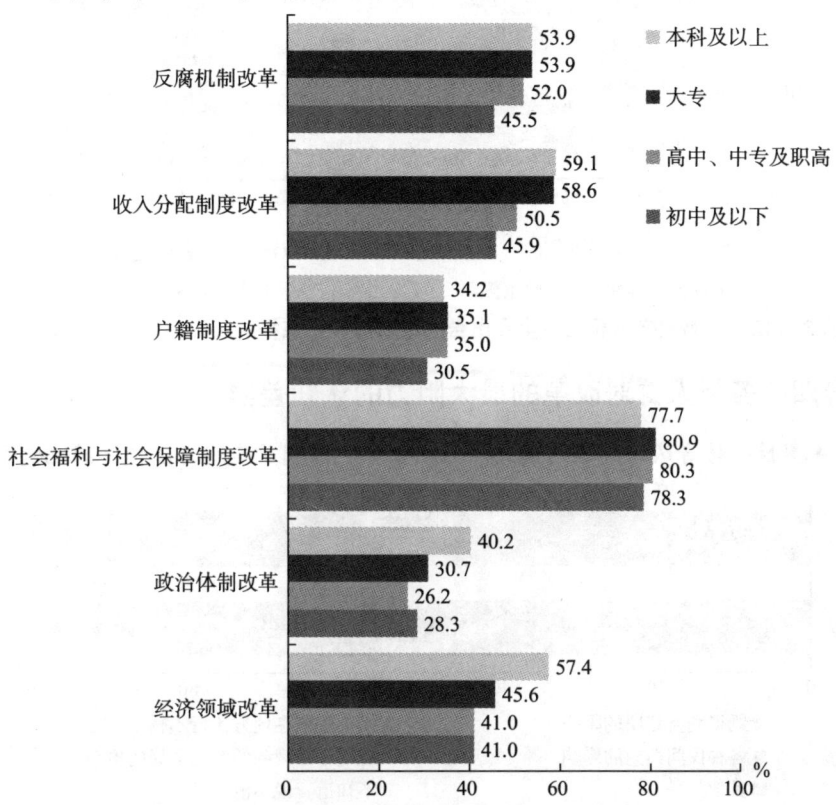

图 3-140　对于本届三中全会，您最期待出台哪些领域的改革措施——分学历（N=1252）
注：选项未列全

差异三　各类人群对改革措施的力度的认知差异

- 受访者年龄越小，越期待"力度大、涉及面广"的改革措施

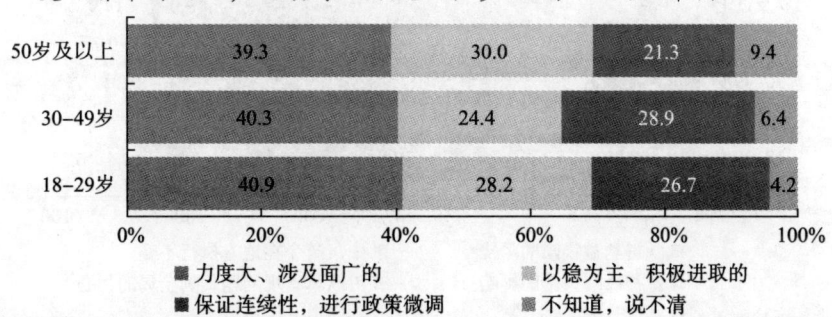

图 3-141　您希望在本届三中全会出台的改革措施是怎样的——分年龄（N=1252）

- 初中及以下低学历组受访者最希望改革措施"力度大、涉及面广";受访者学历越高,越希望改革措施是"以稳为主,积极进取的"

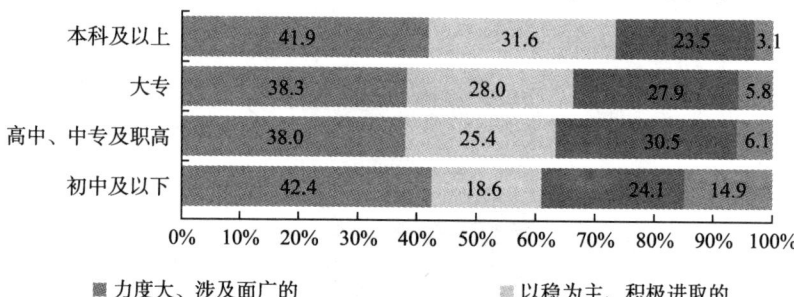

图3-142 您希望在本届三中全会出台的改革措施是怎样的——分学历(N=1252)

差异四 各类人群对改革的最大阻力的认知差异

- 男性受访者认为改革的最大阻力在于"既得利益集团的阻挠"的比例更高

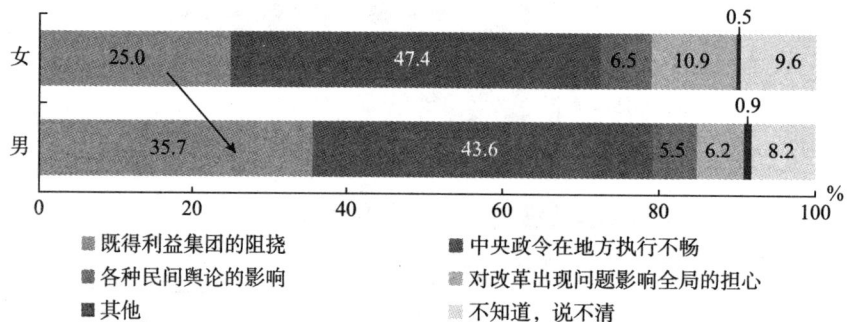

图3-143 您认为目前各项改革的最大阻力在哪里?——分性别(N=1252)

- 青年和中年组受访者更倾向于认为改革的最大阻力在于"中央政令在地方执行不畅"

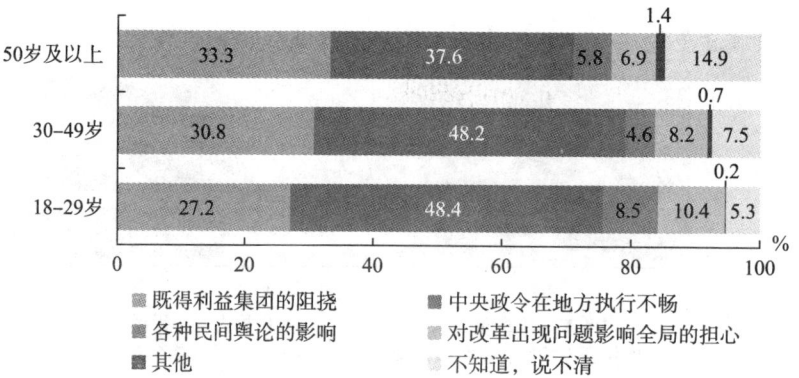

图3-144 您认为目前各项改革的最大阻力在哪里?——分年龄(N=1252)

- 本科及以上的高学历组受访者更倾向于认为改革的最大阻力在于"既得利益集团的阻挠"

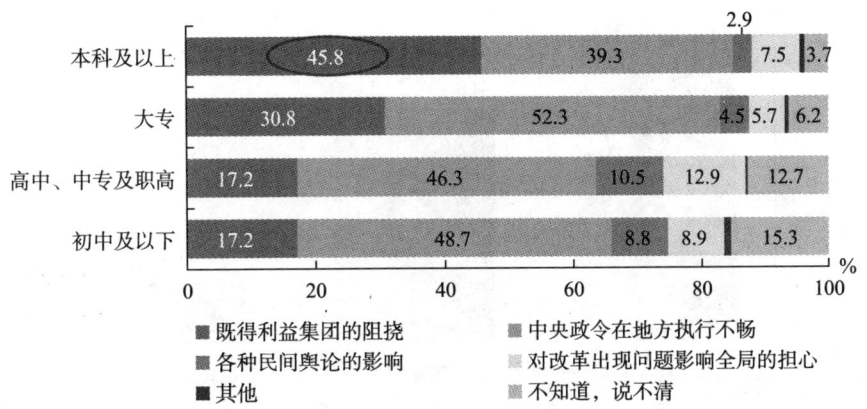

图 3-145　您认为目前各项改革的最大阻力在哪里？——分学历（N=1252）

差异五　各类人群对改革可能造成的自身利益受损的容忍程度的差异

- 男性受访者对改革可能造成的自身利益受损的容忍程度高于女性

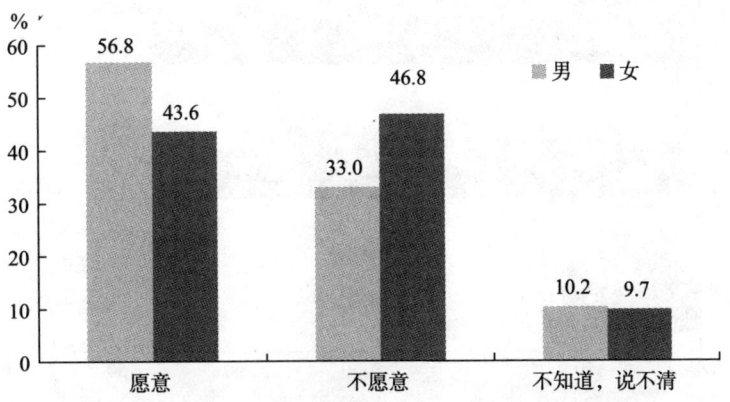

图 3-146　改革的总体目标包括提高人民生活水平，如果具体改革措施损害了您的利益，您是否愿意承受？——分性别（N=1252）

- 青年组受访者最不愿意接受改革使自身利益受损

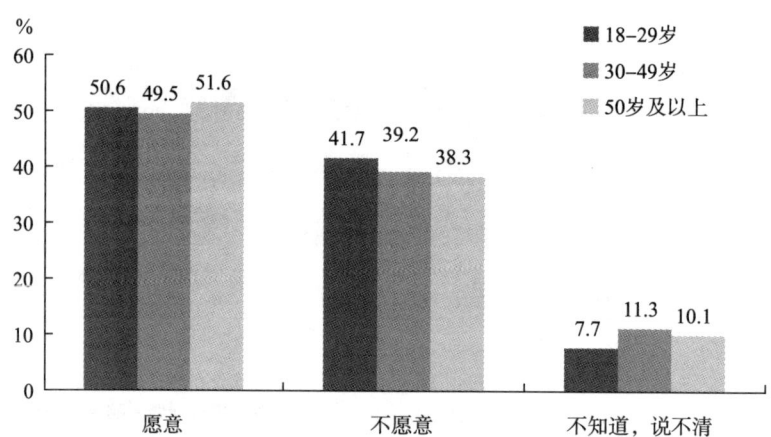

图3-147 改革的总体目标包括提高人民生活水平，如果具体改革措施损害了您的利益，您是否愿意承受？——分年龄（N=1252）

- 本科及以上的学历组受访者对改革可能造成的自身利益受损的容忍程度最高

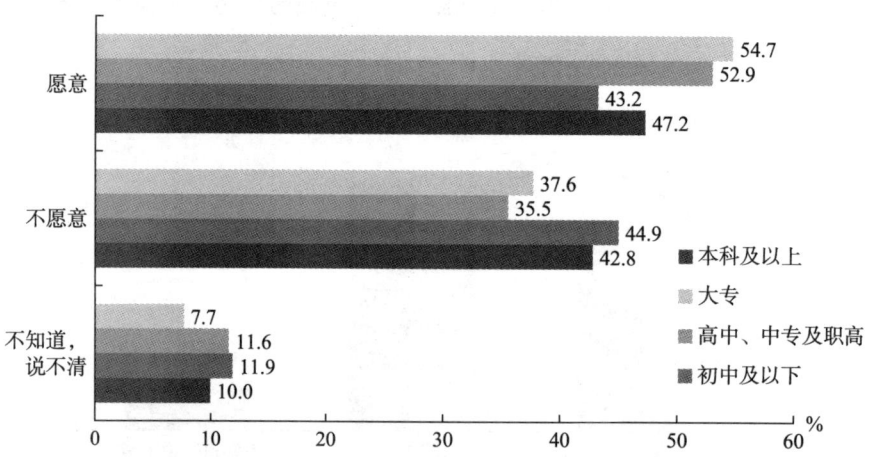

图3-148 改革的总体目标包括提高人民生活水平，如果具体改革措施损害了您的利益，您是否愿意承受？——分学历（N=1252）

差异六　各类人群对改革能否提高自己生活水平的信心的差异

- 总体来看，男性受访者对改革能否提高自己生活水平的信心高于女性

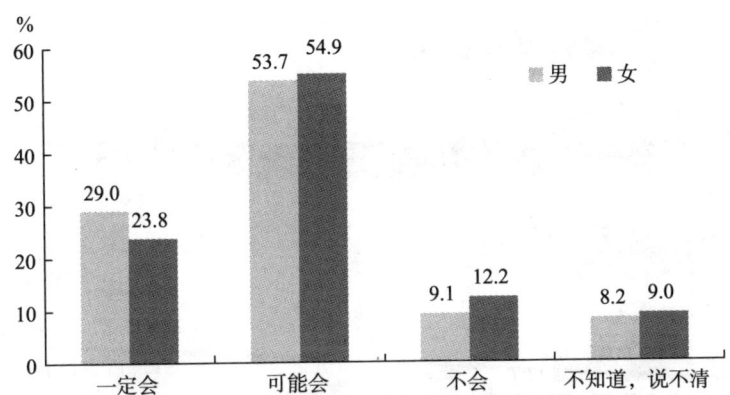

图3-149　未来五年，您认为您个人的生活水平是否会随着改革的深化而得到提高？——分性别（N=1252）

- 总体来看，青年组受访者对改革能否提高自己生活水平的信心最高，中年组受访者最低

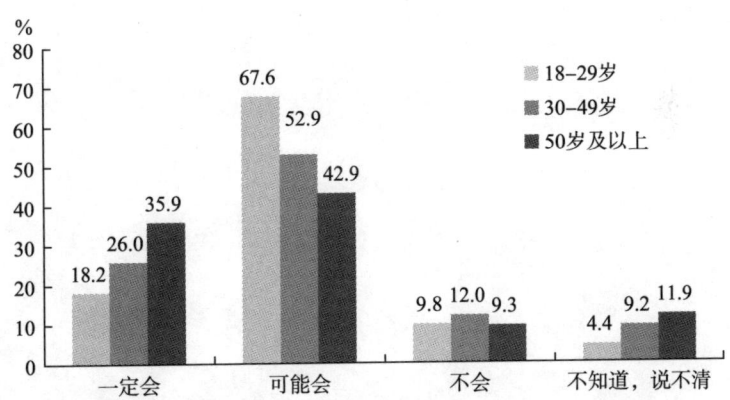

图3-150　未来五年，您认为您个人的生活水平是否会随着改革的深化而得到提高？——分年龄（N=1252）

- 总体来看，高中、中专及职高学历受访者对改革能否提高自己生活水平的信心最高，初中及以下学历受访者信心最低

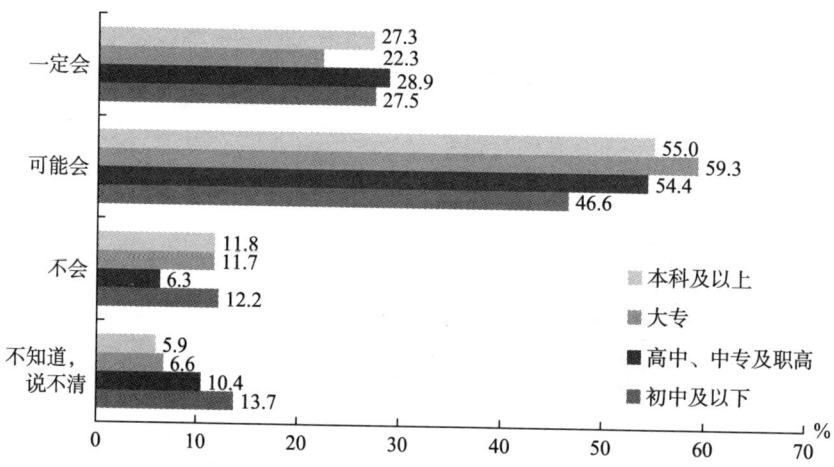

图 3-151 未来五年，您认为您个人的生活水平是否会随着改革的深化而得到提高？——分学历（N=1252）

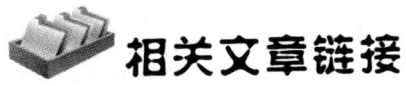
相关文章链接

中国改革劲，亚太变数多　环球时报2014年会特别报道之一

聚焦三中全会，绘制改革新蓝图

新一波改革亮点在哪？

强世功（北京大学法学院教授）：三中全会提出最重要的口号是"法治中国"，这个概念并不局限在传统对法律司法体系的理解，而是对国家治理模式的理解。这一理解会带动中国政治体制建设的根本转型，即如何在法律框架下重新拟定党和国家的关系。中国未来会架构新的宪政模式，在我理解就是党国宪政体制模式。中国会慢慢从"法治中国"这个入手点奠定未来新的宪政秩序和模式，这是三中全会改革最大的亮点。

汪晖（清华大学人文学院中文系教授）：《决定》有两个重心，一是国家治理结构和治理能力现代化，二是市场在资源配置中的决定性作用。《决定》可以说事无巨细，比政府工作报告还要全面广泛，受到的重视也更大。这反映了当代世界一些政党和国家关系发生变化，即政党国家化。《决定》涉及如此广泛的内容，除了党的体制，"两会"对此起什么作用？人大有没有相应的审议过程？党如何通过政治协商程序征求意见？这个模式还需探索。中国政治改革的框架会在这个方向上有一个变迁。

萧功秦（上海师范大学历史系教授）：第二波改革的基本目标，是从以国家为本位的半现代国家，向以社会为本位的现代国家转型，是从"强国家－弱社会"逐渐变成国家与社会均衡的结构。公报提出把市场经济作为决定性力量，表达了中国想通过新一波改革来克服第一阶段改革所面对的矛盾，使国家进入更具有现代治理水平的体制。邓小平的改革可看作铁腕改革，是新权威主义的1.0版本。现阶段的改革目标，是从"半开放的官僚市场经济"向全面开放的成熟市场经济的方向转变，最终实现"小政府大社会"，这可理解为新权威主义的2.0版本。这两个版本都是为了避免传统集权国家在现代化过程中容易陷入的政治参与井喷和连锁效应，都是为在政治稳定条件下，通过大幅改革实现向民主体制的软着陆。

杨雪冬（中央编译局研究员）：中国政治正在向常态化回归。原来改革是党推动老百姓,但现在是社会推动着党和国家。决策者认为这是倒逼机制,我觉得是回到正常的机制。每个人都像《决定》起草者一样发出声音,说明社会在成熟,有力量把智慧传达给决策体系,国家和社会的关系更均衡。《决定》表述的意识形态色彩也越来越淡。习近平用直白的长篇报告讲述《决定》的起草过程,可能也是党历史上第一次,说明这个国家、政党努力适应社会的发展。这一代领导人的成长和国家的成长,特别是改革开放的进程是同步的,所以他们更有这种勇气胆量说出更直接的话。

王占阳(中央社会主义学院教授):近年对中国特色越来越解释为与世界不一样,而邓小平说的中国特色是跟苏联不一样,是面向世界、面向未来、面向现代化,主要实践方式是改革开放。这次三中全会明确中国特色最重要的是改革开放,强调现代性和世界一般规律,这是向本来的"中国特色"的回归。三中全会重新界定社会主义市场经济,明确了按照市场经济一般规律能走向社会主义,市场经济才能带来财富的喷涌和社会的平等、民主、法治,带来真正的社会主义。这次报告把政治体制改革内容分散到其他部分,未全部集中论述。把它们集中起来看,则是一个新权威主义的政改方案,也是必要的补课。

是集权,还是分权?

杨光斌(中国人民大学比较政治制度研究所所长):我理解国家治理体系现代化就是"有能力的有限政府"。第一,权力有边界,经济体制改革很多方面就是压缩政府权力边界。第二,权力受制约,有边界的权力若不受约束也很可怕。印度、墨西哥等国政府权力有边界、受约束,但其国家行为能力弱,因此国家还要有能力。成立超部门利益的全面深化改革领导小组,是负责任、有能力的象征。为何用权威的办法解决分权的问题?西方是通过经济社会组织的成长演变为国家,而发展中国家建设路径则相反,经济和社会组织瘫痪了,通过战争制造国家集权,国家建设过程中必须要分权,谁来分?无疑得有权威的中央政府。一个超级权威的机构建立有限权力,不是悖论,是多国的历史经验。

秦晖(清华大学人文学院历史系教授):其实很多方面我们已比西方更市场化,区别在于我们限制市场化的机制和他们不同。他们限制市场机制的是福利国家、强势工会、NPO(非营利组织)治理、公众环保干预,我们则主要是国家垄断、官僚特权、市场中的"权家通赢"。中国未来走向与其说取决于市场化成分还有多大扩张,不如说更取决于"非市场"的一块怎么改。中国要朝社会主义市场经济方向发展,就要走出"封建市场经济"阴影,多一点以社会平等、公共福利、民众的公共利益干预为代表的社会主义。市场化要进一步推进，也只能通过制约权力使政府退出市场，而不是政府推卸责任把百姓抛向市场，或者说不能用扩大政府权力来挤压市场，而要用增加政府责任来补充市场。

不管是分权还是集权，权力都应是可制约的。如果分权但权力不制约，那就变成诸侯林立；如果集权但权力不制约，就变成秦始皇体制，二者都是我们不希望的。无论联邦制还是单一制国家，制约权力这个方向应该是普适性的。

华赞（美国未来趋势国际集团董事长）：中国融入世界是宏观大趋势，是重新格式化人类命运的。中国融入世界团体，内部和外部的要求会迫使其机制越来越透明、公正、公平，参与性、包容性强，政府干涉越来越少。但有限政府不是只减少政府影响力，而是不该管的少管，该管的多管。现在环保管得太少，应管得更多。中国的思想精神、民族和国家的灵魂凝聚力是意识形态，也要管得更多，且提供导向性引导，使民族素质和中国软实力大大提升。

王占阳：解决政府与市场关系问题，既是经济体制改革也是政治体制改革，也就是全能政府进一步要变为有限政府，包括向市场、社会组织放权、事业单位"去行政化"等等。地方官员一般不愿放权，而把权力紧紧抓在手里，没有的权力他还要抓过来，怎么能放权呢？只有集权才能迫使下面的干部放权。这次改革实际是要以集权推进分权。设立一个小组、一个委员会，还有三个垂直系统，这是高度集权。但在中央与地方的关系上提出要分成中央事权、中央与地方共同事权和地方事权三种权力，然后相应配套财税权限、责任。

杨雪冬：没有一个国家是单纯集权或单纯分权，都是双向进行。从中国的历史来说，某些时间需集权，某些时间需分权，但不能走极端，必须相对均衡。过去30多年改革，社会和个人自由空间相对扩大，在此基础上实现更多的集中，可能对中国发展更有好处。

中国改革会走向何方？

杨光斌：《决定》是一个政治改革大清单。一般人认为是社会经济体制的改革，但事实上它是政治改革。政治不光是政党、政府问题，说到底是技术、经济、社会体制带来的变化，比如开放互联网对中国政治生态革命性的改变，这就是政治。经济、行政和社会体制改革的结果都表现为政治生态的变化。政治就是关于资源的权威性分配。《决定》是重大利益的重组，是政治改革问题。

萧功秦：最近"左"和"右"两种极端主义思潮重新崛起，想通过"新文革"或"茉莉花革命"的方式改变中国政治秩序。但随着三中全会的新方针和"改革60条"推行，"左"和"右"的两种极端思潮将被边缘化，极"左"、极"右"

思潮将向"中道理性"靠拢,中间派社会共识将可能成为社会主导力量。"中道理性"和"中道共识"的发展是中国特色民主体制形成的重要先决条件。

华赞:中国进入世界舞台将扮演什么角色?最理想的是中国从内转向外,从引进者、模仿者、学习者变成贡献者、领导者甚至价值观的引导者。中国很多的文化理念和历史以及价值观会去影响世界,而不只是被世界所影响。在这个过程中,中国崛起是和平的,不但对世界没有危害,而且通过价值观、信仰、思想和精神引导世界,做出贡献。

强世功:理解中国体制不能只看1982年宪法,一定要把中国共产党的党章纳入到宪政体制理解。最近中央提出党内法规的五年规划,在党的运作方面完全法治化。法治中国不仅要看政府,还要看党。党和政府在新的宪政框架下,在党章和宪法的互动机制里,将产生新的政治理论思潮、法学思潮。

汪晖:中国改革是当代世界提出的挑战,远比学者解释的更广阔深刻。要找到新的概念和范畴描述这些新挑战。如果没有对这些新现象的把握,就会受语言的误导走到别的方向,没有抓住今天的问题到底哪些是新的、哪些是旧的。

(数据版权:环球时报 2013-12-11 第3194期 第14版|国际论坛 本文整理自环球时报2014年会"中国改革劲,亚太变数多"第一议题"聚焦十八届三中全会:绘制改革新蓝图"的发言讨论,该议题由杨锐主持。)

三中全会将为全体中国人创造机会

十八届三中全会已确定在11月9日至12日召开,全会将研究全面深化改革,令舆论高度期待。

这次会议是党的中央全会,但中国全社会对它的关心度极高,这种关心实际上也是一种参与。三中全会的成功不仅取决于它自身开好,做出重大决定,还取决于中国社会对改革形成全面、准确的认识,并与党的决策高效互动。

同十一届三中全会相比,十八届三中全会面对的中国社会环境已大为不同。那时改革的决策以及对改革的推动几乎完全来自中央,而今天,改革不仅是党和政府的事,从改革的决策到它的展开,社会意见的影响无处不在。

由于中国社会越来越多元化,不同群体的利益冲突越来越明显,这增加了中国上下互动的挑战。如今影响中国的不仅有主流意见,一些非主流意见也能通过在舆论场放大声音施加影响。

社会各界现在需要准确认识中国的改革。从1978年开始,三十多年过去了,进一步深化改革将带来更复杂的利益触动,大概不会再有让全社会立竿见影一起受益的"肥项目"了,今后改革见效周期会更长,因利益调整一时感觉"被动了奶酪"的人会比改革初期多,支持改革不是表现在口头上的,积极配合改革的利益调整才是真的。

现在舆论中有一种较强的声音:改革就是改官方。这有一定道理,但远不全面。除了政府,其他从以往改革中获益较多的群体也需有在利益上做一些退让的思想准备。如果大家都想着从改革中迅速分红,都认为改革必须立即给自己兑现利益,那么博弈就会成为改革进程的主导面,甚至可能失控为社会分裂和对抗。

近年中国出现较普遍的"钉子户"现象,而且"钉子户情结"已被舆论部分合理化。"钉子户"过去常是弱势者,现在强势的"钉子户"越来越多。我们决不能让这种情结扩大到改革当中去,不能让国家的改革也总是遇到"钉子户"。

改革是解决中国发展中问题的主要方式,由于中国的国家路线已经确定,今后的改革越来越具有改进国家治理的技术性意义。不断有人热衷对改革做过度政治解读,从每一项改革中挖掘它的"政治意义"。这对改革的平稳进行不是什么好事。应当反对带着意识形态的痴迷解读所有改革。

改革不能鼓励"等靠要"。改革既需要中央的决策,也需要各地涌现大批的探索者。改革的成功有赖中央正确决策与基层探索努力的对接。自己改革不力,就抱怨上面的政策不好,这种牢骚只会让一个地方或一个圈子滑向改革的边缘。

即将召开的十八届三中全会意义重大,它会促成中国进一步深化改革的大势。但一个人要成功,一个地方要成功,必须有应势而为、大胆开拓并付出艰苦努力的断然跟进。每一轮改革都有成功者,也都有坐失良机者,过去这样,今后还会是这样。

中国是当今世界成功机会最多的国度,十八届三中全会必将进一步让中国成为"机会之国"。机会在中国除了多,还会变得更加公平,这是全社会的愿望,也是三中全会最关切的工作方向之一。机会属于愿闯肯干的人,属于积极乐观的人,而且属于能坚持有耐力的人。我们大多数人都将在三中全会的现场之外,但我们又都会因为它而面临新的机会选择。

(数据版权:环球时报 2013-10-31 第3159期 第14版|国际论坛 作者:环球时报)

改革能力的竞争决定大国兴衰

十八届三中全会全面深化改革的《决定》震动了世界,它是全球政治的大事件。这个世界仍很大程度上是大国竞争的世界,而大国兴衰主要取决于它们的改革能力。如果三中全会的《决定》全面落实，中国的综合实力有可能在10年内达到与美国的同一层级，这将导致全球力量分布格局的历史性改变。

改革的概念在全世界都是正面的，但真正有能力发动改革并将其有序坚持下去的国家很少。上世纪八十年代戈尔巴乔夫抱着理想主义的书生气发动苏联改革，国家很快全面失控并解体，苏联的失败验证了大国改革的特殊难度。

西方国家总体上在享受前人积累的成果，改革的实际意愿不强。奥巴马是把"改变"喊得最响的西方领导人，美国也是西方改革能力最强的国家。中美21世纪的改革竞争不可避免，就改革能力来说，两国各有千秋。

中国的改革意愿明显高于美国。三十多年的改革深刻改变了中国，这个国家从上到下都认为改革没有尽头，它就是社会前进的主要方式。我们永远觉得自己的体制有缺陷，需要完善。而不仅发达国家，连越南、古巴也有值得我们借鉴的地方。中国对改革的高度信奉恐怕是当今世界独一无二的。

美国没有全国性的改革紧迫感。美国人似乎坚信他们的体制没问题，即使有问题顶多做些微调就够了。奥巴马的"改变"更像是口号，并未转化成全社会的真正危机感。他们不像中国人把问题看得很重。从苏联晚期走向衰落开始，美国事实上全球无像样对手，就像"九段棋手"长期同一群"臭棋篓子"下棋，美国的战略进取心被下低了。

然而这并非是说美国已是没有改革能力的国家。美国的政府比中国弱，但美国社会的创新能力强。美国市场发达，法律完备，对创新的鼓励和保护都十分强大，这一点还是中国社会比不了的。有人据此认为，把政府和社会改革能力综合起来看，中美的改革资源大体是"平手"。

中美体制都不是完美的，今后要看谁能迈出改革的实际步伐。中国建立更公平的市场秩序和社会秩序必须在调整利益格局上动真格。美国也看到一些经济和社会问题，比如200年前自由拥枪有道理，当时的移民需要对付野兽和印第安人的攻击，现在持枪都用来打同学和邻居了。还有美国的产业空心化问题等。

中国改革首先依靠各级执政团队的领导力，改革的杠杆比较明确。美国主要靠社会和市场蕴藏的自发改革动力，政府领导力是辅助性的，因而不确定性更多。

中国改革的重要方向就是扩大社会和市场的活力，与美国相比，我们在"补缺"。但从美国一些明确应该办却办不成的事情，比如严格管理枪支等，我们应当同时看到中央权威的可贵。中国改革大概不应仅仅是对社会和市场潜力的释放，而应是创造中央权威同社会市场巨大活力的最佳结合版。

我们总体上看好中国在全球改革竞争中的进一步胜出。大国的改革一旦走上轨道就会形成惯性，十八届三中全会是在既有惯性的基础上又一次战略性发力。而美国社会总体上仍处于冷战胜利的那一波惯性中，他们仍把中国当暴发户看，他们没意识到改革已是中国体制的最大元素，他们当中的很多人仍认为中国的改革成功是一个"苏联式共产主义国家"偶然撞上了大运。

　　西方赢在先发优势，如今懒于应变。中国是后发国家，但后发优势也不是用之不竭的，它需要不断续力并且升级。中国改革的确任重道远。

　　（数据版权：环球时报　2013-11-21　第3177期　第14版 | 国际论坛　作者：环球时报）

四 公共政策：公共利益与价值判断

- 54.7%的受访者认为，"北京、河北两地的雾霾天气可能拖后腿"是北京和张家口申办奥会的最大挑战
- 近八成受访者认为北京出现严重雾霾天气的主要原因是"机动车过多"
- 50.1%的受访者认为国防经费"增幅合理"
- 超半数受访者不支持将斯诺登引渡回美国

九成受访者 支持京张申冬奥

——北京和张家口申办冬奥会公众态度调查

中国奥委会本月5日透露，北京市和河北省张家口市正式向中国奥委会提出申办2022年冬季奥林匹克运动会的申请。对于本次申办冬奥会，公众持怎样的态度，对成功申办的信心有多大？为了解中国民众对以上问题的看法和态度，环球舆情调查中心在全国七大区域的18个城市普通居民中间开展调查。结果显示，近九成受访者支持北京和张家口申办冬奥会；近九成人认为此次申办"肯定会胜出或存在胜出的可能"。15岁至29岁的青年组受访者对申办冬奥会支持度最高。另外有54.7%的受访者认为，"北京、河北两地的雾霾天气可能拖后腿"是申办冬奥会的最大挑战。

本次调查采用在线样本库随机抽样的调查方式进行数据收集，所有样本均从环球舆情调查中心在线会员库通过配额抽样的方法获得，所有问卷均由受访者自愿填答完成。调查的范围主要为北京、上海、广州、成都、西安、长沙、沈阳7座城市，同时涵盖本次冬奥会的申报城市张家口市，以及张家口所属河北省的邯郸、石家庄、保定、唐山、沧州等其他10个地级城市，共18个城市。调查对象为15岁以上普通民众。调查时间为11月6日12:00至11月6日18:00，共回收有效问卷1461份。

调查结果显示，86.1%的受访者表示"支持"京张申办2022年冬奥会，5.1%表示"不反对"，有4.5%的人"反对"，剩余4.3%持无所谓态度。有意思的是，对该问题的差异分析发现，张家口市受访者对申办冬奥会的支持度最低，为82.7%，北京为86%，两地的反对声音高于其他非申办城市。

在被问及京张申奥"能否在众多竞争者中胜出"时，44.4%的受访者认为"肯定能"；44.3%的人有一部分信心，认为"也许能"；3.3%的人认为"不能"；剩余8.0%选择"不知道，不好说"。对该问题的差异分析显示，河北省受访者对初次申办冬奥会成功的信心高于北京和全国其他城市，尤其是河北其他非申办城市受访者的信心最足。

据专业人士解读，北京和张家口虽然具备申报冬奥会的自然条件、基础设施和办赛经验等多方面的优势，但劣势依然存在。在公众看来，"北京、河北两地的雾霾天气可能拖后腿"被认为是最大的挑战，54.7%的受访者提及此项；第二大挑战是"国际奥委会惯例，一大洲不能连续举办两届奥运会。2018年冬奥会在韩国举行，所以2022年不太可能在中国"，提及率为29.8%。相比之下，受访者对其他挑战的提及率很低，认为两城市申办冬奥会的最大挑战是"东北地区比这两个城市申办条件更成熟"、"中国人对于冰雪项目没有参与和观看的热情"、"两城市的比赛场馆和设施还不够完善"的受访者比例均不超过一成。

"这个调查结果比较合理"，北京大学中文系教授张颐武6日接受《环球时报》记者采访时说，大部分中国民众支持京张联合申办冬奥会，这才是主流民意，和互联网上反对声音居多的虚像形成鲜明对比。对于张家口市受访民众对申办冬奥会的支持度"最低"，张颐武认为，张家口是个中小城市，其民众对本地的国际化程度和承载能力有所顾虑，这是正常的。他认为，雾霾问题近来成为华北地区最关注的问题，但这不应该成为京张申办冬奥会的障碍，相反应为这两地拿出切实措施治理的契机。

（数据版权：环球时报　2013-11-07　第3165期　第12版|娱乐与体育　作者：王盼盼）

第一部分　主要发现

发现一　近九成受访者支持北京和张家口申办冬奥会

调查显示，对于北京和张家口申办2022年冬奥会的事，近九成（86.1%）受访者表示"支持"，5.1%的受访者"不反对"，表示"反对"的受访者是极少数，仅为4.5%，剩余4.3%的受访者持无所谓的态度。

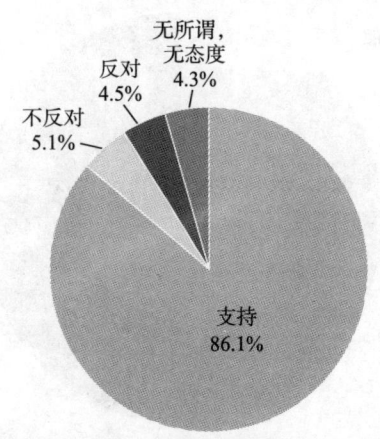

图4-1　您是否支持北京和张家口申办2022年冬奥会？（N=1461）

发现二　近四成半受访者对成功申办冬奥会信心充足

问及"在您看来,北京和张家口本次申办冬奥会能否在众多竞争者中胜出",受访公众表达了较强的信心,总体上,近九成(88.7%)受访者认为肯定会胜出或存在胜出的可能,仅有3.3%的受访者明显没有信心。具体来看,近四成半(44.4%)受访者认为"肯定能"胜出,信心满满;44.3%的受访者有一部分信心,认为"也许能";3.3%的受访者则完全没有信心,认为"不能"胜出;剩余8.0%的受访者对此问题没有明确表态,选择"不知道,不好说"。

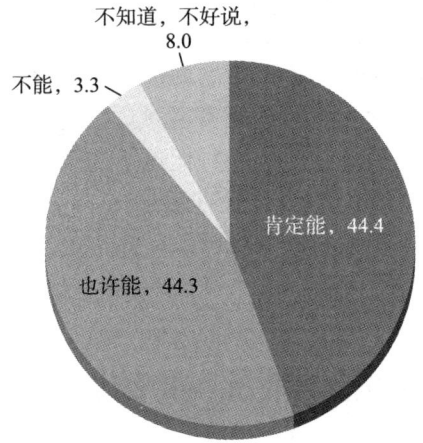

图4-2　在您看来,北京和张家口本次申办冬奥会能否在众多竞争者中胜出?(N=1461)

发现三　近六成受访者对多次申办冬奥会成功表达了强烈的信心

如果北京和张家口本次申办冬奥会不能胜出,公众对多次申办最后成功

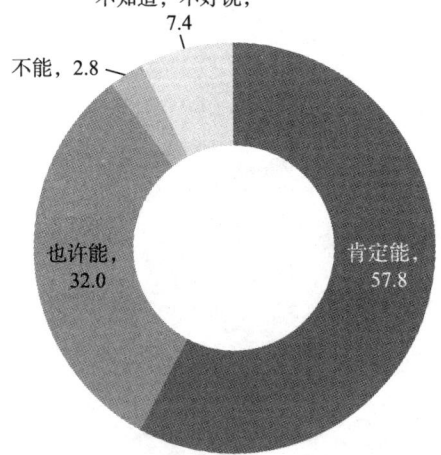

图4-3　在您看来,如果北京和张家口本次申办冬奥会不能胜出,能否通过多次申办最后成功?(N=1461)

四、公共政策：公共利益与价值判断

的信心又有多大呢？调查得知，如果多次申办，受访公众对成功的信心更为强烈。总体上，有近九成（89.8%）受访者认为存在胜出的可能。具体来看，近六成（57.8%）受访者认为"肯定能"胜出，比认为首次申办肯定能成功的受访者比例提高了 13.4 百分点；32.0% 的受访者有一部分信心，认为"也许能"；2.8% 的受访者依然很没有信心，认为"不能"胜出；剩余 7.4% 的受访者对此问题表示"不知道，不好说"。

发现四　"北京、河北两地的雾霾天气可能拖后腿"被认为是申办冬奥会的最大挑战

据中国奥委会表示，北京和张家口虽然具备申办冬奥会的自然条件、基础设施和办赛经验等多方面的优势，但劣势依然存在。在公众看来，两城市申办冬奥会遇到的最大挑战是什么呢？调查显示，"北京、河北两地的雾霾天气可能拖后腿"被认为是最大的挑战，54.7% 的受访者提及此项；第二大挑战是"国际奥委会惯例，一大洲不能连续举办两届奥运会。2018 年冬奥会在韩国举行，所以 2022 年不太可能在中国"，提及率为 29.8%；相比之下，受访者对其他挑战的提及率很低，认为两城市申办冬奥会的最大挑战是"东北地区比这两个城市申办条件更成熟"、"中国人对于冰雪项目没有参与和观看的热情"、"两城市的比赛场馆和设施还不够完善"的受访者比例均不超过一成，具体为 6.3%、3.7%、3.3%。剩余 2.3% 的受访者对此问题表示"不知道，不好说"。

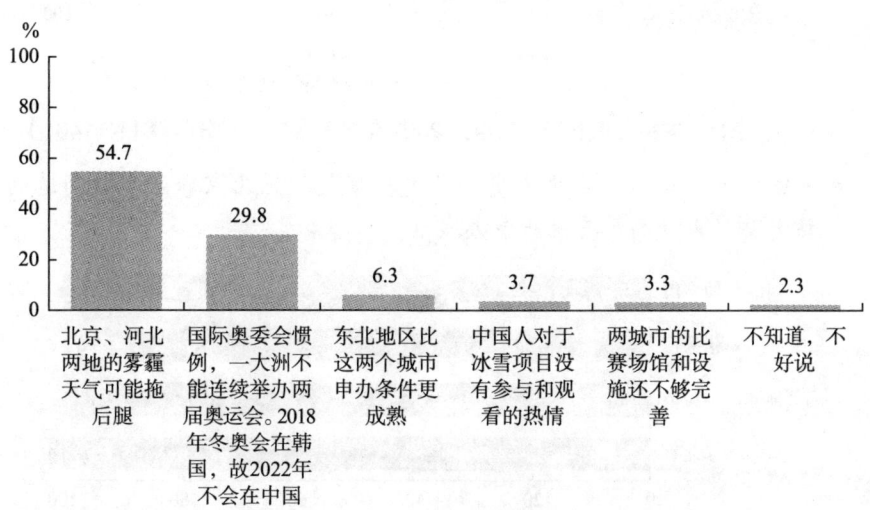

图 4-4　在您看来，北京和张家口申办冬奥会遇到的最大挑战是什么？（N=1461）

第二部分　差异分析

差异一　各类人群对申办冬奥会的支持度差异

反对申办冬奥会的男性受访者比例比女性稍高

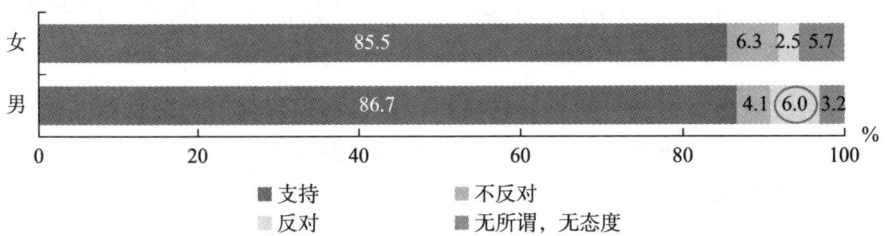

图 4-5　您是否支持北京和张家口申办 2022 年冬奥会？——分性别（N=1461）

- 15-29 岁的青年组受访者对申办冬奥会的支持度最高，受访者年龄越大反对声音越多

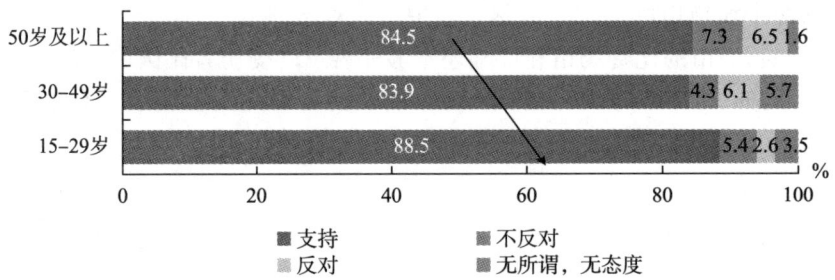

图 4-6　您是否支持北京和张家口申办 2022 年冬奥会？——分年龄（N=1461）

- 张家口市受访者对申办冬奥会的支持度最低，北京和张家口两地的受访者反对声音高于其他非申办城市

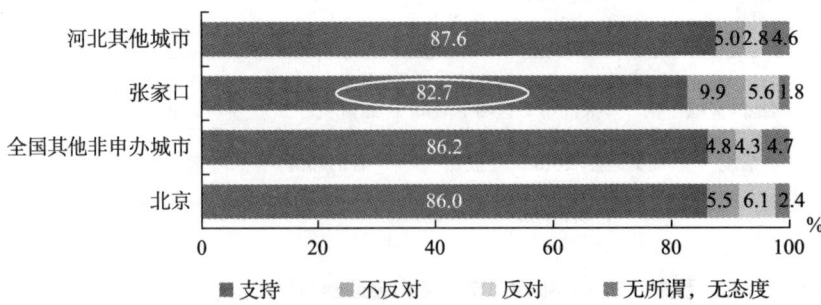

图 4-7　您是否支持北京和张家口申办 2022 年冬奥会？——分城市（N=1461）

差异二 各类人群对本次申办冬奥会能否成功的信心差异

- 男性受访者中对初次申办冬奥会胜出具有强烈信心和没有信心的比例均比女性稍高

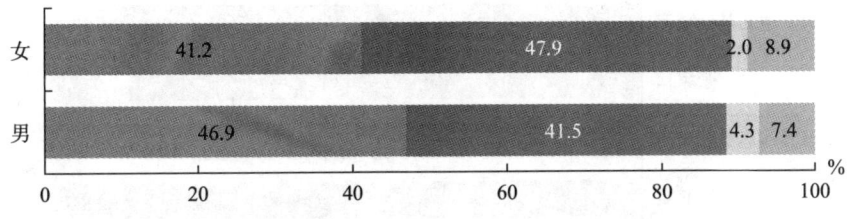

图 4-8 在您看来，北京和张家口本次申办冬奥会能否在众多竞争者中胜出——分性别（N=1461）

- 受访者年龄越小，对初次申办冬奥会胜出的信心更为强烈，中年组（30-49 岁）受访者中信心明显不足的比例高于其他两个年龄组

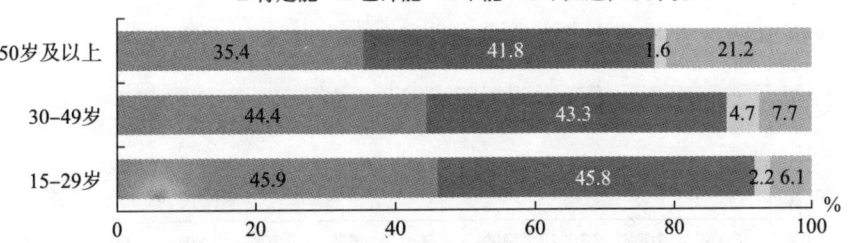

图 4-9 在您看来，北京和张家口本次申办冬奥会能否在众多竞争者中胜出——分年龄（N=1461）

- 初中及以下低学历组受访者对首次申办冬奥会能够胜出的信心最足

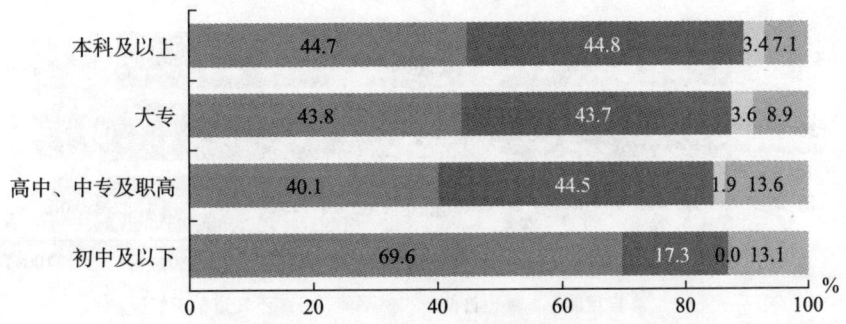

图 4-10 在您看来，北京和张家口本次申办冬奥会能否在众多竞争者中胜出——分学历（N=1461）

- 河北省受访者对初次申办冬奥会成功的信心高于北京和全国其他城市，尤其是河北其他非申办城市受访者的信心最足，张家口受访者的信心高于北京，对成功申办没有信心的受访者比例在张家口最为集中

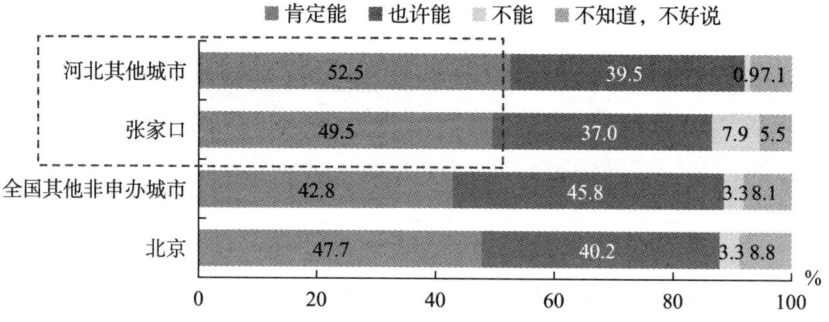

图 4-11　在您看来，北京和张家口本次申办冬奥会能否在众多竞争者中胜出——分城市（N=1461）

差异三　各类人群对多次申办冬奥会能否成功的信心差异

- 男性受访者对多次申办冬奥会成功的信心比女性更强烈

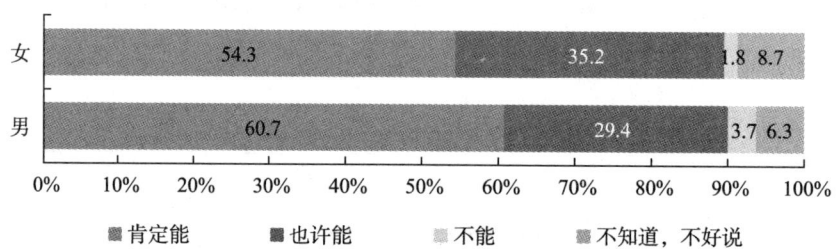

图 4-12　在您看来，如果北京和张家口本次申办冬奥会不能胜出，能否通过多次申办最后成功——分性别（N=1461）

- 受访者年纪越小，对多次申办冬奥会成功的信心越强烈

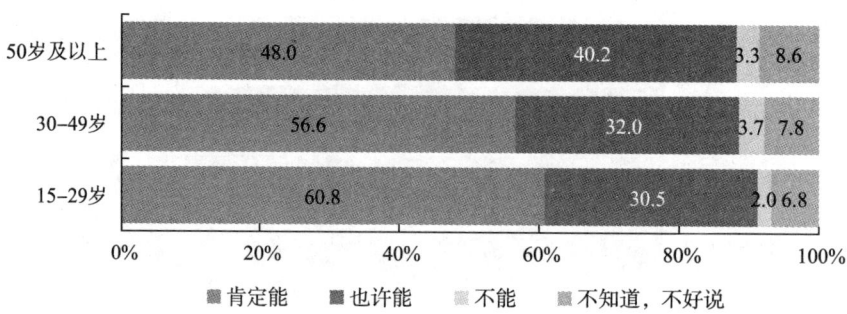

图 4-13　在您看来，如果北京和张家口本次申办冬奥会不能胜出，能否通过多次申办最后成功——分年龄（N=1461）

四、公共政策：公共利益与价值判断

- 初中及以下低学历组受访者对多次申办冬奥会成功的信心最强烈

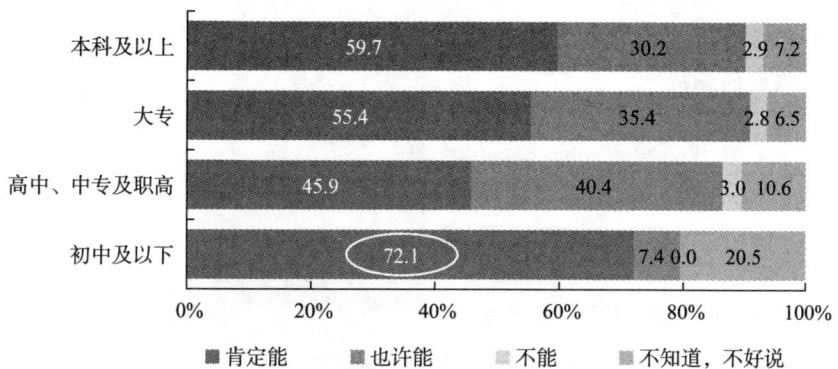

图4-14 在您看来，如果北京和张家口本次申办冬奥会不能胜出，能否通过多次申办最后成功——分学历（N=1461）

- 河北其它非申办城市对多次申办冬奥会成功的信心最强烈

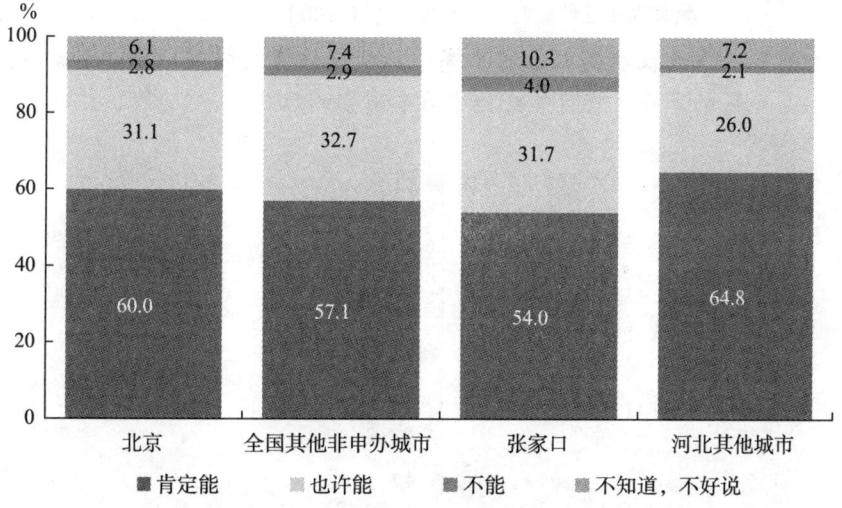

图4-15 在您看来，如果北京和张家口本次申办冬奥会不能胜出，能否通过多次申办最后成功——分城市（N=1461）

差异四　各类人群对申办冬奥会挑战的认知差异

- 男性受访者比女性更加看重北京和华北地区的雾霾天气对申办冬奥会构成的挑战

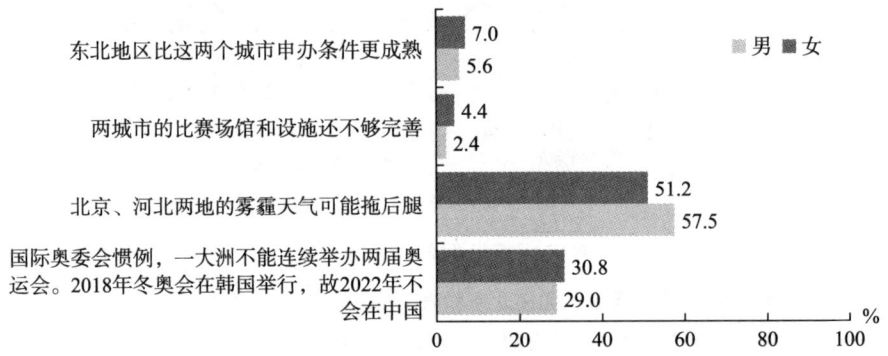

图 4-16　在您看来，北京和张家口申办冬奥会遇到的最大挑战是什么？——分性别（N=1461）

- 高中、中专及职高以上的中高学历组受访者更强烈地意识到北京和华北地区的雾霾天气可能会拖申办冬奥会的后腿

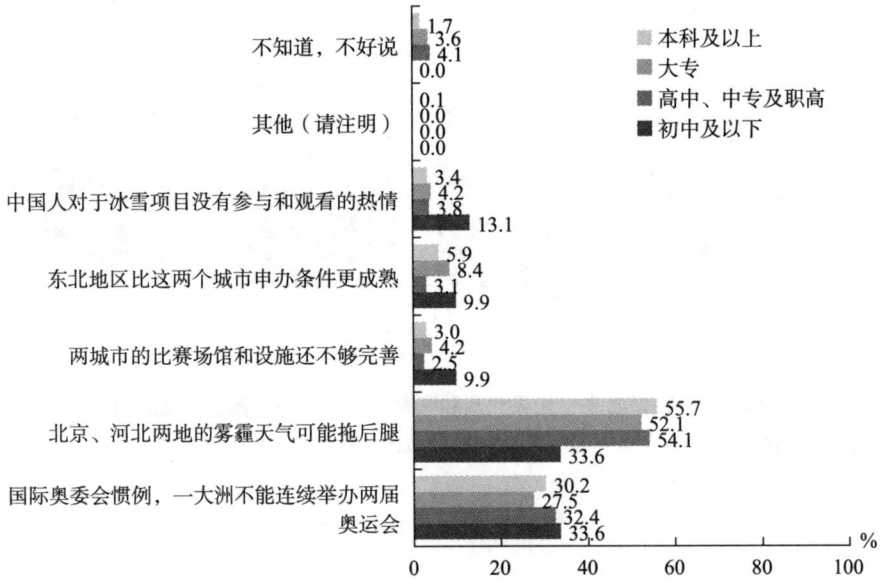

图 4-17　在您看来，北京和张家口申办冬奥会遇到的最大挑战是什么？——分学历（N=1461）

四、公共政策：公共利益与价值判断

- 北京和河北其它非申办城市受访者更强烈地意识到北京和华北地区的雾霾天气可能会拖申办冬奥会的后腿

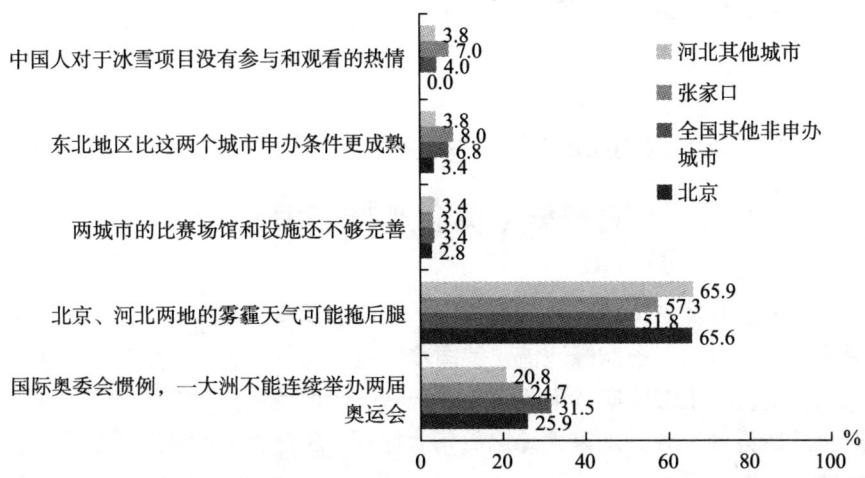

图 4-18　在您看来，北京和张家口申办冬奥会遇到的最大挑战是什么？——分城市（N=1461）

相关文章链接

同性恋组织递交请愿书　美德英名人呼吁别参赛

俄索契冬奥会遭抵制浪潮

一股抵制索契冬奥会的浪潮近日猛然袭向俄罗斯，人权组织、同性恋团体、国会议员、政府部长一窝蜂地借"美国冷落俄罗斯"之力，向俄罗斯发泄积压许久的不满，要求俄罗斯"不要再恐吓记者"，"取消反同性恋法律"，"惩罚俄罗斯包庇斯诺登"等。加拿大《温哥华太阳报》8日说，俄罗斯冬奥会受到西方围攻。抵制声浪看起来声势不小，并引发人们一连串并不美好的奥运记忆，1980年和1984年美苏相互抵制在对方国家举办的奥运会。"历史事件总是会重复出现，第一次是悲剧，第二次是闹剧。"俄塔社引用黑格尔的名言形容西方出现的风波，并相信美俄政治紧张关系不会影响索契冬奥会。俄罗斯舆论也普遍自信，有俄国家杜马议员说："如果我们是罗马尼亚那样的国家，或许我们是应该听一下他们的意见，但我们是强大的俄罗斯，没必要理会这些言论。"

俄患上"奥林匹克头痛"

"距离索契2014年冬奥会仅6个月，美国总统奥巴马、英国著名演员和作家史蒂芬·弗莱、美国演员乔治·竹井、国际同性恋人权团体却全部加入到对这场体育赛事的围攻当中"，《温哥华太阳报》8日报道了俄罗斯面临的"严峻形势"，并说这些人的主要诉求是反对俄罗斯上个月生效的"反同性恋法律"。报道称，这一本来就引发抗议的问题在7日获得更多批评，奥巴马早就对俄罗斯窝藏泄密者爱德华·斯诺登的做法恼羞成怒，他取消了9月与普京会面的议程，并在接受电视台采访时称，没有耐心与一个区别对待同性恋者的国家沟通。另外，莫斯科7日赶在田径世锦赛周六开始前举行招待奥委会领导人的会议，让同性恋团体找到了吸引媒体关注的机会。

在一些报道看来，围攻冬奥会扯上奥巴马有"拉虎皮、扯大旗"的嫌疑。"奥巴马在电视节目中谴责俄罗斯的反同性恋法律，但并没有呼吁抵制索契冬奥会"，美国有线电视新闻网在报道中点出这一信息，但同时又称，俄罗斯的反同性恋法与希特勒在1936年奥运会前通过的反犹太人法非常相似，世界应该质询一下俄罗斯到底想干什么。报道说，没有人能够预测到未来，但是奥巴马的讲话显示,他已经从过去奥运会的历史中学到重要教训:"对姑息邪恶保持沉默是一种毫无意义的努力,因为邪恶从来都不会感到满足。"

周三,有32万人签名联署的请愿书被递交给国际奥委会,反对俄罗斯通过的有关同性恋的法律。递交请愿书的同性恋组织敦促国际奥委会谴责俄罗斯的这项法律,敦促俄罗斯确保所有游客、运动员和俄罗斯人民在索契冬奥会举办前后的安全。美国有线电视新闻网说,抗议人士已经从全世界的众多酒吧抵制俄罗斯的伏特加,演变成呼吁抵制索契冬奥会的运动。

英国《独立报》称,运动员、演员和政治家纷纷谴责俄罗斯当局煽动反同性恋情绪。英国著名演员史蒂芬·弗莱更是将其与纳粹德国对犹太人的仇视情绪相提并论。他7日给英国首相卡梅伦和国际奥委会高层发了一封公开信,要求"国际奥委会应该坚决地站出来,代表它本该代表的人类共性,反对普京让俄杜马通过的这一野蛮、法西斯主义的法律。"

在批评者的队伍中,不乏政治人物的身影。德国《中巴伐利亚日报》8日以"韦斯特韦勒批评俄罗斯"为题说,俄罗斯的反同性恋法律已引起公愤,德国同性恋外交部长韦斯特韦勒呼吁,莫斯科当局停止对同性恋者的暴力行为。德国司法部长施纳伦贝格几天前就间接呼吁运动员抵制索契冬奥会,声称俄罗斯的法律违反欧盟人权公约,"运动员完全有权不去参加比赛,政治人士也有可能拒绝出席此次体育盛事。"

德国《焦点》周刊8日一篇很情绪化的文章写道,一个"独裁总统"锁定了同性恋者,这让俄罗斯在需要田径世锦赛、奥运会和世界锦标赛等积极新闻时,却迎来"惊天丑闻",俄罗斯形象严重受损。

"反同性恋法律令俄罗斯患上奥林匹克头痛",英国体育频道报道称,不过,抵制俄罗斯冬奥会的呼吁主要源自美国,上个月美国议员就因为斯诺登事件而发出这种呼吁。

俄不怕"抵制奥运"杂音

俄塔社8日称,西方国家第一次抵制在莫斯科举办的奥运会是1980年抗议苏军入侵阿富汗。那是一场悲剧。而30多年后,西方社会再次出现抵制索契冬奥会的声音,就是一场闹剧。俄专家认为,此次西方国家发出这一噪音,目的主要是抹黑俄罗斯形象,但这些噪音并不会影响奥运会的举行。虽然近期斯诺登事件造成俄美关系恶化,但美国总统已明确表示反对抵制奥运会,一些西方国家领导人表明同样的立场。这是俄罗斯软实力的一种体现。

对于西方的批评,俄罗斯表现出灵活的应对手腕。据俄罗斯《观点报》报道,俄体育部长穆特科表示,没有人打算干预冬奥会参与者和来宾的私生活,但所有来宾必须遵守俄罗斯的法律,如果运动员在大街上宣传同性恋,将被追究责任。俄外交部人权、民主与法治问题全权代表多尔戈夫表示,将奥林匹克运动和体育比赛政治化的企图违背奥运会精神,将适得其反,"所有客人和奥运会的参加者都将受到热情接待。但他们必须严格遵守俄罗斯的法律,尊重我们国家习俗和传统。"

负责筹备索契冬奥会的俄副总理科扎克7日表示,索契冬奥会期间非传统性取向者在权利上不会受到任何侵害。他表示:"关于禁止在儿童及青少年中间进行同性恋宣传的法律与迫害非传统性取向者没有任何关系,而且只规定不许在未成年人中间宣传。"他还表示,尽管部分人士担心同性恋者的权利可能受到侵害,但在这方面并没有发出抵制冬奥会的正式呼吁,"国家和政府层面上还没有这样的建议,我非常希望任何抵制像冬奥会这样活动的呼吁在历史上不会再出现。"

俄罗斯对冬奥会的重视程度和筹备工作也没受太大影响。据俄新社报道,总理梅德韦杰夫7日高度评价索契冬奥会准备情况。索契冬奥会官方网站在首页说,索契冬奥会将留下无价的遗产,给索契这座城市注入新的活力,索契将成为俄罗斯和世界其它城市的榜样。"索契2014"组委会新闻处8日表示,一项调查显示,几乎所有俄罗斯受访者(97%)都清楚2014年即将举行冬季奥运会,83%的俄罗斯人支持举行奥运会。

事实上,抵制冬奥会在西方舆论中并未占据主流。美国ESPN网站的评论说,还有6个月索契冬奥会就要开幕,一些美国人呼吁再次抵制俄罗斯举办奥运会。有趣的是,这些呼声分别来自左派和右派。左派抵制的原因是俄罗斯通过了新的反同性恋法律。右派抵制的原因是俄罗斯向斯诺登提供了政治避难。然而,不管两派观点如何,他们都错了,美国不应该抵制冬奥会。美国抵制1980年莫斯科奥运会并没有对苏联入侵阿富汗带来影响,苏联抵制1984年洛杉矶奥运会也没有对美国带来影响。

抵制奥运会是件困难的事情,美国《赫芬顿邮报》7日出主意称,不要抵制,而是直接禁止俄罗斯参加自己主办的冬奥会,只有这样才"真正能给克里姆林宫一记响亮耳光"。文章称,对俄罗斯实施奥运禁令听起来可能像攀登一座高峰一样困难,但是历史上并不缺乏类似的先例。南非曾因实施种族隔离政策而一直被禁赛至1992年。最近的例子是,国际奥委会因印度政府干预该国奥委会选举,暂时终止印度的成员资格。

"我们是强大的俄罗斯"

俄罗斯没有必要重视那些人权分子的说法,因为"我们是强大的俄罗斯",俄《晨报》7日援引杜马议员米洛诺夫的话表现民众的普遍心态。根据皮尤调查中心的民调,在西方一片反对声中,有84%的俄罗斯人认为,俄罗斯社会应该拒绝同性恋。有分析称，这与东正教的传统有关，俄罗斯东正教大牧首基里尔近日说，同性婚姻是一种末日启示，它意味着人类选了一条自我毁灭的路。当地媒体报道称，基里尔大牧首发表上述言论时，总统普京在台下不住点头。

俄在最近的俄美冲突中同样显示出"不怕事的强大俄罗斯"心态。据路透社报道，斯诺登的父亲朗·斯诺登相信，普京不会在美国政府的压力下改变不将其儿子引渡回美国的想法。朗·斯诺登向路透社表示："他（普京）已经展现出可以抵抗来自美国政府的严峻压力，我相信他将延续这种做法。我相信'好，我不会出席此次会晤'或'我不打算出席另一场会谈'之类的游戏不会令普京总统屈服。"朗·斯诺登希望能在本月前往俄罗斯探望儿子。

另据俄新社报道，俄联邦国防部副部长安东诺夫8日表示，俄外长拉夫罗夫与国防部长绍伊古出席的俄美两国外长与防长"2+2"会议将于周五举行，俄国防部希望与美国进行具有建设性的磋商，预计讨论的问题将包括"阻碍向前发展"的问题，首先是反导问题。

"奥巴马不访问莫斯科另有隐情"，"俄罗斯之声"的报道认为，单方面取消任何峰会，都是相当严重的决定。因此，莫斯科不能不对奥巴马的这一举措感到失望。俄罗斯专家们认为，奥巴马做出这样的决定是不得已的外交举措，目的是为了让国会中共和党反对派满意。大多数俄罗斯专家相信，没必要对白宫的这一步骤做出戏剧化反应，不认为这一举措可对俄美关系造成什么损害。

而俄新网则持另外一种观点，认为"俄美关系将'冻结'到2017年"。文章称，专家们认为，美国取消与俄的首脑峰会不仅造成两国关系新的"寒冷"，而且表明美改变了对外政策方向。俄罗斯已不再是奥巴马第二任期的优先方向。这意味着，到奥巴马任期届满前，两国关系将一直处于"寒冷的世界"。克里姆林宫消息人士表示，拒绝峰会将导致严重的政治后果，俄美关系进入"寒冬"期。

（数据版权：环球时报　2013-08-09　第3096期　第1版 | 要闻　作者：谌庄流　林雪丹　孙微　青木　陈一　柳直）

再申办具有象征意义　雾霾天或成最大障碍

北京申办冬奥会再成热点

第一次联合申奥，争做第一个"双奥运"城市，挑战大洲轮办惯例，迅速解决空气污染难题，机遇与挑战令北京"再申奥"成为世界舆论关注的焦点。路透社6日称："尽管在开始时颇有争议，但不可争辩的是，2008年北京奥运会受到了世界范围内的广泛好评。"德国新闻电视台则说，北京申办冬奥会不仅是北京希望促进冬季运动在中国的发展，同时也展示了自信，对中国来说，申奥过程也是一次进步。

拉动效应受关注

"5年前刚刚举办过夏奥会的北京又申办冬奥会了，这让人多少感到意外。"德新社6日评价说。对于这种积极办奥运的初衷，法新社解读为"趁热打铁"。该社6日报道称，在中国奥委会看来，北京市和河北省张家口市具备成功举办冬奥会的基础设施和自然条件。北京奥运会遗留下来的一些场馆将被再利用，而张家口市周围有多个可人工造雪的滑雪场。另外，中国将于年内开工连接北京至张家口的城铁，将张家口到北京的旅行时间从目前的4小时缩短至40分钟。

香港《文汇报》6日分析称，北京5年前举办完夏季奥运会，具备有利的条件和成熟的服务经验。张家口与北京一起申办，就地理上而言可起到一个弥补作用，"北京经济强势，张家口是传统贫困地区，如果这次申办成功则能带动整个京津冀地区经济的发展"。

日本NHK电视台6日称，中国政府此次支持北京和张家口联合申冬奥，目的是为了进一步提高国际影响力，推进经济发展。韩联社也在6日的文章中分析，本次申办体现出奥林匹克运动在中国持续扩散。为了显示中国的国力和国际影响力，北京再次挑战冬奥会。另外《朝日新闻》称，在亚洲连续举办奥运可能性很小的前提下仍提出申办，北京或许是想借此提速整治严重的大气污染问题。

能否打破"奥运潜规则"存疑

尽管德国慕尼黑市分管体育的副市长斯特罗比尔表示北京是"强大对手"，但她也认为"北京获胜的可能性极小"，她认为面对挪威首都奥斯陆、哈萨克斯坦城市阿拉木图、波兰城市克拉科夫、乌克兰城市利沃夫和北京等几个潜在对手，慕尼黑的优势在于"冬季运动在我们这儿有悠久传统，我们还有许多优秀的运动员。当然，我们还有热爱运动的观众。这是一次世界性的机会。"

韩国《亚洲经济》6日称，韩国平昌是2018年冬奥会主办地，这有可能成为北京申办的一个主要障碍，因为奥运会历来有各大洲轮流举办的惯例。美联社也认为2018年冬奥会在韩国平昌举行，2020年夏奥会在东京举行，因此2022年冬奥会留在亚洲的机会"看上去很渺茫"。《澳门日报》6日也撰文表示，如果北京申办冬奥会成功，那真是打破了国际奥委会的惯例。

突破障碍得靠合力

"北京的加入进一步证明，冬奥会没有过时"，德国《莱茵邮报》6日以"北京和利沃夫对抗慕尼黑"为题表示，世界第二大经济体的首都北京和撑竿跳传奇人物布勃卡"代言"的乌克兰利沃夫，成为慕尼黑的强大对手。其实对慕尼黑而言，该市只有在11月10日的市民投票表决后才能确定是否和北京站在同一起跑线上，竞争成为奥运史上第一个既举办夏奥会也举办冬奥会的城市。

对于北京申冬奥的"对手"慕尼黑而言，天时地利或许不成问题，"人和"倒成障碍。德国联邦环保协会代表梅格内尔表示，"冬奥会如果在巴伐利亚阿尔卑斯山区举行，会破坏自然环境。"慕尼黑"对奥运说不"运动组织则警告，由于冬奥会投入巨大，可能产生"预算危机"。该组织还设计了"反冬奥会"海报贴在慕尼黑市内。北京和张家口在申办过程中也会面对类似问题，获得民众的支持显得尤为重要。

（数据版权：环球时报　2013-11-07　第3165期　第12版|娱乐与体育　作者：环球时报）

"成功举办夏奥会"优势明显 "大洲轮办潜规则"突破很难

京张申冬奥在索契引热议

北京奥申委8日在索契召开了申办2022年第24届冬奥会的新闻发布会。北京市副市长、北京奥申委副主席杨晓超在发布会上向各国记者介绍了北京和张家口的申办工作进展。尽管大多数媒体认为奥运会邻届不同洲的"潜规则"将让北京无法成为最大热门，但正如"德国之声"电台网站9日所说，北京"有希望成为首个同时举办过夏季和冬季奥运会的城市"。

"北京有成功举办夏季奥运会的经验，因此有能力举办一届高质量的冬奥会。"9日，俄罗斯新区域通讯社的记者诺尔谢耶娃在索契对《环球时报》记者表示，她虽未参加8日的发布会，但很关注北京和张家口的申奥活动。

而2008年的成功，也是众多外国媒体眼中北京的一大优势。法新社9日称，中国虽从未举办过冬奥会，但2008年夏季奥运会的成功，是中国登上世界舞台的一座里程碑。

据俄塔社9日报道，在北京申办2022年冬奥会发布会后，俄罗斯体育部长穆特科表示，俄罗斯支持北京申办。他说，俄罗斯有索契申办成功的经验，而对曾成功举办2008年夏季奥运会的北京，其威望、能力和组织及举办奥运会的条件都非常有优势。

除举办奥运会的经验外，完善的基础设施也是北京和张家口的一大优势。

英国广播公司（BBC）称，杨晓超在新闻发布会上还介绍，北京奥运村、媒体驻地距离赛场最远不超过20分钟车程。张家口和延庆区域内的奥运村、媒体驻地距离赛场均不超过15分钟车程。与此同时，北京到张家口的高铁线路预计于2017年竣工。两个城市间的往返时间缩短至一个小时。

香港《南华早报》8日称，这次申办是政府促进张家口经济发展的一种探索。张家口在古代曾是举办运动会的场所。与其他申办城市相比，张家口显而易见的优势是积雪。尤其是在相邻的崇礼县，每年的降雪量超过100厘米。当地的滑雪产业十分繁荣，并吸引了大量外国投资。报道称，虽然国际奥组委将于明年夏天宣布结果，张家口已马不停蹄地做准备。当地很多旅馆和餐馆正开工建设。为培养运动氛围，当地的滑雪场推出低价票吸引民众，该市还计划在当地的小学开设滑雪培训课程，储备运动人才。

德国《商报》8日刊登了一张中国国家主席习近平和国际奥委会主席巴赫在索契奥委会晚宴上微笑握手的照片，称政府和民众的支持，有利于中国赢得申奥的成功。此前，慕尼黑由于全民公投失败，退出竞争，而中国官员在发布会上宣布，约95%的民众支持申奥。

目前北京的竞争对手包括挪威的奥斯陆、波兰的克拉科夫、乌克兰城市利沃夫和哈萨克斯坦的阿拉木图。和这些城市比，北京在纬度上偏低，气候相对较温和，这让北京的自然条件相对这些城市差了一些。

"中国人是伟大勤劳的民族，我想即使没有足够的雪，你们也可以采用人造雪、人工降雪等高科技手段解决。"格鲁吉亚《自由格鲁吉亚报》首席记者别让·纳米切什维利在索契对《环球时报》记者表示，他相信这个劣势对北京不是问题。诺尔谢耶娃认为，冬奥会既然可以在"温暖"的索契进行，在北京就一定也没问题。

法新社说，2018冬季奥运会将在韩国平昌举行，2020年夏季奥运会的主办权也已交给日本东京，分析人士普遍认为，国际奥委会不太可能连续把三届奥运都交给亚洲城市。德国《南德意志报》也认为，中国虽然在国际各个领域赢得冠军，但是这次申奥不会是强有力竞争对手。奥运会不能连续在亚洲举行。不过北京的竞争证明，冬奥会绝对不像奥运的反对者们喜欢说的那样，是一种"过时的模式"。

北京的竞争对手也在冬奥期间展开宣传攻势。乌克兰撑竿跳传奇运动员谢尔盖·布勃卡9日对法新社表示，乌克兰的抗议局势不会影响其申办2022

冬奥会。作为国际奥委会执行委员会成员之一,布勃卡称举办冬奥会能帮助乌克兰更加团结,是"改变国家、改变地区,团结民族"的好机遇。乌克兰政府官员则表示,政府和反对派都将支持申办冬奥会。法新社说,乌克兰此次申奥的一个亮点就是提议利用其崎岖的地形,在市中心建设一条雪橇跑道。此外,挪威首都奥斯陆也在 7 日公布了其设计的 2022 年冬奥会会徽。不过专门报道奥运新闻的网站"insidethegames"称,挪威民众的申奥热情并不高。

(数据版权:环球时报 2014-02-10 第3239期 第12版|娱乐与体育 作者:巴斯 青木 冯国川 柳玉鹏)

近七成人赞成雾霾天北京单双号限行
——关于北京市重度污染的公众意见调查

从1月10日起,我国中东部地区陷入严重雾霾之中,全国半数城市出现大范围连续性严重空气污染。而此次空气污染事件中,作为中国首都的北京被国内外媒体和公众高度关注,雾霾笼罩的京城照片登上了全世界媒体。为了解北京市当地民众对空气污染的看法,《环球时报》旗下环球舆情调查中心于1月14日至15日以电话调查方式对北京市普通居民进行了问卷调查。调查结果显示,近八成受访者认为北京出现严重雾霾天气的主要原因是"机动车过多",七成受访者认为应该在城市发展与环境之间寻求平衡,近七成人同意北京汽车单双号限行。16日接受《环球时报》采访的中国专家认为,中国的环境矛盾越来越突出,百姓抱怨多,政府压力大,必须提高对环境问题的重视程度,改变增长模式。专家说,这是个系统工程,需要过程,但要一年比一年进步。

本次调查的范围包括北京市辖区的十四区两县中15岁以上普通民众。所有样本均通过随机抽样的方法获得。截至1月15日18时30分,共回收有效问卷1009份。本次调查为简单随机抽样,在95%的置信度下,允许抽样误差为3.1%。

当问及"您认为北京出现污染严重的雾霾天气的主要原因是什么"时,有77.7%的受访者认为是"机动车过多",比例最大。认为是"人口过多,导致冬季采暖和大量基础设施建设形成污染源"、"我们正处于高污染高能耗的发展阶段"的受访者分别占63.4%、50.8%。还有31.6%的受访者认为是"周边其他区域输入的污染严重"。选择"政府决策失误"这一项的受访者比例占28.9%。5.9%的受访者认为是除以上所列原因之外的"其他"方面造成的严重污染。另有1.0%的受访者表示"说不清"。

厦门大学人文学院院长周宁16日对《环球时报》表示,北京雾霾天气给我们敲响了警钟。现在需要政府的权威机构对雾霾天气的出现进行科学和透明的解释,以免造成不必要的恐慌。常常是由于政府长期解释不到位,出现公信力危机,给人造成的恐慌大于实际威胁。周宁认为,"中国已经进入高速发展后,负面效应开始出现的阶段,对此我们要冷静对待。"在中国人民大学环境学院环境经济与管理系主任庞军看来,空气污染产生的深层原因还是发展模式问题,是过去几十年对环境问题重视不够,片面追求经济增长的一种后果。

调查中,赞同"在城市与环境保护之间寻求平衡"的受访者比例最高,为70.1%。认为"为保护环境应该让城市发展速度慢下来"、"应加快发展,迅速度过重污染期,回过头来治理环境"的受访者比例均较低,分别为15.4%、9.4%。剩余5.2%的受访者对这一问题表示"说不清"。

针对污染治理问题,有舆论认为限制企业排污和公务车上路非长久之计,最根本的是平衡处理发展与环境关系及加紧出台治污措施。调查中,当问及"有专家提出严厉的限车措施,如单双号限行,您是否同意"时,67.1%受访者表示"同意",28.0%受访者"不同意",4.9%的受访者表示"说不清"。

在问及"您对北京空气污染问题快速好转是否有信心"时,"有信心"的受访者比例超过"没信心"的比例,"有信心"的受访者占到55.7%,"没信心"的比例为39.1%。此外,5.2%的受访者表示"说不清"。

庞军认为,增长模式的改变不那么容易,产业结构、生态保护等都要跟上。目前中国经济中工业所占比重依然较高。如果扣除环境能源因素,中国的GDP增长恐怕要打些折扣。这归根结底还是怎样在追求经济增长和照顾老百姓对身体健康、环境质量要求之间找到平衡点,环境优良应该成为中国梦的一部分。

(数据版权:环球时报 2013-01-17 第2932期 第3版 | 新闻背景 作者:段聪聪)

第一部分 主要发现

发现一 近八成受访者认为北京出现严重雾霾天气的主要原因是"机动车过多"

问及"您认为北京出现污染严重的雾霾天气的主要原因是什么"时,受访者心目中的最主要原因是"机动车过多",有77.7%的受访者选择此项。其次是"人口过多,导致冬季采暖和大量基础设施建设形成污染源"、"我们正处于高污染高能耗的发展阶段"两项,受访者选择率均超过半数,分别为63.4%、50.8%。认为"周边其他区域输入的污染严重"、"政府决策失误"两项是主要原因的受访者比例均超过四分之一,分别为31.6%、28.9%。还有5.9%的受访者认为是除以上所列原因之外的"其他"方面造成的严重污染。另有

1.0%的受访者未表态，选择"说不清"。

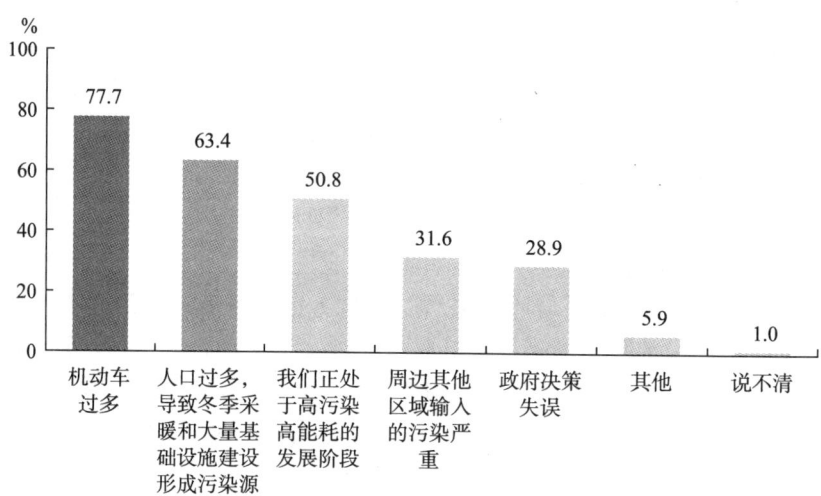

图4-19 您认为北京出现污染严重的雾霾天气的主要原因是什么？（N=1009）

发现二　七成受访者认为应该在城市发展与环境之间寻求平衡

对于"发展与环保"之间的关系，赞同"在城市与环境保护之间寻求平衡"的受访者比例最高，为70.1%。认为"为保护环境应该让城市发展速度慢下来"、"应加快发展，迅速度过重污染期，回过头来治理环境"的受访者比例均较低，分别为15.4%、9.4%。剩余5.2%的受访者对这一问题表示"说不清"。

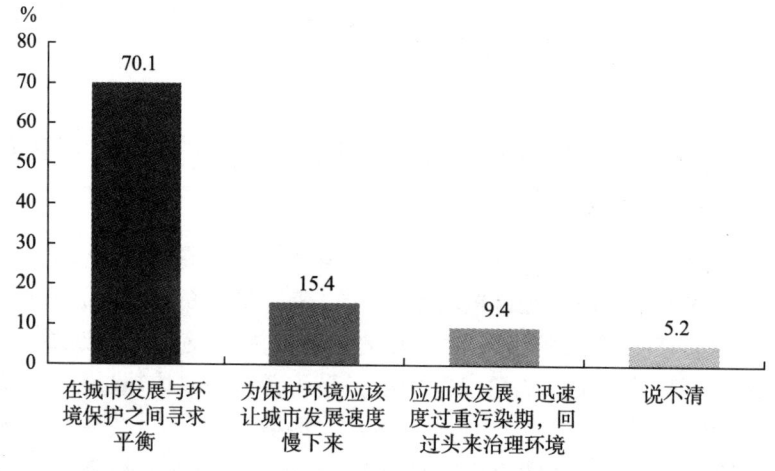

图4-20 您如何看发展与环保的关系？（N=1009）

发现三　超过三分之二的受访者同意北京实行单双号限行

问及"有专家提出严厉的限车措施,如单双号限行,您是否同意"时,有 67.1% 的受访者表示"同意",28.0% 的受访者"不同意",剩余 4.9% 的受访者表示"说不清"。

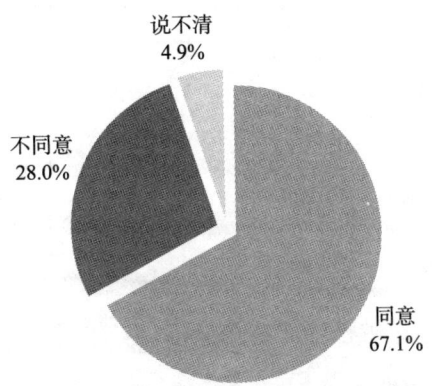

图 4-21　有专家提出严厉的限车措施,如单双号限行,您是否同意?（N=1009）

发现四　五成半受访者对北京空气污染快速好转有信心

问及"您对北京空气污染问题快速好转是否有信心"时,"有信心"的受访者比例超过了"没信心"的受访者比例,"有信心"的受访者占到 55.7%,"没信心"的受访者比例为 39.1%。剩余 5.2% 的受访者表示"说不清"。

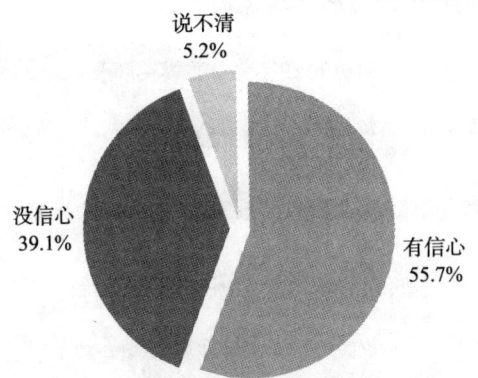

图 4-22　您对北京空气污染问题快速好转是否有信心?（N=1009）

第二部分　差异分析

差异一　各类人群对北京出现重度污染原因的看法差异

- 女性受访者中，认为"机动车过多"、"人口过多，导致冬季采暖和大量基础设施建设形成污染源"、"我们正处于高污染高能耗的发展阶段"、"周边其他区域输入的污染严重"等是造成北京空气严重污染的主要原因的比例均高于男性受访者

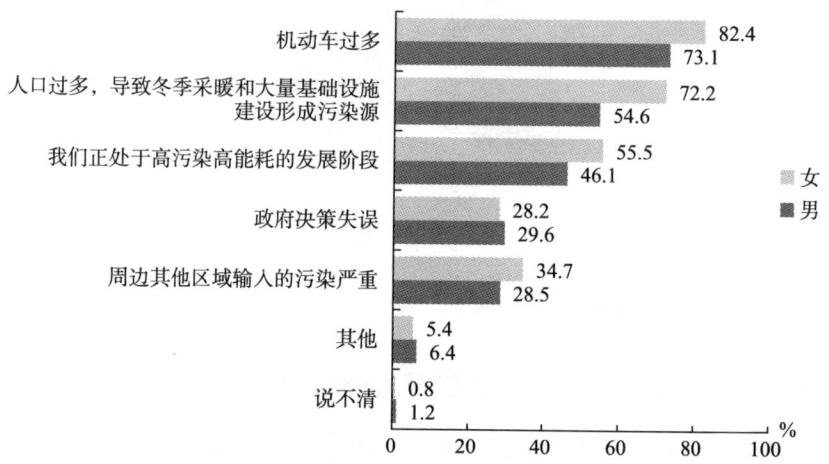

图4-23　您认为北京出现污染严重的雾霾天气的主要原因是什么？——分性别（N=1009）

- 15-29岁和50岁及以上两个年龄段的受访者最认同"机动车过多"是造成北京空气严重污染的主要原因

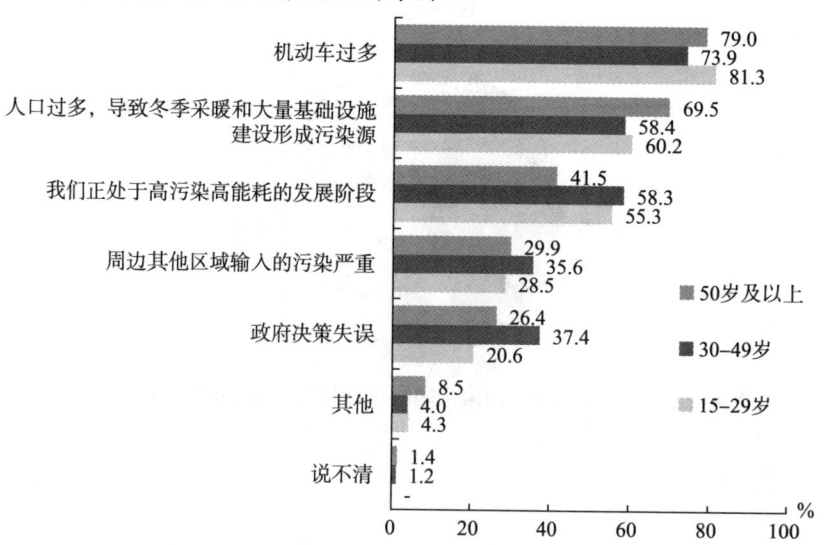

图4-24　您认为北京出现污染严重的雾霾天气的主要原因是什么？——分年龄（N=1009）

四、公共政策：公共利益与价值判断

- 高中、中专及职高学历组的受访者最认同"机动车过多"是造成北京空气污染严重的主要原因；学历越高的受访者越认同"我们正处于高污染高能耗的发展阶段"、"周边其他区域输入的污染严重"是造成北京空气严重污染的原因

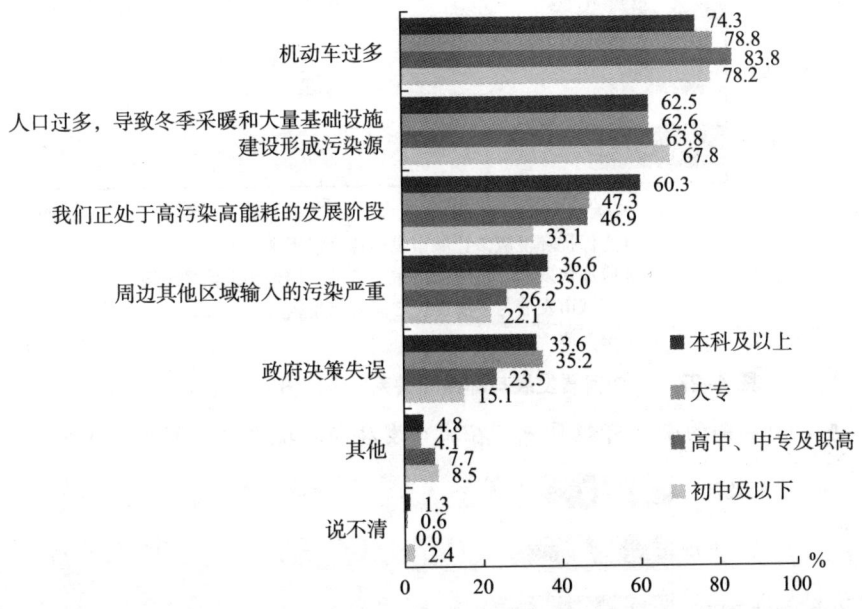

图4-25 您认为北京出现污染严重的雾霾天气的主要原因是什么？——分学历（N=1009）

差异二 各类人群对发展与环保关系的看法差异

- 女性受访者比男性受访者更认同应该"在城市发展与环境保护之间寻求平衡"

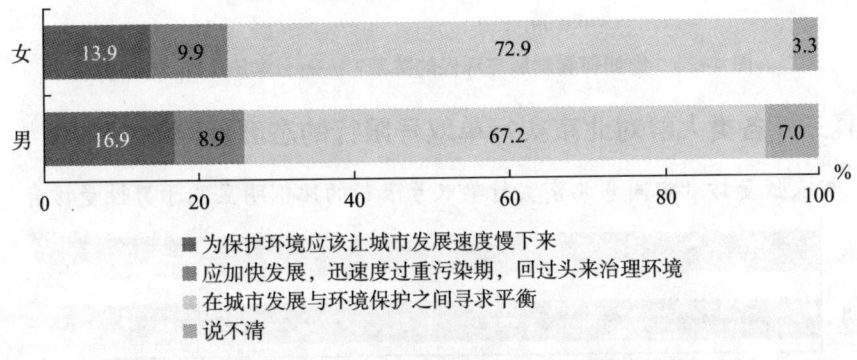

图4-26 您如何看发展与环保的关系？——分性别（N=1009）

- 年龄越小的受访者越赞成"在城市发展与环境保护之间寻求平衡";50岁及以上年龄组的受访者中赞成"应加快发展,迅速度过重污染期,回过头来治理环境"的比例明显高于其他两个年龄组

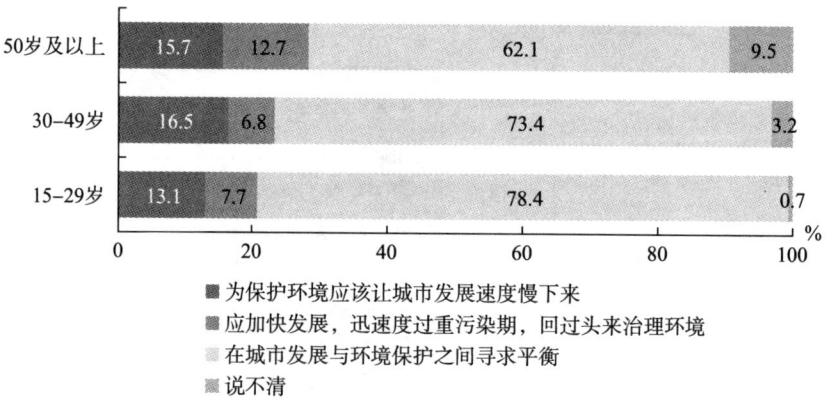

图 4-27 您如何看发展与环保的关系?——分年龄(N=1009)

- 学历越高的受访者越赞成"在城市发展与环境保护之间寻求平衡"

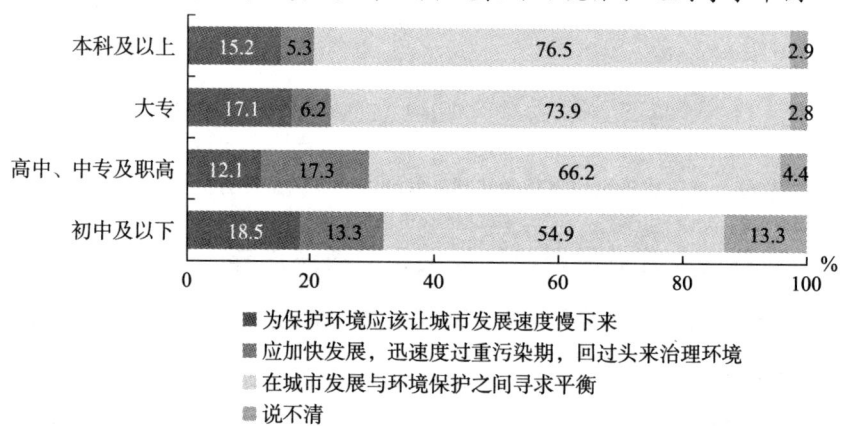

图 4-28 您如何看发展与环保的关系?——分学历(N=1009)

差异三 各类人群对北京实行单双号限行的态度差异

- 女性受访者中同意北京实行单双号限行的比例明显高于男性受访者

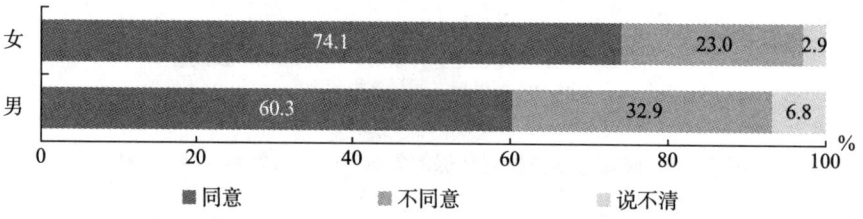

图 4-29 有专家提出严厉的限车措施,如单双号限行,您是否同意?——分性别(N=1009)

四、公共政策：公共利益与价值判断

- 15-29 岁和 50 岁及以上两个组的受访者同意实行单双号限行的比例高于 30-49 岁组的受访者

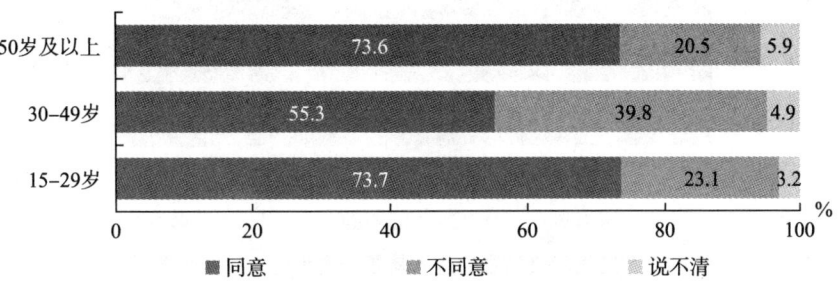

图 4-30　有专家提出严厉的限车措施，如单双号限行，您是否同意？——分年龄（N=1009）

- 学历越高的受访者越不同意实行单双号限行

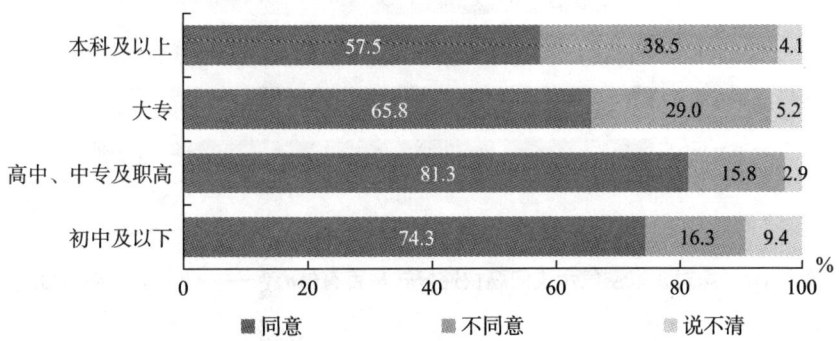

图 4-31　有专家提出严厉的限车措施，如单双号限行，您是否同意？——分学历（N=1009）

差异四　各类人群对空气污染快速好转的信心差异

- 女性受访者对北京空气污染快速好转更有信心

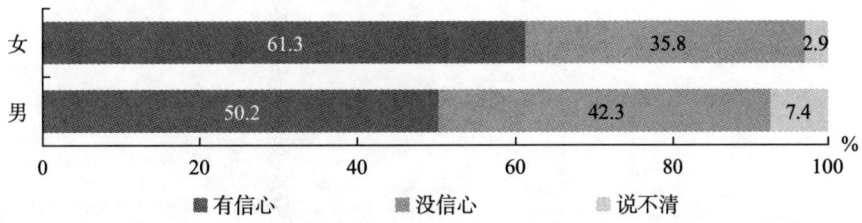

图 4-32　您对北京空气污染问题快速好转是否有信心？——分性别（N=1009）

- 年龄越大的受访者对北京空气污染快速好转越有信心

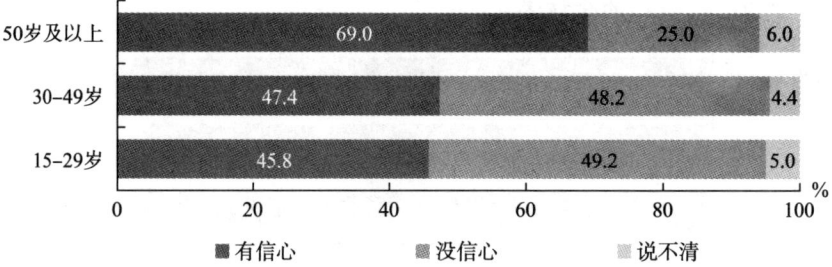

图4-33 您对北京空气污染问题快速好转是否有信心？——分年龄（N=1009）

- 学历越低的受访者对北京空气污染快速好转越有信心

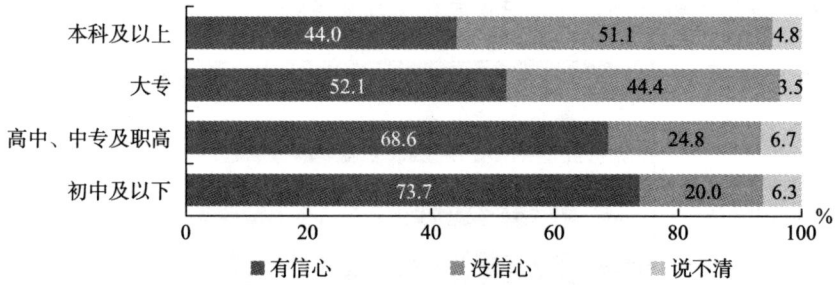

图4-34 您对北京空气污染问题快速好转是否有信心？——分学历（N=1009）

四、公共政策：公共利益与价值判断

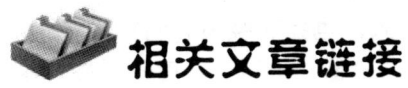 **相关文章链接**

大雾霾又一次把中国推到镜子前

北京市空气连日重度污染，雾霾笼罩的京城照片登上全世界的媒体，有外电称北京看上去就像机场里的"大吸烟区"。北京的脸、乃至中国的脸都在世人面前"丢了"。这就是中国的现代化！不知有多少西方人一边看热闹一边讪笑。

我们得接受外人的挤眉弄眼，谁让我们自己的空气质量不争气。一些媒体甚至不用证实，就给我们戴上"史上最严重污染"的帽子。其实这两年我们丢的丑还有很多。去年一年有两个中国人钻进美国使领馆。光互联网上去年就抓出一批贪官。去年还出了那么多环保群体事件，有过一场死了70多人的北京大雨。再早一些，中国出了严重动车事故，郭美美事件。

其实"真有面子"的国家这个世界几乎没有，大国尤其不时"出丑"。北京大雾霾天只是又一次把我们自己推到镜子前，让我们知道"形象工程"的想法有多幼稚。我们应当知道，有这样的大雾霾"拆台"，我们给自己脸上"化妆"越多，效果越差。

"大丑"应帮我们彻底找回实事求是的勇气。我们过去总想把相对好的一面示人，无论内外事务都是这样。这个不管是好是坏但显然不被现代政治接受的习惯，该完全丢掉了。

其实实事求是的感觉很好，它最省力，而且在任何时候都站得住脚。我们先把自己的缺陷和问题都看清了，直率亮出来，然后我们就会很坦然地发现，即使有了那么多毛病，我们依然是个相当不错的国家。这里的人民勤劳善良，政府也想把事做好，这个国家虽然带着重重问题，但它拥有越变越好的力量。

内外舆论这几年把中国的所有问题都翻了个遍，中国人已经习惯被舆论中的重重问题"包围"，这种内外舆论的"杀伤力"差不多走到了尽头。公众对新环境下舆论的辨识力在缓慢积累，某种极端舆论要欺骗公众将越来越难。

政府作为引领社会前进的组织者，应对实事求是有更多自信。中国的问题都摆在那里，中国的进步也摆在那里，人心都是一杆秤，它比猜测的要准得多。无论政府的功与过，它一点也不会缺斤短两。

中国用了很长时间适应对各种丑闻的揭露，现在这个过程该结出正果了。把所有问题都摊开来，中国就走过了一个时期，中国的各种问题就会回归问题本身，它们同政治、制度的真真假假联系就会逐渐脱钩、切割。

只要中国踏实解决问题，不被各种节外生枝干扰，问题总是可以解决或者缓解的，一时实在解决不了的，中国这么大，也会有绕道和回旋的余地。中国最要避免的是将某个具体问题习惯性地与价值、道德、制度作关联性推导，令整个社会沮丧无助。

中国互联网上天天纠结于政治，或者围绕政治编织信息，然而现实生活完全不是这样。现实生活的方向恰恰是去政治化。只要政府实事求是领导这个国家，各种政治邪气就无法在现实生活中稳固做巢，它们只能来去匆匆，留下一些幻影。

中国跑得越快，迎头撞上问题的频率就越高。眼下我们就闯入了罕见的大雾霾。我们需要认识它，解决它。只要不慌乱，不怨天尤人，我们就可以有所作为，历史也会助我们一阵吹散它的风。历史永远支持为解决问题认真努力的人们，它自会与我们在前方路上汇合。

（数据版权：环球时报　2013-01-15　第2930期　第15版 | 国际论坛作者：环球时报）

企业未现撤离潮　游客一度减四成
北京雾霾，吓走多少外国人

"中国城市在空气污染之后，又添人感染禽流感风险，这让在华日本企业留在中国的念头进一步动摇。"有日媒近日这样描述在华日企的担忧。如果说北京2013年的国际吸引力会有所下降，那么罪魁祸首肯定还是雾霾。"'空气末日'促使外国人离开北京"这样的报道也频频出现在欧美国家的媒体上。但真正因为持续雾霾天气就选择离开北京甚至中国的外国人数量很难统计。《环球时报》记者的调查也证实，日本驻华外交官并没有人因空气质量原因提出撤离北京。每年有37万英国公民赴中国旅游，日本在华有3万多家企业，仅这两个数字就足以说明中国过去一些年对外吸引力有多大。但不可否认，PM2.5（可入肺颗粒物）数据正像一个挑战者，外国人甚至一些中国人因雾霾天气"逃"离中国或移民的现象确实存在，北京过夜外国游客数量同比一度减少近四成也有据可查，这些都让中国政府和地方政府不能掉以轻心。

某外企支付在京外籍雇员15万元"危险津贴"

5月1日的北京，阳光明媚，但前几个月的雾霾多发、京津冀成为重污染区的日子仍让人心有余悸。中国气象局发布的数据显示，今年头100天里，北京雾霾日数46天，为近60年最多。民间环保组织"自然之友"4月发布的《中国环境发展报告（2013）》中，对全国省会城市和直辖市2012年的空气质量情况进行排名，兰州排名垫底，北京位列倒数第二。成都、天津等城市也因大搞基建或工业化快速扩张造成空气质量下降严重。该报告主编表示："可以理解为什么有报道说一些外国人离开北京去寻找更清洁的空气。"

这些报道多来自欧美国家的媒体，它们非常关心在华外国人这一群体。英国《金融时报》就把北京的雾霾天气形容为"空气末日"，并采访了一些决定离开北京的外国人。据日本《四国新闻》日前报道，日本香川县共有57家企业到中国办分厂，但因一些地方空气污染严重，部分日方人员已感到不适。川田工业在江苏省设有工厂，企业负责人称："要关注公司职员的健康。如果当地污染继续恶化的话，将考虑让职员留在住所办公。"一家位于坂出市的服装厂负责人表示，"不得不考虑从中国撤退"。日本咨询公司大和总研的一名金融学家表示，空气污染可能导致日本对华投资成本增加。相比其他国家，日本在中国企业数量最多，超过3万家。《产经新闻》称，为避免风险，日企会加快向东南亚国家迁移的速度。

《环球时报》记者就空气污染问题采访了多位在京居住的外国人，他们都担心持续的空气污染会给自己和家人的健康带来严重损害。日本驻华大使馆环境专员冈崎雄太和夫人及两个儿子生活在北京，他告诉《环球时报》记者，他们家中装有空气净化器，但当他们想出去游玩时不得不考虑空气污染的问题，会取消一些外出活动。对此，冈崎表示遗憾。他表示："在中国看到很多孩子去医院就诊，作为一个父亲，我也心疼不已。"

住在北京东四环附近的俄罗斯夫妇麦凯威已在中国生活、经商十年，对北京感情很深。但自从去年9月女儿诞生后，夫妇俩越来越意识到空气污染对孩子健康的影响，已决定今年夏天离开北京，到环境更好的马来西亚定居。谈到雾霾天气，麦凯威说："空气不好时我们会头痛，咳嗽。几个月大的女儿也显得有点异常，总是睡不好觉。"

在英国猎头ANTAL国际中国公司负责招聘咨询工作的普赖斯告诉记者，有两家德国知名汽车公司的外籍律师和技术人员今年1月要求被派回国。普赖斯今年31岁，来自英国，他在北京工作一年，染上肺炎。他注意到，有不少外国人希望到中国的二三线城市工作，环境相对好是原因之一。他说最近四五个月以来，一些外国人跟雇主商议续签合同时会要求公司付给他们额外的"危险津贴"作为在北京继续工作的前提，"这个津贴通常是公司派遣员工到例如安哥拉、尼日利亚等政治不稳定、可能会有人身安全威胁的地区才有的。"据普赖斯介绍，一般危险津贴是整个薪资待遇的1/10。据他了解，某外企支付雇员在北京工作的危险津贴达到每年15万元人民币。

"没听说有日本外交官因雾霾原因离开中国"

俄罗斯商人麦凯威表示,除空气污染,北京的水污染、食品安全问题也是让他们夫妇选择离开的部分原因。北京的物价、房租上涨,交通拥堵,还有越来越明显的贫富差异,都让他们感到不适。

有想走的外国人,也有不轻言离开中国甚至还想来的。芝加哥是美国的传统工业中心,因此和美国其他地区相比,空气质量并不是最好。《环球时报》记者采访到的一些在华的芝加哥人,谈到北京的雾霾问题,他们对小孩的健康都比较担心,但没有马上撤离中国的打算。白人老太太戴安娜是位虔诚的美国基督徒,她退休后到中国一家大学从事英语口语教学,一晃已有五六年。最近她回到美国。当记者问戴安娜是不是因雾霾问题回国时,她说:"不是的,我很喜欢中国,我今年夏天还会回去。"从事医疗信息行业的美国人史密斯在中国经营8年多,他告诉记者:"每个国家都有自己的问题,也许在北京是空气问题,在美国是别的问题。"史密斯认为,中国市场机遇如此之大,雾霾问题根本不足以让他撤离中国。他的公司目前正在美国的一些名牌大学招聘毕业的中国留学生,希望他们能到他在北京和上海的分公司工作。

与中国企业有机械代理生意的新西兰HLP公司采购经理托米春节前曾到北京出差,他夫人在新西兰看到中国雾霾污染严重的报道后打电话询问情况,托米的回答是:"我不知道该怎么形容,但是你这辈子肯定没呼吸过这么糟糕的空气。"许多和中国有商业往来的新西兰人越来越关注中国的空气污染问题,尽管如此,多位接受《环球时报》记者调查的新西兰人还是表示,如果因工作需要必须到中国出差,他们还是会去,但如果有雾霾污染的预警,将考虑缩短行程或避免到污染最严重的城市。

伦敦的托马斯去年申请到一家美国通信公司在北京分公司市场部经理职位,但因为孩子不适应北京的空气,经常生病,他今年初回到伦敦。现在,每当伦敦早高峰时段闻到呛鼻的汽车尾气,他偶尔会为选择离开北京而遗憾。

最近几年,很多在美的华人华侨选择回国发展。美籍华人闫波两年前受聘于一家制药公司到中国领导一个大部门的业务。当被问到公司会不会因为雾霾问题撤离中国时,闫波说:"这怎么可能呢?美国制药行业因成本上升和政府管制增多,目前正把很多临床测试、基本原料药配料、生物统计等业务转移到中国。"他表示,空气污染对有小孩子的在华外国人家庭会是一个很大问题,他部门里几名日本员工因此把家人送回日本。

尽管受雾霾天气影响,引发在华日本人的忧虑,但《环球时报》驻日记者采访日本外务省有关人士后得知,日本驻外外交官无特殊情况,自己不能提出要求撤离,"因此没听说有人因担心雾霾离开中国的"。但外务省从日本运口罩

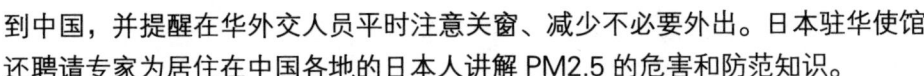

到中国,并提醒在华外交人员平时注意关窗、减少不必要外出。日本驻华使馆还聘请专家为居住在中国各地的日本人讲解PM2.5的危害和防范知识。

雾霾对中国城市国际形象打击更大

尽管中国的巨大商机甚至中国的文化和社会生活仍会吸引大量的外国人来华,但北京等大城市空气污染问题今后如得不到有效治理,终将会让一些人望而却步。美国众达律师事务所北京代表处合伙人、在华居住已十年的新西兰人郝莱特告诉《环球时报》记者:"虽然还是有很多外国人愿意到中国来工作,但空气污染已经让很多国际公司很难再把北京作为一个招聘的卖点了。"

英国驻华使馆提供的数据显示,每年有37万英国公民赴中国旅游,有1.7万英国公民在中国合法生活和工作。不过,虽然包括《金融时报》在内的英国媒体称,愈来愈多的外国人正在逃离中国,但谁也拿不出一个统计数字。尽管没有官方数据显示空气污染导致多少外国人离京,或使北京损失多少外国游客,但据北京市旅游发展委员会的统计,今年2月北京接待入境过夜外国游客16.5万人次,同比减少37%。

汤普森在英国一家公关公司任职,有很多到北京出差的机会,他告诉《环球时报》记者:"雾霾污染对北京国际大都市形象的打击更大,超过经济利益的损失。"他认为,中国过去缺乏根治空气污染问题的勇气,人们曾抱着"熬一熬就过去了"的态度。汤普森说,伦敦能除掉"雾都"的恶名,关键在于公众的自我意识,大家共同来维护一个更好的自然环境。如果伦敦的空气污染问题重现,那些排放不达标的企业一定会遭遇强大的舆论压力,会被严惩。而在中国,目前大家还是抱怨的多,尽管政府公布不少政策,但自觉自愿绿色出行、买小排量车的人还是相对太少。

美国自然资源保护委员会中国项目研究助理马祖立(Jack Marzulli)对《环球时报》记者表示,自己的项目一年后结束,他会回美国,空气污染是他不会考虑长期待在北京的原因之一。马祖立认为,虽然治理好北京空气污染还有很长的路要走,但一些环保组织的努力已取得很大进展,中国公众对空气污染和其他环境问题的意识也在不断增强。

日本驻华使馆环境专员冈崎从事推进日中两国环境合作的工作,他表示,希望日本在环境污染治理方面的教训、政策、技术以及经验能有助于中国解决问题,自己也有意愿继续在北京工作。冈崎说:"日本也曾经历过严重的空气污染,我本人也曾作为空气污染诉讼中的被告,参与过艰巨的工作。无论世界哪个角落,我都不希望看到这样的危害再次出现。"

(数据版权:环球时报 2013-05-02 第3013期 第7版|深度报道 作者:张川 纪双城 王淼 孙秀萍 闫爽)

韩媒称有毒物质覆盖首尔　日本将警戒级别向上提升

韩日抱怨"遭中国雾霾入侵"

一场北风过后,中国华北等地3日拨开雾霾见蓝天,但在韩国和日本,西北风刮来的却是对中国雾霾的抱怨和担忧——"中国雾霾正随着西北风袭击朝鲜半岛"、"日本提高警戒级别,环境省担心中国东北、华北等地携带污染物的雾霾随着西北风飘向日本"……在中国平均雾霾天数达到52年来最多的背景下,邻国这些抱怨增加了很多中国人对空气污染的焦虑,尽管"袭击"、"入侵"之类的说法也有些刺耳。而世界舆论已注意到中国采取的行动,但同时认为解决问题需要时间。美国《纽约时报》说,这一过程可能要花上几十年时间,才能让情况出现重大转变,尤其是在污染乃是经济增长副产品的情况下。

"雾霾比沙尘暴更加危险"

3日的韩国首尔笼罩在薄雾之中,但雾是白色的,并不是代表着空气污染的雾霾。韩国国立环境科学研究院当天公布的数据显示,韩国各地前几天超标的PM10的数据已经恢复正常,而2日首尔高达120微克每立方米的PM2.5数值,也于3日下降到30至40。韩国纽西斯通讯社3日十分庆幸地报道说,幸亏风向改为东风,才使中国的雾霾没有越过黄海登陆韩国。

与此同时,对中国雾霾的抱怨仍不时见诸报端。韩国KBS电视台3日报道称,中国的雾霾可以称作"人类历史上最严重的大气污染",目前该污染正持续对朝鲜半岛产生影响。从上月29日开始,含有大量有毒化学物质和重金属的中国雾霾覆盖首尔。根据环境部当时测量的结果,首尔大气中神经性有毒物质"铅"的含量是平时的8倍,"砷"和"镍"的含量是平时的4倍,平时根本难得一见的"铬"也被检测出来。主要由煤炭燃烧产生的硫化物和氮化物等污染物质达到平常的6倍以上。

《环球时报》记者在韩国生活的这几年,感觉首尔的空气比北京要洁净很多,很少看到雾霾天气。其实韩国空气质量变好也是最近十几年的事情,上世纪90年代初,首尔还因为大气污染严重被评为世界十大污染城市之一。随着韩国产业升级和大众环保意识的提高,首尔以及整个韩国的大气质量才有了本质性的好转。根据记者掌握的材料,韩国一年中空气质量出现问题最多的时候是在冬春两季,前者有轻微雾霾,后者是沙尘暴,在韩国媒体看来,这两者都与中国有关。

"冬季雾霾比春季沙尘暴更加危险",韩国《朝鲜日报》的报道说,沙尘暴主要来自中国和蒙古国内陆的特定沙漠地区,而雾霾则很难掌握污染物质排放源头和排放量,无法进行预报。报道援引韩国专家的分析称,"发生沙尘暴时是泥沙直接飘来,而雾霾则不同,各种化学物质和重金属成分在阳光的照射下发生化学反应后,毒性进一步提高。"《朝鲜日报》还称,韩国PM10浓度一年中最高的时期通常是中国的冬季,即12月至3月。中国雾霾主要来自于北京所在的华北地区,该地区的雾霾冬季随着西北风移动,最快6小时,最慢一两天就会越过黄海覆盖朝鲜半岛。有韩国环境专家认为,中国雾霾在经过黄海的过程中会有所稀释,但40%至50%依然转移到朝鲜半岛。

在日本,针对可能出现的大气污染,环境部门已经向国民发出健康警告。《日刊现代》网站11月2日称,日本气象协会的一份报告显示,中国的PM2.5大气污染将在冬天进一步加剧,并将跨洋传播,影响日本。根据日本气象协会给出的大气污染传播预测图,西至九州,东到东北地区的日本列岛基本都被覆盖。由于中国北方冬季供暖开始,燃煤增加导致大气污染进一步严重,而受到西风环流影响,日本处于中国的下风向,根据气象地理专家,东京农工大学教授畠山史郎的说法,11月份对于日本是"最危险的时期",直到12月底日本方面都不能降低对于来自中国方面大气污染的警惕。

日本富士电视台报道称,对于中国秋末冬初骤然提升的大气污染,日本方面提高了警戒等级。从10月31日开始,中国的PM2.5污染颗粒在日本的影响范围进一步扩大化,除了西面的九州地区之外,从11月初开始,日本关西的近畿(京都附近)地区乃至关东的东京都将受到影响,从而出现PM2.5数值升高的现象。

跨界大气污染问题很复杂

"中国雾霾已经越来越成为韩国的问题,中国应该尽快想办法治理"、"中国是不是也应该考虑一下邻国的感受啊?这种污染物对老人和孩子真的不好",韩国网民对中国雾霾的抱怨不少,但中国出现严重雾霾与韩日PM2.5数值升高有必然的因果联系吗?这目前仍是个有争议的问题。

英国广播公司3日题为"中国多地雾霾严重,入侵朝鲜半岛"的文章称,有中国气象专家称,由于雾霾和沙尘受全球范围内的天气系统影响,不能简单地将日本和韩国遭遇的雾霾或沙尘说成是"来自中国"。

有中国气象专家3日告诉《环球时报》记者,雾霾向周边扩散,主要涉及的是气溶胶的长距离输送问题,这个问题很复杂,没有经过科学调查,不能凭直觉得出结论。还有中国专家认为,PM2.5等颗粒物,在大气环流过程中有扩散、降解和稀释的作用,最终将溶解到云端通过降雨落下,虽然颗粒物、浮沉可以通过强度大的沙尘暴等某一种天气过程"漂洋过海",但不会对其他国家产生很直接的影响。

韩国和日本官方对于中国雾霾的影响持谨慎态度。韩国 KBS 电视台 3 日报道称,该台向韩国环境部索要 10 月 29 日测定的 27 种大气污染物的详细数据,遭到婉拒。环境部气候大气政策课长郑福英表示,数据分析和处理仍需要一定时间。该报道抱怨称,中国雾霾对韩国的侵害越来越严重,韩国政府不仅没有预警机制,反而"私藏"各种检测报告。

澳大利亚"每日推想"网站的文章称,中国空气污染,尤其是其中细微颗粒物对境外的影响是很难排除的,道理很简单,中国处于季风带,而冬季季风是自西向东吹的,这就势必将中国产生的大气污染、尤其大气中的悬浮颗粒从中国境内吹向太平洋方向。

在国际上,有着更明确证据,更严重后果的跨国大气污染案要解决起来也是个难题。《朝鲜日报》称,韩中日三国今年 5 月在环境部长会议上决定建立对话机制,但国家之间达成协议很有可能需要很长时间。韩国环境部的一位相关人士表示:"美国和加拿大花费十多年时间才证明来自美国的污染物导致加拿大下酸雨。韩国现在只能先预防雾霾。"

"中国正努力解决问题"

英国伦敦大学的环保专家安德森 3 日对《环球时报》表示,他并不认为中国的雾霾天气真的会直接严重波及韩日等国,但对于这些国家来说,雾霾天气的确会影响到他们对中国的信心。安德森认为,中国的雾霾天气,显然与该国的快速经济发展,以及庞大的消费群体有关,这对于中国来说虽然并非是必经之路,但眼下要想做出改变,却很不容易。

即使没有来自邻国的抱怨,中国也有足够的动力解决雾霾问题,治理空气污染更多是自己的事情。德国"天气"网 3 日以"中国:雾霾没有结束"为题报道说,虽然中国的一些城市在发生雾霾时采取非常规措施,但并没有出现立竿见影的效果。中国 70 个城市空气经常性出现雾霾。特别今年中国平均雾霾天数比常年偏多,创下 52 年来最多纪录。

美国《纽约时报》称,中国政府正着手解决这一问题,最近发布了新的污染物排放控制方案,并承诺将加强监管。公众意识已经大大增强,这是朝着终结危机迈出的必要步骤。不过,其他国家的经验却令人沮丧。伦敦就是典型的例子,工业化带来的长期污染问题在 1952 年达到极致,酿成了史称"大烟雾"的灾难性事件。哈佛大学专家认为,伦敦当时的污染在严重程度上很可能超过北京现在的雾霾,尽管两者相隔 60 年,很难进行精确的量化比较。但在"大烟雾"事件发生 10 年后,又有约 700 人死于伦敦一场可怕的烟雾。

四、公共政策：公共利益与价值判断

就算到了今天，冒着浓烟的燃煤炉早已从伦敦市中心消失，但空气污染却再次浮现。这一次，问题的焦点是汽车排放的尾气。

法国"财经"网的文章称，具有讽刺意味的是，日韩一边抱怨中国空气污染影响本国空气质量，一边继续将中国当作其汽车产业的重要目标市场，韩国近年来从中国汽车市场抢占不少份额，而日本汽车产业在中日关系趋冷的不利形势下，日前仍宣称其9月份在华销售数据较去年同期回升，它们应该明白，空气污染是没有国界限制的。

（数据版权：环球时报　2013-11-04　第3162期　第16版|要闻　作者：王刚　卢昊　青木　纪双城　陶短房）

环球舆情调查中心民调显示

近八成民众支持增军费

中国国防经费预算2013年将增长10.7%,中国民众对此怎么看?对此,环球舆情调查中心于2013年3月5日晚7点至10点间在北京、上海、广州、成都、西安、长沙以及沈阳7座城市的居民中开展了意见调查。调查通过在线调查样本库中随机抽样的方式进行,所有被访者都是样本库中随机抽样获得。最终成功回收565份问卷,在95%的置信区间下,误差率为4.1%。

调查结果显示,50.1%的受访者认为国防经费"增幅合理",28.7%的人认为"增幅应加大",两者相加为78.8%,12.7%认为"增幅应减小",8.5%表示"说不清"。差异分析发现,男性受访者中认为国防经费增长"合理"以及"增幅应加大"的比例均高于女性;50岁及以上受访者中,认为国防经费"增幅合理"的比例最高;30–49岁的受访者中,认为"增幅应加大"的比例最高。

中国人民大学国际关系学院副院长金灿荣教授5日对《环球时报》记者说,目前国际局势比较复杂,中国周边局势又比较紧张,尤其是与日本的领土争端在中国影响很大,这让许多民众希望中国能够进一步加强军队建设,有效维护国家利益。另外,中国目前经济发展比较迅速,财政收入增速要超过国防预算增速,这为增加军费提供了物质基础。如果中国经济形势不好,相信就不会有这么多人支持增加军费。虽然中国军费最近这些年增长相对比较快,但整体上是与中国经济增长一致的。而且与美国等主要大国相比,中国军费开支占GDP的比重仍是最低的。

(数据版权:环球时报　2013-03-06　第2968期　第3版|新闻背景　作者:卢长银)

四、公共政策：公共利益与价值判断

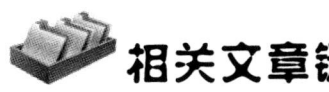 **相关文章链接**

中国安全需要 10.7% 的军费增长

中国 2013 年国防预算增长 10.7%，总额 7202 亿元，约合 1157 亿美元。这低于去年军费 11.2% 的增幅，但保住了两位数。外界一些大国 2013 年的国防预算情况，美国 6330 亿美元，日本约 522 亿美元，印度约 374.5 亿美元，俄罗斯约 677 亿美元。

中国 GDP 世界第二，军费也世界第二，这种对应不值得大惊小怪。西方和周边少数国家的舆论对此有微词，但这些抱怨已是国际政治中常态化的泡沫。中国军事现代化已是国际社会的普遍预期，它的速度会大体与中国整体现代化同步。

很难说中国军费 1157 亿美元的规模是大了还是小了，关键看跟谁比，以及中国国家安全的任务、我们面对的潜在威胁都是什么。

中国的战略安全形势虽说不上扑朔迷离，但不确定性很多。中国的外部安全隐患显然不仅仅来自日本、菲律宾等周边国家，我们随时都能感到它们的背后站着美国。但中国增加军费又不能是为了同美国对抗，如果那样设计就糟了。因为至少在未来几十年里，中国再怎么增加军费都无力同美国战略对撞。

那么，中国是乖乖地做一个低军费国家更容易同外部世界和平相处，还是做一个高军费国家更有这个把握呢？太高太低大概都不行。世界没有大国可以不要强大国防的先例和经验，中国冒不起这个险。但如果中国走军国主义道路，处处咄咄逼人，会将自己置于更大的风险中。

最稳妥的办法就是让中国的军力增长同综合国力增长相协调，使中国军力的规模和发展速度与外界的预期大体相符。中国目前的军费增幅没有突破这个框架，外界对此有了适应，中国的两位数军费增长没有引起恐慌，因此我们轻易不能从两位数上退下来。

保持军力协调增长的中国相对最安全，我们的新增利益可以受到保护，新增军力对外界的触动算不上突出，世界力量格局的变化得以保持渐进性，中国与外界的关系将是全面、综合的，军事对比处在日常看不见的位置。

中国军费较快增长是补偿性的，这是实情。我们不难发现，中国与其他大国目前最具竞争力的仍是经济领域，中国对美国的经济挑战远远高于同它的军事竞争。这大概也是美国的议员们更多向人民币汇率施压,而至今并没把中国军费增长太当回事的原因。

看看当年的美苏军力对比,就更清楚了。苏联在经济规模远不如美国的时候,军事力量与美国不相上下。那才叫军备竞赛。今天的中国完全没有当年苏联的战略野心,所以说中国的军费在"自然增长",它不是为与美国对抗才发生的。

中国希望和平发展,想都不去想通过军事手段解决正常经济、外交手段解决不了的难题。但中国的军力必须同国家安全战略的内在需求相称,否则我们就会给别人提供野蛮对待我们的借口,我们将被迫激烈反制,从而使和平处于危险之中。

外界对中国军费的议论一时还形不成破坏力,中国政府倒是应当更关注国内这方面的意见,确保连年增长的军费都用在发展国防的刀刃上,并通过军费使用的进一步透明化不断巩固公众对此的信心。

中国应不断有新的先进武器问世,并能快速列装,这样的国防建设最吸引公众,也最能打消公众对军费使用效率的疑虑。从长远看,公众的支持对国防发展越来越重要,而中国国内在国防领域保持强大共识,是我们抵御外部舆论及各种压力的基础性支撑。

(数据版权:环球时报　2013-03-06　第2968期　第15版 | 国际论坛　作者:环球时报)

《福布斯》双周刊刊文

中国军费 2015 年赶上美国

美国《福布斯》双周刊网站 1 月 8 日文章,原题:认清你的敌人:中国和奥巴马的削减军费政策

冷战让我们知道,效率低下的计划经济也能有效完成重点工程,如人造卫星、莫斯科奥运会和俄国人的核物理等。尽管苏联的工业产值从未达到美国的一半,但直到冷战结束时它仍在军事领域与美国分庭抗礼。中国与苏联相比拥有巨大优势,使之能够成为远比后者强大的竞争对手。

中国经济增长迅速,而苏联经济曾遭遇戈尔巴乔夫所说的漫长"停滞期"。中国已融入世界经济并获得先进技术,而遭受技术封锁的苏联只能依赖间谍活动窃取军事机密。冷战期间,无论向苏联出售电热炉还是计算机,美国都会斟酌再三，但如今美国已与中国分享 GPS 技术并在那里组装戴尔电脑。

美国正与中国在太平洋竞逐军事控制权。中国或将决定对台湾诉诸武力，而其与印度的脆弱和平也有可能破裂。未来对华军事冲突有可能是常规战争，而非五角大楼正准备应对的"打了就跑"的恐怖主义袭击。为对抗中国，我们需要大规模常规军队和巨额国防预算。然而，由于奥巴马缩减美国军费，中国军事实力将在相对短的时间内达到与美国平分秋色的水平。这是一道简单的数学题。

中国官方公布的国防预算占 GDP 的 1.4%。但即便鸽派独立分析师也认为该比例至少为 2.2%。2011 年，美国国防预算占 GDP 的 3.6%，削减费用后将在 2013 年下降到 2.8%，此后有可能进而缩减至 2%。因此到 2015 年时，美中两国国防预算占 GDP 的比例将不相上下，此时两国军费支出将取决于双方 GDP 总值。

目前中国的 GDP 已相当于美国的 3/4（原文如此———编者注）。如果在未来几年中国继续保持 8%–9% 的经济增长率（美国以 3% 的速度增长），2015 年之前中国的 GDP 将达到美国的 90% 左右。因此，届时美中两国的军费将大致相当。

军费并不等同于军事力量，以美元计算的军费只是近似值，但它并非脱离现实。未来 5 年内，美国将不再是世界头号军事强国，中国将与美国势均力敌。在美国政界，有人或许乐见美国丧失军事统治力，但其他人将担心我们栖身于更危险的新世界。

（数据版权：环球时报 2012-01-10 第 2632 期 第 6 版 | 关注中国 作者：保罗·罗德里克·格雷戈里 王会聪译）

中国军费增幅不必看西方脸色

两会在即，中国又将宣布新一年国防预算。我们希望中国政府不要顾及西方舆论的压力，保持中国军费两位数的稳定年增长。

2011 年中国军费增幅为 12.7%，但是 2010 年，军费增幅曾滑落到 7.5%。2010 年西方舆论对中国军费的批评确实有所缓和，但去年中国军费增幅重回两位数，西方的批评比往年更猛烈。因此中国应主动避免军费增幅的较大摆动，维持外界的稳定预期。

今年中国经济增速将放缓，但有效经济部分不会萎缩，财政收入会继续扩大。加之中国民间对增加军费有很高支持度，军费来源不会成问题。

外界的批评增加不了中国的额外舆论负担。指责中国军费增加快，无论对西方还是对中国来说，都已习以为常。这些批评对中国安全的损害，与增加军费带来的实际国防收益相比，根本不成比例。

必须清醒看到，随着中国崛起逐渐成形，中国从国际上吸引的防范之心甚至敌意，都在形成当今世界最大的总规模。如果中国没有强大的国防做后盾，针对中国的各种不理智情绪就会逐渐肆无忌惮，一些恶意想法就会变成"试一试"的冲动。

尤其要指出的是，美国作为世界超级军事强国，已把它的战略防范重心锁定中国。这种防范之心并非不可理解，但以往的记录显示，美国动用其军事力量总体上比较轻率。一旦它有把握取胜，并且确信不会遭到不可承受的还击，它有把军事压力作为最划算、也最有效手段来使用的倾向。

逐渐走向国际政治风口浪尖的中国，强大国防能力必须加快构筑。世界局势变化得很快，世界主要战略力量之间"和而不同"的空间有缩小迹象。不干涉内政原则在世界舞台上进一步被动摇。全球化巩固了和平的价值，但也在制造比过去更多的摩擦点。

台海问题没有根除，中国周边的岛礁之争随时可能升级，并因大国的卷入可能演变成亚太的战略紧张。控制所有这些风险，中国的主动权并不多。中国尚无能力仅仅通过政治手段，让战争风险远离自己。

提升军力是中国发展保持和谐性的重要一环。中国的利益面在扩大，与外界的竞争变得激烈，外界对中国的态度如果一成不变，继续把中国当成弱国挤压，就会导致可怕的国际政治混乱。防止这种认识错乱，让中外关系保持与时俱进的实事求是，是亚太长期稳定的基石之一。

中国的军力必须跟上来，同中国的整体国力和对外接触量相匹配。中国不仅要真的成为军事强国，而且这一事实应当参与各国对华政策和态度的塑造过程。

因此中国应当在军费的问题上保持坦然。让外界尽可能理解中国量力量需增加军费的必要性，如果有些人就是不理解，那就随他们去。他们终有习惯并理解的那一天。

中国是爱好和平的国家，这与中国军费没有绝对关系。我们期待中国今年的军费增幅是适度并且足够的。

（数据版权：环球时报　2012-02-29　第2670期　第14版|国际论坛　作者：环球时报）

超半数内地民众不支持引渡斯诺登
——斯诺登事件公众意见调查

美国秘密监控全球互联网用户的"棱镜门"丑闻持续发酵。随着爆料人美国前情报人员斯诺登陆续揭露多项监控细节，国际社会一片愕然。为了了解中国内地民众对斯诺登事件的关注度，《环球时报》旗下环球舆情调查中心于6月17日至19日以电话调查方式在全国7座城市开展调查。调查结果显示，七成受访者因希望斯诺登"站出来揭露美国在网络领域的双重标准"而不支持将他引渡回美国；七成受访者认为中国政府应该"从网络基础技术上做到自主创新、自主可控"，以加强网络安全建设。中国学者金灿荣表示，调查反映出中国民众非常关注国家网络安全和个人信息安全，也可以看出民众对美国在网络安全上的霸权存在不满。

环球舆情调查中心本次调查的对象为北京、上海、广州、成都、西安、长沙、沈阳7个城市18岁以上普通居民，共回收有效问卷1400份。调查为随机抽样，允许抽样误差为2.6%，结果如下：

在回答是否关注斯诺登事件时，80.8%受访者表示出不同程度的关注，具体来看，24.1%的受访者表示"很关注"，30.9%的受访者表示"比较关注"，25.8%表示"一般关注"，19.2%表示兴趣不大。表示"不怎么关注"的占12.6%。6.6%的受访者表示"不关注"。

在被问及"您是否支持香港政府将斯诺登引渡回美国"时，55.1%的受访者表示"不支持"，22.1%的受访者表示"支持"，剩余22.8%的受访者未表态，选择"不知道，说不清"。对不支持将斯诺登引渡回美国的771名受访者，调查进一步追问了不支持的原因。69.9%受访者因希望斯诺登"站出来揭露美国在网络领域的双重标准"而不支持。55.3%受访者不支持的理由是"希望斯诺登曝光更多美国全球网络监控和渗透计划"。43.5%受访者是因为"希望他为中国提高网络防御和进攻能力出力"而不支持。有4.5%受访者因为担心斯诺登的"人身安全"、"斯诺登是正义的"等原因不支持引渡。

复旦大学国际关系学者沈逸19日对《环球时报》表示，这反映出中国民众对美国的不满和愤怒，尤其是美国官方一直在做各种辩白，不道歉，美国政府这种蛮横傲慢的态度，激起中国民众的愤怒。中国人民大学国际关系学者金灿荣表示，如果屈服于美国压力将斯诺登引渡回国，对很多中国民众来说，是很伤民族自尊的事。

对于"美国一直在指责中国黑客对美国及其盟国的网络安全构成威胁，现在斯诺登爆出美国 4 年内对中国个人及机构进行数千次网络攻击，如何看待美国这种行为"这一问题，61.4% 受访者认为"美国很虚伪，在网络安全问题上贼喊捉贼"。57.7% 受访者认为"网络安全只是美国在战略上遏制中国的借口"。55.1% 受访者认为"美国的做法提醒中国必须重视国家的网络安全"。有 1.3% 的受访者认为这种行为揭露了"美国霸权"等其他方面的问题。另有 4.7% 的被访者对这一问题表示"不知道，说不清"。

在回答"中国应从哪方面进一步加强网络安全"时，受访者最赞成中国政府应"从网络基础技术上做到自主创新、自主可控"、"培养水平一流、能攻能守的网络安全部队"，受访者对于这两项的提及率位居前两位，分别为 68.0%、67.3%。其次是"加强对美国等国的网络反间谍行动"、"积极呼吁国际社会共同制定网络空间规则"两项，提及率分别为 59.7%、58.6%。选择"加快制定信息安全国家标准"的受访者也超过五成，提及率为 54.2%。还有 0.8% 的受访者认为应从"其他"方面加强网络安全建设。2.3% 的受访者对这一问题表示"不知道，说不清"。

沈逸认为，民众很清楚，在网络安全的整体对比上，中国处于明显劣势。民众也很明白加强技术基础建设非常关键。但中国要在网络安全上摆脱被动地位，必须将顶层设计尽快提上议事日程，建立国家网络安全战略。没有这种战略性发展，中国在网络安全议题上永远不知道该怎么说和怎么做。

（数据版权：环球时报 2013-06-20 第 3053 期 第 3 版 | 新闻背景 作者：毕方圆 王渠）

第一部分 主要发现

发现一 八成多受访者对斯诺登事件表示出不同程度的关注

被问及是否关注斯诺登事件时，超过八成（80.8%）受访者表示出不同程度的关注，具体来看，24.1% 的受访者表示"很关注"，30.9% 的受访者表示"比较关注"，25.8% 的受访者表示"一般关注"。19.2% 的受访者对此事件兴趣不大，表示"不怎么关注"（12.6%）或"不关注"（6.6%）。

四、公共政策：公共利益与价值判断

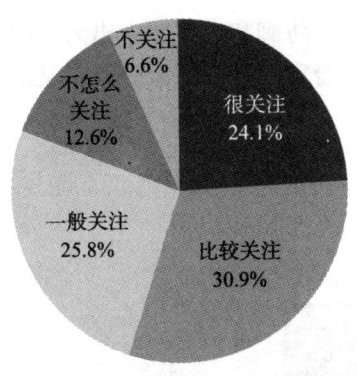

图4-35 美国中央情报局前雇员斯诺登近日向媒体曝光美国监控各国公众隐私的高度机密项目，包括"棱镜"计划。您是否关注斯诺登事件？（N=1400）

发现二　五成半受访者不支持将斯诺登引渡回美国

问及"您是否支持香港政府将斯诺登引渡回美国"时，五成半（55.1%）的受访者表示"不支持"，仅二成多（22.1%）的受访者表示"支持"，剩余22.8%的受访者未表态，选择"不知道，说不清"。

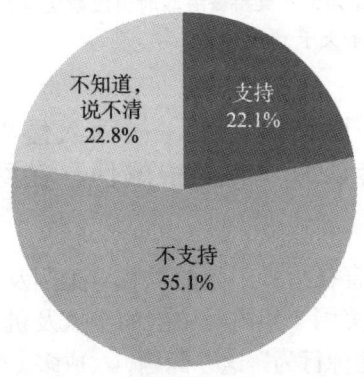

图4-36 美国两党要员都指控斯诺登"叛国"，并很希望将他从中国香港引渡回国，而香港多个团体游行声援斯诺登。作为内地民众，您是否支持香港政府将斯诺登引渡回美国？（N=1400）

发现三　七成受访者因希望斯诺登"站出来揭露美国在网络领域的双重标准"而不支持将他引渡回美国

对不支持将斯诺登引渡回美国的771名受访者，进一步追问了他们不支持的原因，七成（69.9%）受访者因希望斯诺登"站出来揭露美国在网络领域的双重标准"而不支持。五成半（55.3%）受访者不支持的理由是"希望斯诺登曝光更多美国的全球网络监控和渗透计划"。四成多（43.5%）受访者因

445

为"希望他为中国提高网络防御和进攻能力出力"而不支持。有4.5%的受访者因为担心斯诺登的"人身安全"、"斯诺登是正义的"等原因而不支持引渡。另有3.0%的被访者对这一问题表示"不知道,说不清"。

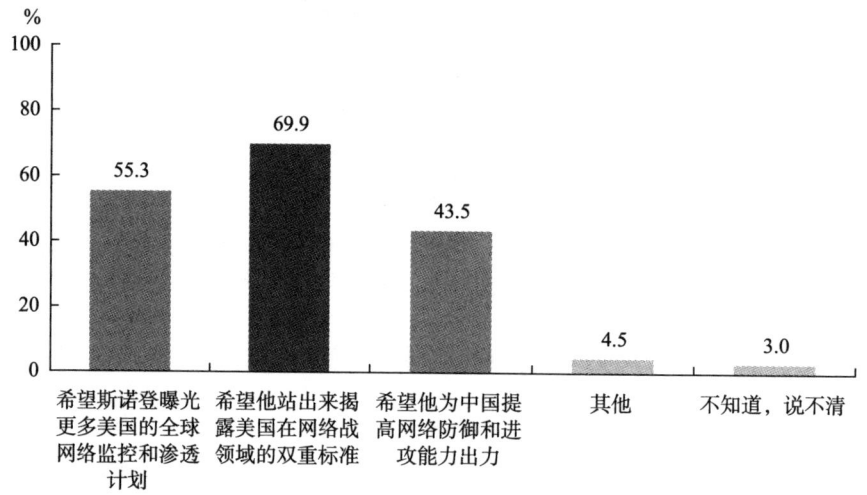

图4-37 您为何不支持香港政府引渡斯诺登？（N=771）

注：此题为可多选，各选项之和大于100%。

发现四 对于美国一面指责中国、一面入侵中国网络的行为，六成多受访者认为"美国很虚伪,在网络安全问题上贼喊捉贼"

对于"美国之前一直在指责中国的黑客对美国及其盟国的网络安全构成威胁，现在斯诺登曝出美国4年内对中国的个人及机构进行了数千次网络攻击，您如何看待美国的这种行为"这一问题，六成多（61.4%）受访者认为"美国很虚伪，在网络安全问题上贼喊捉贼"。近六成（57.7%）受访者认为"网络安全只是美国在战略上遏制中国的借口"。五成半（55.1%）受访者认为"美国的做法提醒中国必须重视国家的网络安全"。有1.3%的受访者认为这种行为揭露了"美国霸权"等其他方面的问题。另有4.7%的被访者对这一问题表示"不知道,说不清"。

四、公共政策：公共利益与价值判断

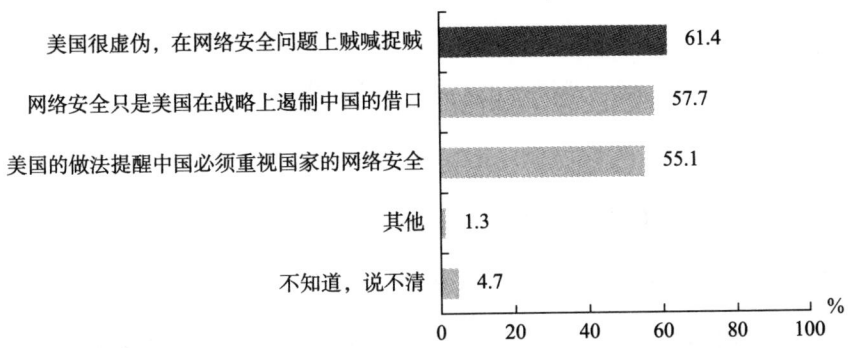

图 4-38　美国之前一直在指责中国的黑客对美国及其盟国的网络安全构成威胁，现在斯诺登曝出美国 4 年内对中国的个人及机构进行了数千次网络攻击，您如何看待美国的这种行为？（N=1400）

注：此题为可多选，各选项之和大于 100%。

发现五　近七成受访者认为中国政府应该"从网络基础技术上做到自主创新、自主可控"方面加强网络安全建设

问及"您认为中国政府应该从哪些方面进一步加强网络安全"时，受访者最赞成中国政府应"从网络基础技术上做到自主创新、自主可控"、"培养水平一流、能攻能守的网络安全部队"，受访者对于这两项的提及率位居前两位，分别为 68.0%、67.3%。其次是"加强对美国等国的网络反间谍行动"、"积极呼吁国际社会共同制定网络空间规则"两项，提及率分别为 59.7%、58.6%。选择"加快制定信息安全国家标准"的受访者也超过五成，提及率为 54.2%。还有 0.8% 的受访者认为应从"其他"方面加强网络安全建设。2.3% 的受访者对这一问题表示"不知道，说不清"。

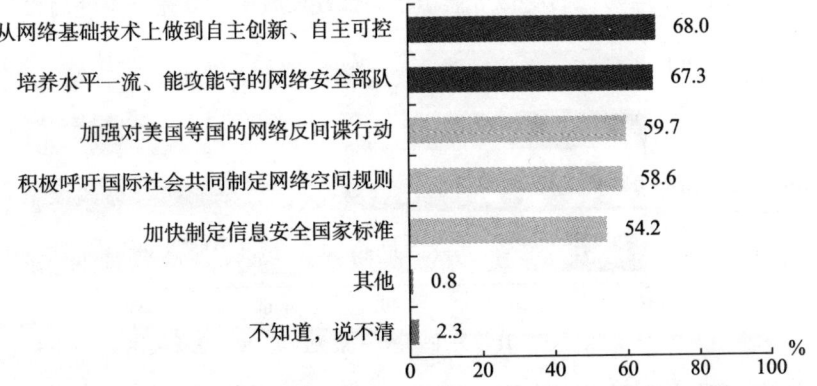

图 4-39　您认为中国政府应该从哪些方面进一步加强网络安全？（N=1400）

注：此题为可多选，各选项之和大于 100%。

第二部分　差异分析

差异一　各类人群对斯诺登事件的关注度差异

- 男性受访者对斯诺登事件的关注度明显高于女性受访者

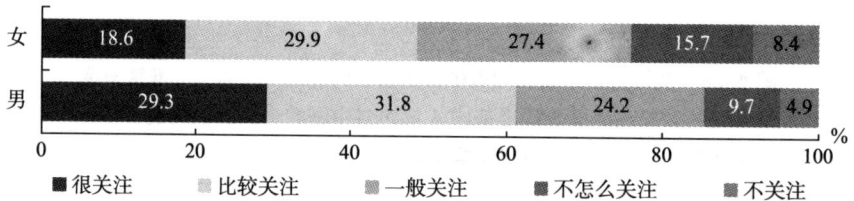

图4-40　美国中央情报局前雇员斯诺登近日向媒体曝光美国监控各国公众隐私的高度机密项目，包括"棱镜"计划。您是否关注斯诺登事件？——分性别（N=1400）

- 30-49岁的中年组受访者对斯诺登事件的表示很关注或比较关注的比例最高

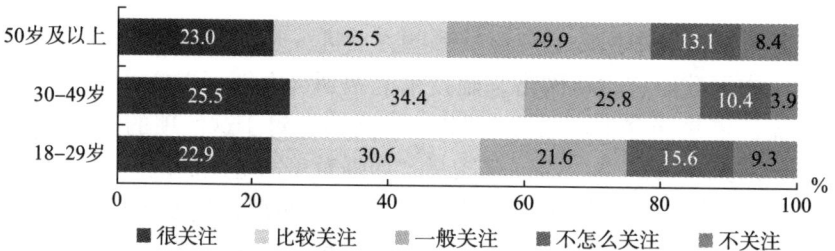

图4-41　美国中央情报局前雇员斯诺登近日向媒体曝光美国监控各国公众隐私的高度机密项目，包括"棱镜"计划。您是否关注斯诺登事件？——分年龄（N=1400）

- 本科及以上学历组的受访者表示很关注或比较关注斯诺登事件的比例最高

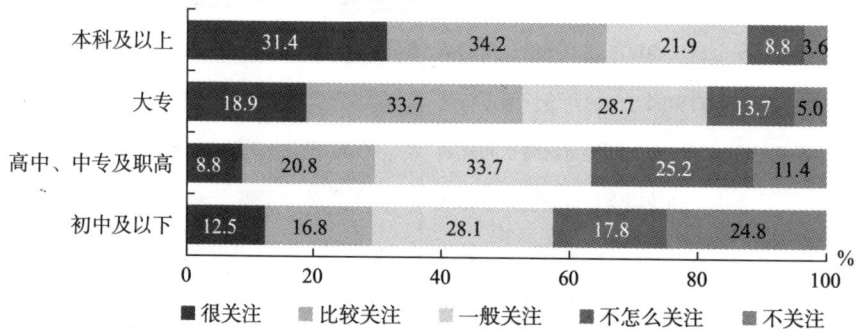

图4-42　美国中央情报局前雇员斯诺登近日向媒体曝光美国监控各国公众隐私的高度机密项目，包括"棱镜"计划。您是否关注斯诺登事件？——分学历（N=1400）

差异二 各类人群对引渡斯诺登回美国的支持度差异

- 男性受访者比女性受访者更不支持将斯诺登引渡回美国

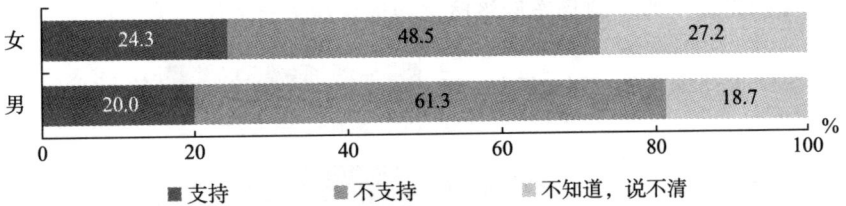

图 4-43 美国两党要员都指控斯诺登"叛国",并很希望将他从中国香港引渡回国,而香港多个团体游行声援斯诺登。作为内地民众,您是否支持香港政府将斯诺登引渡回美国?——分性别(N=1400)

- 年龄越大的受访者越不支持将斯诺登引渡回美国

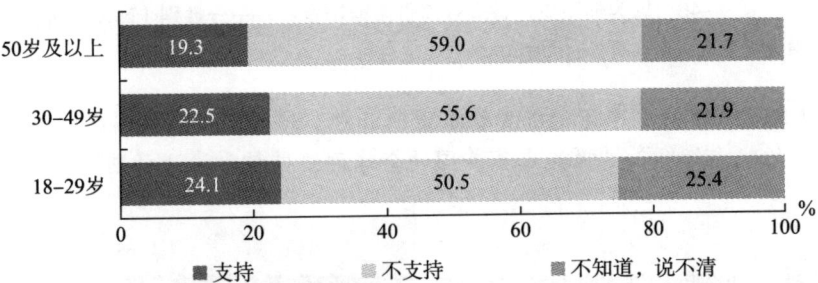

图 4-44 美国两党要员都指控斯诺登"叛国",并很希望将他从中国香港引渡回国,而香港多个团体游行声援斯诺登。作为内地民众,您是否支持香港政府将斯诺登引渡回美国?——分年龄(N=1400)

- 学历越高的受访者越不支持将斯诺登引渡回美国

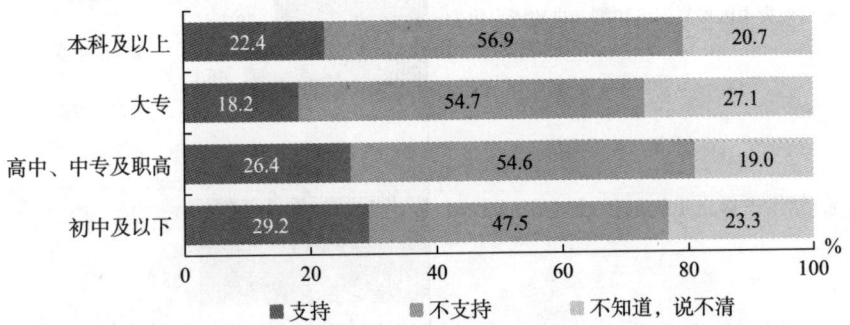

图 4-45 美国两党要员都指控斯诺登"叛国",并很希望将他从中国香港引渡回国,而香港多个团体游行声援斯诺登。作为内地民众,您是否支持香港政府将斯诺登引渡回美国?——分学历(N=1400)

差异三 各类人群不支持引渡斯诺登回美国的原因差异

- 论及不支持引渡斯诺登回美国的原因，女性受访者比男性受访者更希望斯诺登"为中国提高网络防御和进攻能力出力"

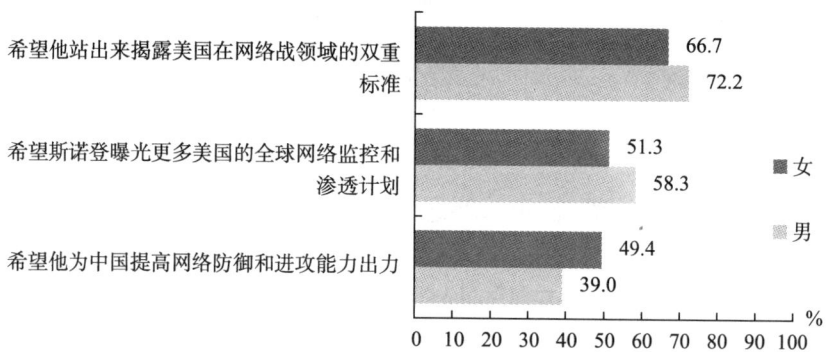

图4-46 您为何不支持香港政府引渡斯诺登？——分性别（N=771）

注：此题为可多选，各选项之和大于100%。选项未列全

- 30-49岁的中年组受访者最希望斯诺登"站出来揭露美国在网络战领域的双重标准"、"曝光更多美国的全球网络监控和渗透计划"

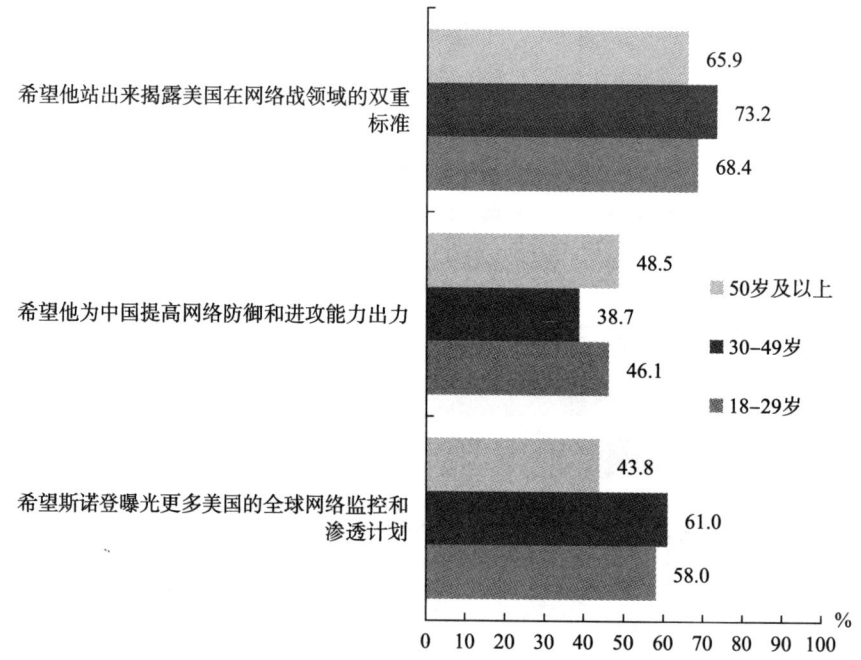

图4-47 您为何不支持香港政府引渡斯诺登？——分年龄（N=771）

注：此题为可多选，各选项之和大于100%。选项未列全

四、公共政策：公共利益与价值判断

- 学历越高的受访者越希望斯诺登"站出来揭露美国在网络战领域的双重标准"、"曝光更多美国的全球网络监控和渗透计划"

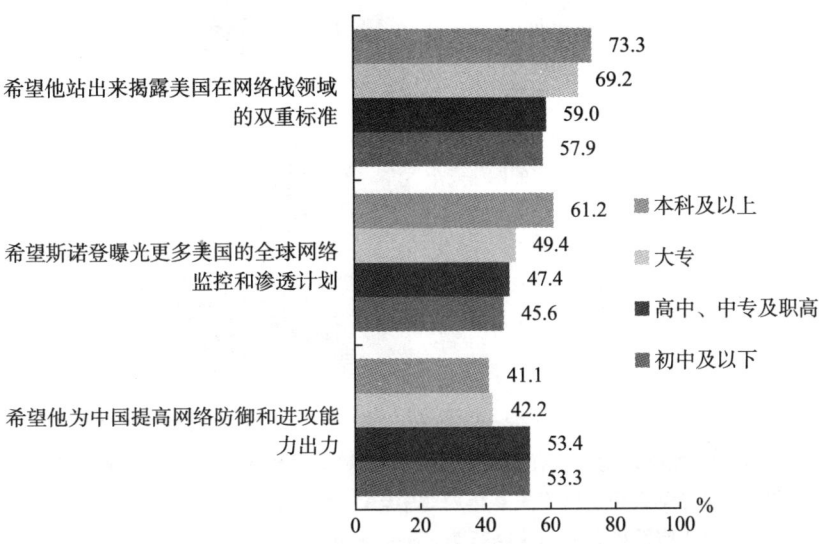

图4-48 您为何不支持香港政府引渡斯诺登？——分学历（N=771）

注：此题为可多选，各选项之和大于100%。选项未列全

差异四 各类人群对美国一面指责中国网络攻击、一面对中国进行网络攻击的看法差异

- 对于美国一面指责中国一面入侵中国网络的行为，女性受访者比男性受访者更倾向于认为"美国的做法提醒中国必须重视国家的网络安全"

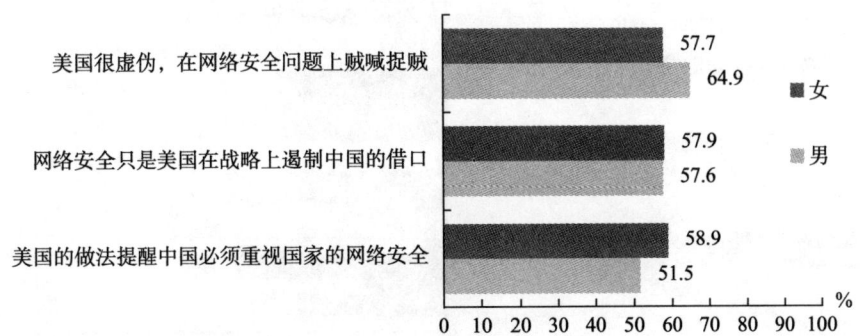

图4-49 美国之前一直在指责中国的黑客对美国及其盟国的网络安全构成威胁，现在斯诺登曝出美国4年内对中国的个人及机构进行了数千次网络攻击，您如何看待美国的这种行为？——分年龄（N=1400）

注：此题为可多选，各选项之和大于100%。选项未列全

● 年龄越大的受访者越认为"美国的做法提醒中国必须重视国家的网络安全"

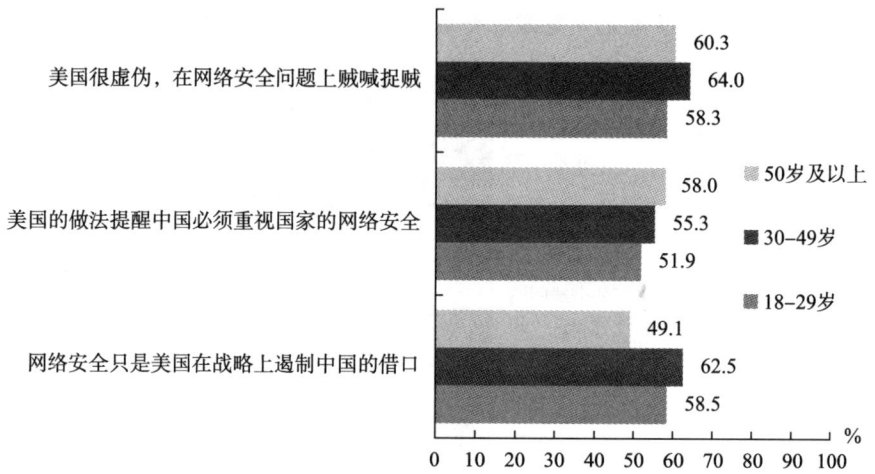

图 4-50 美国之前一直在指责中国的黑客对美国及其盟国的网络安全构成威胁，现在斯诺登曝出美国 4 年内对中国的个人及机构进行了数千次网络攻击，您如何看待美国的这种行为？——分年龄（N=1400）

注：此题为可多选，各选项之和大于 100%。选项未列全

● 学历越高的受访者越认为"网络安全只是美国在战略上遏制中国的借口"

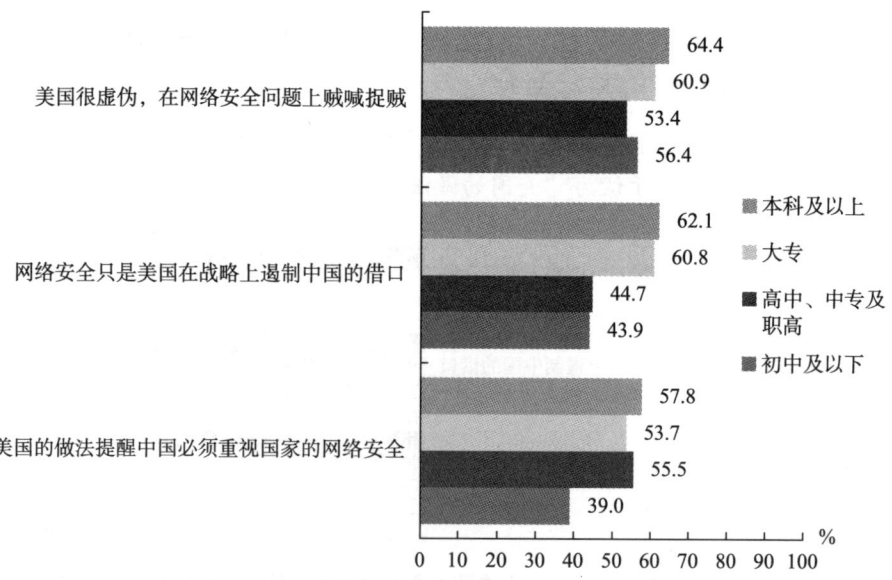

图 4-51 美国之前一直在指责中国的黑客对美国及其盟国的网络安全构成威胁，现在斯诺登曝出美国 4 年内对中国的个人及机构进行了数千次网络攻击，您如何看待美国的这种行为？——分学历（N=1400）

注：此题为可多选，各选项之和大于 100%。选项未列全

四、公共政策：公共利益与价值判断

差异五　各类人群对中国政府加强网络安全工作的看法差异

- 女性受访者比男性受访者更认同中国政府应"从网络基础技术上做到自主创新、自主可控"、"加强对美国等国的网络反间谍行动"、"积极呼吁国际社会共同制定网络空间规则"、"加快制定信息安全国家标准"

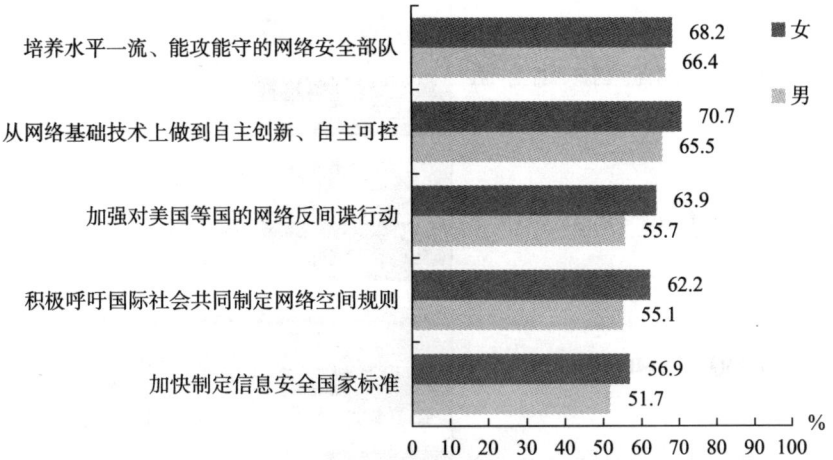

图 4-52　您认为中国政府应该从哪些方面进一步加强网络安全？——分性别（N=1400）

注：此题为可多选，各选项之和大于100%。选项未列全

- 30-49岁的中年组受访者最认同中国政府应"从网络基础技术上做到自主创新、自主可控"、"加快制定信息安全国家标准"、"加强对美国等国的网络反间谍行动"

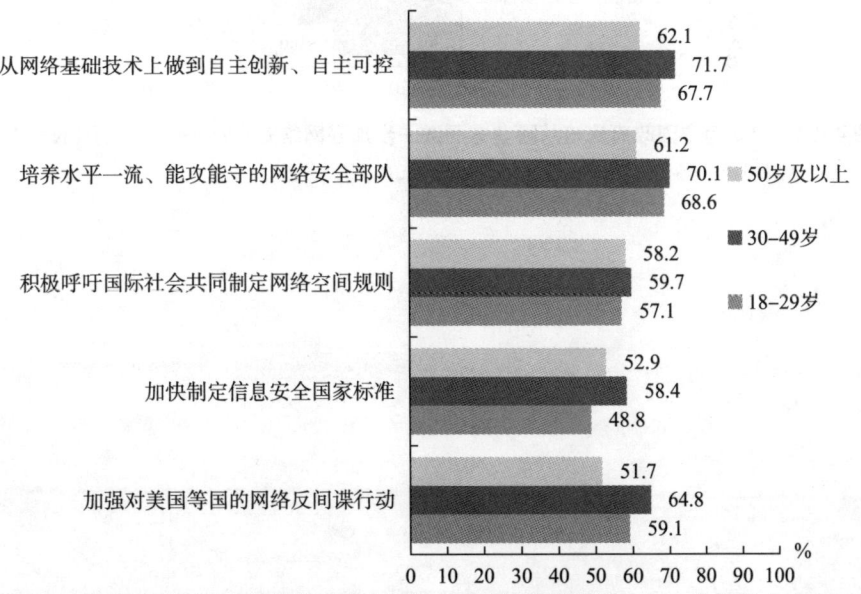

图 4-53　您认为中国政府应该从哪些方面进一步加强网络安全？——分年龄（N=1400）

注：此题为可多选，各选项之和大于100%。选项未列全

- 学历越高的受访者越认为中国政府应"从网络基础技术上做到自主创新、自主可控"、"培养水平一流、能攻能守的网络安全部队"、"加强对美国等国的网络反间谍行动"、"积极呼吁国际社会共同制定网络空间规则"、"加快制定信息安全国家标准"等方面进一步加强网络安全

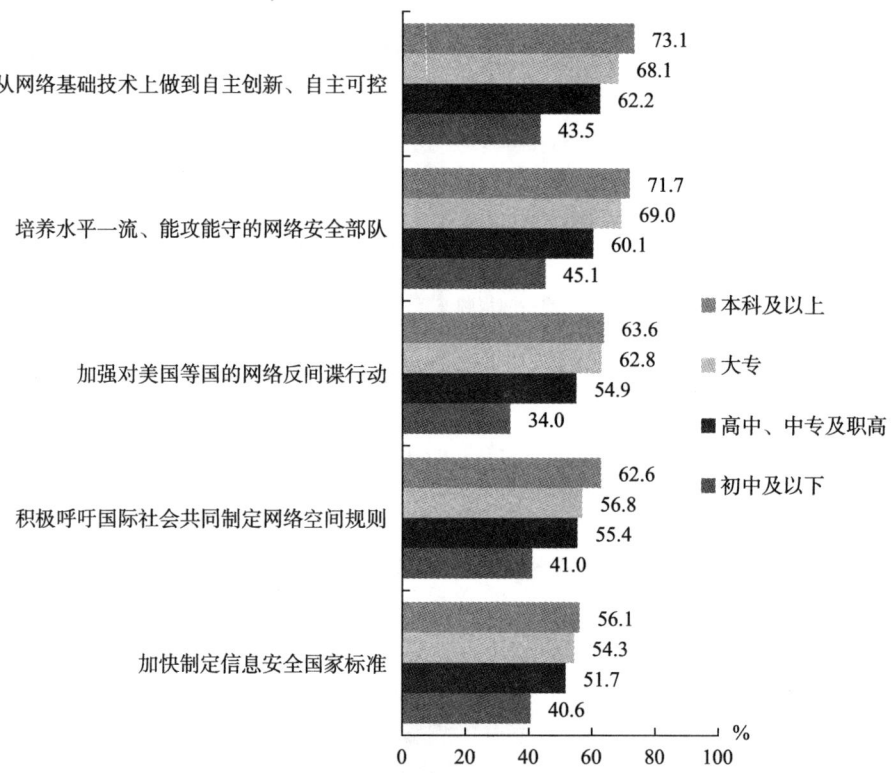

图 4-54 您认为中国政府应该从哪些方面进一步加强网络安全？——分学历（N=1400）
注：此题为可多选，各选项之和大于100%。选项未列全

四、公共政策：公共利益与价值判断

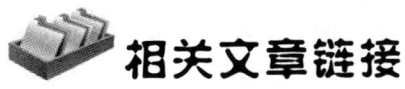 **相关文章链接**

斯诺登的揭秘涉及中国国家利益

"叛逃"香港的美国前情报人员斯诺登再向媒体披露说，美国政府入侵香港与中国内地电脑网络已经多年。中国应当就此明确表态，要求美国政府给出解释。

有人说斯诺登如今成了中美之间的"烫手山芋"，认为是否同意美国政府引渡他，将最终考验北京的中央政府。这样说并非没有道理，中美关系目前有了不错开局，中美官方都不希望它掉头向下。

但对中美关系的考虑不应"压倒一切细节"。中国不应放弃对美国就事论事的空间和弹性。斯诺登主动揭露美国政府攻击香港和内地网络，这涉及中国国家利益。或许他还持有更多证据，中国政府应当让他讲出来，并根据它们是否已经向媒体公开而对美进行公开或内部交涉。

中国这样做不应会对中美关系造成冲击。我们可以设想，假如事情颠倒过来，是一名中国内地或香港的官员携情报逃往美国，美国政府又会怎么做呢？中国的做法就应当大致是那样。这是中美关系应有的承受力。

对外建立大国关系首先需要自己尊重自己。中国有学者认为应考虑中美大国关系，把斯诺登送回去。但是中美大国关系需要彼此尊重，更需要中国的自重。斯诺登是美国的政治犯，但他在为世界做好事。他不应是烫手山芋，而是中美建立真正新型大国关系的一道试题。

中央政府和香港特区政府都还应考虑舆论的反应，将斯诺登引渡回美国在大中华地区的舆论场上肯定不受欢迎。

斯诺登揭露了美国政府一些鲜为人知的行为。他提供的信息有助于进一步刷新我们对互联网空间的认识，加深我们对互联网时代的理解。互联网技术几乎"无所不能"，美国的互联网攻击力和防御力优势都很可能比它的传统军事优势更加突出。

我们知道了美国的互联网之"矛"非常尖利，还知道美国九大互联网公司成了协助美国政府的"情报承包商"，更知道了美国不仅有说一套做一套的虚伪，更有不管别人态度自己想怎么做就怎么做的蛮横。这样的美国一直在"愤怒地"指责中国政府支持对美国的网络攻击，我们真不敢想象除了斯诺登披露的这些，美国政府支持的力量还通过互联网对中国干了些什么。

看上去美国同互联网相关的各种力量在统合、组织起来，形成国家级对外发动攻击的"拳头"。它大概是全世界独一无二的。美国对他国的网上"杀伤能力"决非我们通常以为的那样简单，互联网空间在发展、演变，我们对它的理解和运用也必须不断升级。

美国在互联网上很霸气，就是因为它推出的各种软件应用、硬件终端以及分析工具都有压倒性优势。中国互联网产业的成就主要还是市场方面的，核心技术落后仍是我们弱势的根源。中国发展网上尖端技术任重道远。

斯诺登是送上门来的"一张牌"，打这样的"牌"中国缺少经验，也不习惯。但不应让斯诺登"叛逃"香港被最终证明他选了个"最不该去的地方"，那样今后就不会有各种"走投无路"、但有价值的人往中国跑。因此，至少要让斯诺登的结局"过得去"。

中国是大国，中美关系应当包含对中国大国地位的尊重。那样的话，中美关系的发展将更健康。

（数据版权：环球时报　2013-06-14　第3048期　第15版 | 国际论坛　作者：环球时报）

要求美国解释窃听行动　特区政府民意压力上升

半数香港人拒交斯诺登

美国从香港引渡反水情报人员斯诺登的压力陡然增加，在刚过去的这个周末，数百香港人举行示威要求特区政府保护斯诺登，香港媒体公布的民调显示，一半香港人反对遣返斯诺登，支持遣返的只有17.6%。加剧香港人对美国不满的是斯诺登日前爆料美国对中港两地的电脑系统大肆入侵，香港《明报》16日刊登社评，要求美国给香港一个交代。"美国之音"说，斯诺登引爆了一个"爆炸力超强的臭气弹"，让西方公司、政府和官员沾染上了难以清除的臭味。本周，奥巴马被迫将在G8峰会上就美国监听全世界做出解释，美国国家安全局局长基思周一将公布监听项目帮美国化解的种种危险事例，为政府减压。美国媒体上，对斯诺登的同情迅速萎缩，批评其危害国家利益、没有职业道德的声音激增。不过，美国官与媒的这种"默契"看上去很难迅速终结"监听门"丑闻，因为直到昨天，神秘的斯诺登仍未露面。

"美国欠香港一个交代"

"民调显示，香港人不愿把斯诺登交给美方。"16日，这则通栏大标题占据了香港《南华早报》网站最醒目的位置。报道称，该报委托的独家调查显示，若美方提出请求香港特区政府遣返斯诺登，49.9%的受访者"反对"或"强烈"反对引渡，只有17.6%的人表示应交给美方。剩下的要么拒绝回答，要么没有意见。调查还发现，33%的人认为斯诺登是英雄，12.8%称他是叛徒，23%的人觉得"介于两者之间"。

民调公布前约24小时，数百香港人走上街头，尽管当天大雨不断。路透社以"香港人示威支持斯诺登，谴责美国的监听辩解"为题报道说，示威者聚集在美国领馆外，高喊"逮捕奥巴马，释放斯诺登"的口号，许多人挥着小旗子，上面写着"背叛斯诺登，背叛自由"、"奥巴马正检查你的电子邮件"。报道说，香港民建联要求华盛顿道歉，澄清非法窃听活动，民建联副主席李慧琼说，"我认为香港政府应该保护他（斯诺登）"。

《纽约时报》说，15日的示威结束后，香港特首梁振英首次就斯诺登案发表看法。他表示，如果美方请求交出斯诺登，特区政府将依据香港法律和既定程序处理。报道称，虽然此次抗议规模不大，但凸显出斯诺登案引发的政治操作。

"明赞港合作反恐暗窃密，美欠港一个交代。"香港《明报》16日刊登社评，表达对美国的不满。社评说，美国前中情局人员斯诺登在香港接受传媒采访时透露，美国政府入侵中港两地的计算机多年，遭美方入侵的目标包括香港中文大学、官员、商界中人甚至学生。斯诺登并无披露美国针对香港目标所为何事，不过，美方视香港计算机系统如"无掩鸡笼"自出自入，而香港亦非美国的"敌人"，更非窝藏恐怖分子的根据地，特区政府完全有道理向美方提出抗议及严正交涉，美国政府必须就入侵香港计算机向香港有关方面做出交代。

法新社16日称，分析人士认为，民意将对香港最终决策产生影响。《华盛顿邮报》评论称，如果政治压力继续上升，对中国领导人来说，形势可能变得复杂。同意引渡，可能给人一种插手香港司法程序的印象。不协助美国政府抓捕斯诺登，可能损害近来改善两国关系的努力。香港《南华早报》16日称，香港立法会议员叶刘淑仪说，政府根据某个时候的民意做出决定是"危险"之举。香港学者陈文鸿指出，美国政府肯定早晚会对付斯诺登，包括动用所有盟国的政府力量，或许最佳方法是内地聘用他在大学信息学院教学。作家林燕妮则建议，干脆听凭"神的安排"决定斯诺登的未来。美国《雅吉瓦先驱共和报》16日称，"对中国来说，斯诺登可能过于烫手"。该报认为，最符合中国利益的就是斯诺登尽早离开中国。俄罗斯《真理报》引述俄科学院学者费多洛夫的话说，"如果斯诺登向我们国家请求政治避难，我国政府会接受这一请求。但如何让他进入俄罗斯在技术上是一个复杂问题。"

《环球网》16日的在线调查显示，98%的受访者认为，不应该把斯诺登引渡回美国。

中国人民大学学者时殷弘16日对《环球时报》说，处理斯诺登事件最根本的就是依照法律，公众看法多是从价值取向、感情等出发，但政府不能感情用事。当然，除了法律，也要有战略视角，考虑美港关系、中美大局以及国际舆论。

斯诺登被"描红"、"描黑"

"对斯诺登来说，一个有野心的人生，尽管飘忽不定。"《纽约时报》16日刊登长文对这名美国泄密者掘地三尺，包括斯诺登2006年与数千人争夺为美国情报机构效力的机会、父母婚变甚至他年少气盛时的宣言：伟大人物不需要一所大学的装扮：他们得其所需，静静地独辟蹊径，走进历史。《纽约时报》有意无意地写道，"斯诺登学过汉语，对功夫很感兴趣，称自己信仰佛教，曾经考虑"中国显然是一个明智的职业选择。"

"这个人是叛徒还是英雄？"美国《国会山庄报》15日写道，斯诺登曾发誓不会泄露机密情报，但却这么干了。看上去对此丝毫没有感觉到良心谴责。事实上，斯诺登10日公开亮相抨击美国政府搞全球监听的当天，《洛杉矶时报》的在线民调显示，67.%的人认为他是"英雄"。

15日的《纽约时报》引述一名香港律师的话说，斯诺登最近披露美国网军入侵中国大量目标，使他更难反抗美国提出的移交美司法部门的请求。"他用一个很大的铲子给自己挖了个坟墓。"报道还引述一名与中国军方和情报机构有着长期关系的人士的话说，斯诺登和他所收集的文件可能对中国有用，特别是如果他选择与中国合作的话。《华尔街日报》14日批评斯诺登指控美国国安局对香港互联网的主干以及中国大陆的数百个目标进行间谍活动。报道称，这对美国国家利益造成严重损害，很难看出这怎么能跟他声称的他是一个"爱国者"相吻合。

与美国媒体遮遮掩掩地试图把斯诺登"染红"相比，美国一些议员显得直接了许多。参议员彼得·金上周五接受MSNBC采访时宣称，有"许多原因"令人怀疑斯诺登与中国的关系："他把钱转到中国；他曾经学过中文；他的女朋友跟中国有一些联系；在世界上所有的国家当中，他选择去中国，并且他安排在两国领导人会晤的同一个周末发布文件。为什么斯诺登仍然在中国？中国情报机构跟所有这一切有什么关系？"

"从间谍丑闻中，我们学到什么——应该学到什么？"伊朗新闻电视台15日写道，突然之间，世界的最大安全侵犯者成了美国。现在，斯诺登在逃，美国媒体一致追打，反复引述官员的话说，为什么他是叛徒。甚至无礼地拿斯诺登不起眼的教育背景说事。泰国《民族报》16日刊登评论文章称,"世界欠斯诺登一个人情债",因为他告诉世人,你们都被一个自命为隐私和民权保护者以及他国榜样的政府密切监视。德国战争新闻网同日呼吁,应授予斯诺登诺贝尔和平奖,全球网民应该保护他。

德国《日报》16日报道说,德国内政部长弗里德里希称"美国情报机构一直给予我们重要和正确的信息",没理由怀疑美国政府的行动。但他的说法马上遭到各界批评。德国电视1台说,只有弗里德里希认为美国"没有问题"。印度《第一邮报》16日嘲讽说,山姆大叔干得很好,"他在脸谱上是每个人的'朋友',无需发送好友请求,他就会阅读你的电子邮件,关注你的行踪。"

美国心急如焚?

"假如说斯诺登扔出的是一个炸弹,那么,至少就眼下而言,他扔出的是一颗爆炸力超强的臭气弹。""美国之音"14日写道,斯诺登的"臭气弹"让许多人、许多政府、许多制度,包括让西方国家一直引以自豪的宪政民主制度沾上了难以摆脱的臭气,种种辩解都显得苍白。报道称,由于奥巴马的特殊教育背景,"臭气弹"对他的爆炸威力特别大。奥巴马当年是哈佛大学法学院的高材生,学的是宪法学,并一度担当美国最好的私立大学之一芝加哥大学的宪法学教授。《基督教科学箴言报》称,监听事件曝光可能削弱美国在当前有关互联网未来,包括言论自由、隐私和网络安全政策的全球谈判优势。

香港《东方日报》16日写道,专家指华盛顿正陷两难局面。若美国正式发出拘捕令,要求香港警方协助抓人,本港有责任将搜得的证物与内地情报机关分享。若中国内地取得斯诺登向本港传媒披露的资料副本,将有助加强抵御日后美国的入侵。有人估计斯诺登仍手握数十份敏感数据。前联邦调查局副局长米勒称,有关斯诺登的"引渡角力"或会维持数月甚至数年。

德国《法兰克福汇报》15日称,中国正处于有利的位置,但中国却保持沉默。香港的观察家们相信,中国政府会静观其变,等待事件的进一步发展以及更多的资讯出现。对于正处于有利地位的中国而言,无需过早做出决定。

韩国《京乡新闻》称,针对美国政府要求从速引渡的要求,中国政府很可能用"慢慢地"战略让美国心急如焚。也有分析认为,由于中国的"拖字诀"很可能招致美国的强烈反击,斯诺登对中国可能不是战略资产而是包袱,不排除中国突然转向应允美国的引渡要求。一位中国问题专家表示,如果斯诺登引渡问题长期化,那么中美两国可能都是失败者。有推测认为,中、美、斯诺登本人三方有可能进行秘密接触,就斯诺登离开香港去第三地进行商讨。

(数据版权:环球时报 2013-06-17 第3050期 第1版 | 要闻 作者:张利 萧达 青木 王刚 崔杰通 柳玉鹏 汪新华)

世界公众不愿看到斯诺登遭厄运

斯诺登昨天离开香港抵达莫斯科,被报道可能转机前往古巴、委内瑞拉或厄瓜多尔。他的进一步去向和最终命运都悬念重重。但毫无疑问,世界公众不愿看到这位年轻人遭厄运。

斯诺登做了一件有益于世界的事情。他揭开了美国政府侵犯公民权利以及在世界范围内从事网络间谍活动的黑幕,置美国政府于严重的道德被动境地。他几乎剥夺了美方在网络安全领域对外指手画脚的权利,他告诉了人们美国政府是如何玩弄世界舆论于股掌之间的。

美国政府显示了其特有的霸权。如果斯诺登带着的信息价值来自于一个普通国家,他会比较容易安顿下来。但他与美国政府对抗,风险高得惊人。如果美国视任何国家收留斯诺登就是同美国为敌,斯诺登找到永久避难地将很曲折。

但美国的霸权在全球化时代有了更多局限也是明显的。现在任何一个政府把这位"揭黑英雄"引渡给美国,都将面临难以承受的舆论压力。在引渡斯诺登的问题上,与美国政府配合的坏处已经大于好处。与美国为敌仍是很悬的事,但如今也早已不是应当不顾一切巴结美国的时代。

最需要从斯诺登所揭内幕中警醒的大概是中国。一段时间以来美国对中国围绕网络安全的指责形成了声势,整个西方舆论都参与进来,而真实情况却是美国的网络技术咄咄逼人,其对中国的攻击几乎随心所欲。

中国需要在网络安全技术上奋起直追,同时需要彻底扭转在这个问题上的国际舆论环境,还中国作为网络攻击主要受害国之一的真实形象。

中国需要理直气壮地组建自己的网络安全部队,全面增强国家的网络安全能力。在这方面,我们的认识以及我们所投入的资源都很欠缺,而且我们的手脚也在一定程度上被西方舆论捆住了。

中国人对网路空间的理解与美国人相比有差距。我们仍通常认为互联网空间是"虚拟的",是支离破碎的,可以同现实世界的核心领域"物理隔绝"。然而斯诺登的揭露显示,一个"互联网上的美国"已经形成,它不仅在技术上连为一体,而且内部高度协调,它在互联网上的战略攻防能力远远走在了其他国家前面。

需要指出的是,我们现在未必已经很清楚自己都面临着哪些网上威胁,也未必了解美国已经具备或者在发展什么样的互联网攻击技术。美国对互联网攻防如此不同寻常的重视不会是偶然的,某种爆炸性的转折或突破很可能正在这一领域积累。

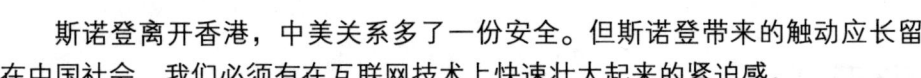

斯诺登离开香港,中美关系多了一份安全。但斯诺登带来的触动应长留在中国社会,我们必须有在互联网技术上快速壮大起来的紧迫感。

安全的中美关系需要有两国战略意图的相互善意,但两国安全技术上相互差距的缩小同样是关键性的。中国网络安全技术是否足够成熟,会影响美国对华制定互联网政策的基本心态和思想方式,也会影响网络和平的内在秩序。

我们祝斯诺登好运。世界之大,应当有他的立锥之地。美国霸权在同世界追求公平正义的力量胶着互动,斯诺登的个人命运,将在一定程度上显示这种博弈"力"的方向,并向世界传递某种重要信号。

(数据版权:环球时报 2013-06-24 第3056期 第14版|国际论坛 作者:环球时报)

代后记

为社会呈现全面准确的公众意见

中国大众传媒设立的舆情调查机构,环球舆情调查中心(下文简称环球舆情)并不是第一家;用科学的调查方法测量民意,也不是环球舆情的发明。但是,借鉴中外先进者的探路之功,利用最新的技术手段测量中国民间舆论,并使之与重大国内外事件相关联,向世界表明中国的民间立场,环球舆情算是探路者。中心成立几年来,自主进行了100多项舆情调查,在一些重大事件发生时像忠诚于自己岗位的记者一样,为报纸提供了科学、准确的舆情信息,让通常情况下无从感知的民间舆论得以有效地展现。

从大众传媒业的发展角度说,新闻媒体既是社会舆论环境的观察者,也是社会舆论的构建者,同时还是社会舆论的呈现者。然而,大众传媒所呈现的舆论是不是全面客观地反映了公众的意见,这个问题单凭记者的采访和编辑的信息综合处理是无法回答的。在西方,随着民意调查技术的逐步成熟,媒体对于公共舆论的准确且全面的报道,就成为一种独特的新闻呈现方式。据我所知,媒体通过舆情调查机构掌握和发布重大事件的舆情,在西方主流媒体中基本上是一种行业惯例,在各种选举前后的民意调查和发布更是媒体吸引受众的重要手段,媒介拥有相对独立的舆情调查机构的情况也不鲜见。

这种后来被学界称为精确新闻的报道手段,在中国媒体上成风气的出现始于上个世纪90年代,《北京青年报》、《中国青年报》、《南方周末》等报纸上出现调查类新闻报道的专版,并受到读者和学界的欢迎。但是,初创期的中国媒体,在通过调查反映舆情方面,存在着一些为人诟病的问题,有学者直言不讳地指出,现在不少媒体在发表各种民意调查结果的时候,既不交代调查方法,也不标注调查日期,以及置信度和允许抽样误差,只呈现几条调查结论,这样的结论可信度和公信力都是值得怀疑的。更专业、更具公信力的舆情调查结果成为业界、学界和公众共同的期待。

从报社自身的发展目标看,《环球时报》一向致力于向世界传递中国民间的声音，而准确了解中国民间的各种诉求是代表中国民间与世界沟通的基础。在环球舆情调查中心成立之前，《环球时报》已经开始了准确表达并传播中国民意的多种尝试，从2006年开始，《环球时报》就进行每年一次的"中国人看世界"的舆情调查，连续做了4年，每年都有新发现，调查结果也被国内外媒体广泛关注，在社会上产生了广泛影响。这种探索和实践，一方面记录了中国崛起过程中中国公众心态变化的真实轨迹，另一方面也成功实现了报纸作为大众媒体应该具有的设定话题、引导舆论的功能。因此，可以说，环球舆情的存在源于报纸准确了解中国民间舆论的迫切需求。以往，《环球时报》和其他媒体一样，都是通过记者采访、网络调查以及搜集不同媒体的报道来了解中国舆情的，但这些方法不够精准、全面。环球舆情调查中心的成立可以使报纸在客观、准确、全面了解公众意见方面拥有全新的手段。

从运行层面上说，通过《环球时报》这个媒体平台，将公众对于国内外重大事件以及中国社会主要现实问题的认知和态度，用准确的调查和监测数据加以展示，这是环球舆情重要的工作内容。因此，几年来，环球舆情调查中心就中国的国际地位、社会稳定预期、政治体制改革、美国对台军售、大国国民心态等方面的问题进行了愈百次调查，结果通过《环球时报》以深度报道或新闻背景的方式发布，受到公众和国内外媒体的普遍关注，一些重大时事相关的调查，被海外媒体广泛征引，有效地传播了中国公众的意见，让国际社会了解中国多了一个科学而可信的方式。

当然，为报纸提供民间舆论的调查与测量，并不是环球舆情唯一的工作内容。作为《环球时报》旗下专业从事舆情调查与监测的研究咨询机构，中心运用新一代舆情监测系统和包括CATI（计算机辅助电话调查）系统在内的调查分析工具，在致力于服务社会公共利益，帮助中国及外部世界更准确地了解中国社会主流诉求的同时，以专业精神为政府部门、企事业单位、社会团体及各类媒体提供具有公信力和全球视野的调查、监测、评估与策略研究服务。换言之，环球舆情调查中心一方面通过《环球时报》这个平台，用舆情调查和监测的数据，帮助国内外公众更为准确地了解中国社会对于重大事件的态度和看法，也让中国公众有机会以量化的方式了解国际社会对于中国重大事件的意见和态度；另一方面，通过为不同性质的机构提供专业的市场调查和舆情监测与策略咨询服务，获得市场认同和自我发展的良性循环。前者具有公益性，后者具有市场性。

展望未来，从宏观现实看，社会层面上，当前和今后一个时期，既是国家发展重要转型期，也是各种社会矛盾凸显期。中央和地方都十分重视舆情收集和研判工作，舆情成为政府决策的重要依据和检验砝码。市场层面上，社会的分层让消费者群体也出现了分化，企业面对的市场究竟有怎样的变化，企业和产品的品牌价值究竟是否健康，需要有更加及时和全面的反映。这两个方面的需求，最后都归结为对公众意见的搜集、整理、分析、解读的工作，并依据对这些数据化的公众意见的解读，发现政府和企业的形象塑造及舆情应对策略。

因为对中国社会和中国市场发展的大趋势有以上判断，环球舆情对自身的发展便充满了信心。在中国崛起的过程中，只要我们能够为社会提供有价值的产品和服务，社会便会给予我们慷慨的回报，这是《环球时报》多年的办报心得，也是环球舆情一直保持积极乐观状态的信念基础。

我们感谢这个时代，感谢所有关注、关心和关怀我们成长的领导和朋友，也感谢和舆情中心一起成长的伙伴们！

戴元初

2014年8月